Marcus Willand
Lesermodelle und Lesertheorien

Narratologia

Contributions to Narrative Theory

Edited by
Fotis Jannidis, Matías Martínez, John Pier
Wolf Schmid (executive editor)

Editorial Board
Catherine Emmott, Monika Fludernik
José Ángel García Landa, Peter Hühn, Manfred Jahn
Andreas Kablitz, Uri Margolin, Jan Christoph Meister
Ansgar Nünning, Marie-Laure Ryan
Jean-Marie Schaeffer, Michael Scheffel
Sabine Schlickers, Jörg Schönert

41

De Gruyter

Marcus Willand

Lesermodelle und Lesertheorien
Historische und systematische Perspektiven

De Gruyter

ISBN 978-3-11-055360-4
e-ISBN 978-3-11-034318-2
ISSN 1612-8427

Library of Congress Cataloging-in-Publication Data
A CIP catalog record for this book has been applied for at the Library of Congress.

Bibliografische Information der Deutschen Nationalbibliothek
Die Deutsche Nationalbibliothek verzeichnet diese Publikation in der Deutschen Nationalbibliografie; detaillierte bibliografische Daten sind im Internet über http://dnb.dnb.de abrufbar.

© 2017 Walter de Gruyter GmbH, Berlin/Boston
Dieser Band ist text- und seitenidentisch mit der 2014 erschienenen gebundenen Ausgabe.
Druck: Hubert & Co. GmbH & Co. KG, Göttingen
♾ Gedruckt auf säurefreiem Papier
Printed in Germany
www.degruyter.com

Dem Leser

Vorwort

Die hier vorgelegte Arbeit versucht im Wesentlichen zwei Forschungsdesiderate aufzuarbeiten und Asymmetrien in der bisherigen Auseinandersetzung mit diesen Bereichen auszugleichen:
- Es lässt sich ein markanter Kontrast beobachten zwischen (a) den Bemühungen, Rezeptionsforschung und -theorie als wissenschaftlichen Ansatz theoretisch zu fundieren, und (b) der Situation, dass bis heute kein grundsätzlicher Versuch unternommen wurde, die aus diesen Positionen (und nahezu allen anderen literaturtheoretischen Positionen) hervorgehenden Lesermodelle systematisch zu erfassen und hinsichtlich Vergleichbarkeit herstellender Kategorien in Relation zueinander zu setzen.
- Darüber hinaus zeigt sich ein nicht geringeres Ungleichgewicht zwischen (a) dem Aufwand, mit dem die Editionsphilologie eine methodisch standardisierte oder zumindest explizit reflektierte Sicherung von Primärtexten als Vorbereitung der Textinterpretation betreibt, und (b) der philologischen und editionsphilologischen Aufmerksamkeit, die Sekundärtexten eingeräumt wird, wenn es sich um einen ebensolchen Umgang mit ihnen handelt.

Während im Kernbereich dieser Dissertation Lesermodelle verglichen und hinsichtlich ihrer Funktionalisierbarkeit für eine historisierende Literaturwissenschaft geprüft werden, formuliert der diesen Kern umschließende Teil der Arbeit eine theoretische Begründung und einen methodischen Entwurf der historisierenden Rezeptionsanalyse selbst. Diese soll als systematische Quellensichtung, -sicherung und -reflexion verstanden werden und Rezeptionszeugnisse realer Leser für hermeneutische, aber auch im weitesten Sinne empirische Ansätze der historisierend ausgerichteten Literaturwissenschaft vorbereiten und fruchtbar machen.

***

Ohne vielfältige Unterstützung hätte diese Arbeit in der nun vorliegenden Form nicht geschrieben werden können. Daher möchte ich meinen Kollegen, Freunden und Kritikern danken: Lutz Danneberg und Fotis Jannidis für ihre Erst- und Zweitbetreuung, Carlos Spoerhase für die unzähligen Diskussionen, die für die Konzeption der Arbeit maßgeblich waren, Katja Mellmann, Ulrich Joost, Ralf Klausnitzer, Andrea Albrecht, Jan-Noël Thon, Matthias Schaffrick und Maik Neumann für ihre Hilfe in Detailfragen, Kerstin Krull, Renate Soltysiak und Silvia Röpke-Dönges für Schlüssel, Bücher, Räume und all das, was mir das Schreiben erleichterte, Frau Gerlof, Frau Rade und Frau Ebert für ihre editorische Beratung, den Gutachtern und Herausgebern der Reihe „Narratologia" für ihre konstruktiven Gutachten, dem bi-nationalen Doktorandennetzwerk PhD-Net: „Das Wissen der Literatur" für seine Unterstützung und meine Zeit als *visiting scholar* in Princeton, Max Dudler für das Jacob-und-Wilhelm-Grimm-Zentrum, meinen Eltern, meinen Freunden und meiner Freundin für ihr Durchhaltevermögen und schließlich all meinen anderen, freiwilligen und unfreiwilligen Kritikern und Korrekturlesern.

Der Studienstiftung des deutschen Volkes bin ich für ihre finanzielle und ideelle Förderung in besonderem Maße zu großem Dank verpflichtet.

Inhaltsverzeichnis

I EINLEITUNG
Die theoriegeschichtliche Entwicklung literaturwissenschaftlicher Lesermodelle 1
1 Theoriegeschichte des Lesers 1
   1.1 Vom Autor zum Text 2
   1.2 Vom Text zum Leser 8
2 Das Forschungsvorhaben 16
   2.1 Der reale Leser in der historisierenden Rezeptionsanalyse 16
   2.2 Die pragmatische Umsetzung dieses Forschungsvorhabens 17

II PROBLEMFELDER
Historisierung, Fiktionalität und Kategorisierung 25
1 Probleme historisierender Interpretationskonzeptionen 25
   1.1 Methodische und historische Adäquatheit von Lesermodellen 25
   1.2 Historisierung und das Anachronismusproblem 29
   1.3 Historisierung und das Fiktionalitätsproblem 31
   1.4 Mögliche Rezeptionsszenarien literarischer Texte 38
2 Probleme der Kategorisierung von Lesermodellen 45
   2.1 Die Interdisziplinarität des Forschungsfeldes 45
   2.2 Die disziplinäre Beschränkung 49
   2.3 Drei Differenzierungskategorien: Ontologie, Funktion, Epistemologie 54

III KATEGORISIERUNG
Der reale Leser in Abgrenzung zu anderen literaturwissenschaftlichen Lesermodellen 59
1 Ontologie literaturwissenschaftlicher Lesermodelle 59
   1.1 Die ontologische Modellierung des realen Lesers als Problem 61
   1.2 Der ontologische Möglichkeitsrahmen: Reale, probabilistische, theoretische und fiktionale Lesermodelle 66

1.2.1 Modelle nicht-realer Leser:
Exemplarische Differenzierungen 69
1.2.1.1 Unproblematische Differenzierung: Fiktionale Leser 69
1.2.1.2 Problematische Differenzierung: Leserfiktion 74
1.2.2 Modelle realer Leser: Das Beispiel des Lesertyps 83
1.3 Die Beeinflussung der Leserkonzepte durch Theorie 93
1.4 Die (engen) Grenzen der Theoretisierbarkeit realer Leser 104
2 Funktionen literaturwissenschaftlicher Lesermodelle 112
2.1 Die Funktion der Kontextrestriktion 112
2.2 Restriktionskategorien: Diastratische, diatopische und
diachronische Kontextlimitationen 117
3 Epistemologie literaturwissenschaftlicher Lesermodelle 125
3.1 Subjektivistische Lesermodelle 127
3.1.1 Subjektivität als Kontextbedingung des Verstehens 133
3.1.2 Poststrukturalistische Lese(r)konzepte 143
3.1.2.1 Derridas idiosynkratisches Lese(r)modell 145
3.1.2.2 Barthes' Modelle des lesenden und des
schreibenden Lesers 151
3.1.2.3 De Mans Modell des vortheoretischen Lesens 171
3.1.3 Resümee subjektivistischer Kritik 180
3.2 Objektivistische Lesermodelle 186
3.2.1 Text- und Interpretationsobjektivismus 186
3.2.2 Empirische Lesermodelle 194
3.2.3 Systemtheoretische Lesermodelle 201
3.2.4 Hermeneutischer Objektivismus 208
3.2.5 Resümee objektivistischer Verstehensmodelle 214
3.3 Interaktionistische Lesermodelle 216
3.3.1 Literaturdidaktische Forderungen 217
3.3.2 Phänomenologische Grundlagen 219
3.3.3 Hermeneutische Grundlagen 222
3.3.4 Semiotische Idealisierungen 232
3.3.5 Rezeptionstheoretische Modellierungen 235
3.3.6 Resümee interaktionistischer Modelle 244

IV Ergebnisse
Theorie-Reflexion und Vorbereitung historisierender
Interpretationspraxis 249
1 Ergebnisse der ontologischen, funktionalen und
epistemologischen Kategorisierung 249

1.1　Methodologische Reflexion 249
　　1.2　Inhaltliche Ergebnisse... 250
　2　Erweiterung dieser Ergebnisse: Epistemologische Vorzüge
　　　realer Lesermodelle... 256

V Praxis und Praxeologie
　Die Anwendbarkeit von Lesermodellen in der historisierenden
　Literaturwissenschaft... 265
　1　Anwendungsbeispiel A: Nicht-reale Lesermodelle in der
　　　historisierenden Interpretation 265
　　1.1　Der implizite Leser in der Theorie 269
　　1.2　Der implizite Leser in der interpretativen Praxis 282
　　1.3　Resümee: Praktische Kritik theoretischer Lesermodelle ... 293
　2　Anwendungsbeispiel B: Reale Lesermodelle in der
　　　historisierenden Rezeptionsanalyse...................................... 298
　　2.1　Systematik: Varianten historisierender Rezeptionsforschung........... 298
　　2.2　Konkrete Anwendungsbeispiele und Anwendungsmöglichkeiten
　　　　einer realleserbasierten historisierenden Rezeptionsanalyse 313

Literaturverzeichnis... 325

Personenindex... 359

I Einleitung
Die theoriegeschichtliche Entwicklung literaturwissenschaftlicher Lesermodelle

Doch schließen wir,
ehe wir ins Interpretieren kommen.

Jacques Derrida: Dissemination[1]

1 Theoriegeschichte des Lesers[2]

Für die Wissenschaftsgeschichte der Literaturtheorie können drei Phasen angenommen werden: Eine autorbezogene (hermeneutische), eine textbezogene (formalistische oder strukturalistische) und eine leserbezogene (rezeptionstheoretische) Phase. Mit etwas gutem Willen zur Generalisierung[3] lassen sich diese auch als in dieser Reihenfolge historisch aufeinander aufbauend und voneinander abgrenzend rekonstruieren. Neben Terry Eagleton und Fotis Jannidis (et al.) geht auch Oliver Jahraus von dieser Trias aus.[4] Er argumentiert, man könne

> das Methodenspektrum insgesamt als System einzelner Positionen rekonstruieren, wobei die Relationen zwischen den Positionen sich als Defizit und Defizitauffüllung bezüglich einer unterschiedlichen Objektkonstitution bestimmen

---

1   Derrida [1972] 1995: 448.
2   Der Singular (bzw. Kollektivsingular) „Leser" wird hier verkürzend verwendet, um entweder eine *einzelne* Rezeptionsinstanz oder aber eine *Gruppe* von Rezeptionsinstanzen zu beschreiben. Ihr ontologischer Status ist dabei irrelevant. Es kann sich also sowohl um einen realen (historischen oder zeitgenössischen) als auch um ein Modell eines nicht-realen Lesers handeln. Immer wenn die Rede von einer spezifischen Modellierung ‚des Lesers' ist, soll diese entsprechend konkret benannt werden, wie z. B. mit „realer Leser", „impliziter Leser", „theoretischer Leser" usw.
3   Dieser ist notwendig, da sich beispielsweise schon Ende des 18. Jahrhunderts Bedeutungskonzeptionen finden lassen, die nicht bloß den Autor und seine Intention als relevante Instanz der Textbedeutung setzen, sondern gerade für das Verstehen der Heiligen Schrift ebenso den zeitgenössischen Leser im Sinne eines *sensus auctoris et primorum lectorum* funktionalisieren (vgl. hierzu das Kapitel III.3.2.4 und Danneberg 1998, bzw. Danneberg 2007: bes. 6–10).
4   Vgl. Eagleton 1988: 40 und Jannidis/Lauer/Martínez/Winko 2003a: bes. 8–30.

lassen. Die methodische/methodologische Einzelposition lässt sich unter dieser Blickrichtung als je spezifische Schwerpunktkonstellationen zwischen Autor-, Text- und Leserpolorientierung beschreiben. Darüber hinaus setzen alle Positionsverschiebungen gegenüber der Hermeneutik als deren Kritik an. Auf die Hermeneutik reagieren so der Strukturalismus, die Rezeptionsästhetik, der Poststrukturalismus und die empirischen und konstruktivistischen Positionen. (Jahraus 1994: 6)

Die These, dass sich sowohl die zweite (textbezogene) als auch die dritte (leserbezogene) Phase der Theoriebildung dezidiert in Abgrenzung zu der hier als erste Phase angenommenen autorzentrierten Hermeneutik definieren, soll im Folgenden anhand der historischen Genese einzelner literaturtheoretischer Positionen überprüft werden. Bevor dies durch eine Fokussierung der jeweiligen *Übergangsbewegungen* zwischen den drei Phasen rekonstruiert werden soll, muss noch festgehalten werden, was im Zitat von Jahraus unerwähnt bleibt, aber konstitutiv für die literaturtheoretische Entwicklung ist: Die jeweils angenommenen Phasen ersetzen sich nicht alternierend, sondern entstehen in einem *kumulativen* Prozess der Aneignung und Abgrenzung.

1.1 Vom Autor zum Text

Der Übergang von der ersten (autorbezogenen) zur zweiten (textbezogenen) Phase der literaturwissenschaftlichen Theoriegeschichte wurde als *Verwissenschaftlichung* des Fachs verstanden und als solche auch von den Vertretern dieser Bewegung normativ eingesetzt.[5] Besonders deutlich wird dieser Übergang in der Abschwächung der romantischen Hermeneutik nach dem Tod Diltheys 1911. Schon 1916 erschienen erste formalistische Frühschriften,[6] gefolgt von der Gründung der Prager Schule (1926) vor allem durch Roman Jakobson, der zwei Jahre später mit dem ‚anderen' führenden Formalisten Jurij Tynjanov gemeinsam die bekannten Thesen über die „Probleme der Literatur- und Sprachforschung" veröffentlichte (Jakobson/Tynjanov [1928] 1995: 63–66). Diese „gelten mit Recht als ein

---

5 Rekonstruierend hierzu Günther 1973: bes. 8f., der in vier Thesen die Besonderheiten des tschechischen Strukturalismus als *Wissenschaft* hervorhebt.
6 So u. a. von Lev Jakubinskij. Genauer stellt dies Holenstein 1995: 11 dar. Einige Gedanken, die später für die Übernahme formalistischer Axiome in die Konstanzer Rezeptionstheorien wichtig wurden – insbesondere der Gedanke der *Ostranenie* als genuin künstlerische Verfremdungstechnik – finden sich bereits in dem 1917 erstpublizierten Aufsatz von Victor Shklovsky (Shklovsky [1917] 1965). Darin bezieht er sich teilweise recht stark auf die Ausarbeitungen von Jakubinskij (vgl. 10–12). Der Aufsatz bildete das erste Kapitel seiner später veröffentlichten, weitaus bekannteren Monographie „O Teorii Prozy" (Shklovsky 1925).

zusammenfassender und programmatischer Abschluss des russischen Formalismus" (Striedter 1976: X) und lassen retrospektiv erkennen,[7] dass mit dem Wechsel von Russischem Formalismus und Genfer Strukturalismus zum Prager (oder Tschechischen) Strukturalismus eine rezeptionstheoretisch nicht unwichtige Verschiebung stattfand: Während die beiden erstgenannten Positionen noch von strikten antithetischen Oppositionen (*langue – parole* / Synchronie – Diachronie, etc.) ausgingen, postulierte der Prager Strukturalismus den dialektisch-synthetischen Zusammenhang historischer *Reihen* oder *Systeme*. Diese Betonung der Diachronie eröffnete den Raum für eine strukturalistisch geprägte historisierende Ausrichtung.[8] Der Strukturalismus stellt sich also keinesfalls als lediglich Textimmanenz postulierende Theorie dar, wie es die wissenschaftliche Rezeption des Werks von Jakobson teilweise glauben machen könnte. Im Zentrum dieser Rezeption steht die in ihrem strukturalistischen Detailismus für Jakobsons Arbeit wenig repräsentative Interpretation des Baudelaire-Sonetts „Les Chats" (Jakobson/Lévi-Strauss [1962] 2007). Denn „[s]o wichtig [...] dieser strukturalistische Funktionalismus für Jakobsons Gedichtanalysen ist, so bestimmt er doch nicht ihr Gesamtbild" (Birus 2007: XXX). Vielmehr wird in seinen Arbeiten durch die Hervorhebung der poetischen Funktion der Sprache eine eindeutige Historisierung der Möglichkeiten

---

7   Eine einflussgeschichtliche Rekonstruktion des russischen Formalismus findet sich bei Aumüller/Müller 2012, die allerdings in umgekehrter Stoßrichtung fragen, ob deutsche Geistesgeschichte und österreichische Kompositionstheorie den russischen Formalismus beeinflusst haben.
8   Bereits 1928 schreibt Jakobson: „Der reine Synchronismus erweist sich als Illusion: [...] Die Gegenüberstellung von Synchronie und Diachronie war eine Gegenüberstellung von Systembegriff und Evolutionsbegriff. Sie verliert ihr prinzipielles Gewicht, sofern wir anerkennen, dass jedes System notwendig als Evolution vorliegt und andererseits die Evolution zwangsläufig Systemcharakter besitzt" (Jakobson/Tynjanov [1928] 1995: 64). 1934 konkretisiert Jakobson diese theoretische Betrachtung hinsichtlich der Literatur: „Weder Tynjanov noch Mukařovský, weder Šklovskij noch ich selbst – wir proklamieren nicht die Selbstgenügsamkeit der Kunst, sondern verweisen darauf, dass die Kunst ein Bestandteil des gesellschaftlichen Systems ist, ein Element, das mit anderen Elementen in Beziehung steht, ein wandelbares Element, denn: sowohl der Kunstbereich wie auch sein Zusammenhang mit den übrigen Sektoren der sozialen Struktur befindet sich in steter dialektischer Veränderung" (Jakobson 1995: 78). Hierzu auch Holenstein 1975: 34–55. Die Rolle von Tynjanov in dieser Entwicklung betont Grübel 2008: 394, der von einer kulturhistorischen und kultursoziologischen ‚Untermauerung' des Formalismus spricht. Einschlägig für den *linguistischen* Perspektivwechsel war Bachtin [1929] 1975, der Synchronie von der für die *parole* eingestandenen historischen Variabilität auf die von Saussure noch unflexibel gedachte *langue* überträgt. Eine frühe Kritik besonders an Mukařovskýs Begriff des Evolutionswertes findet sich bei Wellek 1936: bes. 173–191; Peter Bürger versteht Jauß' Konzept des Erwartungshorizontes als „Umformulierung der Evolutionstheorie [...] von einem hermeneutischen Standpunkt aus" (Bürger 1977: 458).

der „Decodierbarkeit des [literarischen] Textes" eingefordert (Jahraus 1994: 7).[9]

Diese Tendenz einer Historisierung, die nicht im hermeneutischen Verständnis auf den Autor als intendierendes „psycho-physisches Wesen" zurückgreift,[10] zeigt sich auch im dezidiert literaturwissenschaftlichen Prager Strukturalismus, wie er unter anderem von Felix Vodička vertreten wurde. Bereits zu Beginn der 1940er Jahre hatte dieser in zwei Artikeln die Theorie einer strukturalistischen Literaturgeschichte begründet, die auf Ingardens Konkretisationsbegriff und Mukařovskýs Semiotik aufbaut und durchaus als *rezipientenorientiert* verstanden werden kann.[11] Im Rückgriff auf Mukařovský unterscheidet er drei Formen der literarischen Wertschätzung. „Verfolgt man ihre schrittweise Ausformulierung", wie dies Jurij Striedter (1976: XXXVf.) vornimmt, „kann man sie [...] umschreiben als einen Weg ‚vom *evolutionären* Stellenwert [...] über den *aktuellen* ästhetischen Wert [...]. zum *universellen* Wert'".[12] Nicht nur die mehr oder weniger triviale Feststellung, dass eine Wertzuweisung immer ein rezeptionsseitiger Akt ist, sondern die bloße Installation eines aktuellen ästhetischen Werts (*aktuální estetická hodnota*) in Vodičkas Theoriebau verweist auf eine stärker werdende Funktionalisierung des (historischen) Rezipienten in der Entwicklung strukturalistischer Theoriebildung.[13] Dieser *aktuelle* Wert als Teil der Trias literarischer Wertschätzung konstituiert sich

---

9   Ähnliches gilt für die Vertreter der textimmanenten Methode, die weit weniger rigide als die *new critics* textexterne Interpretationsbezüge ablehnten. So konstatiert etwa Wolfgang Kayser, dass die „rechte Erfassung eines Werkes sehr oft von der Kenntnis seines Verfassers abhängt" (Kayser 1948: 36).

10 Vodička [1941] 1975: 114. Zuletzt zeigt dies beispielhaft anhand der Expressionismusrezeption in der Nachkriegszeit bis Ende der 1960er Jahre (teilweise durch ihre wissenschaftsnahen Vertreter wie Kurt Pinthus selbst) der aufschlussreiche Aufsatz von Behrs 2011.

11 Die Begründungsschriften dieses dort umfassend dargestellten Ansatzes sind Vodička [1941] 1975 und Vodička [1942] 1976b. Beide Aufsätze wurden zwei Jahre nach dem Tod Vodičkas von Wolfgang Iser und Hans Robert Jauß in Konstanz mitherausgegeben (Vodička 1976). Zur Semiotik Mukařovskýs, ihrem Rückgriff auf Karl Bühler und dem Verhältnis von poetischer und mitteilender (alltagskommunikativer) Benennung siehe Mukařovský [1936] 1970b und Mukařovský [1938] 1967c. Wie Vodička diese zeichentheoretische Bestimmung dann in eine historisierende Literaturtheorie überführt, zeigt Rainer Warning 1975: bes. 13–19.

12 [Herv. v. M. W.] Er zitiert Vodička [1966] 1976a: 23. In diesem Aufsatz widmet sich dieser den von ihm angenommen drei Formen des ästhetischen Wertes. Mukařovský hatte seine Werttheorie vorgelegt erstmals 1932 (auf Deutsch publiziert in Mukařovský [1932] 1967b). Die dort gemachten Überlegungen erweitert er in dem umfangreichen Aufsatz Mukařovský [1936] 1970a. Vgl. hierzu auch die anderen Aufsätze in Mukařovský (Hg.) 1970.

13 Explizit äußert er sich hierzu in Mukařovský [1944/1966] 2003 (Die Angaben zur Erstpublikation des Aufsatzes sind uneinheitlich. Gölz 2009 nennt in einem von Wolf Schmid (einem *der* Kenner slawischer Literaturtheorien) herausgegebenen Band das Jahr 1944 (S. 216,

im Kommunikationsakt zwischen dem Kunstwerk, das als Artefakt seine ‚ästhetischen Fähigkeiten' einbringt, und dem Rezipienten, der diese ästhetische Potenz entsprechend den ihm verfügbaren kollektiven Normen und Werten realisiert, indem er dieses Werk als ästhetisches Objekt konkretisiert. (Striedter 1976: XXXVII)[14]

Jedoch nicht nur bei den späteren Positionen strukturalistischer Theoriebildung findet sich eine ausgeprägte Rezeptionsorientiertheit. Tatsächlich wird die seit Jahrzenten als literaturwissenschaftlicher Allgemeinplatz bekannte Idee einer durch den Strukturalismus initiierten Verschiebung „vom Autorpol zum Textpol" (Jahraus 1994: 7) nur bedingt der Realität strukturalistischer Positionen gerecht. Dennoch haben sich, fachgeschichtlich betrachtet, vor allem die vielen Verweise auf Jakobsons Textbezogenheit durchgesetzt und so zur Tradierung des ‚Zerrbildes' eines ausschließlich oder zumindest zu großen Teilen immanent arbeitenden Strukturalismus beigetragen. Diese Bezüge finden sich vor allem in den recht bekannt gewordenen Kritiken an der schon angesprochenen Baudelaire-Analyse Jakobsons. Neben Michael Riffaterre und Jonathan Culler haben sich derart viele Theoretiker zu dieser *einen* Studie – die freilich nur eine unter vielen Jakobsons ist – geäußert, dass bereits 1981 eine Anthologie dieser Texte erscheinen konnte (Delcroix/Geerts (Hgg.) 1981).[15] Entgegen dem Tenor dieser Kritiken widmet sich Jakobson aber, wie Hendrik Birus (2007: XVf.) zeigt, nicht *nur* den „sprachlichen Strukturen poetischer Texte", sondern stellt durchaus „die Frage nach ihrer möglichen Wahrnehmbarkeit durch den Leser und seiner Wirkung auf ihn". Jakobson wurde dadurch jedoch nicht gleich zum Empiriker; vielmehr näherte er sich der Beantwortung dieser Frage, soweit es ihm im Rahmen seiner phänomenologischen Ausrichtung möglich war, hermeneutisch.

So macht es Jakobsons Anschluss an Husserl zwar durchaus verständlich, dass für ihn die Wahrnehmbarkeit sprachlicher Strukturen nur in den Phänomenen der Sprache selbst erkennbar sein kann,[16] doch bedeutet dieser Sprachbezug weniger eine Abkehr vom Leser als vom Autor. Denn die mit ihr einhergehende Negation einer psychologischen Interpretations-

---

Anm. 56), bei Grübel 1981: 74, Anm. 105 ist es hingegen 1966. Die Herausgeber des Bandes Jannidis/Lauer/Martínez/Winko (Hgg.) 2003b, in dem eine gekürzte Übersetzung des Aufsatzes erschienen ist (S. 65–79), schreiben in ihrer Einführung, dass der Text 1944 als Vortrag gehalten, aber erst 1966 gedruckt wurde).

14 Siehe hierzu auch: Günther 1973: 55–60. Die im Zitat skizzierte Position wird in dem Kapitel III.3.3 vorgestellt.

15 Siehe Riffaterre [1966] 1980 und Culler 1975: bes. 66–69. Eine erweiterte und kommentierte Fassung der ebenfalls 1981 erstmals ins Deutsche übersetzten Rechtfertigungsschrift Jakobsons, die 1973 von Todorov noch als Teil eines Sammelbandes herausgegeben wurde (siehe Jakobson 1973) findet sich in Jakobson 2007.

16 Hierzu vgl. Holenstein 1975: 55–194: bes. 55–58.

theorie darf in der ideengeschichtlichen Rückschau nicht als frühe Abgrenzung zu einer sich erst später entwickelnden genuinen Rezeptionstheorie verstanden werden. Historisch plausibler ist es, sie als Versuch einer dezidierten Grenzziehung zu der bereits vor dem Strukturalismus tonangebenden Einfühlungshermeneutik Schleiermacher'scher und Dilthey'scher Prägung zu verstehen.[17] Gleichwohl ist auch hier zu differenzieren, dass die phänomenologische Ausrichtung Jakobsons nicht zur grundsätzlichen Ablehnung des hermeneutischen Vorgehens der Historisierung literarischer Texte führt, sondern lediglich zur Abkehr von der mentalistischen Konzeption des Hineinversetzens.[18] Darauf weisen Jakobson/Tynjanov schon 1928 im Kontext der Prager Schule dezidiert hin:

> Die aktuellen Probleme der russischen Literatur- und Sprachwissenschaft erfordern eine exakt bestimmte theoretische Plattform und eine entschiedene Distanzierung von immer häufiger auftretenden mechanischen Vermengungen neuer Methodologie mit alten Methoden, von naivem Psychologismus und sonstigem methodologischem Kram, der sich uns in der tarnenden Verpackung neuer Terminologie darbietet. (Jakobson/Tynjanov [1928] 1995: 63)

Die Ablehnung solcher Interpretationskonzeptionen bleibt in nahezu allen Ausformulierungen der formalistisch-strukturalistischen Theorien so latent wie konstitutiv, wird gelegentlich aber auch explizit; etwa von Mukařovský gegen Mitte des 20. Jahrhunderts:

> Wir befinden uns heute wirklich in einer etwas paradoxen Situation. Sobald ein Kritiker ernsthaft über ein Werk nachdenkt, bemüht er sich darum festzustellen, in welchem Maß der Künstler darin seine Erlebnisse gestaltet, seine Persönlichkeit ausdrückt, sein psychisches Privatissimum enthüllt hat. Wird dem Künstler eine Frage gestellt, die sein Werk betrifft, so fühlt er sich verpflichtet, über die unbewussten Elemente seines Schaffens zu sprechen [...], ganz im Vertrauen auf den Wert der Persönlichkeit und die allgemeine Tragweite jeder ihrer noch so kleinen Schwingungen. Gleichzeitig fühlen wir alle deutlich, dass die Zeit unserer Väter vergangen ist, in der Subjektivität über Objektivität dominierte. (Mukařovský [1944/1966] 2003: 65)[19]

---

17 Die Grenzziehung muss als „Versuch" beschrieben werden, da sie in der interpretativen Praxis nicht immer umzusetzen war. Vgl. hierzu die Analyse des Gedichts „Die Aussicht" (Hölderlin) von Jakobson und Grete Lübbe-Grothues, in der deutlich wird, dass Jakobson bisweilen ins „Biographisch-Psychologische" (Birus/Donat 2007: X) abrutscht: Jakobson/Lübbe-Grothues [1967] 2007, neben vielen anderen Stellen bes. S. 192, wo nicht nur von Hölderlins ‚Lebensbedürfnis' nach ‚selige[m] Geben und Nehmen' die Rede ist, sondern ebenso von der Prägung seines Verhaltens.
18 Vgl. Birus 2003, der untersucht, welche strukturalistischen Elemente sich bereits bei Schleiermacher und welche hermeneutischen Elemente sich dann im Strukturalismus Jakobsons finden lassen.
19 Zur „Kritik am literaturwissenschaftlichen Psychologismus" durch Mukařovský siehe auch Illing 2001: 340–346.

In Deutschland wurde die hier kurz vorgestellte Entwicklung der formalistischen und strukturalistischen Literaturtheorie stark verspätet wahrgenommen. Die „Erforschung der russischen Formalen Schule begann in den fünfziger Jahren mit [...] Victor Erlich [...]. Im deutschsprachigen Raum lagen die Höhepunkte ihrer Wirkung [...] in den späten sechziger und in den siebziger Jahren" (Grübel 2008: 389). Aber auch die Ende des 20. Jahrhunderts vertretene strukturalistische Theorie – etwa die ‚spätere' Position Michael Titzmanns (1991) – betont explizit, dass die methodisch begründete Auslassung der von anderen[20] als *objektivitätssichernd* verstandenen Autorinstanz oder ihrer Intention, nicht allein durch einen bloßen Textbezug substituiert werden kann. Die zu diesem Zeitpunkt bereits zum festen Bestandteil der literaturtheoretischen Landschaft gewordenen Rezeptions- und teilweise empirischen Lesertheorien führen auch bei strukturalistischen Positionen zu einer grundsätzlichen Anerkennung der Rezeptionsgebundenheit jeglicher Interpretation. Abgesichert werden kann die strukturalistische Objektivitätsforderung jedoch freilich nicht durch diesen Bezug auf reale Leser, denn solch eine Argumentation würde mit ihrem phänomenologischen Erbe konfligieren. Vielmehr manifestiert sich strukturalistische Objektivität, so Oliver Jahraus (1994: 7), in der „Voraussetzung der vollständigen Decodierbarkeit des Textes auf der Grundlage einer allumfassenden, aber rekonstruierbaren semantischen Kompetenz [...] im Konzept eines idealen Lesers". Dieses Konzept, das in unterschiedlichsten Theorien auf ebenso unterschiedliche Fragestellungen angewandt wurde, wird in einem Kapitel zur ontologischen Ausdifferenzierung von Lesermodellen als *theoretisches Lesermodell* systematisch beschrieben und kann trennscharf von *realen*, *probabilistischen* und *fiktionalen* Lesermodellen unterschieden werden.[21] Als theoretische Simulation eines Lesers ermöglicht dieser ideale Leser strukturalistischen Positionen den seit den 1970er Jahren kaum noch zu umgehenden rezeptionstheoretischen Reflex, ohne jedoch die für ihre Begriffe ‚sichere' Basis des Objektivität und Wissenschaftlichkeit absichernden Textes in seiner Absolutheit verlassen oder hinterfragen zu müssen.

Konkret bestimmt Titzmann (1991: 399) den idealen Leser als interpretationsrelevantes Konstrukt im Rahmen seiner ‚integrativen Literatur-

---

20 Bühler 2005, bes. das Kapitel „Die Autorabsicht als Objektivitätsgarant", (466–469). In diesem Sinne argumentierte auch der von vor allem Roland Barthes scharf kritisierte Lansonismus in Frankreich, der „im wesentlichen in einer Art von analogischem Determinismus [besteht], dem zufolge die Einzelheiten eines Werkes denen eines Lebens ‚ähnlich' sein müssen, die Seele einer erfundenen Person der Seele des Autors, usw." (Barthes [1963/1964] 1969: 64).
21 Siehe hierzu das Kapitel III.1.2.

geschichte'. Er unterscheidet die literarischen Anschlusshandlungen *Interpretation* und *Rezeption* und konstatiert, dass für die Interpretation „wissenschaftlich akzeptable Normen und Regeln" gelten, die für die Rezeption durch „beliebige Leser" gerade nicht gelten. Er führt dies weiter aus:

> *Historisch adäquate Interpretation* soll nun eine solche Interpretation heißen, die im Rahmen wissenschaftlicher Normen und Regeln, die Bedeutung des Textes rekonstruiert, die er in der historischen Phase gehabt hat, von der und für die er ursprünglich produziert worden ist. Interpretation rekonstruiert also die Bedeutung, die eine Textstruktur für einen *optimalen/idealen* Leser der Kultur des Textes gehabt hätte, der über alle die intellektuellen und kulturellen Voraussetzungen verfügt, die zum Verständnis des Textes erforderlich sind und *zudem* in dieser Phase überhaupt zugänglich waren. (Titzmann 1991: 400)

Es soll an dieser Stelle nicht unerwähnt bleiben, dass Titzmann diesen Bezug auf einen idealen Leser erst recht spät und in Abgrenzung zu dem Modell des realen Lesers herstellt, dessen Funktionalisierung er bereits Ende der 1970er Jahre dezidiert abgelehnt hatte. In seiner Monographie „Strukturale Textanalyse. Theorie und Praxis der Interpretation" (Titzmann 1977: 339) geht er davon aus, dass „[e]ine aus einem ‚Metatext' erschlossene Deutung eines ‚Textes' durch seine zeitgenössischen Rezipienten [...] die an dem ‚Text' selbst nachweisbaren Bedeutungen weder bestätigen noch widerlegen" kann. Die später dann vorgenommene Implementierung eines theoretischen (idealen) Lesermodells als funktionales Element seiner ‚strukturalen' Textanalyse lässt demnach die These zu, dass rezeptionstheoretische Ansätze in Deutschland spätestens seit den 1980er Jahren einflussreich genug waren, um auch die Vertreter textbasierter Theorien zu einer verstärkten Reflexion der Leserseite literarischer Bedeutung zu bewegen.

1.2 Vom Text zum Leser

Der Übergang von der zweiten zur dritten, also von der text- zur leserbezogenen Phase wurde ebenfalls als Ausbau der zuvor noch formalistisch und strukturalistisch begründeten Verwissenschaftlichungsbemühung verstanden. Nicht zuletzt, da sich die neuen, dezidiert rezeptionstheoretischen Ansätze der dritten Phase zumindest teilweise noch stärker als ihre strukturalistischen Vorgänger von der romantischen Hermeneutik abgrenzten.[22]

---

22 Martens 1982 (wie auch der gesamte Band Heuermann/ Hühn/Röttger (Hgg.) 1982) zeigt darüber hinaus auf, dass sich die verstärkt leserorientierte Phase der Literaturwissenschaft entgegen der von Jahraus 1994 formulierten These, nicht nur aus der Abgrenzung zu *her-*

Die erste Position der deutschsprachigen Theoriegeschichte, die einen nachhaltigen Einfluss auf leseraffine Ansätze hatte, formulierte Hans-Georg Gadamer. Wenngleich seine epimetheische Hermeneutik heute nicht gerade als Kern der Rezeptionstheorie gilt, so distanziert sie sich von früheren hermeneutischen Ansätzen doch durch eine intensivierte, aber gleichzeitig aktualisierende Rezipientenorientierung. Texte werden nicht mehr anhand der Interpretation *historischer* Subjekte (wie dem zeitgenössischen Leser oder dem Autor selbst) bemessen, sondern sind – dem Verständnis Gadamers nach – einer immer schon perspektivischen Aneignung des jetztzeitig Verstehenden unterworfen. Im Gegensatz zur romantischen Hermeneutik des 18. und 19. Jahrhunderts berücksichtigt sie also keinen vom Hermeneuten unabhängigen historischen Leser, sondern erhält ihre rezeptionstheoretische Fassade durch die Überlagerung der Instanzen des Lesers und des Hermeneuten. Schleiermacher etwa – wie nicht wenige seiner Zeitgenossen – funktionalisiert aber neben dem Autor noch solch ein *theoretisches* Lesermodell, das dem bereits genannten und ebenfalls theoretischen Lesermodell des *idealen Lesers* bei Titzmann ausgesprochen ähnlich ist. Schleiermacher nennt es den ‚ursprünglichen Leser' und konzipiert es als historischen Referenzpunkt des Hineinversetzens in den Autor. Dieses Konstrukt nimmt – so ist an späterer Stelle ausführlicher zu rekonstruieren[23] – als modellierten Zeitgenosse des Autors für das historisch angemessene (grammatische) Verstehen eine privilegierte Position ein.

In Gadamers Hermeneutik ist dieser Leser jedoch nicht mehr vorhanden. Zwar setzt auch Gadamer (wie bereits Schleiermacher) *sich selbst* als letzte Autorität allen Verstehens, er sichert die historische Adäquatheit dieses Verstehens aber nicht mehr über eine Orientierung an dem Autor oder einem theoretischen Modell des historischen Lesers ab. Gadamers Alternativkonzept der Wirkungsgeschichte[24] basiert trotz ihres durch den Wirkungsbegriff nahegelegten Rezeptionsbezugs nicht auf einem Lesermodell, sondern auf der Idee einer konsequent entontologisierten *Horizontverschmelzung*, die als Beschreibungsmodell historischen Verstehens von realhistorischen Rezeptionen und Wirkungen völlig absieht:

> Dass es aber einer solchen wirkungsgeschichtlichen Fragestellung immer bedarf, wenn ein Werk oder eine Überlieferung aus dem Zwielicht zwischen Tradition und Historie ins Klare und Offene seiner eigentlichen Bedeutung gestellt werden

---

meneutischen, sondern ebenso auch durch eine kritische Reflexion *strukturalistischer* Theorien entwickelte.
23 Zu Schleiermachers ursprünglichem Leser vgl. Kapitel III.3.3.3.
24 Vgl. Gadamer [1960] 1972, Kapitel II.1.d: „Das Prinzip der Wirkungsgeschichte" (S. 284–290) und Kapitel II.3: „Analyse des wirkungsgeschichtlichen Bewusstseins" (S. 324–360).

soll, das ist in der Tat eine neue Forderung – nicht an die Forschung, aber an das methodische Bewusstsein derselben – die sich aus der Durchreflexion des historischen Bewusstseins zwingend ergibt.

Es ist freilich keine hermeneutische Forderung im Sinne des traditionellen Begriffes der Hermeneutik. Denn die Meinung ist nicht die, als solle die Forschung eine solche wirkungsgeschichtliche Fragestellung entwickeln, die neben die auf das Verständnis des Werkes unmittelbar gerichtete trete. Die Forderung ist vielmehr theoretischer Art. (Gadamer [1960] 1972: 284)[25]

Diese Forderung ‚theoretische Art' ist noch sichtlich von starken Abgrenzungsbemühungen gegenüber den romantischen Hermeneuten durchzogen. Sie manifestiert sich vor allem in der grundsätzlichen Negation der psychologischen Theorieelemente bei Schleiermacher und Dilthey, denn diese verstünden den Text „nicht auf seinen sachlichen Inhalt hin, sondern als ein ästhetisches Gebilde" (ebd.: 175).[26] Damit macht Gadamer deutlich, dass er dem *ästhetischen* Hineinversetzen eine *sachliche*, weil text- und nicht autorbezogene Aktualisierung der Textbedeutung entgegenstellt.

Letztlich bleibt seine Hermeneutik aber eine aktualisierende und damit epistemologisch betrachtet in hohem Maße abhängig von den Annahmen des wirkungsgeschichtlich arbeitenden Hermeneuten. Inwieweit Gadamer dabei der selbst postulierten *Versachlichung* gerecht werden und sich von den Axiomen der romantischen Hermeneutik überhaupt absetzen kann, bleibt diskutabel und wird im nächsten Kapitel noch ausführlicher besprochen werden müssen;[27] nicht zuletzt, da Gadamers Ansatz eine immense Attraktivität für rezeptions- und wirkungsästhetische Positionen besaß, wie sie seit der zweiten Hälfte der 1960er Jahre vor allem an der damals neu gegründeten Universität Konstanz entwickelt wurden. Und das, obwohl der wirkungsgeschichtliche Ansatz – wie Gunter Grimm (1977a:

---

25 Wie stark das wirkungsgeschichtliche Prinzip Gadamers auf einem einigermaßen unreflektierten Traditionsverständnis beruht, zeigt Habermas in seiner wichtigen, hier aber nur stark verkürzt wiederzugebenden Debatte mit Gadamer (abgedruckt in Habermas/Henrich/Taubes (Hgg.) 1971): „Gadamers Vorurteil für das Recht der durch Tradition ausgewiesenen Vorurteile bestreitet die Kraft der Reflexion, die sich doch darin bewährt, dass sie den Anspruch von Traditionen auch abweisen kann. Substantialität zergeht in der Reflexion, weil diese nicht nur bestätigt, sondern dogmatische Gewalten auch bricht. Autorität und Erkenntnis konvergieren nicht" (Habermas 1971 #445}: 49f.). Gadamers letztlich nur den Reflexionsbegriff Habermas kritisierende Verteidigung findet sich im gleichen Band; im Rückgriff auf die Habermas-Kritik des Soziologen Hans Joachim Giegel betont er, dass „Habermas der Reflexion eine falsche Macht" zuschreibe (Gadamer 1971: 309). Gadamer hält den Habermas'schen Einwand insgesamt aber wohl für indiskutabel, immerhin schreibt er im direkten Anschluss daran: „Kehren wir zurück zu dem, worüber sich diskutieren lässt" (ebd.: 310).

26 Zur Abgrenzung von Schleiermacher siehe Gadamer [1960] 1972: 174f., zur Abgrenzung von Dilthey S. 181f.

27 Vgl. hierzu das Kapitel I.1.4.

115f.) herausstellt – fachgeschichtlich betrachtet in der von diesen Positionen eher kritisch eingeschätzten traditionellen Einflussgeschichte wurzelt.[28] Die Konstanzer Wirkungs- und Rezeptionsästhetiken betonen hingegen einerseits ihren Bezug auf die Gadamer'schen Annahmen bezüglich der Möglichkeiten (literatur-)historischen Verstehens, andererseits aber auch die kritische Übernahme formalistisch-strukturalistischer Axiome.[29] Jauß (1970: 171) etwa schreibt, die „Geschichtlichkeit der Literatur" beruhe nicht auf einem „post festum erstellten Zusammenhang ‚literarischer Fakten', sondern auf der vorgängigen Erfahrung des literarischen Werkes durch seine Leser".[30] Erkennbar wird dabei unschwer eine vom (russischen) Formalismus ausgehende Bewegung hin zu stärker rezeptionsbezogenen Fragestellungen.

Obgleich es neben Jauß eigentlich Iser ist, der ein genuines *Leser*konzept als Grundlage der Rezeptions-, bzw. Wirkungsästhetik einführt, müssen sich beide Theoretiker immer wieder der Kritik (besonders empirieaffiner Provenienz) stellen, dass sie zwar mit dem Leser *kalkulieren*, ihn aber keinesfalls *untersuchen* würden.[31] Stark pointiert, aber gerade darum

---

28 Nach Grimm (1977a) geht die Wirkungsgeschichte über die Rezeptionsgeschichte hinaus, weil sie nicht nur nach der Rezeption fragt, sondern die Rezeption selbst wieder als produktionsbeeinflussende Größe versteht (siehe ebd. 184–205). Wirkungsgeschichte fragt auch nach der Wirkung eines ‚Künstlers' auf den anderen und somit nach „der Intention des rezipierenden Produzenten" (ebd.: 116).

29 Diese strukturalistische Beeinflussung von Jauß und Iser stellt Gunter Grimm dar in Grimm 1977a: 136–141, siehe aber auch Peter Bürger (Bürger 1979: bes. 133–146), der Jauß' Theorie als *neoformalistisch* bezeichnet. Rainer Warnung schreibt: „Tatsächlich hat sich nun aber die Rezeptionsästhetik historisch gerade im Anschluss und auf der Basis eines semiotisch fundierten Kunstbegriffs entwickelt […]" (Warning 1975: 9). Den Anschluss an Gadamer beschreibt Klaus Hempfer (Hempfer 2002: 19). Der aktuelle Forschungsstand zum Einfluss Gadamers auf die Literaturwissenschaft findet sich in dem Sammelband von Carsten Dutt (Dutt (Hg.) 2012), zu dem u. a. Gerhard Buhr, Rüdiger Görner, Norbert Groeben, Jean Grondin, Sandra Kluwe, Tilmann Köppe, Dieter Teichert, und David Wellbery beigetragen haben.

30 Fast wortgetreu so auch auf Seite 9. Hier und im Folgenden wird die 1970 erschienene, stark erweiterte, überarbeitete und durch andere Aufsätze ergänzte Fassung der 1967 gehaltenen und erstpublizierten Antrittsvorlesung (vgl. Jauß 1967) zitiert.

31 Willenberg 1978: 7 schreibt: „Die Rezeptionswissenschaft kalkuliert mit dem Leser – aber sie untersucht ihn nicht". Der Grund hierfür ist die stark hermeneutische Fundierung der Konstanzer *Rezeptionsästhetik*, die sich dadurch von der etwa zeitgleich entwickelten *Rezeptionstheorie* in der DDR unterscheidet. Diese marxistisch fundierte Position wurde besonders durch einen Band von Peter Uwe Hohendahl (Hg. 1974b) außerhalb der DDR bekannt, aber auch durch den Beitrag von Mandelkow auf der Stuttgarter Germanistentagung von 1972 (Tagungsband: Müller-Seidel (Hg.) 1974): Mandelkow 1974, wiederveröffentlicht in Mandelkow 1976a. Zu den Differenzen und dem komplexen Verhältnis der Ost- und Westdeutschen Ansätze zuletzt Schöttker 2005 und Friedrich 2009, siehe bes. 599–604, zuvor schon Köhler 1990. Eine frühe und umfassende sowohl wissenschaftsgeschichtliche als auch wissenschaftstheoretische Rekonstruktion findet sich bei Danneberg/Schernus/Schö-

erwähnenswert ist eine Formulierung Günter Waldmanns, der 1981 schreibt, der Leser sei

> gegenwärtig eine wichtige Größe in der Literaturwissenschaft, doch eine recht problematische. Er ist, behaupte ich, etwas wie das Einhorn der Literaturwissenschaft: er taucht dauernd in Rezeptionsästhetik, -empirik und -pragmatik, in Rezeptionstheorie, -wissenschaft und -geschichte, in literarischer Kommunikationstheorie, in Wirkungsforschung und Wirkungsgeschichte auf und ist dort wie überhaupt sehr angesehen; es gibt ihn nur nicht. Der Leser ist ein literaturwissenschaftliches Fabelwesen. (Waldmann 1981: 105)

Die dergestalt monierte Tendenz der Entontologisierung des Lesers,[32] wie sie die Konstanzer Rezeptions- und Wirkungsästhetik neben anderen Ansätzen betreibe – wobei Waldmann an dieser Stelle etwas zu weit ausholt, denn einige der von ihm genannten Positionen gehen durchaus reflektiert mit dem Leser als empirischer Instanz um –, ist als unmittelbare Folge der Übernahme der Gadamer'schen Theorie historischen Verstehens zu erklären. Die Kritik von Seiten empirischer und damit auf den realen Leser bezogener Positionen an der Konstanzer Ästhetik ist jedoch insofern unberechtigt, als weder Jauß noch Iser ein Forschungsvorhaben formuliert hat, dass sich dezidiert auf *reale* (historische) Leser bezieht. Ihrem eigenen hermeneutischen Anspruch gemäß stellen sie stattdessen ein abstraktes Bezugssystem von Erwartungen als Grundlage ihrer Objektivitätsbemühungen in den Fokus ihrer Theoriebildung. Dieses Bezugssystem denken sie nicht als das singulärer realer Leser, sondern als *Rezeptionsbedingung* bestimmter historischer Zeiträume. Für die jeweiligen Phasen konstatieren sie eigene literarische Normen, Gattungspoetiken,[33] spezifische intertextu-

---

nert 1995, die ihre Arbeit besonders vor dem Hintergrund der Frage nach einer Internationalisierung der Literaturwissenschaft verstanden wissen wollen (vgl. hierzu den Band Danneberg/Vollhardt (Hgg.) 1996 und bes. den Beitrag Danneberg/Schönert 1996). Trotz aller Differenzen der in diesen stark unterschiedlichen Wissenschaftssystemen entstandenen Varianten der Rezeptionstheorie, sehen Danneberg/Schönert eine, für beide Systeme feststellbare Gemeinsamkeit in der internen Aufgliederung und Pluralisierung der Beschäftigung mit Literatur. Eine späte Reflexion aus der Sicht der ehemaligen (Ost-)Berliner Rezeptionstheorie schreibt Naumann 2003.

32 Auch Friedrich 2009: 604 vertritt diese Einschränkung, fokussiert jedoch mehr die Textbezogenheit von Iser: „Mit der Instanz des Lesers meint die Konstanzer Rezeptionsästhetik jedoch gerade nicht den empirischen Leser, sondern ein Bauelement des Textes. Diese Instanz bezeichnet Iser als impliziten Leser. [...] Damit ist unmissverständlich gesagt, dass sich die Rezeptionsästhetik als Ansatz von der historischen Rezeptionsforschung absetzte".

33 In der Regel wird in der Forschung nicht spezifiziert, welche Textgattung oder Textsorte denn überhaupt von Lesern gelesen wird, wenngleich unterschiedliche Gattungen gewiss nicht die gleichen Leseprozesse evozieren. So bleibt die Frage hinsichtlich generisch variabler Rezeptionsformen quasi unbeantwortet. In den meisten Fällen, und hier ist sicherlich Isers Fokussierung auf den englischen Roman ‚mitschuldig', ist bei einem Bezug auf das Lesen und den Leser das Rezipieren und der Rezipient *von Romanen* gemeint.

elle Verweise usw., die aber allesamt nicht aufgrund von Aussagen historischer Rezipienten aus diesen Zeiträumen zu eruieren sind, sondern abstrakt aus dem literaturhistorischen Wissens des Hermeneuten selbst generiert werden. Damit gehen sie hinsichtlich der Objektivierbarkeit ihrer bereits wieder als ‚interpretativ' zu bezeichnenden Aussagen weder über Gadamers *Versachlichung* noch über die formalistisch-strukturalistische *Verwissenschaftlichung* hinaus. Betrachtet man dies fachgeschichtlich, lässt sich bei Jauß und Iser kein nennenswerter theoretischer Progress feststellen (obwohl sie es waren, die als erste von der Rezeptionsbezogenheit als dem *neuen Paradigma*[34] der Literaturwissenschaft sprachen). So resümiert auch Manfred Engel (1993: 439f.), als bereits wenige Semester nach Jauß' Abschiedsvorlesung 1987 keine neuen theoretischen Impulse mehr aus Konstanz zu erwarten waren, nicht zu Unrecht: „Was etwa ist von der Rezeptionsforschung geblieben als ihr Kernvokabular – ‚Leerstelle', ‚Erwartungshorizont', etc. – und ganz allgemein ein größeres Interesse am Leser?"[35]

---

34 Die Rede vom „Paradigmenwechsel" und dem „neuen Paradigma" der Leser- und Rezeptionstheorien wurde spätestens seit Mitte der 1970er Jahre geradezu skandiert. Einer der Vorredner war Jauß (erstmals in Jauß 1969), der just ein kritisches Reflexionsniveau realisierte, das später kaum noch erreicht werden konnte, bzw. erreicht werden wollte. Und dabei verwies er lediglich darauf, dass es sich erst erweisen müsse, „ob die Interaktion von Produktion und Rezeption, von Autor, Werk und Publikum als hermeneutische Theorie wie als Muster und Legitimation der interpretatorischen Anwendung auf lange Sicht eine Umorientierung der Forschung und neue Kanonbildung der Praxis zu tragen vermag" (Jauß 1975a: 327). Hierzu auch Gumbrecht 1975: 388f.; Adam 2003: 11; revisionistisch (mit weiteren Literaturhinweisen) Vollhardt 2003: 190; relativistisch Hohendahl 2003 und mit normativem Impetus – wohl zu Initiationszwecken seines empirischen Ansatzes – spricht ebenfalls vom Paradigmenwechsel Groeben 1977: 4–15: bes. 14, später auch in Groeben 1994. Alle beziehen sich auf Kuhn 1962. Friedrich 2009 kann plausibel aufzeigen, dass Jauß vor allem in der Rolle eines „durchsetzungsbewussten Wissenschaftspolitikers" auftrat, der „ein neues Paradigma der Literaturwissenschaft etablieren" wollte, wobei sich aber schnell zeigte, „dass der paradigmatische Anspruch der Rezeptionsästhetik nicht aufrecht zu erhalten war" (ebd.: 610; ähnlich auch Wyss 1974: bes. 153). Jauß verklärt dieses ‚Scheitern' aufs Deutlichste in seiner Konstanzer Abschiedsvorlesung, die er wie folgt einleitet: „Die Rezeptionsästhetik gehört zu den Theorien, die sich mit einer neuen Fragestellung so erfolgreich durchgesetzt haben, dass im nachhinein unverständlich wird, warum ihre Probleme jemals Probleme waren. […] Von einem Paradigmenwechsel in der Literaturwissenschaft zu sprechen rechtfertigt das weltweite Echo der von der ‚Konstanzer Schule' konzipierten Rezeptionstheorie" (Jauß 1987: 5). Vollhardt 2003: 192 konstatieren, dass mit diesem Text „das Konstanzer Projekt endgültig das Stadium der Historisierung" erreicht hatte. Vgl. hierzu die folgende Anm. 35.
35 Mit diesem Zitat beginnt auch die Einleitung des Bandes (Adam 2003: 11), der sich u. a. den hier gestellten Fragen widmet. Eine umfangreiche Auswahl an „historisierende[n] Zusammenfassungen des Gesamtkonzepts" der Rezeptionsästhetik findet sich bei Friedrich 2009: 619, Anm. 102; in Anm. 103 weist er ebenfalls darauf hin, dass die Rezeptionsästhetik bereits Mitte der 1990er Jahre als *wissenschaftshistorisches* Problem besprochen wurde (wo-

In der Gadamer'sche Theorietradition stehen aber nicht nur die Konstanzer Rezeptions- und Wirkungsästhetik, sondern ebenso poststrukturalistische Positionen. Der bei Gadamer noch als Problem virulenten Horizontverschmelzung sprechen sie allerdings jegliche Relevanz ab. Sie lesen literarische Text nicht mit dem Anspruch einer *sachlichen* Aktualisierung, sondern – soweit das verallgemeinert werden kann – mit dem Verweis auf die mit dem Lesen ‚notwendig' einhergehende *subjektivierende* Aktualisierung der Textbedeutung durch den Leser. Das von ihnen für die ‚epistemische Situation'[36] des Textverstehens vorausgesetzte Erkenntnisverfahren geht so auch weit über die von Gadamer betonte Reflexion des *Interpreten* als autoritärem Erkenntnissubjekt hinaus. Es übersteigert diese Annahme letztlich bis hin zu dem Postulat der prinzipiellen Unmöglichkeit eines wissenschaftlichen Umgangs mit literarischen Texten. Als vielfältig variierter Begründungszusammenhang wird dabei in der Regel die ‚Unhintergehbarkeit' der Subjektivität des Lektüre-Aktes genannt.[37] Diese wiederum beruht auf der semiotischen Disqualifikation des Signifikats zugunsten des Signifikanten.[38] Explizit ausformulierte Leserkonzepte finden sich, wie schon bei Gadamer,[39] in poststrukturalistischen Ansätzen weniger.

---

bei er sich nicht auf Engel 1993, sondern auf Danneberg/Schernus/Schönert 1995 bezieht).
36   Vgl. zu diesem Begriff Danneberg 2002 und Danneberg 2006a.
37   Frank 2006: 7: „Eine These ist in Mode gekommen. Sie besagt, das neuzeitliche Subjekt – in allen seinen Schattierungen: als ‚reine Apperzeption', als Mensch, Person oder Individuum – sei theoretisch wie praktisch ‚am Ende'. Die These als solche ist nicht neu, aber der Vorwurf mangelnder Originalität entkräftet nicht schon ihre Pertinenz. Heute wird sie vor allem von Positionen vertreten, die sich selbst als ‚postmodern' oder ‚dekonstruktivistisch' bezeichnen […]. Ich möchte dieser These auf möglichst differenzierte Weise widersprechen".
38   Derrida wird kritisch und trotz harscher Ablehnung äußert differenziert vor dem Hintergrund romantischer Hermeneutik besprochen von Frank 2006: 122–131. Noch wesentlich ausführlicher geht Manfred Frank auf Derridas Zeichentheorie ein in Frank 1997, 5. und 27. Vorlesung (S. 88–115, 520–540). Zipfel 2001: 56 verhält sich ähnlich dezidiert zur ‚poststrukturalistischen' Zeichentheorie: „Die Kategorie der Referenz in bezug auf sprachliche Phänomene grundsätzlich auszusparen und als unhaltbar zu kritisieren, kann man mit G. Currie als eine der größten kulturwissenschaftlichen Absurditäten des 20. Jahrhunderts bezeichnen".
39   Er klärt aber zumindest, wer sich *nicht* als Leser oder Interpret eignet: Der Autor. „Daraus folgt auch […], dass der Künstler, der ein Gebilde schafft, nicht der berufene Interpret desselben ist. Als Interpret hat er vor dem bloß Aufnehmenden keinen prinzipiellen Vorrang an Autorität. […] Die Meinung, die er als Reflektierender hat, ist nicht maßgebend. Maßstab der Auslegung ist allein, was der Sinngehalt seiner Schöpfung ist, was diese ‚meint'. Inwiefern dieses vom Text ‚Gemeinte' bestimmbar ist, bleibt weitestgehend unklar, scheint jedoch aufgrund der wirkungsgeschichtlichen Vorannahmen Gadamers Sache des Interpreten zu sein. Erschwert wird eine konkrete Bestimmung des Gadamer'schen Leser- oder Interpretenkonzepts dadurch, dass er i. d. R. in der unkonkreten und generalisierenden grammatischen 1. Person Plural schreibt: „Wenn wir […] unterliegen wir"; „sich uns";

Vielmehr wird das Lesen (bzw. die Lektüre) in den Fokus der Theoriebildung gestellt, was jedoch nicht das Vorhaben generell unmöglich, bzw. unnötig macht, die für eine Theoretisierung des Lesens vorausgesetzten *Leserkonzepte* zu rekonstruieren. Eben dies wird im Kontext der epistemologischen Ausdifferenzierung von Lesermodellen geleistet werden,[40] wobei die postmodernen Positionen neben anderen Ansätzen in der Kategorie *subjektivistischer* Lesermodelle verortet werden. Sie lassen sich von *objektivistischen* und *interaktionistischen* Lesermodellen unterscheiden.

Neben der bis hierhin vorgestellten fachgeschichtlichen Herleitung der in dieser Arbeit unternommenen *ontologischen* (real/nicht-real) und *epistemologischen* (subjektivistisch/objektivistisch/interaktionistisch) Kategorisierung literaturtheoretischer Lesermodelle, wird in einem weiteren Kapitel eine noch stärker meta-theoretisch orientierte Fragestellung verfolgt werden. Diese untersucht den *funktionalen Status* von Lesermodellen, wobei zum einen die praktischen Funktionen untersucht werden, die Lesermodelle bei der *Interpretation* literarischer Texte übernehmen. Zum anderen soll eine Antwort darauf gefunden werden, in welchem Verhältnis und in welchen Abhängigkeiten literaturwissenschaftlicher *Theoriebau* und dabei funktionalisierte Lesermodelle zueinander stehen. Die theoretisch-methodologischen Vorkenntnisse hierfür werden in Kapiteln zur methodischen und historischen Adäquatheit von Lesermodellen, zu den Problemen der Lesertheorien als Folge ihrer Interdisziplinarität und zur Methodologie der vorgenommenen Kategorisierungen der Modelle erarbeitet.[41]

Doch bevor dies angegangen werden kann, ist die begonnene Theoriegeschichte zu einem zumindest knapp zu skizzierenden Ende in der Gegenwart aktueller Theoriebildung zu bringen. Die heutige Forschungslage ist, auch was ihren Leserbezug betrifft, als stark heterogen zu beschreiben: Doch ist sie heterogen nur hinsichtlich des *Modus* der Theoretisierung dieses Lesers, der in hermeneutischen, empirischen, kognitionswissenschaftlichen, didaktischen und vielen anderen Subdisziplinen des Faches diskutiert wird. Einig ist man sich hingegen über die grundsätzliche, inzwischen konsensual weitestgehend akzeptierte theoretische Relevanz des Lesers selbst (in welcher ontologischen, funktionalen oder epistemologischen Variante er auch immer modelliert wird). In einem gewissen Kontrast zu diesem theoretischen Leserbezug steht der Umgang mit dem Leser in

---

„wir vergessen [...] wenn wir"; „Naivität unseres Verstehens, [...] in der wir". Unterstrichen wird dies durch starke *obscuritas*: „Das historische Bewusstsein soll sich bewusst werden" (alle Beispiele in Gadamer [1960] 1972: 284).

40 Vgl. hierzu das Kapitel III.3.1 und sämtliche Unterkapitel.
41 Vgl. die Kapitel II.1 und II.2.

der literaturwissenschaftlichen *Interpretationspraxis*, wie Teresa Hiergeist kritisch vermerkt:

> Zwar würde auf dem Papier jeder Forscher die essentielle Rolle des Lesers für die Literatur unterschreiben; nichtsdestotrotz konzentriert sich das Gros der Veröffentlichungen, *die direkt mit dem Text arbeiten*, nach wie vor auf hermeneutische oder strukturalistische Herangehensweisen. Die Suche nach der Bedeutung eines Textes und der Diskurs über die Autonomie des Ästhetischen halten den Leser systematisch aus dem Werk heraus. (Hiergeist 2012, Abs. 2 [Herv. v. M. W.])

2 Das Forschungsvorhaben

2.1 Der reale Leser in der historisierenden Rezeptionsanalyse

Die folgende pragmatische Fokussierung dieser unbefriedigenden Situation – die sich mit der Aufspaltung des Faches in eine *praktische*, auf den literarischen Gegenstand bezogene und eine davon weitestgehend unabhängige *theoretische* Ausrichtung begründen lässt – kann die oben skizzierten Probleme hermeneutischer Lesertheorien *en détail* beleuchten. Sie wird zeigen können, dass der neuralgische Punkt bei der Differenzierung einzelner Ansätze die Selbstpositionierung des Literaturwissenschaftlers ist. Diese Verortung lässt sich durch die jeweilige Antwort eines Ansatzes auf die Frage beschreiben, ob der Literaturwissenschaftler *innerhalb* oder *außerhalb* der literarischen Kommunikationssituation zu platzieren sei. Ist dieser Schritt getan, kann die eigentliche kategorisierende und systematisierende Arbeit beginnen. Als ihr Resultat wird ein eindeutiges Begriffs- und Beschreibungsinventar zur Unterscheidung literaturwissenschaftlicher Lesermodelle anvisiert. Die so gewonnene beschreibungssprachliche Präzision besteht mithin darin, dass die ungenaue Rede von *dem* Leser als eine weder epistemologisch, ontologisch noch funktional zureichend bestimmte Instanz in Zukunft vermieden werden kann. Dass diesbezüglich noch keine begrifflichen Angebote seitens der Rezeptionstheorien gemacht wurden, steht in krassem Kontrast mit der dem Leser in seinen unterschiedlichen Manifestationen zugeschriebenen Relevanz und legitimiert die in dieser Arbeit umgesetzte ausführliche Rekonstruktion der meisten, aber nicht aller literaturwissenschaftlichen Lesertheorien. Diese Analysen sind dabei allesamt ausgerichtet auf eine recht spezifische Fragestellung, die überhaupt erst den Anlass für die hier vorgelegte Untersuchung von Lesermodellen gibt. Sie ist motiviert durch die hermeneutische Diskussion um die Möglichkeiten der *adäquaten Historisierung* literarischer Texte: Diese Perspektive wird aber, um es noch konkreter zu machen, eingeschränkt auf die Rekonstruktion der *zeitgenössischen* Rezeption eines Textes in seinem

Publikationszeitraum. Solch eine rezeptionsanalytische Ausrichtung unterscheidet sich grundsätzlich von historisierenden *Primärtextinterpretationen*, wie sie Titzmann[42] vorgeschlagen hat und wurde an anderer Stelle bereits von Katja Mellmann und mir hinsichtlich ihrer theoretischen und methodischen Prämissen beschrieben (Mellmann/Willand 2013).

Mit dieser so genannten *historischen* oder *historisierenden Rezeptionsanalyse* wird die oben kurz diskutierte hermeneutisch-theoretische Sphäre bereits wieder verlassen und durch die ganz ‚handfeste' Analyse (im besten Fall sämtlicher) greifbarer Sekundärtexte aus dem Publikationszeitraum eines bestimmten zu historisierenden literarischen Primärtextes ersetzt. „Rezeptionsanalyse" soll dabei den spezifischen analytisch-rekonstruktiven Umgang mit den Sekundärtexten beschreiben. „Rezeptionsforschung" hingegen fasst all die Ansätze zusammen, die *im Anschluss* an die Rezeptionsanalyse durch interpretative, systematisierende, kontextualisierende oder ähnliche Anschlussprozesse die analytisch gewonnenen Daten ‚verarbeiten'. Das in jedem Fall vorausgesetzte Lesermodell ist das eines *realen* Lesers. Welche großen Vorteile (und wie wenig Nachteile) die Funktionalisierung historischer Leser und ihrer Rezeptionszeugnisse für eine historisierende Literaturwissenschaft hat, kann nur in einer umfassenden Gegenüberstellung mit anderen Lesermodellen plausibel gemacht werden. Genau das soll diese Arbeit leisten. Sie findet einen Abschluss durch den praxeologischen Vergleich historisierender Ansätze der Literaturwissenschaft. Historisierungsversuche, die sich auf *nicht-reale* Lesermodelle, wie etwa Isers impliziten Leser stützen, werden darin ebenso untersucht wie Historisierungsversuche, die *reale* Leser und deren Rezeptionszeugnisse funktionalisieren. Der Vergleich setzt dabei die Praktikabilität von Lesermodellen als positive Wertungskategorie dieser Modelle voraus und stellt die je *theoretisch postulierten* Funktionen realer und nicht-realer Lesermodelle ihrer *praktischen* Anwendbarkeit in primärtextinterpretativen Einzelstudien gegenüber.

2.2 Die pragmatische Umsetzung dieses Forschungsvorhabens

Vor dem Hintergrund der nun nachvollzogenen Theoriegeschichte kann die Frage nach der Funktionalisierung des Lesers im Rahmen einer pragmatischen Unterscheidung von Autor, Text und Leser ausgearbeitet werden. Differenziert man die Begriffe der *literarischen* Kommunikation(ssitua-

---

[42] Vgl. oben S. 8.

tion) und der *fiktionalen* Kommunikation(ssituation),[43] wobei die erstgenannte durch *reale* und die zweitgenannte durch *fiktionale* Instanzen konstituiert ist, wird sogleich deutlich, dass sich der Geltungsbereich der Annahmen dieses Kapitels durch die pragmatische Ausrichtung auf den *realen* Leser beschränkt.

Die bereits angeführte strukturalistische Betonung der poetischen Funktion literarischer Texte findet sich genauer betrachtet in zwei Varianten, die sich hinsichtlich ihrer Leserkonzepte unterscheiden: Eine Position, die den *realen* Leser als historische Instanz zumindest *theoretisch* funktionalisiert und eine Position, die neben dem Wissenschaftler keinen wieteren Leser mehr berücksichtigt. Der erstgenannte Ansatz, der sich auf den realen Leser bezieht, abstrahiert jedoch teilweise so stark von ihm, dass nicht mehr von realen, sondern von *theoretischen* oder *probabilistischen* Lesermodellen gesprochen werden muss. Dies wird in einem Kapitel eigens zu dieser Problematik verhandelt.[44] Das hier eigentlich hervorzuhebende pragmatische Argument, das die beiden strukturalistischen Positionen in ihrer Verschiedenheit aufzeigt, bezieht sich nun aber auf das Verhältnis des Literaturwissenschaftlers zur literarischen Kommunikationssituation und damit auch auf das entsprechende Lesermodell. Die frühen, slawischen Positionen unterscheiden dabei eindeutig den Wissenschaftler und den gegebenenfalls historischen realen Leser; so auch Mukařovský ([1944/ 1966] 2003) in seiner Arbeit zur *Persönlichkeit* in der Kunst. Das folgende Zitat aus einem allgemeineren Aufsatz zum „Strukturalismus in der Ästhetik und in der Literaturwissenschaft" (1967a) ist hierbei insofern interessant, als es zeigt, dass Individualität dem realen Leser, nicht aber dem (strukturalistischen) Literaturwissenschaftler als Eigenschaft zugesprochen wird:

> [D]ie Entstehung des Individuums des Autors interessiert [die strukturalistische Ästhetik] weit weniger als die Frage nach der Funktion, die der Faktor der Individualität im künstlerischen Geschehen und in der Entwicklung der künstlerischen Struktur überhaupt hat. Als Faktor im Sinne dieses Begriffs erscheint nicht nur das Individuum des Autors, sondern auch das des Aufnehmenden, das oft aktiv als Mäzen, als Auftraggeber, Kritiker, Verleger usw. in die Entwicklung der Kunst eingreift. (Mukařovský 1967a: 16)

---

43 Vgl. hierzu Jannidis 2004: 15–81, der die genannte Unterscheidung ebenfalls trifft, wobei er die Ebene der fiktionalen Kommunikation, wie im narratologischen Kontext durchaus plausibel, weiter ausdifferenziert und von insgesamt drei Ebenen spricht: „Aus der Vogelperspektive lassen sich in der narrativen Kommunikation drei interagierende Ebenen unterscheiden: der reale Autor und das reale Publikum, der Erzähler und der Modell-Leser […] sowie die Figuren" (ebd.: 81).

44 Vgl. das Kapitel III.1.1.

Die zweite Position, die keinen vom Wissenschaftler unabhängigen Leser annimmt, bleibt vorwiegend der Idee der Textimmanenz treu und rekrutiert sich besonders aus der deutschsprachigen Nachkriegsgermanistik.[45] Wie auch die Hermeneutik Gadamers und die Lektürekonzepte der poststrukturalistischen Ansätze müssen text- oder werkimmanente Arbeiten zumindest aus pragmatisch-kommunikationstheoretischer Perspektive als theoretisch wenig fortschrittlich verstanden werden. Sie geben die bereits von den Genfer Strukturalisten als relevant erkannte Trennung zwischen dem an der literarischen Kommunikationssituation *teilnehmenden* Leser und dem diese Kommunikation *beobachtenden* Literaturwissenschaftler auf.

So lässt sich in der jüngeren Geschichte der Hermeneutik – und nur für diese gilt folgende Aussage – bis in die 1960er Jahre hinein eine regressive Tendenz der Konzeptualisierung von Lesermodellen beobachten. Als *vorläufiger* Kulminationspunkt dieser Entwicklung muss Gadamers Theorie des historischen Verstehens gelten. In ihr findet der abgelehnte Autorbezug keine alternative Interpretationsautorität mehr in einem explizit ausformulierten Lesermodell, sondern in der *transsubjektiven* Geschichtlichkeit des Verstehens, bzw. aller Verstehenden selbst, wodurch sie die wirkungsgeschichtliche Dimension ergibt. Nach diesem Modell muss ein „wirklich historisches Denken [...] die eigene Geschichtlichkeit mitdenken", wobei Gadamer ([1960] 1972: 283) nicht bloß die individuelle Geschichtlichkeit einzelner Leser oder Hermeneuten meinen kann, sondern vielmehr die „Wirklichkeit der Geschichte ebenso wie die Wirklichkeit des geschichtlichen Verstehens". Er nennt „das damit Geforderte Wirkungsgeschichte". Wie Klaus Hempfer (2002: 19, 1983: 9) aber plausibel machen kann, wendet sich eine dergestalt konzipierte Geschichtlichkeit des Verstehens quasi ‚von selbst' in ihre eigene Antithese, denn letztlich besitzt sie einen „radikal ungeschichtlichen, modernistisch-aktualisierenden Charakter".[46] Folg-

---

45 Diese Position kann im Folgenden unbeachtet bleiben. Ihre Vertreter wären etwa Wolfgang Kayser (1948), Emil Staiger (1951), Erich Trunz (1952) [bereits 1942 für eine Tagung geschrieben, aber wegen des Krieges nicht vor 1952 in gesprochener oder geschriebener Fassung veröffentlicht], Heinz Kindermann (1957), aber auch „Germanisten wie Kurt May, Heinz-Otto Bürger, Oskar Seidlin, Paul Stöcklein, [...], August Closs und Heinrich Henel [...] verzichteten weitestgehend auf jede gesellschaftliche Relevanz und beschränkten sich allein auf das Werkimmanente" (Hermand 1992: 567). Als exemplarische deutsche werkimmanente Arbeiten gelten „Die Logik der Dichtung" von Käte Hamburger (1957), „Geschlossene und offene Form im Drama" von Volker Klotz (1960) und „Typische Formen des Romans" von Franz Karl Stanzel (1964). Eine allgemeine Überblicksdarstellung findet sich in Danneberg 1996. Die Auswirkung textimmanenter Theoriebildung auf rezeptionstheoretische Ansätze untersucht Lämmert 2003.

46 Wie zuvor ausgeführt, versteht er das *Mitschwingen* aktueller Assoziationen in der Interpretation historischer Texte nicht als Bereicherung, sondern als einen substanziellen Eingriff in

lich begibt sich ebenso Jauß „in einen unaufhebbaren Widerspruch [...], wenn er gleichzeitig an den Grundlagen der Gadamerschen Hermeneutik und der methodischen Metapher von der ‚Horizontverschmelzung' festhält" (ebd.: 19, ebd.: 10).[47] Der Grund ist, dass die eigene und die historisch-fremde Rezeptionsleistung in dieser Konzeption *gleichzeitig* differenziert und synthetisiert werden müssen (vgl. hierzu auch Steinmetz 1974).

Auch poststrukturalistische Positionen negieren bekanntlich die interpretative Relevanz des Autors und die ‚anderer' Leser. Sie gehen jedoch noch einen Schritt weiter und übersteigern aufgrund ihrer Priorisierung eines autonom gedachten Zeichensystems die Gadamer'sche Bedeutungskonzeption der Geschichtlichkeit des Verstehens. So teilen sie auch gewisse Vorbehalte bezüglich der epistemologischen Vorteile, die reale (historische) Leser gegenüber einem Literaturwissenschaftler haben. Empirische Rezeptionstheorien hingegen sehen diese Vorteile, die im Verlauf der Arbeit deutlich gemacht werden sollen. Diese Positionen berufen sich nicht auf die Geschichtsphilosophie Gadamers, sondern vor allem auf nachbarwissenschaftliche Forschungskonzepte und -ergebnisse. Die Frage nach den Möglichkeiten der Eruierung von Daten über subjektive Rezeptionsakte beantworten sie prinzipiell affirmativ.[48] Dies führt zu der vorerst paradox erscheinenden Aussage, dass der Bezug auf diese *subjektiven* Rezeptionsakte zu einem wissenschaftlicheren, weil *objektiveren* Verständnis literarischer Texte führen soll. Durch die Verortung dieser Aussage im Rahmen der *Empirisierung* des Faches – besonders durch sozialgeschichtliche, bzw. sozialwissenschaftliche und empirische, literatursoziologische, -psychologische und -didaktische Ansätze – kann sie jedoch leicht plausibilisiert werden.[49] Die Stoßrichtung dieser Positionen lässt sich in der Frage zusammenfassen, ob und wie die Untersuchung der hochsubjektiven Konkretisationen einzelner realer Leser (in ihrer Summe) wissenschaftlich reliable, und das heißt vor allem *intersubjektiv nachprüfbare* Erkenntnisse über Literatur zu produzieren in der Lage ist, ohne lediglich Aussagen über diese Leser selbst zu machen.[50] Die Anschlussoperationen unterscheiden sich dann stark nach Disziplin, wobei angesichts der Viel-

---

     den Text, als ein *Umschreiben*, „dass genauso gravierend [sei], als wenn man die morphologische oder syntaktische Gestalt verändert[e]" (Hempfer 2002: 19).

47 Zu diesem Widerspruch, über Hempfer hinausgehend auch Pasternack 1975: 136–146, bes. 141f. unter Rückgriff auf Groeben 1972: 152.

48 Als besonders frühes Beispiel sollen hier die Beiträge des Sammelbands Heuermann/ Hühn/Röttger (Hgg.) 1982 angeführt werden.

49 Vgl. auch Schreier 2009: 721, die zumindest einige dieser Disziplinen als Einflussfaktoren der Empirisierung nennt.

50 Zu dieser Forderung siehe Schmidt 1975 und die Rekonstruktion seiner Objektivitätsforderung als intersubjektive Nachprüfbarkeit in Kapitel III.3.2.

zahl von Positionen und Theoretisierungsversuchen des Leser zu zeigen sein wird, dass bereits die ontologische Basisdifferenzierung von *realem* und *nicht-realem* Leserkonzept höchst problematisch ist. So setzen empirisch Erhebungen immer die Interpretation der gewonnenen Daten voraus. Dies führt zu der Beobachtung, dass auch empirische Ansätze nicht mehr zwangsläufig Aussagen über reale Leser formulieren. Aufgrund des hohen Abstraktionsgrades der durch Theorie und Erhebungsmethode beeinflussten Daten, können die Lesermodelle empirischer Ansätze nicht uneingeschränkt als *real* gelten, sondern müssen häufig als *theoretisch* oder *probabilistisch* beschrieben werden. Gerade anhand von probabilistischen Modellen wie dem *Durchschnittslesern* wird die Diskrepanz zwischen dem Anspruch der Beschreibung realer Leser und den Aussagereichweiten der dafür funktionalisierten Lesermodelle deutlich gemacht werden können.[51] In literaturtheoretischen Texten werden solche Modelle nicht selten im argumentativen Modus eines faktischen Belegs installiert, wobei ihr ontologischer Status als Modell dabei nicht weiter problematisiert wird.

Hinsichtlich dieser Beeinflussung der Lesermodelle durch ihre theoretische Herkunft unterscheiden sich probabilistische Konzepte jedoch noch immer stark von Lesermodellen, die zumindest methodisch unabhängig von faktischen Rezeptionen entworfen werden und somit als *rein theoretisch* gelten mussen. Diese sollen daher als *theoretische Lesermodelle* verhandelt werden. Obgleich die sie hervorbringenden (oft hermeneutischen) Ansätze durchaus auch – aber nicht immer – mit Adäquatheitsanspruch auf reale historische Kontexte Bezug nehmen, sind derart konzipierte Modelle graduell stärker abhängig von den sie rahmenden literaturtheoretischen Prämissen als es reale und probabilistische Lesermodelle sind.[52]

Doch bevor dies näher ausgeleuchtet werden kann, muss ein weiteres pragmatisches Problem bei der Beschreibung von Lesermodellen reflektiert werden. Es basiert auf dem Umstand, dass in der Literaturtheorie höchst unterschiedlich mit der *Subjektivität* der Textrezeption umgangen wird. Poststrukturalistische Ansätze beispielsweise nehmen für den realen (historischen) Leser die gleichen epistemologischen Aufgaben an, wie für den akademischen Leser.[53] Empirische Ansätze hingegen differenzieren

---

51 Vgl. das Kapitel III.1.1.
52 Vgl. das Kapitel III.1.3.
53 Ein Grund hierfür könnte die *idiosynkratische* Epistemologie, bzw. Poetologie dieser Ansätze sein. Vgl. Vogl 2007: 258: „Während eine robuste Theorie ihre Gegenstände (‚die' Literatur, ‚das' Wissen, ‚die' Realien, ‚die' Wissenschaft, ‚die' Vernunft) immer schon kennt und darum keine Theorie benötigt, setzt ein idiosynkratisches Verfahren die Unerklärtheit seines Untersuchungsbereichs voraus und provoziert mit seiner analytischen auch eine theoretische Aktivität, mithin die Arbeit an der Adaptionsfähigkeit seiner Beschreibungen. So-

die epistemologischen Funktionen je nach Instanz. Sie fordern zwar Objektivität, aber nur von dem Wissenschaftler. So können sie die nachdrückliche Akzentuierung der „unausweichlichen Subjektivität" (Weber 1978: 168) des Verstehens teilen, diese jedoch für den realen (historischen) Leser reservieren. Die Subjektivität der Bedeutungsgenerierung der *Teilnehmer* literarischer Kommunikation beschreiben sie als „unvermeidbar, aber auch notwendig" (ebd.), ohne sie auf den diese Kommunikationssituation beobachtenden Literaturwissenschaftler übertragen zu müssen.

Grimm versucht diese Abgrenzung von Teilnehmer und Beobachter generisch zu fassen und führt sie in seiner 1977 publizierten Monographie „Rezeptionsgeschichte. Grundlegung einer Theorie" als die Unterscheidung von *Rezeption* und *Interpretation* ein. Dabei unterstellt er den beiden Text(umgangs-)formen[54] ein jeweils spezifisches Verhältnis zur Autorintention. Dies begründet er mit der nicht belegten, wahrscheinlich auch gar nicht belegbaren, stark normativ gefärbten These, dass sich „Rezeptionen, anders als Interpretationen, in den seltensten Fällen [...] an der Autorabsicht orientieren" würden und Intentionen daher für den Rezeptionsforscher „keine Rolle spielen" sollten (Grimm 1977b: 164).[55] Das ist jedoch wenig plausibel, denn anti-intentionalistische Interpretationsansätze sind ebenso wenig aus der historisierenden Literaturtheorie auszuschließen[56] wie intentionsbezogene Rezeptionen aus der Rezeptionsforschung. Grimms Einsetzung des Bezugs auf die Autorintention als Distinktionsmerkmal von Interpretation und Rezeption wird der Diversität des wissenschaftlichen und nicht-wissenschaftlichen Textumgangs nicht gerecht.

Wesentlich plausibler gestaltet sich für das hier verfolgte Forschungsvorhaben der Bestimmungsversuch von Hempfer, der eine weitere pragmatische Ebene literarischer Kommunikation betont: Die der bereits ausschnittsweise angeführten *kommunikativen Partizipation*. Er unterscheidet den historisch-realen *Leser* als einen Teilnehmer der literarischen Kommunikationssituation von dem *Analysator*, der literaturwissenschaftlichen Re-

---

fern sich eine Poetologie des Wissens weder epistemologisch noch in einer Philosophie des Bewusstseins begründet, hat sie ein paganes Wissen im Blick, wenn ›pagan‹, herkommend von lat. *pagus*, sich auf einen lokalen, abgegrenzten und keineswegs globalisierbaren Bezirk bezieht".

54 Die Begriffe Rezeption und Interpretation beschreiben im Deutschen sowohl eine Textgattung als auch eine Textumgangsform. Grimm meint vermutlich beides.

55 Vgl. hierzu auch Grimm 1977a: 49–59, bes. 52, wo er etwas moderater schreibt, dass der „Ansatz, für adäquate Interpretation auf der Decodierung der Autorintenion zu insistieren, zwar als partiell günstiges Interpretationsverfahren anerkannt werden [könne], nicht aber als ausschließliche Grundmaxime einer rezeptionshistorisch angelegten Analyse" akzeptiert werden dürfe.

56 Das zeigt u. a. Ecos historische Semiotik. Vgl. hierzu das Kapitel III.3.3.

flexionsinstanz dieser Kommunikation.[57] Problematische generisch-normative Definitionen können so umgangen werden. Als Quellentexte einer empirischen Historisierung dürfen dann neben den zum Publikationszeitpunkt entstandenen (wissenschaftlichen) Interpretationen auch sämtliche andere generisch weniger eindeutige, aber verfügbare Quellen wie Diskussionsmitschriften, Radiobeiträge, Tagebucheinträge, Buchrandnotizen usw. geltend gemacht werden.[58] Der literaturwissenschaftliche Umgang mit diesen Zeugnissen soll im Folgenden „historisierende Rezeptionsanalyse" genannt und am Ende dieser Arbeit genauer beschrieben werden.

Der theoretische und praktische Benefit der vorgestellten pragmatischen Differenzierung kommunikativer Aufgabenbereiche ist für literaturwissenschaftliches Arbeiten immens. Auf ihr aufbauend lassen sich Rezeptionen im Anschluss an Hempfer (2002: 20) nach „diachronen, diatopen und diastratischen Gesichtspunkten" differenzieren und typologisieren.[59] Da sich diese Kategorien jedoch nicht direkt auf den Rezeptionstext, sondern auf den Rezipienten als Verfasser dieser Texte beziehen, muss auch der Leser selbst Gegenstand dieser Arbeit werden. Dabei eröffnen sich zwei miteinander verknüpfte Problemfelder: Das erste lässt sich in der Frage zusammenfassen, welche Leserkonzepte für die historisierende Ausrichtung prinzipiell *adäquat* sein können. Das zweite Problemfeld ist durch die zuvor zu beantwortende Frage zu beschreiben, welche Adäquatheitsansprüche eine historisierende Theoriebildung überhaupt stellt.

---

57   Grimm selbst verwendet auch den Begriff des Analysators in Grimm 1977a: 53; systematischer bestimmt wird er allerdings bei Hempfer 2002: 19–22, wo dieser die o. g. literarische Kommunikationssituation theoretisch fundiert.
58   Zu dieser Unterscheidung vgl. auch Titzmann 1991: 399.
59   Hempfer führt diese Begriffe mit geringerer Reichweite zur Typologisierung von Rezeptionsdokumenten realer Leser. Ich erweitere diese Begriffsverwendung in Kapitel III.2.2.

II Problemfelder
Historisierung, Fiktionalität und Kategorisierung

1 Probleme historisierender Interpretationskonzeptionen

1.1 Methodische und historische Adäquatheit von Lesermodellen

Die Problematisierung der *Adäquatheit* literarischen Verstehens setzt als Minimalannahme die These voraus, dass es so etwas wie unterschiedlich gute oder unterschiedlich angemessene Ansätze der Beurteilung literarischer Texte gibt. Das ist trivial. Als stärkere These aber, die durchaus (unter anderem von Klaus Hempfer) vertreten wird, lässt sich als die Annahme reformulieren, dass eine Art von *objektiver* Beurteilung interpretativer Verstehensversuche prinzipiell möglich oder zumindest als Ziel idealiter anzustreben sei. Mit Verweis auf Karl Popper und Jean Piaget bestimmt Hempfer (1983: 14, 2002: 22) aus analytisch-konstruktivistischer Perspektive „die Interpretationsgeschichte eines Textes als ein zwar nicht linearer, aber doch insgesamt fortschreitender Prozess der Annäherung an den Gegenstand, als ein ‚Immer-besser-Verstehen'". Es haben sich so gerade historisierende Ansätze – wie der Hempfers – wegen ihrer Affinität zur Verwissenschaftlichung ihrer Methoden und Praktiken selbst in den Rechtfertigungszwang der Angemessenheit ihrer eigenen Interpretationen gesetzt. Um diesem gerecht zu werden, übertragen die rezeptionsbezogenen Positionen unter diesen historisierenden Ansätzen in der Regel eine ausgesprochen wichtige Funktion, die zuvor dem Text oder dem Autor (beziehungsweise seiner Intention) zugeschrieben wurde, auf den Leser: die Sicherung der Adäquatheit der interpretativen Zuschreibungen an den Text.[60] „Adäquatheit" soll im Folgenden als *methodologische*, aber auch als

---

60 Spoerhase 2007b bezieht sich auf Grimm 1977a: 49–60, wenn er die Frage der Adäquatheit wie folgt reflektiert: „Mit dieser theoretischen Unruh zwischen Faktizität und Normativität kämpften auch rezeptionshistorische Ansätze. So bemerkte etwa Gunter Grimm, dass nur die Bindung des Interpretationsgegenstands an seinen historischen Entstehungskontext die Überprüfbarkeit eines adäquaten historischen Verstehens ermögliche. Da sowohl die Autorintention als auch die Selbstauslegung des Autors aus rezeptionshistorischem Blickwinkel diskreditiert waren, blieb als Instanz, an der die Zulässigkeit der Auslegung eines Textes

historische, oder beide Argumentationszusammenhänge umfassende Angemessenheit untersucht werden. Das recht verbreitete Verständnis als *intentionale* Adäquatheit kann für diese Arbeit als irrelevanter Aspekt ausgelassen werden, ließe sich mit Dietrich Busse (2008: 92) aber zusammenfassen als Verstehen, dass „adäquat in Bezug auf die kommunikativen Absichten eines Textemittenten" ist.[61] Gleiches gilt für Verstehensoperationen, die allgemeiner als *hermeneutisch* bezeichnet werden können und die inhaltliche Relevanz eines Sekundärtextes für die Auslegung eines literarischen Primärtextes zu bestimmen versuchen. Diese müssen von der hier vorgelegten Arbeit nicht konkreter bestimmt werden, da die historische Rezeptionsanalyse keine *inhaltliche* Wertung von Sekundärtexten vornimmt. Allerdings kann sie durchaus als eine die hermeneutische (aber auch sozialgeschichtliche und andere Formen der) Historisierung vorbereitende Methode verstanden werden. Dabei ist sie freilich an die Verfügbarkeit von Rezeptionszeugnissen gebunden. Dennoch scheint gerade eine sonst bloß für Primärtexte reservierte editorische Erschließung von Rezeptionszeugnissen für viele historisierende Ansätze wünschenswert. Für einige ausgesprochen wichtige (vor allem hermeneutische) Fragestellungen hingegen – so muss konzediert werden – kann aufgrund der großen zeitlichen Distanz zu dem Gegenstand recht sicher ausgeschlossen werden, dass sich eine brauchbare Menge an Rezeptionszeugnissen finden lässt, deren Analyse einen produktiven Beitrag für die Forschung liefern könnte. Denken ließe sich etwa an die intendierte Leserschaft des Aristoteles und der dahingehenden Unterscheidung seiner Schriften in exoterische und esoterische oder aber analoge Erklärungsversuche der stilistischen Inkonsistenz der galenischen Schriften.[62] Und genau anhand dieser material gegebenen Grenze lässt sich auch das Verhältnis der Rezeptionsanalyse zur Hermeneutik bestimmen, das sich dadurch konstituiert, dass die Rezeptionsanalyse gewissermaßen als sekundärtextbezogenes Quellenstudium der hermeneutischen (sowie sozialgeschichtlichen usw.) Arbeit ein argumentatives Fundament zu gießen vermag, auf dem sich interpretative Aussagen

---

bestimmt werden konnte, nur der zeitgenössische Kontext und das Konstrukt einer kompetenten zeitgenössischen Rezeptionsinstanz" (ebd.: 100).

61 Es ist nicht uninteressant, dass sich hermeneutische Vertreter eines hypothetischen Intentionalismus auf Nachbardisziplinen berufen, die von einem unproblematischen Zugriff auf faktische Intentionen ausgehen. Thesen, warum trotz dieser Bezugnahmen die Position eines dezidiert literaturwissenschaftlichen faktischen Intentionalismus aktuell kaum vertreten wird, finden sich in der Einleitung des Bandes Schaffrick/Willand (Hgg., im Erscheinen, 2014).

62 Zu Aristoteles vgl. Most 1994, O'Connor 1999, Smith 2000, Clayton 2004; zu den Schriften des Galenos von Pergamon vgl. Singer 1997. Ein weiteres Beispiel liefert Sylvia Useners Arbeit zu Hörern und Lesern von Literatur im 4. Jahrhundert v. Chr. (Usener 1994). Ich danke Lutz Danneberg für diesen Hinweis.

formulieren lassen, die als notwendig *historisch* adäquat gelten können, weil sie in dieser Form bereits von Zeitgenossen formuliert worden sind. Eine rein hermeneutische Interpretation von Texten, wie sie beispielsweise bei den genannten antiken Autoren gezwungenermaßen angesetzt werden *muss*, kann auf diese Begründungsform für ihre interpretativen Aussagen nicht zurückgreifen und bleibt daher in einem gewissen Rahmen zumindest bezüglich der historischen Adäquatheit ihrer Aussagen immer ungesichert.

So wurden neben der genannten realleserbezogenen Ausrichtung historischer Adäquatheitssicherung auch vergleichbare Forschungsbeiträge ausgearbeitet, die aus hermeneutischen Überlegungen selbst erwachsen sind und ein *nicht-reales* Lesermodell funktionalisieren. William E. Tolhurst (1979) hat solch einen Vorstoß unternommen. Genauer gesagt versucht er, den Ausschluss von anachronistischen Interpretationen durch eine rezeptionsbezogene Umformulierung eines hypothetischen Intentionalismus umzusetzen. Textbedeutung wird dabei weder verstanden als die vom Autor faktisch intendierte (*utterer's meaning*) noch als die aus sprachlichen Konventionen ableitbare Bedeutung (*word sequenz meaning*), sondern als Äußerungsbedeutung (*utterance meaning*), die wie folgt von Carlos Spoerhase zusammengefasst wird:

> Die Äußerungsbedeutung ist die von einem Interpreten zugeschriebene Autorintention, wobei diese Zuschreibungsrelation folgende Kriterien erfüllen muss: erstens sind genau die Intentionszuschreibungen adäquat, die sich vor dem Hintergrund bestimmter Rationalitätsanforderungen als die am besten begründeten Hypothesen über die faktische Autorintention herausstellen; zweitens darf die Hypothesenbildung nur auf der Grundlage der Wissensbestände, Überzeugungen und Einstellungen vorgenommen werden, die den Mitgliedern des autorintentional identifizierten Adressatenkreises verfügbar sind. (Spoerhase 2007b: 86)[63]

Norbert Groeben hingegen geht nicht von solch einem theoretischen Lesermodell, sondern von einem realen Leser aus. Er versucht auf *methodischer* Ebene die Adäquatheit seines empirischen Ansatzes mit der substanziellen Rolle des realen Lesers bei der literarischen Bedeutungsproduktion zu begründen.[64] Tolhurst aber fragt, und das ist der hier zu betonende Un-

---

63 Ähnliche Positionen des hypothetischen Intentionalismus im Anschluss an Tolhurst – vertreten von Alexander Nehamas, Jerrold Levinson und Gregory Currie – rekonstruiert Spoerhase kritisch in Spoerhase 2007b. Die historische Adäquatheit als Residuum einer hypothetischen autorintentionalen Zuschreibung des Lesers findet sich auch bei Link 1976: bes. 142–162. Ähnlich, mit affirmativem Verweis auf Hohendahl 1974a: 33, auch Goltschnigg 1975, der vor allem mit der *Rezeptionsvorgabe* konfligierende Fehllektüren vermeiden möchte. Für eine ausführliche Rekonstruktion seiner Position vgl. Kapitel III.1.3.

64 Explizit in Groeben 1977, Groeben 1987 und besonders deutlich zu seiner Methodik in Groeben/Hurrelmann 2006: 15: „Eine grundsätzliche Ungeeignetheit empirischer Beobachtungsverfahren zur Messung von Lern- und Entwicklungseffekten des Lese- und Litera-

terschied der Positionen, auf *inhaltlicher* Ebene, welche Interpretationsergebnisse angemessene Zuschreibungen an einen historischen literarischen Text sind. Das Leserkonzept übernimmt für ihn die heuristische Funktion,[65] konkrete Interpretationsergebnisse zu finden, beziehungsweise irrelevante (und das heißt in diesem Fall anachronistische) Zuschreibungen bereits durch ein bestimmtes Leserkonzept methodisch auszuschließen. Zwar zeigt sich dabei, dass mit der *methodologischen* Entscheidung für ein bestimmtes Lesermodell bereits auch *historische* Adäquatheitsvorstellungen mit eingeschlossen sein *können*, doch ist der Leser nicht die einzige Instanz, die zur Vermeidung von Anachronismen in historisierenden Ansätzen funktionalisiert wird. Vielmehr können unterschiedlichste Einsetzungen methodisch privilegierter Vorannahmen wie „Leser", „Autor-Biographie", „Autorintention", „Text" oder „Kontext" zu der gleichen (weil jeweils historisch verstandenen) interpretativen Adäquatheitsbestimmung führen.[66] Eine mögliche *hermeneutische* Ausformulierung derselben kann etwa lauten: „Adäquate Interpretationen dürfen nur Zuschreibungen machen, die bereits zum Publikationszeitraum des Textes hätten zugeschrieben werden können." Über welche der genannten Vorannahmen (Leser, Autor etc.) man ihr gerecht zu werden versucht, bleibt den Ansätzen dann völlig unbenommen. Dass sie jedoch zumindest teilweise ineinandergreifen zeigt etwa die Monographie von Michael Steig, die als autorintentionale Arbeit begonnen, aber als rezeptionstheoretische explizit im An-

---

turunterrichts kann sicherlich nicht begründet werden. Es ist allerdings zwischen sog. quantitativen und qualitativen Erhebungsverfahren zu unterscheiden, wobei die quantitativen (mit dem Prototyp der Mehrfachwahlaufgabe) bei adäquater Anwendung bzw. Ausarbeitung durchaus auch komplexe (kognitive) Effekte abbilden können [...]. Was sicher unzulässig ist – und auch der wissenschaftstheoretischen Zielidee theoriegeleiteter Forschung nicht entsprechen würde –, wäre, wenn von der (quantitativen) Messmethodik aus die theoretische Konzeptualisierung – z. B. der Lesekompetenz – eingeschränkt würde (etwa nur auf kognitive Variablen)".

65 Siehe die von Danneberg eingeführte Unterscheidung von Heuristik und Präsumtion in Danneberg 2006c: 50f.: „*Präsumtionen* sind (vereinfacht gesagt) Vorgriffe, die man macht oder machen muss, um überhaupt zu verstehen. Sie können sich allerdings (immer) als irrtümlich herausstellen. Während Präsumtionen so lange in Geltung bleiben, bis man Hinweise auf das Gegenteil findet, leiten Heuristiken nur dann an, wenn man für sie vorab Hinweise hat. Präsumtionen richten die Suche auf negative Evidenz, Heuristiken auf positive".

66 Dies beschreibt im Zusammenhang der Diskussion um mögliche Autorfunktionalisierungen Jannidis 1999: 359. Er spricht dabei von *Problemlösungsmechanismen*. Vgl. hierzu Spoerhase 2007a: 52 und Willand 2011a: 298. Heide Göttner-Abendroth untersucht das gleiche Phänomen auf einer allgemeineren Ebene bezüglich unterschiedlicher Einsetzungen für „hypothetische Sätze oder Satzkomplexe, die von Literaturwissenschaftler über den untersuchten Text aufgestellt werden" und bezieht sich dabei auf Schleiermachers ‚Ganze', das ‚Allgemeine' bei Dilthey, Gadamers ‚Vorentwurf' usw. (Göttner 1973).

schluss an David Bleichs subjektrelativem *reader-response criticism* beendet und publiziert wurde:

> My first plan was to demonstrate how, in interpretation, the use of some concept of ‚intention' is unavoidable; but in trying to develop a model of the role of conceptualized intention in the interpretative process, I recognized that a complex aspect of reading was involved, and thus that I could not consider authorial intention without placing it within the larger category of the ‚extrinsic,' and under the general topic of the relation between individual readers' experiences and the meanings of literary texts. (Steig 1989: xi)

Im Fall historisierender Interpretationskonzepte kann die methodische Konzeption eines historisch angemessenen Lesermodells als *ein* Absicherungsinstrument der historischen Adäquatheit der interpretativen Ergebnisse fungieren und tatsächlich werden, wie am Beispiel Tolhursts gezeigt, Lesermodelle auch auf diese Weise eingesetzt.

Dies setzt allerdings voraus, dass der rezeptionsanalytische Adäquatheitsbegriff eine rein zeitliche Kategorie ist und keine inhaltliche Angemessenheit im hermeneutischen Sinne (beispielsweise autorintentionaler Interpretationen) absichern kann. *Vulgo* ließe sich dennoch eine Art Anleitung adäquater Historisierung als Verfahren der lesergestützten Anachronismusvermeidung formulieren: Willst du angemessen historisieren, dann halte dich an historisch angemessene Lesermodelle!

1.2 Historisierung und das Anachronismusproblem

Während der Anachronismusbegriff in literaturwissenschaftlichen und -theoretischen Arbeiten relativ häufig Verwendung findet, sind systematische theoretische Darstellungen des komplexen Begriffs eher selten.[67] Eine Annäherung wagt Spoerhase, der eine „erste allgemeine Bestimmung des Anachronismus" vornimmt.[68] Diese ist für die folgenden Überlegungen völlig ausreichend. Sie lautet:

> In komplexen Darstellungen eines historischen Zusammenhangs Z, für den ein Zeitindex t wesentlich ist, finden sich einzelne Elemente E, die für einen anderen, zeitlich späteren Zusammenhang Z_{t+n} oder zeitlich früheren Zusammenhang Z_{t-n} in der Weise charakteristisch sind, dass sie (nach einem als gegeben angenomme-

---

[67] Vgl. zu dieser Feststellung die (begriffsgeschichtliche) Rekonstruktion von Spoerhase 2007a: 183–189, bes. 183, Anm. 153.
[68] Er verwendet den Begriff, um über ihn Formen des hermeneutischen Präsentismus differenzierter bestimmen zu können (was hier allerdings irrelevant ist). Vgl. zum Anachronismus Spoerhase 2007a: 183, bzw. im Kontext geschichtswissenschaftlicher Forschung vgl. 148f.

nen Wissen) für Z_t *noch nicht* oder *nicht mehr* angesetzt werden können. (Spoerhase 2007a: 183)

Versteht man diesen historischen Zusammenhang Z nun als epistemische (Kommunikations-)Situation, lässt diese sich mit Lutz Danneberg (2006a: 195) insofern detaillieren, als sich für die Teilnehmer eines historischen Zusammenhangs Z die gegebenen (Wahl-)Handlungsmöglichkeiten durch retrospektive „Geschlossenheit bei prospektiver Offenheit" auszeichnen. Dabei liegt der „Kern der prospektiven Offenheit [von Z] in der Nichtprognostizierbarkeit des (konkreten) Gehalts der Entwicklung von Wissensansprüchen in epistemischen Situationen" (ebd.: 196). Gleiches muss für die Produktion fiktionaler Texte gelten, deren Gehalt eben nicht im historischen Zusammenhang der Textproduktion für Zeitgenossen *vor* der Rezeption des Textes prognostizierbar, bzw. bestimmbar ist. Für den diese epistemische Situationen einer historischen literarischen Kommunikation rekonstruierenden Wissenschaftler, ergibt sich jedoch eine invertierte Perspektive darauf: Für seine Möglichkeiten der *rekonstruktiven Zuschreibung* des für diese historische Situation Z angenommenen Wissens W gilt, dass Z als abgeschlossene epistemische Situation retrospektiv offen, aber prospektiv geschlossen ist. Das heißt, dass er – wenn er einen interpretativen Anachronismus umgehen möchte – in jedem Fall Wissenszuschreibungen vermeiden muss, die in Z zu machen *noch nicht* möglich waren. Erlaubt ist hingegen die Zuschreibung von Wissen aus Z selbst oder Z_{t-n}. Dies ist unabhängig davon, ob ein bestimmtes *in einem fiktionalen literarischen Text* formuliertes Wissen W_{Lit} in Z noch nicht bekannt war. Für das hier vertretene rezeptionsanalytische Verständnis einer adäquaten Historisierung literarischer Interpretation ist für Z eine interpretative Zuschreibung *ex post* nur dann adäquat, wenn sie sich am *nicht-fiktionalen historisch-kontextuellen Wissen* aus Z, also an W_Z orientiert, und nicht an W_{Lit}. Diese entscheidende Annahme kann für eine historisierende Literaturwissenschaft aus zwei Gründen plausibilisiert werden.

Die erste Begründung lässt sich aus dem Verständnis dessen erläutern, was allgemein als Anachronismus begriffen wird. Spoerhase spricht im Anschluss an seine oben referierte Begriffsannäherung von einem Regelfall der *Begriffsverwendung*. Diesem Regelfall gemäß ist von Anachronismen dann die Rede, wenn interpretatives Wissen herangezogen wird, das in der Publikationszeit Z des zur Diskussion stehenden Textes *noch* nicht vorhanden war. Diese Bestimmung soll auch im Folgenden übernommen werden. Sie zeigt ein argumentationspragmatisches Problem auf, das bei eben dieser Zuschreibung von Wissen aus Z_{t+n} an einen (literarischen) Text aus Z auftritt und mit dem Rechtfertigungsaufwand von Argumenten verknüpft ist. Dieser ist nämlich für eine Argumentation, die behauptet, dass ein angenommenes Wissen *noch* vorhanden war und dadurch Relevanz haben könnte, weniger groß, als für die (als anachronistischen Regelfall bestimmte) Argumentation, dass ein Wissen *schon* vorhanden war.[69] Eine Interpretation, die beispielsweise zur Klärung von Textmerkmalen in Goethes „Faust I" Beziehungen zur Aufklärung, zur Empfindsamkeit, zum Sturm und Drang oder der Romantik herstellt, muss nach diesem Verständnis weniger Rechtfertigungsaufwand leisten, um ihre historische Adäquatheit plausibel machen zu können, als es eine materialistische Textinterpretation müsste. Wenngleich der Text selbst den materialistischen Bezug erlaubt, die hier stark gemachte historische Rezeptionsforschung könnte ihn nur als historisch angemessen akzeptieren, wenn die dafür notwendigen Wissensbestände für den *Publikationszeitraum* des Textes anhand von nicht-fiktionalen Rezeptionszeugnissen nachweisbar sind. Dies führt zu der zweiten Begründung für einen historisch-kontextualisierenden Adäquatheitsbegriff, die auf einer fiktionstheoretischen Problematisierung epistemologischer Grundannahmen der Historisierung beruht. Sie soll etwas ausführlicher dargestellt werden.

1.3 Historisierung und das Fiktionalitätsproblem

Grundlegend für diesen Begründungszusammenhang ist die hinsichtlich ihrer epistemologischen Relevanz wohl nicht mehr hinterfragbare Unterscheidung zwischen fiktionalen und nicht-fiktionalen Texten.[70] Durch welche Merkmale des Textes selbst oder des Textumgangs sich der fiktionale Status nun greifbar machen lassen könnte, wurde bereits von Literaturtheoretikern unterschiedlichster Provenienzen zu beschreiben versucht.[71]

---

69 Eine kurze, aber wichtige Begriffsbestimmung: Gemeinhin soll der *Adäquatheitsbegriff* in unterschiedlichen Kontexten unterschiedliche, aber – grob gesagt – meist intersubjektiv überprüfbare Formen der Übereinstimmung (wie in der Wahrheitstheorie zwischen Intellekt und Sache, oder in der Wissenschaftstheorie zwischen Sache und Explikation) beschreiben. Er wird demnach vorwiegend genutzt, um (vermeintlich) objektive Urteile zu ermöglichen. Dahingegen ist der *Relevanzbegriff* stärker im Kontext des subjektivistischen Urteils verortet. Als mehrstelliges Prädikat kann er zwar auch in unterschiedlichen Kontexten angewandt werden, hat aber gegenüber dem Adäquatheitsbegriff eine größere Reichweite bezüglich der durch ihn heranziehbaren Inhalte, die in dem hier verhandelten Fall der historisierenden Auslegung literarischer Texte abhängig sind von der literaturtheoretischen Fundierung der Interpretation. Wichtig ist daher für die Verwendung des Relevanzbegriffs, dass die Prämissen der Heranziehung von ‚relevanten' Daten – also die Relevanzkriterien – deutlichgemacht werden.
70 So fand der Versuch von Assmann 1989: 239 „nicht die Differenz, sondern die Indifferenz zwischen Fiktion und Realität" als das neue *Paradigma* (ebd.: 240) einzuführen, wenig Gehör.
71 In einer Auswahl: ‚Mögliche-Welten-theoretisch' von Doležel 1998, narratologisch von Genette 1992, spieltheoretisch von Walton 1990, intentionalistisch von Searle 1975, ‚als-

Im hier vertretenen epistemologischen Ansatz wird davon ausgegangen, dass Fiktionalität keine Texteigenschaft ist, sondern immer eine *Zuschreibung* an einen Text (oder an eine Welt, bzw. an Instanzen, für die der Text den einzigen Zugang zu der sie auszeichnenden fiktionalen Welt darstellt). Fiktionalität wird demnach immer von einem Rezipienten attribuiert. Aber dass

> der fiktionale oder faktuale Charakter eines Textes durch den *Umgang* mit ihm gestiftet wird, sagt noch überhaupt nichts über die *spezifische* Unterscheidung aus. Es muss etwas Allgemeines sein, das über die *epistemischen* Situationen, in denen dieser Umgang erfolgt, läuft – eine Möglichkeit wäre: Behandelt man in der gegebenen epistemischen Situation einen Text als den einzigen Zugang zu der von ihm (propositional) beschriebenen ‚Welt', dann [...] macht man im Zuge des Umgangs aus ihm einen fiktionalen Text. Das schließt nicht aus, dass sich *dieser* Umgang erst nach Erfahrungen des Umgangs mit dem Text ausbildet, also die Umgangsweise nicht aufgrund von in der Situation mehr oder weniger sicheren (textuellen) Indikatoren gewählt wird. Behandelt man den Text so, dass es *mehrere* Zugänge zu der von ihm (propositional) beschriebenen Welt gibt, dann behandelt man ihn als faktualen Text. (Danneberg/Spoerhase 2011: 47; mit starker Bezugnahme auf Danneberg 2006c)

Da aus solch einer Fiktionalitätszuschreibung an einen Text nun bestimmte fiktionsspezifische (jedoch nicht zwangsläufig kulturell invariante oder beliebige) Umgangsformen resultieren, kann in den meisten Fällen *relativ sicher* über eine Rekonstruktion dieses pragmatischen Umgangs mit einem Text zu einem bestimmten Zeitpunkt auch die jeweils kontemporäre Bestimmung des Textes als fiktional oder nicht-fiktional rekonstruiert werden. Bleibt man in der Gegenwart – um ein erstes allgemeines Beispiel anzuführen –, so ist etwa die Festlegung eines fiktionalen Textes als ‚fiktional' einigermaßen, aber nie völlig sicher, wenn man sich auf den Auslegeort des in Buchform gedruckten Textes in einer Buchhandlung oder Bücherei beruft. Dies zeigt gleichsam, dass sich die Praktiken eines genrespezifischen Textumgangs auch in der materiellen, beobachtbaren Realität ‚objektiviert' haben. Als Nebeneffekt dieser gut funktionierenden Praxis leistet eine rein *pragmatische* Bestimmung von fiktionalen Genres zwar einigermaßen verlässliche Ergebnisse, für wissenschaftliche Bestimmungsversuche sind diese jedoch nicht unbedingt verlässlich genug. Das soll an einem diesmal historischen Beispiel gezeigt werden, das sich im Zeitraum

---

ob-theoretisch' neben Searle auch von Vaihinger [1911] 1922 und Hamburger [1957] 1987, referenztheoretisch von Gabriel 1975, konventionstheoretisch von Coleridge 1817 und Eco 1996 und von poststrukturalistischen Positionen, die sich vor allem durch (zumindest teilweise berechtigte) Kritik der vorgeschlagenen Ansätze, nicht aber durch fruchtbare Neuvorschläge auszeichnen. So etwa referenzkritisch Rorty 1983, Derrida 1990 und Luhmann 1997.

der Ablösung des galanten Romans durch den meist mit einer Herausgeberfiktion verbundenen Abenteuerroman, also etwa in der ersten Hälfte des 18. Jahrhunderts finden lässt.[72] Der im Abenteuerroman eingeführte fiktionale Konventionsbruch, besonders bezüglich der zuvor in der Regel noch nicht-fiktionalen *Vorrede* literarischer Texte, resultierte laut Marianne Spiegel (1967: 46) darin, dass für zeitgenössische Rezipienten keine Differenz mehr „zwischen der Illusionswelt des Romans und der Informationswelt der Vorrede entst[and], wie es bei den galanten Romanen der Fall war. Die Wahrheitsfiktion ist also vollständig. Es scheint, dass diese Fiktion in der Tat meist nicht durchschaut wurde", was insgesamt aber als temporäre Ausnahmeerscheinung der kollektiven Beurteilung des fiktionalen Status bestimmter literarischer Texte einzuschätzen ist.[73] Folgt man Spiegels Annahme jedoch, so muss konzediert werden, dass derartige Texte, die ursprünglich als „Tatsachenbericht[e]" (ebd.: 47) verkauft wurde, heute zweifellos als fiktionale Literatur rubriziert werden. Weitere, ganz konkrete, aber nur vereinzelt beobachtbare Beispiele dieser Art finden sich auch in der Gegenwart. So lässt sich das Problem der Fiktionalitätsbestimmung aufgrund von Genrezugehörigkeit anhand gefälschter Biographien aufzeigen, wie sie besonders im Kontext der Aufarbeitung des Holocaust immer wieder zu *Skandalen* geführt haben.[74] Diese Texte werden als faktuale Biographien vermarktet, stellten sich aber im Nachhinein als fiktiv heraus. Ein Text dieser Art, bei dem die Autorin die Fiktivität der von ihr publizierten Biographie nach der Publikation zugab, ist „Survivre avec les Loups" (2008) von Misha Defonseca.[75]

Akzeptiert man diese Beispiele als Argument für die Insuffizienz der (oben daher auch nur als *einigermaßen* sicher bezeichneten) Fiktionalitätsbestimmung über die konsensuell akzeptierte generische Einschätzung des Textes, stellt sich die Frage nach anderen, plausibleren Möglichkeiten der

---

72 Rezeption und Wirkung von Literatur und Malerei in der zweiten Hälfte des 18. Jahrhunderts untersucht Rothe 2005 mit einem Fokus auf den Topos der „Abwesenheit". Unterschiedlichste Aspekte von „Lesen und Schreiben im 18. Jahrhundert" untersuchen die Beiträge des Sammelbandes von Goetsch (Hg.) 1994.
73 Vgl. hierzu, etwas kritischer bzgl. der von Spiegel unterstellten Unfähigkeit der Rezipienten, den fiktionalen Status der Abenteuerromane zu durchschauen Steinbrink 1983: bes. 10f. Seine fiktionshistorische Betrachtung der „Entwicklung der Relation zwischen Romanen und Lesern unter dem Aspekt der Wahrheitsfrage" begründet Berthold 1993: hier 191 damit, dass im 18. Jahrhundert die „Dissoziation von Roman und Geschichtsschreibung erst einsetzte".
74 Vgl. Neuhaus/Holzner (Hgg.) 2007, bes. den Beitrag Kyora 2007: „Der Skandal um die richtige Identität Binjamin Wilkomirski und das Authentizitätsgebot in der Holocaust-Literatur".
75 Ob man in diesen Fällen, wie Finkelstein 2000, von einer „Holocaustindustrie" sprechen muss, sollte gründlich überdacht werden.

Annäherung an die Fiktionalitätsproblematik. Ein potentieller Weg könnte dabei über (im weitesten Sinne) *ontologische Kriterien* gangbar gemacht werden. Diese Herangehensweise bestimmt den fiktionalen Status eines Textes über den ontologischen Status der im Text abgebildeten Elemente, wozu in diesem Kontext üblicherweise Pegasus oder Einhörner als Verifikationsinstanzen genannt werden.[76] Aber auch dies führt nicht notwendig zu einer sicheren Aussage über die Fiktionalität des Textes, da hier das Verhältnis *einzelner* Textelemente zu der Gesamtheit der Darstellung des Textes übersehen wird. Darüber hinaus ist der ontologische Bestimmungsversuch sozusagen blind gegenüber der Tatsache, dass es so etwas wie eine metasprachliche Verwendung von Begriffen gibt.[77] Immerhin wird die hier vorliegende Arbeit – *hoffentlich!* – nicht als fiktional verstanden, obwohl „Pegasus" bereits in ihr genannt wurde. Selbst wenn es in diesem und den meisten anderen Fällen wissenschaftlicher Texte relativ leicht fallen sollte, ihren nicht-fiktionalen Status zu bestimmen, so liegt die Entscheidung, *ob* ein Text als fiktional oder nicht-fiktional rezipiert wird, in buchstäblich ‚letzter Instanz' immer beim jeweiligen Rezipienten. Das bedeutet freilich auch eine potentiell mögliche historische Relativität dieser Bestimmung (vgl. hierzu Jauß 1983b), die sich darin äußert, dass Aussagen über den fiktionalen Status eines Textes streng genommen immer nur für die singuläre epistemische Situation der Textrezeption geltend gemacht werden dürfen, nicht aber zwingend für historisch vorzeitige oder nachzeitige Rezeptionssituationen. Eine historisierende Literaturwissenschaft muss sich somit bereits bei der Festlegung des (nicht-)fiktionalen Status ihres Gegenstandes entscheiden, ob sie sich auf die aktuelle oder die historische Fiktionalitätsbestimmung des Textes beruft. Schlägt sie sich auf die Seite der historischen Bestimmung, darf sie sich, wenn sie mehr als bloß einigermaßen sichere Aussagen treffen möchte, ausschließlich auf die Aussagen zeitgenössischer Rezipienten stützen. Das ist zwar auch ein pragmatischer, aber eben kein pragma-generischer Zugang. Vielmehr besteht der pragmatische Aspekt in diesem Fall in dem Bezug auf die Urteile realer Einzelleser eines Textes und nicht auf bereits ‚objektivierten' Gattungszuordnungen wie etwa in Buchhandlungen oder auf Buchdeckeln. So entsteht der Vorteil, dass nicht nur Konsensentschei-

---

76 Nickel-Bacon/Groeben/Schreier 2000 bestimmen ebenfalls pragmatisch fiktive (hier: fiktionale) Instanzen als *wesentliches Signal* der Fiktionalität.
77 Vgl. hierzu Danneberg 2006c: 45, der Fiktionalität und Nicht-Fiktionalität prinzipiell als Makroeigenschaft eines Textes versteht und diese Annahme plausibel begründen kann: Als *Darstellungsgesamtheiten* lassen sich fiktionale Texte „in der Weise *zerlegen* […], dass die dabei entstehenden sinnvollen Bestandteile den Bezug zum ursprünglichen Ganzen verlieren. Sie sind dann durch diese Gesamtheit nicht mehr bestimmt und lassen sich *allein genommen* als fiktional oder nicht-fiktional klassifizieren" (Danneberg 2006c: 47f.).

dungen rekonstruiert, sondern auch Differenzen bei der Bestimmung der Fiktionalität eines literarischen Textes aufgezeigt werden können.

Eben solch eine Heterogenität zeigt sich in Fotis Jannidis' Untersuchung der generischen Einordnungsversuche von Schillers „Geisterseher" durch die *nachzeitige* literaturwissenschaftliche Rezeption, die sich von *zeitgenössischen* Genrebestimmungen stark unterscheidet:

> Der Roman wurde [von der Literaturwissenschaft] als Kolportageliteratur bezeichnet, man hat Elemente des Detektivromans darin entdeckt, wenn nicht gar Schiller als Begründer der Kriminalerzählung bezeichnet. Vor allem aber hat man den Geisterseher als wichtiges Beispiel des Schauerromans und Gründungstext des Geheimbundromans gewürdigt. Allerdings existierte keine dieser Gattungen – mit Ausnahme des Schauerromans –, als Schiller seinen Text schrieb, und die anachronistische Verwendung der Gattungsbezeichnungen versperrt den Blick für das Experimentelle des Geistersehers, der sich keinem der genannten, erst später ausgebildeten Modelle ganz fügen will. (Jannidis 2011: 84f.)

Im Verlauf des Aufsatzes analysiert Jannidis zwar vor allem auf narratologischer Ebene die Erzählerfigur, er bringt aber darüber hinausgehend zwei schlagende Argumente für die konsequente Historisierung der Fiktionalitätsfrage. Im ersten Argument kann er anhand von Zitaten zeitgenössischer Besprechungen des Textes in literaturkritischen Zeitschriften aufzeigen, dass „gleich mehrere Rezensenten Zweifel geäußert [haben], ob Schillers Text fiktional oder faktual ist" (ebd.: 88f.). Einer schreibt, „[d]er aufmerksame Leser [...] geräth kaum auf den Gedanken, zu untersuchen, ob das Ganze Geschichte oder Gedicht sey [...]"; ein anderer: „Ueberhaupt gehört, dünkt uns, zur Bestimmung dieses Urtheils vorher die Berichtigung der Frage: wie viel in dieser Erzählung würkliche Geschichte sey? Ob alles? Ob einiges?"[78]

Vor dem Hintergrund dieser schon die grundsätzliche Frage der Fiktionalität betreffenden generischen Verunsicherung zeitgenössischer Leser des „Geistersehers" erscheinen die von der Literaturwissenschaft nachträglich angeführten Kategorisierungsversuche des Textes unzeitgemäß, zumindest für eine radikal historisierende Perspektive. Dass dieser Blick, so sei nebenbei erwähnt, zumindest für eine *Gattungsgeschichte* nicht unproblematisch ist wird spätestens dann augenscheinlich, wenn sie Texte als gattungsbildend bestimmen möchte. Das zweite Argument von Jannidis (2011: 92) ergibt sich aus der von ihm untersuchten *Leserlenkung* durch den

---

78 Beide Stellen sind in dieser Reihenfolge auszugsweise zitiert nach Jannidis 2011: 88f.: *Oberdeutsche allgemeine Litteraturzeitung*, 24. Februar 1790, 24. Stück: 384 und *Tübingische gelehrte Anzeigen*, 18. Februar 1790, 14. Stück: 109–111. Weitere zeitgenössische Besprechungen nennt Jannidis auf S. 89, Anm. 25. Wie die Zitate deutlich machen ist anzunehmen, dass zu dem Zeitpunkt der Publikation des „Geistersehers" ein fiktionstheoretisches Bewusstsein bereits ausgeprägt war, durch den Text aber einigermaßen stark irritiert wurde.

Text, die er vor allem als „die Informationsvergabe und die Steuerung des emotionalen Engagements des Lesers insbesondere gegenüber den Figuren" versteht.[79] Dabei konstatiert Jannidis nicht nur völlig richtig, dass die Analyse von Textelementen, etwa solche, die Schauer erregen sollen, vor allem „die *Kodierung* von Schauer in den 1780er Jahren" aufzeigen kann (ebd. [Herv. v. M. W.]). Auch das Ergebnis seiner Analyse führt ihn letztlich wieder zu einem Blick auf die zeitgenössischen Leserreaktionen, die Hinweise auf die historischen Lese-Erfahrungen geben. Wie genau die Konstruktionsprinzipien des Schiller'schen Fragments von den zu der Zeit üblichen Romanpoetiken abweichen und Spannung produzieren, muss hier nicht wiedergegeben werden, um Jannidis Fazit nachvollziehbar machen zu können. Angesichts der häufigen Betonung der Spannung evozierenden Textelemente durch zeitgenössische Rezipienten resümiert er, dass Spannung „zu diesem Zeitpunkt offensichtlich noch keineswegs als sicheres Kriterium populärer Literatur markiert" (ebd.: 98) war, sonst würde es nicht wieder und wieder erwähnt werden. Der heutige Leser wird den „Geisterseher" wohl nicht nur als weniger spannend empfinden, vor allem wird er über die Spannung nicht so sehr überrascht sein und somit bereits anachronistisches Gattungswissen in die Beurteilung des Textes miteinfließen lassen. Dies lässt sich aber – obgleich nicht gänzlich vermeiden – zumindest reduzieren und reflektieren, wenn die generische Beurteilung literarischer Texte von der Beurteilung des Textes seiner realen zeitgenössischen Leser ausgeht.

In letzter Konsequenz ist diese Beobachtung noch zu erweitern. Denn was in dem oben aufgezeigten Rahmen für die Bestimmung des fiktionalen Status von Texten und ihrer gattungsbezogenen Einordnung gilt, muss

---

[79] Eine emotionstheoretisch hochelaborierte Ausarbeitung literarischer Phänomene, die als ‚Leserlenkung' beschreibbar sind findet sich bei Katja Mellmann, wenngleich sie selbst diesen Begriff nicht verwendet. In ihrem Aufsatz Mellmann 2006a formuliert und begründet sie emotionstheoretische und (sozial-)historische Thesen über die Entstehung eines spezifischen ‚freundschaftlichen' Umgangs mit Literatur während der Empfindsamkeit. Hier spielt das Konzept der Leserlenkung eine zentrale Rolle: „Die Dichtung des 18. Jahrhunderts, so [ihre] Vermutung, entwickelt ein neuartiges emotives Sprechmuster zur Überbrückung von sozialer Heterogenität. Das erklärte Wirkungsziel des empfindsam-erlebnishaften Sprechens ist die Provokation der ‚Tränen des Mitleids, und der sich fühlenden Menschlichkeit,' beim Rezipienten" (ebd.: 201f.) Auf den Seiten 204, 217, 219, 222, 224, 226, 230 spricht sie vom *intendierten Leser* und *Publikum*, bzw. von der *intendierten Leserschaft* und der vom Primärtextautor (hier Goethe) *intendierten Wirkung*. Dies zeigt die gedankliche Nähe zum Konzept der Leserlenkung, die ebenfalls einen autorintentionalen Textumgang impliziert). Die literaturpsychologischen Grundlagen und Instrumentarien dieses Denkens legt Mellmann ausführlich in ihrer Dissertationsschrift (Mellmann 2006b) dar; auf den Seiten 222–228 bringt sie Beispiele der sog. „appetitiven Reizsetzung" (ebd.: 228), die als ein Ausdruck (unter vielen) der Leserlenkung verstanden werden kann. Siehe auch die Anm. 623 (dieser Arbeit).

auch für sämtliche andere Kontextualisierungsleistungen gelten, die ein Text potentiell ermöglicht. Diese sollen als *Inferenzen* beschrieben werden. Jannidis (2004: bes. 44–53) hat den Begriff aus dem Umfeld der kognitiven Linguistik heraus für die pragmatische Betrachtung der literarischen Kommunikationssituation fruchtbar gemacht und ihn somit auch für eine rezeptionsbeschreibende Historisierung vorbereitet:

> Entsprechend sind drei unterschiedliche Wissenszusammenhänge für die Analyse von literarischen Texten relevant: erstens linguistische und semiotische Codes, die weder die Konstitution der narrativen Welt noch der Bedeutungsgehalt vollständig determinieren, aber wesentliche Heuristiken an die Hand geben; zweitens Inferenzregeln, die sowohl die Konstitution der narrativen Welt als auch die weitere Füllung bzw. Festlegung der Bedeutung erst ermöglichen. Hinzu kommen weitere Wissensformen, etwa über Interaktionsregeln und Weltwissen, auf denen die Inferenzen wiederum basieren. (Jannidis 2004: 48)

Während die linguistischen und semiotischen Codes für die am häufigsten untersuchten Epochen der Literaturgeschichte recht einfach über historische Wörterbücher rekonstruierbar sind, stellen die an zweiter Stelle genannten Inferenzregeln den Literaturwissenschaftler wie jeden anderen Leser auch vor einige Probleme. Inferenzen beruhen vorwiegend auf individuellem Weltwissen, das starken historischen Veränderungen unterworfen ist. Die Bedeutung eines literarischen Textes wird – trotz nachträglicher ideen- oder rezeptionsgeschichtlicher Homogenisierungsversuche – situativ inferiert und es sind unterschiedlichste Szenarien dieses Inferenzprozesses denkbar, die von einigermaßen unproblematischen bis zu hochkomplexen und entsprechend schwer deskriptiv zu greifenden Inferenzen reichen. Der (zugegebenermaßen noch stark tentative) Versuch einer Schematisierung soll diesen Spielraum des historisierenden Verstehens literarischer Texte aufzeigen, indem er Varianten des durch die *Historizität* und *Fiktionalität* literarischer Texte erschwerten historisch adäquaten Verstehens aufzeigt. Aus den so ersichtlich werdenden Problemen dieses Verstehens können Argumente für eine auf den realen Leser gestützte historisierende Literaturwissenschaft abgeleitet werden.

1.4 Mögliche Rezeptionsszenarien literarischer Texte

Rezeptionsszenario 1: relativ unkomplexe Inferenzen

Die für das Verstehen eines Textmerkmals notwendigen Inferenzen können aufgrund von Wissensbeständen geleistet werden,

a) die der Text (größtenteils) selbst explizit nennt:[80]

> „Eduard – so nennen wir einen reichen Baron im besten Mannesalter". (Goethe 1994: 269)

Die Inferenzen, die nötig sind, um zu erklären, welchen Standes der gleich am Textanfang genannte Eduard ist, sind aufgrund des im Text genannten Wissens möglich.[81]

b) die der Text selbst implizit nennt:

> [In „Die Judenbuche" (1842) wird der Oberförster Brandis von einem Unbekannten mit einer Axt erschlagen. Über den ebenfalls unbekannten Besitzer der Axt wird Friedrich vor Gericht befragt; M. W.]: „Seine Augen waren rasch über das tödliche Werkzeug gefahren und schienen momentan auf einem ausgebrochenen Splitter am Stiele zu haften. ‚Ich weiß es nicht,' sagte er fest. […] ‚Es ist eine Axt wie andere'".
>
> [In einer späteren Auseinandersetzung über das christliche Falschzeugnisgebot wirft Friedrich seinem Onkel Simon folgendes vor; M. W.]: „‚Eu'r Gewissen ist nicht rein; Ihr habt mich belogen.' – ‚Ich? so?' – ‚Wo ist Eure Axt?' – ‚Meine Axt? Auf der Tenne.' – ‚Habt Ihr einen neuen Stiel hinein gemacht? wo ist der alte?' – ‚Den kannst du heute bei Tag im Holzschuppen finden. Geh'" [dazu kommt es jedoch nicht]. (von Droste-Hülshoff 1994a: 38, 40)

Die Inferenzkette, die der Rezipient knüpfen muss, um den Mord an Brandis zu klären, basiert auf einem Wissen, das im Text nicht explizit genannt wird, aber (größtenteils) aufgrund des im Text genannten Wissens erschließbar ist: 1. Friedrich scheint vor Gericht den Stiel der Axt wiederzuerkennen. 2. Er fühlt sich von seinem Onkel belogen, spricht ihn darauf an und vermutet wahrscheinlich, der Onkel sei der Mörder. Da der Onkel gibt zwar angibt, den Stiel noch zu besitzen, es aber im Textverlauf nicht mehr beweist, wird der Schluss zumindest nicht widerlegt, dass der Onkel der Mörder ist. Lebensweltliches Wissen, u. a. über intrigantes Verhalten fließt hier mit ein, etwa wenn dem

---

[80] Die Linguistik würde von „koreferentiellen Relationen" sprechen; etwa Christmann/Schreier 2003: 525.

[81] Hier und im Folgenden soll nicht davon ausgegangen werden, dass sich das jeweils beschriebene Inferenzszenario *vollständig* durch die genannten Wissensquellen (Text, Kontext usw.) beschreiben lässt. Es könnte beispielsweise der Fall sein, dass die notwendigen Codes, aber nicht die entsprechenden Inferenzregeln aus dem Text selbst beziehbar sind.

Leser deutlich wird, dass die (wahrscheinliche) Lüge des Onkels unmittelbar nach einer Textstelle einsetzt, in der Simon seinem Neffen eine eigentümliche Version des Falschzeugnisgebots einzubläuen versucht: „‚Denk an die zehn Gebote: du sollst kein Zeugnis ablegen gegen deinen Nächsten.' – ‚Kein falsches!' – ‚Nein, gar keines'." (ebd.: 39f.). Der Text legt so lediglich durch impliziertes Wissen nahe, dass Simon den Oberförster Brandis ermordet hat.

c) die der Text weder explizit noch implizit nennt:

„Die Kinder sahen aus, als ginge es in die Ferien". (Lappert 2009: 390)

Die Inferenzen, die nötig sind, um zu erklären, wie die Kinder aussahen, lassen sich aufgrund bestimmter kontextueller und lebensweltlich erfahrener Wissensbestände leisten. Diese variieren jedoch nach Kultur- und Zeitraum.

Rezeptionsszenario 2: relativ komplexe Inferenzen

Die für das Verstehen eines Textmerkmals notwendigen Inferenzen können gar nicht oder nur unter besonderem Aufwand aufgrund von textinternen oder textexternen Wissensbeständen geleistet werden, wenn

d) der Rezipient weder in textinternen noch textexternen Wissensbeständen Hinweise zur Erklärung eines Textmerkmale findet:

„‚Superkalifragilistischexpialigetisch'
Dieses Wort klingt durch und durch
furchtbar, weil's synthetisch.
Wer es laut genug aufsagt,
scheint klug und fast prophetisch.
‚Superkalifragilistischexpialigetisch'" (Mary Poppins 1964).[82]

Die Inferenzen, die nötig sind, die genaue Bedeutung von „Superkalifragilistischexpialigetisch" zu klären, sind weder aufgrund des Liedtextes, des Filmes (in dem das Lied gesungen wird) noch aufgrund extratextueller Wissensbestände zu leisten. Vielmehr wird wohl aufgrund des Textes inferiert, dass sich das Wort gerade durch seine Bedeutungslosigkeit auszeichnet. Weniger ‚harte' Ausprägungen unsicherer Inferenz müssen als konstitutiv für den Prozess des Lesens angenommen werden. Ihre Unbestimmtheit lässt mehrere Hypothesen über die Bedeutung eines Textmerkmals zu und stellt den Leser in die Erwartungshaltung, dass die Unbestimmtheit im Textverlauf noch aufgelöst werden wird (Kapitel III.3.3.5).

---

82 Regie: Robert Stevenson, Produktion: Walt Disney.

e) der Rezipient bestimmte Textelemente gar nicht erst als inferenzauslösende Merkmale erkennt:

> „,Und ich bin Gofid Letterkerl', sagte er. ‚Für Freunde einfach Gofid'". (Moers 2004: 206)

> „Nunja, Dölerich Hirnfidler war zwar notorisch bekannt dafür, jedes zweite seiner Gedichte mit einem ‚O!' zu beginnen [...]". (Moers 2004: 227)

> „,Du bist T. T. Kreischwurst!" behauptete ich mit fester Stimme. ‚Gegegegegenau!'". (Moers 2004: 229)

Die auf den ersten Blick ungewöhnlichen Namen können in ihrer inferenzauslösenden Funktion nur aktiviert werden, wenn der Leser sie als Anagramme bekannter Schriftstellernamen – Gottfried Keller; Friedrich Hölderlin; Kurt Schwitters – entschlüsseln kann. Über diese Inferenz erklären sich dann das Verhalten der innerfiktionalen Figuren, ihre Eigentümlichkeiten und ihr Zusammenleben in einer Art literarischer Gesellschaft. Eine Interpretation dieser Figuren als parodistisch oder ironisierend kann nur dann formuliert werden, wenn der extratextuelle Verweis erkannt wird. Eine weitere, für viele Leser sicherlich nicht ganz so offensichtliche Inferenz würde sich auf „Fahrenheit 451" von Ray Bradbury (1953) beziehen.

Rezeptionsszenario 3: relativ unkomplexe fiktionalitätsabhängige Inferenzen

Die für das Verstehen eines Textmerkmals notwendigen Inferenzleistungen sind aufgrund der *Fiktionalität* des Textes und den damit verbundenen spezifischen Umgangsformen erschwert. Ist der Rezipient mit einem inferenzauslösenden fiktionalen Textmerkmal konfrontiert, etwa der *Hexenküche* aus „Faust I", kann er die Inferenz auf folgende Wissensbestände stützen:

f) seinem Wissen über die von ihm als real angenommene (Lebens-)Welt:

> Wählt ein Rezipient – die Fiktionalität des Textes nicht berücksichtigend – ausschließlich sein lebensweltliches Wissen, um die Szene der Hexenküche zu verstehen, so wird er etwa schließen, dass es sich um die Beschreibung eines Traumes (oder Vergleichbarem) handeln muss, da es in der von ihm als real angenommenen Lebenswelt keine kochenden Affen, Hexen und Zaubertränke gibt.

g) seinem Wissen über die fiktionale Welt, das aus dem Text selbst erschlossen ist, aber aufgrund seiner Genrekompetenz nur für diese fiktionale Welt, nicht für seine Lebenswelt gilt:

Akzeptiert der Rezipient fiktionsinduzierte Abweichungen von seinen realweltlichen Wissensbeständen zur Erklärung bestimmter Textmerkmale (wie sie in der *Hexenküche* vorhanden sind), dann wird er schließen können, dass die Figur Faust in der fiktionalen Welt tatsächlich kochenden Affen und Hexen begegnet. Wie sich der Leser einzelne Textmerkmale wie die Hexen nun genau vorstellt, ist von seinen lebensweltlichen Erfahrungen (z. B. im Umgang mit Märchen, Hexenkostümen und -darstellungen, etc.) abhängig, da im Text selbst kaum Hinweise auftauchen.

Rezeptionsszenario 4: relativ unkomplexe historisierende Inferenzen

Die für das Verstehen eines Textmerkmals eines historischen Textes notwendigen Inferenzleistungen sind aufgrund der Historizität des Textes und den damit verbundenen spezifischen Umgangsformen und Codes erschwert, denn erkennt der Rezipient ein inferenzauslösendes Textmerkmal, z. B. „eitelkeit" in der Gedichtzeile „Du siehst / wohin du siehst nur eitelkeit auff erden" (Gryphius [1637/63] 1963), kann er für die Inferenz aus folgenden Wissensbeständen wählen:

h) wie in (f): seinem Wissen über seine eigene, von ihm als real angenommene (Lebens-)Welt:

Der heutige Rezipient liest die erste Zeile des Gedichts und decodiert „eitelkeit" im modernen Verständnis. Er inferiert vermutlich eine Art Kritik an der (vom lyrischen Sprecher unterstellten) Blasiertheit der Menschen, wundert sich eventuell aber schon über die idiomatische Grammatik der Überschrift, die bei dieser historisch nicht adäquaten Inferenz entsteht. Die folgenden Zeilen des Gedichtes werden den Leser dann aber wohl zu einer Revision dieser aktualisierenden Decodierung bewegen.

i) seinem (angenommenen) Wissen über die von ihm als real angenommene historische (Lebens-)Welt des Autors:

Der Rezipient hat sich bestimmte Wissensbestände über den historischen Kontext des zu verstehenden Textes angeeignet und kann so im Text verhandelte Handlungsweisen, Erzählkonventionen, oder einfach nur die Sprache des Textes nach seinen Vorstellungen der historisch adäquaten Enzyklopädien verstehen. Im Fall des Barock-Gedichts ist er in der Lage, „eitelkeit" mit der christlichen Vorstellung von Vergänglichkeit (*vanitas*) zu decodieren.

Rezeptionsszenario 5: komplexe historisierende und fiktionsabhängige Inferenzen

Die für das Verstehen eines Textmerkmals eines historischen fiktionalen Textes notwendigen Inferenzen sind aufgrund der Historizität und der Fiktionalität des Textes und den damit verbundenen spezifischen Umgangsformen erschwert, denn erkennt der Rezipient ein inferenzauslösendes fiktionales Textmerkmal, kann er für die Inferenzen aus folgenden Wissensbeständen wählen, hier wieder dargestellt am Beispiel der *Hexenküche* aus „Faust I":

j) wie in (h) und (f): seinem Wissen über die von ihm als real angenommene (Lebens-)Welt:

   Da es in der von ihm als real angenommenen Lebenswelt keine kochenden Affen, Hexen und Zaubertränke gibt und er sich bloß auf *seine* aktuelle Lebenswelt bezieht, geht der Rezipient davon aus, dass es sich bei der *Hexenküche* um eine Traumsequenz oder etwas ähnliches handeln muss, das er mit den Grundsätzen seiner Lebenswelt vereinbaren kann.

k) wie in (g): seinem Wissen über die fiktionale Welt, erschlossen aufgrund von (h), also seiner eigenen als real angenommenen (Lebens-)Welt:

   Der Leser akzeptiert, dass es in der fiktionalen Welt so etwas wie Hexen geben kann. Er konkretisiert die Hexen, die fiktionale Welt und ihre Gestalten mit Wissen aus seiner als real angenommenen aktuellen Lebenswelt. Hexen sehen in diesem Fall vielleicht so aus wie die entsprechenden fiktionalen Figuren aus Harry-Potter-Filmen und orientieren sich an modernen Darstellungen oft erotisierter, jugendlicher Feengestalten oder Nornen.

l) wie in (g): seinem Wissen über die fiktionale Welt, erschlossen aufgrund von (i), also der von ihm als real angenommenen und für ihn historischen (Lebens-)Welt des Autors:

   Der Leser akzeptiert, dass es in der fiktionalen Welt so etwas wie Hexen geben kann. Er konkretisiert die Hexen, die fiktionale Welt und ihre Gestalten mit seinem Wissen über die historische Welt. Hexen werden in diesem Fall durch sein Wissen über das Hexenbild zur

Goethezeit, vermutlich dem „Bild des alten Weibes" – einem „grundlegenden Phänotyp" dieser Zeit – rekonstruiert (Kraus 1998: 184).[83]

Über diese Beispiele hinausgehend sind noch weitere, wesentlich komplexere Rezeptionsszenarien denkbar. Etwa wenn ein Leser einen für ihn historischen Text rezipiert und der Leser die für die Inferenzprozesse zugrunde gelegten extratextuellen Wissensbestände nicht aus seinem eigenen Lebenskontext Z_L oder dem Lebenskontext des Autors Z_A wählt, sondern, wenn feststellbar, aus dem zeitlichen Kontext, in dem die fiktionale Welt verortet ist Z_{Fikt}. Die *Hexenküche* würde demnach mit den vom Leser angenommenen Wissensbeständen aus dem ausgehenden Mittelalter $W_{L(MA)}$ konkretisiert werden, nicht mit denen, die er über die Goethezeit $W_{L(GZ)}$ oder seine eigene Lebenswelt $W_{L(Akt)}$ besitzt. Es lassen sich jedoch auch andere, komplexere Varianten annehmen: Etwa für Inferenzleistungen das Wissen $W_{L(A(MA))}$ zu veranschlagen, von dem der Leser (aufgrund nicht-fiktionaler Texte) weiß oder annimmt, dass es der Autor von dem (auch für ihn als Autor bereits) historischen Zeitraum Z_{MA} – in dem die fiktionalen Welt verortet ist – hätte haben können.

Es ist also offensichtlich so, dass bei historisch-fiktionalen Texten eine ganze Bandbreite hochkomplexer Inferenzprozesse möglich, bzw. nötig ist, gerade wenn man davon ausgeht, dass das Rezeptionsszenario (1) und die eben genannten Verkomplizierungen die Standardfälle *historisierenden literaturwissenschaftlichen Denkens* bilden. Dieses lässt sich in der schematischen Frage zusammenfassen, was ein Leser oder Wissenschaftler glaubt, welchen Wissensstand ($W_{L(A(x))}$) ein Autor zum Zeitpunkt der Produktion eines literarischen Textes über etwas oder über einen Zeitraum gehabt haben kann. Doch ist diese Form der Historisierung fehleranfällig, wie anhand der mit Fiktionalität und Historizität verbundenen Probleme aufgezeigt werden konnte. Diese Probleme bestehen besonderes in der Gefahr eines interpretativen Anachronismus aufgrund nicht angemessener Inferenzen oder aufgrund der Annahme historisch nicht angemessener Wissensbestände.

Neben der Gefahr des *Nichtgelingens* historisch adäquater Inferenzen ist für eine historisierende Rezeptionsforschung auch der Fall ihres *Gelingens* nicht unproblematisch. Ursächlich hierfür ist, dass Rezeptionsszenarien wie (1) nicht nur *faktisch* im historischen Rezeptionszeitraum durchgeführte Interpretationen erzeugen können, sondern auch solche, die *hypothetisch* zwar möglich gewesen wären, aber nie faktisch umgesetzt worden sind. Was in hermeneutischen Kontexten keine Probleme mit sich bringt, ist für

---

[83] Vgl. auch S. 215–219, wo Kraus die romantischen Einflüsse, besonders des Märchens, auf das Hexenbild als altes, hässliches Weib beschreibt.

die theoretischen Grundlagen der historischen Rezeptionsanalyse unzulässig. Nur eine über Sekundärtexte aus dem Publikationszeitrum geleistete Rekonstruktion faktisch gezogener Inferenzschlüsse kann den *Gewissheitsanforderungen* einer strengen Historisierung gerecht werden: Lediglich historische Rezeptionen sind *notwendig* historisch adäquat. Über sie kann historisch nachzeitiges Wissen sicher ausgeschlossen, vorzeitiges und ‚gleichzeitiges' Wissen jedoch zugelassen werden, wenn es von Zeitgenossen als textrelevant erachtet und aufgeschrieben wurde.

Diesem so dargestellten Anachronismusbegriff gemäß könnte beispielsweise der 1922 publizierte Roman „Die Stadt ohne Juden" von Hugo Bettauer, in dem der *geistvolle Führer* Dr. Karl Schwertfeger ein „Gesetz zur Ausweisung aller Nichtarier aus Österreich" (Bettauer [1922] 1924: 5) veranlasst, durchaus zur (vorsichtigen) historiographischen Erklärung der Entstehung späterer realhistorischer Ereignisse herangezogen werden. So etwa der Historiker Götz Aly (2011), der u. a. in dem Roman Bettauers ein historisches Datum für seine These findet, dass die Vorstellung einer anti-jüdischen Gesellschaft auch schon vor der Machtergreifung der NSDAP faktisch existent war. Unmöglich wäre die Umkehrung dieser Argumentation, die dann die realhistorischen Ereignisse nach 1922 zur Interpretation des Romans funktionalisieren würde.

Nachdem nun in die Komplexität der Schlussverfahren einer historisierenden Literaturwissenschaft eingeführt wurde, kann in den folgenden Kapiteln eine weitere Fragestellung anvisiert werden. Es soll in diesen Kapiteln aufgezeigt werden, welche Bedingungen eine Historisierung mit Adäquatheitsanspruch an *reale* und *nicht-reale* Lesermodelle stellt, wenn sie diese Lesermodelle als Instrument der Zuschreibung nicht-anachronistischen Wissens funktionalisieren möchte. Dies dient der Stützung der bereits durch pragmatische und epistemologische Überlegungen getroffenen Entscheidung, für eine adäquate Historisierung lediglich faktische Rezeptionszeugnisse realer Leser zu akzeptieren. Doch hierzu müssen erst einmal ihre Unterschiede zu nicht-realen Lesermodellen untersucht werden, was durch eine Kategorisierung dieser Modelle erreicht werden kann. Diese Kategorisierung soll im Folgenden methodologisch fundiert und anschließend angewendet werden.

2 Probleme der Kategorisierung von Lesermodellen

2.1 Die Interdisziplinarität des Forschungsfeldes

Da eine Übersichtsdarstellung literaturwissenschaftlicher Lesermodelle unterschiedlicher Theoriezusammenhänge und Vorannahmen noch Desiderat ist, soll sie an dieser Stelle etwas ausführlicher geleistet werden als es für die Fragestellung der historischen Rezeptionsanalyse notwendig wäre. Es wird nicht nur aufgezeigt werden können, dass die wissenschaftshistorische Entwicklung dieser Konzepte aufgrund nationaler und internationaler,[84] inter- und transdisziplinärer Abgrenzungsversuche (oder ihrem Gegenteil: der Nichtbeachtung von Leserkonzepten anderer Disziplinen) redundante Lesertheorien hervorgebracht hat, sondern auch der Versuch einer Neuordnung unter Berücksichtigung der eruierten Probleme dieses „bislang fast völlig unreflektierte[n] Forschungsfeld[es]" (Hiergeist 2012, Abs. 6) unternommen werden. Dies bedeutet, dass neben der epistemologischen Frage nach den Möglichkeiten historisch-adäquater Zuschreibungen über Lesermodelle auch noch zu klären ist, wie sich Lesermodelle zu der sie implementierenden Theorie verhalten. Dass diese Aufgabe nur mit einigem Rekonstruktionsaufwand zu leisten ist, stellte Jahraus bereits 1994 fest. Aus dessen Zitat wird darüber hinaus die Bedeutung des Leserkonzeptes für das Verstehenskonzept der Literaturtheorien selbst deutlich:

> Weil der Text durch den ursprünglichen intentionalen Akt der Lektüre erst zum Text wird und darüber hinaus der Text durch die Literaturwissenschaft als literaturwissenschaftliches Objekt erst konstituiert wird, ergibt sich ein spezifisches Charakteristikum einer methodischen Position daraus, in welcher Form der Lektüre bzw. der Konzeption eines Lesers als Theorieelemente selbst noch einmal eine konstitutive Funktion zukommen. Ausschlaggebend ist hierbei die Verhältnisbestimmung zwischen dem intentionalen Akt des Lesens und dem Text, weitergehend zwischen privater und professioneller Lektüre (zwischen Leser und Literaturwissenschaftler), zwischen Rezeption und Interpretation, zwischen nichtwissenschaftlichen und wissenschaftlichen intentionalen Akten des Umgangs mit Texten (und insbesondere mit jenen Texten, die als Literatur klassifiziert werden können). (Jahraus 1994: 5)

Jahraus' Aussage, dass sich das ‚spezifische Charakteristikum einer methodischen Position' aus der Konzeption des Lesers, bzw. Lesens ergibt, kann lediglich unter der Bedingung einer sehr holistischen Perspektive auf die

---

84 Dass ein literaturtheoretischer Ansatz international diskutiert wird, ist keine Ausnahmeerscheinung, aber auch nicht selbstverständlich. Ein Beispiel für die Internationalität der rezeptionstheoretischen Abgrenzungsversuche einzelner Positionen bildet die Kontroverse zwischen Fish und Iser Anfang der 1980er Jahre. Vgl. hierzu Kindt 2007 (und etwas allgemeiner Hohendahl 2003).

Sache zugestimmt werden. Für einen theoriehistorischen Abriss, wie er in den einführenden Kapiteln bisher geleistet wurde und der sich auf die Distinktion literaturtheoretischer Positionen lediglich gemäß der weiten Kategorien *Autor–Text–Leser* bezieht, mag die Aussage vollkommen richtig sein. Dass sie aber mehr als deskriptiven Wert hat ist zu bezweifeln. Vielmehr zeigt sich, dass das Verhältnis von Literaturtheorie und implementierter Lesertheorie keines ist, das direkte Schlüsse von dem einen auf das andere oder umgekehrt zuließe. Dies macht eine schematische Übersicht der Probleme im theoretischen und praktischen Umgang mit Leserkonzepten deutlich, für den der von Gerhard Pasternack (1975: 136–146, hier 139) im Kontext des Methodenpluralismus monierte Sachverhalt des „vortheoretischen Eklektizismus" eine nicht unangemessene Beschreibungsform ist. Es ist demnach nicht nur der Fall, dass – wie beschrieben – die Funktion des Lesers (a) für die Theorie selbst oder (b) für eine Interpretation auf Grundlage dieser Theorie oft vage bleibt, sondern es ist darüber hinaus der Fall, dass Lesermodelle nicht selten aus anderen Theorien zwar (c) namentlich vollständig, aber funktional nur versatzstückartig übernommen werden, beziehungsweise (d), die Prämissen der ursprünglichen theoretischen Heimat des Modells nicht miteingekauft werden. Das bedeutet, dass Lesermodelle teilweise konzeptionell nur unvollständig übernommen werden oder aber (e) Lesermodelle zwar unverändert in eine andere Theorie implementiert werden, aber einen anderen Namen bekommen. All dies lässt sich allein am Modell des impliziten Lesers aufzeigen.[85]

Aus dieser allgemein diffusen lesertheoretischen Situation resultiert nun – und hier muss Jahraus differenziert werden –, dass theoretische Positionen oftmals keine genuinen Lesermodelle entwickeln, sondern hybride Gebilde unterschiedlicher, teilweise konfligierender Funktionen und Vorannahmen zusammenstellen. Zu den Problemen der Grenzziehung zwischen diesen Lesermodellen äußerte sich schon bemerkenswert früh und kritisch Peter Rabinowitz, der im Rahmen seiner fiktionstheoretisch motivierten Arbeit vier unterschiedliche *audiences* konstruiert, von denen jedoch nur zwei im Folgenden relevant sind:[86]

---

85 Siehe das Kapitel III.3.3.
86 Eine Einführung zur Verwendung der beiden in diesem Kontext weniger wichtigen Publikumsbegriffe (*audience addressed / audience invoked*) findet sich bei Ede/Lunsford 1984. Eine kritische Sicht auf das *reale* Publikum vertritt Elbow 1987, der dessen Funktionen zumindest für die Produktion literarischer Texte negiert und somit eine „reader-based prose" zugunsten einer „writer-based prose" disqualifiziert. Ewald 1988 verteidigt die Funktion des Publikums für die Produktion von Texten, allerdings spricht er vom (theoretischen) Publikum im Sinne eines *implied readers*. Kroll 1984 bezieht sich u. a. auf Aristoteles um eine vergleichbare Position zu stärken und konstatiert „broad agreement that the writer's consideration of his (or her) audience exerts an important influence on written communication"

In fact, almost all critics who discuss ‚the reader' are discussing a hybrid form which crosses the lines I have set up [between narrative and authorial audiences]. For example, Iser's discussion (*The Implied Reader*) of the reader's discoveries are really studies of the experiences of the narrative and authorial audience combined. (Rabinowitz 1977: 130)

Diese Problematik setzt dann wenig später Mailloux (1982: 202) ganz richtig in eine prinzipielle Abhängigkeit von den Theoriekonzeptionen, in deren Rahmen das Lesermodell jeweils entworfen wird: „Most reader response critics simply do not see that ‚the reader', like ‚the text', is constituted by the descriptive discourse of which it is a part. […] For this reason, there are as many different kinds of readers reading as there are kinds of discourse about ‚the reader': psychoanalytic, phenomenological, structuralist, and so on". Bei genauerer Betrachtung zeigt sich aber, dass es unmöglich geworden ist, jedem Theoriedesign ein genuines Lesermodell zuzuweisen, bzw. *vice versa* von einem Lesermodell auf eine spezifische literaturtheoretische Position zu schließen. Wenngleich unpräzise Annäherungen möglich sind, so steht dem Schluss von einem Lesermodell auf eine Theorie allein schon die uneinheitliche Namensgebung dieser Modelle im Weg. Einerseits hat man oft denselben,[87] explizit aus anderen Ansätzen übernommenen[88] oder sehr ähnlichen[89] Leserkonzepten unterschiedliche Namen gegeben, andererseits hat man konzeptionell und funktional

---

(ebd.: 172). Sie unterscheidet dabei drei Bedeutungen von „*audience*", die hinsichtlich ihrer *rhetorical, informational* und *social perspective* variieren. Im Kontext einer praktischen Didaktik des *teaching of writing* versucht Park 1982 die Bedeutung des *audience* zu erörtern. Im gleichen Diskurs ist auch Roth 1987 zu verorten.

[87] Dies ist der Fall bei Übersetzungen des *implied readers* von Booth [1961] 1983b: 428. Dieser wird meistens als *impliziter* Leser (wie bei Iser 1972), vereinzelt aber auch als *implizierter* Leser (Schmid 2007: 171) übersetzt.

[88] Booth nennt in dem bekannten Nachwort zur zweiten Ausgabe (1983b) seiner 1961 erstveröffentlichen Monographie „The Rhetoric of Fiction" unterschiedliche Lesermodelle, in die er eine von Rabinowitz geleistete Differenzierung einarbeitet (die bei Rabinowitz erstmals in Rabinowitz 1977, ausführlicher in Rabinowitz 1981 und nach der Veröffentlichung in Booths Zweitausgabe u. a. wiederum erwähnt wird in Rabinowitz 1985). Seinen *postulated reader* bestimmt Booth so anhand des Rabinowitz'schen *authorial audience*, seinen *credulous listener* anhand des *narrative audience* (siehe Booth [1961] 1983b: 429f.); ähnliche Fälle finden sich zuhauf.

[89] Ein Blick in das Register von Phelan (1989: 234) zeigt, was er in Phelan 2007 dann konzediert, nämlich dass *authorial reader, ideal reader* und *reader above* (von ihm und anderen) synonym verwendet werden. Schmid 2005: 66 schreibt, dass es zu dem von ihm eingeführten abstrakten Leser schon „eine Reihe älterer Konzeptionen" gäbe und impliziert damit, dass all die im Folgenden von ihm angerissenen Modelle letztlich seinem abstrakten Leser sehr ähnlich sind. Er nennt Booths *implied reader*, Isers impliziten Leser, Głowińskis virtuellen/potentiellen Rezipienten, Wolffs intendierten Leser, Ecos Modell-Leser und einige mehr. Damit ebnet er zuvor herausgearbeitete und äußert wichtige Differenzierungen ein, die in seinem narrativen Modell zwar keine Rolle spielen, im Rahmen anderer Fragestellungen aber durchaus relevant sind.

voneinander abweichende Modelle gleich benannt,[90] obwohl sie jeweils unterschiedliche Anschlussoperationen bedingen. Hier wäre als prominentes Beispiel wiederum der implizite Leser zu nennen, der je nach theoretischen Vorannahmen als Autor-, Text oder Leserkategorie bestimmt wird.[91] Die erwähnten Anschlussoperationen der Modelle divergieren entsprechend ihrer Funktion innerhalb der Theorie und damit auch hinsichtlich der durch sie interpretativ erreichbaren Ziele und Ergebnisse. Angesichts dieses Befundes lässt sich wieder auf Rabinowitz (1995: 375) verweisen, der für den *reader-oriented criticism* feststellte, dass dieser „neither united by a common methodology nor directed toward a common goal" sei. Er weise lediglich geringfügige historische Entwicklung, weniger noch theoretische Arriviertheit auf. Die daraus geschlossene Konsequenz für Lesermodelle beschreibt er dann wie folgt:

> Moreover, even if there seems to be a single subject of inquiry ('the reader'), the term [...] takes on so many different meanings in current discourse that it serves less as a unifying banner than as a trophy to be wrested from the opposition (Rabinowitz 1995: 375).

Trotz – oder gerade wegen – dieser undurchsichtigen Forschungssituation findet sich noch keine Überblicksdarstellung dieser Konzepte, die an sich selbst den Anspruch formulieren würde, den Versuch eines Ausweges aus dieser Situation durch Rekonstruktion, rationale Kritik und Neuordnung zu unternehmen. Eine bloße Auflistung der gängigsten Lesermodelle soll das Ausmaß der Unübersichtlichkeit der Forschungslage offenlegen:

Realer Leser, *actual audience*, konkreter Leser, *flesh-and-blood reader*, empirischer Leser, historischer Leser, ursprünglicher Leser, Normal-Leser, *statistical reader*, implizierter Leser, impliziter Leser, *implied reader*, abstrakter Leser, Modell-Leser, potentieller/virtueller Leser, *mock reader*, idealer Leser, (ideal) informierter Leser, kompetenter Leser, expliziter fiktiver/fiktionaler Leser, impliziter fiktiver/fiktionaler Leser, Leserfiktion, *narrative reader, outside reader, inside reader, narrative audience, ideal narrative audience,* konzipierter/konzeptioneller Leser, intendierter Leser, *authorial audience, postulated reader,* imaginierter Leser, theoretisches Publikum, *hypothetical reader, resisting reader,* lesender Leser, schreibender Leser, Interpretationsgemeinschaft,

---

[90] Zumindest produktionsgenetisch betrachtet müsste die funktionale Abweichung stets die konzeptionelle bedingen: Ein Lesermodell wird auf bestimmte Art konzipiert, um für eine Fragestellung dem Theoriebau operativ angemessene, d. h. interpretationspraktisch umsetzbare Ergebnisse zu ermöglichen.

[91] S. hierzu Anm. 437, in der die Vertreter dieser divergierenden Vorannahmen genannt werden.

interpretive communities, Durchschnittsleser, *average reader, super-reader*, Archileser, *composite reader, zero-degree-narratee* etc.

2.2 Die disziplinäre Beschränkung

Die oben genannten, genuin lesertheoretischen Schwierigkeiten beschreiben bei Weitem nicht den vollständigen Problemhorizont einer Systematik von Lesermodellen. Auch Diskussionen aus dem direkten und sogar indirekten Umfeld der Rezeptions- und Lesertheorien haben sich theoriegeschichtlich immer wieder als äußerst relevant herausgestellt. Etwa werden die Probleme bei der Bestimmung des *impliziten Lesers* nicht selten im Rekurs auf die Theorie des *impliziten Autors* zu lösen versucht. Entweder durch einen positiven Rückgriff zur Verdeutlichung und Erklärung, wie bei Link (1976: 41), die von der „Parallelität des abstrakten Autors mit dem impliziten Leser" spricht oder durch negierende Referenz zum Zwecke der Abgrenzung des Konzeptes, wie es bei Wolf Schmid (2005, 2007) zu finden ist.[92] Aber auch in umgekehrter Stoßrichtung rücken Leserkonzepte in den Aufmerksamkeitsfokus, wenn es eigentlich nicht um den Leser geht. So kommen Tom Kindt und Hans-Harald Müller im Rahmen ihrer einschlägigen Monographie „The Implied Author: Concept and Controversy" ebenfalls auf den (impliziten) Leser zu sprechen:

> Although the many competing author models have rarely (only in Stecker 1987, 258–72; 1997, 188–205) been considered together to date, the spectrum of reader models put forward in the past few decades has received several comparative treatments. Iser (1978, 27–38) is an early example; more recently, see Wilson (1981, 848–63) and, for a report on the current situation, Rabinowitz (1995, 382–401). (Kindt/Müller 2006b: 122, Anm. 188)

Der im ersten Satz des Zitats zum Ausdruck gebrachten Beobachtung einer gegenüber der Autortheorie größeren Reflexionsbewegung im lesertheoretischen Bereich kann heute jedoch nicht mehr zugestimmt werden. Es ließe sich inzwischen sogar eine gegenteilige Behauptung gut begründen, denn im Zuge der „Rückkehr des Autors" erschien eine Vielzahl von Publikationen besonders zur theoretischen Legitimation autorbezogener Interpretationskonzepte.[93] Zu diesen ist der zitierte Beitrag von Kindt/Müller selbst zu zählen. Dezidiert leserbezogene Positionen müssen hinge-

---

92 Schmid 2005: 65f. und nahezu identisch in Schmid 2007: 171f., der allerdings nicht vom *impliziten* Autor oder Leser spricht, sondern vom *abstrakten*.

93 Siehe u. a. die Sammelbände Jannidis/Lauer/Martínez/Winko (Hgg.) 1999b und Detering (Hg.) 2002. Die Autordebatte ist im anglophonen Sprachraum etwas früher, nämlich schon Anfang der neunziger Jahre des 20. Jahrhunderts wieder aufgenommen worden. Vgl. dazu die Literaturhinweise in Jannidis/Lauer/Martínez/Winko 1999a: 4, Anm. 2.

gen als eher vernachlässig eigeschätzt werden. Am stärksten wurden sie in den letzten Jahren wohl noch von den Kognitionswissenschaften oder *cognititve poetics* vertreten. Dort versteht man den Leserbezug als bereits mehr oder weniger entproblematisierte Grundlage intentionsbasierter (und das heißt autorbezogener) Interpretationskonzeptionen. An eben diesen Positionen, die Intention als Zuschreibung eines Lesers an einen Autor – oder allgemeiner: die eines Rezipienten an einen Produzenten – verstehen,[94] orientiert sich auch der Bestimmungsversuch von Kindt/Müller. Ihr Vorschlag für einen zukünftigen Umgang mit dem Konzept des impliziten Autors berücksichtigt die etwa zeitgleich von Spoerhase (2007b) aufgezeigten Annahmen eines *hypothetischen Intentionalismus*, der den Leser als Intentionen zuschreibende Instanz der literarischen Kommunikation konzeptioniert:

> The resultant analysis suggests that explicating the implied author as a participant in communication would not be sensible but that explicating it as an entity to which the meaning of a text is attributed could well be. More precisely, this means explicating it as the hypothetical or postulated author in the conceptual context of hypothetical intentionalism. (Kindt/Müller 2006b: 181)

Dieser kurze und später noch auszuarbeitende Exkurs in die Autortheorie verdeutlicht, dass es für die Bestimmung der Leserkonzepte nicht damit getan ist, bloß auf Rezeption ausgerichtete Theorien zu berücksichtigen. Dennoch muss dies am Anfang der Rekonstruktion stehen und dazu sollen in einem ersten Schritt die drei von Kindt/Müller genannten Texte, die explizit als *comparative treatments* herausgestellt wurden, einer Revision unterzogen werden. Diese Rückschau auf genuin literaturwissenschaftliche Überblicksdarstellungen steht im Interesse einer disziplinären Beschränkung dieser Arbeit. Untersucht werden die drei Texte bezüglich der in ihnen genannten und gegenübergestellten Leserkonzepte. Zuvor soll jedoch die *quantitative* Ebene des Leserbezugs als ein Hinweis gewertet werden. Immerhin ist es erstaunlich, dass Kindt/Müller in den von ihnen überblickten 20 Jahren der Forschungsgeschichte lediglich drei nennenswerte Übersichtsdarstellungen zu Leserkonzepten finden konnten (wobei die Forschung tatsächlich einige wenige mehr hervorgebracht hat, wie die Einleitungen (Suleiman 1980 und Prince 1980a) zu den rezeptions- und lesertheoretisch orientierten Bänden Suleiman/Crosman (Hgg. 1980) und Tompkins (Hg. 1980b), aber auch die poststrukturalistische, bzw. ‚postnarratologische' Lesermodelle abhandelnde Einleitung der Monographie von McQuillan 2000).[95] Noch erstaunlicher ist jedoch, wie begrenzt das

---

94 Vgl. hierzu Jannidis 2007, aber auch Jannidis 2009 und Wübben 2009 im gleichen Band.
95 Letztlich stützen diese Publikationen das Argument von Kindt/Müller, ohne die im Folgenden dargestellte Übersicht obsolet erscheinen zu lassen. Für Kindt/Müller war die an

inhaltliche Spektrum der dort besprochenen Lesertheorien ist. Die Abhandlung Isers (1976: 50–60) stellt auf zehn Seiten lediglich sechs *Lesertypen*[96] vor: den zeitgenössischen Leser (51), das Lesermodell psychologischer Wirkungstheorien wie der Norman Hollands (51f.), den idealen Leser (52f.), Riffaterres Archileser (54f.), Stanley Fishs informierten Leser (56f.) und Erwin Wolffs intendierten Leser (58f.). ‚Komparativ' ist diese Übersicht nur hinsichtlich des von Iser selbst vertretenen Konzepts des impliziten Lesers, den er pauschalisierend von den genannten Leserkonzepten absetzt.[97]

Wilsons Zeitschriftenbeitrag von 1981 ist mit 15 eng beschriebenen Seiten und einem Dutzend besprochener Lesermodelle – zumindest was den Vergleich der Konzepte betrifft – weitaus engagierter als Isers kurze Übersicht. Für Wilson stehen die bereits bei Iser genannten Modelle und viele weitere (aber teilweise nur namentlich erwähnte, nicht erklärte) Modelle als Komparsen einer zentralen Argumentation Spalier. Diese erschöpft sich darin, Isers impliziten Leser (ebd.: 848–852), Wolffs intendierten Leser (ebd.: 849–852) und den von ihm selbst eingebrachten *characterized fictive reader* (ebd.: 855) als rein fiktionale Lesermodelle[98] herauszustellen. Das ist so jedoch nicht richtig, was sich schon daran zeigt, dass Wolffs intendierter Leser keine Instanz des fiktionalen Textes ist, sondern

---

der Kognitionswissenschaft und linguistischen Pragmatik orientierte rezeptionstheoretische Übersicht von Strasen 2008, die unbedingt empfehlenswert ist, ebenso wenig greifbar wie der französischsprachige Sammelband von Mazauric/Fourtanier/Langlade (Hgg.) 2011, der aufgrund seiner Fremdsprachlichkeit von der deutschen Germanistik wohl nicht wahrgenommen werden wird.

96 Unter „Lesertyp" versteht Iser etwa das, was hier mit „Lesermodell" und „Leserkonzept" bezeichnet wird, also den Oberbegriff für sämtliche lesertheoretischen Spezifikationen. Der Begriff „Lesertyp" soll in der hier vorgelegten Arbeit hingegen als Unterbegriff reserviert werden für einige besondere Ausprägungen von Modellen *realer* Leser. Vgl. hierzu und für die im Folgenden aufgelisteten Modelle das Kapitel III.1.1.

97 Was als argumentative Strategie der Positionierung seines eigenen Modells gemeint ist, führt zu falschen Aussagen, etwa wenn er am Ende der Übersicht schreibt: „Im Gegensatz zu den besprochenen Lesertypen besitzt der implizite Leser keine reale Existenz" (Iser 1976: 60). Dass aber auch die besprochenen Modelle größtenteils *keine* reale Existenz besitzen, sondern probabilistische oder gar theoretische Konstrukte sind, soll nur exemplarisch anhand des intendierten Lesers von Erwin Wolff gezeigt werden. Dieser bestimmt ihn so: „Nicht der Geschmack des Lesers bedingt in der Regel Form und Thematik des literarischen Werks, sondern die Leseridee, die sich im Geiste des Autors bildet" Wolff 1971: 166. Dieser hier von Wolff gerade betonte ontologisch nicht-reale Status des intendierten Lesers als *Idee* war Iser bekannt, denn er zitiert diese Stelle selbst (Iser 1976: 58) und rekonstruiert den intendierten Leser dort als „Leseridee, die sich im Geiste des Autors" gebildet hat.

98 Vgl. zu die ontologische Ausdifferenzierung von Lesermodellen in dem Kapitel III.1.2.

ein rein mentales Konstrukt außerhalb des Textes.[99] Bei Isers implizitem Leser ist dieser Status nicht eindeutig bestimmbar, da er in Abhängigkeit davon steht, ob dieses Modell mit Bezug auf den Autor, den Text (was die häufigste Variante ist) oder den Leser fokussiert wird. Jede dieser Perspektiven erlaubt und fordert das Iser'sche Modell,[100] Wilson (1981: 850) vereindeutigt es aber als ausschließlich autorintentional und behauptet daher fälschlicherweise, „the difference between intended and implied readers virtually disappears".

Der dritte genannte Artikel – Rabinowitz 1995 – rekonstruiert Lesermodelle zwar mit hoher Präzision, ist aber mehr eine Darstellung englischsprachiger Rezeptionstheorien als eine Rekonstruktion genuiner Lesertheorien. Rabinowitz nennt darin folgende Theoretiker (ohne die hier verwendeten Kategorien selbst namentlich zu benutzen): *psychologisch-subjektivistische* (Holland/Bleich/Steig/Crosman[101]), *semiotische* (Eco/Culler), *empirische* (Radway/Fetterly), *interaktionistische* (Prince/Rosenblatt) und die nicht eindeutig kategorisierbaren Theorien von Fish, Gibson, Mailloux, Ong und Riffaterre.

Wie sich in allen drei Arbeiten zeigt, ist die Systematisierung dieser Rezeptions- und Lesertheorien in einer der Literaturwissenschaft angemessenen Beschreibungssprache und – wichtiger noch – einem ihr angemessenen Kategoriensystem das größte Problem, dem sich komparative Darstellungsversuche stellen müssen. Den gleichen Befund vermerkt auch Teresa Hiergeist in ihrer Rezension des aktuellsten Sammelbandes zur

---

99 Die Verwechslung des hier zugrunde liegenden intendierten Lesers ‚als Idee' mit dem auf die Lesererwartung gewendeten Niederschlag dieser Idee im literarischen Text begründet Wilson mit der Annahme, dass der intendierte Leser eine „foundation in the text" (Wilson 1981: 849) habe. Die aus dieser problematischen Annahme fälschlicherweise abgeleitete Entsprechung beider Modelle ist jedoch kaum haltbar. Für Wolff ist der *fiktive* (hier: *fiktionale*) *Leser*, wie er den textuellen Niederschlag des intendierten Lesers nennt, bloß ein *Hinweis* darauf, wie der *intendierte Leser* zu rekonstruieren sei. Man könne sich dem intendierten Leser „durch herauslösende Beschreibung einer etwa vorhandenen werkimmanenten Leserfiktion" annähern (Wolff 1971: 160). Ein interpretationspraktisches Beispiel für eine unreflektierte Konfundierung von fiktionalem und intendiertem Leser stellt eine sehr frühe wirkungsgeschichtliche Arbeit zum Publikum des jungen Goethes dar. Der Verfasser Nollau beschreibt darin das Verhältnis, das der Autor „nach Abschluss des Werkes" zu seinem Publikum hatte. Dass ihm zufolge dabei das Textelement der Vorrede besonders beachtet werden muss, „erhellt daraus, dass in ihr der Autor die Bestimmung seines Werkes formuliert", dass er *darin* die Leserschaft umschreibt, die seiner *Ansicht* nach dem Werk gemäß ist" (Nollau 1935: 7 [Herv. v. M. W.]).
100 Vgl. hierzu das Kapitel III.3.3.5.
101 Der an der University of Alaska lehrende *reader-response theorist* Robert Crosman ist nicht zu verwechseln mit Inge Crosman, der bereits emeritierten Professorin für *French Studies* der Brown University.

Lesertheorie – „Le texte du lecteur" (Mazauric/Fourtanier/Langlade (Hgg.) 2011):

> Die Beiträge des Aufsatzbandes sind relativ heterogen und lassen sich grob in fünf Themenbereiche unterteilen. Dominant ist die Gruppe der theoretischen Texte [...], die sich an einer Definition der Leserbeteiligung versuchen und Probleme skizzieren. Konkrete Vorschläge zu einer Kategorisierung der typischen Lektüreerlebnisse oder zu einer möglichen Herangehensweise an Texte und Leser bleiben weitgehend aus. (Hiergeist 2012, Abs. 5)

Doch auch jenseits genuin lesertheoretischer Arbeiten erweist sich als Ursache für Komplikationen, dass der Leser oder Rezipient nicht nur im rezeptionstheoretischen Kontext, sondern ebenso in vielen anderen literaturwissenschaftlichen Diskursen eine relevante Kategorie der Theoriebildung und (Daten-)Interpretation ist: sozialgeschichtliche, psychologische, kognitionswissenschaftliche, narratologische, genuin rezeptions- und wirkungsgeschichtliche Ansätze, Religion- und Kunstwissenschaften, empirische Literaturwissenschaft, Didaktik und Fiktionstheorie sind wohl die prominentesten unter ihnen.

Nicht selten werden sogar *innerhalb* dieser Einzeldisziplinen Abgrenzungs- und Positionierungsversuche ‚auf dem Rücken des Lesers' ausgetragen. Ein Beispiel liefert die psychologisch orientierte Literaturwissenschaft, in der die Position, dass der Leser überhaupt eine relevante Erklärungskategorie für literarische Texte ist, schon eine Abgrenzung von anderen psychologischen Ansätzen bedeutet; etwa von solchen, die sich lediglich auf die Produktionssituation und die Autorpsyche beziehen.[102] Doch auch das leserbezogene literaturpsychologische Forschungsfeld lässt sich weiter aufteilen in (a) Ansätze, die Rezeptionen *realer* Einzelleser analysieren und in (b) Ansätze, die sich auf *probabilistische* Lesermodelle stützen. Während die Ansätze in (a) von den Rezeptionen einzelner realer Leser ausgehend allgemeine Aussagen über das Textverstehen formulieren,[103] gehen die in (b) von bereits eruierten psychologischen Persönlichkeitstypen aus, die dann die Grundlage für eine den Typen entsprechende Lektüresimulationen bilden. Diese Lesermodelle sollen als *probabilistisch*

---

[102] Freuds bekannter Vortrag „Der Dichter und das Phantasieren" argumentiert aus dieser produktionsästhetischen Perspektive heraus (siehe Freud [1908] 2003).

[103] Vgl. die psychoanalytisch motivierten Studien an fünf Lesern von Holland 1975, die 2011 laut Cover-Text „[w]ith a new introduction by the author" aufgelegt wurde, allerdings findet man in dieser bloß dreiseitigen, sogenannten *Introduction* nichts als unnötige Metaphern („Literary works are like Sleeping Beauty. They need to be loved into life"; S. ix) und Selbstbeweihräucherung („This book played – and plays – a key role in the literary school that has come to known as ‚reader response criticism'"; S. ix).

beschrieben werden, weil sie in der Regel auf (korrelierten) empirischen Daten beruhen.[104]

Position (a) wird unter anderem von der *psychoanalytisch* geprägten Literaturtheorie vertreten. Stanley Fish, einer ihrer bekanntesten Theoretiker, schreibt über die von ihm strikt abgelehnten, zu (b) zählenden *persönlichkeitstypologischen* Lesermodelle:

> [R]esearchers (at Yale) were exploring a ‚mirth response test,' trying to sort personality types by observing which cartoons they found funny. Should we then postulate that responses to tragedy, something so infinitely more subtle than a cartoon, are fixed? No, and for some decades now we have, in fact, known the contrary. (Holland 1975: 6)

Die Angemessenheit dieser Kritik muss nicht (und kann an dieser Stelle auch nicht) ausführlich diskutiert werden. Es ist vollkommen ausreichend, festzustellen, dass Fish aus ihr ein Argument zur Abgrenzung seines Lesermodells von anderen generiert. Während diese *innerdisziplinären* Demarkationsbestrebungen jedoch ein noch einigermaßen übersichtliches Problemfeld beschreiben und oft auf ähnlichen, oder zumindest auf vergleichbaren leserkonzeptuellen Prämissen basieren, ist es für die hier verfolgte Übersichtsdarstellung weitaus problematischer, den *interdisziplinär* nicht mehr geteilten Prämissen unterschiedlicher Leserkonzepte durch irgendeine Art von Kategorienbildung gerecht zu werden. Das folgende Kapitel soll die teils stark undurchsichtige, vielschichtig verschlungene und desorganisiert erscheinende Forschungslage in all ihrer Komplexität aufzeigen, indem die Probleme der Kategorisierung von Lesertheorien zum Zweck der Vergleichbarkeit dieser Modelle diskutiert werden.

2.3 Drei Differenzierungskategorien: Ontologie, Funktion, Epistemologie

Wie jede andere Form der Typifikation muss auch die Kategorisierung von Lesermodellen das dilemmatische Problem berücksichtigen, dass mögliche Kategorien einerseits eng gefasst sein müssen, um der komplexen innerdisziplinären Ausdifferenzierung der Lesermodelle gerecht zu werden. Dann jedoch können diese Kategorien auch nur wenige Konzepte unterschiedlicher Provenienz fassen und verlieren ihre Funktion der Zusammenführung diverser Elemente, also die Funktion der Kategorisierung selbst. Andererseits aber haben weniger eng gefasste Kategorien, die jeweils viele Elemente zu subsummieren in der Lage sind, gegenüber die-

---

[104] Holland selbst nennt Beispiele für diese Position in Holland 1975, Anm. 18 (in den Endnoten des Buchs auf Seite 395).

sen Elementen kaum noch einen Erkenntnis- oder Differenzierungswert. Denn mit der anwachsenden Zahl einer Kategorie untergeordneter Elemente verliert das diese Elemente verbindende Gleiche – also die relevante Eigenschaft der Kategorie selbst – immer mehr an Gewicht. Dies ist unter anderem der Fall bei einer groben kommunikationspragmatischen Kategorisierung nach „Autor – Text – Leser", in deren Kontext Strasen (2008: 43) im Rückgriff auf Bode (1996: 87) zu Recht hervorhebt, dass ein bloßer *Leserbezug* aus einer Theorie nicht gleich eine *Lesertheorie* mache: Die „Relevanz des Lesers bei literarischer Bedeutungsproduktion wird [zwar] im allgemeinen kaum mehr hinterfragt, was aber nicht bedeuten kann, dass jeder Ansatz als rezeptionstheoretisch zu verstehen sei". Man wird sich vielmehr mit graduellen Übergängen bei der Verortung einzelner Theorien innerhalb dieser kommunikationspragmatischen Kategorien begnügen müssen. Da sich die folgende Arbeit nicht mit Idealtypen, sondern mit tatsächlich vertretenen literaturwissenschaftlichen Positionen auseinandersetzt, kann auch die Kategorisierung dieser Positionen, beziehungsweise die Kategorisierung der von ihnen vertretenen Lesermodelle nur so genau sein, wie es die Theorien und Modelle selbst sind.[105]

Eine Variante dieser ‚theoretischen Liederlichkeit' soll exemplarisch angeführt werden: Im Fall der Entscheidung, welche Mitglieder von *Interpretationsgemeinschaften* inkludiert und welche exkludiert werden sollten, stellt sich offensichtlich das Problem der Abgrenzung der *noch* oder *nicht mehr* zu subsummierenden Elemente. Rezeptionstheorien müssen sich mit dieser Schwierigkeit nicht nur auf der Ebene realer Individuen konfrontieren, sondern ebenso auf der Ebene der Konstruktion von Kategorien mit angemessener Reichweite. Hierzu zählen etwa geteilte Eigenschaften von Gruppenmitgliedern. Eine große Gefahr besteht offenbar in dem Konfundieren der unterschiedlichen Ebenen von Kategorien, die als Grundlage der Subsummierung angesetzt werden. Fish hat solch ein *Kategorienproblem*, denn er siedelt

> die Gemeinsamkeiten zwischen Mitgliedern gleicher Interpretationsgemeinschaften auf sehr unterschiedlichen Ebenen [an]. Einmal sind die Übereinstimmungen so grobkörnig wie ‚Vorwissen über die Literatur des 17. Jahrhunderts', ein anderes Mal so feinmaschig wie ‚Kenntnis eines bestimmten Namens'. (Strasen 2008: 104)

Für eine Typifikation von Rezeptionstheorien und Leserkonzepten sind, neben der genannten pragmatischen Kategorisierung in *Autor–Text–Leser*, unzählige andere und differenziertere Kategorisierungsformen denkbar, die sich als hilfreich bei der Erstellung einer Übersicht der Vielzahl von

---

[105] Vgl. zu diesem Problem auch Strasen 2008: 20f., der die Kategorisierung unterschiedlicher narratologischer Ansätze bei Nünning/Nünning 2002 reflektiert.

Lesermodellen erweisen könnten. In geringem Maße wurden solche Kategorisierungsversuche bereits unternommen, meistens um die Beiträge eines leserbezogenen Sammelbandes oder einer Tagung zu strukturieren. So unternimmt Susan Suleiman in ihrer Einleitung zu der mit Inge Crosman herausgegebenen Anthologie „The Reader in the Text. Essays on Audience and Interpretation" (Suleiman/Crosman (Hgg.) 1980: hier 6–45) den Versuch, die versammelten Beiträge nach den folgenden Fokussierungen zu ordnen:
 1. rhetorisch (Booth),
 2. semiotisch-strukturalistisch (Culler, Barthes, Riffaterre),
 3. phänomenologisch (Iser, Holland),
 4. subjektivistisch und psychologisch (Bleich, Holland),
 5. soziologisch und historisch (Goldmann, Jauß) und
 6. hermeneutisch (Hirsch, Derrida)[106]

Diese Fokussierungen entsprechen zumindest einigen der im Folgenden vorgeschlagenen Kategorien, wenngleich sie teilweise unter anderen Namen geführt werden. Es fällt auf, dass sich die Kategorien 1 bis 4 und 6 in der hier verwendeten Oberkategorie des *epistemologischen* Status von Lesermodellen wiederfinden. Sie beschreiben alle Antwortvarianten auf eine einzige Frage: Was sind für den Leser, bzw. – wenn diese Unterscheidung überhaupt gemacht wird – für den Literaturwissenschaftler relevante epistemische Eigenschaften, Prozesse und Prämissen bei der Rezeption und dem Verstehen literarischer Texte?

Doch es zeigt sich, dass die Kategorisierung Suleimans nicht konsistent ist. Setzt man die fünfte (sozial-)*historische* Kategorie in Beziehung zu den anderen, *epistemologischen* Kategorien, wird deutlich, dass sie eine andere Fragestellung verfolgt. Sie versteht den Leser nicht mehr als ‚epistemologisches Zentrum' theoretischer Bestimmungsversuche literarischen Textverstehens, sondern als methodisches Konstrukt, dass bei der historisierenden Interpretation von Texten für die Absicherung der Adäquatheit interpretativer Zuschreibungen verantwortlich ist. Hier liegt etwa die Frage zugrunde: Kann – und wenn ja, wie – der (historische) Leser helfen, literarische Texte historisch angemessen zu verstehen? Diesen unterschiedlichen Stoßrichtungen, die einmal den Leser als *Erkenntnisziel* und einmal

---

[106] Mailloux 1983: 171 merkt in seiner Rezension dieses Sammelbandes vollkommen zu Recht an, dass es problematisch ist, im rezeptionstheoretischen Kontext dekonstruktivistische Ansätze als „hermeneutisch", bzw. auch nur als Vertreter einer „negativen Hermeneutik" zu bezeichnen. Dass gerade hermeneutische und dekonstruktivistische Arbeiten unterschiedlichste epistemologische und funktionale Ansprüche an ihre Lesermodelle stellen, wird in den jeweiligen Kapiteln dieser Arbeit deutlich gemacht werden. Vgl. bes. das Kapitel III.3.1.2 und neben Teilen vieler anderer Kapitel bes. III.3.2.4.

als *Erkenntnismittel* betrachten, soll diese Arbeit gerecht werden, indem sie der genannten epistemologischen Untersuchung von Lesermodellen eine funktionale und – noch grundlegender – eine ontologische Kategorisierung von Lesermodellen voranstellt. Diese drei Fragen nach der Ontologie, der Epistemologie und der Funktion von Lesermodellen stellen als *Oberkategorien* das Grundgerüst der weiteren Kategorisierung dar. Alle Lesermodelle lassen sich mit ihnen untersuchen und beschreiben.

Je nach der Relevanz der Kategorien für das jeweilige Lesermodell wird es in einer dieser drei Kategorien vorgestellt werden. Für postmoderne Lesertheorien etwa sind ontologische Fragen recht uninteressant, epistemologische umso mehr. Da sich diese Modelle von anderen Lesermodellen darüber hinaus durch die besonders starke Betonung der Subjektivität des *Lesers*, des *Lesens* bzw. der ‚Lektüre' auszeichnen, werden sie innerhalb der epistemologischen Kategorie durch die Unterkategorie „Subjektivistische Lesermodelle" von anderen Ansätzen abgegrenzt. Diese anderen Ansätze stellen zwar auch epistemologische Fragen in den Vordergrund, betonen aber stärker – wie *objektivistische Lesermodelle* – den Text oder – wie *interaktionistische Lesermodelle* – den Vermittlungsaspekt zwischen Text und Leser.

Dies macht bereits deutlich, dass für die Kategorisierung von Lesermodellen keine theoretischen *hard facts* zu erwarten sind, an denen sie sich orientieren könnte. Vielmehr ist die hier vorgenommene Einteilung nur eine *mögliche* unter vielen. Sie wird allerdings dem bereits angesprochenen Problem der Randunschärfe des zu kategorisierenden Gegenstandes einigermaßen gerecht. Dass die Zuschreibung von Lesermodellen zu einer einzigen Kategorie selten *eindeutig* zu leisten ist, zeigt sich nicht nur an der Vielzahl der Querverweise dieser Arbeit, sondern bereits bei der nun vorzustellenden, grundlegenden Kategorisierung von Lesermodellen hinsichtlich ihres ontologischen Status.

III KATEGORISIERUNG
Der reale Leser in Abgrenzung zu anderen literaturwissenschaftlichen Lesermodellen

1 Ontologie literaturwissenschaftlicher Lesermodelle

Eine terminologische Klärung zur Beschreibung von Lesermodellen muss allen weiteren Überlegungen vorangestellt werden:

Wenn im Folgenden die Rede ist von dem ontologischen Status des *mit einem Lesermodell* beschriebenen Lesers, dann soll der Einfachheit wegen die präzise, aber wenig praktikable Formulierung „der ontologische Status des Lesers, wie er in literaturtheoretischen Modellen funktionalisiert wird" ersetzt werden durch den unpräziseren, jedoch praktikableren Ausdruck „der ontologische Status des Lesermodells". Aufgrund seiner Ungenauigkeit soll er an dieser Stelle definiert werden: Mit „der ontologisch *nicht-reale* Status des Lesermodelles" ist beispielsweise nicht gemeint, dass der *Status des Modelles* ontologisch als nicht real zu bezeichnen ist, sondern dass das Modell *einen Leser abbildet,* der nicht-real, also *theoretisch, fiktional,* oder *probabilistisch* ist. In diesem Sinne ist dann auch die Rede von einem „*realen* Lesermodell" kein Widerspruch mehr, wie es die Annahme nahelegt, dass der reale Leser, sobald er in einem Modell konzeptionalisiert wird, gar kein realer Leser mehr sein kann, bzw. dass ein theoretisches Modell nicht real sein kann, weil es lediglich bestimmte Vermutungen über die angenommene Realität zusammenfasst.[107]

Wie oben schon festgestellt, haben nicht alle denkbaren Kategorien einen *praktischen* Nutzen. Während die beiden in den folgenden Kapiteln vorzustellenden Kategorisierungen nach funktionalen und epistemologischen Aspekten von Lesermodellen durchaus auch in eine sinnvolle Praxis überführt werden können (wie etwa bei der Wahl eines Lesermodells für eine auf adäquate Historisierung ausgerichtete Interpretationskonzeption), hat die zuvor zu besprechende Bestimmung des *ontologischen Status* eines Lesermodells weder einen höheren weiterführenden Zweck im

---

107 Zu der „Gefahr der Verwendung von Modellen" aufgrund ihres „zweifelhaften Wahrheitswert[s]" vgl. Bonheim 2004: hier 24.

Sinne der Anwendbarkeit bei der Theoriebildung noch ist sie in allen Fällen zweifelsfrei zu leisten. Sie ist ihrem Aussagemodus nach deskriptiv und kann *prima facie* lediglich zwei Subkategorien anbieten: *reale* und *nicht-reale* Leser. Rabinowitz (1995: 382) spricht in diesem Kontext von einer „broad dividing line" zwischen den *hypothetical* und *empirical readers*. Diese Bezeichnung nennt jedoch nur zwei von vielen denkbaren Alternativbegriffen, die gegenüber der hier bevorzugten Unterscheidung von *real / nicht-real* allesamt keinen Erkenntnismehrwert besitzen und daher nicht berücksichtigt werden müssen.

Dass an dieser Stelle – trotz seiner praktischen Unfruchtbarkeit – über den ontologischen Status von Lesermodellen gesprochen werden muss, ergibt sich aus der Beobachtung, dass in literaturtheoretischen Abgrenzungsdiskursen und Kontroversen dieser Status nicht selten als Argument *für* oder *gegen* eine bestimmte theoretische Position eingesetzt wird. Die Praktikabilität des jeweiligen Lesermodells für eine Primärtextinterpretation gerät dabei auch schon einmal in die Peripherie des Aufmerksamkeitsfokus, beziehungsweise ist – wie in einigen empirisch-sozialwissentschaftlichen Ansätzen der Leserforschung und Literatursoziologie – gar nicht erst Teil der Leserkonzeption. So argumentieren diese empirischen Positionen beispielsweise gegen eine Wirkungsästhetik Konstanzer Prägung, weil letztgenannte eben nicht mit *realen*, sondern mit *nicht-realen* Lesermodellen arbeitet (vgl. u.a. Willenberg 1978: 7). Die Berücksichtigung des ontologischen Status kann darüber hinaus einen nicht immer ganz sauberen Theoriebau aufzeigen. Dies ist etwa der Fall, wenn ein Lesermodell aus Teilen anderer Lesermodelle amalgamiert wird, diese Teile aber in Bezug auf ihren ontologischen Status konfligieren. Ein ähnlicher Lapsus wurde bereits anhand der von Wilson vorgenommenen, aber unzulässigen Vereinheitlichung der Modelle des intendierten, impliziten und fiktionalen Lesers als *fiktional* aufgezeigt (vgl. S. 52).

In einem nächsten Schritt muss nun ein weiteres Argument ausgeführt werden, das eigentlich gegen eine Ausarbeitung der ontologischen Binarität *real / nicht-real* spricht. Es zeigt sich nämlich, dass diese lediglich *idealiter* aufrechterhalten werden kann. Für die interpretative Praxis hingegen werden *realiter* Lesermodelle konstruiert, die aufgrund ihrer komplexen theoretischen Prämissen und ihrer komplexen interpretationspraktischen Verwendung ontologisch inkonsistent sind. Das bedeutet, dass die in der theoretischen Konstruktion unvermeidbare Exklusivität der ontologisch zweiwertigen Bestimmung – ein Lesermodell kann *entweder* real *oder* nicht-real sein – für die Beschreibung der tatsächlich auffindbaren Lesermodelle unbrauchbar ist. Daher soll die idealisierende, ‚harte' *entweder-oder*-Relation aufgegeben werden. Sie wird ersetzt durch eine ‚weiche', graduell gedachte Reihe an Positionen zwischen den Polen *real* und *nicht-real*. Auf diesen Positionen werden dann, jeweils relativ zu den Polen, *probabilistische, theoretische* und *fiktionale* Lesermodelle verortet.

Die Plausibilität dieser Setzung kann im nächsten Kapitel an dem Modell eines *Durchschnittslesers* aufgezeigt werden, wie es Janice Radway funktionalisiert hat. Dieses Modell steht exemplarisch für eine ganze Reihe von Modellen, die auf eine spezifische Art *reale Leser* in ihre Theoriekonzeption mit aufnehmen, aber letztlich ein *nicht-reales Lesermodell* formulieren. So basieren die in diesen Arbeiten gemachten Aussagen über bestimmte Leser-(gruppen) nicht selten auf empirischen Erhebungen über reale Leser, aber infolge der Theoretisierung und Interpretation dieser Leser, bzw. der Daten über sie (oder über ihre Rezeptionen) werden unterschiedliche Formen von *Durchschnittslesern* modelliert. Deren ontologischer Status ist dann nicht mehr als real zu bezeichnen. „Durchschnitt" ist demnach kein Wertungsbegriff im Verständnis durchschnittlich guten Lesens oder Verstehens,[108] sondern soll den *Konstruktionsmodus* des Lesermodells spezifizieren.

1.1 Die ontologische Modellierung des realen Lesers als Problem

Janice Radway (1991) untersucht in ihrer kurz vorzustellenden Studie anhand von Interviews und Fragebögen das Lektüreverhalten weiblicher Leser von Liebesromanen.[109] Sie stellt nicht nur fest, dass ihr Untersuchungsgegenstand aus einer außergewöhnlich homogenen Gruppe von Leserinnen besteht, sondern dass diese Leserinnen auch bemerkenswert ähnliche Antworten auf die ihnen gestellten Fragen geben (ebd.: 8). Diese eruierte Ähnlichkeit, so die These Radways, lässt sich mit dem Transfer der Inhalte des fiktionalen Textes auf die vergleichbaren Alltagssituationen ihrer Untersuchungsteilnehmerinnen *als Frau und Mutter* erklären. Radway versteht Lesen „as an activity and social event in a familial context" (ebd.: 7).[110]

---

[108] Virginia Woolf geht in ihrer zweibändigen Essaysammlung „The Common Reader" dezidiert von einem weniger gebildeten Leser aus, den sie als kontrafaktische Instanz zum Ausgangspunkt ihrer eigenen literaturkritischen Essays macht. Siehe hierzu auch Koutsantoni 2009, die Woolfs *common reader* hingegen charakterisiert durch „an active, intelligent reading practice, motivated by a desire for broad, inclusive knowledge and expanded human experience" (Koutsantoni 2009: 3).
[109] Weitere Publikationen, die weibliche Leser untersuchen sind u. a. Fetterley 1978 (die wie Schwartz 1997 und Halsey 2012: bes. 135–208 allerdings alle eine Art weiblichen *impliziten* Leser aus ihrer eigenen, weiblichen Lektüre generieren), Flynn 1983, Kennard 1984, Gilges 1992, die Beiträge des Bandes Garbe (Hg.) 1993, Günter/Mariaux (Hgg.) 1994, Klüger 1996 und aus subjektkritischer Perspektive Pritsch 2008: 169–300, bes. 194–204.
[110] Sie stellt sich explizit in die Tradition Fishs, der, wie sie schreibt, nicht fragt, „what a given text ‚means' but rather what it ‚does' to the reader" (Radway 1981: 141, Anm. 4). Fish

Dergestalt – im Detail natürlich komplexer – konstruiert Radway das Modell eines Durchschnittslesers,[111] der die koinzidierenden Ergebnisse aus den Fragebögen und Interviews in sich versammelt. Diesen Durchschnittsleser beschreibt sie auf rezeptionstheoretischer Ebene mit Fishs Ansatz der Interpretationsgemeinschaften (*interpretive communities*),[112] wobei sie die bereits angesprochenen Probleme der In- und Exklusion von Lesern, die in diesem Ansatz ungelöst bleiben, sehenden Auges übernimmt: „In other words, the theorization of ‚community' [...] is itself somewhat anemic in that it fails to specify precisely how membership in the romance-reading community is constituted" (ebd.: 8). Bei Fish entsteht diese Unschärfe schlicht aufgrund seiner schon dargelegten *laissez-faire*-Haltung gegenüber Theorie, die sich in diesem Fall darin äußert, dass er seine Lesergruppe lediglich aufgrund allgemeiner sozialer oder sprachlicher Annahmen abgrenzt. Dieser Tendenz zur Generalisierung versucht Radway zu entgehen, scheitert aber in ihrem Vorhaben.[113] Denn indem sie nicht wie Fish ihre Vorannahmen aus Sozialwissenschaft und Linguistik, sondern aus der Psychoanalyse rekrutiert, verschiebt sie die Problematik des Begründungszusammenhangs der Generalisierung bloß von der Ebene sozialer oder linguistischer Faktoren auf die der psychologischen. Auf dieser Ebene spricht sie dann sämtlichen untersuchten Romanleserinnen das gleiche Leserverhalten zu, das als Flucht aus der familiären Alltagswelt durch das Lesen von Liebesromanen beschrieben wird.[114] Zur Erklärung

---

     selbst sagt aber: „I would go so far as to say, in direct contradiction of Wimsatt-Beardsley, that what it does is what it means" (Fish 1970: 131; wobei hier angemerkt werden muss, dass Fish nicht von ganzen Texten, sondern von *assertions*, also Aussagebehauptungen spricht).

111 Wenn hier und im Folgenden nicht die Rede von dezidiert (realen) *weiblichen* Lesern ist, sondern von einem (geschlechtsunspezifischen) Lesermodell, wird der Einfachheit wegen das generische Maskulinum verwendet.

112 Zu dem Konzept der Interpretationsgemeinschaft bei Fish und anderen vgl. das Kapitel III.3.1. Diese Konzepte basieren auf der Annahme, dass theoretisch konstruierte Modelle von Durchschnittslesern eine produktive Heuristik der Beschreibung von Verstehensprozessen darstellen. Sie basieren aber nicht immer – wie bei Radway – auf einer Gruppe realer Leser, sondern sind teilweise genuin theoretisch entwickelte Konstrukte.

113 Unbeantwortet bleibt auch die Frage, inwiefern Radway nicht (bloß) eine Rezeptionstheorie für eine bestimmte Gruppe von Lesern, sondern eine Genretheorie des Liebesromans schreibt. Diese von ihr etwas vernachlässigte Auslegung der eruierten Ergebnisse finden Bestätigung in einem Hinweis von Rabinowitz 1995: 390, in dem er bemerkt, dass Radway den Text als stabilem Bedeutungskern (‚core of significance') denken muss, um ihm *eine* sozio-kulturelle Bedeutung zuweisen zu können.

114 Radways Ergebnis der Generalisierung der Einzelzeugnisse zu einem anthropomorphisierten nicht-realen Einzelleser wird oft fälschlich als *composite reader* bezeichnet (wie etwa von Rabinowitz 1995: 390 und Eberly 2000: 17). Fish 1970: 158 benutzte den Begriff ursprünglich, um die ähnlichen Lesermodelle von Riffaterre (*average reader*, *super reader*) zu beschreiben. Radway hingegen definierte den *composite reader* zehn Jahre nach Fish völlig anders. Sie

dieser *Interpretation* ihrer Daten greift Radway auf die feministische Auslegung der Freud'schen Psychoanalyse durch Nancy Chodorow (bes. 1978) zurück. Diese erklärt das Entstehen bestimmter Bedürfnisse aus sozialen und kulturellen Asymmetrien der Geschlechter. Romane bieten, so die Auslegung dieser Theorie durch Radway (1981: 86–156), die Möglichkeit eines utopischen Ideals an, sodass sich die Leserinnen dergestalt aus einer (unbefriedigenden) sozialen Situation ‚herauslesen' können.

Es ergibt sich nun – wie angekündigt – ein Problem bei dem Versuch, den von Radway modellierten Leser hinsichtlich seines ontologischen Status zu beschreiben. Im *empirischen* Teil ihrer Studie untersucht sie *reale* Leserinnen und deren faktische Rezeptionszeugnisse. Durch die Verallgemeinerung ihrer Erhebungsergebnisse und deren psychoanalytischer Auslegung verlässt Radway nun aber die Ebene der Deskription und konstruiert das Modell *eines* Lesers, der für die übereinstimmenden Lese-Ergebnisse der von ihr untersuchten Gruppe von Leserinnen steht. Dieser eine Leser ist aber nicht mehr als ontologisch *real*, sondern als *nicht-real* zu bezeichnen. Überraschenderweise wurde dieses Problem in vielen anderen Ansätzen der *reader-response theory* – auch solcher, die Durchschnittsleser oder Lesergruppen konstatierten – gar nicht erst als Problem identifiziert. Dabei hatte Louise M. Rosenblatt in ihrer bemerkenswerten Arbeit „Literature as Exploration" bereits 1938 eindeutig darauf hingewiesen: „There is no such thing as a generic reader" (Rosenblatt [1938] 1995: 24). Sie vertritt diesen früh eingenommenen Standpunkt auch bis ans Ende ihrer akademischen Laufbahn (Rosenblatt 1978: viii). Allerdings ist es Rosenblatt dabei weniger an einer ontologischen Problematisierung von Leserkonzepten gelegen als vielmehr an einer Kritik des *methodischen Gestus* historisierender Literaturwissenschaftler. Diesen beschreibt Booth selbstkritisch im Vorwort zur fünften Auflage (1995) des knapp 50 Jahre zuvor erstpublizierten Titels von Rosenblatt:

> But unlike too many of us Chicago neo-Aristotelians and most of the New Critics, she saw the folly of ignoring diversity of response. Too many of us too much of the time, in the late forties and through the fifties, pictured ourselves as expert

---

bestimmte ihn nicht rezeptions-, sondern intentionsbezogen als „based on the comments of gothic authors and editors about their own understanding of modem gothic novels. I have assumed that their reading of the gothic text is probably very similar to the readings produced by typical readers. This is necessary since very little is known about romance reader" (Radway 1981: 141, Anm. 4. In der 1984 erschienenen Erstausgabe ihrer oben rekonstruierten Veröffentlichung „Reading the Romance" spricht Radway auch in Bezug auf die dort rezeptionstheoretisch konstruierten Lesermodelle noch vom *composite reader* (ebd.: 14f.), streicht diese Teile aber vollständig in der 1991 erschienenen Zweitausgabe, die bereits im Titel auf die offensichtlich wichtige Änderung hinweist: „With a New Introduction by the Author".

prospectors delving endlessly for the gold: the one right reading. Instead of seeing varieties in readers' responses as invitations to rhetorical ‚exploration,' we too often understood them – as indeed many teachers still do – as invitations to battles that allow for the only one true victor. Put more politely, we saw our task as the quite honorable one of correcting the misreadings of the misguided students sitting before us. (Booth 1995: ix)

Tatsächlich muss das hier angesprochene Problem aber aus dem Klassenraum heraus in eine allgemeine Beschreibung literaturwissenschaftlichen Historisierens überführt werden (wenngleich die Kritik an dem im Zitat aufgegriffenen normativen Gestus Gefahr läuft, selbst normativ zu werden). Den zentralen Punkt bildet die starke Annahme, dass der Literaturwissenschaftler *the one right reading* leisten könne beziehungsweise (die) eine richtige Lektüre als Ideal auch nur anzustreben hätte. Denn damit gehen Gefahren einher, die für eine *„spekulative Historisierung'* kaum vermeidbar sind. Sie basieren auf der Tendenz zur Fehleinschätzung der Möglichkeiten der Aneignung historischen Wissens, in deren Folge literarische Texte dann (nicht mehr notwendig historisch angemessen) interpretiert werden. Solche ‚spekulativen' Positionen können durch die *historische Rezeptionsanalyse* vorbereitet, präzisiert und historisch abgesichert werden.[115] Ihr Programm besteht im Kern aus der möglichst umfassenden Untersuchung aller greifbaren Rezeptionszeugnissen realhistorischer Leser aus dem Pub-

---

115 Um diese durchaus in ihrer Polemik intendierte terminologische Einführung der „spekulativen Historisierung" anhand eines ‚negativen Idealtypus' zu konkretisieren: Ich bezeichne damit den Prozess der historisierenden Interpretation literarischer Texte, bei der ein Literaturwissenschaftler den Text vorwiegend aufgrund des von ihm akkumulierten historischen Wissens interpretiert. Im schlimmsten Fall macht er dabei die Quellen seines historischen (Kontext-, Gattungs-, Sprach-)Wissens überhaupt nicht kenntlich und setzt sich dergestalt selbst als alleinige Autorität der interpretativen Zuschreibungen an den Text. Rezeptionszeugnisse werden in diesem Verfahren nur zur *punktuellen* Stützung eines zuvor schon zumindest teilweise durch den literaturtheoretischen Ansatz des Interpreten vorgegebenen Interpretationsergebnisses verwendet. Die Funktion der Rezeptionszeugnisse ist lediglich – wenn sie denn eingesetzt werden –, aufzuzeigen, dass die vom Literaturwissenschaftler geleistete Interpretation überhaupt historisch möglich gewesen wäre, nicht aber, dass diese Interpretation im Gesamtzusammenhang der historischen Rezeptionssituation des Textes überhaupt eine irgendwie (d. h. text- oder kontextbezogen) relevante oder privilegierte Position eingenommen hat. Etwas überspitzt formuliert dient der Zugriff auf historische Rezeptionstexte also lediglich der Legitimierung der interpretativen Umsetzung einer (im Extremfall bloß *literaturtheoretisch* und nicht durch den Gegenstand begründeten) Position *auch* auf diesen speziellen literarhistorischen Text oder Kontext, nicht aber der Rekonstruktion des historischen Kontextes eines literarischen Textes *in toto*. Vgl. Joachim Wach zur *spekulativen Hermeneutik* bes. der 1920er Jahre, der ihr den grammatisch-historischen Ansatz gegenüberstellt (Wach 1929: 233f.), sich insgesamt jedoch kritisch dazu äußert: „Damit ist soviel klar, daß ein stärkerer Ausbau der apriorischen Theorie, ein intensiverer Gebrauch deduktiver Ableitungen stets sein Maß und Ziel an dem ‚empirischen Minimum' finden muss, das der Interpretationstheorie ihrem Wesen nach immer unentbehrlich sein wird" (ebd.: 255).

likationszeitraum des zu historisierenden literarischen Textes. Dabei fungieren die Ergebnisse dieses Vorgehens nicht nur als potentielles Werkzeug der ersten Ausrichtung einer Interpretationsthese, sondern in einschlägigen Fällen ebenso als Korrektiv bereits an den Text herangetragener Thesen. Allgemein ist jedoch festzuhalten, dass durch diese Methodik in der Regel nur eine positive Absicherung von Interpretationen als ‚historisch faktisch' möglich ist, nicht ein sicherer Ausschluss von Zuschreibungen als anachronistisch (was damit zusammenhängt, dass man weder mit Sicherheit sagen kann, dass alle Zeugnisse überliefert sind, noch dass die überlieferten Zeugnisse *alle* historisch faktisch umgesetzten interpretativen Zuschreibungen auch enthalten).

Kommen wir aber zurück zu den ontologischen Problemen der Konstruktion von Lesermodellen: Ein frühes, positives Beispiel der ersten Annäherung an eine Interpretationshypothese über ein Konzept von Durchschnittsleser findet sich bei Riffaterre.[116] Er setzt für seinen deviationsstilistischen Ansatz den von ihm eingeführten *Archileser* ein, der als heuristisches Konstrukt durchschnittliches Rezipientenwissen repräsentiert. Bereits 1957 entworfen, bildet das mehrfach revidierte[117] Konzept eine historische Landmarke im Übergang von strukturalistischer Analyse zur Rezeptionsästhetik, bzw. zur *reader-response theory*. Als strukturale Abweichungsstilistik ist es einerseits noch tief im strukturalistischen Denken verhaftet, wird andererseits aber der wachsenden Kritik am Strukturalismus gerecht, indem die Strukturanalyse von Texten durch den für Riffa-

---

116 Riffaterre unterrichtete seit 1955 an der Columbia University, hatte also trotz seiner französischen Herkunft durchaus Zugang zur amerikanischen rezeptionstheoretischen Bewegung beziehungsweise kann neben Fish tatsächlich als ihr Mitbegründer gelten.

117 Vgl. hierzu seine Dissertationsschrift (Riffaterre 1957) und seine ‚große' Monographie „Criteria for Style Analysis" (Riffaterre 1960), die ins Französische (Riffaterre 1971) und Deutsche (Riffaterre 1973) übersetzt wurde. In der englischen Erstpublikation nannte er sein heuristisches Leserkonstrukt noch *average reader* (später *super-reader*). In der französischen Ausgabe von 1971 wurde der *average reader* als *Archilecteur* übersetzt, woraus sich der deutsche Name „Archileser" in der Ausgabe von 1973 ergibt. Kritisiert wird Riffaterres deviationsstilistische Modell u. a. von Schmidt, der eine kontextunabhängige generelle Norm der Sprachverwendung für nicht evident hält, darüber hinaus nicht jede Normabweichung *per se* als ein Stilistikum versteht. Seines Erachtens ergibt sich die Poetizität eines Textes nicht nur durch stilistische Abweichungen (Schmidt 1971: bes. 54). Kritik an der hohen *Wissenschaftlichkeit* Riffaterres strukturalistischer Methode formuliert de Man 1986: 27–53, bes. 28: „His work is like that of a scientist or, rather, of a technician addressing other technicians". Diese Wissenschaftlichkeit kleide er in die allgemeine Kritik formalistischer Modelle, deren phänomenologische Beschreibungsaffinität auf Kosten des Verstehens eingekauft würde und deshalb *stylistics*, nie aber *hermeneutics of literature* (ebd.: 30f.) hervorzubringen in der Lage sei. Eine Variation der Stiluntersuchung als *Stil-Verstehen*, die poststrukturalistische und hermeneutische Annahmen zu verbinden sucht, findet sich bei Frank 1990: 121–195 der vor allem bei Derridas Analyse des Mallarmé'schen ‚Or' ansetzt (Derrida [1972] 1995).

terre objektivierenden Bezug auf reale Leser dieser Texte abgesichert wird. Dabei konstruiert er das *probabilistische* (Durchschnitts-)Lesermodell des Archilesers. Für Riffaterre ist es nicht der reale Einzelleser, sondern allein die Summe des konvergierenden Textumgangs einer Vielzahl von Lesern, die ein Argument für sein Untersuchungsziel bildet. Dieses Ziel lässt sich als Versuch des Nachweises der „Existenz eines ‚stilistischen Faktums'" zusammenfassen.[118] Die dafür vorausgesetzte Annahme Riffaterres ist die, dass der Leseprozess bei allen Lesern gleichermaßen durch das behavioristische Schema von *stimulus* und *response* gesteuert wird. „Ein Stilmerkmal wird bestimmt als *stylistic stimulus*, und es ist objektivierbar über den *response* des Lesers" (Warning 1975: 26). Das so generierte Modell des Durchschnittslesers setzt sich aus unterschiedlichsten Informationsquellen zusammen, die Warning präziser zusammenfasst als Riffaterre selbst. Hierzu zählen „der Autor (Variantenstudium), der Analysator selbst, von ihm befragte Testpersonen, schriftlich fixierte Interpretationen und Kommentare jeglicher Art, Übersetzungen" (ebd.).

Dieser nun an Beispielen aufgezeigte, nicht immer unproblematische ontologische Status von Lesermodellen soll in dem nächsten Kapitel systematisch betrachtet und terminologisch gerahmt werden.

1.2 Der ontologische Möglichkeitsrahmen:
Reale, probabilistische, theoretische und fiktionale Lesermodelle

Das zuvor diskutierte Problem (der verallgemeinernden Abstraktion von einer unbestimmt großen oder kleinen Lesergruppe zu einem diese Gruppe repräsentierenden Lesermodell) ist für unterschiedliche literaturwissen-

---

118 Die in Anführungszeichen gesetzten und nicht belegten Stellen dieses Absatzes stammen aus Riffaterre 1973: 29 und finden sich auch in der Rekonstruktion Riffaterres bei Iser 1976: 55. Die empirische Leserpsychologieforschung hat inzwischen der deviationsstilistischen These Riffaterres ähnliche Annahmen auf unterschiedliche Weise experimentell überprüft. Hoorn 1996 etwa widerlegt die u. a. von Barthes und zuvor Jakobson vertretene These des rein formalen ästhetischen Effektes von Rhythmen. Er untersuchte kortikale Reaktionen beim Lesen und fand, dass unerwartete semantische Abweichungen durchaus zu physiologisch messbaren Reaktionen führten, Rhythmus selbst jedoch nicht. Eine Umsetzung der Annahme Riffaterres, dass bei der Textinterpretation unterschiedlicher Literaturwissenschaftler „selbst gegensätzliche Bewertungen auf die gleichen Stellen im Text zurückgehen" findet sich bei Frey 1974: hier 135; er bezieht sich auf Riffaterre [1959] 1975; vgl. hierzu auch Zima 1978: 61 f., wobei dieser fälschlicherweise aufgrund der Varianz der Beurteilung *guten* Stils darauf schließt, dass Frey die stilistische Beurteilung der subjektiven Willkür überantwortet. Tatsächlich aber ist das Ergebnis von Frey, dass es „eine starke Übereinstimmung aller Leser bei der Bestimmung von Stilmitteln im Text" (ebd.: 147) gibt, deren *Beurteilung* aber dann nach diastratisch bestimmten Rezipientengruppen variiert.

schaftliche Teildisziplinen nachweisbar, wird aber nicht immer als solches wahrgenommen oder diskutiert. So bestimmt beispielsweise Wolf Schmid im Rahmen einer narratologischen Beschreibung literarischer Kommunikation die ‚äußerste' Instanz auf der Rezeptionsseite seines Kommunikationsmodelles wie folgt:

> Der *konkrete Leser*, der Rezipient existiert ebenfalls außerhalb und unabhängig vom Werk. Genau genommen ist das nicht ein Leser, sondern die unendliche Menge aller Menschen, die an irgendeinem Ort zu irgendeiner Zeit Rezipienten des jeweiligen Werks gewesen sind oder noch werden. (Schmid 2005: 49)[119]

Das Zitat macht deutlich, wie durch die Fokussierung eines bestimmten literaturwissenschaftlichen Gegenstandsbereiches der Blick auf den oben erwähnten Modellstatus des Lesers verloren gehen kann – wobei Schmids narratologische Ausrichtung nur als ein Beispiel unter vielen zu gelten hat. So ist die Menge der konkreten (hier: realen) Leser eines Textes freilich nicht *unendlich* und Schmids Benennung dieser von ihm immer im Plural gedachten Leser durch einen Begriff, der die Singularität eines *einzelnen* konkreten Lesers prononciert, etwas irreführend. Vielmehr gibt es für jeden Text eine klar abzugrenzende Gruppe realer Rezipienten und wenngleich diese Gruppe auch sehr groß und nicht immer leicht zu eruieren sein wird, sie bleibt *endlich*. Das gilt nicht nur für den augenscheinlichen Fall derjenigen Texte, von deren Existenz man bloß noch aufgrund vorhandener Rezeptionszeugnisse weiß, die selbst aber verschollen sind und somit keine zukünftigen Leser mehr haben werden,[120] sondern letztlich auch für jeden anderen Text, der allein schon aufgrund seiner Landessprachlichkeit nicht von ‚unendlich' vielen Menschen gelesen werden kann (von Spekulationen über den Gang der Menschheit einmal ganz abgesehen). Schmids Aussage ist offensichtlich der schon angesprochenen Problematik geschuldet, die aus der Theoretisierung *realer Leser* folgt und in der Verallgemeinerung von Aussagen über sie besteht. Für die hier exem-

---

119 Schmid spricht von dem realen Leser als „konkreter Leser", um – in seiner Terminologie – dem *abstrakten* Autor einen *realen* Status zusprechen zu können: „Der abstrakte Autor ist real, aber nicht konkret. Er existiert im Werk nur implizit, virtuell, angezeigt durch die Spuren, die die schöpferischen Akte im Werk hinterlassen haben, und bedarf der Konkretisation durch den Leser. Deshalb hat er eine zweifache Existenz: Einerseits ist er im Text objektiv gegeben, als virtuelles Schema der Symptome, anderseits hängt er in seiner Ausstattung von den ihn aktualisierenden subjektiven Akten des Lesens, Verstehens und Deutens ab. Mit anderen Worten: Der abstrakte Autor ist ein Konstrukt des Lesers auf der Grundlage seiner Lektüre des Werks" (Schmid 2005: 62). Diese Begriffsbildung wird hier abgelehnt, nicht zuletzt, weil die *Konstruiertheit* des abstrakten Autors durch den Leser mit der hier vertretenen ontologischen Bestimmung von „real" konfligiert. Was Schmid *konkret* nennt, wird in dieser Arbeit mit dem Begriff „real" bezeichnet.
120 Siehe beispielsweise zu verlorenen, aber bezeugten Überlieferungen einiger Lieder des Sangspruchdichters Marner die Arbeit von Willms 2008: bes. 12f.

plarisch angeführte narratologische Forschung ist der reale und demnach *textexterne* Leser relativ uninteressant und muss deswegen für eine konsistente Theorie fiktionaler Kommunikation nicht näher bestimmt werden. Dass neben dem realen Leser noch weitere Formen der Abstraktion im literaturwissenschaftlichen Kontext durchaus häufig Anwendung finden – etwa *probabilistische* Modelle wie Radways *interpretive communities*[121] oder Riffaterres Archileser, aber auch *theoretische* Modelle wie der implizite Leser von Iser und Booth –, gibt Anlass für eine genauere Ausdifferenzierung dieser Konstrukte. Auf der ontologischen Beschreibungsebene lassen sich vier Lesermodelle anführen:

1) Das bereits bekannte Modell des (historisch) *realen Lesers*, der einen direkten Bezug zwischen relevantem Kontextwissen, das er selbst vermittelt, und Primärtext, beziehungsweise einzelnen Textmerkmalen dieses Primärtextes, herzustellen vermag.

2) Das Modell des *probabilistischen Lesers*, das eine nicht-reale Modellannahme dieses (historisch) realen Lesers ist. Sein Bezug zu dem historischen Kontextwissen ist kein direkt-vermittelnder, sondern ein bereits reflektierter, abstrahierter oder schematisierter, der nur auf der Grundlage der Untersuchung der individuellen Leser in (1) oder Daten über sie geleistet werden kann.[122]

3) Das Modell des *theoretischen Lesers*, das zwar ebenfalls einen ontologisch nicht-realen Leser beschreibt, in Abgrenzung zum probabilistischen Leser aber nicht in jedem Fall mit dem Anspruch einer zumindest möglichen Entsprechung mit realen Lesern konzipiert wird. Es verweist nicht auf faktisch umgesetzte Bezüge zwischen Primärtext und Kontextwissen, sondern hat die Funktion, die Möglichkeiten dieser Bezugnahme ohne ontologische Restriktionen (meist hermeneutisch) auszuloten.

4) Das Modell des *fiktionalen Lesers*,[123] das auf ontologischer Ebene im Gegensatz zu den anderen Lesermodellen besonders – aber nicht ausschließlich – der es hervorbringenden fiktionalen Welt und nicht der als real ausgezeichneten Wirklichkeit verpflichtet ist.

Durch diese Kategorisierung lässt sich zeigen, dass eine ontologische Ausdifferenzierung von Lesermodellen in genuin *reale* und genuin *nicht-reale*

---

121 Vgl. das Kapitel III.3.1.
122 Zu den theoretischen Grundlagen der Modellierung in der Literaturwissenschaft, speziell der Lesertheorie vgl. das Kapitel III.1.3.
123 Da Erzähler nicht immer schreibend erzählen und nicht alle von diesen Erzählern intendierten Adressaten auch lesend rezipieren, ist der Begriff „Leser" nicht der glücklichste, wird aber beibehalten, da er am verbreitetsten ist. Ich danke Jan-Noël Thon für diesen Hinweis.

Modelle nicht detailliert genug ist, um eine dem Gegenstand angemessene Beschreibungsschärfe zu erreichen. Durch den Einfluss einiger rezeptionsbezogener Positionen literaturwissenschaftlicher Theoriebildung setzte sich zwar bereits eine Art „Typologisierung des Lesers" durch, doch wurde diese nie, wie Hans-Edwin Friedrich (2009: 605) resümiert, in eine systematische Darstellung überführt. Unterschieden wurde meistens „zwischen dem realen Leser, dem intentionalen oder imaginierten Leser [...] und dem fiktiven, impliziten, konzeptionellen Leser", wobei sich alle diese Modelle den hier vorgestellten ontologischen Kategorien *real*, *theoretische* und *fiktional* zuordnen lassen. Dabei ist zu bemerken und weiter unten aufzuzeigen, dass die am Ende des Zitats gruppierten, vermeintlich ähnlichen Modelle (des fiktiven, impliziten und konzeptionellen Lesers) bereits auf ontologischer Ebene stark differieren. Gleiches gilt für die im Zitat nicht erwähnten probabilistischen Lesermodelle. Diese sind, wie gezeigt wurde, als *nicht-real* zu beschreiben, da sie von realen Leser(gruppe)n abstrahieren. Konzeptionell sind sie aber ‚näher' am *realen* als am nicht-realen Pol der ontologischen Skala zu verorten. Das wird im Folgenden verdeutlicht werden können.

1.2.1 Modelle nicht-realer Leser: Exemplarische Differenzierungen

1.2.1.1 Unproblematische Differenzierung: Fiktionale Leser

Gerade die Ausdifferenzierung nicht-realer Lesermodelle in probabilistische, theoretische und fiktionale Leser ist ein Novum dieser Arbeit. Die bisherige Forschung hat – zumindest was die Reflexion dieser Modelle betrifft – seit der rezeptionsgeschichtlichen Unterscheidung von Gunter Grimm keine wesentlichen Fortschritte gemacht. Grimm (1977a: 64) schreibt zwar richtig, dass von „der Wissenschaft als heuristische Konstrukte auf der realen Ebene verschiedene Idealtypen hypostasiert [werden], die reale Leserschaften repräsentativ erfassen sollen", doch im Anschluss nennt er diese Konstrukte dann *Fiktionen*, die „der Vermittlung zwischen Fiktion und Realität dienen" (ebd.). Eventuell als Resultat dieser im literaturwissenschaftlichen Kontext verwirrenden Anwendung des Fiktionsbegriffs auf theoretische und probabilistische Lesermodelle, die ja gerade keine Fiktionen, sondern Abstraktionen sind, entzieht sich Grimm selbst den Boden für eine weitere Differenzierung. Vielmehr vermengt er *probabilistische* Lesermodelle (wie Radways Durchschnittsleser) und *theoretische* Modelle (wie Hannelore Links idealen Leser oder Isers impliziten Leser). Das probabilistische Modell ist das Ergebnis der Abstraktion angenommener oder eruierter Eigenschaften einer Gruppe realer Leser. Das theoretische Modell hingegen resultiert aus einer Menge theoretischer Annahmen über die idealen Möglichkeiten des Textverstehens.

Diese klare Unterscheidung beider *nicht-realer* Modelle lässt sich nicht konsequent auf das dritte nicht-reale Modell *fiktionaler Leser* erweitern. Man kann zwar durchaus noch klar bestimmen, dass der hier eingeführte *fiktionale Leser* einer wesentlich engeren Definition unterliegt als die von Grimm ‚fiktional' genannten Leser. Doch zeigt der Blick auf die literaturwissenschaftlichen Lesertheorien der letzten Jahrzehnte, dass die Bestimmung des *fiktionalen Lesers* als Leser, wie er in fiktionalen Texten genannt wird oder auf ihrer Grundlage zu erschließen ist, zwar eine wichtige Abgrenzung von den anderen Lesermodellen darstellt, diese Grenze jedoch von vielen Ansätzen nicht gerade respektvoll behandelt wird.

Fiktionale Leser sind entweder explizit von Erzählern angesprochene oder aus ihren Andeutungen zu erschließende (a) intradiegetische Figuren oder (b) für das Verständnis eines Textes notwendig vorauszusetzende, leserseitige Instanzen der literarischen Kommunikation. Sie haben zwar als extradiegetisch zu gelten, aber nicht als real. Eine terminologische Klärung ist an dieser Stelle noch vorwegzuschicken: „Fiktional" anstelle von „fiktiv" wird hier nicht nur der fiktionale literarische Text als Makrostruktur eines pragmatisch zu bestimmenden Textumgangs bezeichnet, sondern auch die durch diesen Text (und nur durch ihn) ‚erreichbare' Welt inklusive ihrer Elemente und ‚Bewohner'. Da sich die Aussagenreichweite dieser Arbeit auf fiktionale literarische Texte beschränkt, ist hier und im Folgenden ausschließlich die Rede von *fiktionalen* Lesermodellen (aber auch *fiktionalen* Erzählern, *fiktionalen* Herausgebern, *fiktionalen* Figuren usw.). Die in beliebigen, nicht-fiktionalen Kontexten imaginierten Leser sollen *fiktive* Leser genannt und somit von dem Gegenstand dieser Arbeit unterscheidbar gemacht werden.

Als ein Beispiel eines fiktionalen Lesers des Typs (a), der als intradiegetische Figur in der fiktionalen Welt auftritt, ließe sich der Freund Wilhelm im „Werther" nennen. Im gleichen Buch findet sich auch ein fiktionaler Leser des Typs (b), nämlich der vom fiktionalen Herausgeber der Briefe Werthers angesprochene und vom (nachzeitigen) realen Leser mit den für das späte 18. Jahrhundert adäquaten Wissensbeständen auszustattende extradiegetische fiktionale Leser. Dieser ist fiktional, aber eben kein Teil der Diegese. In Abgrenzung zum *intendierten* und zum *realen* Leser schreibt Prince (2009: 406) vom *fiktionalen* Leser (den er „*narrative audience*" nennt): „[T]he narrative audience considers the represented characters and events to be real and believes that the fiction narrated is a history. As opposed to the narratee, it is not so much a figure ‚out there' in the text as a role that the text asks (or requires) the real reader to play". Was hier als ‚not so much a figure' im Unklaren gelassen wird, veranschaulicht die oben getroffene Unterscheidung von (a) explizit genannten und (b) zu erschließenden fiktionalen Lesermodellen, die im gedanklichen Anschluss an Schmid (2005: 105) *explizite fiktionale Leser* und *implizite fiktionale Leser* genannt werden sollen.[124] Als narratologisches Analysekriterium haben beide eine sicherlich nicht unwichtige Funktion bei der Bestimmung und Differenzierung des fiktionalen Personals literarisch-fiktionaler Texte. Doch bleibt es aufgrund ihrer Abhängigkeit von der fiktionalen Welt und deren Verhältnis zur als real ausgezeichneten Wirklichkeit problematisch, sie auf der ontologischen Ebene mit den anderen Lesermodellen zu vergleichen.[125]

Bleiben wir aber vorerst bei fiktionalen Welten und ihren Instanzen, da die ontologische Perspektive durchaus in der Lage ist, neue Einsichten in die bisher gewonnenen Ergebnisse narratologischer Forschung zu liefern. Auf ein wichtiges epistemisches Problem der Kommunikation zwischen Erzähler und fiktionalem Leser macht Schmid (2005: 106–108) aufmerksam, wenn er die Beziehung zwischen fiktionalem Erzähler und fiktionalem Adressaten durch die Funktionen *Appell* und *Orientierung* beschreibt. Dabei zeigt sich vor allem, dass der fiktionale *Adressat* einer sekundären Erzählung nicht mit einer Figur wie etwa einem fiktionalen *Leser* aus der sie rahmenden primären Erzählung gleichgesetzt werden darf (ebd.: 101). Der Appell ist die Aufforderung des (primären, sekundären usw.) Erzählers, „eine bestimmte Position zum Erzähler, zu seiner Erzählung, zur erzählten Welt oder zu einzelnen ihrer Figuren einzunehmen" (ebd.: 107). Unter „Orientierung" versteht Schmid hingegen die Ausrichtung des Erzählers an der Enzyklopädie seines Adressaten. Durch diese Differenzierung wird vor allem das narratologische Problem einer Rekonstruktion der möglicherweise unterschiedlichen Enzyklopädien des Erzählers und des fiktionalen Adressaten sichtbar. Denn wie lässt sich mit Sicherheit bestimmen, dass eine Erzählweise, z. B. die bisweilen einfältigen Schilderungen des Ich-Erzählers in „Huckleberry Finn" (1884, Mark Twain), Resultat der (dann als eingeschränkt zu bestimmenden) Erzählerenzyklopädie ist? Man müsste, um bei dem Beispiel zu bleiben, Huckleberry Finn ein mangelhaftes sprachliches Ausdrucksvermögen nachweisen können, indem man sicher auszuschließen vermag, dass er sich nicht einfach an den von ihm angenommenen Adressaten und deren (ebenfalls bloß angenommenen) Kompetenzen *orientiert*.

---

[124] Er spricht von der „explizite[n] und der implizite[n] *Darstellung* des fiktiven [hier: fiktionalen] Lesers" und beschreibt die o. g. Instanzen. Phelan 1989: bes. 136–141 spricht vom *characterized audience*, das er aber im Verständnis des hier „expliziter fiktionaler Leser" genannten Modells definiert.

[125] Einen ersten Versuch unternehme ich in Kapitel III.1.3.

Die hierfür grundlegende Unterscheidung des fiktionalen Lesers (als *in der fiktionalen Welt verorteter Instanz*) und des fiktionalen Adressaten (als *mentalem Konstrukt einer in der fiktionalen Welt sprechenden Instanz*) trifft auch Prince (1989). Er spricht vom *Narratee* als der Instanz, an die sich der *Narrator* in einer bestimmten *Narration* erfolgreich wendet. Dieser ist demnach „[t]he one who is narrated to, as inscribed in the text".[126] Der *Narratee* darf aber weder (in Abgrenzung zu Iser) als Rollenangebot für den realen Leser noch (in Abgrenzung zu Booth) als das Pendant des impliziten Autors verstanden werden. Prince (1989: 57) betont vielmehr die Funktion des *Narratees* bei der Bestimmung und Beschreibung des Erzählers und der innerfiktionalen Kommunikationssituation: Er ist der Gegenüber des Erzählers, „located at the same diegetic Level as the narrator" und besitzt den gleichen ontologischen Status wie er. Der fiktionale *Adressat* – nach Prince „*addressee*" oder „*enunciatee*" – ist im Gegensatz dazu eine Figur, die zwar auch als fiktional gelten muss (weil sie in der Regel vorwiegend aus Wissen über die fiktionale Welt generiert wird), jedoch bleibt sie als „intendierter Empfänger" innerhalb dieser fiktionalen Welt lediglich Imagination des jeweiligen Erzählers.[127] Sie ist ein narratologisches Konstrukt und verkörpert die Summe der *Erwartungen*, die ein Erzähler an sein Publikum stellt.[128] Als solch ein intendiertes Publikum des Erzählers und in diesem Sinne auch als ein ‚mentales Konstrukt' der fiktionalen Erzählerfigur bleibt sie dem realen Leser bis zu einem bestimmten Grad immer unzugänglich, kann aber hypothetisch angenommen werden. So übernimmt der *fiktionale Adressat* eine ganz bestimmte Funktion. Er ist die Antwort auf die Frage: Wem *will* der Erzähler erzählen?[129] Die Frage

---

126 Prince 1989: 57: „Narratee". Siehe auch Phelan 1996: bes. 135–153.
127 Prince 1989: 3: „Addressee: One of the fundamental constituents of any act of (verbal) communication: the (intended) receiver, the enunciate".
128 „Der fiktive [hier: fiktionale] Adressat ist nichts anderes als das Schema der Erwartungen und Vorannahmen des Erzählers und kann deshalb *funktional* nicht mit jener Figur zusammenfallen, die in der primären Geschichte als Rezipient der sekundären Geschichte figuriert […] wird" (Schmid 2005: 101; siehe auch Schmid 2007: bes. 180).
129 Frank Zipfels Fiktionstheorie schreibt dem *fiktiven* (hier: *fiktionalen*) *Adressaten* darüber hinaus eine recht wichtige Rolle bei der Rezeption literarisch-fiktionaler Texte durch faktische Rezipienten zu. Im Anschluss an Waltons *make-believe* (Walton 1990) ist Fiktionalität für Zipfel nicht nur im „Zusammenhang der Textproduktion" (Zipfel 2001: 182–228), sondern auch im „Zusammenhang der Textrezeption" (ebd.: 229–278) zu erklären. Der empirische Leser versetzt sich „in die Position des fiktiven Adressaten und nimmt den Erzähl-Text innerhalb der fiktiven internen Sprachhandlungssituation sozusagen als faktualen Text auf" (ebd.: 277; Anderegg 1977: bes. 36 beschreibt dies als eine Überlagerung des realen und des fiktiven *Bezugsfeldes*, das der reale Leser im Fall des realen Bezugsfeldes schon *vor*, im Fall des fiktionalen *beim* Lesen erst generiert). Unter Berücksichtigung des realen Lesers versteht Zipfel *make-believe* demnach als die Besetzung der innerfiktionalen Position des fiktionalen Adressaten. Vorausgesetzt wird dabei eine konventionalisierte „Sprach-

hingegen, wem der Erzähler *tatsächlich* erzählt, beantwortet der *fiktionale Leser*. Diese Unterscheidung hat für die narratologische Analyse der Erzählsituationen und -ebenen des Textes den Vorteil, dass mit ihr zwischen dialogischer und monologischer Rede unterschieden werden kann. Spricht der Erzähler zu einem expliziten fiktionalem Leser oder spricht eine innerfiktionale Figur zu einer anderen innerfiktionalen Figur, dann handelt es sich poetentiell um eine dialogische Sprechsituation. Spricht die Figur aber zu keiner innerfiktional vorhandenen Figur, sondern zu einer bloßen Vorstellung von einer Figur oder sich selbst, dann handelt es sich um monologische Rede. Spricht der Erzähler zu einem impliziten fiktionalen Leser muss erschlossen werden, ob dieser eine ‚innerfiktional imaginierte' oder eine ‚innerfiktional faktische' Instanz darstellt. Noch etwas komplizierter wird diese Angelegenheit, wenn man berücksichtigt, dass die monologische Rede mit einer imaginierten Instanz durchaus dialogisch konzipiert sein kann. Das bedeutet, dass sie viele Merkmale eines Dialoges trägt und somit Fragen, Ansprachen in der 2. Person usw. enthalten kann (vgl. hierzu Schmid 2005: 112–114: „Der dialogische Erzählmonolog").

Zum Abschluss dieser kurzen ontologischen Betrachtung narratologischer Lesermodelle soll noch einmal auf die *impliziten fiktionalen Leser* zu-

---

handlungspraxis Fiktion" (ebd.: 279–287). Der reale Leser verhält sich bei der Lektüre so, *als-ob* er das Erzählte so wahr verstünde, wie es der Erzähler in der fiktionalen Welt erzählt. Diese Verdopplung der Rezeptionssituation unterscheidet die fiktionale von faktualer Kommunikation und verschafft dem realen Leser einen ästhetischen Benefit. Nämlich das Bewusstsein eines *Spiels*, das eine gewisse ästhetische Distanz und gleichsam ein „fiktionsspezifisches Rezeptions-Vergnügen" bereitet (ebd.: 261; sehr ähnlich auch Halsey 2012: hier 89, die diesen ästhetischen Gewinn in Abhängigkeit des *hypothetical readers* sieht: Dieser „recognizes the tension between, for example, *Pride and Prejudice*'s realistic social criticism and its final ‚aesthetic gratification'. Zwanzig Jahre vor ihr formulierte James Phelan einen vergleichbaren Gedanken, argumentiert allerdings epistemologisch mit dem Mehr an Wissen, dass der *authorial reader* (nicht der reale Leser!) gegenüber dem *narrative reader* haben muss, um überhaupt die vorübergehende Annahme machen zu können, er glaube – wie der narrative reader – was er erzählt bekommt; vgl. Phelan 1989: 5). Ein Problem ergibt sich jedoch bei dieser Beschreibung. Dieses ist weniger inhaltlich als vielmehr beschreibungssprachlich und resultiert aus einer mit anderen ‚fiktionalen Adressaten' konfligierenden Konzeption. Bei Schmid etwa wird der *fiktive Adressat*, wie bei dem oben zitierten Prince, als „Adressat[ ] des *Erzählers*" (Schmid 2005: 103), also rein innerfiktional verstanden. Dies trifft jedoch auf Zipfels fiktionalen Adressaten und Halseys *hypothetical reader* nicht zu. Diese sind vielmehr der Instanz ähnlicher, die Schmid den *abstrakten* und Iser den *impliziten* Leser nennt. Schmid kommt auch auf diese ästhetische Dimension der Rezeption zu sprechen, obgleich er sie als Ausnahmeerscheinung beschreibt: „Der abstrakte Leser wird oft mit einer ‚Rolle' verglichen, in die der konkrete Leser schlüpfen könne oder solle. Aber der abstrakte Leser ist als unterstellter Adressat oder gewünschter Rezipient in den meisten Fällen nicht als Schauspieler entworfen, sondern als Zuschauer" (Schmid 2005: 104). Ob dies das von Zipfel für den fiktionalen Adressaten betonte Rezipieren *als-ob* ausschließt, ist fraglich. Zipfels Überlegungen sind jedenfalls, wenngleich unter ‚falschem Namen', als fiktionsästhetische Ausweitung des impliziten/abstrakten Lesers zu verstehen.

rückgegriffen werden. Denn die für sie betonten Zuschreibungsbedingungen historisch angemessenen Wissens zur Konstruktion einer dem Text gemäßen impliziten Leserfigur zeigen das anfangs angesprochene Problem auf, das bei einer praktischen Anwendung des fiktionalen Lesers auf konkrete Texte entsteht: Das fiktionale Lesermodell ist auch im Fall (a) nicht vollständig durch den Text expliziert. Es muss immer erst von einem realen Leser oder Literaturwissenschaftler konstruiert werden. Diese Konstruktion ist zwar in hohem Maße textbasiert, setzt aber zumindest bei einem historisch adäquaten Modell Interpretation auf der Grundlage historischen Kontextwissens voraus. Und genau an dieser Stelle entstehen in der praktischen Interpretation Randunschärfen, die zur Vermengung fiktionaler und theoretischer Lesermodelle führen können.[130]

1.2.1.2 Problematische Differenzierung: Leserfiktion

Am Beispiel der *Leserfiktion* Isers, die er innerhalb seines wirkungsgeschichtlichen Ansatzes als Werkzeug angemessener Historisierung literarischer Texte einführt, kann nun gezeigt werden, wie komplex die Verschränkung einzelner *nicht-realer* Lesermodelle im konkreten Einzelfall ist. Für ein besseres Verständnis dieser Rekonstruktion soll die Pointe dieses Kapitels vorweggenommen werden: Wenngleich der Name anderes nahelegt, ist Isers Leserfiktion kein *fiktionales*, sondern ein *theoretisches* Lesermodell. Allerdings kann sie nur in Abgrenzung zum fiktionalen Leser verstanden werden, der daher der Leserfiktion exemplarisch gegenübergestellt werden soll.

Wie in Kapitel II.1.1 aufgezeigt, bedeutet eine adäquate Historisierung literarisch-fiktionaler Texte auch die historisch adäquate Konstruktion der durch diesen Text zugänglich gemachten fiktionalen Welt und ihrer Instanzen. Im Rahmen dieses Prozesses liegt auch das ‚Aufgabenfeld' des fiktionalen Lesers. Anders als der probabilistische und der theoretische Leser *muss* er nicht an realweltlichen Lesern orientiert sein, *kann* es aber sein und *ist* es gemeinhin auch. Es finden sich jedoch durchaus auch Ausnahmen, etwa wenn er in der Gestalt eines Tieres erscheint. Geht man nun mit Iser (1976: 358) davon aus, dass aufgrund der spezifischen Konstitution der fiktionalen Welt auf den realweltlichen Kontext der Produktionszeit des (diese fiktionale Welt rahmenden) Textes geschlossen werden kann,[131] werden erste Probleme des Iser'schen Ansatzes sichtbar. Sie ent-

---

130 Alle Aspekte der Illusionsbildung *die durch* fiktionale Leser entstehen, bzw. *durch die* fiktionale Leser entstehen, können hier nicht dargestellt werden.
131 Vgl. mit Bezug auf die Argumentation von Iser auch S. 80 (dieser Arbeit).

stehen durch die *Fiktionalität* des fiktionalen Lesers, die seine begrenzte Funktionalisierbarkeit für historisierende Fragestellungen begründet. Wie etwa soll – stark vereinfacht gesprochen – aus dem fiktionalen Leser in E. T. A. Hoffmanns „Lebensansichten", der ein *Katerjüngling* ist,[132] auf realhistorische Kontexte, Leser, Leseverhaltensweisen, -gewohnheiten oder -erwartungen geschlossen werden?

Auf einer abstrakteren Ebene basiert auch das Jauß'sche Konzept des Erwartungshorizontes, wie Stückrath (1979) zu Recht moniert, auf der Annahme der Rekonstruierbarkeit des historischen Text-Kontexts *aus dem Text selbst*. Diese Annahme erklärt den ambivalenten Status beider Konstanzer Ansätze, die einer historisierenden, aber auch stark interpretativen Textauslegung verpflichtet sind (vgl. Stückrath 1979: 116–127 und Funke 2004: 72–74). Isers *Leserfiktion* kann in diesem Verständnis als eine anthropomorphisierende[133] Umformulierung des Jauß'schen Erwartungshorizontes in ein Lesermodell gedacht werden.[134] Laut Iser (1976: 247) zeigt sie „weniger den intendierten Leser" an, „als vielmehr jene Disposition im vorausgesetzten Lesepublikum, auf die es einzuwirken gilt". Dabei reformuliert Iser – ohne den Bezug selbst explizit herzustellen – eine Gedankenfigur, die sich in einem der „Lyceums-Fragmente" Friedrich Schlegels findet. Schlegel schreibt dort über den *analytischen Schriftsteller*, dieser beobachte den realen Leser „wie er ist", um „gehörigen Effekt auf ihn zu machen". Der *synthetische Schriftsteller* hingegen orientiert sich nicht am realen Leser, sondern „konstruiert und schafft sich einen Leser, wie er sein soll; er denkt sich denselben nicht ruhend und tot, sondern lebendig und entgegenwirkend. Er lässt das, was er erfunden hat, vor seinen Augen stufenweise werden, oder er lockt ihn, es selbst zu erfinden" (Schlegel [1797] 1972: 22).

Die Leserfiktion Isers verbindet nun gewissermaßen die Lesermodelle des analytischen und des synthetischen Autors, da sie als nicht-real *und* effektbezogen konstruiert wird. Sie ist eine Reaktion des realen Autors auf die von ihm angenommenen Leser-Erwartungen (der von ihm intendier-

---

132 Siehe Hoffmann 1980: 306, 326, 330 u. v. m.; siehe hierzu auch Dahms 2005 und Czezior 2008: 119–146.
133 Zur der spezifischen Form dieser Anthropomorphisierung siehe das Kapitel V.1.
134 Ganz ähnlich versucht Becher 1989 in ihrer Eichstätter Antrittsvorlesung zumindest dem Titel nach nicht die Leserfiktion, sondern Isers impliziten Leser als Leserfiguration des Erwartungshorizontes des Historiographen einzuführen. Sie scheitert, denn tatsächlich beschreibt sie Formen wissenschaftlicher Autorschaft und Leserschaft: „Nicht nur der Leser, auch der Geschichtsschreiber ist in die moderne Geschichtsschreibung wieder als Autor seines Textes zurückgekehrt, und er ist deutlich sichtbar. Er benutzt keine expliziten Anreden [...], sondern er wählt subtilere Methoden" (ebd.: 18; vgl. zu dem Autorkonzept und Autorsubjekt in wissenschaftlichen Texten wesentlich präziser: Steiner 2009 und Steiner (im Erscheinen, 2014).

ten Leser) und dergestalt ein eindeutig historisches Konstrukt. Es ist einerseits *aus dem Text* zu rekonstruieren, steht andererseits aber in Abhängigkeit sowohl von dem *realen Autor* als auch dem *realem Leser*. Es bezieht seine Substanz aus den Wissensbeständen des Autors und aus der Konkretisation durch den realen Leser, der aufgrund des Textes Annahmen über die vom Autor angenommene Lesererwartung formuliert. Neben der Rolle des realen Autors und des realen Lesers betont Iser (1976: 247) immer wieder in besonderem Maße die *Textbasiertheit* des Konstrukts, wobei er in diesen Argumentationen dann die Abhängigkeit der Leserfiktion vom realen Autor und Rezipienten weitestgehend ausblendet und sich seinem Lesermodell narratologisch annähert: „[W]ir dürfen nicht vergessen, dass die Leserfiktion in der erzählenden Prosa ja nur eine Darstellungsperspektive verkörpert, die mit der Erzähler-, Figuren- und Handlungsperspektive verspannt ist".

So wenig überraschend Isers Verweis auf den Leser und eine rezeptionsästhetische Theorie ist, die starke Intentionsbezogenheit seines Ansatzes ist es durchaus. Sie wird besonders deutlich, wenn man Isers Leserfiktion der ursprünglichen Bestimmung eines gleichnamigen Konstrukts von Erwin Wolff gegenüberstellt. Wolff (1971) nimmt eine prinzipielle Abhängigkeit von *Darstellungsform* und *intendiertem Leser* an und konstatiert, dass mit der Textform (Abenteuerroman, Liebesroman usw.) auch die Leserfiktion durch den vom Autor intendierten Leser beeinflusst wird. Wahrscheinlich reagiert Iser (1976: 247) auf diese Annahme von Wolff, wenn er – wie oben bereits zitiert – schreibt, seine eigene Ausformulierung der Leserfiktion zeige „weniger den intendierten Leser an", obwohl Iser produktionsästhetische Bezugnahmen nicht gänzlich ablehnt. Gewissermaßen fordert er sie sogar dezidierter als Wolff (1971: 159), der sich mit seiner eher narratologischen Definition der Leserfiktion als „werkimmanent[e ...] Figur eines fiktiven Lesers" eigentlich ausschließlich *auf den Text* und nicht auf den Autor bezieht. Laut Wolff entspräche die „Leserfiktion der [...] redenden auktorialen Dichterfigur", also der Erzählinstanz des Textes, „und stünde mit dieser literarisch, geistig und gesellschaftlich auf einer Stufe" (ebd.: 145). Dergestalt ist die Leserfiktion nach Wolff also aufgrund *innerfiktionaler* Wissensbestände zu rekonstruieren. Ihre produktionsästhetische Erklärung spielt hier für die *Rezeption* der Instanz keine Rolle mehr. Isers starke Veränderung des Konzepts besteht nun darin, dass er die produktionsästhetischen Annahmen, von denen er sich durch die Disqualifikation intentionalistischer Gehalte eigentlich explizit abgrenzt, praktisch *spiegelt* und den Autor so gewissermaßen wieder für die Textrezeption relevant macht. Mit dem Autor als Kategorie des Textverstehens wird es ihm dann möglich, aufgrund der Konstitution des fiktionalen Textes, Rückschlüsse auf die (angenommenen) *autorintendierten* historischen Leser zu formulieren. Damit geht er weit über Wolff hinaus, dessen Konzeption der Leserfiktion aufgrund der Betonung innerfiktionaler Abhängigkeiten den *fiktionalen Lesermodellen* zuzuordnen ist.

Am sichtbarsten werden die Differenzen zu Isers gleichnamigem Modell daran, dass sich Iser bezüglich der Erklärung der Instanz auf den *realen Autor*, Wolff hingegen auf den *Erzähler* eines Textes bezieht. Auch der von Iser vertretene formalistische Gedanke literarischer Evolution setzt eine mit intentionalen Gehalten ‚aufgeladene' Leserfiktion voraus:[135]

> Durch die latente Problematisierung der in der Leserfiktion aufgerufenen Ansichten soll der jeweilige Leser in ein Verhältnis zu den ihn bestimmenden Ansichten gebracht werden; das mögliche Wiedererkennen dessen, was ihn orientiert, ist daher als das Gegenwärtigen einer Fatalität gedacht. Denn was ihm der Text eröffnen möchte, erstreckt sich jenseits des für ihn geltenden Horizonts; doch dafür muss der Leser in einem perspektivischen Punkt situiert werden, der in der Regel über negative Modalisierungen der ihn beherrschenden Ansichten eingerichtet wird. (Iser 1976: 248)

Die bei Iser grundsätzliche stark ausgeprägte Ausrichtung auf die Rezeption der Literatur als *interaktionalen Prozess* lässt ihn einen weiteren Beschreibungsbegriff einführen, der den normativen Aspekt der Leserfiktion für die Konkretisation des Textes beschreibt. Dabei widerspricht er dann endgültig der Abgrenzung der Leserfiktion vom intendierten Leser. Er schreibt (im gleichen Buch): „Zeigt sich in der Leserfiktion das Bild des Lesers, das dem Autor vorschwebte, und das nun in Interaktion mit den anderen Textperspektiven tritt, so bezeichnet die Leserrolle die den Empfängern der Texte vorgezeichnete Konstitutionsaktivität" (ebd.: 62).[136] Übersieht man einmal die aufgezeigte definitorische Inkonsistenz und folgt man der zweitgenannten Bestimmung der Leserfiktion als intentionalem Lesermodell, so lässt sich erkennen, dass Iser mit „Leserfiktion" und „Leserrolle" zwei Begriffe zur Beschreibung eines auffallend ähnlichen Phänomens einführt, die sich vor allem bezüglich ihrer Perspektivierung unterscheiden. Die basale kommunikationstheoretische Grundannahme ist, dass der Autor (bewusst oder unbewusst) für einen oder mehrere Leser schreibt. Betrachtet man die literarische Kommunikation aus der Perspektive dieses Autors, muss das angesprochene Phänomen *intendierter Leser* genannt werden.[137] Betrachtet man es aus der externen Beobachterperspektive des Literaturwissenschaftlers, der die interaktionale literarische

---

135 Vgl. hierzu etwa Mukařovský [1936] 1970a, Mukařovský [1936] 1970b und Vodička [1942] 1976b, rekonstruierend u. a. auch Striedter 1976.
136 So auch Barner 1977, der auf Seite 509 von „Rezipienten-Rolle" spricht, wenn er nur auf Basis der Odysseus-Rezeption der Gesänge des Demodokos auf den „allgemeinen Vorwissens-Horizont der [historischen] Zuhörer" (ebd.: 507) schließt.
137 Vgl. hierzu das Kapitel III.3.2.4 und die Literaturhinweise dort, bes. auf Wolff 1971.

Kommunikationsstruktur reflektieren kann, dann muss das gleiche Phänomen *Leserfiktion* genannt werden. Geht man jedoch vom Leser aus, so zeigt sich, dass der Text ihm mehr (oder zumindest auch andere) als die vom Autor intendierten Textperspektiven anbietet. Die Gesamtheit aller möglichen Textperspektiven nennt Iser *Leserrolle*. Im besten Fall nimmt der Leser mehrere dieser Perspektiven gleichzeitig ein. Dies ermöglicht ihm nicht nur, sich im formalistischen Sinne der ‚ihn beherrschenden Ansichten' bewusst zu werden, sondern auch so etwas wie ironische Erzählhaltungen zu erkennen (vgl. Iser 1976: 59). Bloß *einen* der Begriffe zu benutzen bedeutet damit gleichsam, sich auf *eine* bestimmte Perspektivierung der literarischen Kommunikationssituation festzulegen.

Ein Beispiel kann dies verdeutlichen: Nach Wolff wären die vom *Erzähler* Murr als ‚Katzenjünglinge' explizit angesprochenen fiktionalen Leser in Hoffmanns „Lebensansichten" mit dem Begriff der „Leserfiktion" zu bezeichnen. In Isers Umformulierung des Konzeptes hingegen kann dies gerade nicht zutreffen, da dann zu unterstellen wäre, Iser würde ernsthaft annehmen, der *Autor* Hoffmann, und nicht der Erzähler Murr hätte tatsächlich für und an Vierbeiner geschrieben. Dies ist wohl trotz der bekannten Neigung Hoffmanns zum Wein kaum haltbar.[138] Der Katerjüngling ist laut Isers Konzeption eher als *eine* mögliche vom Text vorgegebene Textperspektive zu verstehen.[139] Die *Leserfiktion* hingegen entspricht dem theoretischen Lesermodell eines autorintendierten Lesers, der in der Lage ist, diese Perspektive (unter anderen) einzunehmen und zu reflektieren. Die *Leserrolle* bezeichnet letztlich die Gesamtheit der von einem Leser einnehmbaren Textperspektiven (also die des Erzählers, der Figuren, des impliziten Lesers, des fiktionalen Lesers usw.) und ist somit deckungsgleich mit dem *impliziten Autor*. Wie weiter unten gezeigt werden wird, verwendet Iser diese beiden Begriffe tatsächlich auch synonym.[140]

Die Idee einer über Leserinstanzen vermittelten Reflexion des Erzähltextes ist jedoch keine Innovation Isers, wie besonders das Nachwort zur zweiten Ausgabe der „Rhetoric of Fiction" von Wayne Booth zeigt. In der ersten Ausgabe (1961) beruft er sich noch auf Walker Gibsons *mock reader*, um nicht-reale von realen Lesermodellen zu trennen. Den *mock reader* hatte Gibson bereits 1950 wie folgt definiert:

---

138 Nachzulesen in den Tagebüchern von Hoffmann (Hoffmann 1971). Man beachte den einleitenden Hinweis von Hans von Müllers: „Möglicherweise geschieht es auch zur Verhütung ehelicher Vorwürfe, wenn Hoffmann seit 1811 *Trunk und Rausch* [in seinen Tagebüchern] in der Regel nicht mit Worten, sondern mit *ideographischen Zeichen* registriert" (ebd.: 23).
139 Zum Begriff der „Textperspektive" bei Iser siehe Iser 1976: 164f., aber auch 59, 62, 171–174, 186, 190, 193 u. v. m.
140 Siehe Kapitel V.1.

> First, there is the ‚real' individual upon whose crossed knee rests the open volume, and whose personality is as complex and ultimately inexpressible as any dead poet's. Second, there is the fictious reader – I shall call him the ‚mock reader' – whose mask and costume the individual takes on in order to experience the language. (Gibson 1950: 256f.)[141]

Wie im direkten Vergleich sichtbar wird, betont Iser prinzipiell viel stärker intentionale und textuelle Aspekte, während Gibson die Rezeptionsseite hervorhebt. Richtung Text entwickelt sich auch die Lesertheorie von Booth. In der ersten Ausgabe der „Rhetoric" übernimmt er den Ansatz Gibsons, revidiert ihn jedoch im Nachwort der zweiten, die 1983 zu einem Zeitpunkt erscheint, als ihm Isers Arbeiten schon bekannt sind (vgl. Booth [1961] 1983b: 422, Anm. 11). Dort spaltet er im Rückgriff auf Peter Rabinowitz' (1977) Ausdifferenzierung des impliziten Lesers in das *authorial* (oder *hypothetical*) *audience* und das *narrative audience*,[142] ‚seinen' impliziten Leser ebenfalls in zwei Varianten auf: Den *postulated reader / implied reader [sense one]* und den *credulous listener / implied reader [sense two]* (ebd.: 422–424, 429f.). Diese Unterscheidung entspricht ziemlich genau der Iser'schen Unterscheidung von Leserfiktion und fiktivem Leser. Der *postulated reader* kommt der Leserfiktion gleich, also der vom Autor intendierten Lesehaltung, die der Rezipient einnehmen kann – und ginge es nach dem Autor, auch einnehmen sollte. Besetzt ein Leser hingegen ‚nur' die Position eines leichtgläubigen (‚*credulous*') fiktionalen Lesers (bei Rabinowitz: *narrative audience*), dann läuft er Gefahr, uneigentliche Rede, wie ironische Äußerungen, nicht als solche verstehen zu können. Die Leserfiktion ist dazu aber in der Lage. Nichts anderes als diese vom Leser zu leistende Reflexion und Organisation der im Text vorhandenen Strukturen versucht auch die Booth'sche Unterscheidung der Varianten des impliziten Lesers zu leisten: „The narrative audience [*credulous listeners*; fiktiver Leser] believes that Nathasha, Pierre and Andrei in ‚War and Peace' are real people and that Moscow was burned in 1812; the authorial audience [*postulated reader*; Leserfiktion] believes only the latter, while pretending to belive the former" (Booth [1961] 1983b: 423).[143]

---

141 Der Text wurde wiederveröffentlicht in Gibson 1980. Auch Arthur Sherbo bezieht sich auf Gibson, um seine Trennung zwischen *inside* und *outside readers* theoretisch zu stützen, wobei er den *inside* und den *mock reader* ebenso gleichsetzt wie den *outside* und den *real reader*.
142 Das *narrative audience* ist nicht mit dem *narrative reader* zu verwechseln. Der letztgenannte bleibt im Gegensatz zum erstgenannten hinsichtlich seiner Konstitution und Funktion völlig unklar. Er ist beispielsweise titelgebend für eine Anthologie poststrukturalistischer Konzepte zur Erklärung von Literatur (McQuillan 2000), wird aber weder in den Beiträgen noch in der ausführlichen Einleitung von Martin McQuillan (ebd.: 1–33) erneut erwähnt oder beschrieben.
143 Er übernimmt dieses Beispiel und die Ausdifferenzierung seines Modells von Rabinowitz 1977: 127.

Eine weitere wichtige Dimension der leserbezogenen Erzähltextreflexion spricht Gunter Grimm (1977a: 48) ein Jahr nach der Publikation von Isers „Der Akt des Lesens" an. Er stellt die Frage nach den Iser'schen Funktionen der Leserrolle und der Leserfiktion für die adäquate Historisierung eines literarischen Textes: „Lässt sich die implizite Leserrolle eines Textes überhaupt konstruieren ohne vorgängiges Wissen um das reale Kommunikationsverhältnis des Autors und seines Publikums?"[144] Er weist damit auf ein grundsätzliches Problem rezeptionsästhetischer Konzepte hin. Es besteht darin, dass Iser seine Leserfiktion in gewisser Weise ‚falsch herum' funktionalisiert. Selbst wenn sich durch sie „das Bild des Lesers, das dem Autor vorschwebte" im Text abbildet, heißt dies noch nicht, dass über die Rekonstruktion der Leserfiktion aus dem Text gewissermaßen *a tergo* Aussagen über ein historisch-reales Publikum (oder dessen Dispositionen) getroffen werden können. Immerhin droht die Gefahr eines ‚fiktionalen Fehlschlusses' *(fictional fallacy)*,[145] die Iser aber irritationslos übergeht. Sie besteht darin, Schlüsse von fiktionalen Textmerkmalen auf die historische Realität des Publikationszeitraums des Gesamttextes als unproblematisch zu betrachten. Iser schreibt:

> Da die Reaktion ein Akt ist, lässt sie sich nicht darstellen, sondern nur auslösen. Dadurch aber vermag der Leser die Antwort zu realisieren, die der Roman auf das von ihm visierte Problem zu geben versucht. Hier liegt auch ein Grund dafür, weshalb der nicht-zeitgenössische Leser einen fiktionalen Text der historischen Vergangenheit zu strukturieren und folglich aufzufassen vermag. Er muss die gleichen, durch die Leerstellen vorgezeichneten Umbesetzungen im Feld des Leserblickpunkts mitvollziehen und kann so die historische Situation wiedergewinnen, auf die sich der Text bezog, bzw. auf die er antwortete. (Iser 1976: 358)

Bezüglich der Funktionalisierbarkeit einzelner Textmerkmale für ein historisch adäquates Verstehen des Gesamttextes positioniert sich Grimm deutlich weniger affirmativ als Iser. Er vertritt eine Form der Historisierung, in der Aussagen über fiktionale Instanzen durch historisches Kontextwissen abzusichern sind (und nicht umgekehrt historisches Kontextwissen aus dem Text ableitbar ist). Ganz ähnlich äußert sich auch Jannidis (2004: 26, Anm. 20), der ohne expliziten Bezug auf die Leserfiktion Isers

---

144 Vgl. hierzu auch Wilson 1981: 859.
145 Der Begriff stammt meines Wissens aus einem Aufsatz von Patricia de Martelaere, die darin jedoch in einer hier nicht gemeinten Weise die literaturwissenschaftliche Verwendung des Fiktionsbegriffs moniert: „‚Fiction', as it functions in opposition to ‚reality', is a category that entirely belongs to ‚normal' language and cannot be applied to its literary use without badly distorting it. The world of literature constitutes, if anything comparable to ‚reality', a kind of ‚surreality'" (De Martelaere 1988: 265). Tatsächlich findet sich das Problem des fiktionalen Fehlschlusses häufiger, etwa in der Argumentation von Futterknecht 1997, wurde jedoch noch nicht systematisch aufgearbeitet.

schreibt, dass sich historische Textumgangsweisen – und zu diesen ist das Auffüllen von Leerstellen unbedingt zu zählen – „zumeist nicht aus dem Text ermitteln" lassen, „sondern nur aus historischen Forschungen zum Leseverhalten".[146]

Andererseits ist freilich auch die kategorische Ablehnung der Annahme unsinnig, dass bestimmte Textmerkmale (wie fiktionale Lesermodelle) nicht zumindest doch *teilweise* in Relation zu historischen Schreib- und Lesepraktiken stehen. So hängt die Verstehbarkeit eines Textes, die ein Autor sicherlich im Regelfall intendiert, zu einem gewissen Grad davon ab, welches Bild der Autor von seinen potentiellen realen Lesern hat. Dieses geht – wie in den Gesamttext – auch in die Konstruktion des *fiktionalen* Lesers mit ein, was zu der oben referierten Position führt, dass in der Forschung ebenfalls fiktionale Leser als ‚der (historischen) Realität verpflichtet' konstruiert werden. Es lässt sich demnach zusammenfassen, dass fiktionale Lesermodelle zwar durchaus vorsichtige Rückschlüsse auf die historische Rezeption eines fiktionalen Textes zulassen, diese aber immer unsicher und an externem Kontextwissen zu überprüfen sind. Es ist zwar zulässig zu behaupten, die historische Realität beeinflusse den fiktionalen Leser, die umgekehrte Behauptung hingegen, es ließen sich aufgrund fiktionaler Leser Aussagen über den historisch-realen Kontext eines Textes formulieren, ist ungeprüft nur im Modus der Konjektur möglich. Daher spricht – um die pointierte Formulierung wieder aufzunehmen – so ziemlich alles, was man bisher über das erste Viertel des 19. Jahrhunderts an historiographischem Wissen zusammengetragen hat, doch recht eindeutig gegen den Schluss, dass Hoffmanns „Kater Murr" von Katerjünglingen gelesen wurde. Andererseits lässt der im „Werther" ‚angeschriebene' fiktionale Leser Wilhelm allein aufgrund der Tatsache, dass er auf fiktionaler Ebene der Empfänger und wohl auch Leser *privater* Briefe ist, gewisse Analogieschlüsse zu, die die literarhistorische These einer „Personalisierung des Leserkontaktes [...] wie es für die Empfindsamkeit typisch ist" stützen (Jäger 1974: 395). Diese Annahme kann jedoch nicht, und das sollte deutlich werden, ohne bereits vorhandenes historisches Kontextwissen getroffen werden.

Da Isers Verfahren diesen Kontextbezug nicht oder nur unzureichend berücksichtigt und er seine textbasierte Form der Historisierung ebenso

---

146 Es lassen sich auch Versuche finden (u. a. bei van Selm 1992), die Ermittlung des Text-Kontexts *aus dem Text* anhand philosophischer, nicht-fiktionaler Texte umzusetzen. Sehr früh kritisiert Karl Maurer Isers impliziten Leser als problematisches Konstrukt, das „prinzipiell dieselben Schwierigkeiten macht wie die Interpretation alten Stils"; es bestünde die „Gefahr der ‚Überinterpretation'" ebenso wie die eines „unbemerkten Anachronismus" (Maurer 1977: 447).

wenig rational begründen kann, steht sein Ansatz in starkem Kontrast zu der hier vertreten historischen Rezeptionsanalyse als Methode einer historisierenden Literaturwissenschaft. Darüber hinaus vermeidet Iser die Arbeit mit faktischen Rezeptionstexten nahezu vollständig. Dass er letztlich substanziell andere epistemologische Ansprüche als die historisierende Rezeptionsanalyse stellt, kann am besten exemplarisch aufgezeigt werden. Welche Textperspektiven historische Leser eingenommen haben, lässt sich nämlich nicht über historisierende Spekulationen aufgrund der Konstitution der fiktionalen Welt oder der Leserfiktion zeigen, sondern lediglich über eine Analyse der Rezeptionszeugnisse derjenigen Rezipienten, die sich faktisch dazu geäußert haben. Da Iser die Leserfiktion *intentionsbezogen* in Abhängigkeit der vom Autor angenommenen Rezeptionsdisposition konstruiert, ist sie als *theoretisches* Lesermodell zu verstehen, das die angesprochene Randunschärfe einiger Lesermodelle gut aufzuzeigen vermag.

Andere *theoretische*, aber auch *probabilistische* Lesermodelle spielen im weiten Verlauf dieser Arbeit eine nicht unwesentliche Rolle und sollen daher im Folgenden nur kurz allgemein eingeführt werden. Ihre ausführliche Besprechung leisten dann anschließende Kapitel. Als *probabilistisch* haben Lesermodelle zu gelten, wenn sie – wie beschrieben – in ihren Grundannahmen den Möglichkeiten realer Leser verpflichtet sind. Ihr Bezug zu einer als real angenommenen (historischen) Wirklichkeit ist ‚direkter' als der fiktionaler Modelle. Probabilistische Lesermodelle sind so zumeist Konzepte, die auf Annahmen über die realen Leser einer bestimmten Zeit an einem bestimmten Ort basieren. Man denke an die von Radway (1981) untersuchten Romanleserinnen. Jedoch bedient sich nicht nur die Rezeptionstheorie, sondern auch die literarische interessierte Sozialgeschichte häufig solcher Modelle, etwa wenn sie soziostratische Gruppierungen wie *Bauern, Bürger* oder *Adelige* einer bestimmten Epoche als Grundlage ihrer historischen Rekonstruktion der Rezeption literarischer Texte wählt (vgl. Schneider 2004). Grimm (1977a: 141) spricht zwar schon früh von diesen sozialwissenschaftlichen Lesermodellen als ‚Idealkonstruktionen', kann den genauen Modus ihrer Abstraktion vom realen Leser jedoch nicht präzise detaillieren. Letztlich besteht sie aus der Konstruktion eines hypothetischen Kollektivs historisch realer Leser mit gemeinsamen Eigenschaften. So fragt die Sozialgeschichte auch nicht nach der generellen Bedeutung eines Textes, sondern nach der konkreten Bedeutung eines Textes *für eine bestimmte Gruppe* von Lesern. Als Repräsentant solcher Gruppen ermöglichen probabilistische Modelle wie das des ›Durchschnittslesers‹ Argumentationen mit verhältnismäßig großer Reichweite. Nicht selten gehen diese allerdings mit der etwas ungenauen Rede von *dem* Leser im generalisierenden oder Kollektivsingular einher.

Während *probabilistische* Lesermodelle also auf der Basis realer Rezeptionszeugnisse oder anhand von Daten über reale Leser konstruiert werden, basieren *theoretische* Lesermodelle auf hypothetischen Annahmen über mögliche Zugänge zu Wissenskontexten. Solch einen Zugang stellt beispielsweise die Vorstellung dar, die sich der Autor von seinem Lesepublikum macht. Da dieser theoretische Ansatz bis zu einem gewissen Grad immer spekulativ bleiben muss, kann er aus dem potentiellen Theoriespektrum der historischen Rezeptionsforschung gestrichen werden. Deren epistemologisches Interesse liegt vielmehr in einer historisch-rekonstruktiven Methode, die vorhandene (und nicht kontrafaktisch imaginierte) historisch-zeitgenössische Rezeptionen hinsichtlich ihrer Zuschreibungen an einen literarischen Primärtext konsultiert. Da diese Rezeptionstexte in einem direkten kommunikativen Zusammenhang mit dem Primärtext stehen, haben sie aufgrund ihrer approximativen historischen Gleichzeitigkeit eine ‚notwendige' Relevanz für historisierende Fragestellungen aufzuweisen, insbesondere was die Vermeidung von Anachronismen betrifft. Die Lesertheorie spricht bei der Rede über *reale Leser* häufig von „Lesertypen". Einen expliziten Konsens hat die Forschung für die Begriffsverwendung und -bedeutung jedoch nicht gefunden, was hier Anlass gibt für eine konzise Rekonstruktion der Forschungssituation zum „Lesertypus" als Variante des realen Lesermodells.

1.2.2 Modelle realer Leser: Das Beispiel des Lesertyps

Einen guten Zugang zu den Gebrauchsvarianten des literaturtheoretischen Begriffs „Lesertyp" eröffnen die unterschiedlichen alltagssprachlichen Verwendungsweisen des Wortes „Typ". Es wird in mindestens vier Kontexten verwendet, in denen es mit teilweise stark voneinander abweichenden semantischen Dimensionen denotiert wird. Etwa zur Beschreibung (1) eines Menschen mit einem bestimmten Wesenszug, 2) eines Mannes (3) eines Modells oder einer Bauart und (4) einer durch spezifische sie konstituierende Eigenschaften bestimmten Klasse oder Art (Langenscheidt: „Typ"). Die Bestimmungen (2) und (3) sind im hier diskutierten Kontext irrelevant, die Bestimmung (1) und (4) hingegen umso wichtiger. Sie stehen in einem spezifischen Verhältnis zueinander, das auch die Verwendung von „Lesertypen" auszeichnet. Es besteht darin, dass eine Klasse (wie in 4) nur aufgrund der abstrahierenden Reflexion mehrerer Menschen mit einem bestimmten Wesenszug (wie aus 1) gebildet werden kann. „Typ" wird demnach als *Subjektnomen* und als *klassifikatorisches Nomen* verwendet. Für die Lesertheorie bedeutet dies praktisch, dass der Begriff „Lesertyp" als Subjektnomen in Analogie zur ersten Bedeutungsvariante von „Typ" *einen bestimmten realen Leser*, also ein Individuum beschreibt, das einen spezifischen Charakterzug bezüglich des Lesens entwickelt hat. Beispiele finden sich u. a. in schriftlichen Schulzeugnissen: „Dirk ist ein schneller Leser" oder „Ralf ist ein gewissenhafter Leser". Andererseits kann der Begriff „Lesertyp" auch in seiner typologisierenden Funktion betont werden. Dann beschreibt er keinen Einzelleser, sondern *eine Klasse von Lesern*, etwa eine spezifische „Leserschaft",[147] wie die Gruppe der Schnellleser, zu der dann auch Dirk zu zählen ist. Die solch eine Typologisierung bestimmenden Faktoren können auf unterschiedlichen Ebenen korreliert werden, wie Angela Fritz und Alexandra Suess (1986: 56) feststellen: „Lesertypen lassen sich an Hand verschiedener Kriterien unterscheiden: nach dem Grad der Lesefähigkeit, nach der Lesehäufigkeit, nach der Leseintention, nach der Art des Druckmediums und nicht zuletzt nach bestimmten Persönlichkeitsmerkmalen".[148] Gemessen an den zuvor eingeführten ontologischen Kategorien ist dieser klassifikatorische Lesertyp nicht als real zu bezeichnen, sondern als *probabilistisch*. Er hat die abstrahierende Funktion, typologisch ähnliche Leser in einem Modell zusammenzufassen.

Tatsächlich deckt diese einfache Differenzierung in Einzelleser und Leserklasse die meisten, jedoch nicht alle literaturtheoretischen Verwendungen von „Lesertyp" ab. In welcher Bedeutungsvariante eine literaturtheoretische Position den Begriff nun gebraucht, ist von ihrer Ausrichtung abhängig. Spricht sie, wie etwa frühe psychologische Ansätze, ausschließlich von (singulären) *realen* Lesern, verwendet sie den Begriff als Subjektnomen. Spricht die Theorie jedoch auch oder ausschließlich von *probabilistischen* Lesermodellen, wie etwa die statistisch-empirische Sozialwissenschaft, so benutzt sie ihn mit einer wesentlich größeren Reichweite, das klassifikatorische Moment hervorhebend. Auf die Vorurteilsbelastetheit dieser Kategorisierung hat jedoch mit Recht Hans Hörmann (1967: 98) hingewiesen der im Kontext einer psychologischen Persönlichkeitstypologie große Probleme bei der Verallgemeinerung von individuellen Charaktereigenschaften sieht. Er macht deutlich, dass auch die unter (1) vorgenommene psychologische Rubrizierung eines Subjekts als Typ eine zuvor geleistete Typologisierung voraussetzt.

---

147 Siehe Spiegel 1967: 10, die „den Leser des 18. Jahrhunderts" in unterschiedliche *Romanleserschaften* unterteilt, wie „Die Leserschaft des galanten Romans", „Die Leserschaft des Abenteuerromans" und „Die Leserschaft des moralischen Tendenzromans" (ebd.: 37–58).
148 Gerade das Kriterium „Persönlichkeitsmerkmale" scheint zentral für die Unterscheidung von *Lese*typen („intimes Lesen", „Lesen als Partizipation", „Konzeptlesen" usw.) zu sein, wie sie Werner Graf in seiner Arbeit zu literarischen Rezeptionskompetenzen vornimmt (Graf 2004).

Neben diesen Verwendungsweisen von „Lesertyp" findet sich noch eine weitere, die auch *theoretische* Lesermodelle als Typen identifiziert. Diese koexistiert seit den späten 1970er Jahren im Anschluss an Iser mit der älteren Begriffsverwendung. Iser schreibt in „Der Akt des Lesens":

> Die Literaturkritik kennt mittlerweile schon eine Reihe von Lesertypen, die immer dann angerufen werden, wenn es Feststellungen über Wirkung oder Rezeption von Literatur zu treffen gilt. In der Regel sind solche Lesertypen Konstruktionen, die der Formulierung von Erkenntniszielen dienen. (Iser 1976: 51)

In direktem Anschluss an diese Stelle nennt Iser eine Reihe von Lesermodellen, die unter anderem von Simon (2003: 122) und Müller (2005: 204, Anm. 14) mit explizitem Bezug auf Iser referiert werden und somit unter dem Begriff „Lesertypen" recht undifferenziert Eingang in rezeptionstheoretische Einführungstexte erhalten haben. Zu diesen, von Iser genannten *Lesertypen*, gehören der implizite und der explizite Leser (Jauß), der historische Leser (Gumbrecht), der intendierte Leser (Wolff), der informierte Leser (Fish), der Archileser (Riffaterre) usw. Auch Grimm (1977a: 37–42) entwirft in seiner Monographie ein Jahr nach Iser eine „Leser-Typologie", allerdings „aus produktionsästhetischer Sicht". Er unterscheidet drei verschiedene Ebenen: *subjektexterne* Lesertypen (reale Leser), *subjektinterne* Lesertypen (imaginierter, intendierter, konzeptioneller Leser) und *textinterne* Lesertypen (Adressat, impliziter und intentionaler Leser).

Der erste Befund hinsichtlich dieser Begriffsverwendung in der für die literaturwissenschaftliche Rezeptions- und Leserforschung prägende Phase der 1970er Jahre ist demnach die ontische Heterogenität der mit „Lesertyp" bezeichneten Lesermodelle. Der Begriff beschreibt nach Iser und Grimm nicht ausschließlich *reale* Lesermodelle, sondern auch *probabilistische* und *theoretische* Modelle.

Diese weite Begriffsverwendung ist jedoch problematisch, da nach ihr „Lesertyp" gegenüber den mindesten ebenso verbreiteten, aber semantisch weniger ambigen, meist synonym verwendeten Begriffen „Lesermodell", „Leserkonstrukt", „Leserkonzept" oder „Leserkonzeption", keine Differenzqualität mehr besitzt. Dies wäre jedoch vermeidbar gewesen, hätten Iser und Grimm nicht die vor ihnen noch konsistente Begriffsverwendung von „Lesertyp" verworfen. Eine knappe historische Rekonstruktion der frühen ‚Gesamtforschungslage' zur Lesertypologie soll im Folgenden die auch in dieser Arbeit forcierte engere Begriffsverwendung plausibilisieren, die „Lesertyp" auf reale und probabilistische Lesermodelle beschränkt. Die Konstruktion von Lesertypen in empirisch-statistischen Ansätzen der Leserforschung beschreibt Ludwig Muth. Er zeigt auf, wie nah die oft strikt getrennten sozialwissenschaftlichen und psychologischen Aussagedimensionen tatsächlich beieinander liegen.

Es handelt sich dabei um ein mathematisch-statistisches Verfahren, das es erlaubt, gleichsam verwandtschaftliche Beziehungen zwischen verschiedenen Aussagen aufzuspüren. Ein Beispiel: Wer gerne mit Büchern wohnt, ärgert sich, mit hoher Wahrscheinlichkeit, auch über Eselsohren oder erweitert seine Bibliothek ohne Rücksicht darauf, ob er gerade zum Lesen kommt. So kann man Aussagenketten bilden, die für eine bestimmte Einstellung charakteristisch sind. Wenn nun ein Befragter zu erkennen gibt, dass mehrere Aussagen einer solchen Kette für ihn zutreffen, gehört er zu einem bestimmten Einstellungstyp. (Muth 1987: 2164f.)

Das Eruieren dieser ‚Einstellungstypen' in der zumeist mit der nichtakademischen Buchmarktforschung verbundenen Leserforschung hat für den Buchhandel einen praktischen Nutzen (vgl. etwa Noelle-Neumann/ Schulz (Hgg.) 1987). Dieser kann Lesertypen als potentielle *Zielgruppen* bestimmen und seine Marketingstrategien entsprechend ausrichten. Beispiele dieser marktorientiert eruierten Lesertypen – die er in nicht ganz wissenschaftsfähigem Vokabular vorstellt – sind nach Muth (1993b) der *Buchmensch*, der *Buchliebhaber*, der *informationsorientierte Buchfreund*, der *informationsorientierte Buchnutzer*, der *Konsumleser*, der *unlustige Leser* und der *Mehr Buchgeschenk-Käufer als -Leser*. „Auf den ersten Blick erkenn[e] man" so Muth, „dass jeder Typ eine andere Beziehung zum Buch entwickelt" habe (ebd.: 18). Der Vorteil dieser Typen ist nun, dass mit ihnen Aussagen über die Häufigkeit des Buchkaufs, das Leserinteresse und die Leseintensität, bzw. -frequenz mit wenig Aufwand sehr großen Lesergruppen differenziert zugeschrieben werden können.[149] Vergleicht man diese Typologie von Muth mit anderen, etwa der des Reformpädagogen Heinrich Wolgast ([1896] 1950),[150] des Instituts für Leser- und Schrifttumskunde (1928),[151] des Literaturwissenschaftlers Richard Bamberger (1955),[152] der wenig bekannten Promotion des Tiroler Forschers Deomund Aglibuts (1976)[153] oder mit der humoristischen Lesertypologie des Schriftstellers Gregor Eisenhauers (2010), so zeigt sich, dass die genannten Typen selbst bei so unterschiedlichen (fach-)spezifischen Interesselagen oft nur wenig variieren.[154]

---

149 Weiterführende Hinweise zu den entsprechenden Studien bei Fritz/Suess 1986.
150 Vgl. hierzu Baumgärtner (Hg.) 1973: 214f.
151 Das Institut untersuchte bereits 1928 „Lesertypen innerhalb der erwachsenen männlichen Arbeiterschaft. Dargestellt auf Grund der Entleihungen von 25 Arbeiterlesern in den Städtischen Bücherhallen zu Leipzig und der Freien Öffentlichen Bibliothek Dresden-Plauen".
152 Vgl. hierzu Fritz/Suess 1986: 61f. und Baumgärtner (Hg.) 1973: 216.
153 Vgl. hierzu Fritz/Suess 1986: 60f.
154 Weitere Forschungsarbeiten zur Lesertypologie finden sich bei Fritz/Suess 1986 und Baumgärtner (Hg.) 1973. Einen historisch bis ins 17. Jahrhundert zurückgreifenden, auf den Ausleihungen der Herzog August Bibliothek Wolfenbüttel basierenden Einblick in das Leserverhalten gibt Raabe 1989, deren als „Lesergruppen" bezeichnete Typologie jedoch

Diese Homogenität muss wohl als weiterer Hinweis für die von Muth festgestellte enge Interrelation zwischen der psychologischen, sozialwissenschaftlichen (und anderen Formen der) Leserforschung verstanden werden. Konkrete Forschungsfragen dieser Positionen sind alle erdenklichen Zusammenhänge von Bildungsstand,[155] Lesesozialisation[156] und Leseverhalten.[157] Dabei wird in jedem Fall ein Lesermodell – genauer: ein Durchschnittsleser als Repräsentant einer angenommenen Gruppe – funktionalisiert, um geteilte Lesereigenschaften beschreibbar zu machen. Während die psychologisch interessierten Forschungsdesigns eher Persönlichkeitsmerkmale untersuchen, fokussieren sozialwissenschaftliche Ansätze Lesertypen stärker Schichtzugehörigkeiten.[158] Weitere Forschungsfelder, die Lesertypologien entwerfen und das literaturwissenschaftliche Methodenspektrum interdisziplinär erweitern, sind u. a. die Didaktik, die Medien- und Kommunikationsforschung und die Kognitionswissenschaften. Die spezifische Funktion, die der Lesertyp hier jeweils übernimmt, soll kurz rekonstruiert werden. Didaktische Ansätze etwa versuchen der sozialwissenschaftlich eruierten Chancenungleichheit durch bildungsschichtspezifische Vermittlungsmodelle entgegenzuwirken. Sie entwerfen praktische Methodenvorschläge des Lektüreumgangs für soziostratisch abgeleitete Lesertypen.[159] Die medienspezifische Leserforschung korreliert hingegen Bildungsstand und Mediennutzung.[160] Dabei stutzt auch sie sich

---

als Ausnahme von den o. g. abweicht: Sie kategorisiert Lesertypen nach ihren Berufsständen. Auch Mann 1982: 118–146 stellt Statistiken zu dem Ausleihverhalten von (britischen) Lesern um das Jahr 1980 vor.

155 Vgl. exemplarisch Nusser 1973, der Lesertypen aufgrund von Bildungsabschlüssen generiert.

156 Vgl. Dehn/Payrhuber/Schulz/Spinner 1999: 568–637.

157 Vgl. Dijkstra 1994, die professionelle von Freizeit-Lesern unterscheidet und deren unterschiedliche motivationalen Begründungen der Lektüre (kognitiv-ästhetisch vs. hedonistisch) eruiert.

158 Vgl. etwa die Studien von Rünger 1988 mit dem interessanten Verweis auf die musiksoziologischen Arbeiten Adornos, der *Kerntypen* des musikalischen Verhaltens konstatiert (vgl. Adorno 2003). Diese übernimmt Rünger (teilweise), wie den ‚guten Zuhörer', den ‚Bildungskonsumenten', den ‚emotionalen Hörer' und den ‚Unterhaltungshörer' (ebd.: 76). Vgl. hierzu mit weiterführenden Hinweisen Bürger 1977 und Bonfadelli 1999.

159 Zur Einführung in die Leserförderung vgl. Buhrfeind/Dankert/Ermers/Franzmann et al. 1999. Rosenkranz 1987, der in seiner Grundlagenforschung Leservariablen unterscheidet (Intelligenz, kognitive Stile, Motivation; S. 148–151) kommt zu dem Ergebnis, dass sich über die Verstehenskompetenz (ausschließlich) schwerer Texte einigermaßen verlässliche Aussagen über die zukünftige schulische Laufbahn eines nach den oben genannten Variablen bestimmten Lesertyps treffen lassen. Zur weniger erforschten Erwachsenenbildung vgl. Nuissl 1999.

160 Vgl. einführend etwa Saur 1999 und Noelle-Neumann/Schulz (Hgg.) 1987; DDR-spezifisch die Beiträge des Arbeitskreises 1 in dem Band Duclaud/Riese/Strauß (Hgg.) 1990 und die Studie von Funke 2003; ergebnisorientiert Löffler 2008: 442: „Alle statisti-

vorwiegend auf psychologisch oder sozialwissenschaftlich generierte Daten.[161] Bereits die frühen kunst- und lesepsychologischen Arbeiten – wie die von Richard Müller-Freienfels (1912) und June Downey ([1929] 2000) – entwerfen Typologisierungen von Rezipienten, bzw. Lesern aufgrund bestimmter ihnen zugeschriebener Persönlichkeitseigenschaften.[162] Bis in die 1960er und 1970er Jahren hinein waren diese psychologischen oder psychoanalytischen Ansätze dominierend, wie ein Blick in die Publikationen der Vertreter des amerikanischen *reader-response criticisms* belegt.[163]

Vollkommen zu Recht aber formuliert Rudolf Schenda (1970) Kritik an dieser psychologischen ‚Charaktertypologie', ganz im Sinne der bereits erwähnten und etwa zeitgleich von Hörmann monierten Vorurteilsbelastetheit der von ihnen eingesetzten Kategorisierungen. Vertreten wurden die dergestalt kritisierten charakterpsychologischen Ansätze aber nicht nur im amerikanischen *reader-response criticism*, sondern ebenso im deutschen Sprachraum, hier besonders von Adolf Busemann (1948: bes. 79). Schenda wendet sich dann auch folgerichtig gegen Busemann und die von ihm vertretene Form der „idealtypischen, psychologischen Leserforschung" (Schenda 1970: 469f.), die letztlich nicht mehr weit von der wesentlich älteren, aber ähnlich unreflektiert typologisierenden *Geschmacksgeschichte* des Lesers entfernt ist.[164] Er verschiebt – wie sein sozialhistorischer Ansatz

---

schen Untersuchungen zeigen uns, dass sich das Leseverhalten gewandelt hat – weg vom Durchleser, hin zum Überflieger, zum Häppchen-Leser, zum Bücher-Zapper. Immer mehr Menschen lesen so, wie sie fernsehen". Eine historische und systematische Einführung in das Thema „Lesesozialisation in der Mediengesellschaft" liefert die Einleitung (Groeben/ Hurrelmann/Garbe 1999) des diesem Thema gewidmeten Sammelbands von Norbert Groeben (Groeben (Hg.) 1999).

161 Vgl. etwa die Studie von Daschmann 2001, der eine sozialpsychologisch fundierte empirische Untersuchung zur Medienwirkung vorstellt.
162 Müller-Freienfels 1912: 85–131 spricht von „Typen des Kunstgenießens nach ihrer intellektuellen Eigenart"; Downey [1929] 2000: 1–7 hingegen untersucht den „variational factor in the enjoyment of poetry" und stützt sich dabei auf die Unterscheidung von plastischer und diffluenter (emotionaler) Imagination, die sie von Théodule Ribot übernimmt. Dabei lässt Downey jedoch völlig unklar, warum sie die anderen von Rimbot beschriebenen Imaginationstypen – L'imagination mystique, L'imagination scientifique, L'imagination pratique et mécanique, L'imagination commercial, L'imagination militaire (die er jedoch nur skizziert) und die L'imagination utopique – begründungslos übergeht (vgl. Ribot 1900). Zu den psychologischen Typologisierungsversuchen bis in die 1960er Jahre hinein siehe auch Willenberg 1978: 14–16.
163 Siehe das Kapitel III.3.1.
164 Prominente geschmacksgeschichtliche Publikationen sind Schücking 1913 und Schücking 1923. Die Schnittstellen zur Persönlichkeitspsychologie werden deutlich bei Eysenck 1975. Eine frühe Umsetzung von Schückings Geschmackssoziologie in „literatursoziologische Methoden" anhand des „Publikum[s] des jungen Goethe in der Zeit von 1770–1775 verfasst Nollau 1935, zum „Geschmackbegriff[ ] innerhalb der literarischen Öffentlichkeit" dieses Zeitraums siehe bes. 59–66.

auch erwarten lässt – im Anschluss an diese Kritik den Begründungszusammenhang einer Lesertypologisierung von psychologischen Faktoren auf *schichtspezifische* (vgl. Schenda 1976: 38). Dieses Modell typologisiert nun den Leser nicht mehr ‚direkt' aufgrund ihm zugeschriebener (Charakter-)Eigenschaften, sondern verortet reale Leser erst einmal in einem nach Gesellschaftsschichten organisierten Kontext. So versucht Schenda aufzeigen, „dass man die aus direkten und indirekten Quellen geschöpften und fleißig gesammelten Fakten nicht zum Aufbau einer typologischen Leserpsychologie verwenden sollte" (ebd.: 38). Allerdings ist seiner stark normativen und kaum aus dem Gegenstand abgeleiteten Anschlussforderung nicht mehr bedingungslos zuzustimmen. Diese besteht darin, dass „die Exigenzen der einzelnen Leser eindeutig aus ihren sozioökonomischen Bedingungen heraus interpretiert" (ebd.) werden sollten.

Der problematische Aspekt dieser Annahme, die Schenda wohl als Objektivierungsversuch begreift, besteht darin, dass auch dieser schichtspezifische Ansatz selbst wieder eine Typologie voraussetzt. Er verschiebt sie lediglich von der psychischen auf die gesellschaftliche Ebene. Zu klären wäre also die sich anschließende Frage, ob die Konstruktion einer (psychologischen) Idealtypologie des Lesers tatsächlich eine stärkere Abstraktionsleistung voraussetzt als die Konstruktion eines gesellschaftlichen Schichtmodells. Zwar wird das Schichtmodell von der Sozialwissenschaft als Realtypologie *faktisch* evidenter Strukturen eingeführt, funktioniert tatsächlich aber nach dem gleichen Abstraktionsschema wie eine psychologische Typologisierung, die mit Charaktereigenschaften einen (nur vermeintlich) weniger evidenten Untersuchungsgegenstand hat: Es werden, grob gesagt, in beiden Fällen Daten über vielen Individuen korreliert und positive Funde geteilter Eigenschaften zu Durchschnittsmodellen amalgamiert. Im einen Fall heißen sie dann bloß „introvertierter" oder „extrovertierter Leser", im anderen Fall „bürgerlicher" oder „adeliger Leser".

Trotz dieser methodisch als heikel herausgestellten, aber generell kaum vermeidbaren Schwierigkeiten jeder Typologisierung von Individuen verfolgt die Arbeit von Schenda eine für die *historisierende* Literaturwissenschaft extrem wichtige Verschiebung von der Psychologie zur Soziologie, bzw. zur Sozialwissenschaft. Denn in der historischen Rekonstruktion lassen sich sozialwissenschaftliche Daten retrospektiv wesentlich einfacher erfassen als psychologische. In diesem Zusammenhang muss noch kurz eine ähnliche Verschiebung betrachtet werden: Der Übergang von psychologischen zu *kognitionswissenschaftlichen* Bemühungen um eine interdisziplinäre Erweiterung der Literaturtheorie,[165] beziehungsweise Teilen der Rezeptionstheorie.[166] Diese Arbeiten konstruieren überhaupt keine Lesertypologien mehr, sondern arbeiten mit abstrakteren Modellen kognitiver Verarbeitungsmodi, deren empirische Überprüfung am Leser aber, wenn überhaupt, nur durch äußerst komplexe Erhebungsmethoden möglich ist. Diese auf historische Leser zu übertragen, deren Rezeptionsprozesse abgeschlossen sind und lediglich in beschränkter Anzahl, meist in Form schriftlich übermittelter Rezeptionszeugnissen vorliegen, ist bisher kaum versucht worden. Die Komplexität dieses Unternehmens lässt sich aber anhand der noch ‚nach alter Schule' psychologisch typologisierenden Arbeit Klaus Massmanns zum Wandel historischer *Lesertypen* aufzeigen. Darin untersucht er, wie der Titel bereits erkennen lässt, „Die Rezeption der historischen Romane Sir Walter Scotts in Frankreich" und kann vier Phasen dieser Rezeption unterscheiden. Die Begründung der Unterscheidung solcher Phasen macht nun die Probleme deutlich, mit denen eine typologisierende Historisierung konfrontiert ist. Er konstatiert beispielsweise, stark an Radways Argumentation erinnernd,

> dass in der Restaurationsepoche ein Lesertyp in Erscheinung trat, der sich durch eine besondere gegenwarts- und gesellschaftsabgekehrte Haltung auszeichnete und in der Literatur die Möglichkeit suchte, sich von den Bedrängnissen der gesellschaftlichen und geschichtlichen Situation in eine private Wunschwelt zurückzuziehen. (Massmann 1972: 68)

Die angesprochenen Bedenken gegenüber einer historisierenden charakterpsychologischen Typologisierung lassen sich jetzt konkret bestimmen als der nur schwer wissenschaftlich fundierbare Zusammenhang zwischen einer Epoche (Restauration) und eines für diese Zeit als typisch angenommenen Charakterzuges (wie eine ‚gegenwartsabgekehrte Haltung'). Eine

---

165 Zentrale Publikationen kognitionswissenschaftlich argumentierender Literaturwissenschaft sind u. a.: die Beiträge in dem Sammelband von Martin Huber und Simone Winko (Huber/Winko (Hgg.) 2009); etwas früher stellt das JLT 1/1 (2007) die Frage „In What Direction Is Literary Theory Evolving?" Hinsichtlich kognitionswissenschaftlicher Perspektiven antworten u. a. Kilian Koupsell mit Carlos Spoerhase (Koupsell/Spoerhase 2008), Gerhard Lauer (Lauer 2009) und Colin Martindale (Martindale 2007). Erkenntnisreich ist in diesem Zusammenhang auch die Debatte im JLT zwischen Karl Eibl und Frank Kelleter von 2007/08. Einige andere erwähnenswerte Arbeiten auf diesem Feld sind (in umgekehrter chronologischer Reihenfolge) Weidacher 2007: bes. 130–145; Klein/Mellmann/Metzger (Hgg.) 2006; Palmer 2004; Bortolussi/Dixon 2003; Herman (Hg.) 2003; Hogan 2003; Christmann/Schreier 2003, die Sonderausgabe der Poetics Today 23/1 (Richardson/Steen 2002); Cosmides/Tooby 2000; Werth 1999; Olson/Roese/Deibert 1996; Fauconnier 1994; Gerrig 1993; Turner 1991. Eine kritische Übersicht der Ansätze von Herman, Hogan, Bortulussi/Dixon und Zunshine formuliert Mansour 2007. Für eine fachgeschichtliche Übersicht der Entwicklung der „Psychologie des Lesens" vgl. Christmann/Groeben 1999.
166 Vgl. Anderson 1993, Charlton/Goetsch/Hömberg/Holly et al. 1995 und Eder 2003.

zwar aufwändige, aber präzise *kognitionswissenschaftlich* ausgerichtete Historisierung kann diesen Zusammenhang besser rekonstruieren, was die Arbeiten von Ralf Schneider und Katja Mellmann etwa 30 Jahre nach Massmann aufzuzeigen vermögen. Diese verwenden trotz ihrer historischen Fragestellung kognitionswissenschaftliche Werkzeuge, um die Verstehensbedingungen bestimmter Rezeptionszeiträume zu erschließen. Aufgrund *persönlichkeitstheoretischer* (Schneider 2000: bes. 173–190), bzw. *emotionstheoretischer* (Mellmann 2006b) Annahmen, die mit sozialhistorischen Rekonstruktionen verknüpft werden, untersuchen diese Arbeiten die Rezeptionsdispositionen historischer Rezipienten (und nicht etwa konkrete Lesertypen). Dabei zeigen sie auf, dass eine kognitionswissenschaftliche Rezeptionstheorie durchaus auch historisch geöffnet werden kann, wenn sie sich auf einen sozialgeschichtlichen Dialog einlässt. Im Vergleich zu Isers (1976: 247) primärtextbasierter ‚Spekulation‘ über die „Disposition im vorausgesetzten Lesepublikum", erreichen kognitionswissenschaftlich generierte ‚Rezeptionsdispositionen" einen ungleich höheren Grad an Überprüfbarkeit. Sie sind nicht wie Isers Modell theoretisch, sondern probabilistisch konstruiert.

Zum Ende dieses knappen Forschungsüberblicks lässt sich festhalten, dass die Miteinbeziehung theoretischer Lesermodelle in die Kategorie des *Lesertyps* eine recht späte Tendenz der inzwischen fast hundertjährigen lesertypologischen Forschungsgeschichte ist. Angesichts der zuvor konsensualen Beschränkung des Begriffs auf probabilistische und reale Lesermodelle erscheint dieser von der akademischen Rezeptionsästhetik ausgehende Eingriff ebenso unplausibel wie unnötig. Demgegenüber wird hier vor dem Hintergrund der Vielzahl von Arbeiten in der Buchmarktforschung, Psychologie, Sozialwissenschaft und Didaktik, die sich *schon immer*, bzw. *immer noch* lediglich auf den realen Leser oder von diesem abstrahierte probabilistischen Leser stützen, dezidiert für den Ausschluss theoretischer Lesermodelle aus dem Begriffsumfang von „Lesertyp" plädiert.

Die bisher vernachlässigte Buchmarktforschung soll diese Forderung im Folgenden argumentativ stützen, indem sie ein Beispiel für die problematische Verwendung theoretischer Lesermodelle in empirische ausgerichteten Wissenschaften gibt. Die Arbeiten Robert Escarpits nehmen dabei eine paradigmatische Rolle ein. Als zentraler Vertreter der empirischen Schule in Bordeaux in den 1950er und 1960er Jahre steht Escarpits Forschung für eine stark autorbezogene Literatursoziologie, die sich unter anderem für das Verhältnis von Autorintention und Werkerfolg interessiert. Dazu entwirft Escarpit das *theoretische* Lesermodell eines vom Autor oder Verleger imaginierten Lesers:

> Die Rolle des theoretischen Publikums,[167] für das der Verleger des gebildeten Umkreises das Werk veröffentlicht, ist nicht auf diese unverbindliche Rolle beschränkt, die dem Werk seinen literarischen Sinn verleiht; denn es stellt ein soziales Milieu dar, dem auch der Schriftsteller angehört und das ihm eine Reihe von Bestimmungen auferlegt. (Escarpit 1966: 105)[168]

Dieses von Autor und theoretischem Publikum geteilte soziale Milieu, das er auch ‚Kulturkreis', bzw. kantianisch ‚Anschauungskreis' nennt (ebd.: 107), führt ihn zu seiner Herleitung literarischen Erfolges (ebd.: 112–123):

> Wenn hingegen Schriftsteller und Leser derselben sozialen Gruppe angehören, können die Absichten der beiden zusammenfallen. Diese Kongruenz ist es, auf der der literarische Erfolg beruht. In anderen Worten: ein erfolgreiches Buch ist ein Buch, das zum Ausdruck bringt, was die Gruppe erwartete, ein Buch, welches der Gruppe ihr eigenes Bild offenbart. (Escarpit 1966: 116)

Seinen ebenso hochspekulativen wie -problematischen Charakter entfaltet dieser Ansatz erst in Gänze, wenn von Escarpits Annahmen über ein theoretisches Publikum dann auf ein reales Publikum als Gruppe potentieller Buchkäufer geschlossen werden soll.

Etwa zeitgleich formuliert in Deutschland der in seinem Fach ausgesprochen bekannte Kommunikationswissenschaftler Wolfgang Langenbucher (1971) eine ähnliche These wie Escarpit, bezieht sich jedoch nicht auf den imaginierten Leser als Grundlage einer Sozialtypologie realer Leser, sondern geht davon aus, dass von *fiktionalen* Figuren literarischer Texte auf die *realen* Leser dieser Texte geschlossen werden könne.

> Wenn die Hypothese stimmt, dass der Leser von Unterhaltungsliteratur entweder von sich selbst oder von seinen Wünschen erfahren will, also seine Welt oder seine Wunschwelt dargestellt lesen will, so lässt sich aus dem Personal der Romane auf die Zusammensetzung des Publikums schließen. Es kann mit diesem identisch sein, wird in der Regel aber ein etwas höheres Niveau repräsentieren, da der soziale Aufstieg in jeder hierarchisch geschichteten Gesellschaft ein sehr virulentes Wunschziel ausmacht. (Langenbucher 1971: 65)

Indem er also konstatiert, „durch eine sorgfältige Inhaltsanalyse" „Rückschlüsse auf den potentiellen Leser" leisten zu können (ebd.: 64), zeigt er – wie auch schon Escarpit – *ex negativo* auf, wie insuffizient die (buchmarkt-)praktische Arbeit mit theoretischen Lesermodellen notwendigerweise ausfällt. Der Grund ist der vergleichsweise stark hypothetische Status, der dem theoretischen Modell gegenüber realen oder probabilistischen Lesermodellen attestiert werden muss, aber – wie die Fiktionalität selbst – häufig im blinden Fleck sozial- und kommunikationswissenschaftlichen Umgangs mit literarischen Zeugnissen verloren geht. Betrachtet

---

167 Andere Arten des Publikums bestimmt er in Escarpit 1966: 104–112.
168 Teilweise wiederabgedruckt (siehe Escarpit 1974) in der Anthologie Hohendahl (Hg.) 1974b, deren umfangreiche Einleitung zu empfehlen ist (siehe Hohendahl 1974a).

man Langebuchers Vorgehen genauer, fällt die Nähe zu Isers Funktionalisierung der Leserfiktion auf. Diese wurde als Instrument der historischen Wirkungsforschung eingeführt, ist als *theoretisches* Lesermodell jedoch ebenso wenig wie das *fiktionale* Lesermodell Langenbuchers für das Generieren von Aussagen über (historisch-)reale Leser geeignet.[169] Der soweit formulierten Kritik an der ontologischen Unbekümmertheit Isers und Langebuchers kann nun eine normative, auf die Forschungspraxis bezogene Forderung folgen. Diese findet ihre treffendste Ausformulierung bei Rudolf Schenda (1976: 37f.), der postuliert, „dass die Inhaltsanalyse [literarischer Primärtexte] als Technik der indirekten Leserforschung nicht genügt und dass sie durch eine konkrete Sozialforschung ergänzt werden muss". Wenngleich man die sozialwissenschaftliche Forderung Schendas nicht zwangsläufig befürworten muss, so gibt es zumindest für die Positionen der historisierenden Rezeptionsforschung doch einige gute Gründe, von theoretischen und fiktionalen Lesermodellen abzusehen.

Doch auch die auf den ersten Blick vielleicht plausibelste Alternative – die Funktionalisierung *probabilistischer* Lesermodelle – ist nicht frei von Problemen. Denn der Modus ihrer probabilistischen Abstraktion ist stark von den theoretischen Prämissen desjenigen Ansatzes abhängig, der abstrahiert. Um zu einer Einschätzung darüber zu gelangen, ob probabilistische Lesermodelle ein angemessenes Werkzeug einer adäquat historisierenden Literaturwissenschaft darstellen können, soll zunächst untersucht werden, wie sehr die bisher eingeführten Leserkonzepte, verstanden als Beschreibungsmedium der als real ausgezeichneten Wirklichkeit, von den theoretischen Vorannahmen ihrer Konstruktion abhängig sind.

1.3 Die Beeinflussung der Leserkonzepte durch Theorie

Zwar wird im Folgenden, wenn bestimmte referierte Theorien es notwendig machen, der Begriff „Ideologie" verwendet werden, dieser soll dabei aber in dem schwachen Verständnis Helmut Bonheims ([engl. 1999] 2004: 25) lediglich als „Vorurteile über die Welt" eingesetzt werden; und „Theorien sind voller Vorurteile über die Welt". Hinsichtlich dieses theorieinduzierten, bzw. vorurteilsbelasteten Weltbezugs soll nun die Annahme einer einfachen Relation *nicht-realer* Lesermodelle diskutiert werden, die im Anschluss den speziellen Status *realer* Lesermodelle erkennen lässt. Die einfache Relation lautet: Je größer der *theoretische* Anteil eines Lesermodells ist,

---

169 Dies wurde gezeigt in Kapitel III.1.2.1.

desto anfälliger wird dieses Modell zumindest potentiell für fehlerhafte Annahmen bei der Historisierung literarischer Texte.

Um gleich die Stoßrichtung dieses Kapitels zu verdeutlichen ließe sich diese theoriebezogene Annahme auch auf die Lesermodelle selbst übertragen, wobei hier schon die (von Vorurteilen abhängige) Ausrichtung der historischen Rezeptionsanalyse vorausgesetzt wird: *Reale* Lesermodelle leiten die historisierende Literaturwissenschaft aufgrund ihrer Rezeptionszeugnisse bei dem Versuch an, den literarischen Text auf adäquate Weise mit historischem Kontextwissen zu verknüpfen. *Theoretische* und *probabilistische* Lesermodelle hingegen setzen dieses Kontextwissen bereits voraus und können überhaupt erst auf der Grundlage des vom Literaturwissenschaftler selbst angeeigneten Wissens formuliert werden. Die beiden Modelle und die durch sie umgesetzten Varianten literaturwissenschaftlicher Historisierung stehen somit in direkter Abhängigkeit von den jeweils formulierten ‚Vorurteilen über die (historische) Welt', die dann wiederum erst zur Konstruktion der Lesermodelle führen. Akzeptiert man nun – hier und im weiteren Verlauf der Arbeit – die theoretischen Vorannahmen der historischen Rezeptionsanalyse, so lassen sich die von ihr angenommenen, aber auch die Vorurteile anderer Ansätze hinsichtlich der Kriterien „richtig" und „falsch" bewerten. Damit ist jedoch nicht gesagt, dass diese Werturteile ‚objektiv' seien und von anderen theoretischen Ansätzen geteilt werden müssten. Sie sind, im Gegenteil, notwendig perspektivisch generierte Annahmen, die darin resultieren, dass – verlässt man den Standpunkt einer singulären Theorie – jedem Ansatz das ‚eigene' Lesermodell als am wenigsten von Vorurteilen abhängig und damit als adäquat für die Erklärung von Welt (Literatur, Kommunikationssystemen usw.) erscheint.

Doch wie lässt sich ein ‚adäquater' Bezug auf die Welt überhaupt feststellen? Mit Max Weber sind nicht nur genuin theoretische, sondern auch, beziehungsweise gerade sozialwissenschaftliche Annahmen über die Welt *wertunfrei*. Nach der Übernahme der Herausgeberposition des „Archivs für Sozialwissenschaft und Sozialpolitik" schreibt er im Jahr 1904:

> Auf dem Gebiet der empirischen sozialen Kulturwissenschaften ist [...] die Möglichkeit sinnvoller Erkenntnis [...] gebunden an die unausgesetzte Verwendung von Gesichtspunkten [...], welche alle in letzter Instanz ausgerichtet sind auf Wertideen, die [...] *nicht* aber aus dem empirischen Stoff als geltend begründbar sind. (Weber [1904] 1973: 213)[170]

Für Weber sind es demnach Wertideen, die der „‚Objektivität' sozialwissenschaftlicher Erkenntnis [...] allein Erkenntnis*wert* verleihen [...], dennoch aber niemals zum Piedestal für den empirisch unmöglichen Nach-

---

170 Vgl. hierzu Zima 1978: bes. 52.

weis ihrer Geltung gemacht" werden dürfen (ebd.).[171] Ausgeschlossen von der Wertfreiheitsforderung bleibt dabei die *Wahl* des Objektbereiches, die nicht unabhängig von subjektiven Motivationen und Interessen geleistet werden kann. Daher schreibt Weber als mahnendes Diktum an die zukünftigen Beiträger der von ihm nun herausgegebenen Zeitschrift, „jederzeit deutlich zu machen, *daß und wo* der denkende Forscher aufhört und der wollende Mensch anfängt zu sprechen, wo die Argumente sich an den Verstand und wo sie sich an das Gefühl wenden" (ebd.: 157). Diesem Diktum folgt die oben eingeführte Reflexion, dass die Beurteilung realer Lesermodelle als vergleichsweise gering vorteilsbelastet bereits von den theoretischen Setzungen der historisierenden Rezeptionsanalyse abhängig ist (diese Position selbst jedoch dezidiert *nicht* als vorurteils- oder werturteilsunabhängig ausgezeichnet wird). Noch deutlich kritischer als Weber äußert sich Algirdas Greimas bezüglich des wissenschaftlichen Status der Sozialwissenschaften:

> Ihrer Schwächen bewusst, kommen die Sozialwissenschaften nicht durch ihren wissenschaftlichen Status zu sich, sondern durch ihr Vorhaben (projet) und durch ein bestimmtes wissenschaftliches Tun, das sie im Namen dieses Vorhabens vollziehen. Dieses kann, wie jedes menschliche Vorhaben, nicht anders als ideologisch sein. (Greimas 1977: 108)

Für den hier untersuchten Geltungsbereich literaturwissenschaftlicher Lesertheorien ist das freilich ebenso zutreffend. Der suchende Blick des Literaturwissenschaftlers auf ihm angemessen erscheinende Lesermodelle ist, wie festgestellt, in unterschiedlich starkem Maße durch seine theoretische Perspektive eingeschränkt. Eine Ausnahme bildet dabei – zumindest für die historische Rezeptionsanalyse – das Modell des *realen* Lesers, das sich von theoretischen, probabilistischen und erst recht von fiktionalen Lesermodellen durch einen theoretisch moderateren (und das heißt *wertfreieren*) Modus der Modellierung auszeichnet. Kurz gesagt: Ein theoretisches Lesermodell besteht nicht bloß aus theoretischen Annahmen über einen realen Leser, sondern ebenso aus normativen Setzungen, die das Resultat der Wahl einer bestimmten literaturwissenschaftlichen Verstehenskonzeption darstellen. Das theoretische Lesermodell intentionalistischer Interpretationsansätze kann so beispielsweise aus Annahmen über die Autorintention konstruiert werden; das theoretische Lesermodell textbezogener Ansätze hingegen aus Annahmen über den Text. Vergleicht man dies nun mit der Konstruktion eines Lesermodells aufgrund der (etwas naiv klingenden) Annahme, dass es so etwas wie Leser gibt, wird un-

---

171 Kritisch hierzu etwa Feyerabend 1975 und aus der sprachphilosophischen Perspektive des sog. semantischen Externalismus Putnam 2004 und Putnam 1982: 233, 265 und bes. 266: „Ein Wesen ohne Werte würde auch keine Tatsachen kennen."

mittelbar deutlich, dass – metaphorisch gesprochen – der ‚theoretische Weg', den diese Modellierungen zu gehen haben, im letzten Fall am kürzesten ist. Das reale Lesermodell setzt daher für eine historische Rezeptionsanalyse das geringste Maß an Theoretisierung und Modellierung voraus. Denn die Aussage, dass ein Lesermodell *reale Leser* beschreibt, bzw. abstrahiert oder theoretisiert, kann unter Zuhilfenahme von weniger starken Prämissen akzeptiert werden als sie für den Nachvollzug der Aussagen nötig wären, dass ein Lesermodell beispielsweise die *Autorintention* oder das *Textverständnis* beschreibt, abstrahiert oder theoretisiert. Grimm, der an den Beispielen „Intention" und „Kontext" das Verhältnis einzelner Literaturtheorien zur *Ideologie* expliziert, bemerkt hierzu:

> Der erste Typus, die historische Rekonstruktion der Autorintention, ist als semantische Analyse der Gefahr einer Ideologisierung (durch den jeweiligen Standort des Rezeptionsforschers) ausgesetzt, wie auch der zweite Typus, der die Sinnpotentialität des Textes im produktions-synchronen Kontext bestimmt […]. (Grimm 1977a: 88)

Diese *Ideologisierungen*, wie Grimm die zentralen Annahmen einer Theorie nennt, beeinflussen auch die jeweiligen Lesermodelle. Im Fall des *realen Lesermodells*, das eben nur begrenzt theoretisiert werden kann, ist hingegen lediglich die bereits zum Theoriebau gehörende Annahme ‚ideologisch', dass die Funktionalisierung des realen Lesers einen vorurteilsbelasteten Erkenntniswert besitzt. Zwar ist auf dieser allgemeinen Ebene jede Theorie normativ, empirisch gewonnene Ergebnisse aber, wie sie unter anderem die Rezeptionszeugnisse historischer Leser ermöglichen, bedeuten für den Literaturwissenschaftler – in Grimms Worten – eine „größere Unabhängigkeit des Analyse-Resultats von der eigenen Ideologie" (ebd.: 88). Eine *vollständige* ‚Unabhängigkeit' der Lesermodelle von Wert- und Vorurteilen (oder eben ‚Ideologie') kann jedoch aus konzeptionellen Gründen nicht erreicht werden, da jedes Modell *per definitionem* bis zu einem gewissen Grad modelliert werden muss – auch das des realen Lesers. Ist diese Modellierung sehr stark, werden etwa aus realen Lesermodellen probabilistische Lesermodelle. Radways Romanleserin ist solch ein Fall. Letztlich steht also die Wahl der Form des theoretischen oder methodischen Umgangs mit dem realen Leser immer in Abhängigkeit von dem epistemologischen Interesse des Literaturwissenschaftlers. Diese Wahl ist *wertunfrei* und wertunfrei ist ebenso die hier getroffenen Entscheidung, leserbasiert zu arbeiten; folgt man ihr aber, setzt der reale Leser im Vergleich zu anderen Lesermodellen ein verhältnismäßig geringes Maß an Theoretisierung voraus.

Als Resultat dieser Betrachtung sind zwei Ebenen der ‚theoretischen Beeinflussung' eines Lesermodells zu unterscheiden. Die erste betrifft die Stärke der *methodischen Abstraktion* des realen Lesers, die zweite die Stärke der *theoretischen Setzungen* der literaturwissenschaftlichen Position. Legt man diese beiden Ebenen übereinander und korreliert man sie mit der bereits eingeführten ontologischen Skala zwischen den Polen ‚realer Leser' und ‚nicht-realer Leser', so ergibt sich aus der Perspektive der historischen Rezeptionsanalyse folgendes Verhältnis:

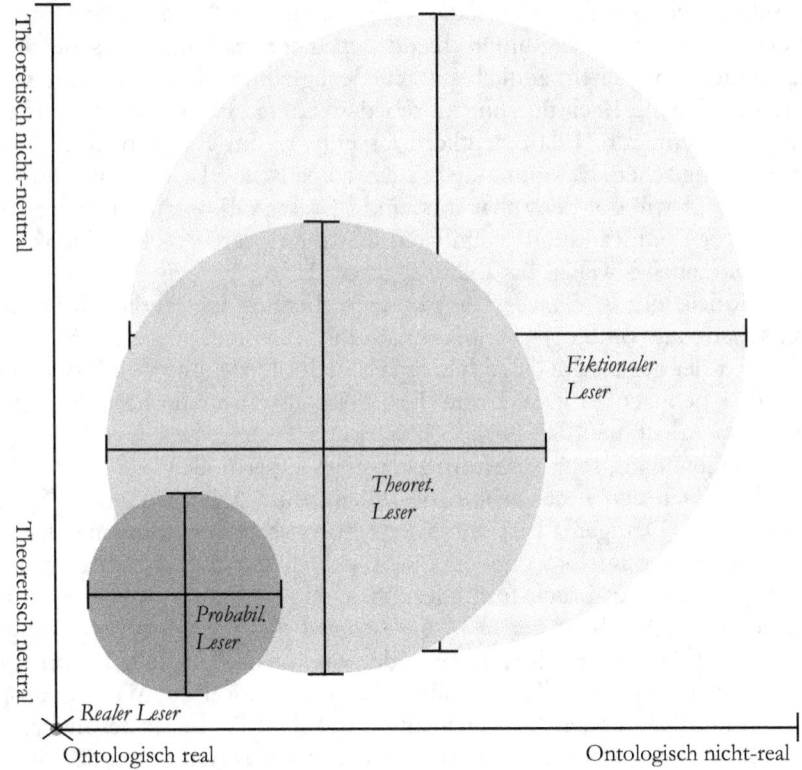

Abb. 1: Zwei Ebenen der Beeinflussung von Lesermodellen durch Theorie und Methode

Das Modell des *realen Lesers* verortet sich am ‚theoretischen Nullpunkt' mit annäherungsweiser theoretischer Neutralität und dem gleichzeitigen Anspruch größtmöglicher Realitätsentsprechung. Es ist das einzige Lesermodell, das hinsichtlich seiner Ausformulierungen durch unterschiedliche Ansätze (historische Rezeptionsanalyse, empirische Leserforschung, Psychoanalyse usw.) nahezu keine theoretische oder ontologische Varianz aufzeigt. Die Varianz der anderen Modelle hingegen soll im obigen Schema durch die sich in ihrer Größe unterscheidenden Fadenkreuze dargestellt werden, die das Spektrum oder die Streuung möglicher Manifestationen einzelner Lesermodelle darstellen.

So abstrahiert das *probabilistische Lesermodell* stärker von dem realen Einzelleser als ein *reales Lesermodell* und ist, aufgrund der interessegeleiteten Auswahl der das Modell letztlich bestimmenden Methode, theoretisch weniger neutral. Beispielsweise entwerfen einige psychologisch und sozialgeschichtlich orientierte Ansätze völlig unterschiedliche probabilistische Lesermodelle mit völlig unterschiedlichen theoretisch-methodischen Fundamenten, aber einem ähnlich starken Bezug zum realen Leser. Ihre werturteilsbezogene Beeinflussung durch den Literaturwissenschaftler macht Jaques Leenhardt (1980) deutlich. Er entwirft im Rahmen einer literatursoziologischen Erhebung selbst ein statistisches Lesermodell und reflektiert: „I will not deny that this kind of research, because it forces one to choose significant units, highly engages the researcher's own ideological commitments as well as his abilities" (ebd.: 213).

Modelle des *theoretischen Lesers* können ebenfalls hinsichtlich ihrer theoretischen und ontologischen Konstitution variieren, wobei sich hierbei eine Art der gegenseitigen Abhängigkeit in der Beziehung von Modell und Theorie beobachten lässt. Formuliert beispielsweise eine hermeneutische Position Annahmen darüber, ob literarische Texte ‚neues Wissen' enthalten können, dann setzt sie ein theoretisches Lesermodell voraus, das dem Modell des realen Leser sehr nahe stehen muss (vgl. Danneberg/Spoerhase 2011). Demgemäß ist auch die theoretische Beeinflussung des Lesermodells gering. Das Modell bleibt jedoch ein theoretisches, weil es nicht mit dem Anspruch formuliert wird, ‚tatsächliche' reale Leser zu beschreiben. Deshalb ist der *theoretisch bestimmte Leser* letztlich bis zu einem gewissen Grad immer abhängig von der ihn konstituierenden Theorie und den Annahmen dieser Theorie über die Konstitution der Welt (inklusive der in ihr ablaufenden Verstehensprozesse). Das lässt sich besonders gut am Beispiel des Modell-Leser Ecos oder Isers Leserfiktion verdeutlichen. Wer mit diesen theoretischen Modellen arbeitet, muss im Fall Ecos notwendig dessen semiotische und im Fall Isers notwendig dessen wirkungsästhetische Prämissen und Präsumtionen übernehmen.

Für den fiktionalen Leser gilt, kurz gesagt, das gleiche. Er kann, aber er muss nicht an realen Leser orientiert sein. Prinzipiell ist ein Vergleich mit anderen Lesermodellen besonders auf der Ebene theoretischer Beeinflussung problematisch, da hierzu erst einmal das Verhältnis der literarischen Fiktionalität zu der von uns als real ausgezeichneten Wirklichkeit genauer untersucht werden müsste. Doch ist fraglich, ob diese Bestimmung überhaupt *in abstracto* getroffen werden kann oder ob sie nicht – erstens – in jeweiligen Einzelfallanalysen fiktionaler literarischer Texte und – zweitens – immer in Abhängigkeit von einem diese Welten konkretisierenden Leser untersucht werden muss. Nach dieser schon schwer umsetzbaren Bestimmung der theoretischen ‚Prägung' einer fiktionalen Welt als Gesamtphänomen im Verhältnis zur ‚Realität', könnte erst im Anschluss das Verhältnis des fiktionalen Lesers zu der ihn konstituierenden fiktionalen Welt analysiert werden. Da allgemeine Annahmen darüber jedoch ausgesprochen hypothetisch sein müssen, soll an dieser Stelle – zumindest bis eine plausiblere Lösung gefunden ist – dafür plädiert werden, fiktionale Lesermodelle als die *am weitesten* vom realen Leser entfernten Modelle zu verstehen (wobei „weit" eine aus der obigen Abbildung übertragene räumliche Metapher ist, die für die schlechte Vergleichbarkeit des fiktionalen Lesermodelles steht). Das mag damit begründet werden können, dass die hier eingesetzte ontologische Beschreibung mit dem besser epistemologisch und pragmatisch zu erklärenden Phänomen der fiktionalen Welt und ihrer Instanzen konfligiert. Der fiktionale Leser kann daher ebenso ein ‚Katzenjüngling' sein wie er gänzlich als fiktionales Derivat einer realen Person aufzutreten in der Lage ist, etwa als Francis Bacon in Hofmannthals „Ein Brief" (1902). So besetzt er trotz seines fiktionalen Status potentiell einen großen Teil der Strecke zwischen den Polen *real* und *nicht-real* (nicht aber den ‚realen Pol' selbst). Wenngleich diese Entscheidung tentativ ist, letztlich bleibt der fiktionale Leser als einziges Lesermodell vor allem einem fiktionalen, und keinem realen Weltmodell verpflichtet. Indes bleiben selbst *kontrafaktisch-fiktive* (nicht fiktionale!) Lesermodelle, die als hypothetische Annahme eine (mir unbekannte, aber vorstellbare) extreme Variante *theoretischer* Lesermodelle bilden, der realen Welt – trotz aller Kontrafaktizität – verpflichtet.[172] Sie könnten etwa bei der Überlegung funktionalisiert werden, wie Leser heute den oben erwähnten Roman „Die Stadt ohne Juden" von Hugo Bettauer ([1922] 1924) lesen würden, wenn der zweite Weltkrieg ein anderes Ende genommen hätte.[173]

Während besonders im Kontext probabilistischer Lesermodelle die methodologische *Ausführung* des Modells für dessen vorurteilsbezogenen

---

172 Zur kontrafaktischen Imagination vgl. Danneberg 2006a und Danneberg 2006c. Zu ihrer Rolle im Rahmen einer romantischen Hermeneutik des Hineinversetzens s. Danneberg 2009, 236 zu Dilthey: „Im Zuge einer kontrafaktischen Imagination kann es mithin am Ende des 19. Jahrhundert[s] so tönen, als wolle der Philologe aus sich eine Experimentalapparatur machen"). Theoretische Lesermodelle sollen hier als kontrafaktische Imaginationen verstanden werden, nicht etwa weil sie notwendig oder grundsätzlich stark von der als real ausgezeichneten Wirklichkeit abweichen, sondern weil sie als Imagination nicht *allen* Eigenschaften realer Leser entsprechen können. Im Zuge der Modellbildung abstrahieren sie von diesen und sind als Modell sowohl für den es entwerfenden als auch den es rezipierenden Wissenschaftler „ganz offenkundig in der als real angesehenen Welt falsch" (Danneberg 2006c: 81).
173 Vgl. auch S. 44 (dieser Arbeit).

Status relevant ist, zeigt sich bei theoretischen Lesermodellen die *Vorentscheidung* der wissenschaftlichen Positionierung bezüglich der von ihr zu beschreibenden Welt als grundlegender Einflussfaktor. Zima (1978) hat diese Relation bereits etwas allgemeiner in einer Frage formuliert, die sich nicht nur ihm, sondern gerade „dialektisch oder hermeneutisch geschulten Kritikern" stellt. Sie lautet, „ob und inwiefern *Vorentscheidung* und *Ausführung*, wertendes Engagement und die von ihm ausgehende wissenschaftliche Analyse tatsächlich geschieden werden können" (Zima 1978: 52 [Herv. v. M. W.]).

Wie in den Ausführungen zur methodischen und historischen Adäquatheit schon angesprochen wurde und weiter unten ausdifferenziert werden soll, scheint es so etwas wie eine zumindest ‚weiche funktionale Relation' zwischen Lesermodell und Literaturtheorie zu geben.[174] Obgleich nicht jede Theorie ein explizites Lesermodell formuliert, so besteht die zentrale Funktion auch impliziter Lesermodelle darin, dass in der Regel die für eine theoretische Position legitim heranzuziehenden interpretativen Kontexte eben über das Lesermodell bestimmt werden können. Dies gilt nicht nur für reale Leser, bei denen eine interpretative Kontextrestriktion augenscheinlich wird. Auch theoretische Lesermodelle, wie der „ursprüngliche Leser" (Schleiermacher) oder das *authorial audience* (Tolhurst und Rabinowitz) werden auf diese Weise funktionalisiert. Hier sind die Lesermodelle jedoch so tief in das Gerüst des Theoriebaus integriert, dass sie als untrennbar von der theoretischen Agenda des Ansatzes – in diesem Fall der historisierenden oder autorintentionalen Ausrichtung – zu gelten haben. Theoretische Lesermodelle sind also gleichzeitig Ergebnis und Applikation von Werturteilen.

Ihre Funktion als Modell besteht unter anderem darin, bestimmte meist hermeneutische Prozesse – wie eben das Historisieren oder Aktualisieren – durch Anthropologisierung anschaulicher zu machen. Denn wenngleich eine historisierend ausgerichtete Hermeneutik auch ohne die Annahme eines historischen Lesers funktionieren würde, der historische Leser erleichtert es, diese Position nachzuvollziehen, bzw. sie interpretationspraktisch umzusetzen. Über diese Form von *Denkmodellen* schreibt der dem philosophischen Materialismus verpflichtete russische Modelltheoretiker Viktor Štoff ([1966] 1969), dass sie nicht zur Erkenntnisgewinnung eingesetzt werden, sondern selbst schon ein Teil der Erkenntnis sind, die eine Theorie für sich beansprucht. Durch sie, die Modelle, wird ein „Erscheinungsbereich mit Hilfe eines anderen […], der […] leichter verständ-

---

174 Siehe Kapitel II.1.1 und III.2.

lich, gewohnter ist" (ebd.: 21) dargestellt.[175] Dabei ist das wesentliche Unterscheidungsmerkmal, das ein Modell innerhalb der Theorie *als Modell* erkennbar werden lässt,

> „nicht der Vereinfachungsgrad [...], nicht der Abstraktionsgrad und folglich auch nicht die Menge der vollzogenen Abstraktionen, sondern die für das Modell charakteristische Ausdrucksweise dieser Abstraktionen und Vereinfachungen. Der Inhalt einer Theorie wird in einer Gesamtheit von Urteilen ausgedrückt [...]. Im Modell wird der gleiche Inhalt dagegen in Form typischer Situationen, Strukturen, Schemata, Gesamtheiten idealisierter (d. h. vereinfachter) Objekte usw. dargestellt. [...] Deshalb ist ein Modell immer ein konkretes Gebilde, das in einer bestimmten Form oder in einem bestimmten Grade anschaulich, endlich und der Betrachtung oder der praktischen Tätigkeit zugänglich ist. (Štoff [1966] 1969: 28)

Das gilt so auch für *theoretische* Lesermodelle. Bei der Modellierung realer Leser zu *probabilistischen* Lesermodellen hingegen stehen die Dinge anders, denn hier resultiert die Form der Modellierung nicht in gleichem Maße von theoretischen Vorentscheidungen. Probabilistische Leser sind stärker durch die limitierten Möglichkeiten der Theoretisierung realer Leser eingeschränkt und somit weniger anfällig für eine Beeinflussung durch die Theoriestruktur eines Ansatzes. Dies hängt mit einer Verschiebung der Modellfunktion gegenüber theoretischen Lesermodellen zusammen. Denn *theoretische* Lesermodelle werden, wie festgestellt, zur darstellungs- oder vermittlungspraktischen Veranschaulichung[176] von Annahmen über die Welt eingesetzt.[177] Die Funktion probabilistischer Modellierung von Lesern hingegen ist vielmehr die, „eine Brücke von der Theorie zur Praxis, von der theoretischen zur empirischen Ebene, vom Logischen zum Sinnlichen zu schlagen" (Štoff [1966] 1969: 10).[178] Der Leser des probabilisti-

---

175 Der Modellbegriff im Sinne einer Modellierung von angenommenen Erkenntnissen über die Realität findet vor allem in philosophischen Kontexten Anwendung, wie etwa bei Fornet-Betancourt 2002.
176 Vgl. zu diesem Modellbegriff auch Nünning 2004: 8, der den Differenzcharakter von Modellen gegenüber Theorien und Methoden darin sieht, dass Modelle „einen bestimmten Teilbereich einer Theorie formal repräsentieren bzw. veranschaulichen, indem sie nur die für relevant gehaltenen Elemente abbilden und diese in eine Relation zueinander stellen".
177 Bonheim 2004: 13 spricht von *retrospektiven Modellen*, da „sie etwas abbilden, was bereits existiert". Zwar bezieht sich Bonheim an dieser Stelle nur auf das Verhältnis von Modellen zur Realität – wie etwa ein Flugzeugmodell ein richtiges Flugzeug imitiert –, das Abbildungsprinzip der Modellierung ist aber ebenso auf das Verhältnis von Modellen zu den sie konstituierenden Theorien anzuwenden. *Prospektive Modelle*, wie etwa das eines Architekten von einem noch zu bauenden Gebäude, finden sich – zumindest wenn man dem *weiten* Modellbegriff Bonheims folgt – auch in der Literatur. Petrarcas Sonettform wäre dann ein gutes Beispiel für ein *generisches Modell* im Verständnis eines gattungsbegründenden Vorbildes. Nach dem hier jedoch verwendeten *engeren* Modellbegriff im Anschluss an Štoff lässt sich für die Lesertheorie kein prospektives Lesermodell rekonstruieren.
178 Es soll nicht unerwähnt bleiben, dass Hans Vaihinger bereits 1911 eine ähnlich komplexe Modelltheorie vorlegte (die er – wie im Vorwort gleich mehrfach betont – schon in der

schen Lesermodells existiert wie auch der theoretische Leser nicht außerhalb der Theorie. Damit ist er auch nicht gänzlich frei von theoretischer oder methodischer Beeinflussung, aber durch den engen Bezug zum realen Leser gegen ein Übermaß an Theoretisierung einigermaßen gut – jedoch nicht vollständig – imprägniert. Das zeigen die auf Basis sozialwissenschaftlicher Statistiken, psychoanalytischer Annahmen (Radway) oder deviationsstilistischer Untersuchungen (Riffaterre) konstruierten Modelle von Durchschnittslesern. Vor allem Bortolussi und Dixon (2003) haben die Vor- und Nachteile des Durchschnittslesers als *statistical reader* ausführlich hinsichtlich seiner methodischen ‚Greifbarkeit' – bedingt durch seine Abhängigkeit von der *population*, den *measurement distributions* und *variables* – beschrieben und für ihre *Psychonarratology* äußerst plausibel fruchtbar gemacht.[179] Mit vergleichbaren methodischen Problemen setzt auch sich Franz Josef Görtz (1978) auseinander, der 467 Rezensionen von Romanen Günter Grass' untersucht und verglichen hat.[180] Er kommt durch die in den Sozialwissenschaften gängigen Methoden der statistischen Auswertung von Daten und der Aussagenanalyse (*content analysis*) zu dem Schluss, dass sich bestimmte Einstellungen der Kritiker nicht nur als ‚Einstellungstypen' zusammenfassen lassen, sondern die jeweiligen Einstellungen auch anhand frappant ähnlicher sprachlicher Stereotypen gut zu erkennen und aus den Kritiken ‚herauszulesen' sind.[181]

Da probabilistische Modelle selbst „kein Wissen, kein gnoseologisches Abbild" der sie hervorbringenden Theorie, „sondern ein Mittel zur Erkenntnisgewinnung" (Štoff [1966] 1969: 29) sind, müssen sie als *Repräsentationsmodelle* von den *Denkmodellen* theoretischer Leserkonzeptionen unterschieden werden. Sie sind das Ergebnis eines abstrahierenden, summarischen (oder anders gearteten, aber in jedem Fall komplexitätsreduzierenden) Versuchs der Abbildung von Realität. Gerade durch die Modellhaftigkeit ihrer Darstellung ‚von Welt' erreichen sie gegenüber nicht-

---

zweiten Hälfte der 1870er Jahre konzipiert und aufgeschrieben hatte). In einer heute nicht mehr üblichen Terminologie spricht er von theoretischen Modellen als *Fiktionen*, wobei die Varianten dieser Fiktionen mit den hier vorgeschlagenen Kategorien der Lesermodellierung durchaus vergleichbar sind. Sie haben „nicht bloss den *praktischen Zweck*, eine Registrierung und Rubrizierung der Dinge zu ermöglichen", sondern gleichzeitig die Funktion, „eine Art mnemotechnische[s] Mittel zu sein" (Vaihinger [1911] 1922: 26). Im Anschluss spricht er von *abstraktiven Fiktionen* (ebd.: 28–33), *Durchschnittsfunktionen* (ebd.: 34f.) und darüber hinaus u. a. noch von *schematischen, paradigmatischen, utopischen, typischen* und *symbolischen Fiktionen* (ebd.: 36–46).

179 Bortolussi/Dixon 2003: 43–49, zuvor Dixon/Bortolussi/Twilley/Leung 1993, bes. 10–13.
180 Vgl. Görtz 1978: 23–31.
181 Zur *content analysis* schreibt Görtz (1978, 39–47) kritisch, dass eine „theoretische (beispielsweise linguistische) Grundlegung der Aussagenanalyse fehl[e]" (ebd.: 42). Seine Ergebnisse fasst Boßmann 1997: 43–45 zusammen.

modellierenden Darstellungen einen höheren Grad an Praktikabilität. Modelle dieser Art finden Verwendung in den unterschiedlichsten Disziplinen, wie etwa der ökonomischen[182] und politischen[183] Theorie, den empirischen Sozialwissenschaften,[184] der Soziologie[185] oder als ‚sujet de discours' in der semiotisch orientierten Linguistik.[186] Nach dem Prinzip der *looseness of fit*[187] akzeptieren all diese Disziplinen teilweise enorme, aber notwendige Komplexitätsreduktionen des Darzustellenden zugunsten seiner Darstellbarkeit, Verstehbarkeit und Anwendbarkeit. Im speziellen Fall der Lesermodelle muss dann neben der Frage der angemessenen *Reduzierbarkeit* auch die grundsätzlichere Frage der *Konstruierbarkeit* des Gegenstandes selbst – also des Lesers – reflektiert werden. Sie ist untrennbar verbunden mit der konkreten, (historisch) zu rekonstruierenden Alltagswirklichkeit des Lesers. Fotis Jannidis (2004) hat den defizitären Forschungsstand in Bezug auf diese Problematik bereits beschrieben:

> Die historische und auch autorspezifische Variabilität der Lektüre-Praktiken […] ist teilweise bekannt, wurde aber bislang nicht zu einem eigenen Forschungsprogramm umgesetzt. Die Prinzipien für den Umgang mit Literatur in diesem Bereich sind dem relativ engen Bereich einer besonderen Form von kanonisierter Literatur der letzten Jahrhunderte entnommen. Andere Literaturformen, z. B. der klassische Detektivroman oder die Pornographie, sowie andere Epochen setzen andere Umgangsweisen voraus, kommen aber immer noch zu wenig in den Blick. (Jannidis 2004: 26)

Doch bleiben die Argumentationen solcher Art, die eine historische ‚Variabilität von Lektüre-Praktiken' und von ‚Umgangsweisen' mit Literatur betonen, so lange folgenlos, bis sie sich in einen Bezug zu dem realen Leser selbst als historischem Agenten der Lesehandlung setzen. Peter Berger und Thomas Luckmann können dabei behilflich sein, indem man ihre wissenssoziologischen Annahmen mit der Janndis'schen Theorie

---

182 Bobzin 2002.
183 Kühnel/Reese-Schäfer/Rüdiger 2001.
184 Vgl. unter vielen anderen die Beiträge des Bandes Andreß/Huinink/Meinken/Rumianek et al. 1992, oder allgemein einführend Kern 1982.
185 Vgl. die Anthologie von Mayntz (Hg.) 1967, bes. ihre modelltypologisierende Einleitung; siehe auch Gumbrecht 1973 und – dezidiert leserbezogen – Leenhardt 1980 (zur Methode der Modellbildung bes. 213).
186 Siehe Greimas 1977: 78f., der im Rückgriff auf Benvenistes Diskurtheorie schreibt: „Das Diskurs-Subjekt (sujet de discours) ist, semiotisch gesprochen, nichts anderes als eine virtuelle Instanz, d. h. eine im Rahmen der linguistischen Theorie konstruierte Instanz, die es gestattet, die Transformation der paradigmatischen in eine syntagmatische Form der Sprache (langage) deutlich zu machen".
187 Štoff [1966] 1969: 10. Den Begriff „*looseness of fit*" übernimmt Bonheim 2004: 24 aus der naturwissenschaftlichen Modellbildung. Er beschreibt den spezifischen Charakter empiriegeleiteter Modelle, der darin besteht, dass sie stets nur Annäherungen an die Komplexität der Realität sein können.

kombiniert. Sie beschreiben die „die menschliche Wirklichkeit als eine gesellschaftlich konstruierte Wirklichkeit" und demnach auch „Gesellschaft als Teil einer menschlichen Welt, geschaffen von Menschen, bewohnt von Menschen und in unaufhörlichem historischem Prozess wiederum an Menschen schaffend" (Berger/Luckmann [1966] 1969: 200f.). Nimmt man diese letztgenannte Formulierung einer *am Menschen schaffenden* Welt ernst, dann müssen in letzter Konsequenz auch Leser immer als Ergebnis bestimmter sozialer Prozesse verstanden werden, die historischen Veränderungen unterworfen sind. Rückschlüsse von heutigem Lektüreverhalten auf das eines historischen Lesers verbieten sich folglich ob der Gefahr anachronistische soziale Konstruktionsmechanismen der lesenden Instanz und ihres Lesens anzunehmen. Dies versuchen sowohl Jannidis als auch Berger/Luckmann zu vermeiden, deren Ansätze – gerade aufgrund ihrer Forderung nach einer (historisch) adäquaten Kontextualisierung des Forschungsgegenstandes – beide der *hermeneutischen* Tradition verpflichtet sind. Tatsächlich verstehen Berger/Luckmann den Historismus Dilthey'scher Prägung als ‚unmittelbare[n] Vorläufer der Wissenssoziologie', besonders aufgrund seines

> Gefühl[s] für die Relativität aller Aspekte menschlichen Geschehens, das heißt also auch für die unausweichliche Geschichtlichkeit des Denkens. Das historische Dogma, dass keine geschichtliche Situation anders als unter ihren eigenen Bedingungen verstanden werden könne, ließ sich mühelos in die emphatische Betonung der gesellschaftlichen Einbettung des Denkens überführen. Gewisse historische Begriffe wie zum Beispiel ‚Standortgebundenheit' […] konnten einfach transponiert werden. (Berger/Luckmann [1966] 1969: 7f.)

Der lesertheoretisch justierte Vorsatz der Vermeidung theoretischer Modellbeeinflussung findet also eine Erweiterung durch den sozialkonstruktivistischen Blick, der deutlich macht, dass Theorien als ‚Vorurteile über die Welt' selbst historische Konzepte sind und als solche bei der Rekonstruktion von Lektüre-Praktiken, Rezeptionstexten oder auch einfach nur Lesersubjekten eine wichtige Rolle übernehmen. Vorurteile in der Konstruktion von Lesermodellen zu vermeiden bedeutet für eine historische Rezeptionsanalyse demnach immer auch, historische Vorurteile realer Leser zu rekonstruieren.

1.4 Die (engen) Grenzen der Theoretisierbarkeit realer Leser

Der in dieser Arbeit anvisierte epistemische Nutzen realer Leser für eine literaturwissenschaftliche Historisierung wurde bereits in seinen grundsätzlichen Annahmen hinterfragt – etwa der Trennung von realen und nicht-realen Lesermodellen:

"However, most people interested in reader criticism mistakenly posit an absolute distinction between actual and ideal readers. Such a move is misleading insofar as it suggests a distinction between real and hypothetical readers and one between neutrally described and critically construed reading experiences. In fact, all readers are hypothetical and all reading experiences critically constructed. (Mailloux 1982: 202)

Tatsächlich ist gerade die letzte Aussage in all ihrer Radikalität zutreffend, allerdings unter der Voraussetzung, dass man ihre Reichweite auf die epistemologische Ebene beschränkt. Auf der Ebene der Ontologie hingegen ist das Abstreiten eines Unterschiedes zwischen *realen* und *nicht-realen* Lesern geradezu absurd.

Rückt man noch einmal die Frage der Belastung literaturwissenschaftlicher Modelle durch die Vorurteilsstruktur ihrer theoretischen Rahmung ins Zentrum, so lässt sich sowohl bei probabilistischen als auch bei theoretischen Lesermodellen eine starke Varianz hinsichtlich der Ausprägung dieses Einflusses feststellen. Dies weist ebenfalls darauf hin, dass das egalisierende „Alles ist konstruiert" von Mailloux der Komplexität der Sache keinesfalls gerecht wird. Ursächlich für die festgestellte Varianz der theoretischen Prägung ist das Verhältnis von der das Lesermodell fundierenden theoretischen Position zu der als real ausgezeichneten Wirklichkeit. Ist das Verhältnis eines, dass auf irgendeine Weise die *empirische Absicherung* der theoretisch generierten Thesen oder der dem Modell zugrunde liegenden Theoreme zulässt, deutet dies auf eine eher schwache Vorurteilsstruktur der Theorie und somit auch der Modellierung hin. Ein Beispiel eines solchen (hier probabilistischen) Lesermodells bietet etwa die differentielle Psychologie an, die bestimmte Annahmen über Persönlichkeitseigenschaften (etwa Extraversion) durch standardisierte Erhebungsverfahren wie psychometrische oder projektive Tests,[188] wie aber auch die Kombination dieser Persönlichkeitseigenschaften mit bestimmten Reizsituationen (etwa Extraversion und Konzentrationsfähigkeit in Bezug auf das Leseverhalten bei hoher Lautstärke) wiederholbar messen kann. Sie ist demnach in der Lage, empirisch verifiziert von dem intro- oder extravertierten Leser zu sprechen und sogar Prognosen aufgrund bereits korrelierter Faktoren formulieren zu können: Etwa wie Leser eines bestimmtes Persönlichkeitstyps beim Lesen auf bestimmte äußere Einflüsse (wie aktivierende oder beruhigende Musik) reagieren werden. Die theoretische Prägung dieser Lesermodelle, so gering sie vergleichsweise ausfallen mag, äußert sich in zwei Sachverhalten. Der eine liegt bereits in der Entscheidung, überhaupt *persönlichkeitspsychologische Kategorien* zur Konstruktion eines Lesermodells anzusetzen, der andere in der Folgeunterscheidung, *welche* der psychologi-

---

188 Für eine brauchbare Übersicht vgl. Simon (Hg.) 2006.

schen Persönlichkeitstheorien nun verwendet wird. Zur Auswahl stehen mindestens psychoanalytische, interaktionistische, behavioristische, evolutionspsychologische und informationsverarbeitungsbasierte Ansätze. Da sie letztlich aber alle aufgrund ihrer empirischen Verfahren zumindest potentiell die gleichen Persönlichkeitstypen eruieren können, vermag dieses Beispiel aus der Psychologie aufzuzeigen, wie die Reduktion von theoretischer Beeinflussung eines Modells durch Empirie möglich ist.[189] Basiert die Theorie jedoch auf empirisch *nicht* verifizierbaren Phänomenen, muss sie sich prinzipiell dem Verdacht einer stärkeren theoretischen Färbung ihrer Präsuppositionen, Prämissen und ihrer Modelle ausgesetzt sehen. Die Luhmann'sche Systemtheorie wäre solch ein Beispiel, wie in Kapitel III.3.2 deutlich gemacht werden wird.

Nun ist es aber auch so, dass der Anspruch an Wissenschaftlichkeit in unterschiedlichen (Leser-)Theorien unterschiedlich ausfällt. Neben der hier stark gemachten empirischen oder intersubjektiven *Überprüfbarkeit* von Aussagen kann durchaus auch so etwas wie die interne *Kohärenz* oder ähnliches als für die Theorie wichtigeres Axiom gesetzt werden. Da in diesen Fällen jedoch keine die Vorurteilsstruktur prüfenden Instrumente eingesetzt werden können, muss – wenngleich es nicht dem Wissenschaftlichkeitsverständnis aller Ansätze entspricht – im Kontext dieser Arbeit das Kriterium der empirischen Nachprüfbarkeit beibehalten werden. Es kann am zuverlässigsten als Indikator des *theoretischen Feedbacks* der Lesertheorien, wie es Rabinowitz (1995: 389) nennt, dienen. Die konkrete Agenda einer solchen Überprüfung wäre eine komparatistische. Sie könnte die Konstruktion eines beispielsweise probabilistischen, historischen Lesermodells, wie Ralf Schneider es aufgrund sozialwissenschaftlicher und kognitionswissenschaftlicher Annahmen modelliert, überprüfen, indem sie die zugrunde gelegten Daten und Quellen in einem ersten Schritt mit den theoretischen Prämissen, und in einem zweiten Schritt, mit ähnlichen Arbeiten abgleicht, die sich des gleichen Materials aus einer anderen theoretischen Perspektive heraus bedienen. Bei einer vorsichtigen (und das heißt möglichst moderaten) Theoretisierung und Modellierung des historischen Lesers aufgrund der gefundenen Daten ist es nicht ausgeschlossen, bzw. sogar nicht unwahrscheinlich, dass andere Literaturwissenschaftler, Historiker, Soziologien oder Kognitionswissenschaftler ein ähnliches historisches Lesermodell konstruieren würden. Die Ähnlichkeit der von den unterschiedlichen Ansätzen der Persönlichkeitspsychologie gefundenen Persönlichkeitstypen, aber auch die Ähnlichkeit der Lesertypen in den

---

189 Zu der Wiederholbarkeit und Vergleichbarkeit der Ergebnisse unterschiedlicher persönlichkeitspsychologischer Ansätze und Tests, siehe Holland 1975: 9, der in Anm. 18 (395) auch einige Studien auflistet, die zu ähnlichen Resultaten kommen.

buchmarktbezogenen Forschungsstudien sprechen deutlich für die Möglichkeit eines wissenschaftsfähigen Umgangs mit realen Lesern, der auf einer interdisziplinären Absicherung vor unangemessener Theoretisierung beruht. Viel allgemeiner hat das bereits Karl Eibl (2009, o. S.) formuliert: „Für mich jedenfalls ist es immer ein Hinweis auf die Qualität eines Ansatzes [...], wenn man mit ihm auch auf bewährtes Altes stößt".

Theoretische Lesermodelle, wie sie etwa in der Hermeneutik formuliert werden, müssen dabei nicht kategorisch disqualifiziert werden, wenn sie ihre Prämissen an der ‚legitimen Ordnung' dieses Diskurses ausrichten. Strasens (2008: bes. 351–360) interdisziplinäre Rekonstruktion rezeptionstheoretischer Positionen und das aus ihr resultierende *heuristische Modell der Literaturrezeption* kann als ebenso grundlegend wie wegweisend in dieser Stoßrichtung gelten. Es zeigt sich aber durch diesen Rekurs auf die theoretische und vorurteilsartige Struktur der Lesermodell in der Rezeption- und Leserforschung, dass die Annahme eines notwendigen Ausschlusses von *Fehllektüren*, wie sie der geschichtliche Rezeptionsverlauf hervorbringen würde, ausschließlich von hermeneutisch-rezeptionsästhetischen, nicht aber von empirisch fundierten Positionen geäußert wird. Zwar ist mit Elrud Ibsch (1987: 8f.) anzuerkennen, dass eine „Entscheidung zwischen zwei Interpretationen getroffen werden kann aufgrund von Überzeugungskraft, Plausibilität, unterstellter Lebensfähigkeit des regelgeleiteten und argumentativ abgesicherten Sinnangebots", allerdings eben nur als *Entscheidung*, als Werturteil und „normativer Akt". Dieser abzulehnende normative Charakter lässt sich kaum besser zeigen als durch die von Dietmar Goltschnigg (1975: 20) formulierte rezeptionsgeschichtliche Forderung: „Wo die Kritik eines Rezipienten gegen das im Werk angelegte Sinnpotential – also gegen seine ‚Rezeptionsvorgabe' – verstößt, muss die Rezeptions- und Wirkungsforschung korrigierend eingreifen".[190] Fast zeitgleich werden erste Zeichen dieser Normativität auch in konkreten Aufarbeitungen historischer Rezeptionen erkennbar, etwa wenn Georg Jäger (1974) drei Rezeptionsbewegungen des „Werthers" unterscheidet: Die erbauliche Konkretisation, die (spätaufklärerische) didaktische Konkretisation und die ‚neue' trivialempfindsame Konkretisation, wobei der zweitgenannte Leserkreis, wie er feststellt, derjenige ist, „der den ‚Werther'

---

190 Vgl. hierzu auch Grimm 1977b. Einer der ersten Rezeptionstheoretiker, der im Sinne Goltschniggs Fehl- oder Falschlektüren anhand des Verhältnisses des Literaturwissenschaftlers zum literarischen Text beurteilt, ist Richards 1929: bes. 12–16. Er nennt als Hauptgründe für die *misreadings* seiner Studenten Vorurteile, stereotype Denkweisen und irrelevante Assoziationen. Die Arbeit und Argumentation mit den Rezeptionen realer Leser ist im Fall Richards besonders bemerkenswert, da er als Mitgründer des englischen *New Criticisms* gilt.

missversteht" und der dritte Leserkreis eine „falsche Rezeption" des Textes umsetzt, da sie den Text nicht nach der (von Jäger offensichtlich endgültig identifizierten) „werkinterne[n] Leseridee, de[m] intendierten Leser" rezipieren.[191] Auch bei Hans-Georg Werner (1973) und der sozialistisch geprägten Rezeptionsforschung wird der normative Einfluss der Beurteilungen von Rezeptionen ausgesprochen deutlich und verrät so fast mehr über den Wissenschaftler als über den historischen Rezipienten:

> Aus dem Dargelegten ergibt sich die Folgerung: Heines Werk ist im deutschsprachigen Raum von der bürgerlichen Gesellschaft nicht in einer ihm gerecht werdenden Weise tradiert worden. Bei seiner Überlieferung spielen Vorbehalte, Einseitigkeit, Verfälschungen und Verleumdungen eine erschreckend große Rolle. Die revolutionäre Arbeiterklasse, die kämpferischen Antifaschisten haben dagegen ein festes und produktives Verhältnis zu Heine gehabt. (Werner 1973: 69)

Empirische Forscher verhalten sich deutlich zurückhaltender bei der Beurteilung (historischer) Rezeptionen. Sie sprechen in der Regel nicht von *falschen* oder *richtigen*, sondern von *historisch adäquaten* oder *nicht adäquaten*, beziehungsweise von *plausiblen* und *nicht plausiblen* Interpretationen.[192]

Resümierend lässt sich nach dem bisher erörterten die Beobachtung formulieren, dass auch theoretische Lesermodelle im Vergleich zu probabilistischen und realen Lesermodellen eigenen, aber heterogenen Konstruktionsbedingungen unterliegen. Für hermeneutische Ansätze gilt als Forschungsziel nicht die Übereinstimmung des theoretischen Modells mit realen Lesern, sondern die Übereinstimmung mit den Axiomen und Prämissen der jeweiligen hermeneutischen Verstehenskonzeption. Wenngleich die Theorie selbst zwar zumeist den Anspruch der Anwendbarkeit auf die als real angenommene Wirklichkeit vertritt, so hat sich auch noch nach Ptolemäus in einigen Fällen deutlich gezeigt, dass theoretische (Welt-)Modelle eben nur *Konstruktionen* der Realität sein können. Es steht

---

191 Jäger 1974: 394, dann 396, 391. Zu den historischen „Voraussetzungen der Fehlrezeptionen", auch am Beispiel des Werthers, siehe Link 1976: 53–63. Äußerst erhellend (und unterhaltsam) hierzu sei Stockhammer 2003: bes. 88–92 empfohlen, ebenso Mellmann 2006a, bes. 220, die mit einer „Hypothese zur Erstrezeption von Goethes *Werther*" Jägers Ansatz gründlich auf seine theoretischen Prämissen und rezeptionsästhetischen Thesen hin prüft. Bereits 1971, also vor dem einflussreichen Aufsatz von Jäger stellte Rolf Fieguth die Frage: „Rezeption contra richtiges und falsches Lesen?" (Fieguth 1971). Wenngleich Hoogevee 1978 die Funktion der Fehllektüren bezüglich „einer besseren Einsicht in den Leseprozess" negiert, so hält er die Frage, „welche Rezeption die richtigere sei" für eindeutig beantwortbar. „Vom Standpunkt der später betrachtenden Einstellung her kann sie aufgrund der Verknüpfung mit der inzwischen gewonnenen Totalansicht der betreffenden Epoche endgültig gelöst werden" (ebd.: 131). Einen vergleichbare Arbeit zu einem anderen Gegenstand findet sich bei Freese 1977, der das Verhältnis von Antifaschismus und Lesererwartung in „Mario und der Zauberer" (Thomas Mann) untersucht.

192 Vgl. hierzu die Mitschrift der Diskussion zwischen S. J. Schmidt und Norbert Groeben in Schmidt 1979: bes. 244f.

außer Frage, dass auch theoretische Lesermodelle wissenschaftsfähig sein können, doch haben diese gegenüber probabilistischen Modellen einen großen Nachteil was die angesprochene Vergleichbarkeit, beziehungsweise Übertragbarkeit in andere Theorien betrifft. Probabilistische Modelle können von einer Disziplin in eine andere übertragen werden, wenn sich diese Disziplinen auf die ‚gleiche' Realität beziehen. Theoretische Lesermodelle hingegen können dann von einer Theorie konsistent aus einer anderen übernommen werden, wenn sich beide Theorien ähnlich sind. Hier muss nicht die angenommene Realität selbst, sondern der theoretische Weltbezug ähnlich sein. Wie oben gezeigt werden konnte, ist die Ursache hierfür, dass nahezu jede hermeneutische Theorie die Rezeptionsseite ihres Ansatzes durch ein Leserkonzept besetzt, das nicht nur hinsichtlich einer interpretativen Umsetzung der Theorie, sondern vor allem hinsichtlich des Theoriedesigns selbst konstitutive Funktionen übernimmt. Dies ist bei probabilistischen Lesermodellen empirischer Ansätze nicht der Fall. Hier ist der Leser nicht *Erkenntnisgegenstand*, sondern Werkzeug der Erkenntnisermittlung, also *Erkenntnismittel*.[193] Der Anspruch auf Wissenschaftlichkeit als ‚Vorurteilsvermeidungsstrategie' eines Leserkonzeptes ist demnach von zwei Größen bestimmt, die auf unterschiedlichen Ebenen angesiedelt sind: Dem Verhältnis des Leserkonzepts zur angenommenen Realität und dem Verhältnis der das Leserkonzept rahmenden Theorie zur angenommenen Realität. Wenngleich hier probabilistische Lesermodelle gegenüber den theoretischen Modellen – zumindest was die Stärke ihre Theoretisierung betrifft – als moderater zu bezeichnen sind, so müssen sie sich doch stets der Gefahr unsauberer Methodologie und der teilweise daraus resultierenden unsauberen empirischen Arbeit ausgesetzt sehen. Diese kann in der mangelhaften Reflexion der Interpretationsbedürftigkeit auch empirischer Daten begründet liegen, worunter freilich ebenfalls Sekundärtexte als Gegenstand einer historisierenden Rezeptionsanalyse fallen. Ein weiteres Argument in diese Richtung bezieht sich auf die zumindest teilweise beobachtbare „Laborsituation", die als Einflussfaktor der Rezeptionsdaten nicht angemessen berücksichtigt wird. In vielen projektiven Studien der Psychologie, aber auch in rezeptionstheoretischen Studien der Literaturwissenschaft findet sich dieses Phänomen wieder. Gerade wenn man sich die einflussreichen Arbeiten des *reader-response criticisms* in den USA anschaut, wird die teilweise erschreckende Naivität des methodischen Vorgehens der Rezeptionstheoretiker offensichtlich. Methodologische Reflexion findet dabei bloß anekdotisch in Vorworten statt. Die methodische Konzeption selbst besteht in diese Fäl-

---

193 Vgl. hierzu die Vertiefung dieser Unterscheidung in Kapitel III.3.

len aus nichts anderem als einer mehr oder weniger systematischen Beschreibung und Beurteilung einiger weniger Interpretationen, die Rezeptionstheoretiker in ihren eigenen Seminaren anfertigen ließen. Eine gerechtfertigte Kritik an dieser Praxis formuliert Rabinowitz, der etwa feststellt, dass Bleichs empirische Forschungsarbeit[194] – die in dem beschrieben Vorgehen anhand des Romans „Vanity Fair" (W. M. Thackeray) besteht – mit dem subjektivistischen Paradigma des *reader-response criticisms* konfligiere. Er rekonstruiert aus der Bleich'schen Methodologie und Ergebnisbeschreibung, dass die in der universitären Gruppe verhandelten, auffallenden ähnlichen Interpretationsergebnisse mit der Interpretation korrelieren, die Bleich als seminarleitender ‚Rudelführer' schon antizipiert hatte. Wie weit dies führt, zeigt sich an der Interpretation einer Studentin, „Mrs. M.", die Bleich (1978) als bemerkenswert unabhängig hervorhebt (ebd.: 191).[195] Schaut man sich diese Interpretation genauer an, so lässt sich nachlesen, dass die Studentin darin explizit ausführt, wie viel sie doch durch die zuletzt erschienene Monographie und durch den Unterricht ihres Lehrers Bleich gelernt habe (ebd.: 196). Rabinowitz schreibt also mit gutem Grund:

> Further, neither Bleich nor Holland is sufficiently scrupulous about teacher-student power relationships. There is always a problem when using students as subjects in a study, since they are already in an environment that encourages, even enforces, particular kinds of readings. (Rabinowitz 1995: 389)[196]

Mit der Verschiebung von *theoretischen* und *probabilistischen* Modellen zu Modellen realer Einzelleser, findet auch eine Verschiebung der Kritik statt, die sich nun auf den *Umgang* mit realen Lesern beziehungsweise auf den *Umgang* mit Rezeptionsdaten bezieht. Die historisch ausgerichtete Rezeptionstheorie muss sich mit Problemen dieser Art nicht beschäftigen, weil sie sich ihr überhaupt nicht stellen. Für sie hat der reale Leser als Instanz ‚hinter' dem Rezeptionszeugnis besonders *eine* wichtige Funktion: Seine Zuschreibungen an einen literarischen Text können, beziehungsweise müssen als notwendig historisch fixiert verstanden werden. Wo theoretische und probabilistische Lesermodelle *per se* keine Restriktionen bezüglich der historischen Reichweite ihrer Geltung mitformulieren, kann demgegenüber ein mit dem realen Leser argumentierender literaturwissen-

---

194 Siehe bes. Bleich 1975: 11–19, wo er seine Methode des *informal class interviews*, seinen Umgang mit dem *anecdotal material* und bis zu einem gewissen Maß auch *the role of the teacher* beschreibt. Bei Letztgenanntem bezieht er sich aber stärker auf das Verhältnis seiner eigenen Subjektivität zu den gewonnenen Rezeptionsdaten als auf seine Autorität in der Gruppe.
195 Vgl. hierzu Rabinowitz 1995: 388, der sich auch auf dieses Beispiel bezieht.
196 Vgl. bzgl. des Untersuchungsdesigns von Bleich auch Eberly 2000: 14 und die „pädagogische und erkenntnistheoretische" Kritik Bredellas: Bredella 2002: 37f.

schaftlicher Ansatz gar nicht anders als einen präzisen historischen Geltungsraum seiner Aussagen festzulegen.[197] Zwar betonen nahezu alle hermeneutischen Positionen gerade die pragmatischen, anthropologischen, kognitions- oder (neuro-)biologischen[198] Konstanten der Rezeption, aber es sind letztlich doch die *Unterschiede* einzelner Rezeptionen, die – unabhängig von ihrem theoretischen Begründungszusammenhang – überhaupt erst das legitimierende Argument für die inzwischen unüberschaubare Menge rezeptionsgeschichtlicher Arbeiten bilden. Beide Positionen (also *Konstanz* und *Varianz*) gegeneinander auszuspielen erscheint nicht sinnvoll; erst recht nicht, da sie in keinem kontradiktorischen Verhältnis zueinander stehen. Vielmehr können die genannten anthropologisch-biologischen Gemeinsamkeiten als dispositionaler Rahmen für einen Textumgang verstanden werden, der in unterschiedlichen Kontexten unterschiedliche Konkretisationen ausbildet und so eine generelle Vergleichbarkeit von Rezeptionen ermöglicht, ohne ihre vollständige Identifikation zu implizieren. Vor diesem Hintergrund stellen auch Lesermodelle, so lässt sich dieses Kapitel mit Bonheims (2004: 25) Rede über Modelle im Allgemeinen abschließen, bloß „ein Werkzeug, keine absolute Wahrheit [dar]. Modelle müssen selbst untersucht und modelliert werden", gerade um implizit bleibenden Vorurteilsstrukturen und Theoretisierungen in den um Objektivität bemühten Ansätzen der historisierenden Literaturwissenschaft entgegenzuwirken.

---

197 Eine mögliche Ausnahme bildet die Untersuchung von nicht datierbaren Rezeptionszeugnissen historisch-realer Leser.
198 Zur pragmatischen Argumentation vgl. die Arbeiten der Vertreter der Oxforder *ordinary language philosophy* (namentlich John L. Austin, Gilbert Ryle, H. L. A. Hart, Peter Strawson, Stanley Cavell und John Searle), zur anthropologischen Argumentation vgl. die Ansätze der romantischen Hermeneutik von Schleiermacher und Dilthey, aber auch einige Vertreter der *reader-response theory* (wie Bleich, Crosman und Steig) und zur kognitions- und neurowissenschaftlichen Argumentation vgl. die Literaturhinweise in Anm. 165 (dieser Arbeit).

2 Funktionen literaturwissenschaftlicher Lesermodelle

2.1 Die Funktion der Kontextrestriktion

Ein weiterer möglicher Kategorisierungsversuch von Lesermodellen kann über die je nach Theorie stark differierenden Funktionalisierungen dieser Modelle unternommen werden. Dabei sind zwei Untersuchungsdimensionen zu unterscheiden: Die Funktion des Lesermodells im Rahmen der Konzeption einer *Literaturtheorie* auf der einen, und die Funktion des Lesermodells bei der praktischen *Interpretation*, also der Anwendung dieser Theorie auf der anderen Seite. Da die Ergebnisse ähnlicher Studien zur Funktionalisierung des Autors gezeigt haben,[199] dass man von den theoretisch postulierten Funktionen einer Instanz – also ihrer Rolle innerhalb der Theoriekonzeption – nicht auf ihre Verwendung in der interpretativen Praxis schließen darf, sollen im Folgenden auch hier beide Dimensionen getrennt voneinander untersucht werden. Es reicht jedenfalls nicht, nach der *generellen* Funktion von Lesermodellen zu fragen. Denn dann kommt man, wie Jorge J. E. Gracia (1994: 731), zu dem wenig befriedigenden Ergebnis, dass selbst den unterschiedlichsten Lesermodellen die gleiche Funktion zugeschrieben werden muss: „However, when it comes to the primary function of audiences [...], the type of audience seems to make no difference". Der Grund hierfür ist, dass er die oben starkgemachte funktionale Differenzierung von Theorie- und Praxisbezug nicht berücksichtigt und als die eine, grundlegende Funktion von Lesermodellen lediglich *the understanding of texts* festlegt.

Im erstgenannten Fall – der Systematisierung des Verhältnisses von einem Lesermodell zu ‚seiner' Literaturtheorie – ist zu prüfen, ob das Lesermodell lediglich ein (residuales) Theorieelement, ein methodologisches Instrument oder ob es sogar konstitutiv für die Bedeutungskonzeption der Theorie ist. Aber zuvor muss die grundlegende Entscheidung getroffen werden, ob dem Leser in der Theorie *überhaupt* eine Funktion bezüglich des Verstehens von Texten eingeräumt wird; daher sollten Leser-affirmierende Ansätze von Leser-negierenden unterschieden werden. Während die wenigen, einen Leserbezug theoretisch und praktisch negierenden Positionen für diese Arbeit irrelevant sind,[200] müssen die auf ein Leserkonzept Bezug nehmenden Theorien genauer differenziert werden. Ihre *interpretati-*

---

199 Vgl. hierzu u. a. Jannidis 1999, Winko 2002a und Willand 2011a.
200 Es gibt in der Tat aber nur wenige Ansätze, die negieren, dass der Leser in irgendeiner Form am Prozess der literarischen Bedeutungsproduktion Teil hat. Selbst stark semiotisch argumentierende Ansätze (poststrukturalistischer Provenienz) implizieren in der Regel einen Leser (vgl. hierzu die Kapitel in III.3.1.2.

ven Funktionalisierungen des Lesers vagieren ebenso wie ihre theoretischen. Jedoch darf die Verwendung eines bestimmten Lesermodells nicht als *symptomatisch* für den literaturtheoretischen Standpunkt gelten, der mit diesem Modell arbeitet. Das verdeutlicht der implizite Leser.[201] Ursprünglich ermöglichte er Iser ein prozessuales Modell der literarischen Bedeutung als Ergebnis der Interaktion von Autor, Text und Leser zu beschreiben. Dieses Lesermodell wurde aber vielfach aus diesem interaktionistischen Theoriebau extrahiert und dann nur fragmentarisch in andere Theoriekonzeptionen übertragen. So finden sich heute zig Varianten des impliziten Lesers. Sie unterscheiden sich nach dem jeweiligen Aspekt, den die ihn adaptierende Interpretationskonzeption favorisiert. Aufgrund dieser *partialisierenden* Übernahme fungiert er inzwischen als Modell (autor-) intentionaler, text- und leserbezogener Bedeutungskonzeptionen literarischer Theoriebildung.[202]

Dies zeigt, dass nicht zwingend von einem bestimmten Lesermodell auf eine Theorie geschlossen werden darf. Die oben erwähnte *weiche* funktionale Relation zwischen einer Theorie und ihrem Leserkonzept führt dazu, dass der Name eines Lesermodells nicht als einziger Hinweis auf den theoretischen Kontext des Modells verstanden werden sollte. Stattdessen muss die spezifische Funktionalisierung des Modells geprüft werden. Auch Rabinowitz (1995: 382) betont diesen funktionalen Zusammenhang: „[T]he kinds of questions theorists ask, and the kind of prescriptions they make, are closely tied to the concept of reader with which they are operating". Konkret besteht diese Relation darin, dass sich, je nach Funktionalisierung des Lesers, die für die Theorie legitim heranzuziehenden *Interpretationskontexte* verändern. Das wurde zwar schon mehrfach indirekt festgestellt, jedoch noch nicht in dieser Deutlichkeit formuliert. So fragt etwa Fish (1989) gewohnt rhetorisch: „What is the source of interpretive authority: the text or the reader?" und Rabinowitz (1995): „Where is the source of authority for interpretation?"[203] Beiden geht es

---

201 Theoretisch fundiert wurde es erstmals in Iser 1970 (wiederabgedruckt in Iser [1970] 1975a), anhand eigener Interpretationen praktisch überprüft in Iser 1972 und in Relation gesetzt zu anderen Leserkonzepten dann in Iser 1976.
202 Welche Ansätze die drei genannten Positionen besetzen, zeige ich ausführlich in dem Kapitel zur rezeptionstheoretischen Modellierung interaktionistischer Modelle. Für eine knappe Übersicht siehe Anm. 437 (dieser Arbeit).
203 Siehe Fish 1989: 141, der jedoch die bei ihm ausführlich diskutierte Frage der generellen Relevanz des Lesers (im Gegensatz zum Text) natürlich leseraffirmativ beantwortet (vgl. auch die Aufsatzsammlung mit retrospektivem *preface* Fish (Hg.) 1980). Rabinowitz 1995: 376 bezieht sich trotz der nahezu identischen Formulierung an dieser Stelle nicht explizit auf Fish. Er fokussiert lediglich die sich auch in den amerikanischen *literary studies* der 1970er Jahre bemerkbar machende Kritik autoritärer Strukturen, verpasst es dabei aber, die Frage der Autorität legitimer Interpretationskontexte auch vor dem Hintergrund einer ho-

nicht um die Autorität, die der *reale Leser* einem Interpretationskontext zuschreibt (was in der Kategorisierung unterschiedlicher Rezeptionstheorien nach *epistemologischem* Status besprochen werden soll).[204] Fish und Rabinowitz interessieren sich vielmehr für die Quelle der Autorität einer *literaturwissenschaftlichen Interpretation(skonzeption)*, also für die Möglichkeiten der Begründung und Legitimation einer in diesem Fall leserbezogenen Interpretationstheorie und -praxis. In Bezug auf die Relation dieser Interpretationskonzeption zu dem Lesermodell ist anzunehmen, dass sich mit zunehmender Kongruenz verschiedener Theoriemodelle auch die dazugehörigen Lesermodelle ähnlicher werden: konkret bezüglich ihrer Funktion, den Zugriff auf bestimmte interpretationsrelevante Kontexte für den wissenschaftlichen Interpreten nicht bloß zu ermöglichen, sondern auch abzusichern. Im Fall einer beispielsweise empirisch, sozialwissenschaftlich, psychologisch oder didaktisch ausgerichteten Literaturwissenschaft oder -geschichte ist in erster Annäherung davon auszugehen, dass diese sich in irgendeiner Form direkt oder indirekt auf das Modell des *realen Lesers* beziehen und die Möglichkeit der Arbeit mit faktischen Rezeptionszeugnissen in den Begründungszusammenhang einer interpretationsobjektivistischen Ausrichtung integrieren. Eine Kritik dieser Position formuliert Oswald Wiener (1979), der feststellt, dass „die Tätigkeit des Forschers bei Zusammenfassung und Interpretation der ‚Messergebnisse'" empirischer Untersuchungen „von Hermeneutik nicht sehr weit entfernt" (ebd.: 187) sei, was ihn bezweifeln lässt, dass über die „Verwendung von Versuchspersonen als Messinstrumente [...] nachprüfbare Aussagen über Kunst" zu treffen seien (ebd.: 186).

Tatsächlich aber konnte etwa anhand Tolhursts Ansatz aufgezeigt werden, dass eine rein hermeneutische, an der Lesepraxis *realer* Leser nicht unbedingt interessierte Theoriebildung größtenteils Leser annimmt, die als *nicht-reale Konstrukte* zu beschreiben und somit auch kategorial von *realen* Lesermodellen zu unterscheiden sind. Dass hierbei der reale (historische) Leser durchaus als Vorlage dieser Theoriebildung angenommen wird, lässt sich durch die Differenzierung des ontologischen Status der Leserkonzepte im vorherigen Kapitel nun präzise beschreiben: Die hermeneutischen Lesermodelle, die einem ontologisch realen Lesern gegenüber indifferent sind, können – müssen aber nicht – an seinen epistemologischen oder funktionalen Eigenschaften orientiert sein. So „besitzt der implizite Leser

---

listischen Betrachtung älterer leserbezogener Ansätze zu klären. An anderer Stelle (ebd.: 391–401) bezieht er die Frage der Interpretationsautorität auf die Frage der angemessensten Lesart (*correct interpretation*) und der im Vorfeld dazu zu klärenden Bestimmung, wo der „*locus* of meaning" (391) zu verorten sei. Auf Fish verweist auch Strasen 2008: 43f.
204 Vgl. das Kapitel III.3.

[zwar] keine reale Existenz", Iser (1976: 60) kann jedoch seine Konkretisationstheorie nur unter Rückgriff auf „Bewusstseinskorrelat[e] im Leser" (ebd.: 175) und psycholinguistische Befunde (ebd.: 179) begründen. Ähnlich ist auch das *authorial audience* von Tolhust und Rabinowitz als eine theoretische Modellannahme zu verstehen, die – wie bereits beschrieben – im Rahmen einer autorintentionalen Hermeneutik zur Absicherung der historischen Adäquatheit der Intentionszuschreibung funktionalisiert wird und ontologisch nicht-reale, aber vom Autor intendierte Leser eines Textes im argumentativen Modus der Hypothese beschreibt. Für das *hermeneutische* Ziel dieser Ansätze, der Sicherung der historischen Adäquatheit interpretativer Zuschreibungen, ist der ontologische Status des Lesermodells oft weniger wichtig als die ihm zugeschriebene epistemische Funktion. Klarer wird dies durch ein Beispiel, in dem die Funktionalisierung von Lesermodellen für das Verstehen fiktionaler und faktualer Briefe gegenübergestellt wird.

Bei einem faktualen, zu einem fast beliebigen Zeitpunkt in der Vergangenheit aufgegebenen Brief, weiß man in der Regel genau, wer der faktisch intendierte Leser war: Er steht als Adressat auf dem Umschlag, bzw. in der Anrede. Man kann ihn als ontologisch reale Instanz benennen und ihm – hypothetisch oder durch einen Blick in die eventuell vorhandene Antwort – ein bestimmtes Verstehen des Briefes zuschreiben. Vergleicht man hiermit einen fiktionalen Brief, wie Hofmannsthals „Ein Brief" von 1902, dann entsprechen sich der im Text genannte Adressat, der vom Autor intendierte Leser und die Gruppe der faktischen Leser des Briefes nicht mehr in der Eindeutigkeit, die beim nicht-fiktionalen Brief als Normalfall gegeben ist. Will eine hermeneutisch orientierte Interpretationstheorie einen fiktionalen Brief nun historisch angemessen verstehen, kann sie entweder die realen Leser anhand überlieferter Rezeptionszeugnisse, das Konstrukt des vom Autor intendierten oder den fiktionalen Adressaten ‚im' Text befragen, wobei der hier vertretenen Auffassung nach der erstgenannte Weg zur epistemisch präzisesten Quelle für ein historisch adäquates Verstehen des Textes führt. Tatsächlich begangen wurden von rezeptionsästhetischen Positionen in der Regel aber die Wege zwei und drei.[205] Jauß (2007b) versuchte über den *fiktionalen Text* auf den

---

[205] Dies hatte noch in den 1970er Jahren Stückrath beobachtet und etwas allgemeiner formuliert: „Allen bisher ausgewählten Fragestellungen im Umfeld der Rezeptionsforschung ist aber gemeinsam, dass die faktische Wirkung der Literatur auf ein bestimmtes Publikum ausgeblendet bleibt. Die faktische Wirkung ist zwar Voraussetzung der jeweiligen mehr normativen bzw. texttheoretischen oder interpretatorischen Reflexion, aber sie bleibt außerhalb der konkreten Betrachtung, wie die Analyse des impliziten Lesers ohne die des realen Lesers auskommen kann" (Stückrath 1979: 5).

intendierten Leser zu schließen und diesen dann für Aussagen über die reale Rezeption des Textes zu funktionalisieren. Iser ging ähnlich vor[206] und bis mindestens Ende der 1980er Jahre wurde dieses Vorgehen von einigen rezeptionsästhetischen Positionen als durchaus plausibel eingeschätzt: „Dass die Rezeption über den intendierten Leser, dessen durch Vorgängertexte geprägte Erwartung, rekonstruierbar ist, überzeugt, wenn [...] eine neue Sichtweise im Weg über den gedachten Vorgängertext eröffnet wird".[207] Unabhängig von ihrer tatsächlichen persuasiven Kraft muss aber hinsichtlich der rezeptionsorientierten Praxis der Literaturwissenschaft festgehalten werden, dass die Rezeptionsästhetik – und das schließt empirische Positionen aus – sich nicht für die Rezeptionszeugnisse realer zeitgenössischer Leser interessiert, sondern recht immobil auf einem theoretischen Lesermodell fußt. Dieses Modell unterscheidet sich vor allem *ontologisch*, nicht aber in jedem Fall *funktional* von realen Lesermodellen. Beide werden als epistemische Quelle der jeweiligen *literaturwissenschaftlichen Interpretation(skonzeption)* verstanden. Warum aber die Konstanzer rezeptionsästhetische Position Zeugnisse realer Leser als testimoniale epistemische Quelle *völlig* negiert, bleibt unklar.

Prinzipiell können alle bisher besprochenen Lesermodelle, mit Ausnahme der fiktionalen Leser,[208] als solch eine – teilweise hypothetische – epistemische Quelle für Zuschreibungen an einen literarischen Text herangezogen werden. Dabei fungieren die von ihnen eingesetzten Kontext(ualisierungs)limitationen immer als Differenzkriterien der jeweils vertretenen literaturtheoretischen Positionen. Diese Limitationen bestehen aus den *spezifischen Restriktionen* des dem jeweiligen Lesermodell faktisch oder idealiter zugänglichen enzyklopädischen Wissens.[209]

---

206 Vgl. bes. das Kapitel V.1.1.
207 Turk 1987: 3; er bezieht sich auf den o. g. Text von Jauß.
208 Wie sich fiktionale Lesermodelle zu ihrem theoretischen Rahmenkonzept verhalten, wird in Kapitel III.1.2.1 zu zeigen versucht.
209 Der Begriff Enzyklopädie soll dabei sämtliche Formen von kulturellem, sprachlichem und praktischem Wissen einschließen; vgl. Eco 1990: 94 und in kritischem Anschluss an ihn Jannidis 2004: 70; Titzmann 1977: 263–272, hier 268 bestimmt als dieses Wissen die Menge aller bewusst und unbewusst von einer „Kultur für wahr gehaltenen Propositionen" und versteht somit auch die „Sprachkompetenz und jedes andere Kode- oder Systemwissen einer Kultur" als durch solch eine Menge dieser Propositionen ausdrückbar.

2.2 Restriktionskategorien:
Diastratische, diatopische und diachronische Kontextlimitationen

Es lassen sich insgesamt drei Restriktionskategorien interpretativer Kontexte aufzeigen, die sich in besonderem Maße über Lesermodelle beschreiben lassen: Die *diastratische*, die *diatopische* und die *diachronische* Kontextlimitation.[210] Sie lassen sich entsprechend der als *weich* beschriebenen funktionalen Relation von Lesermodell und Theoriebau einigermaßen gut mit literaturtheoretischen Positionen korrelieren.

So zeigt sich, dass *diastratisch* restriktive Lesermodelle überwiegend im Auftrag einer sozialwissenschaftlich oder empirisch orientierten Literaturwissenschaft,[211] beziehungsweise einer literarisch interessierten Sozialwissenschaft oder Didaktik eingesetzt werden.[212] Diese Ansätze untersuchen

---

210 Hempfer 2002: 20, hatte diese Begriffe zur Typologisierung von Rezeptionsdokumenten realer Leser eingeführt. Sie lassen sich aber auch zur Beschreibung der Kontextrelation von Lesermodellen einsetzen. In der Variatätenlinguistik sind noch zwei weitere Kategorien bekannt: die diaphasische (also konkret situationsbezogene) und die diamesische (mediumsbezogene). Die erste spielt in der Literaturwissenschaft so gut wie keine Rolle, die zweite wird weiter unten Erwähnung finden. Insgesamt scheinen sie für literaturwissenschaftliche Lesermodelle von vernachlässigbarer Relevanz zu sein, weshalb oben auch nur drei Kategorien eingesetzt werden.

211 Wie Schreier 2009: 740f. richtig anmerkt, sind die Bände Schmidt 1980 und Schmidt 1982 die ersten Grundlagentexte einer *theoretisch* ausgerichteten empirischen Literaturwissenschaft, während Groeben 1977 und Groeben (Hg.) 1981: 81–204 (verfasst von Werner Faulstich, Reinhard Zobel und Hartmut A. Oldenbürger) die ersten Texte einer *methodologisch* orientierten empirischen Literaturwissenschaft im deutschsprachigen Raum darstellen. Jedoch theoretisiert auch Groeben die „Relevanz empirischer Konkretisationserhebungen für die Literaturwissenschaft", etwa in Groeben 1979). Vgl. zu den Anfängen empirischer Ansätze auch Kutsch 2008 und Groeben 1994: bes. 21f.

212 Prototypisch steht hierfür der Band von Coser (Hg.) [1963] 1972, der darin einzelnen soziologisch relevanten Fragestellungen (wie etwa *culture, social control, socialization, youth* usw.) jeweils 4–7 Ausschnitte fiktionaler literarischer Texte zuordnet. Seine als problematisch einzuschätzende Grundannahme für diese in der Selbstbeschreibung ‚universitätspädagogisch' (S. xiii) zu nutzende Anthologie ist diese: „And yet it would appear obvious that the trained sensibilities of a novelist or a poet may provide a richer source of social insight than, say, the impressions of untrained informants on which so much sociological research currently rests" (S. xvf.). Die Problematik der Fiktionalität der (soziologische Sachverhalte veranschaulichenden) literarischen Textbeiträge umgeht Coser, indem er sich gänzlich von literaturwissenschaftlichen Fragestellungen abgrenzt: „This book is not meant to be a contribution to the sociology of literature [...]. The attempt here is to use the work of literature for an understanding of society, rather than to illuminate artistic production by reference to the society in which it arose" (S. xvii). Weitere literarisch interessierte Publikationen sozialwissenschaftlicher Provenienz finden sich bei Alberti 2007, Elsholz (Hg.) 1995 und dem Band Stiftung Lesen 1998, die alle die diamesische Kommunikationsebene, also den (sich verändernden) mediengebundenen Charakter des Lesens fokussieren. Sozialpsychologisch fundiert und empirisch überprüft wird diese veränderte Medienkompetenz in Daschmann 2001. Ein kommentiertes Auswahlverzeichnis mit Forschungsliteratur zum

beispielweise den *jungen*, den *schulischen*, den *bürgerlichen* oder den *Unterschichtenleser*, indem sie an realen Lesern erhobene Daten zu statistischen Durchschnittslesern korrelieren.²¹³ Sie funktionalisieren demnach vorwiegend

> Leseverhalten und der Lese(r)förderung bei Schülern bis zu Beginn der 1990er findet sich bei Engel 1992; frühe Studien aus den 1980er Jahren stellen einige Beiträge des Bandes Duclaud/Riese/Strauß (Hgg.) 1990 dar; die evaluativen Probleme der Messbarkeit von Leseförderung untersucht Harmgarth (Hg.) 1996: bes. 105–166; die praktischen Probleme der schulischen und akademischen Vermittlung bearbeiten die meisten Beiträge in Eicher (Hg.) 1997 und Eicher/Conrady (Hgg.) 1998. Die Funktion der Familie und das ‚Elternvorbild' bei der Lese-Entwicklung erörtert Wollscheid 2008: 82–88, das familiäre ‚Leseklima' Hurrelmann/Hammer/Nieß 1993; das Leseverhalten von Kindern in der Freizeit untersucht empirisch (vgl. daher auch die folgende Anmerkung) Keller 1986. Zur Lesesozialisation von Jugendlichen vgl. Bonfadelli/Fritz/Köcher 1993 und die Bertelsmannstudie Bertelsmann-Stiftung 1993; erwähnenswerte, weil recht frühe didaktisch orientierte englischsprachige Einzelstudien finden sich bei Taba 1955 und Shirley 1966. Eine Übersicht englischsprachiger Arbeiten zu einer didaktisch ausgerichteten *reader-response theory* versammelt Harker 1992, Anm. 2. Speziell auf die Geschichte der (didaktischen) Leseforschung in den USA beziehen sich Lang 1992 und Klemenz-Belgardt 1982, aktuelle didaktische Argumente für eine literarische Erziehung formuliert Bruns 2011; einen allgemeinen Überblick zur Leseforschung gibt Boelmann 2009.

213 Faulstich 1977 schreibt eine theoretisch (ebd.: 1–67) und methodisch (ebd.: 141–211) bemerkenswerte Arbeit zu der von ihm kritisch reflektierten *empirischen* Rezeptionsforschung. Er untersucht „[d]as komplexe Voraussetzungssystem von Rezipienten am Beispiel einer Berufsgruppe: Zum Leseverhalten der Rechtsanwälte in Deutschland" (ebd.: 68–117) und die „‚Privat'Rezeption konkreter Texte bei Schülern" (ebd.: 118–140). Ähnliche, wenngleich weniger differenzierte empirische Untersuchungen mit Schülern finden sich bei Eggert/Berg/Rutschky 1974, diverse Beiträge in dem Band Heuermann/Hühn/Röttger (Hgg.) 1975, Trillmich 1980, Kreft/Wellner/Vollertsen 1981, Mittmann 1981 (der das Leseverhalten von Schülern gattungsspezifisch untersucht), Crossen 1982, Hillmann 1982 (der seine empirisch gewonnenen Ergebnisse psychoanalytisch deutet), Whitehead 1982, Keller 1986, Rosenkranz 1987, Rupp 1987, Andringa 1994 und Davis 1994 (beide in Barsch/Rusch/Viehoff (Hgg.) 1994). Einen guten Überblick über die Forschungssituation bis 1971 gibt Völke 1971. Zuletzt erschien ein Band zur unterrichtsbezogenen didaktischen Wirkungsforschung von Groeben/Hurrelmann (Hgg.) 2006. Aus psychologisch-praxeologischer Perspektive reflektiert die Methode der Schüleruntersuchung sehr früh schon Gliszczynska 1966. Einen historischen Abriss unternimmt Pfleger 1982: 16–70, der mit dieser Promotionsschrift gleichsam eine sehr differenzierte Arbeit im Rahmen der *didaktischen* Rezeptionsforschung vorgelegt hat. „Rezeptions- und Wirkungsgeschichte der Literatur als Lehrgegenstand" untersucht Lämmert 1973, später auch Gebhard 1981 über „einen hermeneutischen Blick auf die Hermeneutik selbst" (ebd.: 27). Historisch-rekonstruktiv für die „Schülerlektüre der zweiten Hälfte des 18. Jahrhunderts" arbeitet Raabe 1991. Zur explizit gesellschaftsschichtspezifischen Leseranalyse am Beispiel der Unterschicht vgl. u. a. Nusser 1973, am Beispiel der sozialistischen Gesellschaft Kliche 1973; soziostratisch offener arbeiten Neumann 1988: bes. 29–40, Schenda 1976: bes. 38–41 und die Beiträger des Bandes Muth (Hg.) 1993a. Eine empirische Untersuchung u. a. zum Vergleich der Durchschnittslesermodelle ‚professioneller Leser' und ‚Freizeitleser' findet sich in Dijkstra 1994. Auch die Arbeiten zum *Trivialroman*, seiner Entstehung, Entwicklung und Rezeption beziehen sich allesamt auf eine diastratische Differenzierung des Lesepublikums. Vgl. u. a. für die jeweiligen Zeiträume *18. Jahrhundert*: Greiner 1964; 1770–1910: Schenda 1970; *19.–20. Jahrhundert*: Schenda 1976; *1850–1860*: Winterscheidt 1970; *2. Hälfte des 18. Jahrhunderts*: Beaujean 1969;

probabilistische Lesermodelle. Die *diatopische* Restriktion durch Lesermodelle ist inzwischen eher selten, wurde allerdings besonders im 19. Jahrhundert als gängiges Werkzeug ruhmesgeschichtlicher Arbeiten eingesetzt. Deren formuliertes Ziel war es, die *auch* geographisch(!) besonders umfassende Rezeption des zu rühmenden Autors aufzuzeigen.[214] Die hier funktionalisierten Rezipienten sind hauptsächlich gebildete *reale* (und oft historische) Subjekte, wie etwa bekannte Intellektuelle, Dichter und Denker. Deren individuelle Kompetenz wird als allgemein akzeptiert und damit für die Bezeugung von Ruhm hinreichend verstanden. Neuere, wiederum statistisch fundierte und diatopisch angelegte Arbeiten, wie die zum internationalen Vergleich von Lesekulturen, beziehen sich zwar ebenfalls auf den *realen* Leser, abstrahieren ihn aber zu *probabilistischen* Durchschnittslesern. Diese Modelle werden dann nicht nur diatopisch (weil nationalstaatlich), sondern in der Regel auch diastatisch (nach Altersgruppen- oder Bildungsschichtzugehörigkeit) bestimmt.[215]

In genuin hermeneutischen Ansätzen finden sich besonders *enzyklopädische* Restriktionsversuche, die *theoretische* Lesermodelle zur Legitimation

---

19. Jahrhundert: Klein 1969; *1. Hälfte des 20. Jahrhunderts*: Langenbucher 1964; rein systematisch: Nutz 1962; historisch unsystematisch sind die Beiträge im Band Burger (Hg.) 1976 platziert.

214 So u. a. Bohnen 1984, Lauer 1984 und Breuer 2009: 436–453, die wie viele ältere wirkungsgeschichtlich ausgelegte Arbeiten zu den deutschen Klassikern – Ludwig 1909, Nollau 1935, Bartscher 1942 – durch Nachweis der umfassenden Rezeption eines Autors auf dessen literarische Größe schließen. Allerdings wurde diese Argumentationsführung auch später beibehalten, etwa in einer Studie (Gorman 1973) zu der Rezeption des spanischen Autors Federico Garcia Lorca in Deutschland. Die Probleme des für diese älteren und jüngeren Arbeiten vorausgesetzten Zusammenhangs von Werk und Wirkung diskutiert ausführlich Stückrath 1979: 16–19. Einen ‚zweiten Frühling' erlebte die Ruhmesgeschichte zuletzt in den 1970er Jahren durch die Wirkungsgeschichte Konstanzer Prägung. Dies reflektierte Jauß bereits 1975 in der Zeitschrift „Poetica", die sich in ihrem Diskussionsteil eine „Zwischenbilanz" der Rezeptionsästhetik zu ziehen vornahm und Beiträge der Sektion „Das Interesse am Leser" des Deutschen Romanistentags (des gleichen Jahres in Mannheim) versammelte. Diskutanten waren neben Jauß auch die beiden damaligen Bochumer Stierle 1975 und Gumbrecht 1975. Jauß spricht in seinem Beitrag von der Aktualität der Rezeptionstheorie, weist jedoch darauf hin, dass die stattliche „Zahl an Abhandlungen und Dissertationen, die der Rezeptionsgeschichte eines Werkes gewidmet sind [...] sich indes oft von der traditionellen ‚Geschichte des Nachruhms' [...] kaum unterscheiden" (Jauß 1975a: 326f.). Zur Theoriegeschichte des Ruhms siehe Werle 2006, aus literatursoziologischer Perspektive Dörner/Vogt 1994. Zum Verhältnis von Nachruhm und Wirkungsgeschichte siehe auch Goltschnigg 1974a, bes. 3f. Dezidiert komparatistische Arbeiten beziehen sich zuhauf auf *diatopische* Unterschiede oder Gemeinsamkeiten der Rezeption, wie Papenfuß (Hg.) 1976, Bartens (Hg.) 1997, Pfeifer (Hg.) 1977, Sevin (Hg.) 2007, Marquart 2009, u. v. m.; den Einfluss der Ruhmesforschung auf die heutige Literaturwissenschaft untersucht Schöttker 2000.

215 Vgl. etwa Köhler 1990 und als rezeptionsstatistische Reaktion auf die Wiedervereinigung, Stiftung Lesen 1990, Stiftung Lesen 1993 und Stiftung Lesen 1994.

der Einschränkung einer Interpretation auf einen bestimmten Rezeptionszeitraum funktionalisieren. Diese Differenzierung nach *diachronischen* Gesichtspunkten ist die wohl am häufigsten vertretene Funktionalisierung von Lesermodellen in der Hermeneutik, was auf die Fülle der von ihr vorgelegten Arbeiten zu dem als *hermeneutische Distanz* thematisierten Problem des historisch-adäquaten Verstehens literarischer Texte zurückzuführen ist. Doch findet die diachronisch-restriktive Funktionalisierung der Rezeptionsinstanz auch im Rahmen empirischer und sozialgeschichtlicher, also auf den realen Leser bezogenen Untersuchungen Anwendung, wie etwa zum Vergleich des Leseverhaltens in unterschiedlichen Zeiträumen.[216] Die hermeneutische Theoriebildung ist für diachronische Restriktionen jedoch hervorzuheben, da ihre Problematisierung historischen Verstehens überhaupt erst die Ausdifferenzierung der folgenden historisierenden und aktualisierenden Perspektiven ermöglichte.[217] Sie lässt sich auffächern hinsichtlich

1) des historisch-zeitgenössischen Lesers, der gemessen am Erscheinen des Primärtextes etwa *gleichzeitig* rezipiert;
2) des Leser eines unbestimmt späteren Zeitraumes, der gemessen am Erscheinen des Primärtextes *nachzeitig* rezipiert;
3) des aktuellen Lesers, der gemessen am Erscheinen des den Leser beschreibenden Forschungstextes etwa *jetztzeitig* rezipiert oder so gar der Autor dieses Textes (etwa ein Literaturwissenschaftler) ist;
4) des historischen Verlaufs, der gemessen am Erscheinen des Primärtextes und des den Leser beschreibenden Sekundärtextes alle

---

216 Für viele andere, vor allem rezeptions- und wirkungs*geschichtliche* Arbeiten, die meist einzelwerkbezogen sind, soll Erning 1974 exemplarisch genannt werden. Er untersucht den historischen Wandel des intensiven zum extensiven Lesen. Eine auch bloß exemplarisch aufgeführte Sozialgeschichte findet sich bei Schneider 2004. Der Band Franzmann 2001 betont die Abhängigkeit des Leseverhaltens von medialen Einflüssen „im neuen Jahrtausend". Überblickshaft in die Lese(r)geschichte einführend Baumgärtner (Hg.) 1973: bes. 117–133 und Popp (Hg.) 1977. Auch finden sich Arbeiten, die diachronische und diastratische Restriktionen gleichzeitig anlegen. So der Band von Bödeker (Hg.) 1991, in dem sich unterschiedliche Einzelstudien zum schulischen, weiblichen, höfischen usw. Leser im 18. Jahrhundert finden; ähnliches auch im Band von Goetsch (Hg.) 1994; Raffler 1993 untersucht die bürgerliche Lesekultur im Vormärz; Löffler 2011: bes. 285–325 hingegen literatursoziologisch das Lesen in der DDR; Engelsing 1974 schreibt eine Leserschichte des Bürgers als Leser von 1500–1800, wobei er besonderen Fokus auf den protestantischen Norden Deutschlands legt. Einen noch umfassenderen Untersuchungszeitraum wählen Manguel 1999 und Griep 2005, die jeweils eine „Geschichte des Lesens" schreiben.
217 Das heißt nicht, dass die Hermeneutik Varianten der Historisierung notwendig *explizit* anhand von Leserkonzepten diskutiert haben muss. Beispielsweise kann das in die Rezeptionsästhetik hineingetragene Gadamer'sche Konzept der Horizontverschmelzung als eine *diachronisch-prozessuale* Restriktion im Sinne des vierten Punktes der noch vorzustellenden Ausdifferenzierung verstanden werden.

(oder mindestens zwei unterschiedliche) Leser aus (1) und (2) hinsichtlich der Differenzen oder Gemeinsamkeiten ihrer Rezeption *prozessual* vergleicht.[218]

Da sich, wie gesagt, auch probabilistische und reale Lesermodelle mit dieser diachronischen Differenzierung bezüglich ihrer jeweiligen Funktion der historischen Kontextabgrenzung beschreiben lassen, sollen im Folgenden für die Kriterien (1) bis (4) jeweils spezifische literaturtheoretische Beispiel genannt werden. Diese können – analog zu den vier Kriterien hinsichtlich ihres theoretischen Verhältnisses zum diachronischen Umgang mit Texten – anhand der Achsen *synchron-diachron* und *historisierend-aktualisierend* beschrieben werden.

Theorien, die sich wie in (1) auf den oder die historisch-zeitgenössischen Leser beziehen, lassen sich als *synchronisch-historisierende* Positionen zusammenfassen. Deren Ziel ist es, einen literarischen Text in seinem historischen Kontext und aufgrund seines historischen Kontextes zu verstehen. Die zentrale Funktion des dabei applizierten Lesermodells ist, wie bei der Funktionalisierung realer Leser für eine historisierende Rezeptionsanalyse, der Ausschluss anachronistischer Wissensbestände bei der Interpretation des Primärtextes.[219] Ebenfalls *synchronisch-historisierend* ist die Funktion der Restriktion in (2) zu verstehen. Allerdings sind zwei Unterschiede zu nennen: Die Historisierung bezieht sich nicht auf den Zeitraum von (1), sondern auf einen späteren, der aber nicht bereits der Zeitpunkt von (3), also der Publikation des Forschungstextes ist. Darüber hinaus gilt das Erkenntnisinteresse dieser Arbeiten meist weniger dem Primärtext, als vielmehr dem *Kontext*, in dem der Text interpretiert wird. Die Rekonstruktion der Privatbibliothek eines Autors zum Zwecke des besseren Verständnisses seiner Werke kann hier als prototypisches Beispiel genannt werden. So wird etwa die Frage, ob die im Erstdruck der „Judenbuche" mit der sonst stimmigen Textchronologie konfligierende Jahreszahl des Todes Johannes' von der Autorin intendiert war, mit dem Rückgriff auf eine Tragödie von Zacharias Werner erläutert. Diese hatte die Droste *nachweislich* gekannt.[220] Abstrakt formuliert besteht solch eine Form der inter-

---

218 Auf ähnlichen Kategorien beruht auch die in Kapitel V.2.1 vorgenommene systematisierende Darstellung von Positionen der praktischen Rezeptionsforschung hinsichtlich ihrer jeweiligen Erkenntnisinteressen.
219 Vgl. hierzu Kapitel II.1. Vertreter dieser Position sind einige, aber nicht alle Befürworter eines hypothetischen Intentionalismus, wie Tolhurst 1979 oder Currie 1993. Ebenfalls historisierend in diesem Sinne arbeiten ‚analytische Hermeneuten' (vgl. Jannidis 2006), die theoretisch-normativ (Jannidis 2004) und historisch-deskriptiv (Jannidis 2008) argumentieren, bzw., auch auf reale Leser und deren Rezeptionszeugnisse Bezug nehmen (Jannidis 2011).
220 Siehe von Droste-Hülshoff 1994b: 813 (Stellenkommentar zu Seite 62).

pretativen Praxis in der Verfolgung eines Interpretationsziels, das den (in der Bibliothek befindlichen) Primärtext selbst nur als wahrscheinlich vorauszusetzenden oder zumindest möglichen Wissenskontext, also als Sekundärtext eines weiteren Primärtextes begreift.[221] In den 1970er und 1980er Jahren wurde dies gelegentlich im Anschluss an Wolfgang Haubrichs als „produktive Rezeption" bezeichnet, doch konnte sich dieser Begriff aufgrund bestimmter Probleme nicht als *terminus technicus* durchsetzen.[222] Weitere Beispiele dieses Restriktionstypus beschreiben die Bedeutung eines Autors oder Textes für eine bestimmte der Erstpublikation nachzeitige Rezeptionsphase, wie etwa die Aufsätze in dem Band von Herbert Mayer (Hg. 2003) „Goethe in der DDR. Konzepte, Streitpunkte und neue Sichtweisen". Diese Rezeptionstheorien sind als kontext- oder fremdtextbezogene Varianten zu rubrizieren.

Die aktualisierenden Positionen in (3) lassen sich auf mehrere theoretische Provenienzen aufteilen. Einerseits sind hier die meisten Vertreter subjektivistischer Rezeptionstheorien versammelt, wie sie aus der *reader-response theory* hervorgegangen sind. Diese fragen sich selbst oder ihre Stu-

---

221 Vgl. hierzu u. a. auch Hirn 2006 oder auch Arbeiten wie die von Sittel 1999.
222 Die Probleme sollen hier kurz diskutiert werden. Haubrichs 1974: 107, Anm. 30 führt den Begriff wie folgt in die Theoriedebatte deutschsprachiger Rezeptionsforschung ein: „Die ‚produktive Rezeption' ist partiell bereits Gegenstand von Stoff- und Motivforschung sowie vor allem der ‚Vergleichenden Literaturwissenschaft'. Hier geht es [...] um Kriterien mit denen sich ‚genetische Zusammenhänge (Kontaktbeziehungen)' von ‚typologischen Zusammenhängen' scheiden lassen". Siehe hierzu systematisierend auch Link 1976: 86–89, Grimm 1977a: 147–153 und Waldmann 1981. Als produktive Rezeption wird nach dieser Bestimmung, kurz gesagt, die literarische Verarbeitung zuvor publizierter Literatur beschrieben. Ausgesprochen deutlich wird dies etwa in der Bearbeitung eines Klassikers von Jane Austin durch Seth Grahame-Smith, der in den Originaltext von „Pride and Prejudice" (1813) selbstgeschriebene Szenen mit Zombie-Attacken einbaut. Der Titel dieses *Mashup*- oder *Remix*-Romans ist folglich auch schlicht „Pride and Prejudice and Zombies" (2009). Eine sehr frühe theoretische Beschreibung der produktiven Rezeption findet sich bei Mukařovský [1944/1966] 2003: 70, eine frühe interpretationspraktische Studie bei Barner 1973. Die wenigen aktuelleren Publikation (Winter 1995, Marquart 2009, Bluhm/Hölter (Hgg.) 2010,) lassen ein recht weites Verständnis des Begriffs erkennen. Die Studien von Klein 2000 und Müller-Wood 2000, in denen die „produktive Rezeption E. T. A. Hoffmanns in Frankreich" und die Shakespeares im Allgemeinen erörtert wird, machen ein erstes, sprachpragmatisches Problem des Begriffs deutlich: Es lässt sich nicht erkennen, ob *der Autor selbst* produktiver Rezipient ist oder ob er – was Ute Klein und Anja Müller-Wood untersuchen – *produktiv rezipiert wird*. Ein weiteres Problem wird in dem Aufsatz von Stefan Tilg (Tilg 2007) erkennbar, der die „produktive Rezeption der antiken Orthographie bei Friedrich Gottlieb Klopstock" untersucht und sich dazu der theoretischen Schriften des Autors zur Sprache bedient. Die ursprüngliche Begrenzung des Begriffs auf die Beschreibung einer innerliterarischen Genetik fiktionaler Texte – was man heute vielleicht eher ‚Intertextualität' nennen würde – wird damit aufgebrochen. Produktive Rezeption ist damit nicht mehr von Wirkungs- und Einflussbeschreibungen zu unterscheiden.

dierenden, was ein Text für sie als Leser bedeutet.[223] Zum anderen zählt hierzu aber auch der eigentlich nicht als Rezeptionstheorie firmierende hermeneutische Präsentismus, wie er von Carlos Spoerhase (2007a: 145–186, 218–225) umfassend rekonstruiert wird. Positionen dieser Provenienz interessieren sich weniger für die tatsächlich von Subjekten aktualisierten Bedeutungen eines bestimmten Textes – wie es die *reader-response theory* macht – als vielmehr für die theoretisch oder sprachlich möglichen Formen bedeutungsaktualisierenden Verstehens. Beide Ansätze sind gemäß der eingeführten Terminologie als *synchronisch-aktualisierend* zu beschreiben. Dem gegenüber steht die unter (4) aufgeführte *diachronisch-prozessuale* Restriktion durch Lesermodelle. Sie wird von der Konstanzer Rezeptionsästhetik, besonders durch Jauß vertreten und geht von der Annahme aus, dass sich die Möglichkeiten des Textverstehens durch die Einbeziehung zuvor geleisteter Textdeutungen verbessern lassen würde. Diese Konzeption ist daher nicht nur *prozessual*, sondern als Folge der häufig implizierten teleologischen Annahmen auch *aktualisierend* ausgerichtet; die aktuelle Verstehenssituation muss nach solch einem Ansatz stets die bestmögliche sein.[224] Der Unterschied dieser Position zu den anderen liegt vor allem in den Prozessannahmen, die jeden diachronischen Ansatz konstituieren. Zwar sind sowohl (3) als auch (4) *aktualisierende* Ansätze, für die vorwiegend subjektivistischen Lesermodelle aus (3) aber sind rezeptions*geschichtliche* Verlaufsformen irrelevant. Für die unter (4) kategorisierten Ansätze der *diachronisch* aktualisierenden Rezeptionsästhetik sind sie hingegen konstitutiv. Das bisher Beschriebene lässt sich schematisch etwa wie folgt darstellen:

---

223 Vgl. das Kapitel III.3.1.
224 Eine Auflistung vor-rezeptionsästhetischer Beispiele der Anwendung dieser dort erstmals theoretisch umfänglich reflektierten Methode findet sich in Jauß 1970: 183, Anm. 91. Auch Iser arbeitet, wie bereits festgestellt, mit einem prozessualen Modell literarischer Kommunikation, bezieht sich dabei aber nicht wie Jauß auf die geschichtliche Dimension, sondern auf den je individuellen Akt literarischer Produktion und – vor allem – Rezeption.

	Synchronisch	*Diachronisch*
Historisierend	(1) - Hypothetischer Intentionalismus - Analytische Hermeneutik (2) - Kontext- oder fremdtextbezogene Rezeptionsforschung	(4) - Konstanzer Rezeptionsästhetik
Aktualisierend	(3) - Reader-response theory - Hermeneutischer Präsentismus	

Abb. 2: Diachronische Übersichtsdarstellung einiger literaturtheoretischer Positionen

Abgeschlossen werden soll dieses Kapitel mit einer weiteren knappen systematischen Überlegung. Die über ein Lesermodell umsetzbaren *diastratischen*, *diatopischen* und *diachronischen* Kontextrestriktionen sind prinzipiell fast beliebig miteinander kombinierbar. Beispiele wären etwa die Untersuchung der Lesekultur einer bestimmten gesellschaftlichen Schicht oder Gruppe in *einem* historischen Zeitraum[225] oder die Untersuchung der Veränderung des Leseverhaltens einer Schicht oder Gruppe zwischen *zwei* Zeiträumen.[226] Die diachronischen Subkategorien (der *gleichzeitigen*, *nachzeitigen*, *jetztzeitigen* und *prozessualen* Rezeption) sind hingegen nicht kombinierbar, sondern exkludierend. Die Entscheidung, einer der vier Ausrichtungen zu folgen, schließt alle anderen aus.[227]

---

[225] Vgl. Raffler 1993 und Adam 2010.
[226] Vgl. Löffler 1999, die meisten Beiträger des Bandes Garbe/Graf/Rosenbrock/Schön (Hgg.) 1998 und die Studie Bertelsmann-Stiftung 1999. Vgl. auch Anm. 215 (dieser Arbeit).
[227] Die vierte prozessuale Konzeption ist dabei gesondert zu betrachten. Durch ihre Prozessualität beruht sie auf einer Kombination der ersten drei Konzeptionen. Entscheidet man sich für sie, schließt dies dennoch aus, gleichzeitig noch einer anderen Konzeption zu folgen.

Es lässt sich also zusammenfassen, dass die interpretationspraktische Funktionalisierung eines Lesermodells in einer gewissen Relation zu der Funktion steht, die es innerhalb seiner theoretischen Rahmenkonzeption selbst einnimmt. Beschreibbar wird diese Relation durch die *spezifischen Restriktionen*, die über das Lesermodell geleistet werden. Dieses Verhältnis ist jedoch kein logisches oder kausales. Das führt dazu, dass nicht mit Sicherheit von einem bestimmten Lesermodell auf eine bestimmte Theorie geschlossen werden kann. Die hier vertretene historisierende Rezeptionstheorie versucht dezidiert, konjekturale Zuschreibungen zu vermeiden und beschränkt sich auf die Deskription faktischer Rezeptionszeugnisse, die im unmittelbaren Kontext der Publikation eines Primärtextes erschienen sind. Sie folgt also der erstgenannten *synchronisch-historisierenden* Restriktion und kombiniert diese mit der zuvor dargestellten *diatopischen* Restriktion. Die lokalen Einschränkungen zulässiger Rezeptionen müssen dabei ebenso wie auch die zeitlichen Limitationen im jeweiligen Einzelfall ausgelotet werden.

3 Epistemologie literaturwissenschaftlicher Lesermodelle

In Kapitel III.1.3 wurde bereits eine grundlegende epistemologische Differenzierung angesprochen, die gewissermaßen mit der Funktionalisierung von Lesermodellen für das Theoriedesign und die interpretative Praxis gekoppelt ist. Sie besteht in der Einsicht, dass theoretische Lesermodelle in der Regel selbst einen *Erkenntnisgegenstand* von Theorie bilden, reale und probabilistische Lesermodelle hingegen als *Erkenntnismittel* von Theorie eingesetzt werden. Praktisch bedeutet das Folgendes: Ist das Ziel einer Fragestellung die Rekonstruktion von Wissen über einen oder mehrere Texte, über Kontexte oder Text-Kontext-Relationen, wie im Fall der historischen Rezeptionsforschung, dann ist der Leser, beziehungsweise sind seine Rezeptionszeugnisse das *Erkenntnismittel* hierfür. Liegt das Erkenntnisziel jedoch in der Konstruktion einer hermeneutischen Theorie, dann ist der Leser meist so stark in das Theoriedesign integriert, dass er zum *Erkenntnisgegenstand* wird. Diese saubere Trennung ‚avant le théorie' lässt sich jedoch nicht verlustfrei in die ‚schmutzige' Realität literaturwissenschaftlicher Theoriebildung überführen. Vielmehr kann ein Lesermodell als Erkenntnisgegenstand theoretischer Überlegungen überführt werden in den Status eines Erkenntnismittels, und zwar genau dann, wenn sich ein theoretisches Lesermodell als so praktikabel herausgestellt hat, dass nicht nur *über* es nachgedacht wird, sondern *mit* ihm (bzw. wenn andersherum ein sich in Interpretationen als nützlich erwiesenes reales oder probabilistisches Lesermodell theoretisch reflektiert wird). Isers *impliziter Leser* beispielsweise wurde erst in interpretationspraktischen Studien angewandt („Der implizite Leser", 1972) bevor er später als theoretisches Konzept detailliert ausgearbeitet wurde („Der Akt des Lesens", 1976).[228]

Im Folgenden soll nun vor allem der Leser als *Erkenntnisgegenstand* literaturwissenschaftlicher Theoriebildung betrachtet werden. Dies ergibt sich aus der epistemologischen Perspektivierung dieses Kapitels. Sie lässt sich in der kürzesten Form durch die Frage beschreiben, welche Möglichkeiten ein (wie auch immer näher definierter) Leser hat, literarische Texte zu verstehen. Literaturwissenschaftliche Theorien bildeten hierzu bereits mindestens drei Positionen aus: subjektivistische, objektivistische und interaktionistische Lesermodelle.[229] Diese unterscheiden sich darin, welche Instanz für die literarische Bedeutungsgenerierung *aus Sicht des Lesers* als die epistemisch relevanteste eingeschätzt wird. Dass diese Kategorisierung voraussetzt, es gäbe so etwas wie eine (meist im Rückgriff auf pragmatische Theorien bestimmte) sinnvolle Unterteilung der literarischen Kommunikationssituation in Sender, Botschaft und Empfänger, bzw. in Autor, Text und Leser, bedeutet nicht, dass auch die dergestalt rubrizierten Theorien dieser Pragmatik das Wort reden müssen.[230] Wenn eine der noch vorzustellenden Bedeutungskonzeptionen den Literaturwissenschaftler nicht als Beobachter, sondern als Teilnehmer dieser literarischen Kommunikationssituation begreift, verschiebt sich die Fragerichtung entsprechend. Sie lautet dann nicht mehr „Was glaubt der Literaturwissenschaft-

---

[228] Tatsächlich finden sich in „Der implizite Leser" keine nennenswerten theoretischen Überlegungen zu diesem Modell. Nur auf Seite 8f. schreibt Iser: „Wenn die sozialen und historischen Normen das Repertoire des Romans bilden, so erscheint dieses im fiktionalen Kontext in einer oft differenziert abgestuften Negation. [...] Diese implizite Aufforderung der Negation ergeht zunächst natürlich an den, für den die negierten Normen das Vertraute sind. Das aber ist der Leser des Romans [...]. Dieser Akt ist die Grundstruktur des Romans; [...] Damit ist zweierlei gesagt: 1. Die Struktur kann und wird historisch immer unterschiedlich besetzt sein. 2. Der implizite Leser meint den im Text vorgezeichneten Aktcharakter des Lesens und nicht eine Typologie möglicher Leser."

[229] Vgl. Bredella 2002: 34–45. Er geht im Rahmen einer didaktisch orientierten Arbeit zu interkulturellem und literarischem Verstehen von ähnlichen Kategorien aus: In seinen „Überlegungen zum guten Leser" nennt er dort das objektivistische, das subjektivistische und das von ihm favorisierte interaktionistische Lesermodell. Diese Kategorisierung wird hier auf epistemologisch relevante Fragestellungen und Theoriebezüge erweitert, wobei es zu beträchtlichen Abweichungen vom Bredella'schen ‚Original' kommt. Diese bestehen hauptsächlich darin, dass Bredella ausschließlich die subjektivistische, objektivistische oder interaktionistische Ausrichtung des *Wissenschaftlers* fokussiert, diese hier aber durch den Bezug auf den (historischen) Leser erweitert wird. Teilweise – wie im Fall der subjektivistischen Ansätze – überschneiden sich die gefundenen Ergebnisse dennoch, was damit zu erklären ist, dass eine Theorie, die beispielsweise die Subjektivität des Lesens als allgemeine menschliche Konstante begreift, diese sowohl für den Wissenschaftler als auch für den Leser postuliert.

[230] Vgl. hierzu die Anm. 43 (dieser Arbeit).

ler, welche Instanz der Leser als die relevanteste für die literarische Bedeutungsgenerierung bestimmt?", sondern etwas weniger kompliziert: „Welche Instanz bestimmt der Literaturwissenschaftler selbst als die relevanteste für die literarische Bedeutungsgenerierung?" Die subjektivistischen Positionen antworten, wenig überraschend, mit „der Leser", bzw. „der Literaturwissenschaftler", die objektivistischen Positionen mit „der Text" und die interaktionistischen Positionen mit „die Interaktion von Text und Leser".[231]

Trotz dieser vermeintlichen Übersichtlichkeit nimmt das folgende Kapitel einen großen Raum in dieser Arbeit ein. Dieser rechtfertigt sich durch die Komplexität und Ausdifferenziertheit literaturwissenschaftlicher Theoriebildung hinsichtlich epistemologischer Fragestellungen, die für leserbezogene Ansätze eine zentrale Rolle spielen. Im Folgenden werden die drei Positionen anhand einer Rekonstruktion der sie vertretenden Theorien vorgestellt.

3.1 Subjektivistische Lesermodelle

Für subjektivistische Lesermodelle ist das lesende Subjekt, also der historische, der wissenschaftliche, der ‚normale' (oder wie auch immer näher zu bestimmende) Leser selbst die für die Bedeutungsgenerierung wichtigste Instanz im Akt literarischen Verstehens.[232] Genuin wirkungs- oder rezeptions*ästhetische* Theorien, wie die aus Konstanz, zählen nicht dazu. Denn diese erklären Rezeption im Anschluss an Ingardens Textverstehen zwar als Konkretisation – und das heißt als notwendig (jedoch nicht hinreichend) über den Leser zu erklärenden Prozess der Bedeutungsgenerierung –,[233] sie setzen aber in gleichem Maße bedeutungstragende *Textstrukturen* voraus, die wiederum die Konkretisationen des Textes beeinflussen.

---

231 Dass hier keine rein kontextbezogene Position aufgeführt wird, ist der Beobachtung geschuldet, dass es kaum eine Position gibt, die eine epistemologische Relevanz des Kontextes bei der Lektüre bezweifelt – aber auch keine, die sie mit der Rigidität lesertheoretischer Vorstöße ins Zentrum des Textverstehens stellen würde. In Kapitel III.3.1.1 werden Kontexteffekte anhand der Annahme diskutiert, dass ‚andere' Leser, bzw. Gruppen von Lesern als ein das Verstehen beeinflussender Kontext fungieren können.
232 Im Folgenden wird zur Beschreibung einzelner Positionen des epistemologischen Status von Lesermodellen stets der *Ismus*, bzw. dessen Adjektivform ‚-istisch' verwendet, um aufzuzeigen, dass die Ansätze oft sehr dogmatisch und in explizier Abgrenzung voneinander vertreten werden.
233 Vgl. zu Ingardens Begriff der Konkretisation als Grundlage einer Rezeptionstheorie das Kapitel III.3.3.2 interaktionistischer Ansätze. Zu dem Konkretisationsbegriff selbst siehe Anm. 422 (dieser Arbeit).

Solche Interpretationskonzeptionen sollen später als interaktionistische Lesermodelle besprochen werden.[234]

Von den weitaus extremer subjektivistisch ausgerichteten poststrukturalistischen Interpretationsansätzen wird solch eine *im Text* angelegte ‚objektive' Bedeutung negiert oder zumindest hinsichtlich ihrer Relevanz für nichtig erklärt. Diese Skepsis gegenüber stabilem Wissen in literarischen Texten lässt sich – wie auch die daraus resultierende Ablehnung intentionsbasierter Theorien – als Folge poststrukturalistischer Grundannahmen über das instabil gedachte sprachliche Zeichen erklären. Dies wird in der Rekonstruktion der Derrida'schen Position genauer erörtert und das dabei filtrierte Leserkonzept im Anschluss mit den Leserkonzepten von Roland Barthes und Paul de Man verglichen werden. Aus ideengeschichtlicher Perspektive findet die Annahme, ein Text besitze keinen ‚objektiven' Bedeutungskern, im Rahmen rezeptionstheoretischer Konzepte erstmals großen Zuspruch in Gadamers Verstehenstheorie. In dieser wird zwar die „Geschichtlichkeit des Verstehens zum hermeneutischen Prinzip erhoben, eine geschichtsphilosophische Verortung dieser Geschichtlichkeit aber abgelehnt" (Warning 1975: 19).[235] Die daran anschließenden Positionen – gerade aus Konstanz – vermeiden nicht weniger diese völlig entontologisierte Rede über Geschichte. Ein Resultat dieser Entwicklung ist die massive und substanzielle Kritik an analytisch und empirisch ausgerichteten Literaturtheorien und den von ihnen gemachten Annahmen über die intersubjektive Überprüfbarkeit empirischer Ergebnisse. Dabei geben die Konstanzer mit ihrer rezeptions- und wirkungsgeschichtlichen Ausrichtung lediglich theoretisch fundierte Interpretationskonzeptionen, keinesfalls aber ein vollständiges Bedeutungskonzept literarischer Texte vor. Auch poststrukturalistische Positionen formulieren keine alternative Einsetzung für die von ihnen kritisierten ‚traditionellen' Theorien. Sie negieren die Relevanz ‚anderer' realer Leser für ihre eigene, singuläre und immer aktualisierende Textauslegung. Die damit verknüpfte Betonung des Akt-Charakters der Interpretation basiert – und das ist der große Unterschied zu der Hermeneutik Konstanzer Prägung – auf einer bereits eine Bedeutungskonzeption in sich bergenden Zeichen- und Sprachtheorie. Dies hat natürlich auch Konsequenzen für Lesermodelle. Während die Konstanzer durch ihre stark voneinander abweichenden Fragerichtungen

---

234 Vgl. hierzu das Kapitel III.3.3.
235 Aus rezeptionsgeschichtlicher Perspektive findet sich Kritik an Gadamers und den ihm folgenden Ansätzen auch in Warning 2003a, Warning 2003b, vereinzelt aber auch in Naumann/Schlenstedt/Barck/Kliche et al. 1973: bes. 17–100 und Naumann 1984: bes. 171–190. Die „Geschichtlichkeit der Literatur als Problem der Literaturgeschichte" behandelt Schober 1982.

– nach einer ungeschichtlichen ‚Wirkungstheorie' und einer geschichtlichen ‚Rezeptionstheorie'[236] – unterschiedlich funktionalisierte Lesermodelle mit unterschiedlichen epistemischen Eigenschaften konzipieren, ist zumindest für die theoretischen Postulate postmoderner Theorie vorerst anzunehmen, dass ihre Lesermodelle hinter den Primat der Sprache zurücktreten müssen. Das heißt, dass durch die in Folge dieser zeichentheoretischen Bedeutungskonzeption notwendig gewordene Revision der Trennung von (historischem) Rezipienten und Literaturwissenschaftler sich nun die oft als Ursache eines interpretativen *anything goes* (falsch-) verstandene Situation ergibt, in der sich der Interpret an keinen durch historische Adäquatheitsforderungen bedingten interpretationsregulierenden Rahmen zu halten hat. *De facto* ist diese Freiheit aber lediglich idealiter existent, wie die Umsetzungsversuche dieser poststrukturalistischen oder dekonstruktivistischen Theoriekonzeptionen in die interpretative Praxis realiter zeigen: In ihren Interpretationen nehmen diese Interpreten explizit ideengeschichtliche Bezüge und bereits von anderen geleistete Interpretation in ihren nur vermeintlich idiosynkratischen Rezeptionsakt auf. Die Lektüren Derridas exemplifizieren dies aufs Deutlichste.[237] Der theoriespezifisch inkonsequente Umgang mit dem Leser wird so auch das kontradiktorische Verhältnis zwischen poststrukturalistischer *Theorie* und *Praxis* erklären können, in dem der reale Leser als (historische) Person theoretisch irrelevant ist, aber praktisch als Ideengeber der Interpretation funktionalisiert wird. Poststrukturalistische Ansätze, so lässt sich nach dieser holzschnittartigen Einführung zusammenfassen, setzen ihre theoretisch postulierte Kritik in ihrer eigenen interpretativen Praxis nicht konsequent um. Damit bestätigt sich auch die in Analogie zur Autorfunktionalisierung in Kapitel III.2 erwähnte Beobachtung, dass sich bei der Rekonstruktion dieser Ansätze keine sicheren Schlüsse von der *theoretischen* Funktionalisierung eines Lesermodells auf seine *interpretative* Verwendung ziehen lassen.

In ihrer theoriegeschichtlichen Entstehung sind die subjektivistischen Ansätze der Lesertheorie besonders gut vor dem Hintergrund eines einige

---

236 Zu den Begriffen und ihrer genaueren Differenzierung vgl. Iser 1976, wie etwa auf Seite 8: „Deshalb stellt sich für eine Wirkungstheorie das Problem, wie ein bislang unformulierter Sachverhalt verarbeitet und gar verstanden werden kann. Rezeptionstheorie hat es dagegen immer mit historisch ausmachbaren Lesern zu tun, durch deren Reaktion etwas über Literatur in Erfahrung gebracht werden soll. Eine Wirkungstheorie ist im Text verankert – eine Rezeptionstheorie in den historischen Urteilen der Leser".
237 Siehe Derrida 1992: bes. 20, 26, 50–61, 71, 74, wo er eine insgesamt sehr stark an Freud orientierte Interpretation durch die Übernahme von Ideen Lacoue-Labarthes und Nancys, Heideggers, Husserls und anderen fundiert. Um ein weiteres Beispiel zu nennen: In einer anderen Arbeit (Derrida [1986] 2002) wird ihm während der „Fahnenkorrektur […] Bestätigung [s]einer Hypothese zuteil durch einen sehr schönen Text von Werner Hamacher" (ebd.: 137, Anm. 1).

Jahre vor Beginn dieser Bewegung, Mitte der 1960er Jahre, von Kenneth Burke formulierten Ansatzes der symbolischen Handlungstheorie zu erklären. Burke beschreibt darin den literarischen Schreibakt produktionsästhetisch als „die Anwendung verschiedener Strategien, zu dem Zweck, Situationen gerecht zu werden und sie zu ‚bewältigen'" (Burke 1966a: 7).[238] Diese Produktionssituationen erklärt er dann im Rahmen einer Handlungstheorie, die die individuellen Faktoren der Textproduktion zugunsten ihrer intersubjektiv vergleichbaren Anteile nivelliert: „Die Situationen sind real, die Strategien, die ihnen gegenüber zur Anwendung kommen, sind allgemein einsichtig" (ebd.: 7). Für die Rezeption dergestalt ‚intersituativ' verstandener literarischer Texte heißt dies, dass „[s]oweit die Situationen von einem individuellen Fall zum anderen oder von einer geschichtlichen Periode zur anderen einander auch nur teilweise gleichen, [...] sie von allgemeiner Verbindlichkeit" sind (ebd.: 7). Burkes Ansatz, der als Übergangskonzept rezeptionstheoretische Arbeiten gewissermaßen vorbereitet, unterscheidet sich von diesen noch durch die geringere Gewichtung der individuellen Faktoren bei der Rezeption literarischer Texte. Sein handlungstheoretischer Ansatz betont vielmehr die Möglichkeit der Verallgemeinerung produktions-, aber auch rezeptionsbezogener literarischer Handlungen.

In den 1970er Jahren wurde diese generalisierende Tendenz dann zwar kritisiert, nicht aber Burkes grundsätzlich *auch* leserbezogene Ausrichtung. Das handlungsorientierte Fundament seines Interpretationskonzeptes entwickelte sich vielmehr zur tonangebenden Rezeptionstheorie im anglophonen Sprachraum, dem *reader-response criticism*. Dessen einflussreichsten Vertreter waren in den Vereinigten Staaten Norman Holland und Stanley Fish, später dann mit einer etwas abweichenden Stoßrichtung Paul de Man. In Frankreich waren es Roland Barthes und Jacques Derrida.[239]

Bevor die für die deutsche Literaturwissenschaft wichtigeren französischen Ansätze vorgestellt werden, sollen noch einige andere amerikanische Vertreter des *reader-response criticisms* genannt werden, wenngleich sich ihr Einfluss in Grenzen hielt. Retrospektiv betrachtet handelt es sich bei ihm nicht um eine konsistente Bewegung, sondern um unter diesem

---

238 Eine kurze Übersicht der „Ebenen der symbolischen Handlung" findet sich ebd.: 40–44, einen umfassenden Einblick bietet die im gleichen Jahr erschienene, wesentlich umfangreichere englischsprachige Ausgabe Burke 1966b.

239 Das Verhältnis von deutscher, amerikanischer und französischer Rezeptionstheorie (und poststrukturalistischer Theorie) stellt Holub 1992 dar, der zuvor in Holub 1984 auch einen amerikanisch perspektivierten Blick auf die Konstanzer Rezeptions- und Wirkungsästhetik geworfen hatte.

Begriff kompilierte Ansätze, die sich nur in ihrer Tendenz der subjektivistischen Erklärung literarischen Verstehens nach ähneln. Dazu zählen die bereits genannten Arbeiten von Holland und Fish,[240] ebenso die von David Bleich, Robert Crosman und Michael Steig.[241] Sie zogen jedoch unterschiedliche Kontexte zur Begründung ihrer geteilten subjektivistischen Annahmen heran. Zu nennen wären etwa psychologisch-anthropologische (Bleich, Crosman, Steig), psychoanalytische (Holland) und soziale (Fish) Prämissen. Der recht unbekannte Psycholinguist Frank Smith (1971) ist einer der wenigen unter den amerikanischen Theoretikern, der sich nicht auf einen einzigen Erklärungszusammenhang versteift, sondern konsequent unterschiedliche Begründungskontexte aus Linguistik, Psychologie, Physiologie und Soziologie für seinen Ansatz verbindet. Seit den 1980er Jahren sind teilweise sehr gute Einführungstexte in sämtliche Varianten dieser Rezeptionstheorien greifbar; die meisten von ihnen wurden als Einleitungen zu Anthologien veröffentlicht.[242]

Um einen etwas fundierteren Einblick in das Denken der *reader-response theorists* zu ermöglichen, sollen einige ihrer Arbeiten etwas detaillierter vorgestellt werden, wobei mit der frühen und stark subjektivistischen Theorie Hollands begonnen werden soll. Darin erarbeitet er ein Rezeptions- und Lesermodell (Holland 1968), das psychoanalytische und kognitionswissen-

---

240 Siehe bes. Holland 1968 und Holland 1975 aber auch die später weniger psychologisch als neurologisch argumentierenden Arbeiten wie Holland 2002. Zu Fish siehe bes. Fish 1967, Fish 1970 und in selbstreflexiver Rückschau Fish 1980d.
241 Siehe Bleich 1975 und Bleich 1978, Crosman 1980 und Steig 1989. Eine 180 Seiten starke Einführung in die (weit gefassten) Ansätze des *reader-response criticism* findet sich bei Freund 1987, die sich jedoch vor allem auf die Darstellung der Rezeptionstheorien von Culler, Fish, Holland und Iser beschränkt.
242 Solch eine Anthologie der Texte vieler der o. g. Autoren findet sich bei Tompkins (Hg.) 1980b. Dort, wie auch in ihrer Einleitung Tompkins 1980a, unterschlägt sie jedoch den Bezug auf die frühsten Anfänge des *reader-response criticism*. U. a. übergeht sie Richards 1929 – der konsensual als Präkursor des *reader-response criticism* gilt – und beginnt ihre Textsammlung mit „Gibson's essay on the mock reader, written in 1950, because it shows how reader-response criticism began to evolve within the confines of a formalist position" (S. x). Mailloux 1982 inventarisiert kritisch *psychological reading models* (ebd.: 19–39) und *social reading models* (ebd.: 40–65), wobei er davon ausgeht, dass nur letztere in der Lage sind, seinen Untersuchungsgegenstand, fiktionale amerikanische Literatur, adäquat zu beschreiben. Dies versucht er mit dem Rückgriff auf sprechakttheoretische Annahmen geteilter Praktiken, d. h. literarischer und interpretativer Konventionen theoretisch abzusichern. Überraschenderweise rekonstruiert er aber die Theorien Jauß' und Cullers als *social reading models*. Eine weitere Anthologie mit umfangreicher Einführung (ebd.: 3–45) und annotierter Bibliographie (ebd.: 401–424) publizierten zeitgleich mit Tompkins Suleiman/Crosman (Hgg.) 1980; diese wird sehr positiv rezensiert von Mailloux 1983. Die dezidiert subjektivistischen Positionen reflektieren auch Steig 1989: 3–13 und mit Fokus auf besonders in Deutschland nahezu unbekannte englisch- und französischsprachige Vertreter des (feministischen) *reader-response criticism* Bennett (Hg.) 2001.

schaftliche Ansätze verbindet. Auch in seiner späteren Veröffentlichung „5 Readers Reading" (1975) geht er davon aus, dass jede Textrezeption hochgradig individuell ist: [T]his book will show, readers respond to literature in terms of their own „lifestyle" (or „character" or „personality" or „identity"). By such terms, psychoanalytic writers mean an individuals' characteristic way of dealing with the demands of outer and inner reality" (ebd.: 8). Diese psychoanalytisch fundierte Annahme einer subjektivistischen Rezeption von Literatur setzt Holland in seinem Buch konkret anhand fünf ‚empirischer' Studien um, in denen er die Lese-Ergebnisse seiner fünf Leser ausgiebig psychoanalytisch deutet. Das sich dabei eröffnende Problem der methodisch adäquaten Umsetzung seiner psychoanalytischen Ausrichtung in die praktische Arbeit mit den Interpretationsergebnissen seiner Probanden beschreibt er selbst, ohne jedoch eine befriedigende Lösung aufzeigen zu können:

> The major problem proved to be, not the interviewing, but analyzing the results. A simple procedure led to an extremely complicated problem of interpretation. Finally, however, this complexity subsided into a basic principle of personal interaction whose very simplicity adds elegance to its other claims on your belief. (Holland 1975: x)[243]

Auch David Bleich, ein Schüler Norman Hollands, macht in seiner *Resymbolisierungstheorie* die Rezeption literarischer Texte in besonderem Maße von der Psychologie des Lesers abhängig. Was der Leser der literarischen Handlung respektive den Charakteren zuschreibt, sei letztlich die Widerspiegelung seines Inneren: „To construct a literary meaning is to explain a spontaneous perception and the means of understanding it in the same act" (Bleich 1978: 237).[244] Eben diese Subjektivität des Verstehens denkt er sogar als epistemologische Bedingung und Konstante menschlichen Daseins. Sie sei „an epistemological condition of every human being" (ebd.: 264). Dies führt ihn zu der Position des von ihm in besonderem Maße vorangetriebenen und in der amerikanischen Theorielandschaft Gemeinplatz gewordenen ‚subjektiven Paradigmas' (*subjective paradigm*),[245] dessen postulierte Subjektivität keinesfalls mit ‚bloßer' Individualität verwechselt werden darf. Vielmehr stellt dieses Postulat allgemeingültige (inter-)subjektive Bedingungen der menschlichen Rezeption heraus und grenzt sich auf diese Weise von der psychoanalytischen Arbeit Hollands ab. Die generalisierende Betonung der Subjektivität im Rahmen einer lite-

---

243 Vgl. hierzu auch Bleich 1978: 111–122, Steig 1989: 7f. und Rabinowitz 1995.
244 Vgl. u. a. auch Bredella 2002: 37–39.
245 In die gleiche Richtung argumentieren später im deutschsprachigen Raum (radikal-)konstruktivistische Theorien wie Rusch 1987 in dem dieses Phänomen reflektierenden Band Schmidt (Hg.) 1987.

rarischen Verstehenstheorie führt in einigen Fällen zu einer vorerst paradox anmutenden Konstruktion von Subjektivität als *Kontextbedingung* des Verstehens.

3.1.1 Subjektivität als Kontextbedingung des Verstehens

Die epistemologische Frage, von welchen Faktoren literarisches Verstehen beeinflusst wird, beantworten die im Folgenden vorzustellenden Ansätze über kontextuelle Phänomene, die eine bestimmte Form der Rezeption bedingen. Dass dabei auf andere Subjekte im (vorerst in seiner Reichweite unbestimmten) Umfeld des Lesers zurückgegriffen wird, führt zu der erklärungsbedürftigen Bestimmung von *Subjektivität als Kontext*. Und um es gleich zu Beginn dieser Ausarbeitung in aller Deutlichkeit betont zu haben: Diese Ansätze beziehen sich allein auf den Kontext des Lesers und den seiner Rezeptionssituation, nicht auf Autor-, Produktions- oder Text-Kontexte. Dabei wird der sich in einer Rezeptionssituation befindliche Leser mitfunktionalisiert, ähnlich wie bei den später genauer auszuarbeitenden interaktionistischen Modellen, die eine Interaktion dieses Lesers (vorwiegend) mit dem literarischen Text annehmen. Nur wird hier eben nicht der Text oder die *individuelle* Subjektivität des Lesers selbst als die wichtigste epistemologische ‚Größe' literarischen Verstehens gedacht. Vielmehr sind es – so ist die Annahme – die *geteilten* Eigenschaften der den Leser umgebenden Gemeinschaft, die sein Verstehen hochgradig beeinflussen. Die anderen pragmatischen Instanzen der literarischen Kommunikation treten dabei in den Hintergrund. In der extremsten Form spricht Stanley Fish – sicherlich der einflussreichste Rezeptionstheoretiker der Vereinigten Staaten – dem Text jegliche Bedeutung im propositionalen Sinne ab. Nach Fish sind die literarischen Texten zugeschriebenen Bedeutungsgehalte mehr oder weniger ausschließlich bestimmt durch gruppenspezifische Interpretationskonventionen:

> What I have been saying is that there is no subjectivist element of reading, because the observer is never individual in the sense of unique or private, but is always the product of the categories of understanding that are his by virtue of his membership in a community of interpretation. (Fish 1981: 11.)

Trotz dieser expliziten Ablehnung eines *subjektivistischen* Standpunktes im engeren Sinne, die ihn zumindest tendenziell wieder in die Nähe von Burkes *intersubjektivistischem* Ansatz rückt, wird Fish stets als Hauptvertreter des *subjective criticism* angeführt.[246] Dies scheint jedoch weniger auf dem

---

246 Vgl. u. a. Bleich 1975 u. Bleich 1978.

korrekten Verständnis seiner größeren theoretischen Schriften als vielmehr auf der Rezeption seiner teils stark polemisierenden Artikel zu beruhen.[247] Diese brachten ihm den Ruf ein, wie Geoffrey Galt Harpham (1990: 247) in der Literaturbeilage der „Times" schreibt, „the most quoted, most controversial, most in demand and most feared English teacher in the world" zu sein.[248] Angesichts seines theoretischen Gesamtwerks sollte Fish aber nicht als Subjektivist verstanden werden, sondern – seinem Selbstverständnis folgend – vielmehr als *Anti-Objektivist*. Der Grund dafür ist, dass er dem Leser nicht im Sinne einer Betonung der individuellen Subjektivität bedeutungsgenerierende Funktionen zuschreibt, wie es von einem genuin subjektivistischen Ansatz zu erwarten wäre. In Fishs Interpretationskonzept ist der Leser vielmehr nur die ausführende Instanz dessen, was innerhalb eines konventionalisierten Systems – also einem Verstehenskontext – überhaupt *verstehbar* ist. Die Lese-Erfahrung sei, so Fish (1981: 11), „constrained by the possibilities that are built into a conventional system of intelligibility". Da in der germanistischen Literaturwissenschaft jenseits seiner Polemiken noch immer wenig über Fishs theoretische Arbeit bekannt ist, sollen seine Lesertheorie und die sich kritisch von ihr absetzenden Ansätze im Folgenden referiert werden.

Es ergeben sich mindestens zwei Probleme, wenn sich dezidiert subjektivistische Rezeptionstheorien in den Dienst eines generalisierenden Ethnozentrismus stellen, wie er etwa durch das erwähnte Argumentieren mit ‚allgemeinmenschlichen' oder universellen psychologischen Konstanten aufgerufen wird: Erstens erfolgt die Feststellung der Subjektivität der Lektüre nicht mehr aufgrund der *praktischen Beobachtung* dieses Phänomens selbst,[249] sondern aufgrund normativer Setzungen über den Menschen ‚an sich'. Die Untersuchung literarischer Rezeptionen kann in diesem Fall lediglich Anschauungsmaterial zur Stützung der Theorie liefern, die Theorie selbst aber nicht hinsichtlich ihrer Annahmen hinterfragen. Das zweite Problem wiegt kaum weniger schwer. Es bezieht sich nicht auf die normativen Setzungen des Subjektivismus, sondern auf die durch ihn möglichen Folgerungen: Die Betonung der als *allgemein*, also für *alle* Menschen angenommen Leseverhaltensweisen führt zu einer Abschwächung der Relevanz der individuellen Rezeption. Vielmehr provoziert das ethnozentristi-

---

247 Ein Beispiel des rhetorischen Gestus von Fish: „At a time when we are warned daily against the sirens of literary theory, Wolfgang Iser is notable because he does not appear on anyone's list. He is not included among those (Derrida, de Man, Bloom, Miller, Fish) who are thought of as subverting standards, values and the rule of common sense; nor do we find him cited as one of those (Abrams, Hirsch, Booth, Graff, Crews, Shattuck) who are fighting the good fight against the forces of deconstructive nihilism" (Fish 1981: 2).
248 Vgl. hierzu Veeser 1999: 1.
249 Diese Kritik formuliert auch Holland 1975: 6.

sche Argument der allgemeinen Relevanz der Subjektivität literarischen Verstehens gerade seine Enthistorisierung und Entsubjektivierung. Fishs Bestreben einer Rückholung der Situativität der Rezeption durch die Fokussierung der sozialen Konditionierung von Lesern darf daher bloß als ein Versuch, nicht aber als erfolgreiche Umsetzung dieses Versuchs verstanden werden. Wenngleich seine Argumentation auf den ersten Blick durchaus konsistent erscheint, so krankt er vor allem an der unpräzisen Bestimmung dessen, was eine Interpretationsgemeinschaft eigentlich genau ist.[250] Fish definiert sie als

> a point of view or way of organizing experience that [shares] individuals in the sense that its assumed distinctions, categories of understanding, and stipulations of relevance and irrelevance [are] the content of the consciousness of community members who [are] therefore no longer individuals, but, insofar as they [are] embedded in the community's enterprise, community property. (Fish 1989: 141)

Interpretationsgemeinschaften werden demnach von Fish als Gruppe von Individuen verstanden, die sich gegenüber anderen Individuen oder Gruppen von Individuen durch bestimmte distinktive Attribute auszeichnen. Dazu gehören u. a. geteilte psychologische oder sprachlich-kulturelle Eigenschaften, Verstehenskategorien und Erfahrungen. Das definitorische Problem liegt nun aber nicht in der theoretischen Bestimmung relevanter Eigenschaften der Individuen. Es liegt in der Festlegung, in welchem Maß die Eigenschaften eines Individuums von der für die Gruppe durchschnittlichen Ausprägung dieser Eigenschaften abweichen dürfen, um das Individuum noch in die Gruppe aufnehmen zu können. Daran schließen sich weitere, teilweise sehr praktische Fragen an, etwa ob geringe Abweichungen mehrerer Eigenschaften jeweils autonom ‚pro Eigenschaft' betrachtet werden, oder ob sich die Abweichungen addieren usw.

Es geht also letztlich um die Frage nach der *Abgrenzung* einer Gruppe. Immerhin kann die Größe von Interpretationsgemeinschaften – zumindest theoretisch – erheblich variieren. Genau genommen zwischen dem denkbar kleinsten Pol auf der einen Seite, der aus *zwei Individuen* besteht, und dem denkbar größten auf der andern Seite, der aus der Gruppe *aller menschlichen Leser* besteht. Es wäre ja nicht zu leugnen, dass die Individuen in dieser zweiten Gruppe trotz ihrer vielen Unterschiede bestimmte Eigenschaften noch immer teilen. Im Zweifel könnte man, wie es in ähnlichen (und ähnlich hoffnungslosen) Fällen Usus ist, einfach mit *Familien-*

---

250 Hierzu Rabinowitz 1995: 387, 398f., der auch die englischsprachige Kritik an Fishs *interpretive communities* zusammenträgt. Die aktuellste und differenzierteste deutschsprachige Kritik findet sich bei Strasen 2008, siehe bes. 103–107, der von einer dilemmatischen Situation der Konzeption von Fish spricht und ihm „unzureichende definitorische Schärfe (ebd.: 103) vorwirft.

ähnlichkeit argumentieren, doch scheint damit wenig gewonnen zu sein. Verknüpft man hingegen die beobachteten Rekrutierungsmechanismen von Interpretationsgemeinschaften mit dem bisher ausgearbeiteten, so zeigt sich, dass sie sich gar nicht so sehr von den oben vorgestellten diachronisch, diatopisch oder diastratisch begründeten Restriktionen anderer Lesermodelle unterscheiden. Es stellt sich dann aber die Frage, ob überhaupt noch von einer genuin subjektivistischen Begründung von Interpretationsgemeinschaften gesprochen werden kann.

Angesichts dieser Feststellung soll eine kurze allgemeine Seitenbemerkung zu subjektivistischen Theorien erlaubt sein. Denn interessanterweise müssen die meisten Lesermodelle dieser Herkunft – trotz ihrer subjektivistischen Annahmen – nicht näher am erstgenannten Pol, sondern vorwiegend am zweiten verortet werden. Beispielsweise besetzt Holland den Pol der stark individualisierten Einzel-Leser, Bleich und Crosman sind jedoch am entgegengesetzten Pol zu verorten. Sie nehmen allen Lesern geteilte Eigenschaften an. Theorien solcher Art betonen zwar in der Regel die Subjektivität der Wahrnehmung und Rezeption im physiologischen Verständnis, begründen ihren Standpunkt aber damit, dass die postperzeptiv ablaufenden psychologischen Prozesse bestimmten Regeln unterworfen sind, die für alle Menschen gleichermaßen gelten.

Eine Argumentation dieser Art führt David Bleich an, dessen bereits erwähnte Interpretationstheorie eine *Resymbolisierung* von Elementen des Gelesenen konstatiert, wobei diese Resymbolisierung dezidiert als ein dem Lese-Erlebnis nachzeitiger Akt zu verstehen ist.[251] In Vorbereitung dieses Ansatzes entwirft Bleich (1975: 80–95) bereits den Gedanken der *Interpretation as a Communal Act*, der in seinen Annahmen dem später von Fish (1980c) veröffentlichten, wesentlich verbreiteteren Konzept der *interpretive community* nahezu entspricht, aber stärker auf geteilte emotive Aspekte einer Gemeinschaft abzielt. Bleich geht wie folgt vor. Er lässt seine als Gruppe zu verstehenden Seminarteilnehmer „Vanity Fair" von William M. Thackeray (1847) lesen und fragt angesichts ihrer Lektüreergebnisse nach der Rolle der (Studierenden-)Gemeinschaft für die jeweilige Einzelinterpretation:

> How does one make use of the subjective responses of others, and how much of such responses are common on a larger scale – in a class, in a certain age-group, in a society, and so on? (Bleich 1975: 80)

---

251 Siehe Bleich 1975 und Bleich 1978: bes. 38f. Für eine ausführliche Kritik der Bleich'schen Prämissen und seines dreistufig gedachten Rezeptionsmodells siehe Strasen 2008: 45–50, und seine Kritik auf Seite 49f.: „Der Prozess, von dem Bleich ausgeht, ist auf der Grundlage seiner eigenen Annahmen [über den gleichen ontologischen Status von literarischer und interpretativer Äußerung; M. W.] nicht möglich" (ebd.: 50 und Mailloux 1982: 32f.).

[...] If we take the matter further, the question becomes, How do feelings and values held in common by a group make their effect known in response, and how do people perceive group values in other people's responses? (ebd.: 82)
[...] However, if we view the responses as being produced by a group of adolescents about nineteen years of age, all the responses do in fact add up to an important preoccupation with sex and marriage, expressed in terms of the material presented in the reading experience. The respondents all picked out different materials from the novel to demonstrate similar values. (ebd.: 88)

Fish publizierte zwar bereits seit Mitte der 1960er Jahre interpretative und rezeptionstheoretische Arbeiten, doch wird das darin noch vertretene historisierende Interpretationsmodell – das ihn als „the closest of close readers" bekannt machte (Steig 1989: 5) – erst gut zehn Jahre später durch seine Annahme gemeinschaftsspezifisch konventionalisierter *interpretive strategies* ersetzt. So schreibt Fish (1980a: 14): „The notion of ‚interpretive communities', which had surfaced occasionally in my discourse before, now becomes central to it. Indeed, it is interpretive communities, rather than either the text or the reader, that produce meanings". Theoriegeschichtlich muss jedoch festgehalten werden, dass Bleich nicht weniger als Fish an der Urheberschaft des Gedankens einer literaturwissenschaftlich relevanten Interpretationsgemeinschaft beteiligt gewesen ist.

Doch was impliziert dieser Fish'sche Wandel von einer textbasierten zu einer leserbezogenen Bedeutungskonzeption literarischen Verstehens? Akzeptiert man die theoretischen Setzungen, die für den Ansatz der Interpretationsgemeinschaften notwendigerweise gemacht werden müssen und stellt man sich dann die Frage, wie die Bedeutung eines literarischen Textes beurteilt werden kann, so ist festzustellen, dass diese überhaupt nicht mehr in Relation zum literarischen Text, also dem Interpretationsobjekt bestimmt werden kann, sondern nur noch anhand des Interpretationskontextes, der sich als *common sense* einer bestimmten Gruppe manifestiert. Mit dieser Verschiebung des Bedeutungsbegriffs von einer Subjekt-Objekt-Relation zu einer bloßen (Inter-)Subjektrelation geht natürlich auch eine argumentative Verschiebung der Legitimation interpretativer Bedeutungskonzeptionen einher. Bei den hier vorgestellten Vertretern von Interpretationsgemeinschaften werden diese jedoch nicht interpretationstheoretisch, sondern *anthropologisch* (Bleich) oder *soziolinguistisch* (Fish) gestützt. So zeigen sich Bleichs (1975: 95) anthropologische Grundannahmen, wenn er die Funktion geteilter Werte beschreibt: „[A] group opinion is created primarily for the well-being of the group and not for the ‚truth' of the object of that opinion. For this reason interpretation is a communal serving the collective subjectivity rather than an external absolute standard of truth".²⁵² Fishs soziolinguistische Begründung seiner Interpretationskonzeption wurzelt hingegen vor allem in den von einer Gruppe geteilten Sprachkompetenzen. Dabei sind zwei Prozessebenen zu trennen: Eine Ebene des basalen Lesens, das linguistisch mit einer Erweiterung von Chomskys *linguistic competence* beschrieben wird und – an Bleichs Ansatz erinnernd – die gleichen Interpretationsergebnisse für all diejenigen liefert, die sich desselben linguistischen Systems bedienen. Darauf basiert die zweite Ebene der Interpretation; Differenzen entstehen erst hier durch die divergierenden emotionalen Reaktionen auf die Lese-Ergebnisse der ersten Ebene.²⁵³

Als Resultat dieser kurzen Rekonstruktion lässt sich festhalten, dass die in der *reader-response theory* eingesetzten Varianten von Interpretationsgemeinschaften alle als *theoretische* Interpretationsgemeinschaften verstanden werden müssen. In Analogie zum *theoretischen Leser* bedeutet dies, dass sie nicht aufgrund konkreter empirischer Daten, sondern aufgrund theoretischer Annahmen (aus der Linguistik, Psychologie usw.) generiert werden. Wenngleich sie theoretische Konzeptionen sind, so müssen sie sich dennoch die Anwendung ihrer Annahmen auf die ‚Wirklichkeit' gefallen lassen. Vor dem Hintergrund der Annahme intersubjektiver Überprüfbarkeit als Kriterium der Wissenschaftsfähigkeit eines Ansatzes muss jede Bestimmung von Interpretationsgemeinschaften nicht nur nachweisen können, dass die Mitglieder der Gemeinschaft Texte tatsächlich gleich oder ähnlich verstehen, sondern vor allem auch, *dass*, *wie* und *in welchem Maße* sie diese Texte anders verstehen als alle Nichtmitglieder der Gemeinschaft.

Geht man jedoch erst einmal von dem verbreiteten weiten Verständnis von „Interpretationsgemeinschaften" aus – etwa als Gruppe von Individuen, die bestimmte Eigenschaften teilen – öffnet sich das Konzept für ein großes Spektrum *realer*, *theoretischer* und gerade auch *probabilistischer* Lesermodelle. Denn neben den bereits vorgestellten Demarkationsvarianten von Interpretationsgemeinschaften ist eine Vielzahl anderer Abgrenzungsbereiche aus dem Reservoir literaturwissenschaftlicher Theoriebildung denkbar. Dazu gehören mindestens die folgenden Ansätze, die auf unterschiedliche Arten nichts anderes als weit gefasste Interpretationsgemeinschaften beschreiben, jedoch nur im Ausnahmefall auch genau diesen Beschreibungsbegriff benutzen.

---

252 Ähnlich auch in Bleich 1978: 66: „By consciously aiming for communal validation, the explainer is seeking relative truth, as opposed to absolute truth. Ultimately, the only criterion of validation is the explanation's viability for the present, where viability refers to communal negotiation under existing standards of rationality".
253 Vgl. die als Einführung brauchbare Retrospektive der eigenen Theorien in Fish 1980a: 4f.

Ein *semiotisch* begründetes Fundament sozial normierter oder geteilter Rezeptionsverfahren nimmt Culler an, der sich auf die *Konventionen* der literarischen Signifikation beruft.[254] Eine ebenfalls semiotische Variante dieser Perspektive formuliert Eco, in dessen stärker diskursgeschichtlich orientierter Theorie die interpretativ anzustrebende Historisierung zwischen der idealen, aber als nicht einholbar verstandenen autorintentionalen Rekonstruktion und der für ihn umsetzbaren theoretischen Forderung einer historischen Semiotik changiert.[255] Die Interpretationsgemeinschaft, die Eco dafür entwirft und die mit „Modell-Leser" einen der Idealität des Konzepts angemessenen Beschreibungsbegriff findet, wird gänzlich anders als bei Fish funktionalisiert. Für Fish übernimmt sie die Funktion, den *normativen* Aspekt interpretationsbeeinflussender Kontexte beschreibbar zu machen; für Eco hingegen ist sie eine die *historische* Adäquatheit der eigenen Interpretation absichernde Instanz.[256]

Von *didaktisch* und *sozialwissenschaftlich* interessierten Positionen sind hingegen besonders die sozialen Faktoren bei der Bestimmung von Interpretationsgemeinschaften hervorgehoben worden. Sie gehen damit über die, von den bisher vorgestellten Ansätzen bloß *theoretisch* konstatierten Restriktionen hinaus. Sie nennen konkret diatopische, diastratische und/ oder diachronische Elemente als spezifische Einschränkungsbedingungen der gemeinsamen Rezeption *realer* Leser. Demoskopische Arbeiten wie der von Ludwig Muth herausgegebene Band („Der befragte Leser") oder auch rezeptionsanalytische Studien wie die von Rosa A. Eberly („Citizen Critics. Literary Public Spheres") und Janice A. Radway („Reading the Romance. Women, Patriarchy and Popular Literature") können als exemplarisch für diese teils probabilistisch argumentierenden Positionen (vgl. u.a. Muth 1993a, Eberly 2000 und Radway 1991) genannt werden.

Eberlys Arbeit – um ein Beispiel zu rekonstruieren – nimmt im Kontext eines Überblicks der mit Interpretationsgemeinschaften argumentierenden Ansätze insofern einen bemerkenswerten Standpunkt ein, als sie nicht, wie die übrigen Theorien, die gemeinschaftlich geteilten Bedingungen oder Prozesse innerhalb einer Gruppe beschreibt, sondern die Auswirkungen singulärer Rezeptionen, ihrer Sprache und Inhalte auf größere, sozial oder politisch definierte Gruppen untersucht:

---

254 Siehe Culler 1981: bes. 48. Ähnlich Eco 1979 und Eco 1990: bes. 61–78, wo er seine Annahmen über das Funktionieren literarischer Kommunikation anhand der Unvollständigkeit des Textes (ebd.: 61), dessen Leerstellen (ebd.: 62), der intentionalen Textstrategie, dem Codewissen (ebd.: 67) und der textuellen Mitarbeit des Lesers (ebd.: 78) konkretisiert. Die strukturalistischen Wurzeln Cullers betont Freund 1987: 69.
255 Vgl. für eine ausführliche Rekonstruktion des Modell-Lesers von Eco das Kapitel III.3.3.
256 S. zu diesem Vergleich auch Schalk 2000: 123, bes. Anm. 178.

"Again, whereas theories of audiences or readers tend to focus on their fictional nature, psychological constituents, or demographics, such theories do not account for the empirical rhetorical processes through which publics come to recognize themselves, form, act, and, perhaps, disintegrate". (Eberly 2000: 172)

Konkret untersucht sie den Einfluss einzelner Rezeptionen auf die lokalen Diskurse der diatopisch beschränkten literarischen Sphäre Chicagos, die eigentlich im Fokus ihrer fallstudienartigen Analysen steht. Letztlich konstruiert Eberly hierfür – wie auch Radway – das Modell eines *probabilistischen* Lesers: den *citizen critic*. Nur um die theoretischen Möglichkeiten der Bildung von Interpretationsgemeinschaften auch in ihrem Extrem dargestellt zu haben, soll zuletzt noch die human- und sozialwissenschaftlich orientierte Arbeit der Psychologin Özen Odağ (2007) Erwähnung finden. Sie postuliert eine *geschlechterbezogene* Differenz der emotionalen Beteiligung beim Lesen und konstruiert damit zwei, ausgesprochen große Interpretationsgemeinschaften: Männer und Frauen.

Natürlich ließen sich die aufgeführten Ansätze durch einige weitere flankieren, doch bleibt trotz der schon jetzt erkennbaren Varianz unterschiedlicher theoretischer Begründungmöglichkeiten von Interpretationsgemeinschaften latent offen, welchen erkenntnistheoretischen Mehrwert es *für das Verständnis eines literarischen Textes* hat, eine Rezeptionstheorie nicht auf den Einzel-Leser, sondern auf eine Lesergruppe zu stützen. Zwar verfolgen einige der vorgestellten Positionen gar nicht das Ziel, tatsächlich etwas über einen literarischen Primärtext zu erfahren, prüft man sie aber unter epistemologischen Gesichtspunkten, so kann keine von ihnen das erkenntnistheoretische ‚Minimalargument' überzeugend begründen, dass gruppenspezifische Interpretationskonventionen von epistemologisch höherem Rang seien als Einzel-Rezeptionen. Diese Beobachtung setzt Steig (1989: 7) in eine methodische Forderung um: „But the notion that individuals are ‚caused' by their culture in no way makes the study of individuals' reports of their responses and associations irrelevant". Es ist darüber hinaus von literarisch ausgerichteten Untersuchungen zu Interpretationsgemeinschaften nicht nur unzureichend *reflektiert* worden, in welchem allgemeinen Verhältnis sich das Individuum und die Gruppe gegenseitig beeinflussen, sondern auch unzureichend *begründet* worden, wie sich die recht aufwändige Abstraktionsleistung der Konstruktion einer intersubjektiven Rezeptionskonvention gegenüber der Untersuchung von Einzel-Interpretationen rechtfertig lässt. Schließlich muss diese Konstruktion – um nicht rein hypothetisch zu sein – auf Einzel-Interpretationen beruhen und diese somit als mehr oder weniger entproblematisierte Quellen von Rezeptionsdaten voraussetzen. Epistemologisch scheint es jedenfalls auch bei historisierenden Untersuchungen von ‚Interpretationswissen' keinen nennenswerten Vorteil zu geben, dieses Wissen bestimmten Gruppen (und nicht einzelnen Individuen) zuzuschreiben. Bleich und Fish akzentuieren zwar – und das nicht zu Unrecht – die rezeptionsbeeinflussende Rolle sozialer und sprachlicher Kontexte, versäumen es aber die Frage zu stellen, inwiefern diese Kontexte überhaupt erst aufgrund singulärer Rezeptionen (sozial) konstruiert werden und welche große Rolle ihre eigenen theoretischen Annahmen über die Welt bei der Konstruktion von Rezeptionsgemeinschaften spielen. So kritisiert David Ainsworth (2008: 2): „Fish's reader inevitable reads Milton as Fish suggests, but whether that reader he constructs bears any resemblance to „Paradise Lost's" actual seventeenth-century readers remains questionable". Diese Problematik des Fish'schen Lesermodells (einer Lesergemeinschaft) sieht auch David R. Anderson, der kognitionswissenschaftlichen Ansätzen eine genauere Beschreibungskompetenz von Leseprozessen zuschreibt:

> Ultimately I object, personally and politically, to theorists' use of cultural frameworks to homogenize diversity and thereby obliterate the tremendous agency that all readers (and minority readers in particular) exercise daily to construct viable selves and meaning in indifferent or hostile social environments. (Anderson 1993: 155)

Der bereits vorgestellte psychoanalytische Ansatz Hollands hingegen bezieht sich auf Einzel-Interpretationen und sucht, von diesen ausgehend, in umgekehrter Stoßrichtung nach ähnlichen, bzw. allgemein geteilten Rezeptionsprozessen. Der wichtigste Unterschied dieser Position gegenüber der Arbeit von Fish ist, dass Holland *reale* Leser untersucht. Das macht auch Radway, die allerdings anschließend die realen weiblichen Leser von Liebesromanen zu Durchschnittslesermodellen abstrahiert.[257] Ihr Leser ist daher probabilistisch, aber wie bereits bei Eberly ebenfalls als eine Beschreibungsvariante einer Interpretationsgemeinschaft zu verstehen: Er steht für bestimmte Eigenschaften, die eine durch die Generalisierung ausgezeichnete Menge an realen Lesern verbindet. Von der empirischen Beobachtung ausgehend vermeiden diese Theorien ein grundsätzliches, genuin theoretisches Problem, das bereits als das ‚Dilemma der Kategorisierung' eingeführt wurde: Denn Fishs Interpretationsgemeinschaften müssen eigentlich „vergleichsweise klein sein, um die ihnen zugewiesenen Aufgaben erfüllen zu können […]. Je kleiner aber die Interpretationsgemeinschaften gedacht werden müssen, desto mehr verliert seine Behauptung, seine Theorie beschreibe den Einfluss sozialer Faktoren auf den Rezeptionsprozess, an Gewicht".[258] Diese Schwierigkeiten teilen Arbeiten, die auf Annahmen über soziale oder sprachliche Konventionen basieren,

---

257 Vgl. hierzu das Kapitel III.1.1.
258 Strasen 2008: 105. Auch Gracia 1994: 720–722 widmet sich dem Verhältnis von Einzellesern und Lesergruppen, nähert sich ihm jedoch mit stark hermeneutischem Interesse.

wie die Cullers und Ecos. Sie versäumen gänzlich eine Rückbindung von Lesergruppen an faktische Leser und deren Rezeptionen. Das Selbstverständnis Fishs als anti-Objektivist und nicht als Subjektivist wird dabei umso deutlicher: Er argumentiert gegen die (als literaturtheoretischen Objektivierungsversuch verstandene) Rückbindung von generalisierenden Lesermodellen an reale Leser, ohne dadurch einen Subjektivismus im Sinne einer Einzelanalyse subjektiver Interpretationen vertreten zu müssen. Seine linguistisch fundierte Theorie und das durch sie konstruierte *theoretische* Lesermodel können aufgrund ihres hypothetischen Charakters den Ansprüchen einer *historisierenden Literaturwissenschaft* nicht gerecht werden. Sie müssen deshalb als unbrauchbar suspendiert werden. Im Gegensatz dazu können Interpretationsgemeinschaften, die aufgrund einer Analyse von Daten über reale Leser und/oder deren Rezeptionen entwickelt wurden, durchaus als empirisch eruiert und intersubjektiv überprüfbar gelten. Zwar decken Rezeptionszeugnisse nur einen Ausschnitt der historisch *faktisch* geleisteten und auch der historisch *potentiell* möglich gewesenen Interpretationen ab, aber sie ermöglichen immerhin die eindeutige Absicherung einiger Interpretationen durch den Nachweis, dass sie von Mitgliedern einer diatopisch und diachronisch abgegrenzten Interpretationsgemeinschaft tatsächlich umgesetzt worden sind.

Bereits Iser sah den Vorteil einer von realen Lesern ausgehenden Interpretationstheorie. Sein hierauf bezogenes Argument soll etwas ausführlicher zitiert werden; nicht nur, weil es ein gutes Argument ist, sondern auch, weil die Tatsache nicht frei von Absurdität ist, dass es gerade Iser ist, der die Vorteile realer Leserkonzepte benennt:

> Prominente Typen sind daher der ideale Leser sowie der zeitgenössische Leser, wenngleich eine direkte Berufung auf sie oft mit Vorbehalt erfolgt, weil der eine unter dem Verdacht steht, eine reine Konstruktion zu sein, und der andere, obwohl vorhanden, als notwendige Konstruktion für generalisierende Aussagen schwer zu konzipieren ist. [...] Folglich gründet der Kurswert dieser Typen in ihrem jeweils nachprüfbaren Substrat. Welche Bedeutung dem Substrat als Verifikationsinstanz zukommt, läßt sich daran ablesen, daß man neuerdings einem anderen Lesertyp mehr als nur eine heuristische Geltung zu schaffen versucht. Gemeint ist jener, dessen psychische Disposition durch die Befunde der Psychoanalyse zugänglich geworden ist. [...] Hier aber kann schon gesagt werden, daß der Rückgriff auf die psychische Beschaffenheit des Menschen als Basis für einen Lesertyp [...] nicht zuletzt von dem Bestreben geleitet war, von den Begrenzungen der genannten Lesertypen wegzukommen. Deshalb kann eine psychoanalytisch orientierte Wirkungstheorie der Literatur für sich eine größere Plausibilität beanspruchen, da es den von ihr beschriebenen Leser wirklich zu geben scheint; er ist von dem Verdacht gereinigt, eine bloße Konstruktion zu sein. (Iser 1976: 51f.)

Was bedeutet dieser Bezug auf den realen Leser nun für die hier besprochenen *interpretive communities*, gerade wenn man diese als historische Interpretationsgemeinschaften versteht? Die konsequente Umsetzung des Rekonstruktionsvorhabens solch einer Konstruktion müsste den modellhaften Charakter der angenommenen historischen Rezipientengruppen, der durch die Tendenz der ausschließlichen Darstellung von *Gemeinsamkeiten* der Rezipienten besteht, überwinden und sich für die Diversität der Interpretationen innerhalb eines zu untersuchenden Zeitraumes öffnen. Der Bezug auf faktische Rezeptionszeugnisse sollte sich dabei zumindest in den Fällen als hilfreich erweisen, in denen die Rezeptionszeugnisse eine tatsächlich vorhandene historische Diversität des zeitgenössischen Textverstehens abbilden. In diesem Fall könnte die historisierende Rezeptionsanalyse als grundlegende Methode der historisierenden Rezeptionsforschung, bzw. der historisierenden Literaturwissenschaft äußerst gewinnbringend eingesetzt werden.

Während die bis an dieser Stelle verhandelten subjektivistischen Theorien teilweise eher als schwach (weil ‚anti-objektivistisch') bis moderat subjektivistisch einzuschätzen sind, müssen die im Folgenden rekonstruierten Positionen als stark bis extrem subjektivistisch beurteilt werden. Die Relevanz der Interpretationen anderer Subjekte für die Interpretation eines Lesers wird hier größtenteils negiert.

3.1.2 Poststrukturalistische Lese(r)konzepte[259]

Poststrukturalistische Lese(r)konzepte sind das Ergebnis von drei großangelegten Problematisierungen ‚klassischer' Verstehensmodelle. Zum Gutteil basieren alle drei Kritiken auf dem *ersten* und grundlegendsten Problembereich einer *Theorie sprachlicher Zeichen*. Neben der mit ihr (zumindest für poststrukturalistische Ansätze) einhergehenden Radikalisierung des Saussure'schen Zeichenmodells bildet die wesentlich schwerer systematisch zu rekonstruierende *Subjektkritik* das zweite Problemfeld. Die Frage der *Lesbarkeit* literarischer Texte – als Transformation der allgemeinen Problematisierung der *Verstehbarkeit* der ‚Welt' auf den besonderen Fall der Verstehbarkeit von Texten – zeigt den dritten Bereich auf. Alle drei Varianten dieser nicht selten als *anti-hermeneutisch*[260] bezeichneten post-

---

259 Brauchbare Einführungen zu poststrukturalistischen Theorien finden sich u. a. in Baasner/Zens 2005: 108–114, 127–146; Bogdal (Hg.) 2005; Bogdal 2005; Bossinade 2000; Culler 1981; Culler 1988; Eagleton 1988: 110–137; Kafitz 2007: 71–146; Köppe/Winko 2008: 97–132; Müller 1990; Rusterholz [1996] 2005; Zima 1994 und äußerst differenziert Frank 1997.
260 Siehe u. a. Bergfleth 1984, Rusterholz [1996] 2005, Konersmann 1996, Laplanche 1998 und Tepe 2007. Geoffrey Hartman, Teil der *Yale School of Deconstructivism* prägte im anglophonen

strukturalistischen Problematisierungen werden im Folgenden in der genannten Reihenfolge an den Arbeiten von Derrida, Barthes und de Man zu erörtern versucht. Dies soll vor dem Hintergrund der Frage geschehen, welche Lesermodelle sich aus den semiotischen Vorannahmen, theoretischen Postulaten und praktischen Umsetzungen poststrukturalistischer Theoreme filtrieren lassen, beziehungsweise ob angesichts der durch ihre Vertreter starkgemachten Fundamentalkritik an der literarischen *Interpretation* und den von ihr traditionell eingesetzten Instanzen, überhaupt noch von einem am Akt der *Lektüre* beteiligten Lesermodell gesprochen werden kann. Bis hierfür Antworten gefunden sind, soll erst einmal der in der Kapitelüberschrift eingeführte, bewusst ambige Beschreibungsbegriff „Lese(r)konzepte" für die hier diskutierten Modelle benutzt werden, da dieser die Ambivalenz des Umgangs mit dem Leser – sowohl in der poststrukturalistischen Theorie selbst als auch in ihrer Rezeption – aufzuzeigen vermag.[261]

Eine strukturierende, rationale Rekonstruktion und Darstellung des Verhältnisses der einzelnen Positionen zueinander ist in diesem Fall besonders schwer, da sich die unter dem Label „poststrukturalistische Theorie" zusammengefassten Ansätze allenfalls hinsichtlich ihres rhetorischen Gestus einig sind. Bezüglich methodologischer Konzepte oder inhaltlicher Ziele kann jedenfalls kaum von einem Konsens die Rede sein.[262] So schreibt etwa Peter Engelmann (2004: 9), Herausgeber von Derridas „Die différance", völlig ironiefrei: „Eine der wesentlichen Leistungen Jacques Derridas besteht tatsächlich darin, alles nur Erdenkliche zu tun, die Systematisierung seines Denkens, seine Geschlossenheit, seinen Anfang und sein Ende zu vermeiden". Eine vorläufige Zusammenfassung der genannten Ansätze soll die folgenden ausführlicheren Rekonstruktionen verständlicher zu machen.

Derridas semiotische Autonomisierung der Sprache führt aufgrund ihrer Negation des Zeichenbenutzers zwangsläufig zu einer Negation jeglicher Leserkonzeptionen, wobei die Frage offen bleibt, wie es Derrida als

---

Bereich den wohl von Ricœur eingeführten Begriff der *negative hermeneutic*, der zumindest was den extensionalen Begriffsgehalt betrifft ähnlich ist (vgl. Hartman 1976).

261 Der Begriff wird m. E. zuerst von Arich-Gerz 2001 verwendet.

262 Dieser Gestus ist sowohl von einem die Innovation des eigenen Ansatzes hervorhebenden als auch von einem traditionelle Ansätze polemisch verabschiedenden Reden bestimmt (das Derrida sogar auf institutioneller Ebene reflektiert in Derrida 2001a). Ab Mitte der 1990er Jahre beschränkte sich dieser Gestus poststrukturalistischer Theoretiker dann auf eine wesentlich moderatere Rechtfertigung der eigenen Innovation; vgl. etwa den ersten Satz in dem von Geoffrey Hartman verfassten Vorwort zu dem Band Bloom/de Man/Derrida/Hartman et al. 1995, der alle zu diesem Zeitpunkt einschlägigen Vertreter dekonstruktivistischer Lektüren versammelt: „This is neither a polemical book nor a manifesto in the ordinary sense" (S. vi).

Leser selbst überhaupt möglich ist, ‚Lektüre ohne Leser' zu machen. Barthes disqualifiziert das Lesermodell des ‚lesenden Lesers' im Zuge seiner Kritik der Lesbarkeit von Texten und führt stattdessen mit dem Konzept der Schreibbarkeit von Texten das Modell des ‚schreibenden Lesers' ein. De Man hingegen formuliert „Lesbarkeit" als eine selbstreferentielle Allegorie des literarischen Textes, die notwendig in „Unlesbarkeit" ende. Trotz der in dieser kurzen Gegenüberstellung sichtbar gewordenen Divergenz lässt sich erkennen, dass alle drei Ansätze den Leser nicht völlig aus ihren Lektürekonzepten suspendieren, bzw. unterschiedliche Lese(r)-modelle funktionalisieren.

3.1.2.1 Derridas idiosynkratisches Lese(r)modell

Derridas Modell dekonstruktivistischen Lesens basiert auf dem Versuch, die Saussure'sche Unterscheidung von *parole* und *langue* zu radikalisierenden. Als Folge dieser Radikalisierung kann er Sprache nur noch aus sich selbst heraus, rein metaphysisch und ohne Rückgriffe auf wissenschaftlich oder empirisch fundierte Begründungszusammenhänge erklären. Dabei bezieht sich Derrida besonders auf den in Saussures System der *langue* bereits angelegten Differenzgedanken, der darin besteht, dass sich die Bedeutung eines sprachlichen Zeichens durch das auszeichnet, was andere Zeichen eben gerade nicht bedeuten. Dies führt ihn letztlich zu einer vollständigen Aufgabe der Differenz von Signifikat und Signifikant.[263] Manfred Frank hat die Abgrenzung Derridas von Saussure bereits präzise dargestellt:

> „Anders als Saussure meint Derrida, die entgrenzte Differentialität der Zeichenartikulation erlaube den ausdifferenzierten Zeichen keineswegs die Selbstidentität oder Präsenz [...]. Warum? Weil – durch den Gedanken der Unterschiedenheit – zugleich ausgemacht sei, das kein Zeichen sich selbst unmittelbar und unzeitlich gegenwärtig/präsent sein könne, da es ja den Umweg durch eine unabsehbare und wechselnde Konfiguration anderer Zeichen nehmen muss, ehe es sich identifiziert". (Frank 1990: 448)

Darüber hinaus verschärft Derrida die Saussure'sche Annahme der Arbitrarität von Zeichen, indem er sie in Abhängigkeit der Schrift setzt und dieser so eine exponierte Stellung garantiert: Ohne Schrift sei Konventio-

---

263 Zur poststrukturalistischen Kritik am Saussurre'schen Zeichen, siehe auch Bossinade 2000: 26–50, die sowohl Saussures Position als auch die seiner Kritiker referiert. Vgl. auch Reckwitz 2008: 19, der die von Saussure indirekt betriebene „linguistische Dezentrierung des sprechenden Subjekts" diskutiert; siehe auch Frank 1997: 30–115, mit besonderem Bezug auf die Derrida'sche Kritik S. 88–115.

nalität nicht möglich.[264] In letzter Konsequenz heißt dies, dass sprachliche Zeichen *nur* innerhalb der Schrift so etwas wie Bedeutung haben können, wobei der Differenzcharakter des Zeichens auch in der Schrift noch immer relevant bleibt: „Das Signifikat fungiert darin seit je als ein Signifikant" (Derrida [1967] 1983: 17). Um diese letztlich unendliche *Verweiskette* – Derrida spricht von „einer textuellen Kette" als „Struktur der Substitution" (ebd.: 281) – beschreiben zu können, bedient er sich der Metapher des *Spiels* der Zeichen,[265] auf die unter ähnlichen Vorannahmen auch Barthes zurückgreift.[266] Diesen – völlig auf den Zeichenbenutzer verzichtenden – semiotischen Postulaten Derridas folgend, kann eine Lesertheorie jedoch nur residualen Charakter haben und muss gänzlich hinter die Beschreibung dessen treten, was die Zeichen selbst an innerschriftlicher Bedeutung produzieren. Diese (aus pragmatischer oder analytischer Position betrachtet absurd klingende) Annahme führt Strasen (2008: 4–7) zu Recht zu der Frage, wie Rezeption vor dem Hintergrund eines derart instabil konzipierten Zeichens überhaupt möglich sein kann.

Doch auch bei Derrida selbst – genauer in seinen historisch-systematischen Argumentationen (Derrida [1967] 1983) – finden sich Aussagen, die mit seiner hier konzis rekonstruierten semiotischen Bedeutungstheorie konfligieren. Er verwendet diese Argumente zur Stützung der von ihm vertretenen historischen These, dass die „linguistische ‚Wissenschaft' die Differenz zwischen Signifikant und Signifikat – also die Idee des Zeichens – ohne die Differenz zwischen Sinnlichem und Intelligiblem nicht aufrechterhalten [könne], ohne gleichzeitig den grundlegenderen und tiefer eingebetteten Verweis auf ein Signifikat beizubehalten" (ebd.: 28). Dieser *tiefere Verweis* ziele, so Derrida, auf die metaphysisch-theologischen Wurzeln der Sprache, was dann zu folgendem Begründungsversuch führt: Derrida beschreibt die historische Entwicklung des Verstehens der Metapher von der „*natürlichen,* ewigen und universalen Schrift" als *göttliche* Schrift und setzt sie von der defizitären *menschlichen* und daher immer schon „endlichen und künstlichen Inschrift" ab (ebd.: 31). Mit einer Reihe

---

264 Wie stark die Derrida'sche „Semiologie methodisch den Paradigmen der Linguistik de Saussures verpflichtet bleibt", zeigt Brune 2003: 137–141, hier 137.

265 Vgl. u. a. Derrida 2004: 32. Diese am Spielbegriff orientierte Semiotik beschreibt Hamacher nicht ohne Berechtigung wie folgt: In der „jüngsten Moderne spielen die Lust am Text und der intellektuelle Hedonismus […] eine verführerisch große Rolle. Und zwar eine umso größere Rolle, je mehr der literarische Text, von der Bürde der Idee und von dem Gewicht der Referentialität entlastet, zu einem im äußerst diffusen Sinne ‚freien Spiel' von Zeichen erklärt wird, dessen Flüchtigkeit sich jeder rigorosen Bestimmung entziehen soll" (Hamacher 1988: 152).

266 Vgl. zu dem Spielbegriff bei Barthes, der ihn stärker als eine, das Subjekt voraussetzende Textumgangsform begreift, Anm. 295 (dieser Arbeit).

von Zitaten historisch-realer ‚Subjekte', unter anderem von Galilei, Descartes und Jaspers, will er dann geschichtliche „Unterschiede im Umgang mit dieser einen Metapher" aufzeigen (ebd.: 32). Damit führt er natürlich starke, auch im rezeptionstheoretischen Kontext relevante Prämissen ein. So etwa die Annahme, dass die schriftlich fixierte Aussage einer Person in ihrer konkreten Bedeutung zeitstabil rekonstruierbar sei. Dies präsumiert allerdings so etwas wie eine *pragmatische* Zeichentheorie, in der Bedeutung historisch-situativ durch den konkreten Gebrauch von Zeichen produziert wird. Der Konflikt zwischen Derridas theoretisch postulierter Zeichentheorie und seiner historischen Rekonstruktion von Zeichenverwendung kulminiert dann in dem Ergebnis seiner Zitatanalyse. Dieses besteht laut Derrida darin, dass sich der „gewichtigste Einschnitt in der Geschichte" des Umgangs mit der Metapher der ewigen Schrift in dem Augenblick vollzieht, in dem „sich gleichzeitig mit der Naturwissenschaft die Bestimmung der absoluten Präsenz als Selbstpräsenz, als Subjektivität durchsetzt" (ebd.: 32f.). Schrift dergestalt funktionalisierend wird Derrida keinesfalls mehr seinen theoretischen Vorannahmen gerecht, sondern argumentiert vielmehr auf Grundlage des von ihm in „Limited Inc". abgelehnten ‚klassischen' Schriftbegriffs. Diesem verworfenen Schriftbegriff nach können schriftlichen Zeichen – also auch Zitate – rekonstruktiv mit einer konkreten situativen Bedeutung versehen werden. Diese Bedeutung ist *keinen* historischen Wandlungsprozessen unterworfen, sondern insofern stabil, als sie korrekt rekonstruierbar ist. Voraussetzung hierfür ist, dass der Begriff „Kommunikation" den Transport einer „Repräsentation als idealen Inhalt (was man den Sinn nennen wird)" beschreibt und darauf aufbauend „die Schrift als eine Art dieser allgemeinen Kommunikation" zu verstehen ist, die jedoch eine „relative Spezifität" mit sich bringt (Derrida [1988] 2001b: 23). Diese Spezifität der Schrift zeichnet sich nach Derrida durch eine doppelte *Abwesenheit* aus: Sie wird (erstens) bestimmt durch die dem Zeichen [*signe*] eigene Referenzfunktion, die auf Abwesendes verweise, wie (zweitens) durch die Abwesenheit des Empfängers, also des zukünftigen Lesers.[267] So ergibt sich für Derrida, dass unter kommunikativen Vorannahmen das verschriftlichte Zeichen traditionell als „bleibendes Zeichen [*marque*]" (ebd.: 27) verstanden wird: „‚Schriftliche Kommunikation' muss [...] lesbar bleiben, trotz des völligen Verschwindens jeden Empfängers, der allgemein bestimmt wird" (ebd.: 24). So kann auch nach dem *Tod des Empfängers* (und sogar des Autors, dessen *Gegenwart der Einschreibung* für den klassischen Schriftbegriff hochre-

---

267 Derrida [1988] 2001b: 23f. Er selbst nennt zumindest den ersten hier genannten Punkt „Behauptung", aus der sich für ihn ergibt, dass Schrift nicht mehr als „Art der Kommunikation" (ebd.: 23) zu verstehen sei.

levant ist) Schrift noch gelesen werden.[268] Dieses Potential bezeichnet Derrida als *Iterabilität* und schließt daraus, dass jede Schrift „um das zu sein, was sie ist, in radikaler Abwesenheit jedes empirisch bestimmten Empfängers überhaupt funktionieren können" muss.[269] Damit entfernt er sich von dem ‚klassischen' Verständnis schriftsprachlicher Kommunikation, für die der Rezipient – und das lässt Derrida unerwähnt – natürlich nur im physischen Sinne während der Produktionssituation, nicht aber als intentionaler Zielpunkt der Kommunikation abwesend ist. Das lesende Subjekt wird nach Derrida also in dem Moment *theoretisch* vollständig irrelevant, in dem das Schriftstück den semiotischen Vorannahmen gemäß selbst als fortwährend *handelnd* konzipiert wird. Und diese Produktivität ist dem Schriftstück auch dann eigen, wenn (beziehungsweise gerade wenn) der Autor nicht mehr als Autorität „für das, was er geschrieben und anscheinend unterschieben hat, einsteht" (ebd.: 26). Es findet demnach eine Verschiebung statt, durch die der im ‚klassischen' Kommunikationsverhältnis nur noch durch seine Abwesenheit eine Funktion *ex negativo* übernehmende Empfänger, gänzlich durch autonom handelnde Zeichen ersetzt wird. In seltener Klarheit schreibt Derrida dazu:

> Bevor ich mich hier aufhalte, merke ich einen Punkt an, der unsere Debatte über die Kommunikation berührt, nämlich dass das vorrangige Interesse der Husserlschen Analyse, auf die ich mich hier beziehe […] in dem Versuch – und wie mir scheint, gelungenen Versuch – besteht, die Analyse des Zeichens […] als bedeutsames Zeichen von jedem Kommunikationsphänomen streng zu trennen. (Derrida [1988] 2001b: 31)[270]

Für das Zitieren – auf das nun zurückgekommen werden soll – impliziert diese vollständige Negation der kommunikativen Funktion der Sprache und ihrer zeitstabilen Bedeutungseigenschaften radikale Konsequenzen. Das sprachliche Zeichen kann nun mit „jedem gegebenen Kontext brechen und auf absolut nicht sättigbare Weise unendlich viele neue Kontexte zeugen" (ebd.: 32). Die Funktion des Lesers des Zitates ist dann aber gleich null, wie auch die auf das sprachliche Zeichen bezogene aktiv-Formulierung zeigt.

---

268 Derrida [1988] 2001b: 25 (zum Empfänger) u. 26 (zum Autor).
269 Derrida [1988] 2001b: 25. Auf Seite 27f. erläutert er diese Bestimmung zusammenfassend und nennt dabei noch weitere, hier nicht relevante Eigenschaften der Schrift, die letztlich aber als nichts anderes als eine Verschärfung der zwei oben genannten Punkte verstanden werden müssen. Vgl. zu diesen „vier unvermeidlichen Konsequenzen dieses Denkens von Schrift und Kommunikation" Braun 2007: 187–189, hier 187.
270 Vgl. zuvor auch Seite 26, wo Derrida seinen „Bruch mit dem Horizont der Kommunikation als Kommunikation von Bewusstheiten oder Anwesenheiten und als sprachlicher oder semantischer Transport des Sagen-Wollens" konstatiert.

Spezifizieren wir nun also Derridas Theoriekonzept hinsichtlich des residuierenden Lesermodells. Wenngleich der Dekonstruktivist die Existenz des *realen* Lesers als Subjekt nicht negiert („To deconstruct the subject does not mean to deny its existence"),[271] so ist der Leser für ihn überhaupt keine relevante Kategorie der Bedeutung eines Textes. Angesichts dieser Feststellung ist es umso überraschender, dass Derrida *selbst* in der Lage ist, anhand von Zitaten – also anhand sprachlicher Zeichen – konsistente historische Verlaufsthesen zu formulieren. Diese Inkonsequenz wird besonders dann augenscheinlich, betrachtet man sie vor dem Hintergrund des Derrida'schen Lektürekonzepts. Das betont erstens, dass die Lektüre stets innerhalb des Textes bleiben muss und somit auf keine textäußeren Signifikate zurückgreifen darf (vgl. u. a. etwa Derrida [1988] 2001b: 16f., 32, 100, 128). Zweitens soll die Lektüre ein „vom Schriftsteller selbst *nicht bemerktes* Verhältnis zwischen dem, was er an verwendeten Sprachschemata beherrscht, und dem was er nicht beherrscht, im Auge behalten" (Derrida [1967] 1983: 273 [Herv. v. M. W.]). Diese Betonung des Unbewussten funktionalisiert den Autor bereits weit über die von Derrida noch akzeptierte Minimalfunktion der „raum-zeitlichen Markierung" eines Textes hinaus,[272] was die polemischen Postulate vom Tod sämtlicher irgendwie kommunizierenden Subjekte wiederum absurd erscheinen lässt. Immerhin kann das Unbewusste als Teil der Intention verstanden werden; und selbst wenn man dieser Bestimmung nicht folgen möchte, so kann das Unbewusste zumindest nicht bestimmt werden ohne eine deutliche Vorstellung von dem Bewussten, also der Intention zu haben.

---

271 Derrida 1984: 234. Zur dekonstruktivistischen Subjektkritik vgl. die umfassende Ausarbeitung bei Pritsch 2008.
272 Die Minimalfunktion „besteht in nicht mehr als darin, dem Text eine raum-zeitliche Markierung zu geben. [...] Selbstverständlich ist das erst der Anfang des Aufbaus einer Bedeutungs- und Interpretationskonzeption, die versucht, die Beliebigkeit der Interpretation zu vermeiden" (Danneberg 1999: 83). Dahingehend weist auch Winko darauf hin, dass bereits mit der zeitlichen und räumlichen Markierung die Reichweite von Thesen beschränkt und Interpretationskontexte limitiert werden (vgl. Winko 2002a: 344). Siehe auch Jannidis/Lauer/Martínez/Winko 1999a: 19, 23. Spoerhase 2007a: 6 spricht im Anschluss an diese Positionen von „zwei hermeneutischen Phänomenen, die als Minimalfunktionen philologischer Autorschaft gelten können. Der Rückgriff auf den Autor erweist sich dort als notwendig, wo erstens die Historizität und zweitens die Normkonformität literarischer Artefakte im hermeneutischen Prozess eine Rolle spielen". Die Funktion des Autors bezüglich der Historizität diskutiert er sehr detailliert anhand des hermeneutischen Anachronismus im ersten Teil seiner Arbeit. Die Funktionen bezüglich der Normkonformität ebenso ausführlich anhand des Prinzips hermeneutischer Billigkeit im zweiten Teil. „Die Rückkehr des Autors", so schließt er beide Funktionen in ihrer Relevanz herausstellend, „erweist sich [...] als die Rückkehr eines für die philologischen Disziplinen notwendigen *methodologischen Konstrukts*" (ebd.: 488).

In jedem Fall offenbart sich bei einer genaueren Prüfung der Derrida'schen Theoriebildung eine nicht übersehbare Ambivalenz von theoretischer Normativität und praktischer Umsetzbarkeit des theoretisch Geforderten. Einerseits wird jegliche Form und Funktion des lesenden empirischen Subjekts auf Theorie-Ebene abgelehnt, andererseits kann auch Derrida nicht anders als selbst Leser von Schrift zu sein. Dass er sich hierbei als *privilegiert* betrachtet, zeichnet die Position Derridas als hochsubjektivistisch aus.[273] In der ihm eigenen Paradoxität heißt dies, dass es Derrida möglich ist, sich den (anderen Lesern zugesprochenen) Eigenschaften *als* Leser zu entziehen und sich über die autonome Bedeutungsproduktion der Zeichen hinwegsetzen kann. Derridas Lese(r)modell ist am treffendsten wohl als *idiosynkratisches Lese(r)modell* zu bezeichnen, da es gleichzeitig die Rolle *des* Lesers negiert, aber die Eminenz seiner eigenen Lektüre betont. Der ambivalente Begriff „Lese(r)modell" ist hier als Beschreibungsinstrument insofern angemessen, als Derrida im Rahmen seiner Lektürekonzeption zwar ein privilegierter *Leser* ist, der Prozess des literarischen Verstehens aber – durch den fast solipsistischen Selbstbezug Derridas – auf den notwendig präsentistisch-spontanen Akt *seines* Lesens limitiert wird.

Dies legt nahe, dass hier schriftlich fixierte Texte wieder stärker als *parole* theoretisiert und sprachliche Zeichen doch über ihre Verwender – in diesem Fall Derrida – konkretisiert werden können. Im Grunde genommen dies ist sogar die elementare semiotische Prämisse, die rezeptionsbezogene Forschung als literaturwissenschaftliche Position legitimiert. Es ist die Annahme einer *historisch variablen*, aber rekonstruierbaren semiotischen Aktualisierung des sprachlichen Zeichens, die Anlass gibt, die Ergebnisse dieser ‚Konkretisationsvarianten' in Form von Rezeptionszeugnissen zu untersuchen und gegenüberzustellen. Derrida als Leser praktiziert mit seiner Zitatanalyse genau dieses Vorgehen, obgleich er es theoretisch disqualifiziert.

---

273 Unterschiede der Derrida'schen und der de Man'schen Dekonstruktion zeigen sich am besten in der komplexen Kritik de Mans an Derridas Rousseau-Lektüre (de Man [1971] 1983: 102–141, bes. 139): „Derrida's case is somewhat different: his chapter on method, on literary interpretation as deconstruction, is flawless in itself but made to apply to the wrong object. There is no need to deconstruct Rousseau". Während Derridas Dekonstruktion durchaus als Gegenlektüre verstanden werden will, die das, wie oben aufgezeigt, vom Autor nicht bewusst gedachte auffangen will, geht es de Man mehr um eine gleichzeitige und gleichwertige Darstellung aller möglichen Lesarten eines Textes. Weniger aufschlussreich, aber in diesem Kontext unbedingt zu nennen ist Derrida 1988a, wo er sich recht polemisch gegen eine verallgemeinernde Kritik ‚der' Dekonstruktion ausspricht. In der deutschen Ausgabe (Derrida 1988b: 104) heißt es: Ist es nützlich, noch an so viele Differenzen zu erinnern, und zu präzisieren, dass dieses einzigartige Verhältnis [de Mans zur Dekonstruktion; M. W.], so interessant es mir erscheint, nicht genau das meine ist?"

3.1.2.2 Barthes' Modelle des lesenden und des schreibenden Lesers

Roland Barthes' Argumentation ist der Derridas zumindest zeichentheoretisch ähnlich, obgleich Barthes die Annahme, dass sich Signifikat und Signifikant „in einem Prozess ohne Ende" *drehen*,[274] in seinen hier relevanten Texten eher voraussetzt als dass er sie in der Ausführlichkeit Derridas explizieren würde. Die folgende Darstellung beschränkt sich so vor allem auf die Subjektkritik Barthes'. Dieser wird, wenn in der Forschung die Rede von *der* Subjektkritik ist,[275] in der Regel in einem Atemzug mit Foucault[276] und anderen französischen Philosophen genannt, „die in den

---

274 Barthes [1970] 1987: 45, wo er sich auf die Verweisstruktur der Zeichen beruft, um den ursprungslosen Charakter des Geldes zu beschreiben. Eine Kritik an einer auf der poststrukturalistischen Semiotik basierenden Literaturtheorie formuliert sehr früh der (durchaus innovative) Strukturalist Riffaterre, der aus stilanalytischer Perspektive moniert, dass die „Erforschung der in einem Text verschlüsselten Ideologien [und] der Pluralität seiner Bedeutungen" zu einer nur defizitären Analyse dessen führen würde, „was im Text eine richtige Entschlüsselung garantiert, mit einem Wort, ihrem Stil" (Riffaterre 1973: 195–214, hier 214).

275 Vgl. u. a. Puhl 1999, Kolf-van Melis 2003, Lepper/Siegel/Wennerscheid 2005: 8, Pritsch 2008, Reckwitz 2008 und Reckwitz 2010, vor allem auch Langer 2005: 177–258, bes. 246–258, die, wie später noch gezeigt werden wird, sehr plausibel aufzeigen kann, dass die pauschale Kategorisierung Barthes' als Vertreter einer ‚allgemeinen' Subjektkritik die Pointe seiner Arbeit verfehlt. Historisch kontextualisiert wird die Rede vom Tod des Autors und ihrem Verhältnis zur allgemeinen Subjektkritik bei Burke 1992: bes. 105–115; auf Seite 105 kritisiert er die generalisierende Rede von *der* Subjektkritik: „The death of the author has taken its place within a greater closure: that of the era of subjectivity itself. Yet though Foucault and Lacan are seen to be exemplary in signaling this common closure, nowhere do they directly conjoin the issues of man and the author. In their discourses, as in others, the two deaths are used to casually evoke or amplify one another, but no argument of any sort is presented as to why we should see ‚Man' and the author – in their lives, in theirs death – as one and the same subject".

276 Bezüglich Foucaults Autorkritik ist an dieser Stelle ein m. E. bislang übersehener Hinweis zu geben: Bekanntlich wurde „Was ist ein Autor?" lange Zeit im Bugwasser der Verabschiedung des Autors durch Barthes interpretiert, wenngleich Foucault selbst dieses autorkritische Verständnis seines Vortrags nicht nachvollziehen konnte (vgl. Spoerhase 2007a: 38). In den 1990er und 2000er Jahren avancierte sein Text dann tatsächlich auch zum Argument einer Re-Legitimierung des Redens über den Autor. Zumindest eine der dabei zentralen Funktionen, die nun nicht mehr als Diskurskategorie, sondern als Ergebnis der Zuschreibungen durch einen Lesers verstanden wurden – etwa die Funktion der Werkabgrenzung – ist jedoch schon über 25 Jahre vor Foucault von Vodička in „Die Struktur der literarischen Entwicklung" äußerst präzise formuliert worden; und zwar in einem für die sich *wieder* auf den Autor beziehenden Wissenschaftler theoretisch viel näheren, weil pragmatisch orientierten Sinne: „Neben dem literarischen Werk, das ein Objekt der Bewertung und des ästhetischen Erlebnisses ist, wird oftmals auch zwischen dem ‚Autor' und der sich entwickelnden literarischen Struktur eine Beziehung hergestellt [sic!]. Wir denken hier nicht an den Autor als ein psycho-physisches Wesen, sondern an den Autor in metonymischer Bedeutung, an die Einheit, die die Werke eines bestimmten Autors in ihrer Gesamtheit bilden. Komponenten dieser Struktur [...] sind Einzelwerke genauso wie bestimmte Kon-

1960er Jahren sehr suggestiv vom Tod des Subjekts sprachen" und damit „eine dezidierte Kritik an der Subjektphilosophie betrieben".[277] Daniela Langer (2005: 246) schreibt sogar, dass Roland Barthes „wie kein anderer exemplarisch für die Transformation des abendländischen Subjektbegriffs und dessen Zersetzung angeführt" würde.

Als eine der bekanntesten und nachhaltigsten Manifestationen dieser Subjektkritik im Kontext der Literaturwissenschaft muss die Barthes'sche Verabschiedung des Autors als legitime Kategorie der *Erklärung* eines Werkes genannt werden (vgl. Barthes [1967] 2003: 186). Er begründet diese autorbezogene Subjektkritik mit der theoretischen Funktionalisierung der Saussure'schen Linguistik, „die ein wertvolles analytisches Instrument zur Zerstörung des *Autors* entwickelt" habe, nämlich die Trennung von *Subjekt* und *Person* (ebd.: 88). Sprache kenne, so Barthes, zwar ein Subjekt, aber keine Person. Damit liefert er den ersten Hinweis, wie seine Subjektkritik zu verstehen sei. Es geht ihm weder um die Disqualifikation des Subjekts als grammatische Kategorie einer sprachlichen Äußerung noch um die Infragestellung der Relevanz des personalen Subjekts bei der Produktion dieser Äußerungen (gerade im Kontext schriftlich verfasster, literarischer Werke), sondern vielmehr um die *Zerstörung* der Person hinter dem sprachlichen *Ich* eines literarischen Werks. Barthes forciert demnach auf einer ersten Ebene die Herausstellung der Illegitimität der Verknüpfung von personaler und textueller Manifestation des Subjekts.[278]

---

stanten, die sich aus dem Vorgehen des Autors bei der Bearbeitung seines Materials ergeben. [...]. Die Neigung, das Werk eines einzelnen Autors als Gesamtheit zu betrachten, entspricht einer schlichten Lesererfahrung. Wenn wir ein neues Werk eines Autors lesen, der uns bereits aus manchen seiner früheren Werke bekannt ist, so nehmen wir ganz instinktiv übereinstimmende oder auch von früheren Erfahrungen abweichende Zeichen wahr, und alle erfassten Eigenschaften [...] bilden eine verallgemeinerte, aus dem Werk hervorgehende, jedoch außerhalb des Werks existierenden Autor-Konkretisation" (Vodička 1976: 114).

277 Reckwitz 2008: 11. Dieser stellt über die von ihm als *Dezentrierung* des Subjekts beschriebene Bewegung hinausgehend vollkommen richtig fest, dass die als subjektkritisch hervorgehobenen Poststrukturalisten „nun paradoxerweise zu zentralen Hintergrundtheoretikern der kulturwissenschaftlichen Subjektanalyse avanciert sind". Reckwitz schließt mit seiner Arbeit vor allem an die These der Fragmentierung des Subjektes an, wie sie Anfang der 1990er Jahre von Gergen 1991 und Kellner 1992 formuliert worden ist und von Pritsch 2008 noch einmal explizit in Kontext des postmodernen Diskurses rekonstruiert wurde. In Reckwitz 2010 rekonstruiert er aus kultursoziologischer Perspektive sehr differenziert die Transformation der ‚Subjektkulturen der bürgerlichen Moderne zur Postmoderne'.

278 Die sich hier äußernde Mehrdeutigkeit des im Französischen verwendeten Begriffs „*sujet*" (verstehbar als grammatisches oder personales Subjekt, wie auch als thematischer Gegenstand) wird vollkommen unzulänglich in der deutschen und englischen Übersetzung mit „Subjekt", bzw. „*subject*" wiedergegeben. Diese in der hier zitierten ersten deutschsprachigen Ausgabe des Textes immerhin in einer Fußnote des Übersetzers Matías Martínez (185, Anm. 2) kurz erwähnte Übersetzungsproblematik wird in der Übersetzung von Dieter

Was auf den ersten Blick nichts anderes zu sein scheint als die bereits seit den 1950ern bekannte Unterscheidung von Autor und Erzähler, gibt Barthes ([1967] 2003: 186) den Anstoß zu einer umfassenden kulturkritischen Exaltation:[279] Die Verknüpfung der Instanzen wäre symptomatisch für die heutige Kultur, die „Literatur tyrannisch auf den Autor, seine Person, seine Geschichte" beschränke. Dabei ist es bezeichnend für Barthes – wie auch für andere Vertreter des frühen französischen Poststrukturalismus –, dass nicht-französische, weitaus moderatere Kritiken an autorbezogenen Interpretationstheorien nahezu vollständig ignoriert werden.[280] So nehmen sie die frühe Autorkritik der 1940er und 1950er Jahre, unter anderem durch Mukařovský, Wimsatt und Beardsley oder Kayser ebenso wenig wahr, wie die sich seit den 1960er Jahre schon wieder von diesen Positionen durch produktiven Bezug auf den Autor entfernenden Ansätze, etwa der von Booth.[281]

Vor diesem Hintergrund soll nun im Folgenden differenzierter untersucht werden, ob die auch Barthes im Rahmen der literatur- und kulturwissenschaftlichen Aufarbeitung des Phänomens ‚Poststrukturalismus' unterstellte Subjektkritik als entsubjektivierte, bzw. entsubjektivierende Theoriebildung in seinem speziellen Fall haltbar ist.[282] Vorerst jedenfalls scheint das Bezweifeln eines bei Barthes auf Entsubjektivierung angelegten Programms durchaus gerechtfertigt, nicht zuletzt, da der von ihm konstatierte *Tod des Autors* nahtlos mit der *Geburt des Lesers*, also der Einführung einer neuen Subjektinstanz verknüpft ist. Zwar konstatiert Spoer-

---

Hornig (in Barthes [1967–1980] 2006: 57–63) leider nicht mehr thematisiert. Die schwer besorgbare englischsprachige Erstpublikation des Aufsatzes, die aber auch nur von „*subject*" spricht, ist inzwischen online frei zugänglich (siehe Barthes 1967a).

279 Vgl. Kayser [1957] 2003, der diese Instanzen hinsichtlich ihres literarischen *Wertes* beurteilt.
280 Ein ähnliches Phänomen, das die Rezeption poststrukturalistischer Theorien beschreibt, nennt Burke 1992: 180. Er beschreibt die Aufnahme der radikalen französischen Autorkritik durch die spätere Literaturtheorie (besonders in den USA) und moniert ganz richtig die vollständige Entkontextualisierung des eigentlich innerfranzösischen Phänomens: „The specific historical and ethnological circumstances in which Barthes, Foucault and Derrida promulgated extreme anti-subjectivism have not been taken into account".
281 Vgl. die diese Texte ausschnittsweise versammelnde Anthologie Jannidis/Lauer/Martínez/ Winko (Hgg.) 2003b, die Einleitung zu diesem Band, wie auch die Einleitung zur „Rückkehr des Autors" (Jannidis/Lauer/Martínez/Winko 1999a). Die dort diskutierte historische Entwicklung wird in zahlreichen anderen literaturtheoretischen Texten, wie u. a. Hartling 2009, ähnlich besprochen und kann als konsensfähig gelten.
282 Wie Busse 2008 richtig aufzeigt, wird der Begriff „Entsubjektivierung" meist im Kontext einer poststrukturalistisch fundierten Argumentation „gegen die idealistische Überhöhung der historisch handelnden Subjekte in einer Geschichtsschreibung" (ebd.: 78) oder Geschichtswissenschaft ins Feld geführt, wobei es auch (weniger überzeugende) Versuche gibt, diese Entsubjektivierung schon Dilthey und Herder zuzuschreiben (vgl. hierzu Nagl-Docekal 1982: bes. 46–54). Die Entsubjektivierung des modernen Romans untersucht Fröhlich 2001, die der modernen Lyrik Hartung 1997: bes. 32–44.

hase (2007a: 18–37, hier 23) völlig zu Recht, dass „die Rede vom ‚Tod des Autors' metaphorisch" sei, weil sie „sich nicht auf den Tod der empirischen Autoren" beziehe, doch muss dies nicht zwangsläufig bedeuten, dass auch „[d]ie Geburt des Lesers" (Barthes [1967] 2003: 193) metaphorisch zu verstehen" ist. Die Frage, welche epistemischen und theoriebezogenen Funktionen dem Barthes'schen Lese(r)modell genau zugeschrieben werden, soll die folgenden Überlegungen anleiten.

Begonnen werden können diese mit der Rekonstruktion der Barthes' schen Position durch Prince, der die Disqualifikation des Autors zugunsten des Lesers sogleich in einen größeren, bedeutungstheoretischen Rahmen bettet. Die etwas indifferente Haltung des amerikanischen Romanisten und Narratologen gegenüber dem ontologischen Status des Lesers ist bezeichnend für die literaturwissenschaftliche Reflexion des Barthes'schen Lesermodells:

> [...] Barthes, proclaimed the author's death and *the reader's birth as the locus of textual meaning, the place where the various texts constituting a text are united* [...]. Moreover, he drew attention to the erotic quality of reading and distinguished between pleasurable and rapturous texts [...] just as he had previously distinguished between readerly and writerly texts. The former as opposed to the latter make room for the voice of reading (Prince 2009: 403; [Herv. v. M. W.])

Dieses Verständnis von Barthes' Theorie, das inzwischen Handbuchcharakter hat (Prince 2011: Par. 19), soll anhand von zwei für die Lesertheorie zentralen Problemfeldern überprüft werden: Das erste beschreibt den *ontologischen* und *epistemologischen* Status seines Lesermodells. Präzise Definitionen der Barthes'schen Begriffe dürfen dabei nicht erwartet werden. Das zweite Problemfeld lässt sich als die Frage reformulieren, ob die subjektkritischen Annahmen Barthes' mit seinen lesertheoretischen konfligieren, bzw. ob es die subjektkritische Ausrichtung seiner Theorie überhaupt zulässt, bei ihm einen Leser im Prince'schen Verständnis als ‚Ort der textuellen Bedeutung' anzunehmen. Bei der etwas umfangreicheren Ausarbeitung dieser Fragen wird sich das Konzept der *Stimme* (*voix*) als hilfreich erweisen. Diese bildet für Barthes ([1970] 1987: 25) immerhin das Material, aus dem „der Text gewebt ist". Wenngleich die Stimme dergestalt textuell fixiert ist, bleibt unklar, ob sie *rezeptionsästhetisch* – und so wäre Prince zu verstehen – die Stimme eines den Text (vor-)lesenden Lesers oder aber *produktionsästhetisch* die Stimme des Autors abbildet, die er in seinen eigenen Text ‚eingeschrieben' hat.[283] Dieser Unterscheidung der Stim-

---

[283] Vgl. zu dieser produktionsästhetischen Position Hirsch 1960: 478, der – jedoch ohne das Konzept der Stimme zu verwenden – das ‚sprechende Subjekt' als Verifikationsinstanz der Interpretation setzt: „The interpreter's primary task is to reproduce in himself the author's ‚logic', his attitudes, his cultural givens, in short his world. For even though the process of

me des realen Lesers und des realen Autors sind der Vollständigkeit wegen noch die *textbasierten* Konzepte der Stimme hinzuzufügen, wie sie etwa die Narratologie im Anschluss an Genette untersucht: Die Stimme des fiktionalen Erzählers und die der fiktionalen Figuren im Text.[284] Barthes Stimmkonzept weicht davon jedoch weit ab und changiert je nach Aufsatz zwischen der konkreten Stimme des realen Textproduzenten, „der er eine enorme Bedeutung innerhalb seiner *esthètique du plasir textuel* zumisst",[285] und einer den realen Leser substituierenden, nicht konsistent rekonstruierbaren Sprachlichkeit.[286]

Begonnen werden soll jedoch mit der Rekonstruktion des Lese(r)konzeptes, wie es Barthes in „Der Tod des Autors" (1967) als Einsetzung für die Leerstelle funktionalisiert, die durch seine Absage an den Autor ‚freigewordenen' ist. Barthes argumentiert, dass die „Vorherrschaft des *Autors*" in der französischen Literaturtheorie – speziell der *Neuen Kritik* – „seit längerem von einzelnen Schriftstellern attackiert" werden würde. Er expliziert dies knapp an Mallarmé, Valéry und Proust. Dieses recht beschränkte Korpus in Kombination mit der bereits erwähnten Saussure'schen Semiotik bildet für ihn die argumentative Grundlage des Schlusses, dass der *moderne* Text „von nun an so gemacht und gelesen" würde, „dass der Autor in jeder Hinsicht dabei verschwinde[ ]" (Barthes [1967] 2003: 189). Dem bekannten textuellen „Gewebe von Zitaten" könne man sich nun auch nicht mehr durch das Entziffern [*deciffrer*] einer vom Autor in den Text gelegten Bedeutung, sondern allenfalls durch die *Entwirrung* des Gewebes annähern (ebd.: 190f.). Hier bringt Barthes nun den Leser ins Spiel:

> Der Leser ist der Raum, in dem sich alle Zitate, aus denen sich eine Schrift zusammensetzt, einschreiben, ohne dass ein einziges verloren ginge. Die Einheit eines Textes liegt nicht in seinem Ursprung, sondern in seinem Zielpunkt – wobei dieser Zielpunkt nicht mehr länger als eine Person verstanden werden kann. Der Leser ist ein Mensch ohne Geschichte, ohne Biographie, ohne Psy-

---

verification is highly complex and difficult, the ultimate verificative principle is very simple: the imaginative reconstruction of the speaking subject". Einen, die Stimme explizit zur Unterscheidung von *Geschichtswerken* und *Romanwerken* funktionalisierenden Beitrag zur Fiktionstheorie, findet man bei Cohn 1995: 110.
284 Vgl. Genette 1994: 151–188 und zuletzt Blödorn/Langer 2006.
285 Ette 1998: 368. Siehe hierzu auch Barthes 1973.
286 In dem kleinen Aufsatz „Die Musik, die Stimme, die Sprache" (in Barthes 1990: 279–285) spricht er ausschließlich von der Stimme als *menschlicher Stimme* (ebd.: 280), als Produkt physiologischer Aktivität. Die andere, damit konfligierende Auffassung der Stimme als nichtphysiologisch produziertes Phänomen wird im Folgenden dargestellt werden. Zu einer Kritik des Stimme bei Barthes vgl. Ette 1998: 368–377, 407–410, zu einer allgemeineneren Kritik des Konzeptes im Kontext des Poststrukturalismus vgl. Eagleton 1988: 110–137, bes. 113–130.

chologie. Er ist nur der *Jemand*, der in einem einzigen Feld alle Spuren vereinigt, aus denen sich das Geschriebene zusammensetzt. (Barthes [1967] 2003: 192)

Wenngleich der genaue ontologische Status des im Zitat beschriebenen Lesers unklar bleibt, soll er als Ausgangspunkt dienen, dem Generalverdacht poststrukturalistischer Subjektkritik – unter dem Barthes steht –, vorerst mit äußerster Vorsicht zu begegnen. Festgehalten werden kann aber durchaus, dass Barthes in „Der Tod des Autors" eine den literarischen Werken der Moderne eigene Verschiebung der interpretativen Relevanz vom Autor zum Leser konstatiert, obgleich die genaue Konstitution dieses Lesers vage bleibt. In jedem Fall funktionalisiert Barthes den Leser für seinen Theoriebau. So soll der Leser – wie Carlo Brune (2003: 146) schreibt – die „von existentialistischen Termini" durchzogene autorkritische Theoriekonzeption stützen, die als „direkte Folge des Intertextualitätsmodells [...] die Vorstellung eines aus sich selbst heraus schöpfenden Subjekts" ablehnt. Da diese theoretische Funktion aber noch nichts weiter über den *ontologischen* und *epistemologischen* Status des Lesermodells aussagt, können darüber vorerst auch nur Vermutungen angestellt werden. Eine formuliert Moritz Baßler (im Erscheinen, 2014), indem er schreibt, „genau jener Barthes'sche Leser, der die Textspuren sammelt und auswertet" wäre „als das Prinzip der Literaturwissenschaft selbst" zu verstehen. Baßler bestimmt demnach den Barthes'schen Leser als ein theoretisches Lesermodell, das nur „irreführenderweise als Leser bezeichnet" werde und eigentlich die „Gestalt einer Wissenschaft" anzunehmen habe.[287] Die epistemologischen Funktionen des dergestalt ausgearbeiteten Lesermodelles fügen sich dann nahtlos in die Baßler'sche Theoriekonzeption einer archivbezogenen Diskursanalyse ein. Es sind jedoch auch weitere Einsetzungen möglich. Beispielsweise kann der Barthes'sche Leser nicht nur als *theoretisches* Lesermodell verstanden werden, sondern durchaus auch als *reales* oder als *probabilistisches* Modell im Sinne eines Durchschnittslesers, dessen Geschichte, Biographie und Psychologie eben durch die Kumulierung von Rezeptionsdaten vieler unterschiedlicher Leser verloren gegangen ist.

---

[287] Vgl. Baßler 2005, der sich auf Seite 71 zum ontologischen Status äußert: Der von Barthes beschriebene Leser „ist nicht der Leser, der auf der Empfängerseite des Kommunikationsmodells sitzt (der hat nämlich Geschichte, Biographie und Psyche). [...] Barthes' Leser nimmt vielmehr jenen archimedischen Punkt außerhalb des Kommunikationsmodells ein, von dem bereits die Rede war. Das Feld, das er zusammenhält, ist die Textualität der Kultur in ihrer je historischen Gesamtheit. Da dieses Feld koinzidiert [...] mit dem semiotischen Hintergrund in Gestalt eines Korpus, mit unserer kulturellen Enzyklopädie in textueller Form, dürfte klar sein: Die Instanz, die hier irreführenderweise als Leser bezeichnet wird, kann realiter nur die Gestalt einer Wissenschaft haben, die sich dem bezeichneten Objektbereich widmet."

Da all diese Varianten denkbar sind, bis hierhin aber keine sicher zu privilegieren ist, soll der Blick in weitere Texte von Barthes bei einer differenzierteren Bestimmung seines Leserkonzeptes helfen. In der deutlich vor „Der Tod des Autors" publizierten Arbeit „Literatur oder Geschichte" von 1963, kam Barthes bei der Untersuchung der Frage, was Kritik sei, nicht nur auf den Autor[288] und die Ontologie des Werkes, sondern bereits auch auf den Leser zu sprechen. Dabei macht er folgende Annahmen über die Rezeption literarischer Texte: „Wie kann man ernsthaft glauben, das Werk sei ein *Objekt* außerhalb der Psyche und der Geschichte dessen, der sich mit ihm auseinandersetzt, ein Objekt, demgegenüber der Kritiker eine Art Exterritorialrecht genießt" (Barthes [1963/1964] 1969: 65). Barthes spricht hier aber nicht nur von der Figur – man könnte auch sagen: dem Lesertyp – des Kritikers als *realem* Rezipienten, der eine bestimmte Leserrolle einnimmt, sondern beschreibt darüber hinaus literarische Rezeption allgemein als „eine Tätigkeit, das heißt eine Folge von intellektuellen Handlungen, die tief in der historischen und subjektiven (beides ist dasselbe) Existenz dessen wurzeln, der sie ausüb[e]" (ebd.).[289] Nur so könne

> im Innern des kritischen Werkes der Dialog zweier Geschichten, und zweier Subjektivitäten, der des Autors und der des Kritikers, beginnen. Doch dieser Dialog wird egoistischerweise ganz und gar nach der Gegenwart hin verlagert; die Kritik ist keine Huldigung an die Wahrheit der Vergangenheit oder die Wahrheit des ‚anderen', sie ist Konstruktion des Intelligiblen unserer Zeit. (Barthes [1963/1964] 1969: 69)

Dass Barthes im Verlauf dieser Abhandlung die Arbeit des Kritikers moralphilosophisch analysiert und als Sprungbrett präsentistischer Überlegungen nutzt, ändert nichts an der Beobachtung, dass hier nicht nur das konkrete Modell eines *realen* Lesertyps, des Kritikers, rekonstruiert wird, sondern dieses auch handlungstheoretisch und psychologisch begründet zum ‚Ort der textuellen Bedeutung', beziehungsweise allgemeiner, der Rezipient zum existenziellen ‚Ort des textuellen Objektes' überhaupt gemacht wird. Der Chronologie der Barthes'schen Philosophie der 1960er

---

288 Hier ist die später radikalisierte Verabschiedung des Autors noch wesentlich moderater angelegt. Barthes erörtert die Produktionsseite des literarischen Textes und sagt über das Schreiben des Autors (nicht über den vom Leser schreibbaren Text), dass es bedeute, „den anderen zu überlassen, das eigene Sprechen eindeutig zu machen; die Weise des Schreibens ist nur ein *Vorschlag*, dessen Antwort man nie kennt. Man schreibt, um geliebt zu werden, man wird gelesen, ohne dass man gelesen werden kann; der Schriftsteller wird ohne Zweifel gerade durch diese Differenz konstituiert" (Barthes [1963/1964] 1969: 126).
289 In Barthes [1966] 1967b: 88–91 versucht er eine wenig überzeugende Unterscheidung von Kritiker und Leser einzuführen, basierend auf der die den Kritiker, aber nicht den Leser auszeichnenden Anschlussoperation, *dogmatisch* über das Werk zu schreiben. Der „einzige Kommentar, den ein reiner Leser hervorbringen könnte, der Leser bleiben würde, wäre das Pastiche" (ebd.: 91).

Jahre folgend kann vorerst also sowohl für die Verabschiedung des Autors (vgl. Anm. 288 oben) als auch für die Theoretisierung des Lesers eine Radikalisierung festgestellt werden. Diese äußert sich in der Umstrukturierung des Lesers von einem ontologisch und funktional recht eindeutig bestimmbaren *realen* Lesermodell, wie es am Beispiel des Kritikers rekonstruiert wurde, hin zu einem stärker theoretisierten und somit auch ontologisch ambivalenteren Modell, das aber trotzdem hinsichtlich seiner epistemologischen Funktionalisierung einigermaßen klar bestimmt bleibt. Dies macht die festgestellte, verstärkte Theoretisierung des Lesers besonders deutlich: Die Funktion des ‚frühen' Modells – als werkkonstituierende und werkaktualisierende Psyche mit individueller Geschichte – wird abgelöst durch die passiv-vereinheitlichende Funktion, dem Text einen Raum zu offerieren, in den sich die Zitate der (als aktiv konstruierten) Schrift einschreiben können. So gestaltet Barthes ([1967] 1984) dann den Leser als der ‚Ort' (*lieu / place*)[290] an dem die Vielfalt der verschiedenen Schriften, die einen Text konstituieren, zusammentrifft; er sei aber gleichsam auch der ‚Raum' (*espace / space*)[291] „in dem sich alle Zitate, aus denen sich eine Schrift zusammensetzt, einschreiben" (Barthes [1967] 2003: 192).[292] Hier hat die in der frühen Konzeption noch rezeptionsbestimmende, epistemologisch relevante Kategorie der Psyche des *realen* Lesers keine verstehensrelevante Funktion mehr.

Doris Pany kommt zu einem ähnlichen Ergebnis. Ihre Gegenüberstellung der wirkungsästhetischen Modelle von Iser und (dem späten) Barthes lässt sich als Untersuchung der Funktion des Lese(r)Modells für den jeweiligen Theoriebau verstehen. Wie sie aufzuzeigen vermag, „behandelt Barthes den Rezipienten in seiner Analyse als ein heuristisches Konstrukt, das sich dadurch kennzeichnet, dass ihm eine potentiell uneingeschränkte Menge diskursiver, allgemein kultureller und literarischer Codes zugeordnet ist" (Pany 2000: 91). Sie deutet den Barthes'schen Leser moderner Texte also auf ontologischer Ebene als *nicht-reales* (heuristisches) Modell, was sich mit ihrem starken Bezug auf die Publikationen Barthes nach „S/Z", also ab ca. 1970 erklären lässt. Zu diesem Zeitpunkt ist die werkkonstituierende Funktion des Lesers bei Barthes bereits durch die raum-

---

290 Frz.: Barthes [1967] 1984: 69 [engl. Übers. v. Richard Howard: Barthes 1967a, o. S.].
291 Frz.: Barthes [1967] 1984: 69.
292 Diese Übersetzung ins Deutsche durch Matías Martínez erfolgte erst 33 Jahre nach der engl. Erstpublikation im *Aspen Magazine* im Kontext einer Anthologie zur Autorschaftstheorie, veröffentlicht von Herausgebern, die gegenüber der poststrukturalistischen Theorienbildung eine eher (stark) kritische Haltung einnehmen. Für die deutschen Teilnehmer der Autorschaftsdebatte zumindest bis ins Jahr 2000 lässt die späte Übersetzung nur den Schluss zu, dass sie entweder allesamt des Französischen mächtig waren oder sich mit der englischen Übersetzung ‚begnügten'.

metaphorische Einsetzung abgelöst worden. Es sind zwei von ihm verwendete Behältnismetaphern zu unterscheiden: *Raum* und *Ort*, *lieu* und *espace*. Die Metapher des ‚Lesers als Ort' ist durchaus noch mit dem frühen Barthes'schen Modell des realen Lesers als intellektuell Handelndem in Einklang zu bringen. Dagegen betont die offenere – und das heißt auf das Textverstehen bezogen die *einen* originären Punkt, *eine* Instanz, *einen* Leser ablehnende – Metapher des ‚Lesers als Raum' ungleich stärker den autonomen Charakter des sprachlichen Zeichens. Dass Barthes in „Der Tod des Autors" nun beide Metaphern verwendet, kann als Hinweis darauf gedeutet werden, dass dieser Text in der Übergangsphase zweier Lesermodelle verhaftet ist, die eine Entwicklung hin zu einer immer stärkeren Theoretisierung und Entontologisierung des Lesers und der lesergebundenen Rezeptionsfunktionen erkennen lässt.

Dieser Prozess soll nun in seiner Relation zu den subjektkritischen Postulaten Barthes' untersucht werden. Immerhin legen sowohl die Subjektkritik als auch das theoretische Lesermodell die Annahme nahe, dass Barthes – wie schon Derrida – realen Lesern eine Relevanz, Funktion oder Kompetenz bei der Interpretation literarischer Texte abstreitet, die er sich selbst in seiner eigenen interpretativen Praxis aber zugesteht. Durch den Bezug auf das, was Barthes als die *Schreibbarkeit* und *Lesbarkeit* eines Textes einführt, kann jedoch entgegen dieser Annahme gezeigt werden, dass Barthes' Lese(r)konzept tatsächlich auf wesentlich moderateren subjektkritischen Annahmen basiert, als sie ihm allgemeinhin zugeschrieben werden. Um dies darlegen zu können, muss deutlich gemacht werden, dass Barthes den Begriff „Text" in expliziter Abgrenzung zum Begriff „Werk" konzipiert, was besonders aus seinen nicht mehr ganz frühen Aufsätzen – wie „Vom Werk zum Text" (1971) – hervorgeht. In diesen Arbeiten lehnt er mit dem Werkbegriff gleichsam den Gegenstand der traditionellen Literaturwissenschaft, wie auch deren Bedeutungs- und Interpretationskonzeption ab:

> Das Werk ist in einen Abstammungsprozeß eingespannt. Es wird postuliert, die Welt (das Geschlecht, die ‚Geschichte') *determiniere* das Werk, die Werke *folgten aufeinander* und das Werk sei *Eigentum* seines Autors. Der Autor gilt als Vater und Eigentümer seines Werks; [...] Der ‚Text' hingegen wird ohne die Einschreibung des ‚Vaters' gelesen. (Barthes [1967–1980] 2006: 69)[293]

Steffen Martus – der übrigens für Barthes genau die Probleme benennt, die oben bereits anhand Derridas Theorie rekonstruiert worden sind und sich aus dem Konflikt der Prämissen systematischer (also theoretischnormativer) und historischer (also deskriptiver) Argumente ergeben –

---

293 Der Aufsatz ist ebenfalls abgedruckt in Barthes 2005.

zeigt darüber hinaus völlig richtig auf, dass Barthes' Ablehnung des *Werk*begriffes auch die Ablehnung der zu überwindenden linearen (und singulären) konsumistischen Lektürepraxis des *lesenden Lesers* einschließt, die das Werk und die es konstituierenden Zeichen illegitim stabilisiere.[294] *Texte* hingegen sind mit den Beschreibungsinstrumenten dieses Werkbegriffes nicht mehr fassbar. Ihre (unten noch erläuterte) Pluralität bedarf einer vollständigen Umorientierung der traditionellen Praxis hin zu einem durch den Begriff des Spiels beschreibbaren Umgang mit Texten: „Der ‚Text' schlämmt (schon allein durch seine häufige Unlesbarkeit) im Werk (wenn es dies gestattet) den Konsum aus und fängt ihn als Spiel, Arbeit, Produktion und Praxis wieder auf" (Barthes [1967–1980] 2006: 70). Entgegen der Barthes unterstellten Subjektkritik wird schon an diesem kurzen Zitat deutlich, dass sowohl das Konsumistische des *Werkes* als auch dessen *text*adäquate Einsetzungen wie ‚Spiel' und ‚Arbeit' einen starken Subjektbezug herstellen, der sich genauer noch als Rezipientenbezug unterschiedlicher Lektürepraktiken rekonstruieren lässt.[295] Dieser Befund deckt sich auch mit der aus „Der Tod des Autors" rekonstruierten Position Barthes', die zwar durchaus eine Subjektkritk als Kritik an der traditionellen, *autorbasierten* Interpretationspraxis darstellt, nicht aber an dem Subjekt selbst.

Es sind nicht nur die unterschiedlichen Verhältnisse von Werk und Text zu ihren Autoren, die Barthes zu dieser Differenzierung führen. Natürlich haben auch ‚Texte' Autoren, sie werden laut seiner These nur ohne diese „Einschreibung des ‚Vaters'" gelesen" (ebd.: 69). Wie aus dem letzten Wort überdeutlich wird, ist es schließlich also der *Modus des Lesens*, der darüber entscheidet, ob der Autor für eine Textinterpretation als relevant eingeschätzt wird. Doch heißt dies für Barthes wiederum nicht, dass es ausschließlich der *Leser* ist, dem hier eine bewusste Entscheidungsgewalt über die Art seiner Lektüre zugeschrieben wird. Wie er in „Vom Werk zum Text" verdeutlicht, hat auch die Sprache ein ‚Mitspracherecht': „Das Werk ruht in der Hand, der Text ruht in der Sprache" (ebd.: 65). Während der Rezipient also eine für das *Werk* (buchstäblich) tragende Rolle spielt, eröffnet der *Text* eine Ambivalenz, die die literarische Bedeutungsproduktion changieren lässt zwischen einem aktiven Leser einerseits und einer durch das „endlose Zurückweichen des Signifikats" ausgezeichneten, sich Bedeutungsfestsetzung durch den Leser widersetzender Spra-

---

[294] Vgl. hierzu auch Martus 2007: 41f. der allerdings nicht explizt genug betont, dass Barthes' historischer Ansatz als *deskriptiv* und sein systematischer Ansatz als *normativ* zu verstehen sind.

[295] Auch die ‚Produktion' versteht Barthes in diesem rezeptionsbezogenen Sinne von „Bedeutungsproduktion durch den Leser", nicht produktionsästhetisch „durch den Autor".

che andererseits (ebd.: 67). Diese textuelle Uneindeutigkeit bezeichnet Barthes als das „Plurale" (*le pluriel*):[296] „Das Plurale des ‚Textes' beruht", so schreibt er, „nicht auf der Ambiguität seiner Inhalte, sondern auf dem, was sich als *stereographische Pluralität* der Signifikanten bezeichnen ließe, aus denen er gewebt ist" (ebd.: 68).

Verständlicher wird dieser Pluralitätsbegriff, vergleicht man ihn mit einer Unterscheidung, die Jacques Derrida in „La dissémination" ([1972] 1995: 397) einführt. Der Dekonstruktivist grenzt in dieser Arbeit den der „(an)teilnehmenden Rede" (ebd.: 366–372) zugehörige *Polysemiebegriff* von dem der *Dissemination* ab, der die semantische Unbestimmtheit eines Textes als „Ergebnis der Iterabilität" des Zeichens beschreibt (Zima 1994: 71). Die Grundlage dieser Unterscheidung ist die recht eigene Derrida'-sche Identitätslogik, nach der nur disseminale Texte zu sich selbst zurückkehren, ohne eine Veränderung erfahren zu haben. Was das bedeutet, zeigt sich mit Blick auf das dazu konträre hermeneutische Interpretieren, dessen idealiter angestrebtes Resultat *eine* möglichst alle Textmerkmale umfassende Interpretationshypothese ist. Durch ihre Zirkelbewegung tut sie dem Text allerdings etwas hinzu, das ihm fremd ist. Der von Barthes angenommene *plural Text* hingegen, und daher der Umwege über Derrida, verweigere sich einer solchen vereinheitlichenden Interpretation und bedürfe der *disseminalen*, der zerstreuenden Lektüre, da ihm das Sinnzentrum fehle. Das *Seminale* pluraler Texte „disseminiere sich", so schreibt Derrida ([1972] 1995: 398), „ohne jemals es selbst gewesen zu sein und ohne Rückkehr zu sich".[297]

Mit diesem Verständnis des Textes redet Barthes (wie auch Derrida oder Kristeva) dem poststrukturalistischen Diktum das Wort, dass literarische Texte nicht ‚stabil' wären und daher auch nicht eindeutig verstehbar sein könnten.[298] Zur Erklärung soll Kristevas Modell des Textverstehens skizzenhaft angeführt werden. Für sie stellt der Text einerseits ein „in keiner Weise bevorzugtes Teilgebiet der gesellschaftlichen Praktiken" dar, zeichnet sich aber andererseits durch seine „besondere semiotische Tätigkeit" aus, die sich „im kodifizierten Sprachvollzug nicht auflösen lässt" und somit eindeutiges Verstehen unmöglich mache.[299] Wie

---

296 Zu dem Begriff siehe auch Langer 2005: 89 und Spoerhase 2007a: 32–35, der zu Recht fragt, ob der Begriff als Beschreibung einer Gegenstandseigenschaft oder als Interpretationsziel (hierzu auch Hempfer 1976: 56f.) aufgefasst werden muss.
297 Zu dem Begriff *Dissémination* in Abgrenzung zur *Différance* vgl. Kafitz 2007: 75–77. Dass Derrida diese Lektüreform nur an sprachexperimentellen Werken exerziert, bzw. diese an einer realistischen Erzählung Baudelaires ‚entschieden einfacher' ausfällt, zeigt Bossinade 2000: 158.
298 Eine sehr viel konkretere Annäherung versucht de Man, wie unten gezeigt werden wird.
299 Bossinade 2000: 170. Sie verweist auf Kristeva 1977: bes. 50f.

Bossinade (2000) aufzeigt, äußert sich diese Inkonsistenz in dem Doppel von *écriture-lecture*, das an Barthes' noch vorzustellende Dichotomie vom *schreibbaren* und *lesbaren* Text erinnert. Der *écriture* schreibt Kristeva die „nicht kodifizierbaren Korrelationen semischer Elemente im Text" zu, der *lecture* hingegen die „Operationen ‚Erinnern' oder ‚Zitieren'‚ wobei es in jedem Fall um andere Texte geht" (ebd.: 170). So zeigen schon allein die lese(r)seitig eingeführten Handlungsbegriffe recht klar, dass auch Kristeva das Subjekt (oder zumindest einige seiner Funktionen) in ihrer Intertextualitätstheorie nicht gänzlich vermeiden kann.[300]

Theorien instabiler Texte setzen – so kann resümiert werden – ein Lese(r)modell voraus, das sich grundlegend von dem unterscheidet, das Theorien stabiler Texte annehmen: Denn die den instabilen Texten immanente Pluralität lässt keine (eindeutigen) Bedeutungszuschreibungen mehr zu und stellt somit gänzlich andere Anforderungen an den Leser bzw. das Lese(r)modell. Barthes' Vorschlag zur Vermeidung dieser Problematik, besteht nun darin, das traditionelle ‚Konzept' des Lesens zu verwerfen und das des ‚Schreibens als Rezeptionsakt' einzuführen. Dass er den Leser dabei aber nicht etwa wie Derrida (zumindest theoretisch) im Zuge poststrukturalistischer Sprachphilosophie vollständig negiert, zeigt das folgende Zitat, das dem monierten Gestus Barthes' – der Ablehnung konkreter Definitionen – völlig ergeben ist:

> Der Leser des ‚Textes' ließe sich mit einem unbeschäftigten Subjekt vergleichen (das in sich das gesamte Imaginäre entspannt hätte): Dieses einigermaßen leere Subjekt wandert (das ist dem Autor dieser Zeilen passiert, und dadurch hat er eine lebhafte Vorstellung des ‚Textes' erhalten) den Hang eines Tals entlang, in dessen Talgrund ein Wadi fließt (das Wadi ist hier, um eine gewisse Exotik zu belegen); was er wahrnimmt, ist vielfältig, irreduzibel, entstammt heterogenen, versetzten Substanzen und Ebenen: Lichter, Farben, Vegetationen, Hitze, Luft, zarte Geräuschexplosionen, dünne Vogelschreie, Kinderstimmen auf der anderen Seite des Tals, Vorbeiziehendes, Gesten, Kleidungsstücke von Einwohnern ganz in der Nähe oder in weiter Ferne; all diese Vorkommnisse sind halb erkennbar: sie entstammen bekannten Codes, aber ihre Kombinatorik ist einmalig, stiftet den Spaziergang als Differenz, der sich nur als Differenz wird wiederholen können. (Barthes [1967–1980] 2006: 68)[301]

Der Leser wird hier als ‚unbeschäftigtes Subjekt' vorgestellt, das gegenüber dem semiotischen Spiel der Sprache keine Autorität mehr besitzt, wenngleich dieses Spiel ihn – als passiven ‚Wanderer' auf einer ‚Spur' durch den Text – vorauszusetzen scheint. Dieser Zugang zur Sprache des

---

300 Siehe etwa die sehr gute Rekonstruktion des Subjektbegriffs in der Bachtinlektüre Kristevas bei Hauschild 2004: 12–22, hier 21: „Der Text bleibt auf ein Subjekt bezogen".
301 Vgl. zu der Metapher des ‚Spazierens in Texten' auch Eco 1979: 31–36 und das Kapitel 8.3.1 „Inferential walks and ghost chapters" (in deutscher Übersetzung u. a. in Eco 1996).

Textes unterscheidet sich nicht mehr grundlegend von dem des Autors, wodurch die traditionelle Differenz beider Instanzen aufgelöst wird.³⁰² Angesichts dieser Nivellierung stellt sich nun umso dringlicher die Frage nach dem bereits angesprochenen Ursprung der Stimme im Text. In „S/Z" ([1970] 1987: 25f.) schreibt Barthes, der sprachliche Code bilde als *off*-Stimme den „Ursprung der Äußerung" und das „Zusammenwirken der Stimmen (der Codes) [würde] zur Schrift".³⁰³ Die hier als Code eindeutig im System der Sprache zur entsubjektivierten Grundlage des Textes gemachte Stimme sei aber – so schreibt er an späterer Stelle im gleichen Text – nur eine

> verlagerte Stimme, die der Leser durch Vollmacht dem Diskurs leiht [...]. Daran lässt sich erkennen, dass das Schreiben nicht die Kommunikation einer *message* ist, die vom Autor ihren Ausgang nähme und zum Leser ginge; sie ist eigentümlich eben gerade die Stimme des Lesens: *im Text spricht allein der Leser*. (Barthes [1970] 1987: 152)

Diese Konzeption der Stimme deckt sich zwar mit dem Konzept aus der drei Jahre später publizierten Monographie „Die Lust am Text" (Barthes 1973),³⁰⁴ in „Der Tod des Autors" (1967) hatte Barthes jedoch zuvor bereits ein davon stark abweichendes Verständnis der Stimme beschrieben, das als Ergebnis individueller (autorschaftlicher) Produktion von Texten eingeführt wurde. Er zieht dieses Konzept, wie oben beschrieben, nicht eindeutig dem Konzept der Leser-Stimme vor, aber auf die Frage, wer denn spreche, antwortet er dort fatalistisch: „Wir werden es nie erfahren können, einfach deswegen, weil die Schrift [*écriture*] jede Stimme, jeden Ursprung zerstört" (Barthes [1967] 2003: 185). Ob nun im Anschluss daran mit Blödorn/Langer (2006: 63) die Stimme notwendigerweise „als Ursprung des ‚Sinns'" und „Absicht des Autor-Subjekts" verstanden werden muss, ist fraglich. Denn auch ohne den Versuch unternehmen zu müssen, Barthes in den Kategorien Intentionalismus-affiner Ansätze unterzubringen, bleibt unbestreitbar, dass hier ein stärker dem Alltagsver-

---

302 Barthes [1967–1980] 2006: 70: „Das heißt, der ‚Text' verlangt, dass man versucht, die Distanz zwischen Schreiben und Lesen aufzuheben (oder zumindest zu verringern), und zwar keineswegs durch eine verstärkte Projektion des Lesers in das Werk, sondern durch eine Verbindung beider in ein und derselben Bedeutungspraxis. Die Distanz zwischen Lesen und Schreiben ist historisch".
303 Barthes nennt fünf *Stimmen* oder *Codes*, die sich in dem ‚stereographen Raum' Schrift kreuzen: „Stimme der Empirie (die Proaïresen), Stimme der Person (die Seme), Stimme der Wissenschaft (kulturelle Codes), Stimme der Wahrheit (die Hermeneutismen), Symbolstimme" (ebd.: 26), die er auf den Seiten 21–25 näher erläutert, in ihrer Spezifikation hier aber nichts zur Sache tun; immerhin versucht selbst Barthes „ganz bewusst nicht [...] die fünf Codes untereinander zu strukturieren" (ebd.: 25). Ausführlich rekonstruiert sie Pany 2000: 91–109.
304 Die deutsche Übersetzung erschien ein Jahr später: Barthes 1974.

ständnis von „Stimme" entsprechendes Konzept einführt wird. Stimme ist demnach ist kein *schriftimmanentes*, sondern ein vom Autor produziertes *vorschriftliches* Phänomen, das durch oder mit Schrift nicht mehr abgebildet oder transportiert werden kann.[305] Besonders augenscheinlich wird das, wenn Barthes ([1967] 2003: 185) diese allgemeinen Annahmen auf literarische Texte überträgt: „Sobald ein Ereignis ohne weitere *Absichten* erzählt wird – also lediglich zur Ausübung des Symbols, anstatt um direkt auf die Wirklichkeit einzuwirken – vollzieht sich diese Ablösung, verliert die Stimme ihren Ursprung, stirbt der Autor, beginnt die Schrift".[306]

Es zeigt sich also, dass das, was bereits für den ontologischen Status des *Lesers* festgestellt wurden, auch für die Stimme gilt: Barthes entwirft jeweils unterschiedliche Konzeptionen, die nicht konsistent vereinbar sind. Die erstgenannte Konzeption der Stimme ist in sich schon unstimmig, verortet sie doch ‚Stimme' einerseits *in* der Schrift, andererseits ist es der Leser, der im Text spricht. Der Leser wäre hier einerseits für den Text zumindest in der Funktion relevant, die Instanz darzustellen, welche die Stimmen (oder Codes) aktualisiert. Andererseits muss gleichzeitig nicht mehr nur von der *Aktualisierung*, sondern von der Zuschreibung beziehungsweise der *Produktion* der Stimme durch den Leser gesprochen werden. Dies darf aber wohl nicht als bewusster Akt einer (eventuell gar beim Autor ansetzenden) Suche nach ‚Sinn' missverstanden werden. Der wichtige Punkt an dieser Stelle ist, dass sich die subjektkritische Argumentation in der ersten Konzeption auf eine einzige Instanz beschränken muss: Diese Konzeption negiert die Relevanz des *Autors* für die Beurteilung der Bedeutung literarischer Texte, nicht aber die des Lesers, der ja durchaus funktionalisiert wird: Der Leser ist die Instanz, die im Text spricht, die die textuellen Codes aktualisiert oder den Text durch seine Stimme gewissermaßen ‚ver-körpert'.

Auch in der zweitgenannte Konzeption der Stimme, wie Barthes sie in „Der Tod des Autors" entwirft, wird die Stimme durch ein Subjekt produziert, aber hier nicht durch den Leser, sondern durch den Autor. Einen subjektkritischen Impetus kann man hier allenfalls darin sehen, dass Schrift die in den Text getragene Stimme des als Produzenten funktionalisierten Autorsubjekts zerstört und demgegenüber das Lesersubjekt *funktional* schachmatt setzt: Wenn der Text die Stimme zerstört, kann der Leser diese auch nicht mehr aus dem Text lesen; der Ursprung des Textes ist nicht rekonstruierbar. Subjektkritik steckt also allenfalls in der dem Autor

---

305 Vgl. hierzu die Beschreibung der ‚Transportfähigkeit' von Bedeutung in Containermodellen literarischer Text in den Kapiteln III.3.2 und III.3.3.
306 Dass Barthes „Erzählung" und „Literatur" als diese absichtsfreie ‚Ausübung des Symbols' versteht und als Begriffe nahezu Synonym benutzt, macht er auf der Folgeseite deutlich.

und dem Leser abgesprochenen Relevanz für die *Erklärung* der Stimmen im Text, keinesfalls aber in der Theoretisierung der Existenz oder der produktionsgenetischen Funktion dieser Instanzen. Genau dies bildet auch den grundsätzlichen Konflikt der Konzeptionen der Stimme aus „Der Tod des Autors" auf der einen und „S/Z" auf der anderen Seite, auf der das Lesermodell im Vergleich wesentlich „stärker eine Funktionsstelle im intertextuellen Netzwerk" besetzt (Brune 2003: 148). In „S/Z" ist die Stimme ein sprachliches oder vom Leser der Sprache zugeschriebenes Phänomen, in „Der Tod des Autors" steht sie in unmittelbarer Abhängigkeit des Autors. Da jedoch in keinem Fall der Autor *und* der Leser gleichzeitig als (empirische) Subjekte kritisiert werden, ist davon auszugehen, dass Barthes hier lediglich verschiedene Interpretationskonzeptionen vorstellt, die Leser und Autor hinsichtlich ihrer epistemologischen Funktionen unterschiedlich stark gewichten. Eine kategorische oder ontologische Subjektkritik formuliert er jedenfalls nicht.[307]

Auch die dichotomen Konzepte der *Lesbarkeit* und *Schreibbarkeit* von Texten, denen Barthes eine nicht geringe Rolle im Rahmen seiner Theorie zugesteht, stützen diese Annahme, da sie ein mit dem Text handelndes Subjekt voraussetzen. Ordnet man ihnen die beiden oben rekonstruierten, konfligierenden Konzeptionen von Stimme zu, so stellt sich erneut die Frage, inwiefern *Lesbarkeit* und *Schreibbarkeit* ein Lesermodell integrieren beziehungsweise vielleicht sogar voraussetzen. Einen ersten Hinweis gibt die dem *schreibbaren* Text attribuierte Metapher des Spiels, die den Leser, wie festgestellt, als aktives Subjekt beschreibt. Der Leser des lesbaren Textes hingegen konsumiert lediglich; er wird als passives, ‚unbeschäftigtes Subjekt' dargestellt:[308]

> Im Grunde heißt *lesen* im Sinne von *konsumieren*, dass mit dem Text nicht gespielt wird. ‚Spielen' ist hier in der ganzen Polysemie des Wortes zu verstehen: Der Text hat Spielraum (wie eine nicht ganz schließende Tür, ein Apparat ‚Spiel' hat); und der Leser spielt zweimal: er *spielt* den ‚Text' *nach* (im spielerischen Sinn), er sucht eine Praxis, die ihn reproduziert; damit sich diese Praxis jedoch nicht auf eine passive, innere *Mimesis* reduziert (der ‚Text' ist genau das, was sich dieser Reduktion widersetzt), *spielt* er *auf* dem ‚Text'; man darf nicht vergessen, daß ‚spielen' auch ein musikalischer Begriff ist. (Barthes [1967–1980] 2006: 71.)

Barthes betont also durchaus, dass nicht nur die kreative spielerische Praxis (des ‚auf dem *Text* Spielens') von einem Leser ausgeht, sondern auch

---

307 Ähnlich Langer 2005: 319f., die die Barthes'sche Subjektkritik (konträr zu der Nietzsches, Foucaults, Derridas oder Lacans) auch als „eher auf den ‚Text' bezogen" (ebd.: 319) versteht.

308 Jauß kann hingegen zeigen, dass Modelle passiven Rezipierens „an der Schwelle vom Mittelalter zur Neuzeit" mit einer *modernen* Hermeneutik, die er in diesem Zeitraum verortet, obsolet werden (Jauß 1987: 9).

die des unkreativen mimetischen ‚Nachspielens'. Die Metapher des Textes als Musikinstrument ist zur Veranschaulichung der Idee Barthes tatsächlich günstig und lässt sich ausbauen: Das Instrument (oder der Text) stellt die Möglichkeit des Musizierens (oder Lesens) bereit, bedarf aber eines Musikers (oder Lesers), um gespielt zu werden. Zum Vergleich: Gemäß einer radikalen Umsetzung der poststrukturalistischen Semiotik, die ja als Prämisse durchaus Eingang in Barthes' Konzeption gefunden hat, müsste aber das Instrument (oder der Text) *sich selbst* zu spielen in der Lage sein. Diese Möglichkeit des völlig entsubjektivierten Spiels diskutiert Barthes jedoch ausschließlich an anderen Stellen, etwa wenn es ihm um die Beschreibung von Diskursen geht,[309] nicht aber im Kontext der *lesbaren* und *schreibbaren* Texte. So muss die hier eingesetzte Metapher des Spiels letztlich als Hinweis dafür verstanden werden, auf welch unbefriedigendem Niveau sich Barthes mit der Subjektfunktion und -ontologie seiner Lesermodelle auseinandersetzt, die latent unterbestimmt zwischen einem unbeschäftigten und einem funktional notwendigen Leser vagieren.

Eine auf diesem Wege formulierte, wahrscheinlich aber als konzeptuell zu verstehende Gleichgültigkeit gegenüber diesen offenen Fragen bildet den unsicheren Grund, auf dem Barthes sein Lese(r)konzept immer wieder zwischen subjektbezogenen Aktivitätsattributionen und textbezogenen Passivitätspostulaten alternieren lässt. So ist auch die Dichotomie des Schreibbaren (*le scriptible*) und Lesbaren (*le lisible*) als konzeptuelle Umsetzung genau dieser Spaltung seiner Literaturtheorie zu verstehen. Sie ermöglicht eine Verbindung von textbezogener Sprachkonzeption und simultaner Lese(r)aktivität. Dazu führt Barthes ([1970] 1987: 8) die Schreibbarkeit eines Textes als Wertungskategorie der Pluralität nicht-klassischer Texte ein:[310] „Warum ist das Schreibbare unser Wert? Weil es das Vorhaben der literarischen Arbeit (der Literatur als Arbeit) ist, aus dem Leser nicht mehr einen Konsumenten, sondern einen Textproduzenten zu machen". Hervorgehoben wird dabei wiederum die Aktivität des Lesers, dessen Lektüre des pluralen Textes nicht mehr als passiv-konsumistische Kontemplation verstanden werden darf. Im Vergleich zu Derrida, der die ähnliche Unterscheidung des *Klassischen* und des *Modernen* anhand der Schrift trifft, verlagert Barthes ihren Begründungszusammenhang in die unterschiedlichen Umgangsweisen und Praktiken des Lesers mit der Schrift beziehungsweise mit schriftlichen Texten:

> Unsere Literatur ist von der gnadenlosen Trennung gezeichnet, die die literarische Institution zwischen dem Hersteller und dem Verbraucher des Textes,

---

309 So u. a. Barthes [1970] 1987: 62–64.
310 Siehe auch Barthes [1966] 1967b: 61–68. Vgl. zur Pluralität als Wertungskategorie auch Spoerhase 2007a: 33 Anm. 159 und Langer 2005: 246–257.

seinem Besitzer und seinem Käufer, seinem Autor und seinem Leser aufrechterhält. Ein solcher Leser ist im Nichtstun versunken, in einer Undurchdringbarkeit, kurz, einer Art *Seriosität*: anstatt selber zu spielen und den Zauber des Signifikanten, die Wollust des Schreibens ganz wahrzunehmen, bleibt ihm als Anteil nur die armselige Freiheit, den Text entweder anzunehmen oder ihn zu verwerfen [...]. Als Gegenüber des schreibbaren Textes etabliert sich als sein negativer, reaktiver Wert, sein Gegenwert: das, was gelesen, aber nicht geschrieben werden kann: das *Lesbare*. Jeden lesbaren Text nennen wir einen klassischen Text. (Barthes [1970] 1987: 8)[311]

Der intellektuelle Clou dieser Textkonzeption ist nun, dass das Schreibbare und das Lesbare nicht etwa Pole einer *Skala* der Bewertung von Literatur bilden und so eine sukzessive Besetzung der Zwischenräume ermöglichen würden. Dann wären Aussagen denkbar wie: ‚Der Text X ist eher lesbar, also eher klassisch'; oder ‚der Text Y ist schreibbarer (also moderner und pluraler) als Text X'. Tatsächlich versteht Barthes das Schreibbare und das Lesbare als die beiden notwendigerweise *einzigen*, *idealen* und in ihrer Radikalität realiter nicht einholbaren Werte einer Dichotomie. Sie reiht sich ein in eine Fülle anderer Dichotomien (*texte/œuvre*; *scripteur/Auteur*; *texte moderne/texte classique*; *intransitivité/transitivité*),[312] die in ihrer Gesamtheit zumindest auf der Makroebene der Barthes'schen Überlegungen ein konsistentes Theoriegebäude errichten.

Integrieren wir nun das Konzept der Stimme. Der klassische oder *lesbare* Text (*texte lisible*) zeichnet sich durch die vom Autor vorgegebene Stimme aus, die aber letztlich der Schrift zum Opfer fällt. „Lesen" kann hier nur bedeuten, sich den „bekannten Codes" zu unterwerfen (Barthes [1967–1980] 2006: 68). Der *schreibbare* Text (*texte scriptible*) hingegen zeichnet sich, wie Pany (2000: 88) feststellt, durch einen „größtmöglichen Verzicht auf die Lenkung des Lesers bei der Sinnkonstituierung" aus. Ursächlich ist hierfür die semiotisch begründete Instabilität des Zeichens und der damit notwendig gewordene Verzicht auf den Autor als bedeutungslimitierende Instanz der Interpretation. So ermöglicht der schreibbare Text die ‚Aktivierung' der Stimme des Lesers. Dieser Leser kann frei von jeglicher Form der textinduzierten Sinnkonstituierung lesen, ohne auf ‚die Stimme des Autors' hören zu müssen. Diese Freiheit bedeutet für den Leser moderner Texte vor allem auch das Recht und die Pflicht, die eigene „beständige Gegenwart" stets *Neuschreiben* zu können, beziehungsweise Neuschreiben zu müssen (Barthes [1970] 1987: 9). Die notwendig resultierende Unmöglichkeit der *Wiederholung* einer Lektüre erklärt Barthes nun aber nicht etwa mit der Insuffizienz des Lesers. Vielmehr führt er die

---

311 Zu den hier fast gänzlich ausgelassenen Aspekten der ‚Lust am Text', vgl. Barthes 1973; Barthes [1967–1980] 2006: 38–41.
312 Siehe Spoerhase 2007a: 35.

Probleme konsistenter Sinnzuweisung auf (sprach-)strukturelle Eigenschaften des pluralen Textes zurück, die ihn ‚konstant mehrdeutig' machen. Er zeigt dies anhand eines aus *pluralen Texten* bestehenden *Werks* auf (wobei unklar bleibt, wie ein Werk aus pluralen Texten bestehen kann):[313]

> Das Werk besitzt gleichzeitig mehrere Bedeutungen, und zwar aufgrund seiner Struktur, nicht infolge eines Unvermögens derer, die es lesen. Darin ist es symbolisch: nicht das Bild ist das Symbol, sondern die Vielfalt der Bedeutungen. Das Symbol ist konstant. Lediglich das Bewusstsein, das die Gesellschaft von ihm hat, und die Rechte, die sie ihm einräumt, können variieren. (Barthes [1966] 1967b: 62)

Die in Barthes Argumentationsgang folgende und an Isers rezeptionsästhetische Betonung der Leerstellentheorie erinnernde Formulierung macht deutlich, wieso Barthes die Frage des Machtverhältnisses zwischen dem pluralem Text eines Werkes und dem Leser dieses Werkes eindeutig zugunsten des Textes auflöst:[314]

> [D]as Werk reicht über [die Leser] hinaus, geht durch sie hindurch, in der Art einer Form, die nacheinander von mehr oder weniger kontingenten, historischen Bedeutungen erfüllt wird: ein Werk ‚dauert', nicht, weil es verschiedenartigen Menschen eine einzige Bedeutung aufzwingt, sondern weil es einem einzigen Menschen verschiedenartige Bedeutungen nahelegt, es immer die gleiche Symbolsprache durch verschiedene Zeiten hindurch spricht. (Barthes [1966] 1967b: 63)

Indem das Werk also immer mit der gleichen ‚Symbolsprache', der gleichen Pluralität dem Leser (und unterschiedlichen Lesern) gegenübertritt, erfährt es eine Konstanz, die nicht in einer spezifischen ‚inhaltlichen' Konstitution – einer Bedeutung –, sondern einer sprachlichen Offenheit begründet liegt.

Während Derrida sich in den performativen Widerspruch verstrickt, zwar *dem Leser* im Allgemeinen, nicht aber *sich selbst* die Kompetenz beziehungsweise die Möglichkeit abzusprechen, mit dieser spielerischen Offenheit der Sprache umgehen zu können, formuliert Barthes durchaus so etwas wie eine funktionierende Rezeptionstheorie. In dieser überträgt er den Spielbegriff von der genuin zeichenbezogenen Verwendung auf den

---

313 Vgl. hierzu S. 159–162 (dieser Arbeit) und Barthes [1966] 1967b. Das folgende Zitat ist einem Kapitel mit der Überschrift „Die plurale Sprache" entnommen, behandelt aber überraschenderweise explizit ‚Werke'. Ob hierfür eine unzulängliche Übersetzung verantwortlich ist, konnte vor der Drucklegung leider nicht mehr geprüft werden.

314 Zu weiteren Gemeinsamkeiten der Ansätze von Iser und Barthes siehe Pany 2000: 116–130, die vor allem die ähnlichen „semiotischen Konzeptionen" (ebd.: 116f) und die Ablehnung eines engen Mimesisverständnisses (ebd.: 124) hervorhebt, jedoch ganz richtig die „Überschreitung der Textimmanenz" (ebd.: 120) bei Iser, nicht jedoch bei Barthes, als Unterschied nennt.

universell zu verstehenden Umgang des Lesers mit dem Text,[315] wenngleich der Leser dabei bloß *nach* dem Zeichen und in dessen Abhängigkeit steht: „Die Lektüre übersteigt die Struktur nicht; sie ist ihr unterworfen" (Barthes [1967–1980] 2006: 36). Der Barthes'sche plurale Text erweist sich somit als Begründungs- und Anwendungsgegenstand einer präsentistischen Rezeptionstheorie, deren subjektives Moment in der starken Betonung des Lesers im (immer aktuellen) Umgang mit der (immer historischen) Schrift liegt. Der bedeutungsverweisende Charakter der Schrift endet jedoch nicht bei dem Autor auf der Produktionsseite oder bei dem Leser auf der Rezeptionsseite des Textes, sondern er konstituiert überhaupt erst die Unendlichkeit des Zeichenspiels, wie auch den Umgang mit ihr, der bei Barthes notwendig von einem Leser abhängig bleibt.

Diese Feststellung ist das Ergebnis der Rekonstruktion einer mehr oder weniger gradlinigen Entwicklung der Barthes'schen Lesermodelle, die ihren Ausgangspunkt bei der Anerkennung realer Lesermodelle und der psychologischen Fundierung der von realen Lesern geleisteten Rezeption nahm (Barthes [1963/1964] 1969). Vier Jahre später revidiert Barthes diese Annahmen teilweise, indem er als Alternativinstanz zur autorbezogenen Interpretation zwar den Leser anführt, ihn aber psychologisch ‚entkernt' und zu einem gewissermaßen leeren Raum (‚ohne Geschichte, ohne Biographie, ohne Psychologie') macht, in den sich die Zitatgewebe des Textes einschreiben können (Barthes [1967] 2003). Diese zunehmende Abstraktion der literarischen Rezeption ist der stärkeren Fokussierung des Textes, beziehungsweise der Privilegierung der Schrift geschuldet. Barthes folgt dieser Theoretisierungsbewegung bis die 1970er Jahre hinein (Barthes [1970] 1987 und Barthes [1967–1980] 2006). Er geht dabei sogar soweit, die beiden von ihm unterschiedenen Rezeptionsformen der *passiven Konsumption* von klassischen Texten auf der einen Seite und der des *aktiven Spiels* im Umgang mit modernen Texten auf der anderen Seite als Eigenschaften der Texte selbst zu postulieren. Dem abgelehnten *lesbaren* Text und seinem ‚unbeschäftigten Subjekt' stellt er den *schreibbaren* Text gegenüber und betont, dass der Leser aktiv in den Prozess der spielerischen Bedeutungsproduktion der Zeichen dieses pluralen Textes eingebunden sein muss. Er versteht sich zwar auch selbst als solch ein Leser – „Aber für uns, die wir eine plurale Lektüre versuchen [...]" (Barthes [1970] 1987: 20) –, vertritt deswegen aber noch keine idiosynkratische Lese(r)theorie. Im Gegensatz zu Derrida formuliert Barthes ein Lesermodell, das nicht mehr bloß als Residuum seines Theoriebaus, sondern durchaus als vollwertige

---

315 Wie etwa in Barthes [1967–1980] 2006: 31. Hier betont er darüber hinaus, dass das „Spiel nicht als Zerstreuung aufgefasst werden" darf. Er will es „als eine Arbeit, aus der sich jedoch jegliches Mühsal verflüchtigt hätte" verstanden wissen.

Ausarbeitung einer Rezeptionstheorie gelten kann. Infolge seiner Theoretisierung ist der Leser moderner Texte funktional mit der Ausschöpfung des textuell fixierten Spielraums der Schrift zu beschreiben. Kritik am Leser formuliert Barthes demnach nicht im Sinne einer ontologischen oder funktionalen, sondern einer *rationalistischen* Problematisierung der Rezeption. Dafür spräche etwa seine in „S/Z" gestellte Frage, „Wieviel Lektüren?" ein Text verlange. Seine Antwort kann vor dem Hintergrund der unten[316] besprochenen ‚rationalen' Rezeptionstheorien verständlich gemacht werden. Während diese dem rationalen Leser die Kompetenz zugestehen, Textinhalte im Laufe der Rezeption oder einer Mehrfachlektüre *besser* zu verstehen, negiert Barthes dies und beschreibt die „wiederholte Lektüre" als „eine Operation, die den kommerziellen und ideologischen Gewohnheiten unserer Gesellschaft zuwiderläuft" (ebd.). Der *texte pluriel* jedoch ermögliche und erzwinge gerade die Wiederlektüre, weil es für ihn „keine erste Lektüre" geben kann (ebd.). Dieses rein zeichentheoretisch begründete Postulat negiert jedoch die empirisch beobachtbaren Prozesse des Lesens. Denn aus kommunikationspragmatischer Perspektive betrachtet kann die Chronologie des gedruckten und linear zu rezipierenden Textes kaum umgangen werden.

Abschließend sei Folgendes gesagt: Es spricht vieles dafür, Barthes' Subjektkritik in ihrer zur Schau getragenen Hyperbolik als eine von ihm selbst nicht einholbare Polemik zu verstehen, was wohl auch dem allgemeinen Gestus Barthes' gerechter würde als eine allzu strenge Prüfung seiner teilweise bloß thesenartigen Aufsätze. Diese Stoßrichtung verfolgend schreibt Daniela Langer (2005: 331): „Im Grunde genommen bestätigen diese Befunde [ihrer Untersuchung der Subjektkritik bei Barthes und Nietzsche; M. W.] den moderaten, unaufgeregteren Umgang mit dem Schlagwort vom ‚Tod des Subjekts' wie auch von dem ‚Tod des Autors', der in der Autorschaftsdebatte der letzten Jahre den Ton prägt".[317] Für den Umgang mit den von Roland Barthes entworfenen Lesern muss ähnliches gelten. Er beschreibt letztlich Varianten theoretischer Lesermodelle. Ob diese wirklich eine Entsprechung in der Realität haben, also ob sie die Lektürepraktiken realer Leser beschreiben, muss zumindest in dieser Arbeit als offene Frage unbeantwortet bleiben.

---

316 Vgl. das in Kapitel III.3.3 vorzustellende Prozessualitätskonzept.
317 Viel relevanter im Kontext subjektkritischer Verfahren der Verabschiedung kommunikativer Instanzen im Prozess literarischer Kommunikation ist die diskursanalytische Argumentation Foucaults, etwa in Foucault [1969] 2003; hierzu u. a. Bossinade 2000: bes. 161–166.

3.1.2.3 De Mans Modell des vortheoretischen Lesens

Auch in Paul de Mans Verständnis des Lesens (*reading*) finden sich subjektkritische Annahmen. Jedoch sieht man sich bei der Rekonstruktion seines Lektürekonzepts – ganz im Sinne des schon oben deutlich gemachten postmodernen Duktus der Ablehnung eindeutiger Definitionen – mit Problemen bei der Bestimmung eines klar abgrenzbaren Bestandes an Theorie-Elementen konfrontiert. Symptomatisch ist hierfür die Verwendung des *Lektürebegriffs*, der sich, wie Winko zeigt, zwar nicht trennscharf von dem der *Interpretation* abgrenzen lässt, als theoretische Landmarke und anti-hermeneutisches Schlagwort innerhalb des literaturwissenschaftlichen Feldes aber weite Verbreitung gefunden hat.[318] Die solch einem Lektürekonzept gewogenen Vertreter haben unterschiedlichste Argumentationen entwickelt, mit denen die Begründung einer Kritik an eindeutigen Bedeutungszuschreibungen – wie sie die dezidiert abgelehnte Interpretation leiste – gestützt werden soll. Während sich Derrida und auch Barthes stärker auf eine semiotische beziehungsweise semiologische Fundierung ihrer Theorie berufen, basiert de Mans Konzept der „Unlesbarkeit" (*unreadability*) literarischer Texte nicht auf einer differentiellen Kritik des Zeichens, sondern einer differentiellen Kritik der Sprache, wobei er besonders ihren rhetorisch-referentiellen Charakter hervorhebt. De Man (1988a: 40) übernimmt dabei die in traditionellen Ansätzen als unproblematisch vorausgesetzte Möglichkeit der Semantisierung von Textelementen, übersteigert diese aber insofern als er dem Leser angesichts der „verräterischen Unvereinbarkeit" der Vielzahl divergierender, aber möglicher Textbedeutungen nicht mehr die Entscheidungsfähigkeit zuschreiben kann, *eine* unter diesen Bedeutungen als *die* Bedeutung des Textes zu bestimmen. Der genommene Fluchtweg aus dieser dilemmatischen Situation führt ihn zu einem vorinterpretativen Umgang mit Texten, den De Man durchaus mit Verweis auf Derrida als *dekonstruktive* Lektüre bestimmt.[319] Diese Form der

---

318 Hierzu Winko 2002b, die zusammenfasst, dass die auf den Lektürebegriff bezogenen Theorien in der Regel postmodern oder poststrukturalistisch ausgezeichnet sind, dass sie „stärker vom lesenden Subjekt, ja sogar vom einzelnen Lektüre-Durchgang" abhängen und „hermeneutische Ganzheits- und Einheitspostulate" ablehnen (ebd.: 131). Mit Bezug auf den Lektürebegriff bei Paul de Man vgl. auch Spoerhase 2005; zur ‚Doppelheit' des Lektürebegriffs und seiner Verwendung vgl. den recht frühen Aufsatz von Ellrich/Wegmann 1990: bes. 477.

319 Vgl. diesen Verweis auf Derrida in de Man 1986: 116f. und de Man [1971] 1983: 102–141 (Kapitel: „The Rhetoric of Blindness"). Zur Dekonstruktion äußert er sich recht früh wie folgt: „[T]he term ‚deconstruction', […] has rapidly become a lable as well as a target. Most of this book was written before ‚deconstruction' became a bone of contention, and the term is used here in a technical rather than a polemical sense – which does not imply that it therefore becomes neutral or ideologically innocent. But I saw no reason to delete it […]. I

Lektüre versuche die Bedeutung literarischer Texte nicht einzuschränken, sondern eben genau dort anzusetzen, wo textuelle Bedeutung(slimitierung) aufhöre.

So muss auch de Mans *Rhetorik* über das hinausgehen, was in der Regel unter diesem Begriff verstanden wird. Als *figurative Rhetorik* ist sie das Resultat einer tiefen Skepsis gegenüber rein semantischen oder formalistischen Ansätzen,[320] die es nötig mache, die „uneingeschränkte Wirksamkeit und die kognitive Kontrolle von Intentionen" (Hamacher 1988: 18), wie es die klassische Rhetorik voraussetze, abzulehnen. De Man exemplifiziert dies in seinem zweiten Buch „Allegories of Reading" (1979) anhand der ‚rhetorischen Frage', die ihm in dem darin publizierten Aufsatz „Semiology and Rhetoric" den Anstoß gibt, das Verhältnis von Grammatik und Rhetorik als das einer Symbiose zu erläutern. Als „vollkommen klares syntaktisches Paradigma" bilde die rhetorische Frage, so de Man (1988a: 39), in jedem Fall einen Satz, der „mindestens zwei Bedeutungen ha[be], von denen die eine ihren illokutiven Modus bejah[e] und die andere ihn vernein[e]".[321] Während die klassische Rhetorik noch auf den außersprachlichen Bereich der Intention zurückgreife, um eine definitive Antwort auf die Frage textueller Uneindeutigkeit zu finden, kann eine sprachimmanent argumentierende figurative Rhetorik weder die grammatische noch die rhetorische Bedeutungsdimension der Frage endgültig favorisieren. Denn *rhetorisch* würde sie erst durch den Umstand, dass es „unmöglich ist, mit Hilfe grammatischer oder anderer sprachlicher Hinweise zu entscheiden, welche der beiden Bedeutungen (die miteinander inkompatibel sein können) den Vorrang hat"; dergestalt eröffne die rhetorische Frage „schwindelerregende Möglichkeiten referentieller Verwirrung" (ebd.).

Gegenüber der Position Derridas wird so ausgesprochen deutlich, dass de Man keine semiotische Grundsatzkritik am Verstehen sprachlicher Zeichen formuliert, sondern lediglich die von klassischen hermeneutischen Positionen postulierte Möglichkeit eines nicht-ideologischen interpretativen Umgangs mit Literatur negiert, indem er die Beschränkung der Sprache aufgrund ihrer rhetorischen Mittel prononciert. Ins Zentrum der

---

consciously came across ‚deconstruction' for the first time in the writings of Jacques Derrida, which means that it is associated with a power of inventive rigor to which I lay no claim but which I certainly do not wish to erase" (de Man 1979: x). Vgl. hierzu vertiefend Gearhart 1983.

320 Dass es aber durchaus Verbindungen von de Mans Dekonstruktion zu frühformalistischen Ansätzen gibt zeigt Speck 1997 besonders im 4. Kapitel. Insgesamt ist die *Yale School of Deconstructivism*, der neben de Man auch Geoffrey Hartman, Harold Bloom und J. Hillis Miller angehörten, weit stärker formalistisch geprägt als etwa die französische Dekonstruktion, die dem kontinentalen Strukturalismus näher steht.

321 Engl. Originalzitat in de Man 1979: 10.

Aufmerksamkeit rückt dabei die Allegorie, die den Angelpunkt seiner Theorie der Differentialität der Sprache – nicht der Differenz oder *différance* des Zeichens! – bildet und durch ihre ‚negative Semantik' zum Beschreibungsinstrument nicht nur literarischer Texte, sondern der Sprache selbst wird.[322] Wie auch bei der rhetorischen Frage stehen bei der Allegorie buchstäbliche und figurale Bedeutung in einer Relation des unaufhebbaren Konflikts, dem aber nicht eine von extern herangetragene Methode, sondern nur die der Sprache bereits immanente Differentialität als Erklärungsinstrument gerecht werden könne. Entsprechend bestimmt de Man (1988c: 170) die Dekonstruktion als etwas, das „koextensiv mit dem Sprachgebrauch überhaupt", also sprachimmanent ist und den „Trugschluss der Referenz auf notwendig referentielle Weise" feststelle.[323] Dem sei nicht zu entkommen, denn jeder Text mache geltend, dass Dekonstruktion nicht etwas sei, „das zu tun oder zu unterlassen unserer Entscheidung und unserem Willen überlassen wäre. Sie ist [...] imperativ" (ebd.).

Mit dieser apodiktischen Absage an die Referenz und die Entscheidungsfreiheit über den Umgang mit Literatur beziehungsweise mit Sprache überhaupt werden nicht nur die hermeneutisch gepflegten Kontextualisierungsbemühungen als Kohärenzstrategie gänzlich für obsolet erklärt, sondern auch die Funktion des Lesers grundsätzlich in Frage gestellt. Zwar kann Spoerhase durchaus plausibel machen, dass de Man das literarische Artefakt als solches nur unter dem Rückgriff auf die Kategorie der Intention bestimmen kann und somit als Vertreter eines generischen Intentionalismus gelten muss,[324] die Funktion des Lesers (etwa als diese Zuschreibung leistende Instanz) wird dadurch aber noch nicht beschreibbar. Sie kann allerdings aus seinen Texten filtriert werden. Dies lässt sich in einem ersten Schritt über die de Man'sche Betonung des kommunikativen Charakters der (literarischen) Sprache leisten, die vordergründig jedoch in einem kontradiktorischen Verhältnis zu seiner subjektkritisch ausgerichteten Sprachkonzeption steht. In „Promises (Social Contract)" erörtert

---

322 Der Begriff „negative Semantik" stammt von Hamacher 1988: 11, der hier ausführlich die Differentialität des allegorischen Zeichens als ‚Nicht-Übereinstimmung' versteht: „Die Allegorie [...] spricht [...] von der unbestimmbaren Andersheit dessen, wovon in ihr die Rede ist. Zu der in diesem Kontext (und dem Gesamtwerk de Mans) nicht unwichtigen, aber hier nicht darstellbaren Frage der Temporalität vgl. vor allem das Kapitel „Rhetoric of Temporality" in de Man [1971] 1983: 187–228.
323 Zum de Man'schen Diktum des nicht-referentiellen Lesens als *mere reading*, das dem Text nichts hinzutue, weil sich die „originäre Lektüre eines Textes [...]bereits im ‚Inneren' des Textes selbst" finde, siehe Spoerhase 2005: hier 25.
324 Vgl. Spoerhase 2005: bes. 34 und die ausführlichere Rekonstruktion im Kontext der Untersuchung des ontologischen Charakter literarischer Texte in Kapitel III.3.2.1.

de Man die rhetorischen Eigenschaften idealisierender Texte, die durch ihren auf die Zukunft ausgerichteten illokutionären Modus als performative Akte des Versprechens beschrieben werden.[325] Dieser Annahme gibt de Man (1979: 277) dann nicht ohne Ironie eine ‚Heidegger'sche' Wendung: „Die Sprache verspricht (sich)". Nicht weniger ironisch, aber völlig richtig hat Hamacher (1988: 21) im Anschluss daran bemerkt, dass dies auch Konsequenzen für die Rezeption von (verschriftlichter) Sprache hat: „Lesen verliest (sich)".

Der hinter diesem (Ver-)Lesen stehende Leser wird bei de Man gemäß dieser Analogie mit der Unmöglichkeit des ‚richtigen' Verstehens konfrontiert. Deren Ursache, die Aporie der Unentscheidbarkeit zwischen möglichen Verstehensoptionen, ist ein letztlich pragmatisch zu beschreibendes Phänomen. Den Argumentationszusammenhang einer (sich ver-)sprechenden Sprache im Allgemeinen überträgt de Man auf das Verstehen von Literatur im Speziellen (vgl. Bossinade 2000: 122), die ihm, wie seine *readings* zeigen, gleichsam immer auch Belegmaterial für umfassendere Thesen liefert. In Literatur wird die Unreferentialisierbarkeit, so de Man, konsequent in die *Unmöglichkeit des Lesens* transformiert:[326] „The allegory of reading narrates the impossibility of reading".[327] Dabei bezieht er sich vor allem auf die Thematisierung des Lesens in literarischen Texten, wie bei Proust und anderen in der französischen Postmoderne vielzitierten Autoren. Das beschriebene Phänomen versucht er begrifflich als „Unlesbarkeit"/*unreadability* zu fassen und bettet das dahinterstehende Konzept in seine bereits genannte Theorie einer Rhetorik der Allegorie als Sprachphilosophie ein (de Man 1979: 205). Unter diesen Prämissen können literarische Strukturen

> no longer be summarized by the term of metaphor or any substitute trope or figure in general, although the deconstruction of metaphorical figures remains a necessary moment in their production. They take into account the fact that the resulting narratives can be folded back upon themselves and become self-referential. (De Man 1979: 205)

Diese allegorische, weil selbstreferentielle Unlesbarkeit als „Verifikations- und Verallgemeinerungs-Unfähigkeit des Textes" zwinge nun den Leser,

---

325 Vgl. de Man 1979: 246–277 und Hamacher 1988: 20.
326 De Man 1988b: 111.
327 De Man 1979: 57–78, hier 77 (wobei er von der „impossibility of reading" auch an anderen Stellen, etwa S. 205 spricht). Bei dem in der vorherigen Fußnote zitierten Text handelt es sich um die deutsche Übersetzung des hier nun zitierten englischsprachigen Originals „Reading (Proust)". Da die deutsche Übersetzung (de Man 1988 aber nicht alle Beiträge der originalsprachlichen Monographie (de Man 1979) enthält, werden hier beide Ausgaben verwendet.

Literatur als irreduzibel zu lesen.[328] „[D]a das Thema ‚Lesen' in einem Text immer auch als Metapher für etwas anderes, das nicht ‚Lesen' wäre" (Hamacher 1998: 154), verwendet werden könne, würde eben diese latente Zweideutigkeit zum Charakteristikum von Literatur: „[A]ny narrative is primarily the allegory of its own reading" (De Man 1979: 76). Das Lesen von Literatur müsse also zwangsläufig scheitern, da jede Referentialisierung und Disambiguierung von Texten oder Textstellen diesem Charakteristikum, gleichzeitig nicht-allegorisch und allegorisch lesbar zu sein, unrecht tun würde. Die Sprache sei demnach selbst für die Blindheit (*Blindness*) gegenüber der Einsicht (*Insight*) in literarische Texte verantwortlich[329] und könne die Dinge, die in einem Text dargestellt würden, selbst nur rhetorisch-figurativ beschreiben. Dabei würden aber gerade literarische Texte dieser Problemlage das Bewusstsein entgegen bringen, selbst notwendig rhetorisch und somit auch in der Lage zu sein, zu einer Einsicht in diese Blindheit führen zu können. Diese Einsicht gelänge nun nicht durch gewaltsam kohärenzbildende Interpretation, sondern durch dekonstruktive Lektüre, die gleichzeitig *literal* und *figural* lese. Dieses Lesen allein – so möchte de Man in seinen exemplarischen Lektüren aufzeigen – würde dem genuin literarischen Phänomen der *aporetischen Semantik*, wie Hamacher (1988: 9) es nennt, gerecht werden. Es äußert sich darin, dass die buchstäbliche und die figurale Lesart sowohl voneinander abhängig seien als sich auch gleichzeitig gegenseitig ausschließen würden. Diese bereits der der Sprache immanente Widersprüchlichkeit aporetisch abbilden zu können ist allein der Literatur möglich, was de Man (1979) mit der Bezeichnung „Allegorien des Lesens" (*Allegories of Reading*) zu fassen versucht.[330] Der Rhetoriker bemüht zur Beschreibung dieser nicht nur semantischen, sondern aus Leserperspektive auch epistemologischen Aporie die wohl ethisch zu verstehende Kategorie der Wahrheit:

> As long as [reading] treats a theme [...], it will always lead to the confrontation of incompatible meanings between which it is necessary but impossible to decide in terms of truth and error. If one of the readings is declared true, it will always be possible to undo it by means of the other; if it is decreed false, it will always be possible to demonstrate that it states the truth of its aberration. (De Man 1979: 76)[331]

Daher könne eine Literaturkritik (die im englischsprachigen Raum auch so etwas wie eine ‚professionell' interpretierende Literaturwissenschaft ein-

---

328 Hamacher 1998: 178; vgl. auch Hamacher 1988.
329 Vgl. de Man [1971] 1983. Zu den Begriffen „*blindness*" und „*insight*" siehe auch Behler 1987: bes. 73.
330 Vgl. hierzu Bossinade 2000: 120–125.
331 Bossinade 2000: 123 schließt daraus, dass de Man „[v]on allen Poststrukturalisten [...] das Referenzproblem wohl am radikalsten löst".

schließt) Einsicht in literarische Texte nur gewinnen, „indem sie in einer unendlichen Bewegung der Selbstkritik die unvermeidliche Blindheit jeder ihrer Einsichten aufweis[e]" (Menke 1993: 281). Dies ist nur, so de Man, durch ein *dekonstruktives* Lesen zu leisten, da dieses Lesen die permanente Unzuverlässigkeit der Interpretation zu vermeiden versuche. Unredlich sei die *Interpretation* hingegen, insofern als es für sie keine Möglichkeit gebe, eine Lesart eines Textes endgültig abzusichern. So lange trüge sie nicht zum Verständnis eines literarischen Textes bei, sondern würde lediglich zum verlängerten Arm einer der rhetorischen Figuren des Texts. Die Dekonstruktion hingegen wehre sich systematisch gegen Bestrebungen zur Vereindeutigung von Texten und Textstellen. Sie müsse sich nicht zwischen *literal meaning* und *figural meaning* (De Man 1979: 10), beziehungsweise wie die gängigsten Übersetzungsvarianten im Deutschen lauten, zwischen *referentieller* und *figurativer* (Hamacher 1988: 9)[332] respektive zwischen *literaler* und *figuraler* (Spoerhase 2005: 30) Lesart entscheiden, sondern gerade deren Unversöhnlichkeit herauszustellen.

De Man entwirft demnach zwei Lesemodelle, denen er unterschiedliche Funktionen und Erkenntnismöglichkeiten zuschreibt. Er stellt sie allerdings nicht explizit im Sinne einer eindeutigen theoretischen Deskription dar, sondern sie müssen aus seinen Annahmen über die unterschiedlichen Textumgangsweisen der Interpretation und der Dekonstruktion erschlossen werden. Das Lesemodell des *Interpreten* ist in jedem Fall ontologisch *nicht-real*. Da er sich jedoch nicht darüber äußert, woraus er seine Annahmen über *den* Interpreten ableitet, muss letzten Endes unklar bleiben, ob de Man die Interpretationen *realer* Hermeneuten zu einer Art *probabilistischer* Abstraktion korreliert – was unwahrscheinlich ist – oder – und das ist wahrscheinlicher – einfach nur rein theoretische Überlegungen als Fundament seines dann auch theoretischen Lesermodells des Interpreten wählt. Dem epistemologischen Anspruch einer kohärenten Interpretation könne dieses Modell jedenfalls laut de Man nicht gerecht werden, da der Interpret bereits falsche Fragen aufgrund eines obsoleten Rhetorikmodells an den Text herantrage. Somit lässt sich auch die Funktion des Lesemodells bestimmen. Es wird nicht bezüglich eines tatsächlich verfolgten, textbezogenen Erkenntnisinteresses eingesetzt, sondern lediglich als theorieimmanentes Argument, um das von de Man favorisierte Modell des dekonstruktivistischen Lesers als der Literatur angemessener auszuzeichnen.

---

332 Er benutzt an derselben Stelle noch die Unterscheidungsbegriffe „logisch" und „figural" um das gleiche Phänomen zu fassen.

Doch auch dieses Modell des dekonstruktivistischen Lesers ist in seiner ontologischen Ambivalenz äußerst schwierig zu rekonstruieren. Einerseits liegt es nahe, ihn als ontologisch *real* zu rubrizieren, weil sich de Man als eben solch ein dekonstruktivistischer Leser stilisiert und seine theoretischen Überlegungen so als Ergebnis der eigenen Textumgangspraxis als realer Leser gelten können. Doch andererseits formuliert de Man theoretische Annahmen, die mit diesem Modell stark konfligieren. Diese Annahmen werden sichtbar in seinem dekonstruktivistischem Postulat des vortheoretischen Lesens als „prior to theorizing" (de Man [1971] 1983: viii), beziehungsweise als „prior to any theory" (de Man 1986: 24).[333] Da es die zuvor referierte Unmöglichkeit des Lesens in einen neuen Kontext stellt und diese dann eben nicht mehr bloß als Kritik an den Möglichkeiten der Festsetzung von Bedeutung verstanden werden darf, sondern als Kritik an der durch sie immer mitkommunizierten (wie er schreibt) *ideologischen* Einflussnahme durch den Leser, soll kurz auf sie eingegangen werden.[334] Dabei eröffnen sich zwei Problemfelder:

Erstens stellt sich die Frage, wie de Man seine eigene (notwendig endliche) Lektüre als realer Leser gegenüber einer theoretisch postulierten potentiell unendlichen Menge an Lektüremöglichkeiten rechtfertigt, ohne sich selbst in die von ihm als problematisch ausgezeichnete Position zu rücken, in der jede realiter getroffene Auswahl an möglichen Bedeutungshinweisen des Textes bereits eine ideologische Einflussnahme auf die idealiter geforderte Ideologiefreiheit der Lektüre bedeutet.[335] Zweitens stellt sich die noch grundsätzlichere Frage, wie überhaupt irgendein realer Leser der Forderung des vortheoretischen Lesens nachkommen kann. Immerhin muss – zumindest aus pragmatischer Perspektive – jedes Lesen interpretative Referentialisierungen leisten, wenn es ein verstehendes Lesen sein will

---

333 Vgl. hierzu auch Spoerhase 2005: 25.
334 Vgl. hierzu Menke 1993: bes. 294f.
335 Überlegungen im Anschluss an Literatur grenzt de Man von anderen Disziplinen, etwa der Philosophie ab, weil Philosophie eben nicht literarisch sei und daher Sprache als Instrument der „ideologischen Mystifikation" verstehe (hierzu Hamacher 1988: 18f). Das mache sie ideologisch, wie de Man in seiner hierzu einschlägigen Monographie „Resistance to Theory" schreibt: „What we call ideology is precisely the confusion of linguistic with natural reality, of reference with phenomenalism. It follows that, more than any other mode of inquiry, including economics, the linguistics of literariness is a powerful and indispensable tool in the unmasking of ideological aberrations, as well as a determining factor in accounting for their occurrence. Those who reproach literary theory for being oblivious to social and historical (that is to say ideological) reality are merely stating their fear at having their own ideological mystifications exposed by the tool they are trying to discredit" (de Man 1986: 11). Offen bleibt, ob sich die poststrukturalistischen Setzungen de Mans noch als genuin literaturtheoretisch begreifen lassen, oder ob sie aufgrund ihres sehr weiten Geltungsanspruchs nicht vielmehr selbst als philosophische Position gelten müssen.

(das weder reines Vorlesen noch wortgetreues Nacherzählen des Textes bleiben möchte).³³⁶ Das schreibt ähnlich auch de Man selbst, der ebenfalls auf die pragmatische Tradition verweist:

> By reading we get, as we say, *inside* a text that was first something alien to us and which we now make our own by an act of understanding. But this understanding becomes at once the representation of an extra-textual meaning; in Austin's terms, the illocutionary speech act becomes a perlocutionary actual act – in Frege's terms, *Bedeutung* becomes *Sinn*. (De Man 1979: 12f. in dem Aufsatz „Semiology and Rhetoric")

Im Aufsatz „Tropes (Rilke)" macht die vorgeführte Lektürepraxis de Mans dann selbst klar, wie schwer die Postulate des *close readings* und des *mere readings*, die eben keine textexternen Referentialisierungen zulassen, praktisch umzusetzen sind. Faktisch ordnet de Man das programmatisch eigentlich immanent zu analysierenden Gedicht „Am Rande der Nacht" nicht nur chronologisch im Werk seines Autors Rilke ein, was problematisch ist wie Robert Stockhammer (2003: 93) moniert, denn eine „an der Indeterminiertheit von Texten interessierte Lektüre [könne] nicht zugleich deren historische Determiniertheit […] beschreiben". Darüber hinaus stellt de Man auch Hypothesen hinsichtlich der in dem Gedicht verwendeten Sprache auf und spekuliert, wie das Gedicht wohl benannt worden wäre, hätte Rilke es später geschrieben. Dabei argumentiert de Man mit Rilkes vermeintlicher Intention und mit dem Einfluss Hölderlins und Baudelaires auf Rilke.³³⁷ Allesamt also keine genuin textimmanenten Zuschreibungen, die etwaige Referentialisierungsleistungen zu vermeiden versuchten.³³⁸

Allerdings überträgt de Man den aus diesem Verstehensbegriff folgenden Schluss, dass jedes Lesen auch Verstehen und somit auch Referentialisieren ist, nicht auf die dekonstruktive Lektüre, die dann nicht nur als vortheoretisch, sondern konsequenterweise auch als *vor-verstehend* rekonstruiert werden müsste. Stattdessen bleibt sie verstehend beziehungsweise muss sie verstehend bleiben, um Allegorien überhaupt als solche erkennen

---

336 Vgl. hierzu die vielzitierte Stelle bei Friedrich Nietzsche, auf die sich auch de Man explizit bezieht: „… einen Text ablesen zu können, ohne eine Interpretation dazwischen zu mengen, ist die späteste Form der ‚inneren Erfahrung,' – vielleicht eine ganz unmögliche" (aus Nietzsches „Der Wille zur Macht", zit. n. de Man [1971] 1983: 102); vertiefend hierzu vgl. Ellrich/Wegmann 1990: 474f und Spoerhase 2005: 25.

337 Vgl. de Man 1979: 20–56 im Aufsatz „Tropes (Rilke)". Spoerhase schreibt in Bezug auf das *mere reading*, dass de Man die Pluralität der Interpretationsansätze in den Text verlagere (Spoerhase 2005, S 31). Damit übergeht er zwar gewissermaßen bereits das Postulat des *vor-interpretativen* Lesens, ist mit dieser Interpretation und Referenz voraussetzenden Beschreibung aber der tatsächlichen Lektürepraxis de Mans sehr viel näher, als dieser sich selbst ist.

338 Genereller formuliert Stockhammer 2003: 79–84 eine fundierte Kritik an dem vermeintlichen „Provokationspotential neuer Historismen" (ebd.: 79).

zu können. Interpretation und Lektüre sind also auch bei de Man nicht zu trennen, was sowohl die eingangs referierte Arbeit von Winko als auch die Inkonsistenz der de Man'schen Lesermodelle aufs deutlichste bestätigt.[339] Denn aufgrund der beiden genannten normativen, rein theoretischen Forderung de Mans – die der Ideologiefreiheit und die der Vortheoretizität –, muss das dekonstruktivistische Lesermodell ontologisch ebenso *nicht-realen* Status haben, wie es aufgrund der Selbstidentifizierung de Mans als Dekonstruktivist *realen* Status haben muss. Eventuell ließe sich spekulieren, dass eben diese Inkonsistenzen der Grund sind, warum de Man trotz seiner starken Bezüge auf das Lektürekonzept, das starke theoretische Prämissen über das Lesen voraussetzt, kein explizites Lesermodell formuliert. Vielmehr verweist er, wie zuvor Derrida, auf die Sprache als Letztbegründungsargument gegen Subjektivität – wenngleich nicht semiotisch, sondern pragmatisch, bzw. rhetorisch begründet. Mit dieser Ablehnung von Subjektivität geht auch die Ablehnung eines realen Lesermodells einher, da dieses immer auch ein Modell des individuellen Lesens wäre. Nach de Man (1979: 17) ist Lesen aber niemals „‚our' reading, since it uses only the linguistic elements provided by the text itself"`.

Während das *Lektüre*konzept also einen für die theoretische Rekonstruktion ‚toten Winkel' entstehen lässt, in dem die aufgezeigten Widersprüche unsichtbar bleiben, würde die Explikation eines *Leser*konzeptes diese Inkonsistenzen aufzeigen. Da de Man dies jedoch vermeidet, gelingt ihm der theoretische Taschenspielertrick, ein Lesen ohne Leser zu beschreiben. Diese entontologisierte Perspektive setzt ein als theoretisch zu bestimmendes Lesermodell voraus, das die tatsächliche *Praxis* des Lesens aber nicht angemesses abzubilden in der Lage ist; weder die des nichtprofessionellen noch die des professionellen Lesens. Denn Lesen bedeutet immer, durch textexternes Wissen induzierte Entscheidungen zwischen allegorischer und wörtlicher Interpretation zu treffen, bzw. treffen zu müssen. Da auch de Mans Lektüren solch einer Ideologie unterliegen und allein schon aufgrund ihrer notwendig beschränkten Auswahl an Textstellen und Referentialisierungen – wie Hölderlin bei der Rilke-Lektüre – dem theoretisch geforderten Lektürekonzept widersprechen, stellt sich zwangsläufig der *praxeologische* Zweifel ein, welchen intellektuellen Mehrwert eine Literaturtheorie haben kann, die von ihren eigenen Vertretern nicht adäquat und konsistent in eine interpretative Praxis umgesetzt werden kann.

Der große Umfang der Rekonstruktionen poststrukturalistischer Lese(r)modelle in den vorausgegangenen Kapiteln rechtfertigt sich aus zwei Gründen. Der erste ist, dass die Komplexität der Rekonstruktion von

---

339 Vgl. hierzu S. 171 (dieser Arbeit), bzw. Winko 2002b.

Lesermodellen selbst einmal ausführlich dargestellt und nachvollziehbar werden sollte. Der zweite Grund besteht in dem Ergebnis, dass der aktuelle Forschungsstand dieser Ansätze zumindest in Teilen erweitert werden konnte. Jahraus konstatierte für Theorien dieser Provenienz 1994 noch, dass „sich am Leser und am Lesen der Primat des Signifikanten vor dem Signifikat konkretisier[t]. [...] Der Leser ist hierbei als das theoretische Korrelat dieser Sprachkonzeption aufzufassen" (Jahraus 1994: 8). Es zeigte sich jedoch, dass durchaus bemerkenswerte Inkonsistenzen zwischen Sprach- und Lese(r)modell zu erkennen sind, die unterschiedliche Ursachen haben. Auf Derridas Zeichen- und Lektürebegriff lässt sich die Aussage von Jahraus noch anwenden, allerdings nicht mehr auf den Leser, dessen Position Derrida in seinen praktischen Lektüren *selbst* einnimmt. Barthes lesertheoretische Ausarbeitungen sind komplexer und deutlicher ausformuliert als die Derridas. Jahraus' Beschreibung stimmt nur mit dem (letztlich von Barthes auch favorisierten) Modell des ‚schreibenden Lesers' überein. Der ‚lesende Leser' folgt einer ‚stabileren' Zeichentheorie. De Man würde den von Jahraus benannten ‚Primat des Signifikanten vor dem Signifikat' sicherlich nicht negieren, seine Lese(r)-, bzw. Lektürekonzeption basiert jedoch vor allem auf einer rhetorischen Argumentation.

3.1.3 Resümee subjektivistischer Kritik

Die oben gemachte Feststellung, dass der Leser für Fish nur das ausführen kann, was innerhalb eines Systems von Konventionen ausführbar ist, zeigt ebenso wie die unterlassene Überprüfung seiner Thesen an empirischen Lesern auf, dass er einen gänzlich anderen Subjektivismus vertritt als beispielsweise Holland, Bleich oder Steig.[340] Für Fish bedeutet eine subjektivistische Lesertheorie vor allem die Abgrenzung zu objektivistischen, textbezogenen Modellen, für Holland, Bleich und Steig hingegen die Betonung der Individualität und die Aufforderung zur individuellen Lektüre. Obgleich für alle Ansätze festgehalten werden kann, dass sie ein (*reales*, *theoretisches* oder *probabilistisches*) Subjekt mit bestimmten, aber unterschiedlichen Funktionen im Prozess literarischer Bedeutungsbildung annehmen, bedeutet dies noch nicht, dass dieser Akt der Bedeutungsbildung in einen genuin subjektivistischen oder individualistischen Begründungs-

---

[340] Das auf der Analyse empirischer Leser basierende Konzept subjektiven Lesens von Steig – auch er rekrutiert seine Studenten – wurde hier nicht vertieft, da es im Anschluss an Bleich keine nennenswerten Fortschritte aufzeigen kann. Er betont lediglich stärker die Notwendigkeit der Fundierung rezeptionstheoretischer Ansätze mit empirischen Rezeptionszeugnissen. Vgl. Steig 1989: xii-xvii, 8f.

zusammenhang implementiert ist. Die Rekonstruktionen haben ganz im Gegenteil ergeben, dass subjektivistische Positionen aus dem Kontext der *reader-response theory* eine starke Tendenz haben, die theoretische Stabilisierung ihres Ansatzes nicht durch die Idiosynkrasie des Leseaktes, sondern durch die Annahme bestimmter, von allen oder vielen Lesern *geteilten* Wissensvoraussetzungen abzusichern. Der Bezug auf reale Leser wird nur in wenigen Ausnahmen (etwa bei Holland) Gegenstand der subjektivistischen Argumentation. Häufiger dient er dem Zwecke der Exemplifikation psychologischer, psychoanalytischer oder anthropologischer Vorannahmen, wie etwa bestimmter Persönlichkeitstypen. In Interpretationsgemeinschaften teilen Leser bestimmte Eigenschaften, wodurch eine Perspektivverschiebung auf die gemeinsame Subjektivität als interpretationsbeeinflussender Kontext möglich wurde.

Dies gilt allerdings nicht für die Ansätze poststrukturalistischer Provenienz, deren Subjektivismus gerade in der Betonung der singulären und einzigartigen Lektüre begründet liegt. Insofern lässt sich zumindest eine theoretische Analogie zwischen Fishs Anti-Objektivismus und der poststrukturalistischen Ablehnung verallgemeinerbarer Aussagen über die Bedeutung von Texten erkennen. Die Unterschiede der beiden voneinander nahezu unabhängig entstandenen Theoriebewegungen sind jedoch weitaus größer als ihre Gemeinsamkeiten: Während die *reader-response theorists* auch reale oder probabilistische Lesermodelle konzipieren, sprechen die Vertreter poststrukturalistischer Theorien in der Regel über theoretische Lesermodelle, die dann von den Umsetzungsversuchen in eine Lektürepraxis durch den Theoretiker selbst korrumpiert werden. Derrida gerät dabei in den performativen Widerspruch, sich selbst, aber keinen anderen Leser als Leser zu akzeptieren. Auch de Man evoziert einen ähnlichen, ebenfalls als performativ oder legitimatorisch zu beschreibenden Konflikt. Dieser resultiert aus den praktisch uneinholbaren normativen Setzungen der Ideologiefreiheit und Vortheoretizität.[341] Das in eine interpretative Praxis konsistent überführbare Modell des interpretierenden Lesers lehnt er hingegen ab. Für Derridas und de Mans dekonstruktivistische Ansätze scheint der ambivalente Begriff der „Lese(r)theorie" am angemessensten zu sein. Lediglich Barthes vertritt eine Position, die ein vollwertiges Leserkonzept in sich birgt, wenngleich dieses nicht als solches explizit wird. Es ist funktional durch das Ausschöpfen des im Text fixierten Spielraums der Schrift zu bestimmen. Da aber auch hier keine Trennung zwischen Leser und Wissenschaftler vorgenommen wird, stellt sich das spezifische

---

341 So überträgt Behler 1987: 77 zu Recht die Rede vom performativen Widerspruch auch auf de Man, besonders auf dessen „schulmeisterliche Feststellungen über falsche, korrekte und richtige Lesarten".

Verhältnis von Leser und Wissenschaftler als das zentrale Unterscheidungskriterium der vorgestellten subjektivistischen Positionen heraus. Mit der Negierung dieser pragmatisch so wichtigen Differenzierung der am literarischen Prozess *teilnehmenden* und der diesen Prozess *reflektierenden* Instanzen nehmen die untersuchten Poststrukturalisten die mit Abstand dezidierteste unter den subjektivistischen Positionen ein: Sie lehnen die von den *reader-response theorists* noch akzeptierten Vorteile (oder überhaupt die Möglichkeit) der Rekonstruktion fremder Rezeptionen ab und betonen hingegen die Subjektivität des *Lesens*, nicht des *Lesers*.[342] Dass sie damit keiner allgemeinen Subjektkritik als Negation der empirischen Instanz des Lesers – die sie selbst sein können – das Wort reden, sondern vielmehr bloß die Relevanz und die eingeschränkten Möglichkeiten eines *rationalistisch* lesenden Lesers betonen, ändern nichts an der Beobachtung, dass poststrukturalistische Konzepte eine Annahme teilen, die stark mit der in dieser Arbeit forcierten historisierenden Perspektive konfligiert. Für diese Blickrichtung muss die poststrukturalistische *Überlagerung* von wissenschaftlichem Leser und historisch-realem Leser als theoretischer Rückschritt betrachtet werden, der diese Theorien für die folgenden Überlegungen als irrelevant disqualifiziert. Aktuelle französische Lesertheorien scheinen diesen älteren poststrukturalistischen Ansätzen gegenüber einen gewissen Abstand eingenommen zu haben. Sie warnen, wie Pierre Bayard (2011: 14), vor einem „risque du délire" der Interpretation durch eine zu starke Fokussierung auf die individualsubjektive Bedeutungszuschreibung.[343]

Dass jedoch auch das poststrukturalistisch als zentral erachtete Verhältnis von eigener Subjektivität und literarischem Text bereits Ende der 1930er Jahre in der amerikanischen Literaturwissenschaft eine Rolle spielte und sich in seiner Relevanz bis in die Hochphase der *reader-response theory* hielt, soll zum Abschluss dieses Kapitels kurz erwähnt werden. Nicht nur um aufzuzeigen, dass das Text-Leser-Verhältnis präziser beschrieben werden kann, wenn man von einem differenzbasierten (poststrukturalistischen) Zeichenmodell absieht. Sondern ebenso, weil die fachgeschichtliche Entwicklung dieses Verhältnis hochinteressant ist. So hatte Louise Rosenblatt, die an der Columbia University nachhaltig von John Dewey beeinflusst wurde, bereits 1938 in „Literature as Exploration" die Grundlagen für einen ‚transaktionalen' Ansatz literarischen Verstehens geschaf-

---

342 Bei diesen Theoretikern wird vielmehr deutlich, dass sie sich mit allen Mitteln gegen die über Saint-Beuves und Taines bis hin zu Picard und dem Biographismus Lansons tradierten stark positivistisch ausgerichtete französische institutionalisierte literaturwissenschaftliche Praxis abzusetzen versuchten (vgl. die Anm. 362).
343 Vgl. hierzu auch Hiergeist 2012, Abs. 11.

fen, der über das hinausgeht, was die Vertreter der *reader-response theory* im Rahmen einer genuin subjektivistischen Theoriebildung später begrifflich zu fassen in der Lage waren. In dem am stärksten programmatisch gefärbten Kapitel dieser frühen Publikation, das sie, die subjektivistische Perspektive der 1960er antizipierend „The Literary Experience" nennt, findet sich folgende, häufig missverstandene Stelle: „A novel or poem or play remains merely inkspots on paper until a reader transforms them into a set of meaningful symbols. The literary work exists in the live circuit set up between reader and text" (Rosenblatt [1938] 1995: 24).

Rezeptionstheoretiker der folgenden Jahrzehnte verstanden dies als Bestärkung einer genuin subjektivistischen Theoriebildung mit Betonung der Subjektivität des Leseaktes.[344] Immerhin bestimmt Rosenblatt den Leser als die epistemisch zentrale Instanz des Lesens. Er ist es, der aus Tinte ‚Bedeutung' macht. In späteren Veröffentlichungen zeigt sich Rosenblatt (1978: 151) dann jedoch zunehmend kritisch gegenüber „agressively subjective approaches", mit denen sie – so spekuliert Mailloux (1982: 37, Anm. 41) – vor allem die Theorien von Holland und Bleich meint. Dass sich Rosenblatt von diesen stark subjektivistischen Theorien abwendet, ist bemerkenswert aufgrund der Tatsache, dass sich mit Holland, Bleich und Steig die namentlich bekanntesten Vertreter der subjektivistisch orientierten *reader-response theory* explizit auf Rosenblatts frühe Arbeit beziehen, um den subjektivistischen Impetus ihrer Position zu begründen.[345] Sie stützen ihre Interpretationstheorie somit auf ein Konzept, dass von der Urheberin selbst später in genau dieser Auslegung verworfen wurde. Im Zuge dieser Umorientierung favorisiert Rosenblatt mehr und mehr ihre schon in den frühen Veröffentlichungen angelegte, aber noch nicht begrifflich gefasste *transactional theory*, die zwar keinesfalls die grundsätzliche Relevanz des Lesers bei der Bedeutungsproduktion in Frage stellt, aber die Abhängigkeit dieses Aushandlungsprozesses *vom literarischen Text* stärker akzentuiert. Zwar schreibt sie 1978, also gut 40 Jahre nach

---

344 Vgl. Booth 1995, der in diesem Vorwort auch eingesteht, seine 1961 erstmals publizierte ‚große Monographie' (Booth [1961] 1983b) anders geschrieben zu haben, hätte er Rosenblatts Arbeit zu diesem Zeitpunkt nicht vernachlässigt: „I could have done a better job of celebrating not just how authors ‚make their readers' but how good readers construct and the revise the constructions of the authors they meet" (S. viii). Diese Position stützt er dann im berühmten Nachwort zur zweiten Ausgabe von 1983.
345 Vgl. Bleich 1978: bes. 108–114 und Steig 1989, der die Theorien von Holland 1968, bzw. Holland 1975 und Rosenblatt 1978 einander annähert. Dass diese aber – obwohl sie sich beide auf „*transaction*" beziehen – nicht das gleiche Verständnis des Begriffs haben, zeigt Gohrbandt 1998: 275, Anm. 1. Sie koinzidieren aber immerhin noch insoweit als dass beide Bedeutungsproduktion als etwas begreifen, das durch die Interaktion von Text *und* Leser geleistet wird. In diesem Sinne spricht auch Holland von einer *personal transaction*, wobei er freilich „*personal*" stärker betont als „*transaction*" (siehe hierzu den Aufsatz Holland 1980).

„Literature as Exploration" noch immer: „The premise of this book is that a text, once it leaves its author's hands, is simply paper and ink until a reader evokes from it a literary work".[346] Sie gibt dieser Aussage jedoch eine neue Dimension, indem sie der Tinte gegenüber dem Leser nun eine stärke Rolle bei der Bedeutungsproduktion zugesteht:

> [The transactional theory] generates new light on the multidimensional process of evoking a poem and on the dynamic ‚mode of existence' on the literary work of art. Analysis of both the openness and the constraint offered by the text clarifies its complex role in the transaction with the reader. (Rosenblatt 1978: x)

Das angesprochene ‚multidimensionale' Problem der Offenheit und Einschränkungen,[347] die jeder literarische Text dem Leser stets gleichzeitig offeriere, ist letztlich eines, das gleichsam notwendig die Beantwortung der Frage nach dem ontologischen Status dieses Textes voraussetzt: Soll er als objektive Struktur oder als leserkonkretisiert verstanden werden? Extremere Subjektivisten wie etwa Bleich negieren jegliche stabile Textbedeutung und unterwerfen das Verstehen literarischer Texte bedingungslos der Selbstprojektion der Leser. Dabei zeigte sich aber auch, dass der Subjektivismus nicht nur im Dienste des Verstehens literarischer Texte, sondern ebenso als Werkzeug der argumentativen Rechtfertigung der theoretischen Ausrichtung seiner Vertreter eingesetzt wurde. Dies führt dann in Einzelfällen wiederum zu einer Situation, in der die stark subjektivistischen Annahmen mit anderen Begründungszusammenhängen der eigentlichen theoretischen Ausrichtung konfligieren.[348] So steht für Fish das Subjekt stets in Abhängigkeit von seiner Interpretationsgemeinschaft, für Bleich und Crosman ist Subjektivität Folge der allgemeinen menschlichen Disposition, wobei Bleich diese psychologisch, Crosman sie allgemeiner anthropologisch verstanden haben möchte. Crosman geht sogar noch einen Schritt weiter und relativiert, wie zu zeigen sein wird, den subjekti-

---

346 Rosenblatt 1978: ix. Vgl. zu ihrem Ansatz auch Rosenblatt [1994] 2005a und Rosenblatt [1985] 2005b, wo sie mit John Dewey argumentierend den Begriff „*interaction*" zugunsten des Begriffs „*transaction*" suspendiert. Diese Änderung ihres theoretischen Vokabulars ist begriffsgeschichtlich im Kontext der allgemeinen Ablehnung des Behaviorismus und seiner Begriffe Mitte des 20. Jahrhunderts zu verstehen. Dieser Entwicklung soll hier aber nicht gefolgt werden, da der Begriff „Interaktion" im Deutschen nicht (mehr) annähernd so stark mit der Newton'schen Mechanik oder Behavioristischer Psychologie verknüpft ist, wie Rosenblatt es für dessen englisches Pendant konstatierte. Ganz im Gegenteil wird „Transaktion" im aktuellen deutschen Wortgebrauch vor allem zur Beschreibung von subjektunabhängigem (geld-)wirtschaftlichem Handeln gebraucht. Der Begriff „Interaktion" steht hingegen für die Wechselseitigkeit eines aufeinander bezogenen Handelns. Die Ablehnung der Rosenblatt'schen Begriffe bedeutet also keine Abschwächung, sondern im Gegenteil, die Stärkung ihrer Annahmen.
347 Siehe auch Eco [1962] 1973.
348 Vgl. zu dieser Kritik auch Bredella 2002: 42.

vistischen Anteil seiner (vermeintlich) subjektivistisch argumentierenden Rezeptionstheorie mit einer allgemeinen Kunsttheorie, die den literarischen Text dann letztlich doch wieder als bedeutungsrelevante Instanz zurückholt. Diese Probleme der konsistenten Umsetzung einer Theorie der subjektivistischen Rezeption literarischer Texte reflektierend geht die transaktionale oder *interaktionistische* Theorie Rosenblatts (wie sie im Folgenden genannt werden soll) davon aus, dass Bedeutungsproduktion eine Vermittlung von Textbedeutung und Leserkonkretisation ist. Bevor diese Theorien ausführlicher vorgestellt werden können, muss jedoch geklärt werden, welche Annahmen eine *objektivistische Lesertheorie* über den literarischen Text trifft und welche über den Leser. So kann anschließend die interaktionistische Theoriebildung als Kompromiss zwischen rein subjektivistischer und rein objektivistischer Theoretisierung des Lesers verständlich gemacht werden.

3.2 Objektivistische Lesermodelle

3.2.1 Text- und Interpretationsobjektivismus

Die meisten mit objektivistischen Lesermodellen arbeitenden Theorien bestimmen den literarischen Text als das *für den Leser* (oder für den Literaturwissenschaftler) bedeutungsrelevante Element des Verstehens. Mit diesem hier als ‚*Text*objektivismus' bezeichneten Phänomen steht folgende von Grimm (1977b) formulierte Annahme in engem Zusammenhang, die als „*Interpretation*sobjektivismus" verhandelt werden soll: „Während hermeneutischen Verfahren im allgemeinen die Relativität des jeweiligen Vorgehens bewusst ist, scheint der objektivistische oder ‚sachorientierte' Ansatz insofern naiver zu sein, als er an eine ‚objektive' Erfassung der Textrelevanz glaubt".[349]

Diese Unterscheidung zwischen dem Interpretationsobjektivismus (verstanden als die ‚objektive Erfassung' literarischer Texte) und dem Textobjektivismus (also der Annahme, ein Text sei als Objekt das wichtigste bedeutungsgenerierende Element literarischen Verstehens) soll im Folgenden ausdifferenziert werden und eine originäre Beschreibungsheuristik theoretischer Positionen liefern. Der *Textobjektivismus* setzt in einer Minimalbestimmung den Text (und nicht etwa den Autor oder Leser) als Gegenstand, als Objekt der Interpretation voraus. Das allein rechtfertigt es jedoch kaum, diesen Ansatz als ‚objektivistischen' zu bezeichnen. Er firmiert hier dennoch unter diesem Namen, da er üblicherweise mit einer wesentlich stärkeren Zusatzannahme verknüpft wird. Diese besteht darin, dass der literarische Text nicht nur als Objekt, sondern auch als Träger bestimmter, einigermaßen zeitstabiler Bedeutungen verstanden wird, die er unabhängig von wechselnden Kontexten und Rezipienten vermitteln

---

[349] Grimm 1977b: 166, der nicht von Textobjektivismus, sondern von einem *substanzialistischen Textbegriff* spricht (auch in Grimm 1977a, bes. 124–136). Für die hermeneutischen Verfahren konstatiert er „drei verschiedene Arten", wie die *Objektseite* des Verstehens, also das, „was als ‚textrelevant' anzusprechen sei" (ebd.: 164), zu bestimmen ist: (1) Der eigene Standpunkt des Interpreten, (2) die Analyse der Autorintention und (3) der „Vergleich verschiedener synchroner und diachroner Konkretisationen", denn nach Grimms Hermeneutikverständnis können auch „die in den Textaneignungen immer wiederkehrenden, konvergent oder divergent bewerteten Teile" Textrelevanz herstellen (ebd.: 165). Dass diese Methode aber auch von nicht genuin hermeneutischen, wie etwa stil- und diskursanalytischen Ansätzen funktionalisiert wurde, zeigen u. a. Riffaterre 1957 und Eberly 2000. Wie Friedrich Vollhardt diesbezüglich völlig richtig schreibt, teilen die Empiriker „mit den Gründern der Konstanzer Schule ein Literaturverständnis [und das heißt auch ‚ein Textverständnis'], das eine Generation zuvor bei den – gemeinsamen? – akademischen Lehrern ausgebildet und weitergegeben wurde" (Vollhardt 2003: 196).

kann.³⁵⁰ Textobjektivistische Positionen nehmen also zwei Zuschreibungen an den Text vor. Sie bestimmen ihn hinsichtlich seines *ontologischen* Status als Objekt und schreiben ihm die *epistemologisch* relevante Funktion zu, ‚Bedeutung zu enthalten'. Diese Bedeutung kann dann – ganz im Sinne einer „textuell übertragbare[n] Krankheit[ ]" (Pollock 2009: 43) – an den Leser weitergeben werden. Theorien *texobjektivistischer* Art sehen daher auch zumeist davon ab, Aussagen über die Verstehbarkeit des Textes als Rezeptionsphänomen zu formulieren. Das hingegen leisten die hier als *interpretationsobjektivistisch* eingeführten Positionen. Sie steht für eine Verschiebung der Objektivitätsfrage vom Text hin zum Rezipienten, bzw. zu seinen Möglichkeiten, einen Text zu verstehen. Auch hier muss vorerst kein Unterschied zwischen dem realen Leser und dem wissenschaftlichen Interpreten gemacht werden. Beiden lässt sich grundsätzlich die Annahme unterstellen, dass sie sich selbst einen objektiven Zugang zum Text attestieren können.

Sowohl der Text- als auch der Interpretationsobjektivismus sind laut Eltrud Kunne-Ibsch (1974: 1f.) theoriegeschichtlich in der Tradition des Positivismus zu verorten. Sie geht von einem ursprünglich engen Zusammenhang beider Positionen aus: „Im Positivismus war die Historizität des Objekts (der Texte) Voraussetzung, vom Forscher dagegen wurde ein Nullpunkt von Historizität erwartet (die ‚Objektivität')". Jauß (1970: 232) hingegen spricht in diesem Kontext von einem literarischen *Klassizismus* (den er auch ‚philologische Metaphysik' nennt). Dieser teilt die Annahme der Objektivität des ‚Forschers', jedoch nicht vollständig die der Historizität des Textes. Vielmehr ist der literarische Klassizismus der Geschichtlichkeit literarischer Objekte gegenüber völlig indifferent. So schreibt Jauß dieser Position und ihrer Verstehenspraxis ein „eigenes Verhältnis zur Wahrheit" (ebd.) zu, was in etwa den hier ‚interpretationsobjektivistisch' genannten Interpretationskonzeptionen entspricht. Text- und Interpretationsobjektivismus setzen bei ihm also, anders als Kunne-Ibsch annimmt, eine transhistorisch stabile Bedeutung des Textes voraus, was seine Geschichtlichkeit für irrelevant erklärt. Wie in der folgenden Rekonstruktion gezeigt werden kann, ist vor allem der interpretative Objektivismus mit schwerwiegenden Problemen konfrontiert, für die zumindest im Rahmen

---

350 Kritik an diesem Modell wurde häufig formuliert und findet sich in grundsätzlichster Weise als die Infragestellung dessen, was ein Text überhaupt sei (Martens 1989), wie seine Grenzen zu definieren sind (Horstmann 2003) und inwiefern die textexternen Beziehungen eines Textes zu seiner Bestimmung beitragen Lotman 1973. Die poststrukturalistische Problematisierung traditioneller Textkonzepte lässt sich anhand der Debatte von Roland Barthes und Raymond Picard und der darin von Barthes getroffenen Unterscheidung einer *science de la littérature* von einer *critique littéraire* nachzeichnen (vgl. hierzu Anm. 362 in dieser Arbeit).

einer pragmatisch orientierten Rezeptionstheorie bis heute kein angemessener Lösungsvorschlag formuliert werden konnte.

So lehnt etwa Bredella, der ein (im nächsten Kapitel ausführlicher vorzustellendes) pädagogisch ausgerichtetes interaktionistisches Lesermodell vertritt, das interpretationsobjektivistische Modell für die Beschreibung der Lektürepraxis realer Leser dezidiert ab. Er negiert die Existenz eines realiter vorhandenen *objektiven Lesers*, definiert aber ein theoretisches Modell dieses ideal-objektiven Lesers literarischer Texte, der „diszipliniert [ist] und lernt, Projektionen und Assoziationen auszuschalten. Er fragt nicht, welche Wirkung der Text auf ihn ausübt und wie er auf ihn reagiert, weil diese Fragen vom Text ablenken würden" (Bredella 2002: 34). Auch textobjektivistische Ansätze haben Modelle entworfen, nach denen ein Leser in der Lage ist, die objektiv im Text vorhandene Bedeutung ohne subjektive Beeinflussung ‚auszulesen'. Eine auf die wissenschaftliche Interpretation beschränkte Konzeptualisierung dieser Annahme findet sich in dem psychologischen Propositionsmodell von Walter Kintsch.[351] Dieser versteht, ähnlich wie es für die in Kapitel V.2.1 vorzustellende historische Rezeptionsanalyse angenommen wird, den Text als Liste von Propositionen, die wiederum die kleinste angenommene Verarbeitungseinheit bilden. Bestimmte Regeln sichern nun ab, dass die Propositionsstruktur möglichst objektiv aus dem Text ausgelesen werden kann (vgl. Turner/Greene 1977). Mit dem gewonnenen Ergebnis, der *Textbasis*, lassen sich empirische Anschlussstudien durchführen, die etwa den Grad der Kohärenz oder die Dichte der Propositionen mit Lesegeschwindigkeit oder Textverständnis korrelieren. Dabei präsumiert dieser Ansatz ein Verständnis von „Bedeutung" als vollständig leserunabhängiger Konzeption, nach der ein containerartig gedachter Text seine Bedeutung ‚enthält'.[352] Es zeigt sich also, dass ein extremer Textobjektivismus, wie es ein Containermodell literarischer Texte darstellt, kaum noch zu unterscheiden ist von der interpretationsobjektivistischen Annahme, für die eine ‚objektive Erfassung' der Textbedeutung durchaus möglich ist.

Interpretationsobjektivistische Annahmen können aber auch auf anderem Wege als mit der Objektivität des Textes begründet werden. Etwa wenn sie die Objektivität ihrer interpretativen Aussagen durch die Objektivität

---

[351] Bes. in Kintsch 1974. Kritisch zusammenfassend und weitere Forschung miteinbeziehend Christmann/Groeben 1999: 163–166.

[352] Zur Kritik am so vertretenen, aber nicht einholbaren Objektivitätsanspruch vgl. Christmann 1989: 119–124, bes. 123: „Die Verarbeitung eines Textes wird ausschließlich textseitig, als Aufbau eines semantisch hierarchischen Relationsgefüges konzeptualisiert". Fünf Kritikpunkte propositionaler Beschreibungsmodelle nennt Ursula Christmann dann auf den folgenden zwei Seiten.

ihrer *Methoden* stützen. Doch bevor dies eingehend erörtert wird, soll aufgezeigt werden, dass der Textobjektivismus nicht nur als abgelehntes Ideal pädagogischer Ansätze wie dem Bredellas existent ist, sondern durchaus auch als literaturtheoretische Position im akademischen Kontext vertreten wird. Dies macht die Kritik Welleks an Isers Wirkungsästhetik ausgesprochen deutlich:

> Die Methode [Isers] scheint bloßen Subjektivismus auszuschließen, läuft aber doch nur auf den alten historischen Relativismus hinaus. Das Kunstwerk ist, was der Leser dafür hält. Es hat keine bleibende Struktur und auch keinen eigenen Wert. Ich muss bekennen, dass mich dieser Relativismus nicht überzeugt hat und dass ich schon seit meinem Aufsatz in den *Travaux* (1936) lieber eine Struktur der Determination annehme. Ich glaube, dass ein Kunstwerk uns ‚eine Pflicht, die ich erfüllen muss' auferlegt. Wenn ich deshalb eines Rückfalls in den Objektivismus oder gar eines latenten Platonismus geziehen werde, so kann ich nur *mea culpa* sagen.[353] (Wellek 1983b: 516)

Ein weiterer rigider Objektivismus, der die Funktion des Lesers ähnlich stark und grundsätzlich beschränkt, wurde von den *new critics* vertreten: „Meaning for the New Critics, rather than something to be found in either authorial intent or reader response, was to be found structured within the text itself and retrievable from the text alone. The text was seen as a static, unified, and complete receptacle of meaning" (Harker 1992: 28).[354] Sie äußern – im Gegensatz zu den oben referierten Formalisten und Strukturalisten – eine bemerkenswert stoische Indifferenz hinsichtlich produktionsgenetischer und rezeptionstheoretischer Ansätze zur Erklärung der Entstehung respektive der Zuschreibung von literarischer Bedeutung. Von ‚rezeptionsaffinen' Positionen – wie z.B. der Freunds (1987: 40–66) – wurde dies teilweise als die grundsätzliche Vermeidung des Lesens, als *avoidance of reading*, moniert. Sie postulieren nicht nur einen objektiven Text, sondern auch die objektive Zugänglichkeit seiner Bedeutung, wie etwa durch die Beschränkung der Interpretation auf lediglich *öffentlich* zugängliche Daten, was auch Wimsatt und Beardsley ([1946] 2003: 84) zur Ablehnung der notwendig *privaten* Intention des Autors als Maßstab der Beurteilung des Erfolges eines literarischen Werkes führt. So problematisch diese Positionen auch sind, so deutlich verweisen sie *ex negativo* auf eine in den jüngsten Rezeptionstheorien kognitionswissenschaftlicher Provenienz „nicht zureichend berücksichtig[te]" (Mansour 2007: 116) methodische Grundannahme, die bereits seit den frühen empirischen Positionen

---

353 Wellek spielt hier auf seinen Artikel Wellek 1983a an. Der erwähnte Platonismus- und Objektivismusvorwurf stammt wiederum von Jauß 1970: 186: „Welleks Fazit […] ist keine Lösung […] sondern ein Rückfall in den Objektivismus".
354 Vgl. hierzu das Kapitel I.1, bes. Anm. 8.

literaturwissenschaftlicher Forschung bekannt ist. Diese besteht darin, dass eine objektive Beschreibung von *Textmerkmalen* zwar durchaus möglich und kontextunabhängig zu leisten sei, die mentale Repräsentation dieser Merkmale als Voraussetzung dieser Beschreibung aber notwendig subjektiv und kontextabhängig ist.[355]

Viel häufiger als die referierten ‚Extremfälle' finden sich Ansätze, die einen lediglich moderaten Textobjektivismus vertreten und ihn mit den im extremen Objektivismus negierten rezeptionstheoretischen oder produktionsgenetischen Aspekten verknüpfen. Prototypisch kann hier das Lektürekonzept von Paul de Man genannt werden, das er selbst zwar im Dunstkreis des *close readings* der *new critics* verortet,[356] jedoch noch weit von einem Konzept der *Textinterpretation* entfernt ist (wie Carlos Spoerhase (2005) in seiner detaillierten Rekonstruktion aufzeigt). Dies führt de Man zwangsläufig zu einer Aufwertung der Bedeutungsrelevanz des Textes selbst, da sich die „originäre Lektüre eines Textes [...] bereits im ‚Inneren' des Textes selbst" finde und der Leser dem Text nichts ‚textexternes' hinzutue (Spoerhase 2005: 25). Die zentrale Bestimmung dieses Konzepts als *vortheoretisch* kann von de Man demnach nur mit einem größeren Aufwand in Abhängigkeit von der spezifischen Konstitution des literarischen Gegenstandes erläutert werden. Daher lässt sich neben dem noch mit den *new critics* einvernehmlich angenommenen Textobjektivismus eine zumindest partielle Disparität bei der Erklärung der ontologischen Genese des literarischen Textes erkennen. Denn als *literarisch* kann de Man das literarische Artefakt nur bestimmen, indem er es hinsichtlich seiner Ontologie als intendiertes Objekt bestimmt (was die *new critics* negieren oder ausblenden). Wie Spoerhase richtig sieht, ergibt sich de Mans Textobjektivismus als das Resultat seines *generischen Intentionalismus*, der den „teleologischen Charakter literarischer Artefakte" als Grundlage ihres spezifischen epistemologischen Möglichkeitsrahmens annimmt.[357]

---

355 Vgl. hierzu Mansour 2007: 116, die die genauen Annahmen einzelner kognitionswissenschaftlicher Positionen referiert.
356 Vgl. Man [1971] 1983: 20–35, bes. aber de Man 1986: 117: „So, personally, I don't have a bad conscience when I'm being told that [...] my work is academic, or even, as it is used as a supreme insult, it is just more New Criticism".
357 Spoerhase 2005: 34, der auf die zentrale Stelle bei de Man (aus dem Aufsatz „Form and Intent in the American New Criticism" hinweist: „The intentional object requires a reference to a specific act as constitutive of its mode of being" (Man [1971] 1983, S. 20–35, hier 24; er macht an dieser Stelle deutlich, dass er das Intentionalismusproblem für keinesfalls gelöst hält, geschweige denn den o. g. von Wimsatt und Beardsley forcierten Ausweg akzeptieren kann). Zur Funktion der Rückholung der referentiellen Sprache der Intentionalität in den (nie eindeutig referentialisierbaren) als Allegorie verstandenen literarischen Text siehe de Man 1979: bes. 210 und mit erklärendem Verweis auf diese These Hamacher 1998: 151–194: bes. 179.

Damit kann also festgehalten werden, dass die Genese eines Werkes – und mit ihr wird die Autorintention in der Regel verknüpft – in einigen literaturtheoretischen Ansätzen tatsächlich unmittelbare Relevanz für die Bestimmung des Status eines literarischen Textes *als* Objekt hat. Weniger erstaunlich als die Feststellung, dass dies gerade bei einem Vertreter poststrukturalistischer Theoriebildung aufgezeigt werden konnte, ist die Beobachtung, dass der Blick in die Theoriegeschichte frühere Manifestationen solch eines intentionsbasierten Textobjektivismus offenbart. So hatte beispielsweise Eric Donald Hirsch bereits dreißig Jahre vor Paul de Man einen wesentlich extremeren Standpunkt vertreten. Dieser basiert auf einer Adaption der Frege'schen Unterscheidung von Sinn und Bedeutung, die er auf genuin literarisches Verstehen ummünzt.[358] Vor allem in seinen frühen Arbeiten der 1960er Jahre bemüht sich Hirsch um die Trennung der beiden im Folgenden nun darzustellenden Bedeutungskonzeptionen:[359] Der zeitstabilen, leserunabhängigen Textbedeutung (*meaning*) einerseits und deren veränderlicher Aktualisierung durch den Leser (*significance*) andererseits. Die konstatierte stabile Textbedeutung bestimmt er wie folgt: „[P]ermanent meaning is, and can be, nothing other than the author's meaning" (Hirsch 1960: 466).[360] Erkennbar wird dabei der Konflikt mit dem neukritischen Öffentlichkeitspostulat von Wimsatt und Beardsley.

Der Unterscheidung von *meaning* und *significance* stellt Hirsch noch eine weitere Differenzierung, die zweier Rezipiententypen zur Seite. Er nuanciert dabei die unterschiedlichen Reichweiten der Aufgabenstellung von *Interpretation* und *Kritik*:

> Boeckh's discussion[361] of this distinction is illuminating: interpretation is the construction of textual meaning as such; it explicates (*legt aus*) those meanings, and only those meanings, which the text explicitly or implicitly represents. Criticism, on the other hand, builds on the results of interpretation; it confronts textual

---

358 Frege [1892] 1980: 41 bestimmt „Sinn" als „Sinn des Zeichens […], worin die Art des Gegebenseins enthalten ist". An dieser Stelle weicht Hirsch trotz aller Annäherung weit von Frege ab, denn für ersteren ist „significance" keine Frage des Gegebenseins eines Gegenstandes, sondern der Wahrnehmung eines Gegenstandes durch einen Leser: „Significance is meaning-as-related-to-something-else" (Hirsch 1976: 80). Zur Unterscheidung des faktischen vom hypothetischen Intentionalismus vgl. Spoerhase 2007b: 84, der im Rückgriff auf Carolyn Price (bes. Price 2003: 3) festhält, „dass der faktische Intentionalismus einer genetischen, auf die Produktionsinstanz fixierten Perspektive verpflichtet ist, während für den hypothetischen Intentionalismus eine auf die Rezeptionsinstanz fixierte Perspektive anleitend ist".
359 Vgl. hierzu auch Spoerhase 2007a: 111f.
360 Er präzisiert das Modell in Hirsch 1967: 8 und verteidigt es in Hirsch 1976: bes. 79–81 gegen die Kritik der „dogmatic relativists, whom [he] call[s] cognitive atheists" (ebd.: 3). Deren Kritik bezieht sich vor allem auf den artifiziellen Status der von Hirsch stark gemachten Unterscheidung der Bedeutungskonzepte *meaning* und *significance*.
361 Dabei bezieht er sich auf Boeckh 1886, wohl bes. 170–179.

meaning not as such, but as a component within a larger context. (Hirsch 1960: 463)

Demnach hat sich der hermeneutische Interpret auf das Auslegen der stabilen und objektiven Textbedeutung zu beschränken, während es die Aufgabe des Kritikers ist, die dem historischen Wandel ausgesetzten Kontexte zu aktualisieren:[362]

> The horizon which grounds and sanctions inferences about textual meaning is the *inner horizon* of the text. It is permanent and self-identical. But beyond this inner horizon any meaning has an *outer horizon*; that is to say, any meaning has relationships to other meanings; it is always a component in larger realms. This outer horizon is the domain of criticism. But this outer horizon is not only unlimited, it is also changing since the world itself changes. [...] But the critic, like the interpreter, must construe correctly the *components* of [the] inner horizon, and one major component is textual meaning itself. The critic must first accurately interpret the text. (Hirsch 1960: 470)

Wie das Zitat deutlich macht, wird dem Interpreten in Hirschs Interpretationskonzeption eine stark entproblematisierte Funktion zugeschrieben. Sie basiert auf einer objektivistischen Textauffassung, nämlich des sich im Gegensatz zum *outer horizon* nicht verändernden inneren Texthorizontes. Dieser Textobjektivismus führt Hirsch letztlich sogar zu der Annahme eines Interpretationsobjektivismus, zumindest für den innertextuellen Aufgabenbereich des von ihm konstatierten Interpreten. Für den Kritiker stehen die Dinge anders. Zwar wird seine Aktualisierung des Textes nicht mehr als *interpretations*objektivistisch verstanden, fußt aber noch auf dem gleichen *Text*objektivismus, da die hermeneutische *Auslegung* des bedeu-

---

[362] Semiotisch fundiert findet sich diese Unterscheidung auch in den Anfang der 1960er Jahre von Roland Barthes veröffentlichten Schriften, die im Kontext der Kontroverse mit Raymond Picard, einem Racine-Forscher und späten Vertreter der traditionellen französischen Literaturgeschichtsschreibung, der lansonistischen *critique universitaire*, veröffentlich wurden (vgl. hierzu mit Verweisen auf die einschlägigen Texte und theoretischen Reflexionen Pany 2000: 72–77 und Spoerhase 2007a: 26–28. Beide beziehen sich auf das die Kontroverse rekonstruierende Vorwort des Übersetzers Helmut Scheffel zu der deutschen Ausgabe des 1966 erstveröffentlichten Pamphlets von Barthes: Barthes [1966] 1967b; teilweise finden sich für die Kontroverse relevante Texte auch in Barthes [1963/1964] 1969 und in Barthes 2002: 45–49. In der Streitschrift antwortet er auf Picard 1965, der diesen Titel wiederum in Reaktion eine Aufsatzsammlung Barthes' (Barthes 1963) publizierte). Barthes unterscheidet in dem teilweise polemisch argumentierenden Text von 1966 eine *science de la littérature*, deren Gegenstandsbereich die nur über historisierende (linguistische) Methoden zu gewinnende Bedingungen und Regularitäten des literarischen Diskurses sind, von einer *critique littéraire*, deren interpretative (und meist aktualisierende) Textarbeit frei von Vorschriften hinsichtlich eines historischen Bezugssystems ist (Barthes [1966] 1967b: 68–88; Pany 2000: 75). Die Ähnlichkeit zu Hirschs Dichotomie ergibt sich durch die Trennung von einer einerseits objektiv vorhandene Textstrukturen rekonstruierenden Wissenschaft und einer andererseits potentielle Bedeutungskontexte aufzeigenden Kritik.

tungsstabilen Textes der kritischen *Kontextualisierung* nach Hirsch notwendig vorangehen soll.³⁶³

Wenngleich diese nicht unproblematische Unterscheidung der beiden Rezeptionsinstanzen hier nicht übernommen werden soll, war der Rekurs auf sie wichtig, um die Notwendigkeit der Differenzierung zwischen einem textuellen und einem interpretativen Objektivismus aufzeigen zu können. So macht es eben diese Unterscheidung dann auch möglich, die Kernproblematik des faktischen Intentionalismus von Hirsch sichtbar zu machen. Wie dargestellt setzt er die objektive Textbedeutung mit der Autorintention gleich („*permanent meaning is* [...] *the author's meaning*"). In Hirschs Verständnis muss demnach eine intentionalistische Theoriebildung immer gleichzeitig als textobjektivistisch gedacht werden, was aber von rezeptionstheoretischer Warte aus betrachtet völlig kontra-intuitiv ist. Denn Hirschs Konzeption setzt ein Modell des literarischen Textes als eine Art Container voraus, der nicht nur vom Autor mit Bedeutung aufgefüllt wird, sondern darüber hinaus einem Leser beim ‚Öffnen' auch tatsächlich nur die Inhalte bereitstellt, die der Autor zuvor ‚hineingelegt' hatte. Auf diesem Wege kann Hirsch zumindest theoretisch den Zugriff auf die intendierten und zeitstabil vertexteten Inhalte gewährleisten.³⁶⁴ Für die Interpretation, die sich lediglich dieser Textinhalte (des *inner horizons*) bediene, bedeutet dies gleichsam eine interpretationsobjektivistische Verstehenskonzeption. Für die Kritik hingegen gilt dies nur bis zu dem Moment, an dem sie beginnt, die Textinhalte mit dem *outer horizon* zu kontextualisieren.

Der normative Aspekt des intentionalistischen Text- und Interpretationsobjektivismus führt Hirsch zu der Anschlussthese, dass für eine hermeneutisch-interpretative Textauslegung ausschließlich vom Textcontainer selbst bereitgestellte Informationen zulässig seien. Dass dies als theoretische Forderung durchaus formuliert werden kann, ändert aber nichts daran, dass Hirschs Ansatz dadurch jeglichen Mehrwert für eine interpre-

---

363 Ähnlich auch Steig 1989: 17–19, der ebenfalls die im anglophonen Sprachraum typische Trennung von *Interpretation* und *Criticism* auf *meaning* und *significance* appliziert: „To find the first [*meaning*] is the task of interpretation, whereas the second [*significance*] is the work of criticism" (ebd.: 17).

364 Dieses Modell erinnert an ein Codemodell bestimmter informationstechnischer Kommunikationen, in denen kein Missverständnis auf der Ebene der Zeicheninterpretation möglich ist, wie etwa die Kommunikation zwischen gleichartigen technischen Medien, würde man die Existenz von Störquellen ausschließen können (Shannon [1948] 2000a: 13–15; Shannon [1948] 2000b: 230f.). Für literarische Kommunikation ist dieses Modell gänzlich ungeeignet. Eine konsistente Beschreibung literarischer Kommunikation findet sich bei Jannidis 2004: 15–81, der als Alternative zum Codemodell sein inferenzbasiertes Modell ‚narrativer Kommunikation' (besonders im Anschluss an die linguistische Pragmatik aus Oxford) vorschlägt.

tationsorientierte Literaturwissenschaft verliert: Es werden sich kaum Rezeptionszeugnisse finden lassen, auch nicht im wissenschaftlichen Diskurs, in denen ein derart restriktiver Intentionalismus in eine fruchtbare interpretative Praxis umgesetzt werden konnte. Hirsch Theorie stellt in seiner Radikalität das wohl extremste Beispiel der Verknüpfung von produktionsgenetischer Bedeutungstheorie und Textobjektivismus dar.

Moderatere Varianten intentionalistischer Interpretationskonzeptionen werden jedoch auch vertreten. Sie basieren ebenfalls auf einer objektivistischen Texttheorie (allerdings nur in ihrer Minimalbestimmung des Textes als relevantem Objekt der Interpretation), sind aber nicht, wie die Position Hirschs, darüber hinaus einem interpretativen Objektivismus verpflichtet. Die Ansätze des hypothetischen Intentionalismus können hierzu gezählt werden.[365] Wo sie hypothetische Zuschreibungen einer Intention durch einen (realen oder nicht-realen) Leser *auf der Grundlage* des Textes konstatieren, ist es bei Hirschs faktischem Intentionalismus der Text selbst, der diese Intentionen *in sich* trägt. In beiden Fällen wird aber die Annahme des Textobjektivismus damit begründet, dass literarische Texte intentional produziert werden und nicht etwa als *creatio ex nihilo* zu verstehen sind. Hirsch (1960: 463) unterscheidet sie darin von physikalischen Objekten: „Textual meaning is not a naked given like a physical object".

Während die im vorherigen Kapitel besprochenen subjektivistischen Interpretationstheorien die Bedeutung eines Textes *für einen Leser*, also die *significance* (beziehungsweise ‚Bedeutsamkeit') als Konkretisation durch einen Leser fokussieren, wurde hier nun die objektiv-stabile Bedeutung des Textes selbst als *meaning* theoretisch reflektiert. Textobjektivistische Bedeutungstheorien sind dabei unabhängig von dem Erkenntnisinteresse der Interpretationskonzeption, die wie in den ausgeführten Beispielen eine textimmanente, aber auch eine intentionalistische sein kann.

3.2.2 Empirische Lesermodelle

Neben den vorgestellten *Autor-* und *Text*theorien, die vor allem hinsichtlich ihrer interpretationsobjektivistischen Annahmen für eine lesertheoretische Übersicht relevant sind, werden im Spektrum literaturtheoretischer Positionen auch objektivistische *Leser*theorien vertreten. Zu ihnen zählen

---

365 Wie Spoerhase 2007b: 83, Anm. 14 für die Positionen des hypothetischen Intentionalismus rekonstruiert, basieren diese ebenfalls auf der „Unumgehbarkeit des Textes", wobei er eine methodologische (Gregory Currie) von einer ästhetischen (Jerrold Levinson) Theorie unterscheidet.

besonders die Ansätze der empirischen Literaturwissenschaft.[366] Als die ‚Gründungsväter' dieser genuin *literaturwissenschaftlichen* Empirisierungsbestrebungen werden meist Siegfried J. Schmidt (Schmidt 1980; Schmidt 1982) und Norbert Groeben (Groeben 1972, Groeben 1977) genannt.[367] Ihr Objektivitätsverständnis bezieht sich vor allem auf den (natur-)wissenschaftlichen Umgang des Literaturwissenschaftlers mit Daten, die über den durchaus als subjektiv angenommenen Umgang des realen Lesers mit Texten gewonnenen werden. Aufgrund dieser grundlegenden Vorannahmen kann – wie Groeben schon 1972 schreibt – zwar „die materielle Objektivität des literarischen Werkes konzediert werden [...], nicht aber die ‚ideale Objektivität' auf der Sinnebene".[368] Dieser frühen Erkenntnis einer Unterscheidung von Text- und Interpretationsobjektivismus werden vor allem wieder die kognitionswissenschaftlich orientierten unter den empirischen Ansätzen gerecht. So zeigen unter anderem[369] Marisa Bortolussi und Peter Dixon in „Psychonarratology" (2003) durch ihre strikte Trennung von stabilem Textmerkmal und veränderbarer mentaler Repräsentation, „wie die derzeit im literaturwissenschaftlichen ‚Mainstream' schwach vertretene Empirische Literaturwissenschaft unter kognitiven Vorzeichen wiederbelebt werden kann" (Mansour 2007: 116).[370] Als *empirisch* ist diese kognitionswissenschaftliche Literaturwissenschaft zu bezeichnen, weil sie die *Erhebung* der zu interpretierenden Daten mit klar definierten naturwissenschaftlichen Instrumenten[371] und im Extremfall auch mit ähnlich rigi-

---

366 Vgl. hierzu u. a. die empirische Literatursoziologie rekonstruierend Zima 1978: 47–71.
367 Eine frühe Übersicht der Positionen in Form einer Tabelle(!) liefert Baurmann 1981: 212f.; eine Unterscheidung der Positionen früher Rezeptionsforschung anhand der Achsen *Rezipient–Text* und *Subjektivität–Objektivität* findet sich bei Kriz 1987.
368 Groeben 1972: 169, vgl. auch das Kapitel „Objektive Basis: Materialität und Verstehen" (ebd.: 169–170), in dem Groeben sehr deutlich macht, dass nach seinem Verständnis eine empirische Ausrichtung nicht mit hermeneutischen Methoden konfligieren muss.
369 Vgl. etwa David Hermans Ansatz, der *Narrative Theory and The Cognitive Sciences* verbindet (wie für seinen gleichnamigen Sammelband Herman (Hg.) 2003). In eine praktische „kognitionsnarratologische Betrachtung der Aphorismen Franz Kafkas" überträgt dies Smerilli 2009).
370 Siehe auch Bortolussi/Dixon 2003. Vgl. einführend Ede 1984, die einige „related disciplines, including cognitive psychology, composition, speech communication, rhetoric, and philosophy" auf ihr Verhältnis zum realen (aber auch theoretischen) Publikum (*audience*) püft; vgl. auch die praktische Anwendung kognitionswissenschaftlicher Modelle in konkrete Textanalysen bei Burke 2011: 181–230, der neurobiologische und kognitionswissenschaftliche Befunde (besonders hinsichtlich des emotionalen und affektiven Charakters literarischen Lesens) mit konkreter Fragebögen-Empirie verbindet, um unter Zuhilfenahme der (inzwischen unter Kognitionswissenschaftlern verbreiteten) Wellenmetapher kognitive Verarbeitungsprozesse in einem „oceanic mind" zu verorten. Hilfreich ist diese Metapher vor allem, um seine Argumentation zu verdeutlichen: Sie zielt darauf ab, literarische Rezeptionsprozesse als dynamisch-affektiv auszuzeichnen.
371 Hierzu besonders Bortolussi/Dixon 2003: 34–59, bes. 41–43.

den Objektivitätsforderungen umsetzen möchte: „For literary scholars, this means acknowledging the need for the methods and approaches found in the natural science".[372]

Der Text wird hierbei nicht als ‚bedeutungstransportierender Container' verstanden, sondern er bekommt lediglich als materielles Konstrukt Objektstatus zugeschrieben. So bildet er die Grundlage divergierender subjektiver Konkretisationen. Diese Konkretisationen können dann mit dem Anspruch auf Objektivität wissenschaftlich erfasst werden. Forschungspraktisch hat dies zur Folge, dass sich die angestrebte intersubjektive Nachprüfbarkeit von Bedeutungszuschreibungen als *falsifizierbare empirische Realitätsprüfung* (Groeben 1972: 246) durch Datenanalyse nicht auf den literarischen Text selbst bezieht, sondern nur auf den deutenden Rezipienten oder die Zeugnisse seiner Rezeption. Diese Unterscheidung von *Deuten* und *Daten*, die wiederum mit der Unterscheidung von Rezipient und Forscher gleichgesetzt wird, basiert für Groeben auf der kognitionswissenschaftlichen Prämisse, dass „[s]ubjektive Werkrezeption zu treiben und gleichzeitig die subjektiv-intentionalen Inhalte im Interpretationsvorgang als Objekt der theoretischen Konstruktion mit möglichst maximaler Unabhängigkeit voneinander zu verarbeiten, [eine] psychische und methodische Unmöglichkeit" darstellt (ebd.: 168). Im Anschluss an diese vorpraktische Entscheidung kann der Wissenschaftler dann aber eine Datenbasis durch die Beschreibung der individuellen Konkretisationen des materiell objektiv gegebenen Textes erstellen. Die eigentliche Objektivitätsforderung der Empiriker bezieht sich also auf die epistemologische Qualität ihrer als objektiv verstandenen Methoden, nicht auf den Text selbst.[373] Von Hirschs hermeneutischem *Interpretations*objektivismus unterscheidet sich der empirische *Interpretations*objektivismus also vor allem darin, dass er sich nicht auf den Primär-, sondern den Sekundärtext bezieht, bzw. auf Rezeptionsdaten über den Primärtext. Von Hirschs intentionalem *Text*objektivismus unterscheidet sich der empirische *Text*objektivismus durch die geringere Reichweite: Der empirische Begriff umfasst

---

[372] Bortolussi/Dixon 2003: 25. Diese beschreiben zwar die Möglichkeit exakter Messungen mit naturwissenschaftlichen Methoden, wie etwa dem *eye-tracking*, doch fordern sie diese nicht in letzter Konsequenz für ihre eigene Arbeit ein. Sie schreiben: „Further, we disagree that such methods are always necessary. Instead, we believe that the most mundane methods imaginable (such as simply asking readers direct questions concerning the text) are often sufficient when they are combined with a careful delineation of features and constructions and when the investigation is conducted with due regard for the need to make strong inferences concerning their relationship" (ebd.: 42).

[373] Groeben bezieht sich bei der Beschreibung des Status literarischer Texte auf Ingarden, dessen phänomenologischer Ansatz der Textkonstitution in Kapitel III.3.3 vorgestellt wird.

bloß die materielle Ebene, nicht wie bei Hirsch die Sinnebene des Textes.[374]

Wie die anhand Groebens Ansatzes dargestellte *kognitionswissenschaftlich* motivierte Empirisierung der Literaturwissenschaft, entwickelte auch ihr *sozialwissenschaftliches* Pendant eine an Objektivitätsidealen orientierte Methodik der Datenerhebung. So steht etwa die Arbeit Karl Erik Rosengrens (1968) zu den sozialen Aspekten des literarischen Systems für eine (vorwiegend) quantitative Sozialforschung,[375] die im Anschluss an neopositivistische Theorien und Webers Postulat der Wertfreiheit mit den Rezeptionsergebnissen realer Leser arbeitet.[376] Sie vermeidet in der Regel jegliche Form von Aussagen über die ästhetische Qualität von Texten,[377] denn Urteile dieser Art werden aufgrund ihrer subjektiven Konstitution *per se* aus dem Aussagebereich des Literaturwissenschaftlers, nicht aber des Lesers ausgeschlossen: „Das literarische Werk wird als ein *Ding* dargestellt, als reines Objekt, dem die sozialen Prozesse, die zu seiner Entstehung beitragen oder die es selbst im Bereich der Rezeption in Gang setzt, äußerlich sind" (Zima 1978: 55). Diese Perspektivverschiebung zeigt sich letztlich auch darin, dass die empirische Literatursoziologie, bzw. sozialwissenschaftlich interessierte Literaturwissenschaft dem literarischen Werk keinen privilegierten Status gegenüber anderen historischen Textzeugnissen zugesteht. So vernachlässigen sie zwar einige zentrale Problemstellungen der Literaturwissenschaft (wie etwa die des fiktionalen und ästhetischen Status eines literarischen Textes, den sie als reines *Datum* begreifen), eröffnen sich so aber gleichsam eine epistemologisch homogene Menge historischer Informationsquellen, zu der nicht nur der literarische Text, sondern auch Rezeptionstexte und andere Kontextzeugnisse zu zählen sind:

> Der literarische Text als Dokument ist nur einer der Gegenstände, die den Objektbereich der empirischen Literatursoziologie ausmachen. Ebenso wichtig – wenn nicht wichtiger – sind textexterne Faktoren (Buch, Verlagswesen, Leser-

---

374 Die Möglichkeit eines objektiven Zugriffs auf die Sinnebene eines literarischen Textes wurde aus fiktionstheoretischer Perspektive bereits in den Unterkapiteln des Kapitels II.1 untersucht.
375 Rosengren versteht (historische) Rezipienten als *professional intermediaries* (ebd.: 23), denen in der methodischen Beschreibung der Untersuchung des literarischen Feldes eine gewichtige Rolle zugeschrieben wird. Zu der Methode Karl Erik Rosengrens und der recht ähnlichen von Hans Norbert Fügen (vgl. Fügen (Hg.) 1968: bes. die „Einleitung" (11–35) und Fügen 1974) siehe die präzise Rekapitulation von Zima 1978: 54f.
376 Siehe hierzu das Kapitel III.1.3.
377 Vgl. hierzu auch den Beitrag von Günther Grewendorf, der von der Beobachtung ausgeht, dass „nicht nur empirische Feststellungen sondern auch Argumente anderer Art (z. B. ästhetische Wertungen oder Gerechtigkeitserwägungen) zur Entscheidung zwischen rivalisierenden Hypothesen herangezogen werden" (Grewendorf 1978: 21).

publikum, Schriftsteller), deren Bedeutung Robert Escarpit betont. (Zima 1978: 51)[378]

Peter Zima (1978) weist in diesem Kontext auf die Relevanz einer weiteren, wichtigen Differenzierung empirischer Theorien hin. Er spricht von zwei Aspekten der Reduktion des literarischen Textes, die „den Charakter der gesamten empirischen Literatursoziologie prägen [würden]: (a) das Werk wird als bloßer Vorwand für die Untersuchung externer Faktoren […] aufgefasst […]; (b) anhand eines oder mehrerer Werke […] sollen gesellschaftliche Beziehungen, Werte, Verhaltensweisen aufgedeckt werden" (ebd.: 57). Diese Reduktionen kritisiert er zu Recht hinsichtlich ihrer spezifischen Funktionalisierung des literarischen Textes als bloßes soziohistorisches Dokument. Bei dieser Bestimmung übersieht Zima jedoch die (von ihm selbst) der empirischen Literatursoziologie untergeordnete Teildisziplin der empirischen Rezeptionsforschung, die diese Problematik zu umgehen in der Lage ist. Sie bezieht sich nicht auf die literarischen Texte selbst, sondern deren Rezeptionszeugnisse, die relativ unproblematisch als sozio-historische Dokumente aufgefasst werden können und gleichzeitig den Ansatz gegen den Vorwurf immunisieren, die ästhetische Dimension der Literatur zu übersehen. Schreibt ein Rezipient einem Primärtext bestimmte ästhetische Eigenschaften zu, erfasst dies auch die empirische Analyse der Rezeption.[379] Die *Beurteilung* dieser Daten obliegt dann natürlich dem Literaturwissenschaftler, dessen Anschlussoperationen durchaus wieder primärtextinterpretativ sein können (aber nicht müssen, wenn sein Untersuchungsziel etwa in der Darstellung der Rezeption eines literarischen Primärtextes zu einem bestimmten Zeitraum liegt). Damit geht die literaturwissenschaftliche Rezeptionsforschung weit über die empirische Sozialforschung und Literatursoziologie hinaus, die beide „das literarische Werk nicht als künstlerisches, sondern als soziales Phänomen betrach-

---

378 Vgl. hierzu auch das Kapitel III.1.2.2. Ein gutes Exempel gelungener empirischer Messung der Beeinflussung des Leseverhaltens durch einen Verlag stellt die Untersuchungen von Medienkooperationen zwischen Buch- und Zeitungsverlagen dar. Wie Krones 2008: 424 zeigt, waren unter den Käufern der „SZ-Bibliothek" „9% erstmalige Belletristikkäufer und 3% erstmalige Buchkäufer, die „Bild-Bestseller-Bibliothek" erreichte gar 11% erstmalige Buchkäufer". Die oben zitierte Liste des Objektbereichs empirischer Ansätze der Literatursoziologie ist demnach zu erweitern. In Schwarz/Krones 2008 etwa werden statistische Erhebungen über das Aufgabenfeld des Lektorats vorgestellt.
379 Da Zima aber unter einer „Soziologie der Literatur" stark vereinseitigend lediglich eine „Soziologie der Schreibweise und ihrer verschiedenen Formen", also eine sozial begründete explanative Ästhetik versteht, schließt er sekundärtextbezogene Arbeiten aus seinem Methodenspektrum aus (vgl. Zima 1978: 65) und forciert stark materialistisch geprägt eine ästhetische Definition von Literatur unter der Perspektive der „Vorherrschaft des Tauschwerts über den Gebrauchswert" (ebd.: 66), die wiederum zu einer einseitigen Belichtung des sonst im deskriptiven Teil sehr guten Forschungsüberblicks führt.

te[n]" und damit „die Möglichkeit der ästhetischen Wertung" ausschließen (Fügen 1974: 41).[380]

Eine auf empirischen Leserdaten und faktischen Rezeptionszeugnissen basierende Rezeptionsforschung kann demnach von Rezipienten formulierte Interpretationshypothesen und ästhetische Urteile als zu einem Zeitraum faktisch evidente Lesarten des Textes beschreiben und mit anderen Hypothesen und Urteilen aus diesem oder einem anderen Zeitraum korrelieren. Dies ist ein nicht gerade gering einzuschätzender Vorteil gegenüber der rezeptionsästhetischen Tradition, deren interpretatives Vorgehen bewusst überspitzt als ‚spekulative Historisierung'[381] eingeführt wurde.

Einem weiteren Problem objektivistischer Interpretationstheorien widmet sich S. J. Schmidt. In seiner Forderung nach einer rationalen Literaturwissenschaft als einer objektiv argumentierenden Wissenschaft verbindet er die Kritik an der nach seinen Kriterien unpräzisen argumentativen Praxis der literaturwissenschaftlichen Interpretation mit einem außerordentlich konkreten Modell, wie eine zukünftige empirische Literaturwissenschaft zu justieren sei.[382] Wenngleich seine Kritik im Detail ausgesprochen unspezifisch und vor allem ohne Exemplifikation bleibt, wendet er sich dafür auf grundsätzlicher Ebene umso dezidierter gegen die von ihm beobachtete argumentative Praxis:

> Wer sich einmal die Mühe gemacht hat, Interpretationen berühmter Literaturwissenschaftler auf ihren *argumentativen Gehalt* hin durchzusehen, dem wird sofort einleuchten, welche radikalen Veränderungen in der literaturwissenschaftlichen Arbeit sich vollziehen müssen, wenn dort nach den Regeln eines expliziten Argumentationsschemas argumentiert werden soll. (Schmidt 1975: 72.)

Diesen objektiv argumentierenden Ansatz bestimmt Schmidt (1975: 24) wie folgt: In einem ersten Schritt wendet er sich gegen die Dilthey'sche Dichotomie von „Natur- und Geisteswissenschaften, denen als ebenso prinzipiell divergierenden Methoden das Erklären [und] das Verstehen zugeordnet" sind.[383] Sein Hauptargument ist die methodologische Unhalt-

---

380 Zur Beeinflussung der empirischen Literaturwissenschaft durch die empirische Sozialwissenschaft vgl. Rusch 2004 und die Bibliographie in Viehoff (Hg.) 1991: 341–358. Gumbrecht 1973 versucht mit der Zusammenführung von „Soziologie und Rezeptionsästhetik" die Möglichkeit einer ästhetischen Wertung für die soziologische Literaturbetrachtung zu retten.
381 Vgl. hierzu S. 64, bes. Anm. 115 (dieser Arbeit).
382 Zur genannten Kritik vgl. Schmidt 1975: 70–75. Über argumentative Normen hinausgehend beschreibt die *wissenschaftsphilosophischen Voraussetzungen* der empirischen Literaturwissenschaft Pasternack 1994.
383 Eine Zusammenfassung der Kritik dieser Dichotomie durch eine Vielzahl von Wissenschaftstheoretikern findet sich in Schmid 1975: 25f.

barkeit der bei dieser Trennung immer mitzudenkenden Annahme, *Verstehen* sei als eigenständige Methode aufzufassen. Vielmehr liefere es, so Schmidt, grundlegende Ergebnisse, auf deren Basis dann erklärende Argumente aufgebaut werden können. Die anschließende Objektivitätsforderung bezieht sich demnach nicht auf den Primärtext, sondern liegt vielmehr begründet in Schmidts Verständnis der ‚Wissenschaftlichkeit' des Redens über diese Texte. Dabei geht es ihm nicht um die „Exaktheit metrischer Messung und mathematischer Darstellungsweisen", sondern um die „intersubjektive [...] Prüfbarkeit von Aussagen" (Schmid 1975: 37). Für die anvisierte Methodik dieser so umrissenen *rationalen* Literaturwissenschaft setzt dies im expliziten Anschluss an Groeben voraus, die Handelnden – also „Leser und Forscher einerseits" –, aber analog dazu auch die Handlungen, bzw. Handlungsergebnisse „Rezeption und Interpretation" strikt voneinander zu trennen.[384] Schmidt beschränkt sich aufgrund dieser Vorannahmen bei seinem Versuch, „Literaturwissenschaft in Zukunft als empirisch arbeitende, rationale Theorie der literarischen Kommunikation zu entwickeln" (ebd.: 48), auf die Analyse von Rezeptionstexten.[385] Dabei fordert er explizit den Bezug auf *reale Lesermodelle*. Wenngleich er dafür plausibel die durchaus praktikable Argumentationstheorie Stephen E. Toulmins funktionalisieren möchte,[386] so kann doch konstatiert werden, dass Schmidt mit seinen objektivitätsbezogenen Anschlussforderungen zu weit geht. Noch vertretbar ist seine Zielsetzung, über die „Benutzung empirisch erhobener rezipientenspezifischer Daten Aussagen (überprüfbarer Art) über das tatsächliche Rezipientenverhalten bestimmter Individuen und Gruppen" (also *realer* und *probabilistischer* Leser) zu formulieren (ebd.: 134). Doch wenn Schmidt die erhobenen Daten dann als Grundlage einer vermeintlich objektiv fundierten *Vorhersage* funktionalisieren möchte, strapaziert er die Belastbarkeit seiner Methode weit über ihr Potential hinaus. Laut Schmidt eröffnet sein Ansatz zum „ersten Mal die Möglichkeit, [...] Prognosen darüber anzustellen, wie ein Rezipient R_i einen Text T_a ‚versteht', wenn er über ein Lexikon$_i$ verfügt und die Textelemente referentiell auf eine Welt W_i zum Zeitpunkt t_x bezieht" (ebd.: 133). Freilich kann er diese Prognosen aufgrund gewonnener Daten auch

---

[384] Schmidt 1975: 32, mit Verweis auf Groeben 1972, den Schmidt nicht nur ausführlich rekonstruiert (ebd.: 112–127), sondern dessen literaturpsychologische Annahmen er auch nahezu vollständig übernimmt.
[385] Vgl. auch ebd. 18f., wo er den Untersuchungsbereich der von ihm geforderten rationalen Literaturwissenschaft bestimmt.
[386] Schmidt 1975: 49–65 mit Bezug auf Toulmin 1996. Eine an vier Beispielen orientierte Umsetzung der Toumin'schen Argumentationstheorie unternimmt Willand 2011a, der literaturwissenschaftliche Interpretationen auf ihre autorbezogenen Argumente hin untersucht (vgl. hierzu Anm. 607 dieser Arbeit).

formulieren, doch im Gegensatz zu der *Beschreibung* von Rezeptionsdaten darf für derartige *prognostische* Aussagen keine intersubjektive Überprüfbarkeit mehr angenommen werden. Sie müssen, wie auch Fishs Annahmen über den Durchschnittleser in *interpretive communities*, als hypothetisch bezeichnet werden. Darüber hinaus besteht permanent die Gefahr, den durch die empirischen Analysen gewonnene Vorteil, nicht mit theoretischen Lesermodellen arbeiten zu müssen, sondern empirisch fundierte reale oder probabilistische Leser einsetzen zu können, durch eine zu große Abstraktion von den Daten oder einen zu groß bemessenen Geltungsanspruch der Aussagen über diese Daten zu verspielen.

Welche Probleme hingegen entstehen, wenn sich Theorien nicht auf empirische Daten, sondern auf *Annahmen* über die Welt stützen, dabei aber nicht den Anspruch aufgeben wollen, Realität zu beschreiben, soll im nächsten Teilkapitel aufgezeigt werden.

3.2.3 Systemtheoretische Lesermodelle

Ein Beispiel für Probleme dieser Art liefert Niklas Luhmanns Systemtheorie. Im Folgenden soll eine Umsetzung dieses Ansatzes referiert werden, die sich explizit an Iser und rezeptionsästhetischen Fragestellungen orientiert und daher besonders für die hier anvisierte Problemstellung geeignet ist. Doch zuvor muss grundsätzlich geklärt werden, warum die Systemtheorie im Kontext objektivistischer Theorien genannt wird und ob sie – ohne ihr eigenes Vokabular zu benutzen – text- oder interpretationsobjektivistisch argumentiert: Welche Objektivitätsforderungen spricht sie aus und wie vermag sie diese einzulösen?

Als erste und zu Recht oft monierte Aussage Luhmanns ist im Kontext der Objektivitätsfrage die bekannte Ontologisierung von Systemen als (realiter existente) Entitäten zu nennen, mit der er seine Arbeit „Soziale Systeme. Grundriss einer allgemeinen Theorie" beginnt:

> Die folgenden Überlegungen gehen davon aus, dass es Systeme gibt. Sie beginnen also nicht mit einem erkenntnistheoretischen Zweifel. Sie beziehen auch nicht die Rückzugsposition einer ‚lediglich analytischen' Relevanz der Systemtheorie. Erst recht soll die Engstinterpretation der Systemtheorie als eine bloße Methode der Wirklichkeitsanalyse vermieden werden. [...] Der Systembegriff bezeichnet etwas, was wirklich ein System ist und lässt sich damit auf eine Verantwortung für Bewährung seiner Aussagen an der Wirklichkeit ein. (Luhmann 1984: 30)

Wenn in Luhmanns Verständnis Systeme also Teil der Realität sind,[387] dann ist eine systemtheoretische Beschreibung immer auch ihrem An-

---

[387] Siehe hierzu auch Nassehi 1992.

spruch nach eine Beschreibung der Realität, beziehungsweise eine Beschreibung von den in dieser Realität vorhandenen realen Dingen. Dieser Anspruch wurde oben in dem speziellen Fall der Textinterpretation als textobjektivistisch beschrieben. Im Kontext der Systemtheorie muss in Analogie jedoch weniger von einem *text-*, als allgemeiner von einem *gegenstands*objektivistischen Modell ausgegangen werden: Der von der Systemtheorie zu beschreibende Gegenstand ist ein Objekt. Diese Annahme fundiert Luhmann dann durch ein weiteres Objektivitätsprinzip, das er für seinen methodischen Zugang zu den Systemen – das Beobachten – wählt. Die wahrscheinlich wichtigste Eigenschaft dieses Zugangs benennt der radikalkonstruktivistische Kybernetiker Heinz von Foerster (1993: 63): „Die Eigenschaften des Beobachters dürfen nicht in die Beschreibung des Beobachteten eingehen".[388] Das heißt, es wird nicht nur die Objektivität des Beschreibungsgegenstandes konstatiert, sondern durch den Ausschluss der ‚Eigenschaften des Beobachters' auch die Objektivität der Beschreibung gewährleistet. Luhmann setzt dies konkret um, indem er durch eine für Außenstehende etwas kontra-intuitive Hypostase ‚Beobachtung' von den psychischen in die davon systemisch unterschiedenen *sozialen Systeme* verlagert. Für nicht-Systemtheoretiker kann dieser Prozess durchaus als Entsubjektivierung beschrieben werden. Er liefert die Antwort auf die Frage, warum die Systemtheorie hier im Kapitel zu objektivistischen Lesermodellen aufgeführt wird und er macht darüber hinaus verständlich, warum die nun vorzustellende rezeptionstheoretische Übertragung der Systemtheorie auf literarisches Lesen (von Arich-Gerz 2001) nicht mit den *Subjekt*begriffen „Leser" und „Beobachter", sondern den *Prozess*begriffen „Lesen" und „Beobachten" arbeitet. Diese Beschreibungssprache sichert die der Systemtheorie eigene Forderung der Objektivität der Beschreibung von objektiv vorhandenen Systemen ab. Ob diese Begriffe aber tatsächlich dem von Luhmann (1984: 30) geforderte Anspruch einer „direkt wirklichkeitsbezogene[n] Systemtheorie" gerecht werden können, soll nun untersucht werden.

Als erstes kann dabei festfestellt werden, dass die partielle Suspendierung subjektbezogener Begriffe zugunsten einer mit Prozessbegriffen argumentierenden Theorie sich dem Vorwurf aussetzen muss, dass ihre Prozessbegriffe so etwas wie *Handlungen* beschreiben, die in vielen anderen, besonders alltagssprachlichen Kontexten eigentlich auch wieder Subjekten zugeschrieben werden. Dabei führt die einseitige Beschränkung von (egal welcher) Kommunikation auf die Prozessebene zu einer grundsätz-

---

388 Von Foerster stellt dieses Prinzip jedoch im folgenden Satz – ganz richtig – als sehr problematisch heraus.

lich verzerrten Darstellung dieser Kommunikation, die nicht gänzlich ohne Bezug auf subjektive Handlungen beschrieben werden kann, zumindest wenn Subjekte an ihr teilnehmen.

Doch trifft diese Kritik nur teilweise auf die Arbeit von Arich-Gerz (2001) zu. Nicht, weil er Prozessbegriffe vermeiden würde, sondern weil er *sowohl* Prozess- als auch Subjektbeschreibungen verwendet. Dies schlägt sich in den ambivalenten Begriffen der „Lese(r)haltung" und der bereits bekannten „Lese(r)modelle" nieder.[389] Sie verweisen direkt auf den Kern dieser aus hermeneutischer Sicht bemerkenswerten Eigentümlichkeit des systemtheoretisch *und* rezeptionstheoretisch argumentierenden Theoriekonzeptes,[390] das Arich-Gerz auf den Roman „Gravity's Rainbow" von Thomas Pynchon (1973) appliziert. Als axiomatisch und daher unproblematisch wird von Arich-Gerz (2001: 30) präsumiert, dass das Lesersubjekt „als ein Beobachter*system* verstanden werden" müsse. Denn nur so kann die dem Rezeptionsforscher konstatierte Selbstreferentialität (respektive *Selbstbeobachtung*) als eine systemtheoretisch legitime Form von Reflexion beschreibbar gemacht werden. Die textbezogene Dichotomie „Fremdreferenz/Selbstreferenz" wird dabei einerseits in Korrespondenz mit der handlungsbezogenen Dichotomie der Prozesse *Lesen/Lesen-Beobachten* gestellt. Dabei beziehen sich die jeweils erstgenannten Begriffe („Fremdreferenz" und „Lesen") auf das „im Text Vorgegebene[ ]", die beiden anderen Begriffe („Selbstreferenz" und „Lesen-Beobachten") hingegen auf den sich beim Lesen selbstbeobachtenden Literaturwissenschaftler, der sich offensichtlich selbst auch ‚als ein Beobachtersystem' zu begreifen hat (ebd.). Andererseits aber nimmt Arich-Gerz eine gleichzeitige „Distribuierung der Qualitätsmerkmale Selbstreferenz/Fremdreferenz auf die Selektionsleistungen Mitteilung bzw. Information" (ebd.: 24) vor, also sozusagen auf die Zuschreibung von Texteigenschaften.[391] Im Anschluss daran betont er die „Affinität der Differenz von Information/Mitteilung" zu der von „Signifikat/Signifikant" (ebd.: 25) im Sinne Derridas. Deutlich wird dabei nicht nur, wie sich Supertheorien durch ihre Selbstbezüglichkeit auf der Begriffsebene gegen Kritik von außen immunisieren, sondern ebenso, wie wenig Systemtheorie und Saussure'sche Zeichentheorie als Beschrei-

---

[389] Vgl. das Kapitel III.3.1.2, in dem ich die Begriffe von Arich-Gerz zu „Lese(r)konzept" umformuliere.

[390] Zu seiner begrifflichen Aneignung von „Systemtheorie" und „Rezeptionstheorie" siehe Arich-Gerz 2001: 12, 26.

[391] Wie Katja Mellmann und ich gezeigt haben, steckt in der Differenzierung von Information und Mitteilung eine von Luhmann eingeführte systemtheoretische Reformulierung dessen, was die meisten literaturtheoretischen Ansätze „Verstehen" nennen. Bei Arich-Gerz wird es durch den Begriff „Reflexion" ebenfalls systemtheoretisch beschrieben. Siehe Mellmann/Willand 2013.

bungsinstrumentarien menschlicher Kommunikation geeignet sind. Nicht grundlos vermeidet es Arich-Gerz konsequent, die Instanzen der literarischen Kommunikation bei ihren Namen zu nennen. Er konstatiert stattdessen drei *Ebenen*: (1) die des Lesens literarischer Texte, (2) die der mit der ersten Ebene beschäftigte Rezeptionstheorie und (3) die seiner eigenen Arbeit entsprechende Ebene der Reflexion der Ebenen eins und zwei (ebd.: 7). Folgt man nun den Annahmen der Systemtheorie, dann unterscheiden sich die drei Ebenen zwar hierarchisch hinsichtlich der Beobachtungsordnung, aber keinesfalls hinsichtlich des in ihnen ablaufenden Kommunikationsprozesses. Arich-Gerz benennt daher mit einer gewissen Konsequenz die Ebenen wie folgt: „Lesen. Das ‚Lesen' lesen. Das Lesen von ‚Lesen' lesen" (ebd.: 18).

Gibt man aber die Vorannahmen der Systemtheorie auf, so führt ihre in diesem Fall nicht immer eindeutige und stark abstrahierende Beschreibungssprache letztendlich zu einer Außerachtlassung der genuinen Eigenschaften eigentlich sehr unterschiedlicher Rezeptionsprozesse. Denn es wird nicht einfach nur auf allen drei Ebenen ‚gelesen' und auf Ebene zwei und drei ‚Lesen' zusätzlich noch im Nexus von Selbst- und Fremdreferenz ‚beobachtet'. Die Konsequenzen dieser vereinheitlichenden Systematisierung literarischer Kommunikation lassen sich an einem Beispiel aufzeigen, das Arich-Gerz selbst nennt. Aus der Jauß'schen Beschreibung literarischer Werke, „die den Erwartungshorizont ihrer Leser erst eigens evozieren, um ihn dann Schritt für Schritt zu destruieren" (Jauß 1970: 176), schließt Arich-Gerz:

> Statt der Ausrichtung auf hermeneutische Eindeutigkeit wird eine Lese(r)haltung notwendig, die sich auf die in der Text-Leser-Interaktion zutagetretenden Paradoxien einlässt. Konsequenz dessen ist zugleich, ein radikal individuelles, bzw. isoliertes Lesen vorzunehmen, da die überindividuelle Gewissheit wegfällt, die vom Vorhandensein einer einzigen, für alle gleich verbindlichen Textbedeutung ausgeht. An diesen Befund knüpft der [...] Entwurf eines beobachtungstheoretischen Lesemodells [an]. (Arich-Gerz 2001: 12f.)

Durch diese so begründete Übertragung der Leseaktivität (des Lesers der erste Ebene) in den Aufgabenbereich des Literaturwissenschaftlers (der zweiten und dritten Ebene) gibt sich das grundlegende Problem dieses Ansatzes zu erkennen: Der Wissenschaftler sollte sich eben nicht der (vermeintlichen) ‚Paradoxie' der Lesertheorie unterwerfen, die darin gesehen wird, dass der Theoretiker unweigerlich „in das Zustandekommen des Lesens (und des Lesers) als Theoriegegenstand" involviert ist (Arich-Gerz 2001: 8). Vielmehr kann die von Arich-Gerz angenommene Paradoxie durch eine kategoriale Trennung der subjektiven Rezeptionsakte und der wissenschaftlichen Analyse dieser Rezeptionsakte als ein durch Beschreibungssprache und die Entontologisierung von Subjekten induziertes Problem aufgelöst werden. Eine ‚funktionale Differenzierung', die den Instanzen der literarischen Kommunikation und ihren *Beobachtern* die ihnen praktisch vorhandene Rollenverteilung zugesteht – anstatt sie bis zur Indifferenz zu abstrahieren – würde demnach hier begriffliche und inhaltliche Klarheit zu schaffen in der Lage sein und dem (auch nicht unproblematischen) Anspruch Luhmanns einer ‚direkt wirklichkeitsbezogene[n] Systemtheorie' gerechter werden.

Diese Differenzierung würde vor dem Hintergrund der von Arich-Gerz beschriebenen Ebenen anerkennen müssen, dass der Leser der 1. Ebene *liest*, der Rezeptionstheoretiker der 2. Ebene die Lese-Ergebnisse (und nicht Lesen selbst) *analysiert* und Arich-Gerz auf der dritten Ebene diese Analysen dann *reflektiert* und *systematisiert*. Es lassen sich den drei unterscheidbaren Prozessen (lesen, analysieren, reflektieren/systematisieren) drei unterscheidbare (hier theoretisch formulierte, aber auch real existente) Subjekte zuordnen (Leser, Rezeptionsforscher, Arich-Gerz). Diese Ausdifferenzierung von *Subjekt* und *Subjekthandlungen* dampft Arich-Gerz jedoch zu lediglich zwei *Prozessen* ein: dem Lesen und dem Selbst- und Fremdbeobachten von Lesen. Da Arich-Gerz dem Wissenschaftler auf Ebene zwei und drei immer beide Aufgabenbereiche gleichzeitig zuschreiben muss, ergibt sich eine konzeptionelle Übereinstimmung mit der Verstehenskonzeption von Wolfgang Iser. Dieser generiert durch die Nichtscheidung von Leser und Wissenschaftler die gleiche problematische Doppelfunktionalisierung für den ‚lesenden Rezeptionstheoretiker'.[392]

Das Resultat der Differenzierung der an literarischer Kommunikation beteiligten (Verstehens-)Prozesse wäre dann also, dass der Wissenschaftler von der Aufgabe des *Lesens* befreit würde und sich gänzlich der *Analyse der Lese-Ergebnisse* widmen könnte, indem er Rezeptionszeugnisse ,beobachtet', beziehungsweise (nicht-systemtheoretisch gesagt) analysiert. Das für Arich-Gerz unlösbare Problem der Paradoxie jeder Lesertheorie ist so zu umgehen.[393] Im Extremfall müsste in solch einer rezeptionsanalytischen Alternativkonzeption der Wissenschaftler den Primärtext noch nicht einmal kennen, um die Rezeptionszeugnisse, die sich auf diesen Text bezie-

---

392 Vgl. hierzu das Kapitel III.3.2.4.
393 Arich-Gerz selbst nennt zwei *rezeptionsästhetische* Lösungsvorschläge aus dieser Situation, die aber beide scheitern: Das Konzept der ‚Konstruktion' und das der ‚Re-Konstruktion', wobei das erste sich der Paradoxie fatalistisch unterwerfe und den Rezeptionstheoretiker als singulären Leser explizire; Fish wird dieser Position zugeschrieben. Das zweite Konzept, das Iser vertrete, verschleiere die Paradoxie durch die Universalisierung der lesertheoretischen Aussagen. Letztlich liefern beide Versuche ein Argument dafür, dass eine Lösung im Sinne einer Trennung der Rezeptionsinstanzen *Leser* und *Wissenschaftler* als Ausgang dieser vermeintlichen Paradoxie unter systemtheoretischen Vorannahmen überhaupt nicht erst in Betracht gezogen werden kann.

hen, auswerten zu können; geschweige denn muss er Leser fiktionaler Texte sein, um sich auf Theorieebene über das Lesen fiktionaler Texte äußern zu können.[394] Das Selbstbeobachten als systemtheoretische Einsetzung des spezifisch literaturwissenschaftlichen Verstehens von literarischen Texten wird für den Rezeptionstheoretiker obsolet: Er bezieht sich nicht auf sein eigenes Verstehen, sondern das textgewordene Ergebnis des Verstehens anderer, historisch vorgängiger Instanzen der literarischen Kommunikation.

Abschließend lässt sich demnach resümieren, dass das hier rekonstruierte systemtheoretische Konzept durch sein entsubjektivierendes, auf systemische Dichotomien reduziertes Kommunikationsverständnis keine der historisierenden Literaturwissenschaft angemessene Beschreibung literarischer Kommunikation liefern kann. Zwar unterscheidet es zwischen Beobachtungsebenen erster und zweiter Ordnung und beschreibt diese hinsichtlich ihrer Möglichkeiten der Fremd- und Selbstbeobachtung,[395] es ist jedoch nicht in der Lage, graduelle Unterschiede hinsichtlich der Gewichtung und der Ausrichtung dieser Funktionen auf den unterschiedlichen Ebenen zweiter Beobachtungsordnung zu bestimmen. Dies wäre aber die Voraussetzung für eine angemessene Beschreibung der Trennung von Rezipient und Literaturwissenschaftler und somit für eine pragmatisch oder auch empirisch orientierte Rezeptionstheorie, die dann nicht die selbstbeobachtende Introspektion des Literaturwissenschaftlers als Fundament einer Rezeptionstheorie setzt, sondern die empirisch erfassbare Realität von Leserverhalten und Rezeptionszeugnissen.[396]

In dem hier vertretenen Verständnis einer historisierenden Rezeptionsanalyse würde diese Trennung die Einschränkung der Funktion des Wissenschaftlers auf die Beobachtung von Lesen auf der ersten Ebene oder auf die Ergebnisse dieses Lesens erlauben. Doch von schriftlich fixierten Ergebnissen des Lesens und Lesen-Beobachtens ist in Arich-Gerz' Theorie nicht die Rede. Würde man alle drei Ebenen seiner hierarchisch organisierten Lese(r)modelle als tatsächliche Lesermodelle im Verständnis der eingeführten Kategorien auffassen wollen, müsste man diese hinsichtlich ihres ontologischen Status als *theoretisch* und hinsichtlich ihres

---

394 Die hier, aber nicht von Arich-Gerz in Anschlag gebrachte Unterscheidung von ‚Lesen fiktionaler Texte' und ‚Lesen wissenschaftlicher Texte' muss vorausgesetzt werden. An einer anderen Stelle spricht Arich-Gerz von der genuin „literarischen Kommunikation" (Arich-Gerz 2001: 26), was angesichts der zuvor geleisteten Begriffsbildung etwas überrascht, da nicht deutlich wird, wie sich diese Form von anderen systemtheoretisch beschreibbaren (schriftlichen) Formen der Kommunikation unterscheidet.
395 Vgl. Arich-Gerz 2001: 9, 29–33.
396 Vgl. u. a. Mansour 2007, die diese Unterscheidung in ihrer Rekonstruktion unterschiedlicher Positionen der kognitiven Literaturwissenschaft hervorhebt.

funktionalen und epistemologischen Status als stark ambivalent bezeichnen. Dies resultiert aus einer Annäherung des funktionalen (also theoriebezogenen) und des epistemologischen Status des Lesers im systemtheoretischen Ansatz.[397] Damit disqualifiziert sich die Systemtheorie – wie schon das Modell von Jauß, dem sich Arich-Gerz (2001: bes. 36–38) in seiner Konstanzer Dissertationsschrift explizit annähert – für eine historisierende Perspektive, die gerade die epistemische und funktionale Differenz zwischen historisch-zeitgenössischen Lesern und aktuellen Wissenschaftlern betonen muss. Von einer gegenstandsobjektivistischen Theorie kann bei der Systemtheorie nur gesprochen werden, wenn man ihre Axiome unkritisch übernimmt. Dann erscheinen Systeme als *Objekte*. Der Vergleich der als solche von Arich-Gerz angenommenen Systeme im literarischen Kommunikationsprozess mit den realiter vorhandenen Instanzen zeigt jedoch, dass die Abstraktion von Subjekten zu Prozessen und Systemen Differenzen nivelliert, die für die meisten nicht systemtheoretisch interessierten Interpretationskonzeptionen notwendig zu beachten sind. Damit muss die Systemtheorie als eine extreme Ausprägung der schon bei Fish monierten Abstraktion realer Leser zu theoretischen Modellen gelten. Mit dieser wachsenden Abstraktion bedarf die zugrunde liegende Interpretationskonzeption auch einer entsprechend stärkeren theoretischen Setzung in Form von Annahmen über die Welt, die Luhmann und Arich-Gerz erreichen, indem sie Systeme als realiter vorhandene und mit Objektivitätsanspruch beschreibbare Objekte denken. Auf diese Weise formuliert die Theorie zwar einen weiten Geltungsanspruch, verliert aber gleichzeitig die Möglichkeit, ihren spekulativen Status durch Verweise auf empirische Objekte oder, wie im Fall der Rezeptionstheorie wohl wichtiger, empirische Subjekte abzusichern.

Um diese Probleme zu vermeiden, geht die hier vertretene Rezeptionsanalyse einen anderen Weg. Sie soll als rein *deskriptive* Methode verstanden werden und vertritt den oben anhand unterschiedlicher Positionen dargestellten moderaten Textobjektivismus, der einen Text als Objekt mit bestimmten zeitstabilen Eigenschaften, aber nicht Bedeutungen versteht. Diese Eigenschaften unterliegen sich verändernden subjektiven Konkretisationen realer Leser in sich verändernden literarischen Kommunikationssituationen. Interpretationsobjektivistische Ansprüche sollen für die *Teilnehmer* historischer literarischer Kommunikationssituationen *nicht* geltend gemacht werden. Wohl aber lassen sich für die vom Literaturwis-

---

397 Hinsichtlich einer praxisbezogenen interpretativen Funktion ist der systemtheoretische Leser irrelevant, weil er in einer Supertheorie nur innerhalb der Axiome der Theorie selbst verstanden werden kann. In diesem Sinne decken sich dann auch der Erkenntniswert des Lesers für eine Systemtheorie und seine lediglich postulierte praktische Funktion.

senschaftler einzunehmende Beobachterperspektive durchaus wissenschaftliche Standards im Sinne einer intersubjektiven Nachprüfbarkeit der Analyse der Rezeptionsdaten und ihrer Darstellung formulieren. Die Vorteile eines solchen kommunikationspragmatischen und rezeptionsanalytischen Objektivitätsverständnisses lassen sich besonders anhand der nun zu referierenden Probleme aufzeigen, die genuin hermeneutische Ansätze seit jeher mit Objektivitätspostulaten haben.

3.2.4 Hermeneutischer Objektivismus[398]

Die für diese Arbeit grundlegende, deskriptiv ausgerichtete historisierende Rezeptionsanalyse wird von einer Vielzahl, teilweise stark normativ-objektivistischer Interpretationskonzeptionen flankiert, die sich mit dem genuin hermeneutischen Problem des historischen Verstehens auseinandersetzen. In seiner Rekonstruktion der Geschichte der „Hermeneutik zwischen Rationalismus und Traditionalismus" reserviert Andreas Spahn (2009) diesen von ihm „*objektiv-normative* (traditionsstiftende) Hermeneutik" genannten Ansatz für den Hellenismus und das christliche Mittelalter und setzt ihn so historisch von der nach seiner Auffassung „*kritischen* Hermeneutik der Aufklärung und der Moderne" ab.[399] Die erstgenannte, mit der Aufklärung obsolet gewordene traditionelle, aber – so Spahn These – von Gadamer wieder mit der kritischen Position amalgamierte Position

> geht von der Vorherrschaft des Objektes, d. h. des Textes aus. *Der Text ist die Autorität, von der man verstehend lernen will.* Für diese Hermeneutik ist in Bezug auf die Wahrheitsfrage erstens vorausgesetzt, dass der Text die Wahrheit enthält, und zweitens, dass man diese Wahrheit durch eine angemessene und richtige Interpretation zu Tage fördern kann. (Spahn 2009: 27)

Diese präzise Bestimmung der oben als text- und interpretationsobjektivistisch verhandelten Hermeneutiken legt Spahn seiner Rekonstruktion einer Hermeneutikgeschichte zugrunde. Seine zentrale Fragestellung, „ob das Interpretandum (,Objekt'), der Interpret (,Subjekt') oder eine Interpretationsgemeinschaft (,Intersubjektivität') im Zentrum der jeweiligen Hermeneutikkonzeption steht" beziehungsweise „ob man davon ausgeht, dass der Text eine Wahrheitsquelle ist, oder ob das interpretierende Subjekt eine Autonomie in Wahrheitsfragen genießt [...]", lässt sich unschwer als für diese Arbeit ausgesprochen relevantes Problemfeld erkennen. Wie

---

[398] Teile dieses Kapitels wurden auszugsweise in einer früheren, hier aber stark überarbeiteten und verbesserten Fassung bereits abgedruckt (siehe Willand 2011b).
[399] Spahn 2009: 27, 23 (in der Reihenfolge der Zitierung).

genau sich nun unterschiedliche hermeneutische Positionen zu einer objektiven Verstehenstheorie verhalten, soll im Folgenden nuanciert herausgearbeitet werden (wobei in dieser Arbeit nicht der Raum ist, ‚ganz vorne' zu beginnen).

Die 1835 von dem Historiker Georg Gottfried Gervinus beobachtete „Grundregel der historischen Schreibart" geht noch von der prinzipiellen Möglichkeit des objektiven Verstehens im Sinne eines Text- und Interpretationsobjektivismus aus. Ihr zufolge soll „der Geschichtschreiber vor seinem Gegenstande wegfallen und dieser [Gegenstand] in voller Objectivität hervortreten" (Gervinus [1835] 1839: 575). Auch in der damals zeitgenössischen Hermeneutik durch Schleiermacher wird diese Annahme der Möglichkeit objektiven Verstehens *sprachlicher* Zeugnisse ohne größere Veränderungen – allerdings mit einer psychologischen Erweiterung – reformuliert. Schleiermacher (1838) schreibt, dass der zu verstehende Autor einer *Rede* zwar „ein sich stetig entwickelnder Geist" sei, er seine Rede aber aus einer als *totalitär*, also objektiv und synchron mehr oder weniger unveränderlich verstandenen Sprache *gestalte*. Es ist eben diese Annahme, dass „der Einzelne [...] in seinem Denken durch die (gemeinsame) Sprache bedingt" sei und „nur die Gedanken denken [könne], welche in seiner Sprache schon ihre Bezeichnung haben",[400] die es Schleiermacher ermöglicht, von der Rede als Ausdruck einer „Thatsache im Denkenden" zu sprechen und somit eine dem Historiker Gervinus analoge Objektivität des *grammatischen* Verstehens zu ermöglichen (Schleiermacher 1838: 11 [§ 5]). Wie zu zeigen sein wird, kommen die objektivitätsbezogenen Überlegungen Schleiermachers mit der Beschreibung der grammatischen Interpretation aber auch schon zu ihrem Ende. *In toto* ist die Hermeneutik Schleiermachers und eines Gutteils seiner Zeitgenossen als interaktionistisch zu bezeichnen.

Zwar kritisiert Jauß (1970: 150f.) gut 130 Jahre später in seiner bekannten Konstanzer Antrittsrede diese historischen ‚Schulen' noch hinsichtlich ihrer tradierten, aber, wie er schreibt, aufgrund ihrer objektivierenden Tendenz zu überwindenden Annahme abgeschlossener literarischer Epochen,[401] sieht aber die mit seiner Übernahme des Gadamer'schen epimetheischen Verstehensmodells miteingekauften Probleme nicht.[402] So

---

400 Schleiermacher 1838: 12 [§ 5]. Vgl. hierzu auch Danneberg 2009: bes. 224f., wo er die Voraussetzung dieser Schleiermacher'schen Verstehenskonzeption erörtert.
401 Konträr dazu schätzt seine Positionierung Paul de Man ein, der schreibt: „If, mostly for the sake of convenience, one chooses to devide the group [of Scholars from Konstanz] into poeticians und hermeneuts, then Hans Robert Jauss [sic!] undoubtedly belongs among the latter" (de Man 1986: 57).
402 Dass Gadamer seinen Ansatz als *Versachlichung* (durch Negation psychologischer Elemente) verstand, heißt nicht, dass er damit einem Interpretationsobjektivismus das Wort redet. Zu

übernimmt Jauß die von Gadamer sowohl *versachlichend* als auch rezeptionssästhetisch ausgerichtete Theorie und transformiert sie einseitig in ein Modell von Geschichtlichkeit, das notwendig im (je subjektiven) Verstehen verhaftet ist.[403] Für ihn ist es der Literaturhistoriker selbst, der „immer erst wieder zum Leser werden" muss und dadurch „sein eigenes Urteil im Bewußtsein seines gegenwärtigen Standorts in der historischen Reihe der Leser" begründet (Jauß 1967: 29).[404] Aufgrund dieser Prämisse kann er dann auch gar nicht zu der Einsicht kommen, dass seine Theorie „wirkungsgeschichtlicher Hermeneutik und Rezeptionsästhetik" durch ihre „Nichtscheidung verschiedener Rezipiententypen" (Hempfer 2002: 19) – Leser und Wissenschaftler – einige vermeidbare Schwierigkeiten hervorgebracht hat. Diese Schwierigkeiten, so Hempfer, lassen sich aber durch die bereits angesprochene Unterscheidung zwischen dem realen Leser als *Teilnehmer* und dem Wissenschaftler als *Analysator* der literarischen Kommunikationssituation lösen.[405] So fordert Hempfer die als erreichbares Ziel anzustrebende Rekonstruktion der ‚historischen Textbedeutung':

> Die sicherlich nicht unproblematische Wissenschaft von der Literatur ist wohl kaum durch eine aktualisierende Reduktion ihres Objektbereichs nach dem Motto ‚was sagt uns Goethe heute?' zu retten, um eine in hermeneutischen Ansätzen implizite Tendenz etwas pointiert zu formulieren, sondern vielmehr dadurch, dass sie Normen an die Hand gibt, die die Reduziertheit solcher Rezeptionen aufdeckbar machen, was nur mittels einer wie auch immer gearteten Rekonstruktion der historischen Textbedeutung gelingen kann. (Hempfer 2002: 20)

Dieses Programm einer historisierenden Literaturwissenschaft geht davon aus, dass die Rezeptionen historisch realer Leser *objektiv* rekonstruiert werden können.[406] Daher verwendet Hempfer die Ergebnisse der Analyse historischer Sekundärtexte als Ausgangspunkt seines Versuchs einer historisch angemessenen Interpretation des literarischen Primärtextes. Er versteht demgemäß die „[h]istorische Rezeptionsforschung als Heuristik der Interpretation".[407] Dieser Interpretationsbezug ist es dann auch, der seinen Ansatz zu einem hermeneutischen werden lässt. Doch sieht er selbst,

---

seinem Ansatz siehe auch die Kapitel I.1.2 und I.1.4. Vielmehr kann im Folgenden gezeigt werden, dass er einen Textobjektivismus vertritt.
403 Gadamer [1960] 1972: 275–290 (Zweiter Teil, II.1.c: „Die hermeneutische Bedeutung des Zeitabstandes"); zur „Naivität des Historismus" siehe 283, zur Horizontverschmelzung 288ff., bes. 289f.
404 Vgl. auch Kapitel III.3.2.3.
405 Vgl. hierzu das Kapitel I.1.4, bes. Anm. 57.
406 Dass sich das Programm so von hermeneutischen Versuchen der historisierenden *Interpretation* unterscheidet, sieht Groeben bereits in Schmidt 1979: 228 (Diskussionsmitschrift). Kritisch hierzu Wiener 1979: 186 und Labroisse 1981.
407 Vgl. das gleichnamige Kapitel in Hempfer 1987: 25–32.

dass er mit dem Überschreiten der reinen Analyse auch den Boden objektivierungsfähiger Aussagen verlässt. Er versucht stattdessen

> ein Textverständnis zu erstellen, das die Mängel und Defizite der konkret vollzogenen Rezeptionen löst und somit eine Konstruktion der historisch *idealiter* möglichen Rezeption darstellt. Daß die einzelnen *Realisate* eines solchen Interpretations*typs* natürlicherweise im Prozeß der Wissenschaftsgeschichte überholbar sind, bedarf keiner näheren Ausführung". (Hempfer 1987: 32)

Dies zeigt, dass ihm für diese Rekonstruktion der Text selbst ein ebenso relevanter Aspekt ist wie die als subjektiv akzeptierten Bedeutungszuschreibungen historisch-realer Leser. Darüber hinaus kann die von Hempfer als Erkenntnisziel gesetzte ‚historische Textbedeutung' nur als hypothetisch-ideale verstanden werden, nicht als Zusammenstellung rekonstruierter faktischer, aber dafür immer unvollständig bleibender Interpretationen durch zeitgenössische Rezipienten.

Doch wie erklärt sich theoriegeschichtlich die so unterschiedliche Entwicklung von Hempfer und Jauß, die hier als exemplarisch für zwei neuere hermeneutische Theorien und Methoden angeführt wurden, deren Objektivitätsannahmen und Lesermodelle stark divergieren. Immerhin haben sie einen gemeinsamen Ursprung im (moderaten) Objektivitätsverständnis der romantischen Hermeneutik. Wieder bietet Hirsch einen guten Ausgangspunkt für die Rekonstruktion, denn er schreibt:

> Within this line of general hermeneutics stemming from Schleiermacher can be found Boeckh, Dilthey, Heidegger, and Gadamer in a direct, unbroken lineage [...]. But the tradition is by no means a uniform one. The relativism of Heidegger and Gadamer runs counter to the objectivism of Boeckh and Dilthey, so that my own objectivist views can be considered a throwback to the ‚genuine' or ‚authentic' tradition of Schleiermacher. (Hirsch 1976: 17)

Die konstatierte Unterscheidung einer *relativistischen* Theorie Heideggers und Gadamers von Boeckhs und Diltheys *objektivistischer* bezieht sich auf ihren voneinander abweichenden historisierenden Umgang mit geschichtlichen Objekten, beziehungsweise Texten. Heidegger bejaht zwar in einer gewissen Ambivalenz Diltheys Problemstellung der Geschichtlichkeit des Lebens,[408] bezweifelt aber die „Möglichkeiten zu einer begrifflichen Aneignung der damit aufgegebenen Fragen" (Vetter 2003: 189). Dilthey würde mit seiner „Tendenz auf Erkenntnis [...], auf letzte Erfassung" das Wesentliche versäumen: das „unum necessarium", das sich für Heidegger

---

[408] Vgl. Grondin 2007: 20, der auch auf die nicht unwichtige und Heidegger von Gadamer unterscheidende Tatsache hinweist, dass Heidegger Dilthey kaum namentlich erwähnt. Einer der wenigen expliziten Angrenzungsversuche von Dilthey (und Natorp) findet sich in Heidegger [Vorlesungen 1919–1944] 2007.

im „aktuelle[n] Dasein" manifestiert.[409] Diesen Angriff auf die historisierende romantische Einfühlungshermeneutik konkretisiert im Anschluss daran Gadamer, indem er Heideggers allgemeine Kritik anhand der Arbeiten Diltheys exemplarisch ausführt. Differenziert äußert er sich hierzu in seiner 1960 erschienenen Monographie „Wahrheit und Methode. Grundzüge einer philosophischen Hermeneutik", die bei ihrer Veröffentlichung durchaus als groß angelegter Gegenentwurf zu Diltheys Arbeiten verstanden werden sollte (wenngleich sie das nicht ist und Gadamer dies später auch selbst erkennt).[410] Die Abhandlung endet mit dem Satz:

> Es ist wohl deutlich, dass die Kritik an der Psychologisierung des Begriffs ‚Ausdruck' das Ganze der vorliegenden Untersuchung durchzieht und sowohl der Kritik an der ‚Erlebniskunst' wie der an der romantischen Hermeneutik zugrunde liegt. (Gadamer [1960] 1972: 476.)

Während Heidegger Dilthey noch einen „sicheren Instinkt",[411] aber unzureichende methodische und begriffliche Mittel konstatierte, spitzt Gadamer die Diltheykritik zu. Die romantische Hermeneutik der Ästhetik des kongenialen Hineinversetzens – wie Dilthey sie betreibe – ist nach Gadamer ([1960] 1972: 77) keine „angemessene Haltung" dem Kunstwerk gegenüber. Sie verkürze es und sei selbst als historisches Phänomen zu überwinden.[412] Gadamers Alternative zur Historisierung basiert auf der Akzentuierung der Geschichtlichkeit des Standpunks des Betrachters historischer Sachverhalte. Kurz, die bei Dilthey durch das Hineinversetzen simulierte *hermeneutische Nähe* als produktives Moment historischen Verstehens wird bei Gadamer durch die Betonung der Produktivität *hermeneutischer Distanz* ersetzt.[413] Die Differenzen dieser hermeneutischen Ausrich-

---

409 Heidegger [Vorlesungen 1919–1944] 2007: 169f. [Heidegger, GA 59: 169f]. Vgl. hierzu Vetter 2003: 191.
410 Denn in seiner ‚Selbstkritik' (publiziert in Gadamer 1993, geschrieben 1985) konzediert Gadamer eine gewisse Nähe zu Schleiermacher und Dilthey, die er 1960 noch explizit negiert hatte, die zwischenzeitlich aber bereits von anderen bemerkt worden war: Rodi 1990: 1994f. und Rodi 2003: bes. 122, 128, 131. Seine kompetitiven Absichten betonend schreibt Gadamer in „Wahrheit und Methode", genauer in dem Kapitel „Fragwürdigkeit der romantischen Hermeneutik": „Hier muss eine summarische Darstellung genügen, die lediglich der Abhebung dient […]" (Gadamer [1960] 1972: 163, Anm. 1).
411 Zitiert nach Vetter 2003: 189: [Heidegger, GA 61: 7].
412 Zu fragen ist jedoch, inwiefern Diltheys Erlebnis- und Ausdrucksbegriff tatsächlich vor den von Gadamer beschriebenen, hier aber nicht *en detail* ausführbaren „Aporien des Historismus" kapitulieren muss. Vgl. hierzu Grondin 2000: bes. 107f. Er bezieht sich kritisch auf das zweite Kapitel des zweiten Teils von Gadamer [1960] 1972: „Diltheys Verstrickung in die Aporien des Historismus" (ebd.: 205–228).
413 Roland Simon-Schaefer gibt einen wichtigen Hinweis zu der grundsätzlichen Problematik des Konzepts einer als produktiv gedachten hermeneutischen Distanz, wie es Konstanzer Rezeptionsästhetik von Gadamer übernommen hat. In Simon-Schaefer 1977 argumentiert er, dass das Gadamer'sche, bzw. Jauß'sche Denken einer produktiven Distanz selbst zu his-

tungen können mit Axel Horstmann verdeutlicht werden. Er führt „,Assimilation' als Begriff für das [ein], was sich in der Beschäftigung mit der kulturellen Tradition und insbesondere mit Texten als ihren Zeugnissen an ‚Angleichung' von ‚Fremdem' und ‚Eigenem' vollzieht" (Horstmann 1987: 8). Dabei changiert er zwischen einer Schleiermacher'schen Annäherung an den historischen Gegenstand bis hin zur „vollkommenen Ausschaltung der eigenen Individualität" (ebd.: 25) und einer Kritik daran im Gadamer'schen Sinne. Seine Überlegungen, die letztlich aber keinen Ansatz favorisieren können, resultieren in dem Begriff der *spannungshaften Nähe*, den er von Frithjof Rodi (1986: 229) übernimmt.

Gadamers Ablehnung der Möglichkeit historisch adäquaten Verstehens (etwa durch Rekonstruktion historischer Verstehenssituationen und -prozesse) negiert freilich auch den Nutzen eines Bezugs auf faktische Rezeptionszeugnisse historisch realer Leser und verweist stattdessen auf den Wissenschaftler und seinen immer selbst schon historischen und verstehensrelevanten Standpunkt. Dieser veränderliche Standpunkt ist dann auch der Grund der Ablehnung einer objektivistischen Verstehenstheorie, was Gadamer wiederum zu einer starken Aufwertung des literarischen Textes führt, den er als eine Art Container objektivierter Wahrheit denkt. Mit solch einem Objekt konfrontiert wird der Wissenschaftler angehalten, sich seiner Subjektivität in Form „der eigenen Voreingenommenheit inne zu sein, damit sich der Text selbst in seiner Andersheit darstellt und damit in die Möglichkeit kommt, seine *sachliche Wahrheit* gegen die eigenen Vormeinung auszuspielen" (Gadamer [1960] 1972: 253f. [Herv. v. M. W.]). In genau dieser Annahme einer ‚sachlichen Wahrheit' des Textes zeigt sich nun, dass Gadamers geschichtsrelativistischer Ansatz zu einem Textobjektivismus führen muss. Es ist also nicht bloß der Fall, dass Gadamers Theorie der aktualisierenden Horizontverschmelzung letztlich nur als ein schwaches Argument gegen die historisierend-psychologische Fragestellung Diltheys gelten kann. Immerhin es ist „in der Tat etwas überzogen", wie Grondin (2000: 94) schreibt „die Sachwahrheit gegen die *mens auctoris* zu stellen. Denn oft genug hilft uns die Berücksichtigung der *mens auctoris*, die Sachwahrheit besser zu verstehen".[414]

---

torisieren und somit als erst in der *heutigen* Zeit entstandene Wertungskategorie zu verstehen sei.

414 Der zitierte Gedanke findet sich in methodologisch abstrahierter Form bereits bei dem (ehemaligen) Wissenschaftstheoretiker Hermerén [1983] 2008: bes. 249. Dieser betont die Kombinierbarkeit von (bestimmten) Elementen und Kriterien unterschiedlicher Theorieansätze und kann so durchaus als Argument gegen die kontradiktorische Bestimmung der *mens auctoris* und der Sachwahrheit bei Gadamer funktionalisiert werden.

Darüber hinausgehend ist es auch noch der Fall, dass die Gadamer'sche Ablehnung des Erklärungsmodells der genieästhetischen Textproduktion und das des nachvollziehenden Textverstehens durch Hineinversetzen nicht zu einem veränderten Textmodell selbst führt. Ganz im Gegenteil wird der moderate textobjektivistische Ansatz Diltheys, der das „kunstmäßige Verstehen von *dauernd fixierten Lebensäußerungen*" anstrebt, durch Gadamer tradiert und sogar verstärkt,[415] indem Gadamer die historisch bedingte ‚Voreingenommenheit' des Verstehens in die Abhängigkeit einer ‚sachlichen Wahrheit' des Textes stellt. Dieser Ausprägung des hermeneutischen Textobjektivismus ist der *hermeneutische Interaktionismus* gegenüberzustellen, wie er im Kapitel III.3.3 ausbuchstabiert werden wird.

3.2.5 Resümee objektivistischer Verstehensmodelle

Abschließend muss an dieser Stelle noch einmal betont werden, dass die wissenschaftliche Objektivitätsforderung nicht zwangsläufig mit der Annahme einhergeht, historische Leser selbst verstünden einen Text objektiv. Diese Position wird nicht ernsthaft vertreten, was bedeutet, dass die Subjektivität des von realen historischen Lesern geleisteten Verstehens sozusagen eine der wenigen konsensfähigen Annahmen aller Leser-, wahrscheinlich sogar aller Verstehenstheorien ist (sieht man von den wenigen extrem-objektivistischen ‚Containermodellen' literarischer Texte ab). Da einige dieser Theorien nun aber Rezeptions- und Wissenschaftlersubjekt nicht voneinander trennen, so wie etwa Gadamer und Jauß, geraten sie hinsichtlich der Objektivitätsfrage in eine prekäre Situation: Vertreten sie einen interpretativen Objektivismus, kann der Wissenschaftler zur argumentativen Rechtfertigung und Absicherung der Interpretationsergebnisse nur den Autor, den Text, den Kontext oder sich selbst als Legitimierungsinstanz seiner Interpretation heranziehen.[416] Der Autorbezug wird von Gadamer im Zuge der dargestellten Kritik an der romantischen Herme-

---

415 Dilthey 1990: 319 [Dilthey, GS 5: 319] [Herv. v. M. W.].
416 Zima kritisiert dies radikal aus Sicht des Literatursoziologen: „Weder Heideggers Projektionen von Hölderlins Seinsphilosophie noch Lukács ‚jakobinische' Interpretation Hölderlinscher Gedichte klingen überzeugend: Jeder der beiden Autoren scheint die *semantische Isotopie* (im Sinne Greimas) zu privilegieren, die seiner eigenen Denkrichtung entspricht; er setzt sich (aus ideologischen Gründen) darüber hinweg, dass der Text noch weitere Bedeutungsstränge enthält" (Zima 1978: 7; zu „Rezeption" und „Produktion" als ideologische Begriffe siehe ebd. 71–112). Greimas' strukturale Semantik wiederum funktionalisiert Benedikt Descourvières, wenn er Althussers Vorstellung einer Bewusstwerdung ideologischer Strukturen durch „Indizien von Abwesenheit" in literarischen Texten als literaturwissenschaftliches Textanalyseverfahren („kritischen Lesens") einführen möchte (vgl. Descourvières 1999).

neutik abgelehnt. Der Verweis auf den Text führt zu einem Zirkelschluss, der die Trennung zwischen *Explanandum* und *Explanans* einebnet. Bezieht sich der interpretationsobjektivistisch orientierte Hermeneut auf historische Kontexte eines literarischen Textes, muss er seine eigene Geschichtlichkeit als Argument gegen die Möglichkeit des objektiven Zugriffs auf die Kontextdaten anerkennen. Setzt der Literaturwissenschaftler hingegen sich selbst als Autorität der objektiven Interpretation, verfällt er damit zwangsläufig einem subjektivistischen Interpretationsmodell.

So scheint eine interpretationsobjektivistische Hermeneutik nur als kontrafaktische Imagination möglich zu sein. Ihre problematischen Bedingungen vermag Werner Hamachers Auseinandersetzung mit dem Unlesbarkeitspostulat Paul de Mans in all ihrer Komplexität abzubilden:

> Es ist nicht sicher, dass es eine Wissenschaft von der Literatur geben kann. Der Grund für ihre Möglichkeit müsste diesseits der normorientierten und der ästhetizistischen Reduktionen der Literatur durch einen Wissenschaftsbegriff, der sein Vorbild in den Naturwissenschaften oder in der erbaulichen Rede findet – er müsste in den Texten der Literatur selbst liegen. In ihren Texten aber [müsste dieser Grund] in der Weise gelegt sein, dass diesen Texten selbst – und zwar als Texten – eine Dimension der kritischen Erkenntnis ihrer eigenen Verfassung eingeschrieben ist. Nur wenn die literarischen Texte dadurch ausgezeichnet sind, dass sie ein Wissen von sich artikulieren, kann eine Wissenschaft von der Literatur sachlichen Grund haben. Aber allein dann, wenn dieses Wissen von sich, das die Literatur artikuliert, die propositionale Struktur eines objektiven Wissens hat, kann es als Rechtsgrund für eine Literaturwissenschaft gelten, die Anspruch auf objektive Erkenntnis ihres Gegenstandes erhebt. (Hamacher 1998: 152) [417]

Das ist nicht nur schwer verständlich, sondern auch schwer vorstellbar. Es sprechen mindestens zwei Gründe gegen die Annahme, dass die Legitimation objektiven Verstehens von Literatur über eine ihr eingeschriebene propositionale Reflexionsstruktur umgesetzt werden könnte: Erstens ist bei der Heterogenität des als „Literatur" Bezeichneten zu bezweifeln, dass all diese Texte ein gemeinsames, konsistent bestimmbares ‚Wissen von sich artikulieren' können. Zweitens lassen sich Texte anderer Genres (wie Gebrauchsanweisungen), durchaus objektiv verstehen, ohne dass diese sich selbst reflektieren. Eine Bestimmung *objektiven Verstehens* dürfte, wenn überhaupt, nicht gegenstandsbezogen, sondern nur über den Modus des Umgangs mit dem Gegenstand geleistet werden. Aber auch dies muss hier

---

[417] De Mans Skepsis bzgl. der Möglichkeit eines Interpretationsobjektivismus rekonstruiert Hamacher 1998: 178 wie folgt völlig richtig: „Wenn de Man vom Text als einer Allegorie der Unlesbarkeit spricht, so dürfte das auch so zu lesen sein, dass erst diese Unlesbarkeit, nämlich die Verifikations- und Verallgemeinerungs-Unfähigkeit des Textes dazu zwing, ihn in immer anderen Weisen, immer als irreduzibel anderen und, *a limine*, immer als Unlesbaren zu lesen."

für fiktionale literarische Texte abgelehnt werden. Vielmehr scheint für einen objektivitätsorientierten Literaturwissenschaftler der Bezug auf nicht-literarische Rezeptionstexte wesentlich plausibler. Denn im Gegensatz zur fiktionalen Literatur ist bei faktualen Rezeptionstexten der Bezug auf die ihnen propositional eingeschriebenen Wissensbestände auf direkte Weise möglich.

Die oben genannten, durch Objektivitätsforderungen generierten Probleme können von literaturtheoretischen Ansätzen nur vermieden werden, indem diese Ansätze sowohl theoretisch als auch methodisch – und das muss immer der Praxis vorgelagert heißen –, den *realen* Leser als Interpret (und Kritiker im Sinne Hirschs) anerkennen. Dessen Interpretation kann dann ganz im Sinne der empirischen Theorie Groebens auf wissenschaftlicher Basis beschrieben werden. Von vergleichsweise stark objektivitätsorientierten hermeneutischen Theorien (wie der Hempfers), die ihr Ziel einer ‚idealen historische Textbedeutung' zu erreichen versuchen, indem sie ihren interpretativen Umgang mit dem Primärtext durch historische Rezeptionszeugnisse kanalisieren – für die schließlich aber doch der Hermeneut die letzte Autorität der interpretativen Zuschreibungen bleibt –, grenzt sich der hier als präziser verstandene genuin rezeptionsanalytische Ansatz ab, da er durch die Beschränkung auf eine wissenschaftliche *Deskription* von Rezeptionen nicht den rekonstruierenden Wissenschaftler, sondern den historischen Leser als alleinige Autorität des Textverstehens setzt und den interpretativen Umgang mit Primärtexten so umgeht. Crosman (1980: 14f.) überführt die hier vorausgesetzte Trennung von *Leser* und *Wissenschaftler* lakonisch in einen rezeptionstheoretischen Merksatz über die zugrunde liegenden Verfahrenstechnik: „Instead of prescribing responses we can *describe* them".

Die im Folgenden darzustellenden *interaktionistischen* Ansätze halten sich nur zum Teil an dieses Diktum. Sie setzen gemeinhin einen moderaten *Text*objektivismus voraus, divergieren jedoch hinsichtlich ihres jeweiligen Standpunktes in Bezug auf die Möglichkeiten objektiver *Interpretation*. Prinzipiell sind sie einem Interpretationsobjektivismus gegenüber kritisch eingestellt.

3.3 Interaktionistische Lesermodelle

Interaktionistische Modelle gehen davon aus, dass literarische Bedeutungsproduktion vor allem das Ergebnis der Interaktion von Leser und Text ist, wobei in diesen Theorien für „Leser" reale und theoretische Lesermodelle eingesetzt werden. Diese können den Literaturwissenschaftler, aber auch einen von ihm untersuchten Teilnehmer der literarischen Kommunikation abbilden. Margrit Schreier beschreibt die Grundlagen dieses interaktionistischen Prozesses:

> It is one of the most robust results in psycholinguistics and cognitive psychology that the meaning that a reader assigns to a text is a function both of textual and of reader characteristics. In text reception, bottom up-processes starting out from textual characteristics converge with top down-processes drawing upon cognitive schemata and prior knowledge on the reader's side. [...] This interactionist and constructivist notion of text processing has been shown to apply not only to the reception of pragmatic texts where it originates, but even more to the processing of literary texts which has been demonstrated to require and involve even more and at times different cognitive inferences that the processing of pragmatic texts. (Schreier 2009: 217)

Da diese interaktionistischen Grundannahmen nicht nur von psycholinguistischen und kognitionswissenschaftlichen Positionen geteilt werden, sondern tatsächlich von einem Gutteil literaturwissenschaftlicher Ansätze vorausgesetzt werden, kann im Folgenden nur eine Auswahl der für die historisch Rezeptionsanalyse wichtigsten literaturwissenschaftlichen Theorien mit ihren je spezifischen Ausformulierung der Interaktion von Text und Leser vorgestellt werden. Die ihnen gemeinsamen Elemente lassen sich aber auch auf diese Weise hinreichend präzise rekonstruieren und in einem abschließenden Resümee explizieren.

3.3.1 Literaturdidaktische Forderungen

Dem epistemologischen Interesse *literaturdidaktischer* Ansätze gemäß wird nun vorerst untersucht werden, welche Annahmen die Didaktik über das Lektüreverhalten realer Leser formuliert. Sie ist theoriegeschichtlich zwar nicht die erste Wissenschaft, die einen interaktionistischen Ansatz vertritt, an ihr wird das vorzustellende Prinzip jedoch besonders deutlich. Daher soll sie hier zunächst referiert werden, bevor im Weiteren dann allgemein die phänomenologischen und hermeneutischen Grundlagen des interaktionistischen Denkens in der Literaturwissenschaft fokussiert werden.

Die Urszene jeder literaturbezogenen Didaktik bildet gewissermaßen das erkenntnistheoretische Problem ab, dass es nicht ganz einfach ist festzustellen, welches epistemische Gewicht der reale Leser faktisch sich selbst und welches er dem literarischen Text zuspricht. Wobei ja noch nicht einmal gesagt ist, dass der Leser sich überhaupt für *eine* epistemologische Strategie entscheidet und diese dann durch den ganzen Text verfolgt. Es spricht tatsächlich wenig gegen die (von der Literaturtheorie bisher vernachlässigte) Annahme, dass reale Leser während des Lesens häufiger von einer eher *textobjektivistischen* in eine eher *subjektivistische* Bedeutungskonzeption (und *vice versa*) wechseln beziehungsweise bei bestimmten Textmerkmalen sogar von der *interpretationsobjektivistischen* Annahme ausgehen, dass diese Stellen überhaupt nur auf *eine* Weise verstanden werden können.

Diesen Interpretationsobjektivismus suspendiert der Literaturdidaktiker Lothar Bredella ebenso wie rein subjektivistische Lesermodelle zugunsten einer *interaktionistischen* Konzeption, da diese für ihn einen Kompromiss zwischen den beiden zu einseitig theoretisierenden Extremen bedeutet:

> Die subjektivistischen Modelle haben ihre Berechtigung darin, dass sie aus pädagogischen und politischen Gründen den Leser stärken. Jedoch kann eine Stärkung des Lesers, die darauf beruht, dass der Text zur bloßen Projektionsfläche für den Leser wird, weder die sinnbildenden noch die kritischen Fähigkeiten des Lesers ausbilden und führt letztlich zur Rechtfertigung von Egozentrismus und Ethnozentrismus. (Bredella 2002: 42f.)

Bredellas Standpunkt ist dabei ein klar didaktisch-normativer, der realen Lesern eine *Anleitung* zum korrekten Lektüreverhalten bereitstellen soll, denn „Lesen als Interaktion erlaubt auch der Literaturdidaktik eine sinnvolle Aufgabe". Laut Bredella (2002: 45) soll sie „nicht-professionellen Lesern helfen, mit literarischen Texten Erfahrungen zu machen. Daher muss sie sowohl den Text als auch den Leser im Blick haben". Bredella reiht sich mit seinem Ansatz in eine didaktische Tradition ein, deren Ursprung in der erfahrungstheoretischen Reformpädagogik John Deweys, also in der ersten Hälfte des 20. Jahrhunderts liegt. Deren Einfluss auf Rezeptionstheorien ist kaum zu unterschätzen, besonderen im Hinblick auf die amerikanischen Vertreter *der reader-response theory*. Die Dewey dort zuteilgewordene Aufmerksamkeit lässt sich einflussgeschichtlich über die starke Bezugnahme auf ihn durch die viel rezipierte Louise M. Rosenblatt erklären, die Dewey in ihren wichtigsten Werken als geistigen Mentor ihrer *transactional theory* prononciert.[418] Wie am Ende des Kapitels der subjektivistischen Lesertheorien bereits dargestellt, vertritt Rosenblatt nach der Revision ihres frühen subjektivistischen Standpunktes eine ‚interaktionale' Theorie, die den Text (dann doch) als eine einflussnehmende Instanz der literarischen Bedeutungsproduktion anerkennt. Diesen Schritt geht sie mit Verweis auf Dewey ([1934] 1980: 98), der unter *Ausdruck* – und damit meint er auch den künstlerischen Ausdruck – „sowohl eine Handlung als auch deren Ergebnis" versteht. Aufgrund dieser Definition

---

418 U. a. in Rosenblatt [1938] 1995: xv, xix oder in Rosenblatt 1978: xi, xiv). Ein weiterer Hinweis auf Deweys Bedeutung findet sich in der Bibliographie der Forschungstexte zu Dewey von Levine 1996, die immerhin 526 Seiten umfasst (vgl. Bellmann 2007: 7, Anm. 1). Wie stark der Einfluss Deweys auf Rosenblatts Begriffsbildung im speziellen ist, zeigt sich auch in der Anm. 346 (dieser Arbeit).

kann er dann Theorien ablehnen, die *Ausdrucksobjekte* lediglich als Ergebnis verstehen, ohne auf die individuellen Handlungen hinzuweisen, die zu dem Ergebnis geführt haben. Diese Annahmen integriert er in eine ästhetische Theorie der Erfahrung, auf der adäquates Verstehen basiere. Wer also beispielsweise

> zu der ästhetischen Erfahrung, die im Parthenon verkörpert ist, theoretische Überlegungen anstellen will, muss sich vergegenwärtigen, was die Menschen, in deren Leben der Parthenon trat – seine Schöpfer und die, die in ihm Erfüllung fanden – mit den Menschen unserer eigenen Städte gemeinsam hatten. (Dewey [1934] 1980: 10f.)

Dieses historisierende Theorieelement führt zu dem interaktionistischen Status seiner Theoriekonzeption. Denn es ist für Dewey nicht das als Objekt anerkannte Kunstwerk, das seine Bedeutung selbst vermittelt oder in sich trägt, sondern es ist die Erfahrung der Subjekte mit diesem Kunstwerk in seinem historischen Kontext, über die es Bedeutung erfährt. Auf diese Weise schließt Dewey sowohl interpretationsobjektivistische wie auch extreme subjektivistische Annahmen aus und konzipiert – auf Basis eines *moderaten* Textobjektivismus – eine Theorie, die an die romantische Einfühlungshermeneutik erinnert, ohne sich direkt auf sie zu beziehen.[419] Doch bevor auf den hermeneutischen Interaktionimus eingegangen werden kann, sollen – von Bredella ausgehend auf dem rückwärtsgewandten Weg durch die Theoriegeschichte – noch die wichtigsten phänomenologischen Grundlagen erörtert werden.

3.3.2 Phänomenologische Grundlagen

Betrachtet man Deweys theoretische Prämissen aus ideengeschichtlicher Perspektive, wird schnell deutlich, dass große Teile seiner interaktionistischen Annahmen dem phänomenologischen Denken Ingardens bemerkenswert ähnlich sind.[420] Wie Zima (1978: 83) richtig aufzeigt, nimmt Ingarden eine diskursive Trennung zwischen phänomenologischer und psychologischer Rede vor, je nachdem ob er vom Text oder vom Leser spricht. Für die hier dargestellte Rekonstruktion ist dabei vornehmlich relevant, dass der rezeptionstheoretisch wichtige Begriff der Konkretisation eine objektivistische Texttheorie im Sinne eines der Wahrnehmung vorgängigen materiellen Objekts präsumiert. Einerseits ist die „Sache

---

419 Er bearbeitet diesen Aspekt in einem Kapitel („Der Beitrag des Menschen") aus psychologisierender Perspektive, die er für eine Ästhetik als *unvermeidlich* einschätzt (Dewey [1934] 1980: 287–318, hier 287). Vgl. Diltheys Lebensphilosophie, u. a. in Dilthey [1910] 1983.
420 Dies erörtern ausführlicher u. a. Chandler 1977, Kestenbaum 1977 und Rosenkranz 1987.

selbst so immer schon erfasste Sache" (Leibfried 1972: 72), also durch die Rezeption bestimmt; andererseits ist der Text aber auch in den „schöpferischen Bewusstseinsakten seines Verfassers" begründet und schriftlich festgelegt; beide *Bewusstseinsakte* – nicht bloß der produktionsseitige – machen ihn zu einem „rein intentionale[n] Gebilde" (Ingarden [1937] 1968: 12).[421]

Soweit ähneln sich die Theorien Deweys und Ingardens hinsichtlich ihres objektivistischen Textverständnisses. Während Dewey nun aber mehr die produktionsästhetische Komponente im Sinne einer Historisierung fokussiert, bezieht sich Ingarden stärker auf den Text selbst. Für ihn ist das Kunstwerk – ob mündlich oder schriftlich überliefert – abgeschlossen, wenngleich es abgeschlossen nur in seiner spezifischen Unbestimmtheit sein kann. Diese Annahme bildet die Grundlage für seine Theorie der Konkretisation des literarisch Dargestellten.[422] Bei diesem *Akt* komme

---

[421] Diese Annahme ist seine *9. Grundbehauptung* (vgl. auch oben, Anm. 415 dieser Arbeit, in der ein sehr ähnliches Textverständnis bei Dilthey referiert wird). Ingarden betont (jedoch stärker als Dilthey), dass die materielle Fixiertheit des intentionalen Weltbezugs nicht als neue *Schicht* des literarischen Kunstwerkes zu verstehen sei (wie es etwa Nicolai Hartmann vertrat), sondern lediglich sein physische Fundament bilde (vgl. Ingarden [1937] 1968: 13). In Ingarden [1931] 1960: hier Seite 7 untersucht Ingarden einige Jahre zuvor die *Seinsweise* des literarischen Kunstwerks, das er als intentionalen Gegenstand bestimmt. Er fragt, ob es als *real* oder *ideal* zu begreifen sei und kommt zu dem Schluss, dass „in diesem ‚Entweder-Oder' keine Entscheidung zu treffen" sei. Die dort besprochenen Funktionen der ‚gegenständliches Schicht' beziehen sich nicht auf die Materialität des Textes, sondern auf die *dargestellte Welt* (ebd.: 307–310).

[422] Zu Ingardens Konkretisation siehe Ingarden 1975 und Ingarden [1937] 1968: bes. 91–94, 312–344; einen rezeptionstheoretisch relevanten Anschluss formuliert u. a. Riffaterre 1973; dieser interpretiert die von Jakobson eingeführte Unterscheidung von *verse design* und *verse instance* (Jakobson 1987: 78) als Unterscheidung „einer verbalen Folge und seiner Konkretisation" (ebd.: 118); die Kritik an Wimsatt und Beardsleys *affective fallacy* durch Betonung der Konkretisation als Grundlage jeglicher Bedeutungsproduktion stellt Tompkins (Hg.) 1980b heraus; neben Mukařovský erweitert das Konzept auf strukturalistischer Basis der ‚andere' Prager Vodička [1941] 1975 und Vodička [1942] 1976b, Bezüge stellt aber auch der Warschauer Strukturalist Głowiński 1975a/Głowiński 1975b her; Jauß 1970: bes. 234f., aber auch Jauß 2007a: 823 betont die mögliche normative Auslegung des Konstrukts, wenn er schreibt, „dass die historisch fortschreitende Konkretisation des Sinns literarischer Werke einer gewissen ‚Logik' folgt und dass sich im Horizontwandel der Interpretationen durchaus zwischen arbiträren und konsensfähigen, zwischen nur originellen und normbildenden Auslegungen unterscheiden lässt"; die Frage der adäquaten Konkretisation stellen Grimm 1977b, Groeben 1977, Groeben 1987, Pasternack 1975: 63–66 und Link 1976: 142–162; anschließend gibt Bode 1988 zu bedenken, wie eine angemessene Konkretisation bestimmt werden kann, wenn das Werk überhaupt nur als eine solche zugänglich ist und Warning 1975: 12 sieht in der Frage der adäquaten Konkretisation „einen der wunden Punkte rezeptionsästhetischer Theoriebildung"; affirmativ äußert sich Iser 1976: bes. 270–380 und Iser [1970] 1975a: 229, der hier allerdings die Gefahr des Konzeptes erkennt: „Wenn man einen Text von den Formen seiner möglichen Aktualisierung unterscheidet, so setzt man sich dem Vorwurf aus, seine Identität zu leugnen und ihn in die Willkür subjektiven Begreifens

nach Ingarden ([1937] 1968: 52) „die eigene, mitschöpferische Tätigkeit des Lesers zu Wort: aus eigener Initiative und Einbildungskraft ‚füll[e]' er verschiedene Unbestimmtheitsstellen mit *Momenten* ‚aus'". Interaktionistisch ist diese Theorie nun einerseits, da die im literarischen Werk dargestellten Gegenständlichkeiten eben *als* objektiv gegeben angenommen werden. Sie sind zwar im Sinne einer Entwicklung des literarisch dargestellten Handlungsverlaufs veränderlich,[423] setzen aber trotzdem den Leser als Instanz der Objektivation voraus: „Infolgedessen endet die Objektivierung nicht mit der Konstituierung des Gegenstandes in einer Phase des Seins, sondern sie wird nach jedem neuen Ereignis, nach jeder Wandlung des Gegenstandes aufs neue durchgeführt" (ebd.: 45). Diese Prozessualität der Objektivierung von innerfiktional *objektiv* gegebenen Entitäten zeigt auf, dass Ingarden sowohl dem Text als auch dem Leser eine Rolle bei der literarischen Bedeutungskonstituierung eingesteht, wenngleich Ingardens Verstehenskonzeption durchaus auch als implizit intentionalistisch verstanden werden kann. In diesem Sinne schreibt er: „[I]ndem ich einen Text verstehe, *denke ich den Sinn* des gelesenen Textes. Ich entnehme ihn sozusagen dem Text und verwandle ihn in die aktuelle Intention meines verstehenden Denkaktes" (ebd.: 30f.). Die bemerkenswerte konzeptuelle Nähe zu dem erwähnten Containermodell literarischer Kommunikation zeigt nun auf, dass das ‚entnehmen' von Sinn erst durch eine Zusatzannahme ermöglicht wird. Diese besteht in dem Gedanken, dass dieser Sinn von jemandem zuvor ‚in den Text hineingetan' worden sein muss.

Doch lehnt Ingarden ein reines Containermodell offenbar als unzulänglich ab, da es dem Leser keinerlei Freiraum zur Ausfüllung der Unbestimmtheitsstellen zugesteht. Dies sieht sein Konzept der Konkretisation aber vor. Er bezeichnet es im obigen Zitat als das *Verwandeln* des Textes ‚in die aktuelle Intention' des Verstehens. Hervorzuheben ist in Anbetracht der hier dargestellten interaktionistischen Theorien, dass Ingardens Begründung für die Betonung der Rolle des Textes *und* des Lesers beim Prozess literarischen Verstehens vor allem auf texttheoretischen Prämissen – den Unbestimmtheitsstellen – beruht. Wie Groeben und Schmidt richtig sehen, gibt es für Ingarden zwar kein literarisches Werk, das nicht von einem subjektiven Bewusstsein konkretisiert wurde, allerdings schließen sie zu Unrecht aus diesem Sachverhalt, dass „für Ingarden notwendig

---

aufzulösen"; im Rahmen einer empirischen Literaturgeschichte erstellt eine „schichtspezifische Konkretisationstypologie" Jäger 1974; die generelle Relevanz dieser Erhebungen befürwortet Groeben 1979: 223; zuletzt stellte Jahraus 2004: 295–298 das Konzept der Konkretisation einführend dar.

423 Ingarden [1937] 1968: 45: „Die im literarischen Werk dargestellten Gegenständlichkeiten (Menschen, Dinge, Vorgänge, Ereignisse) sind im allgemeinen nicht unveränderlich".

eine Hinwendung auf's Subjekt" hätte folgen müssen (Schmidt 1975: 114, der sich auf Groeben 1972: 159f. stützt).

3.3.3 Hermeneutische Grundlagen

Diese von Goeben und Schmidt geforderte *Hinwendung aufs Subjekt* fand unter anderen Vorzeichen – bekanntermaßen mit Bezug auf das Autorsubjekt – bereits in hermeneutischen Ausformulierungen des Interaktionismus Anwendung. Doch soll im Folgenden etwas ausführlicher aufgezeigt werden, dass der hermeneutische Autorbezug nicht gänzlich ohne sein rezeptionsseitiges Korrelat gedacht wurde. Bis heute hat dieses Korrelat – der ‚historische' oder häufig auch ‚ursprüngliche' Leser – nicht die Aufmerksamkeit der literaturwissenschaftlichen Forschung erhalten, die seiner Stellung in der Hermeneutik seit spätestens dem Ausgang des 18. Jahrhunderts gerecht werden würde. Anhand dieser Lesermodelle – die *theoretische* Modelle sind – lässt sich die spezifische Form hermeneutischer Historisierung konkret rekonstruieren und auf die Probleme hinweisen, die durch die Modellierung nicht-realer Leser als Zeitgenossen des Autors entstehen.

Ein Zitat Schleiermachers aus den Vorbemerkungen zur „Einleitung ins Neue Testament" (1845b) soll kurz die Ausgangslage historisierenden Denkens – das epistemische Problem der hermeneutischen Distanz – verdeutlichen. Dabei ist für Schleiermacher die später von Gadamer als methodisch obsolet betrachtete Unterscheidung von historischem Leser und Wissenschaftler noch von größter verstehenspraktischer Relevanz. So beschreibt Schleiermacher die für einen wissenschaftlichen Leser (des Neuen Testaments) vorauszusetzende Kompetenz: „Soll das Studium des neuen Testaments auf wissenschaftliche Art getrieben werden, so muss auch das Verständnis auf kunstmäßige Weise herbeigeführt werden. Jeder wissenschaftliche Leser desselben muss also mit bestimmten allgemeinen Regeln der Auslegungskunst bekannt sein".[424] Wie der Wissenschaftler sich dieser Auslegekunst zu bemächtigen habe, zeigt Schleiermacher dann im Anschluss auf und bestimmt mit bemerkenswerter Präzision ein *theore-*

---

[424] Schleiermacher 1845b: 3 [§ 2]. Er fährt fort: „Dies wäre eine allgemeine philologische Disziplin, die *Hermeneutik*". Im Anschluss schränkt er seine Aussage bzgl. des *allgemeinen* Status der Hermeneutik dann generisch ein: „Aber wir müssen zugestehn, daß es außer den *allgemeinen* Regeln der Hermeneutik noch *besondre* giebt, die verschieden sind für verschiedene Gattungen von Schriften" (ebd.). Die Hinweise zum ursprünglichen Leser scheinen für Schleiermacher jedoch sehr grundlegend für die Erklärung des Aufgabenspektrums im Umgang mit historischen Texten zu sein. Er erwähnt sie sowohl im Kontext literarischen, philosophischen als auch biblischen Textverstehens.

tisches Lesermodell, wie es hermeneutische Ansätze historisierender Literaturtheorien erst wieder im 20. Jahrhundert formuliert haben:

> Um einen Gesichtspunct zu finden, aus welchem sich vielleicht zusammenstellen lässt, was zu unserer Aufgabe gehören muss, können wir uns einer Fiction bedienen. Wir denken uns die ursprünglichen Leser irgend einer der Zeit nach bedeutend entfernten Schrift. Wenn wir diejenigen unterscheiden, auf welche der Verfasser besondere Rücksicht genommen, so müssen wir sagen: jede Schrift muss so eingerichtet sein, dass sie von denen vollkommen verstanden werden kann, für welche sie ursprünglich bestimmt ist; auf Andre braucht der Schriftsteller in seiner Composition nicht Rücksicht zu nehmen. Spätere Leser müssen sich denen gleichstellen, die der Verfasser im Auge gehabt; und in dem Maaße, als sie dies können, wird die Sache für sie zugänglich und verständlich sein. Hieraus entsteht die Aufgabe, *uns möglichst in die Stelle der ursprünglichen Leser zu setzen*, für welche die neutestamentlichen Verfasser geschrieben haben. (Schleiermacher 1845a: 6f. [§ 4])

Dieses Zitat und die darin angesprochenen Lesermodelle sollen im Folgenden kurz diskutiert werden, da sie ein Problem verdeutlichen, das aus dem Schleiermacher'schen Kommunikationsmodells resultiert. Produktionsseitig sieht das Modell etwa so aus: „Reden ist freilich auch Vermittlung des Denkens für den Einzelnen. Das Denken wird durch innere Rede fertig und insofern ist die Rede nur der gewordene Gedanke selbst." Die Aufgabe des Rezipienten dieser Rede besteht nun darin, „daß jeder Akt des Verstehens die Umkehrung eines Aktes des Redens ist, indem in das Bewußtsein kommen muß welches Denken der Rede zum Grunde gelegen" (Schleiermacher 1838: 10). Dies ist jedoch an die Annahme gebunden, dass der Redende und der Verstehende durch die *Gemeinschaftlichkeit ihres Denkens* verbunden sind (ebd.: 76). Der nachzeitige Hermeneut, der die historisch gewordene Rede verstehen will, kann diese Gemeinschaftlichkeit gewissermaßen virtuell herstellen, indem er ein historisches Lesermodell entwirft: Den ursprünglichen Leser, der diese Interaktion zwischen Hermeneut und Text gedanklich anleitet. Doch macht Schleiermacher gleichsam auf ein Problem aufmerksam, das durch eben diese Unterscheidung der Instanzen „Hermeneut" und „Lesers" entsteht und damit auch nicht nur den ‚ursprünglichen Leser', sondern auch alle anderen theoretischen und probabilistischen Lesermodelle betrifft. Das Problem wird auf der Beschreibungsebene sichtbar anhand der unklaren Bezeichnung dieser Lesermodelle, deren Name gewöhnlich nicht nur das Modell benennt, sondern auch das reale Korrelat, das durch das Modell abgebildet wird. In unserem Fall äußert sich das Problem darin, dass mit dem ‚ursprünglichen Leser' also nicht nur jeder historisch-reale Leser gemeint ist, der den Text tatsächlich als rezipiert hat, sondern auch die modellartige Vorstellung, die sich der Hermeneut von diesen Lesern macht. Als solch ein mentales Konstrukt – oder ‚Fiction', wie Schleiermacher es nennt – können ursprüngliche Leser etwa in dem interpretativen Ansatz des *sensus auctoris et primorum lectorum* einem Hermeneuten helfen, historisch angemessene Wissenskontexte ein- oder auszuschließen.[425] Diese so rekonstruierten Wissensbestände sind jedoch kein Teil der Interpretation selbst, sondern „etwas vor der Interpretation Hergehendes, weil dadurch nur das Verhältnis zwischen dem Redner und ursprünglichen Hörer wiederhergestellt wird, was also immer vorher sollte berichtigt sein" (Schleiermacher 1838: 21 [§ 13.2]). Konkrete Bespiele der Wissensbestände, die dieses Verhältnis ausmachen, nennt Schleiermacher auch: Es ist der Unterschied der jeweiligen „Sprach- und Geschichtskenntniß", der „erst aus dem Wege geräumt werden [muss]; erst nach erfolgter Gleichsetzung geht die Auslegung an" (ebd.: 28 [§ 14.1]).

Aus der Gruppe der für diese Rekonstruktion in Anschlag gebrachten ursprünglichen Leser lässt sich laut Schleiermacher eine Teilmenge herauslösen „auf welche der Verfasser besondere Rücksicht genommen" hat. Diese Teilmenge kann auf zwei Arten beschrieben werden. Entweder als die *intendierten Leser* des Autors, die Erwin Wolff (1971: 143) definiert als „‚ideale[ ]' Vorstellung […], die sich der Dichter oder Schriftstellern von seinem Publikum bildet". Oder man geht nicht von *idealen* Lesern, sondern von *realen* Lesern aus, an die der Autor seinen Text adressierte. Beide Varianten müssen auch jeweils wieder doppelt gedacht werden: Als *reale* Leser und gleichzeitig als durch den Hermeneuten *rekonstruierte* Konstrukte. Während die realen Adressaten in der Regel zeitgenössisch sind, *müssen* dies die intendierten Leser nicht sein; sie *können* es aber sein, gerade wegen ihres idealen Status. Ob Schleiermacher seinen ursprünglichen Leser nun als adressierten oder nicht-adressierten, bzw. als intendierten oder nicht-intendierten Leser denkt, ist vor dem Hintergrund der Tatsache, dass dieses Konzept in der *hermeneutica sacra* wurzelt, nicht unwichtig. Wird der zeitgenössische Leser als adressierter oder intendierter Rezipient gedacht, muss es ihm zumindest idealiter möglich gewesen sein, den Text in all seinen historisch denkbaren Bedeutungsfacetten zu verstehen.[426] Der

---

425 Ausführlich hierzu Danneberg 1998, konzis Klausnitzer 2007: 25f.: „Das im Rahmen der *interpretatio grammatico-historica* ausgebildete Konzept des *sensus auctoris et primorum lectorum* beschränkt die einem Text zuschreibbare(n) Bedeutung(en) auf Gehalte, die seinen historischen Adressaten zugänglich waren – und verpflichtet den Umgang mit Texten zum einen auf die Ermittlung adäquater Kontextelemente, zum anderen auf Strategien zur Vermeidung jener nicht gerechtfertigten Bedeutungszuweisungen, die noch in den letzten Jahrzehnten als illegitime Anachronismen diskutiert wurden".

426 Der weiter unten noch ausführlicher zitierte Jorge J. E. Gracia geht von einer zumindest möglichen Deckungsgleichheit des intendierten und zeitgenössischen Lesermodells aus. Er bestimmt den ursprünglichen Leser wie folgt: „The contemporaneous audience is composed of all those persons who are contemporaneous with the historical author and have become or could become acquainted with the text. They share with the author much that

Hermeneut wäre demnach in der Lage, einen Text mindestens historisch adäquat, im besten Fall sogar im Sinne der Autorintention adäquat zu verstehen, wenn er das (Interpretations-)Wissen des ursprünglichen Lesers rekonstruieren kann. Wenngleich dieser starke Autorbezug auch in der *hermeneutica profana* noch beobachtbar ist, seine Relevanz für das Konzept des ursprünglichen Lesers ist älter. Denn die Privilegierung des Autors in Verstehensfragen resultiert aus dem als sakrosankt angenommenen Status der heiligen Autoren im Kontext der *hermeneutica sacra*, die gleichzeitig als Vorbild und Gegenbild der *hermeneutica profana* zu denken ist. Auch die solch eine differenzierende Bestimmung nicht mehr zulassende spätere *hermeneutica generalis* behält diesen Autorbezug bei. So findet sich der Verweis auf einen (Sprach-)Schöpfer sowohl in Friedrich Schleiermachers Begründung der humansprachlich organisierten *Gemeinschaftlichkeit des Denkens* als auch als auch bei Georg Friedrich Meier, ein der „Weltweisheit ordentliche[r] Lehrer[ ]", wie der Titel seines 1757 publizierten „Versuch[s] einer allgemeinen Auslegungskunst" verrät. Er versteht seine Hermeneutik im großen Stil als eine mantische „Auslegung der ‚natürlichen Zeichen', d. h. der Welt als einer – göttlich geordneten – Zeichensprache".[427] Für die Hermeneutik entwickelte sich durch diese in der Romantik so wichtige Analogie von göttlicher und menschlicher Autorschaft jedoch eine nicht unwichtige epistemologische Verschiebung: Denn die Fehlbarkeit des menschlichen Autors bedingte, dass zwischen der Wahrheit des Textsinns und der Wahrheit (des Sinnes) selbst unterschieden werden musste und sich somit eine völlig neue Dimension der Wertung von Texten eröffnete. Für den ursprünglichen Leser der heiligen Schrift bedeutet dies nun, dass er nicht mehr als einziger Adressat der heiligen Autoren in Betracht kommen muss. Dies erörtert Karl Wilhelm Stein (1815) in einem Kapitel zu den „historischen Einwendungen gegen die gewöhnliche Bestimmung des obstersten Grundsatzes der histor.[ischen] Interpretation". Darin stellt er die Annahmen infrage, die heiligen Schriftsteller hätten *ausschließlich* für ihre Zeitgenossen geschrieben: „Denn zu einem Propheten konnte sich nur der erheben, der eine besondere Bildung genossen [...] hatte. Von einem Propheten verlangte man ausdrück-

---

other, later audiences do not share with him". Das konkrete Verhältnis zum intendierten Leser nennt er dann im direkten Anschluss: „Note that the contemporaneous audience may be the intended audience in cases in which the author of a text identifies his cultural, educational, and temporal contemporaries with the audience of the text. It need not to be so, however. The intended audience may be only one of the members of the contemporaneous audience or only a subgroup of that audience" (Gracia 1994: 716).

427 Kurz 2004: bes. 31–54, hier 35. Vgl. Meier 1757. Hermeneutikgeschichtlich wurde dieses sehr weite Verstehenskonzept recht schnell und grundsätzlich auf so etwas wie rein philologische „Texthermeneutik" verengt, wie durch Boeckh 1886.

lich, daß er weiter sehen sollte […], wenn man auch seine Aussprüche nicht nach ihrem vollen Sinn und Gehalt aufzufassen im Stande war" (Stein 1815: 100). Das hier in die Begründung eingeflochtene kognitive Ungleichgewicht zwischen Sender und Empfänger der Nachricht kann ein Problem für das Konzept des *sensus auctoris et primorum lectorum* werden; genau dann, wenn die Überscheidungsmenge des *sensus auctoris*, der auf spätere Leser gerichtet sein kann, und des notwendig zeitgenössischen *sensus primorum lectorum* nur sehr gering ist. Anders formuliert: Der ursprüngliche Leser muss, bzw. kann nicht mehr der (einzige) intendierte Leser sein, was seine Funktion für die Rekonstruktion des historischen Sinns nicht weiter tangiert, ihn aber für eine autorintentionale Lesart obsoleszieret.

Hier wird bereits deutlich, dass *Interaktion* als kommunikatives Element hermeneutischen Denkens nicht unbedingt auf den Text oder realen Leser gerichtet sein muss, sondern ebenso auch nicht-reale Lesermodelle inkludieren kann. Der intendierte Leser ist solch ein für die Hermeneutik zentrales Modell und soll daher an dieser Stelle in einer etwas ausführlicheren Nebenbemerkung erörtert werden. Der angemessenste Zugang zu einer funktionalen Beschreibung des Konzeptes lässt sich sicherlich über eine Rekonstruktion der Wissensbestände erreichen, die der Autor voraussetzt und vermitteln möchte. So geht Schleiermacher (1838: 197) bereits davon aus, dass neben der „Mittheilung einer bestimmten, absichtlich gewollten Gedankenreihe", Texte ebenso ein bestimmtes, implizit bleibendes Wissen voraussetzen. Diese ‚Nebengedanken', wie er sie nennt, sind

> immer nur aus einem dem Schreibenden und den Lesern gemeinsamen Gebiet genomen, und zwar aus solchen, von dem der Schriftsteller voraussetzen kann, daß es seinen Lesern eben so leicht gegenwärtig gemacht werden kann, als es ihm ist. Fremden Lesern werden solche Nebengedanken oft räthselhaft erscheinen. Wenn sie dies auch den ursprünglichen Lesern wären, müßten wir freilich den Verfasser tadeln […]. (Schleiermacher 1838: 196f.)

Wie der (reale) ursprüngliche Leser können auch der (nicht-reale) intendierte und adressierte Leser auf einer weiteren Abstraktionsebene betrachtet und funktionalisiert werden. Dies geschieht in dem Moment, in dem sich der Hermeneut – wie Schleiermacher im obigen Zitat – eine Vorstellung des vom Autor gedachten oder adressierten Lesers zu machen versucht. Auch Tolhurst geht später von einem ‚Konstrukt (Leser) eines Konstrukts (Autor)' aus, um seinen Begriff der *utterance meaning* im Rahmen des hypothetischen Intentionalismus zu bestimmen.[428] Gerade für die Vermeidung von Anachronismen oder die Eingrenzung möglicher Autor-

---

428 Vgl. Anm. 63 (dieser Arbeit).

intentionen entbehren intendierte oder adressierte Leser als dem Autor zugeschriebene Konstrukte nicht einer gewissen Plausibilität. Die entsprechenden hermeneutisch relevanten Funktionen hat Jorge J. E. Gracia bereits mit Verweis auf Tolhursts Ansatz (Tolhurst 1979) beschrieben:

> An understanding of the intended audience helps other audiences in the understanding of a text, for it presents them with the person or group of persons that the author thought would be most affected by it. In that sense, the intended audience reveals some of the author's intentions and how the text should be approached. (Gracia 1994: 715)

Doch ergeben sich in der praktischen Umsetzung dieser bloß theoretisch ideal darstellbaren Situation, in der sich die *other audiences* Gracias befinden, durchaus große Probleme. Diese beginnen damit, dass es in der Regel keine Aufzeichnungen über die autorintendierten Leser gibt und deren Identifikation keineswegs eindeutig zu leisten ist. Selbst bei einem Liebesgedicht, das vermeintlich konkret an eine einzelne Person *adressiert* ist und somit die Zuschreibung eines intendierten Lesers auf den ersten Blick recht eindeutig ermöglichen sollte, ist die Sache auf den zweiten Blick komplexer. Auch wenn ein Autor – um das romantische Ideal eines Liebesgedicht hier voll auszuspielen – das Gedicht seiner Geliebten per Brieftaube zukommen ließ, eigenhändig überbrachte oder gar nachweislich (im schlimmsten Fall vor Publikum) vorgetragen hat, so ist damit keinesfalls bewiesen, dass das Gedicht nicht doch (auch) andere vom Autor intendierte ‚Leser' haben sollte: das Publikum der poetischen Liebesbezeugung, eine andere Angebetete, der er das Gedicht bereits (diesmal aber heimlich) vorgetragen hatte, oder die Leser seiner nächsten Anthologie, in der er das Gedicht zu publizieren intendierte.

So hypothetisch und amoralisch das alles ist, es zeigt uns doch, dass das Konzept des *sensus auctoris et primorum lectorum* zumindest leserseitig nicht eindeutig ausformuliert wurde und es letztlich unklar bleiben muss, ob das Lesermodell reale oder intendierte Leser modelliert. Würde man einmal von dem zweiten Fall ausgehen und den Versuch unternehmen, den intendierten Leser für die interpretative Praxis der historisierenden Literaturwissenschaft zu funktionalisieren, so müsste dieses Konstrukt aber, bevor es bei der Textinterpretation ‚behilflich' sein kann, selbst erst einmal pedantisch genau hinsichtlich der ihm verfügbaren Wissensbestände konkretisiert werden. Für den intendierten (idealen) Leser – den realen Adressaten lassen wir ab jetzt außen vor – ergeben sich dann die drei ‚üblichen' Instanzen der literarischen Kommunikation als die möglichen Felder, aus denen der Literaturwissenschaftler das Wissen schöpfen kann, das er dem Lesermodell zuschreiben möchte: Autor, Text und Leser. Doch können diese drei Elemente tatsächlich im Rahmen einer konsistenten Theoriebildung zum Gegenstand der *hermeneutischen Interaktion* werden?

Dies soll nun geklärt werden, beginnend bei der Frage, ob der intendierte Leser aus einer Interpretation des literarischen *Primärtextes* rekonstruierbar ist.

Die Möglichkeiten, *aus einem Primärtext* Aussagen über reale oder nicht-reale Lesermodelle wie auch über den autorintendierten Leser zu formulieren, wurde bereits anhand Isers Leserfiktion kritisch diskutiert und muss bei der Diskussion seines impliziten Lesermodells noch einmal zur Sprache gebracht werden. Jedoch hat auch die Aufstellung narratologischer Instanzen bei Booth Nennenswertes zu der Beantwortung der Frage beigetragen, ob man auf Grundlage des Textes etwas über den intendierten Leser in Erfahrung bringen kann. Denn Booth nähert das Rabinowitz'sche mentale Konstrukt des *authorial audience* – das textunabhängig als „autorintentional identifizierte[r] Adressatenkreis" (Spoerhase 2007a: 129) eher dem intendierten Adressaten als Leser entspricht – seinem stärker textbasierten Modell des *implied readers* an. Aus dieser Perspektive erscheint der *intendierte implizite Leser* dann zwar noch als „implied by all that the author says or does not say in making the work accessible" (Booth [1961] 1983b: 442). Er stellt diesem intentionalen Bezug zum *realen* Autor jedoch direkt im Anschluss einen Bezug zum (ebenfalls intendierten) *impliziten* Autor zur Seite. So kommt er zu dem Schluss, der intendierte Leser „will finally share all (or most, or the most important) facts and values of the implied author" (ebd.: 442). Da der implizite Autor jedoch auch nicht nur in Abhängigkeit von der Autorintention, sondern ebenfalls von den interpretativen Schlüssen und hypothetischen Zuschreibungen realer Leser an den realen Autor gedacht werden muss, kann über die Rekonstruktion des Booth'schen Ansatzes eine *rein textbasierte* Rekonstruktion des intendierten Lesers als nicht umsetzbar ausgezeichnet werden.

Setzt man hingegen Annahmen über den *Autor* als Grundlage der Bestimmung des intendierten Lesers an, begibt man sich gewissermaßen notwendig in die Position eines (hypothetischen) Intentionalismus. Auch hier kann uns Rabinowitz weiterhelfen. In seiner Definition des intendierten Lesers betont er, ein Autor könne nicht schreiben „without making certain assumptions about his readers' beliefs, knowledge, and familiarity with conventions" (Rabinowitz 1977: 126). Das dergestalt über den Autor konstruierte hypothetische Publikum ist in seinen Kompetenzen völlig abhängig von den Kompetenzen, die der Literaturwissenschaftler *auch* dem Autor zuschreiben würde. Dieses Abhängigkeitsverhältnis resultiert in einer Art ‚epistemologischem Unentschieden' zwischen dem lesergemachten *Autorkonstrukt* auf der einen Seite und den dem Autorkonstrukt zugeschriebenen *intendierten Lesern* auf der anderen. Klarer wird dies bei einem Vergleich der beiden Formulierungen „Der Autor intendierte, dass X als Y zu verstehen ist" und „Der vom Autor intendierte Leser würde X als Y verstehen". Bei einer praktischen Anwendung dieser Sätze auf den Autor eines literarischen Textes wären beide Formen von Zuschreibungen hinsichtlich der Reichweite ihrer heranzuziehenden Wissensbestände nicht mehr zu unterscheiden, denn sie werden in jedem Fall in erster Instanz von genau dem Wissen eingeschränkt, dass der Literaturwissenschaftler ‚seinem' Autorkonstrukt zuschreibt. Der intendierte Leser als ‚Konstrukt des Autorkonstrukts' könnte hinsichtlich seines Wissens lediglich noch stärker restringiert werden. Doch dann stellt sich noch immer die Frage, warum diese Rekonstruktion durch ein Lesermodell ausformuliert werden muss und nicht ‚einfach' als Intention des Autors beschrieben werden kann.

Die dritte Möglichkeit der Modellierung eines intendierten Lesers besteht darin, das ihm zugeschriebene Wissen aus Annahmen über die *realen historischen Leser* eines Textes zu generieren. Folgt man ihr, so unterscheiden sich die dem intendierten Leser attribuierbaren Wissensbestände wohl deutlich von denen, die hypothetisch über die Autorintention gewonnen werden. Zwar liegt es nicht direkt auf der Hand, ein mentales Konstrukt, das bei dem Verfassen eines Textes bewusst oder unbewusst eine Rolle gespielt haben soll, über die faktischen Leser des fertigen Textes zu rekonstruieren, aber einige gerade soziologisch fundierte Ansätze stellen diese Relation her. Geht man mit ihnen versuchsweise diesen Schritt, so könnte man gemäß ihrer Annahmen eine Erklärung für literarischen Erfolg generieren. Dieser würde genau dann eintreten, wenn intendiertes und faktisches Publikum deckungsgleich sind.[429] Im Umkehrschluss können diese Positionen dann bei Büchern, die sich etwa anhand ihrer Verkaufszahlen als ‚erfolgreich' ausweisen, über deren reale Leser auf das vom Autor intendierte Publikum schließen. Für hermeneutische Interpretationshandlungen spielen diese Überlegungen jedoch keine Rolle und daher gibt es wenig Grund, über intendierte Leser zu sprechen, wenn deren epistemologisches Fundament aus realen Lesern ‚gegossen' wurde.

Es lässt sich also für historisierende Ansätze resümieren, dass alle drei Positionen keine überzeugenden Argumente liefern können, die von Schleiermacher formulierte Relation zwischen dem vom Autor intendierten Leser und dem vom Hermeneuten angenommenen ursprünglichen Leser überhaupt herzustellen, da unklar bleibt, auf welche Weise das intentionale Lesermodell mit konkreten historischen Wissensbeständen zu fundieren ist. Darüber hinaus ist jenseits aller Theoretisierung davon auszugehen, dass Schleiermacher selbst kaum an die *praktische* Umsetzbarkeit des ursprünglichen Lesers als intendierter Leser in einen konkreten Be-

---

429 Zu diesem Ansatz siehe Kapitel III.1.2.2.

stand historischen Wissens geglaubt hat; besonders nicht im Kontext einer Auslegung des Neuen Testaments (u. a. in Schleiermacher 1838: 246). Nicht ohne Grund spricht er im oben zitierten Textabschnitt vom ursprünglichen Leser als ‚Fiction' und konstatiert an anderer Stelle: „Vergeblich werden wir versuchen, uns auf den Standpunkt der ursprünglichen Leser der einzelnen Schriften zu versetzen, und ebenso vergeblich, den Standpunkt der ersten Leser der Sammlung [der Schriften des N. T.] zu erreichen" (ebd.: 309). Schleiermachers ursprünglicher Leser ist demnach als kontrafaktische Imagination zu verstehen (vgl. Anm. 172 oben).

Seine Begründung dafür besteht aus zwei, die Rekonstruktion der ursprünglichen Gestalt des Neuen Testaments betreffenden Argumenten. Das eine ist ein hermeneutisches. Es bezieht sich auf den Akt der Rekonstruktion selbst und besteht in der Annahme, man könne nur *annäherungsweise* „auf eine Zeit zurückgehen", selbst wenn man darüber „schon kritische Angaben und Urkunden genug" aufzuweisen habe (ebd.: 309). Das grundlegende Problem der Vorstellung, sich einen ursprünglichen Leser zu denken, besteht demnach darin, dass Schleiermachers Sprachkonzeption das Hineinversetzen in den Sprachbestand eines historischen Sprachbenutzers eigentlich nicht ermöglicht.[430] Das andere Argument ist ein methodisches und betrifft die Inadäquatheit der Konstruktion eines Modells des ursprünglichen Lesers. Denn wenn „wir dann darnach fragen, was zu einer bestimmten Zeit die verbreitete Gestalt des N. T. war, so werden wir doch nie rein Gleichmäßiges finden, sondern immer Verschiedenes nebeneinander" (ebd.: 309). Der modellierte ursprüngliche Leser kann demnach auch immer nur *eine* der vielen möglichen historischen Lesarten (hier aufgrund möglicher Textgestalten des N. T.) liefern, nie aber der historischen Heterogenität des Verstehens gerecht werden.

Gerade das zweite Argument ist von hoher Relevanz für die hier verfolgte Frage, welche Lesermodelle für eine historisierende Literaturwissenschaft funktionalisierbar sind. Kurz gesagt beschreibt es ein bestimmtes Schlussverfahren, demzufolge das hermeneutische Ziel einer kohärenten Textinterpretation durch einen Literaturwissenschaftler übertragen wird *auf eine ganze Gruppe* von historischen Rezipienten und so die Annahme generiert wird, dass alle Leser eines bestimmten Zeitraums auch *auf die gleiche Weise* – etwa kohärenzaffin oder autorintentional – gelesen haben. *Der* ursprüngliche Leser ersetzt dabei die ursprünglichen Leser. Die historische Rezeptionsanalyse muss demgegenüber als Methode verstanden werden, die eine dezidiert gegenteilige Stoßrichtung verfolgt. Sie hinterfragt solche Homogenitätsannahmen, indem sie durch die Rekonstruktion

---

430 Siehe hierzu Danneberg 2009: 260–262 der dies ausführlich diskutiert.

von Einzelrezeptionen die Vielseitigkeit der Rezeption eines Textes – falls diese als solche vorhanden ist – nachzuweisen versucht. Wenn sich in den Zeugnissen jedoch tatsächlich ähnliche Verstehensmuster abbilden, spricht freilich nichts gegen eine homogenisierende Interpretationsthese. Das muss jedoch immer an den Sekundärtexten eines Einzeltexts überprüft werden. Theoretische Leserkonstrukte (wie Schleiermachers hermeneutisch funktionalisiertes Konstrukt des ursprünglichen Lesers) können für diese Fragestellung keine Hilfe sein, da sie als kontrafaktische Imagination (die ein nachzeitiger Literaturwissenschaftlers produziert) immer eine homogenisierende Konstruktion aufgrund von angenommenem Wissens über einen bestimmen Rezeptionszeitraum darstellen.[431] Dieser Ansatz unterscheidet sich von präsentistischen, auch zur Hermeneutik zählenden Positionen (wie der Gadamers) durch ihren historisierenden Anspruch und die Trennung von Leser und Literaturwissenschaftler. Wesentlich näher als diese stehen ihnen aber modernere hermeneutische Ansätze, die eine pragmatische Trennung ebenfalls aufrechterhalten, den historischen oder ursprünglichen Leser jedoch nicht als *theoretisches* Konstrukt denken, sondern seine *reale* Entsprechung funktionalisieren. Solch ein Ansatz wurde bereits 1815 von Griesbach, fast 200 Jahre später von Hempfer vertreten und soll im Kapitel V.2 in einer stärker rezeptionsanalytisch justierten Variante vorgestellt werden. Diese Variante vermag historisierende Aussagen zu formulieren, ohne dass sich der Wissenschaftler ausschließlich auf die ‚Korrektheit' der eigenen Primärtextinterpretation oder der eigenen Hypothesen über die Intention des Autors verlassen muss. Damit unterscheidet sich das Lesermodell solch einer Position von den in der Hermeneutik oft formulierten theoretischen Lesermodellen, die sich als stark interpretationsabhängig herausgestellt haben. Der rezeptionsanalytische Realleserbezug kann dagegen hinsichtlich der historischen Adäquatheit seiner Zuschreibungen an einen Primärtext einen höheren Grad an Objektivität ermöglichen. „Interaktion" würde hier reserviert werden für den Umgang des realen Lesers mit dem Text und nicht, wie es hermeneutische Modelle ebenfalls zu denken erlauben, für das Verhältnis des Hermeneuten zu verschiedenen historischen Instanzen.

---

431 Ähnlich argumentiert Abbott bezüglich des intendierten Autors. Die Annahme *eines* intendierten Autors pro Text versucht er durch die Annahme von mehreren intendierten Autoren pro Text abzulösen, deren Anzahl sich durch die Menge der auf Basis des Textes möglichen (aber durchaus auch konkurrierenden) intentionalen Interpretationshypothesen ergibt. Siehe hierzu Abbott 2011: bes. 468f.

3.3.4 Semiotische Idealisierungen

Verlässt man nun die ältere Theoriegeschichte und blickt mit der Semiotik (und unten der Rezeptionstheorie) auf verhältnismäßig junge Konzepte literaturtheoretischen Denkens, so zeigt sich deutlich, dass maßgebliche kommunikative Grundannahmen persistent tradiert wurden. Ecos Modell-Leser soll hier stellvertretend für einen semiotischen Ansatz kurz referiert werden. Fundament seines *theoretischen* Leserkonzeptes ist die „von vielen modernen Ästhetiken akzeptierte Vorstellung", dass Kunstwerke – hierzu zählt Eco ([1962] 1973: 8) auch literarische Texte – „als eine grundsätzlich mehrdeutige Botschaft" zu verstehen sind, „als Mehrheit von Signifikaten (Bedeutungen), die einem einzelnen Signifikanten (Bedeutungsträger) enthalten sind". Da der reale Leser während des Lesens aber oft noch nicht weiß, wie er diese Mehrdeutigkeiten auflösen soll, schreibt er nach Eco *Phantom-Kapitel*, die ihm mögliche Begründungen für eine innerfiktional zwar dargestellte, aber in ihrem Entstehen nicht erklärte Situation liefern können:[432]

> Nicht selten aber, wenn eine Folge a ... e gegeben ist, führen die Fabeln den Zustand a ein und gehen daraufhin [...] dazu über, von dem Zustand e zu reden, wobei sie unterschwellig zu verstehen geben, dass der Leser sich aufgrund der eigenen inferentiellen Spaziergänge bereits selbst darum gekümmert und seine eigenen Phantom-Kapitel ‚geschrieben' haben wird, welche die Ereignisse b, c und d betreffen. [...] Der Text – ein ziemlich träger Mechanismus – hat dafür gesorgt, dass der Leser einen Teil seiner Arbeit ausführt. (Eco 1990: 260)

Nicht zuletzt ist so auch in Ecos Theorie der Text „mit Leerstellen durchsetzt, mit Zwischenräumen, die ausgefüllt werden müssen" (ebd.: 63). Was nach einer starken Gewichtung der aktiven Rolle des Lesers bei der literarischen Bedeutungskonstitution klingt, ist dennoch tief in einem moderaten Textobjektivismus verwurzelt, der einige Gemeinsamkeiten mit Hirschs Intentionalismus hat, zumindest was die Genese des *künstlerischen Objektes* betrifft. Dies zeigt sich bei Ecos Bestimmung von „Poetik" als „Form- und Strukturplan des Werkes": „[D]ie Suche nach dem ursprünglichen Plan geht über eine Analyse der endgültigen Strukturen des künstlerischen Objekts als eines Dokuments für eine operative Intention, als Spur einer Intention" (Eco [1962] 1973: 11). Dass Eco dabei die mentale Intention durch eine textuelle, operative Intention ersetzt, ändert nichts an der Bestimmung der literarischen Textstrukturen als Träger dieser im ursprünglichen Schöpfungsakt in sie hineintransferierten mentalen Intention. Er relativiert die Funktion der Autorintention jedoch, indem er dem Text eine weitere, rezipientenbezogene Funktion zuschreibt, der zufolge

---

432 Er beschreibt dies ausführlicher in Eco 1990: 260–276.

ein Kunstwerk dann „gleichzeitig die Spur von dem [ist], was es sein wollte, und von dem, was es tatsächlich ist" (ebd.). Überträgt man dies in eine für nicht-Semiotiker verständlichere Formulierung, indem man den Text von seiner aktiven Handlungsrolle befreit und ihm eine eigene Intention abspricht, so wird offensichtlich, dass Eco Textverstehen interaktionistisch denkt. Denn dann besteht der literarische Text als *offenes Kunstwerk* aus einer in seine Objekthaftigkeit eingeschriebenen Autorintention, ebenso aber aus einer „Struktur einer Rezeptionsbeziehung", die bestimmte Rezeptionsweisen nahelegt, dem Leser aber nicht vorschreibt (ebd.: 15). Um dieses Verhältnis beschreibbar zu machen, bedient sich Eco eines theoretischen Leserkonzepts – des Modell-Lesers –, das letztlich (zumindest seinen frühen Ausführungen nach) nichts anderes als eine Anthropomorphisierung der autorintendierten idealen semiotischen Verstehenskompetenz ist,[433] also der aus Sicht des Autors ‚richtigen' Decodierung der in seinem Text verwendeten sprachlichen Codes (vgl. Jannidis 2004: 31).

> To organize a text, its author has to rely upon a series of codes that assign given contents to the expressions he uses. To make his text communicative, the author has to assume that the ensemble of codes he relies upon is the same as that shared by his possible reader. The author has thus to foresee a model of the possible reader (hereafter Model Reader) supposedly able to deal interpretatively with the expressions in the same way as the author deals generatively with them. (Eco 1979: 7)

Eco konstatiert demnach, dass wenigstens das *ideale* Verstehen literarischer Texte, obgleich es nicht einholbar ist, ein autorintentionales sein muss. Doch wie stellt er sich ein realiter umsetzbares Verstehensmodell vor? Im Zentrum der Rekonstruktion seines Modells sollen der genaue ontologische, funktionale und epistemologische Status des Lesers stehen, die Eco zu bestimmen aber vernachlässigt. Die resultierende Ambivalenz wird deutlich, wenn er schreibt, der Empfänger literarischer Texte wäre „ein (nicht notwendigerweise empirischer) Operator" (Eco 1990: 61), denn es bleibt gänzlich offen, ob dieser Empfänger zumindest *möglicherweise* empirisch, also real sein könnte. Bezüglich der ontologischen Bestimmung ist darüber hinaus unklar, inwiefern sich der Modell-Leser aus einer Schematisierung der Rezeptionen realer Rezipienten rekrutiert, immerhin ist Eco stark an einer adäquaten Historisierung interessiert – dann wäre der Modell-Leser ein probabilistisches Modell –, oder ob er lediglich eine theoretisch generierte Instanz ist – ein theoretischer Leser –, der Ecos Theoriebau festigen soll. Der *funktionale* Unterschied bestünde abhängig davon in den Geltungsbereichen dieser Modelle (Praxis der Interpretation *vs.* Theoriebau), der *epistemologische* Unterschied in den Erkenntniswerten dieser

---

433 Zum Kompetenzbegriff siehe Eco 1990: 61.

Modelle (als deskriptives Instrument der Interpretation oder als normatives Instrument der Theorie). Auch Fotis Jannidis (2004: 31) hat diese Ungenauigkeiten bereits festgestellt. Er zeigt, dass der Modell-Leser „keines der hermeneutischen Probleme [löst], da er stets eine Konstruktion *nach* dem Verstehen ist". Doch diese Beschreibung Jannidis' lässt bereits auf ein Verständnis des Modell-Lesers als konkrete Heuristik der Beschreibung und Umsetzung historischen Verstehens schließen. Dies würde auch dem pragmatischen Ansatz von Jannidis entsprechen. Tatsächlich aber berücksichtigt das nur den einen, interpretationspraktischen Aspekt des Eco'schen Lesermodells. Bezieht man es stärker auf seinen theoretischen Status eines nicht einholbaren idealen Konstrukts, dann muss der Text nicht erst „vollständig verstanden" sein (ebd.), um den Modell-Leser *ex post* konstruieren zu können, wie es Jannidis aufgrund seiner Nähe zu Ecos Konzept der *Textstruktur* postuliert. Vielmehr muss der Modell-Leser dann als ein Beschreibungsversuch des *idealen* und daher immer abstrakten hermeneutischen Prozesses im Kontext einer semiotisch basierten Darstellung literarischer Kommunikation verstanden werden. Diese Interpretation des Konzeptes sieht den Modell-Leser dann aber auch in der anfangs bereits beobachteten Abhängigkeit von der Intention des Autors. Diese Intendiertheit macht ihn wiederum zu einem Konstrukt *ex ante*, also vor dem Verstehen (des Textes durch einen realen Leser). Nicht ohne Grund also findet es Hans-Harald Müller (2000: 147) ‚verwunderlich', dass Eco sich „gelegentlich explizit gegen die Autorintention ausspricht", anderseits sein zentrales Konzept der *intentio operis* aber „zumeist auf die vom Autor intendierte Textstrategie" hin spezifiziert. Ein Phänomen, dass sich übrigens auf gleiche Weise bei der theoretischen Legitimation des impliziten Lesers durch Iser beobachten lässt.[434] Die dabei entstehenden Probleme versucht Eco zu lösen, indem er den Modell-Leser als Letztinstanz der Dekodierung sprachlicher Äußerungen, also der Bedeutungsgenerierung voraussetzt. Dass Eco hier offensichtlich von einem idealen Prozess ausgeht, legt der Vergleich mit realen Leseprozessen nahe. Faktisches Lesen unterliegt immer der potentiellen Gefahr, bezüglich der ‚Textintention' unvollständig zu bleiben; denn wird eine Textstelle vom realen Leser „nicht – unter Bezugnahmen auf einen gegebenen Code – mit seinem vereinbarten Inhalt verknüpft", dann verbleibe diese, so Eco (1990: 61), „ganz und gar *flatus vocis*".

Letztlich muss der Modell-Leser in Ecos Theoriebau als latent unbestimmt beschrieben werden, wenngleich kommunikationstheoretische Äußerungen Ecos durchaus auf ein Verständnis des Konstrukts als genuin

---

434 Vgl. das Kapitel V.1.1.

theoretisches Leser-Modell nahelegen, das reale Leser und faktische Autorintentionen im Kontext historisierenden Verstehens literarischer Texte ausschließt: „Die textuelle Mitarbeit ist ein Phänomen, das sich [...] zwischen zwei diskursiven Strategien und nicht zwischen zwei Individuen abspielt" (ebd.: 78). Es kann aber dennoch Folgendes nicht mit Sicherheit gesagt werden: (a) In welchem Verhältnis produktions- und rezeptionstheoretische Annahmen zueinander stehen um den Modell-Leser als interaktionistisch auszuzeichnen, (b) ob sich das Modell an einem *realen* oder einem *idealen* historischen Leser als Fixpunkt der semiotischen Arbeit orientiert, oder (c) gar an einem nicht-historischen, aber *wissenschaftlichen* Leser, für den dann wohl Eco selbst einzusetzen wäre.

Dieser zuletzt genannte Gedanke findet sich übrigens, etwas allgemeiner formuliert, bereits bei Iser (1976: 52f.). Der Konstanzer schreibt vom *idealen Leser*, dass „der Verdacht nicht unbegründet bleibt, im Literaturkritiker, bzw. im Philologen das Substrat dieser Abstraktion zu sehen". Diese Amalgamierung von Kritiker und Philologe macht bereits deutlich, dass Iser keine kommunikationspragmatische Trennung von historischem Leser und einem die historische Kommunikationssituationen analysierenden Wissenschaftler vornimmt und sich somit selbst einige Probleme einhandelt. Dass daher gerade Iser nicht in der Position ist, sich über vage Leserkonzepte zu echauffieren, zeigt sein nun vorzustellendes Modell des impliziten Lesers, das den neuralgischen Punkt seines ebenfalls interaktionistischen Theoriebaus darstellt.

3.3.5 Rezeptionstheoretische Modellierungen

Iser versucht (von Ingarden ausgehend) literaturwissenschaftliche Text- und Lesertheorien in ein einziges theoretisches Modell zu übertragen, wobei er jedoch textphänomenologische und leserpsychologische Theorieelemente verbinden muss. Er versucht die dadurch entstehenden Probleme durch eine *prozessuale*, bzw. *interaktionistische* Beschreibung des Leseaktes zu lösen,[435] produziert indes aber nicht nur eine fast unerschöpfliche Quelle für Missverständnisse, sondern auch ein Lesermodell, das als exemplarischer Ausdruck des theoretischen Dilemmas Isers gelten kann: Der implizite Leser. Tatsächlich ist kaum ein anderes Lesermodell derart häufig missverstanden und fehlinterpretiert worden. So schreibt Fish (1981: 6) nicht ganz zu Unrecht stark pointiert: „Iser's theory [...] is now

---

[435] In Iser 1976: 257–327 betitelt der Konstanzer ein ganzes Kapitel mit „Die Interaktion von Text und Leser" und gibt darin durchaus Hinweise, wie er sein Modell verstanden wissen möchte. Die spätere Kritik an Iser übergeht dies fast ausnahmslos.

not only an aesthetic, an ontology, and a history, but a psychology and an epistemology as well".[436]

Als Folge dieser Situation vagieren die Rekonstruktionen und Adaptionen des impliziten Lesers zwischen einem Verständnis als *autorintendierter* Konstruktion (Link; Gumbrecht; Groeben; Hieber; Pany), *textbasierter* Fixierung (Hempfer; Schmid) und *leserbezogener* Konkretisation (Naumann) literarischer Bedeutung.[437] Diese Gemengelage kann im Rückschluss durchaus die Frage nach der Stabilität und Konsistenz der Iser'schen Theorie evozieren. Fish (1981: 12) hat bereits in eine derartige Stoßrichtung argumentiert: „The theory is finally nothing more than a loosely constructed network of pasted-together contradictions; push it hard at any point, and it immediately falls apart". Jedoch wurden auch weniger harsche Kritiken formuliert.[438] Gemein ist ihnen allen eine gewisse Unsicherheit im Umgang mit Isers implizitem Leser, der – wie auch Ecos Modell-Leser – eine exklusive Verortung im literarischen Kommunikationsmodell auf ausschließlich Autor-, Text- oder Leserseite nicht zulässt. Genau dies scheint vielen Literaturwissenschaftlern Probleme bereitet zu haben (was wohl mit den Eigenheiten des akademischen Feldes erklärt werden kann. In der Regel konditionierte es zumindest bis weit in die 1970er Jahre hinein seine Akteure dazu, sich dezidiert hinsichtlich einer der drei Instanzen zu orientieren).

---

436 Fish führt die Kritik weiter aus: „Indeed the range of problems that Iser apparently solves is remarkable; but even more remarkable is the fact that he achieves his solutions without sacrificing any of the interests that might be urged by one or another of the traditional theoretical positions. His theory is mounted on behalf of the reader, but it honors the intentions of the authors; the aesthetic object is constructed in time, but the blueprint for its construction is spatially embodied; each realization of the blueprint is historical and unique; but it itself is given once and for all; literature is freed from the tyranny of referential meaning, but nevertheless contains a meaning in the directions that trigger the reader's activities; those activities are determined by a reader's ‚stock of experience' […], but in the course of their unfolding, that stock is transformed. The theory, in short, has something for everyone, and denies legitimacy to no one".

437 Zum Intentionsbezug siehe Link 1976 (rekonstruktiv zu Links Position Dillmann/Grilli/Paz 2002: 67f.), aber auch Gumbrecht 1975, Groeben 1982 und Groeben 1987: 70–72, Hieber (im Vorwort zu Pany 2000: II) und Pany selbst (ebd.: 56–58). Zum Textbezug siehe Hempfer 2002 und Schmid 2005. Zum Leserbezug siehe Naumann/Schlenstedt/Barck/Kliche et al. 1973: bes. 83–100.

438 Die Polemik Fishs ist ein Einzelfall und nicht als prototypisch für die amerikanische Rezeption Isers durch die *reader-response theorists* zu verstehen. Dies zeigt u. a. die moderatere Kritik von Steig: „Iser is at the same time holding on to the idea of meaning-in-texts and taking no account of how such factors as cultural background or experience may affect a reader's construction of meaning" (Steig 1989: 8). Inhaltlich ist diese Kritik nur zutreffend, wenn man, wie Steig und viele andere amerikanische Rezeptionstheoretiker, den realen Leser im Blick hat.

Das folgende Zitat kann nun aufzeigen, dass die allgemeine Verwirrung über den epistemologischen Status des impliziten Lesers nicht nur durch Isers tatsächlich unübersichtliche Definitionsversuche verschuldet ist. Ein Gutteil der Probleme entsteht ebenso durch die Ungenauigkeit, mit der Isers Theoriekonzept von anderen Literaturwissenschaftlern rekonstruiert und adaptiert wurde. Denn stellenweise macht Iser doch geradezu unmissverständlich deutlich, dass er literarische Bedeutungskonstituierung als *Interaktion* verstanden wissen möchte:

> Was die Textstruktur anlangt, so muss man davon ausgehen, dass jeder literarische Text eine von seinem Autor entworfene perspektivische Hinsicht auf Welt darstellt. [...] Nun ist der literarische Text nicht nur eine perspektivische Hinsicht seines Autors auf Welt, er ist selbst ein perspektivisches Gebilde [...]. Insoweit ist dem Leser eine bestimmte Textstruktur vorgegeben, die ihn nötigt, einen Blickpunkt einzunehmen, der die geforderte Integration der Textperspektiven herzustellen erlaubt. Der Leser ist jedoch in der Wahl dieses Blickpunkts nicht frei, denn dieser ergibt sich aus der perspektivierten Darstellungsweise des Textes. Nur wenn sich alle Textperspektiven auf den ihnen gemeinsamen Verweisungshorizont sammeln lassen, wird der Blickpunkt des Lesers adäquat. Blickpunkt und Horizont ergeben sich folglich aus der perspektivischen Anlage des Textes, sind jedoch im Text selbst nicht mehr dargestellt. Gerade dadurch erhält der Leser die Möglichkeit, den Blickpunkt zu besetzen, der vom Text eingerichtet ist, um den Verweisungshorizont der Textperspektiven konstituieren zu können. (Iser 1976: 61f.)

Der Schlüssel des richtigen Verständnis der Iser'schen Theorie – und im Fall wissenschaftlicher Texte sollte die Rede von falschem und richtigem Verstehen legitim sein – liegt demnach in der meist übersehenen *Prozessualität* der literarischen Bedeutungskonstitution, wie Iser sie letztlich mit der Übernahme des Konkretisationsbegriffs aus Ingardens Theorie mitimportiert.[439] Wie Ingarden weist Iser selbst an unzähligen Stellen (wie dieser: „Aus diesem Grunde erscheint es geboten, das Lesen als Prozess einer dynamischen Wechselwirkung von Text und Leser beschreibbar zu machen".[440]) auf diese Prozesshaftigkeit und damit auf den interaktionistische Charakter seines Ansatzes hin. Deutlich wird dies, ganz trivial, schon im Titel seiner sicherlich bekanntesten Monographie „Der Akt des Lesens", der das in dieser Arbeit beschriebene Modell literarischer Wirkung

---

439 Vgl. Ingarden [1937] 1968: 44–49 (zur Objektivierung und daraus resultierenden Quasi-Wirklichkeit der im literarischen Werk dargestellten Gegenständlichkeiten) und ebd.: 95–150 (zur Zeitperspektive des Erkennens und der Konkretisation des literarischen Kunstwerks).
440 Iser 1976: 176; siehe auch S. vii, 8, 39, 40f. u. 70f. (wo er die Prozessannahmen Hollands psychoanalytischer Position rekonstruiert. Holland hatte diese ausgearbeitet bes. in Holland 1968, 112f., 180–198, 205, 210f.). Auch Ingarden beschreibt sein Prozessualitätskonzept; vgl. hierzu die prägnante Darstellung in Ingarden [1937] 1968: 45.

als aktive Rezeption in einem bestimmten (potentiell prozessual beschreibbaren) Zeitraum eines Lese*aktes* antizipiert.[441] Genauer gesagt setzt Iser der Textstruktur eine konkretisationsabhängige *Aktstruktur* gegenüber und erinnert damit stark an die bei ihm ebenfalls besprochene Sprechakttheorie (vgl. Iser 1976: bes. 89–113). Die ‚Leserrolle' steht nun im Spannungsfeld zwischen dieser Textstuktur und Aktstruktur beziehungsweise – sprechakttheoretisch gewendet – zwischen illokutionärem und perlokutionärem Akt, die sich jeweils zueinander verhalten wie „Intention und Erfüllung" (ebd.: 63).[442] Für die dem Text eingezeichnete Leserrolle bedeutet das, dass sie prozessual beschrieben werden muss als vom Textproduzenten in den Text hineingeschriebene „Intention, die sich erst durch die im Empfänger ausgelösten Akte erfüllt" (ebd.: 62f.).[443] Ausgehend von der Figur der Leserrolle vertritt Iser also eine *textobjektivistische* Position,[444] die – ähnlich wie bei Paul de Man – mit intentionalistischen Annahmen fundiert wird. Darüber hinaus ist Isers Modell durchaus auch als *moderat interpretationsobjektivistisch* zu beschreiben; immerhin enthalte der literarische Text laut dem Konstanzer „intersubjektiv verifizierbare Anweisungen für das Hervorbringen seines Sinnes" (ebd.: 47), die er an eini-

---

441 Die damit eingenommene Haltung ist als Kritik traditioneller – vor allem formalistischer – Ansätze zu verstehen, die Textbedeutung immer als etwas *nach* der Lektüre Vorhandenes und Abgeschlossenes denken, das während der dafür vorausgesetzten (Mehrfach-)Lektüre notwendigerweise unvollständig bleiben muss. Eine ähnliche, wenngleich stärkere Kritik an dem Totalitätsanspruch literarischer Bedeutungszuschreibungen vertreten auch Barthes in „S/Z" (vgl. Spoerhase 2007a: 35) und Mailloux (in Mailloux 1982: 66–92, der hier Theorien referiert, die sich der temporalen Prozessualität des Lesens angenommen haben, wie u. a. Fish 1970, Fish 1980c, Riffaterre [1959] 1975, und auch Mailloux 1982: 92 selbst). Einen guten Überblick in text- und kognitionslinguistische Ansätze zur Prozessualität des Verstehens bieten Heinemann/Viehweger 1991, aber auch Blühdorn/Breindl/Waßner (Hgg.) 2006, bes. der Aufsatz Strohner 2006. Zur Prozessualität aus Sicht der Luhmann'schen Systemtheorie siehe Jahraus 2004: 195–199, bes. 198. Kritik an dieser Kritik findet sich bei Rabinowitz 1995: 380, der feststellt, dass trotz der Hervorhebung der Prozessualität rezeptionsorientierter Ansätze – namentlich Fishs –, diese sich meistens doch bloß mit dem *Endergebnis* des Lesens beschäftigen.
442 Grimm 1977a: 62f. rekonstruiert dieses Verhältnis treffend: „Nur in den Fällen konvergiert die Leserrolle mit der realen Leserschaft, wo diese einigermaßen gruppenhomogen und konform mit den textinternen Normen ist. Das scheint bei Trivialliteratur eher der Fall zu sein […]. Doch sollten auch hier allzu kurz geschlossene Folgerungen vermieden werden." Zu den oben genannten sprechakttheoretischen Begriffen siehe Austin [1962] 1975, bes. die zehnte Lesung, (121–131) und die Erweiterung des Konzepts durch Searle 1969, bes. 25, 43–50, wo er anhand des bekannten Soldatenbeispiels den Grice'schen Begriff „*meaning*" durch Austins *perlocutionary acts* plausibel differenzieren kann (vgl. Grice 1957).
443 Genauere Ausführungen zur Leserrolle und ihrem Verhältnis zum Modell des impliziten Lesers in Kapitel III.1.2.1.
444 Bonnemann 2008: 11 versteht Isers Ansatz ebenfalls in diesem Sinne.

gen Stellen hinsichtlich ihrer Verstehbarkeit sogar als historisch invariant beschreibt (vgl. Kapitel V.1.2).

Mailloux ist einer der wenigen Wissenschaftler, die Iser in dem hier aufgezeigten Verständnis eines prozessualen Modells verstehen.[445] Anhand einer Interpretation von „Rappaccini's Daughter" (Nathaniel Hawthorne, 1844) versucht er dieses sogar interpretativ umzusetzen. Doch wurde diese affirmative Haltung Isers Konzept gegenüber als überraschend aufgefasst. Rudolf Kuenzli (1983: 87) etwa schreibt: „His straightforward use of Iser's theory is surprising, since he criticizes it in the previous chapter as a text-centered model of reading that is incapable of correcting formalist interpretations". Tatsächlich wirft Mailloux (1982: 55) Iser aber nicht nur Textzentrismus vor (was hier etwa dem Vorwurf des moderaten *Text*objektivismus gleichkommt), sondern darüber hinaus kritisiert er ihn im gleichen Atemzug noch als *Interpretations*objektivist: „Iser [...] shares [...] a belief in interpretive validity guaranteed by constraints in a prior and independent text".[446] Dass Isers Theorie zwar durchaus einen moderaten Textobjektivismus vertritt, führt jedoch noch nicht zwangsläufig zu der von Mailloux gemachten Annahme, dass Iser dadurch auch ein genuin objektivistisches Interpretationskonzept formuliere. Vielmehr relativiert Iser (1976: 47) das oben bereits genannte Zitat, nach dem ein Text „intersubjektiv verifizierbare Anweisungen für das Hervorbringen seines Sinnes" enthalte, durch moderate subjektivistische Annahmen, die Isers wirkungsästhetische Ausrichtung unterstreichen. Gemäß dieser evoziert solch ein „Sinn dann allerdings höchst verschiedene Erlebnisse" und ist daher in der Lage, „entsprechend unterschiedliche Bewertungen auszulösen" (ebd.: 47f.). Während also die anglophone Kritik der Iser'schen Rezeptionstheorie, hier mit Mailloux rekonstruiert, den bei ihm durchaus angelegten Text- und Interpretationsobjektivismus moniert – was aus der Perspektive der teilweise radikal-subjektivistischen *reader-response theorists* verständlich ist –, muss sich Iser in der deutschsprachigen Diskussion viel

---

445 Auch Egger 1986: bes. 9–26 betont die interaktionistische Ausrichtung des Konzepts.
446 Diese Kritik teilt Kaiser 1971, der Iser fragt, „wie es unter der Vielzahl von möglichen und oft auch vorhandenen Textverständnissen einen Maßstab für richtig oder falsch im Sinne von Evidenz oder Nichtevidenz geben kann" (ebd.:. 270). Für Kaiser liegt die Antwort – wie für Mailloux – in einem objektivistischen Textkonzept, das eine moderate Interpretationsobjektivität durch textuell vorgegebene *Toleranzgrenzen* (Schmidt 1975: 141) absichert. In seiner Antwort gesteht Iser das auch ein, nicht jedoch ohne die Aussage Kaisers abzuschwächen: „Jede einzelne Interpretation ist die Aktualisierung einer in der Werkstruktur fundierten Sinnmöglichkeit. Diese muss sich nicht, wie Kaiser fordert, einer objektiven Verifikation stellen, sie muss der Intersubjektivität zugänglich sein. Diese aber lässt sich nur über die ermittelte Werkstruktur kontrollieren. Damit ergibt sich ein hermeneutischer Rahmen" (Iser 1975c: 330).

stärker gegen den Vorwurf verteidigen, er vertrete einen interpretationsrelativistischen Subjektivismus.[447]

Iser ist jedoch nicht der einzige Rezeptionstheoretiker, dessen Interpretationskonzeption zur Ambivalenz tendiert. Auch Fish formulierte (allerdings einige Jahre nach Iser) eine bemerkenswerte Einsicht, die auf ein Problem der Kombinierbarkeit konfligierender, von ihm aber gleichzeitig vertretener Ansätze abzielt:[448]

> What I didn't see was that I could not consistently make the two arguments at the same time. That is, I could not both declare my opposition to new critical principles and retain the most basic of those principles – the integrity of the text – in order to be able to claim universality and objectivity for my method. I kept this knowledge from myself by never putting the two arguments together but marshaling each of them only to rebut specific points. When someone would charge that an emphasis on the reader leads directly to solipsism and anarchy, I would reply by insisting on the constraints imposed on readers by the text; and when someone would characterize my position as nothing more than the most recent turn of the new-critical screw, I would reply by saying that in my model the reader was freed from the tyranny of the text and given the central role in the production of meaning. In short, I was moving in two (incompatible) directions at once […]. (Fish 1980a: 7f.)[449]

Während Fish diesen Konflikt durch eine strenge Reduktion seiner subjektivistischen Prämissen und der Akzeptanz der „integrity and objectivity of the text" auflöst (ebd.: 8),[450] macht Iser hingegen deutlich, wie sehr ihm daran gelegen ist, eine stärker vermittelnde Position zwischen objektivistischer und subjektivistischer Interpretationstheorie einzunehmen:

> Überhaupt, wer fällt alle diese Entscheidungen über die Idealität des Standards, die Objektivität der Verkörperung und die Angemessenheit des Verstehens? Selbst wenn die Antwort lauten würde: Natürlich der Kritiker, so ist dieser doch zunächst einmal ein Leser, dessen Urteile bei aller Vorentschiedenheit seiner Orientierung erst durch die Lektüre zustande kommen. Entspringen aber Urteile mit dem Anspruch der Objektivität einer so ungeklärten Basis, wie sie das Lesen ver-

---

447 So vor allem Wellek 1983b: 516 (s. auch das Zitat vor Anm. 353 (dieser Arbeit).
448 Ein *qualitatives methodologisches Defizit* sieht Stückrath generell für rezeptionshistorische Fragestellungen. Zwar zielt er damit nicht direkt auf Isers Theorie, sondern dezidiert auf die ältere Rezeptionsforschung wie die von Ludwig 1909, doch lässt sich Stückraths Resultat, dass sich ein „methodologische[s] Defizit auch negativ auf die rezeptionsgeschichtliche Praxis ausgewirkt hat" (Stückrath 1979: 9) ohne weiteres auf Isers Konzept des impliziten Lesers beziehen.
449 Besonders deutlich wird diese theoretische Ambivalenz in dem 1973 erstveröffentlichten Aufsatz Fish [1973] 1980b. Zu der Kombinierbarkeit von Theorien und Theoriebausteinen hat sich systematisch Hermerén [1983] 2008: bes. 249 geäußert (s. hierzu auch Anm. 414 in dieser Arbeit).
450 Vgl. hierzu die Rekonstruktion von Fish als Anti-Objektivist (und nicht als Subjektivist) im Kapitel III.3.1.1.

körpert, dann kann der gegen die wirkungsästhetische Theorie erhobene Vorwurf des Subjektivismus nicht mit der Privatisierung der Texte gleichgesetzt werden. (Iser 1976: 44f.)

Iser positioniert sich damit klar im Anschluss an Ingarden als Vertreter einer interaktionistischen Theorie, die, wie sich gezeigt hat, immer einen moderaten Textobjektivismus voraussetzen muss, um überhaupt eine am Text orientierte Interaktion denken zu können. Da er aber keinen vom Literaturwissenschaftler zu unterscheidenden und mit empirischen Methoden in seinem Leseverhalten untersuchbaren Leser annimmt, muss die von ihm konstatierte Prozessualität des Aktes literarischen Verstehens im Status des Theoretischen verhaftet bleiben.[451]

Ein prozessuales Modell des Textverstehens findet sich übrigens auch bei Jauß. Gewissermaßen lässt sich gerade anhand ihrer unterschiedlichen Betonung von Prozessualität die grundsätzliche Verschiedenheit der beiden Konstanzer gut rekonstruieren. Zwar setzt Jauß (1970: 186) – ganz ähnlich wie Iser – im Text verortete, aber vom Leser zu konkretisierende Bedeutungsstrukturen voraus, wenn er in Ablehnung der Wellek'schen objektivistischen Leserkonzeption von der „sukzessive[n] Entfaltung eines im Werk angelegten, in seinen historischen Rezeptionsstufen aktualisierten

---

[451] In Iser 1976: 257–327 bespricht er die Bedingungen von Interaktion im Alltag unter Rückgriffen auf die psychoanalytische Kommunikationsforschung von Laing/Phillipson/Lee 1966, die er dann auf Ingardens Theorie der Unbestimmtheitsstellen überträgt und zu seiner Leerstellentheorie modifiziert; vgl. hierzu auch Pany 2000: 56–71. Zuletzt geht er auf die bereits in Iser 1972 literaturgeschichtlich entwickelte These einer historischen Differenzierung der Interaktionsstruktur ein, wobei jedoch deutlich wird, wie wenig Isers Theorie auf reale Rezipienten zurückgreift. So kann er die These der historischen Wandelbarkeit der Interaktionsvoraussetzungen bei der Rezeption von Romanen nur im theoretischen Blindflug durchexerzieren, ohne Forschungsliteratur oder ausreichende historische Belege zu nennen. Konzis lässt sich zusammenfassen, dass er eine gestiegene Interaktionsbereitschaft aufgrund einer immer stärkeren Häufung von Leerstellen in literarischen Texten konstatiert. Im 18. Jahrhundert geht er noch von einer „relativ einfachen Struktur" (ebd.: 315) der Romane aus, wobei sein einziges Beispiel von Fielding stammt. Die *Leserfiktion* (ebd.: 316; siehe auch Kapitel III.1.2.1) verkompliziert die Rezeption im Verlauf des 18. Jahrhunderts – hier ist das Beispiel „Tristram Shandy" –, bis der *unzuverlässige Erzähler* (ebd.: 317) des 19. Jahrhunderts den Leser nicht nur auffordert, dessen Multiperspektivität, sondern auch die Diversität der moralischen Perspektiven zu konkretisieren (vgl. hierzu auch Grimm 1977a: 34–37). Für den modernen Roman stellt er eine Negativentwicklung fest, die aufgrund ihrer Komplexität hier nicht sehr weit ausgeführt werden kann. Vgl. hierzu aber das „Minusverfahren", das als Heuristik der Erfassung der Modernität eines Textes eingeführt wird: 322–327; prägnant rekonstruiert wird das Konzept in Arich-Gerz 2001: 27f., der sogar – was wohl seinem systemtheoretischen Ansatz geschuldet ist – von einem starren „direkt proportionalen Verhältnis" (ebd.: 28) des Leerstellenbetrags zu der Selbstinvolviertheit des Lesers spricht; eben diesen Vorwurf, dass nicht nur die Modernität, sondern auch der künstlerische Wert eines literarischen Textes proportional zum Wachstum der ästhetischen Distanz und damit der Zahl der Leerstellen für den Leser stünde, formuliert auch Pinkerneil 1975: bes. 60–64.

Sinnpotentials" spricht.⁴⁵² Indem er die historischen Verlaufslinien literarischer Rezeption durch unterschiedliche Rezipienten fokussiert,⁴⁵³ setzt er für Ästhetik und Geschichte ein gleichermaßen hegelianisches Entwicklungsmodell voraus, ohne jedoch erklären zu können, warum sich *ästhetische* Erfahrungen im gleichen Modus wie *geschichtliche* Ereignisse entwickeln sollten.⁴⁵⁴ Iser untersucht demgegenüber keine geschichtstheoretische Prozessualität, sondern die des Leseaktes einer *singulären Einzelinterpretation*. Wenngleich er dies auch nicht anhand realer Leser, sondern rein theoretisch beschreibt, scheinen sich seine leserpsychologischen Prämissen durch die (auch empirischen) Untersuchungen von Sozialpsychologie und Kognitionswissenschaft teilweise zu bestätigen.⁴⁵⁵ Zudem differenziert die angenommene Prozessualität die interpretative Arbeit am literarischen Text. Daher kann konzediert werden, dass Iser eine in Interpretationstheorien noch immer kaum berücksichtigte Beobachtung greifbar macht: Eine nicht-prozessuale, hermeneutische Interpretation mit holistischem und disambiguierendem Anspruch an das Textverstehen kann nur umfassende und stark verallgemeinernde Hypothesen über die mögliche Autorintention formulieren; eine prozessuale Analyse des Textes hingegen vermag einzelnen Textteilen Intentionen zuzuschreiben, die gegebenenfalls mit der Gesamtintention des Textes konfligieren, genau aus diesem Grund aber für die Interpretation des literarischen Textes ebenso wichtig sind.⁴⁵⁶

Prozessualitätsannahmen dieser Art übernimmt und verstärkt der *reader-response*-Theoretiker Robert Crosman mit direktem Bezug auf Iser.⁴⁵⁷

---

452 Vgl. hierzu die detaillierte Rekonstruktion rezeptionsgeschichtlicher Positionen durch Grimm 1977b; sehr ähnlich auch die Kapitel 8 u. 9 in Grimm 1977a: 117–161.
453 Dies bestimmt er wie folgt in Jauß 1983a: 200: „Literaturgeschichte unter wissenschaftlichem Anspruch wäre demnach nur soziologisch, als eine Geschichte der literarischen Institution möglich, während die andere Seite der Literatur: die individuelle Beziehung von Autor und Werk, Werk und Deutung, der Subjektivität der Kritik überlassen bliebe, von der R. Barthes mit Recht fordern kann, sie müsse sich zu ihren Vorentscheidungen bekennen, wenn sie ihre historische Legitimation erweisen wolle. Damit stellt sich aber die Frage, ob die so legitimierte Subjektivität oder Reihe der Deutungen eines Werkes nicht selbst wieder durch die Geschichte ‚institutionalisiert' wird, also auch in ihrer geschichtlichen Folge ein System bilden kann". Dieses versucht Jauß vor allem theoretisch zu beschreiben.
454 Siehe zu diesem Problem Stockhammer 2003: 92.
455 Einen Überblick geben Strasen 2008 und Halász 1983, bzw. Halász 1994. Wenngleich Strasen pragmatisch-kognitionswissenschaftlich und Halász sozialpsychologisch argumentiert, bedienen sich beide der gleichen Modelle.
456 Vgl. Mailloux 1982: 71. Vgl. auch Rabinowitz 1995: 376ff., der die Betonung der Prozessualität durch psychologische Ansätze vorstellt, wie sie u. a. in den frühen Arbeiten Fishs, besonders seiner Milton-Interpretation (Fish 1967), aber ebenso durch Holland 1968 vertreten wurde. Vgl. auch Schmitt 2008.
457 „I may as well say at once that description of the reading process [...] is in my opinion the most important task facing contemporary literary critics. The directionless wandering of

Dabei stützt er seine Rezeptionstheorie nicht wie Iser und Eco auf ein theoretisches Lesermodell, sondern auf den empirischen Leser. Er bringt die Stoßrichtung der amerikanischen *reader-response theory* auf den Punkt, wenn er schreibt:

> Response is precisely the realm of freedom, the part contributed not by the author but by each individual reader. How we respond to a text cannot be prescribed by anyone [...]: if response is a key aspect of literary experience but is inescapably subjective, then criticism can have nothing to say about it. All responses are equally valid, and there is no ‚reader' [...] – there are only readers. (Crosman 1980: 14.)

Jedoch setzt Crosman sich von dem Gros seiner Kollegen ab, indem er versucht, den Realleserbezug durch eine allgemeine Kunsttheorie zu flankieren, die dem artifiziellen Gegenstand im Sinne eines Textobjektivismus bedeutungskonstitutiven Charakter zuschreibt. Er versteht literarische Texte zwar nicht als Containermodell, schreibt aber immerhin allen künstlerisch produzierten Gegenständen eine generisch eigene Form der Rezeptionsvorgabe zu. Diese ziele auf die von ihm präsumierte Gleichartigkeit menschlichen Verstehens:[458]

> Because art aimed in large part at interests and faculties that all readers share, it follows that our responses to it have a great deal in common. Rhetorically speaking, the *purpose* of art is to address the basic human being, to make him see and feel not simply the local issues of a particular time and place, but the underlying problems that repeat themselves in changing forms throughout human history. (Crosman 1980: 15)

Diese Rückholung von Theorieelementen, die zumindest teilweise die verstehensrelevante Bedeutung im artifiziellen Kunstwerk selbst verortet, zeigt auf, dass Crosman einen moderaten Textobjektivismus vertritt, der sich dadurch als objektivistisch auszeichnet, dass er die spezifisch künstlerischen Form der *Rezeptionslenkung* als Gegenstandseigenschaft annimmt.[459] Dergestalt vermittelt sein Ansatz (wie auch die anderen exemplarisch aufgeführten Theorien: Bredellas Literaturdidaktik, Ingardens Phänomenologie, Ecos Semiotik) zwischen genuin subjektivistischen und genuin objektivistischen Modellen. Für Crosman ist der Leser eine ebenso relevante Instanz des Textverstehens wie der Text selbst.

---

literary studies today [...] will be ended, I believe, only when we return to the level at which all literary experience begins – the act of reading" (Crosman 1980: 2).

458 „No two of us may see the world in precisely the same way, speak exactly the same language, or respond in identical ways to work of art, but there is considerable overlap between us nonetheless" (Crosman 1980: 15). Diese Überlappung muss er konstatieren, um seine Kunsttheorie in der angenommenen Allgemeinheit konsistent anwenden zu können.

459 In der Literaturwissenschaft wird die Rezeptionslenkung meist unter dem Begriff „Leserlenkung" diskutiert. Zu diesem Begriff siehe die Anm. 79 und 623 (dieser Arbeit).

3.3.6 Resümee interaktionistischer Modelle

Trotz aller Gemeinsamkeiten zeigen sich im Vergleich deutliche Unterschiede zwischen Crosmans interaktionistischer Theorie auf der einen Seite und den interaktionistischen Theorien von Ingarden, Iser und Eco auf der anderen. Diese Unterschiede lassen sich über die theoretische Herkunft und den ideengeschichtlichen Begründungszusammenhang der jeweiligen Positionen erklären. Iser folgt Ingarden in seinen auf Husserl zurückgehenden phänomenologischen Annahmen.[460] Bei Ingarden stehen sich die Beschreibung des Textes ‚als Text' und die Beschreibung der Rezeption ‚als ein Bewusstsein dieses Textes' gegenüber. Bei Iser hingegen ergeben sich die beschriebenen Probleme, da er beide Beschreibungsformen zu *einem* prozessualen Verstehensmodell vermählen möchte.[461] In Ecos semiotischem Ansatz entspräche dieser Zweiteilung etwa der Text als komplexe Anordnung von Zeichen, als ‚mehrdeutige Botschaft' und die jeweilige Aktualisierung dieser Zeichen durch einen Zeichenbenutzer unter Bezugnahme auf einen gegeben Code.[462] Alle drei Ansätze basieren auf einem objektivistischen Textmodell, enthalten aber eine subjektive Komponente, die zur Lösung der nicht objektivistisch erklärbaren Probleme dieser Theorie herangezogen wird. Kurz gesagt bestehen diese Probleme in der Subjektgebundenheit der Ausfüllung der Unbestimmtheits- beziehungsweise Leerstellen (respektive der inferentiellen Decodierung).[463] Die Annahme objektiver Textmerkmale, wenngleich sie im Fall

---

460 „In der Phänomenologie des Dingbewußtseins ist die Frage nicht, wie Dinge überhaupt *sind*, was ihnen als solchen in Wahrheit zukommt; sondern wie beschaffen das Bewußtsein von Dingen ist, welche Arten von Dingbewußtsein zu unterscheiden sind, in welcher Art und mit welchen Korrelaten sich ein Ding als solches bewußtseinsmäßig darstellt und bekundet" (Husserl 1997: 84).

461 Dies beschreibt Arich-Gerz 2001, der die Iser'schen Probleme als konstitutives Element jeder Rezeptionstheorie begreift und systemtheoretisch zu fassen versucht: „Es kommt so zur ‚unvermeidlichen Verzeitlichung des Beobachtens' [Luhmann 1990: 80] von einem erster zur dem (dann reflexiven) zweiter Ordnung. Auf diese Weise deckt das Lesen als Beobachten zweiter Ordnung die Paradoxien des Lesen-Beobachtens erster Ordnung auf, die sich [...] aus der Widersprüchlichkeit von Lesererwartung und textseitiger Verweigerung dieser Erwartung ergeben. Und daraus besteht der besondere Mehrwert" (ebd.: 31). Gelöst wird das universalhermeneutische Problem der Hybridisierung von Teilnehmer und Betrachter einer Rezeptionssituation durch diese einseitige Beschreibung der Beobachterperspektiven als Verschachtelung hierarchischer Ordnungen (siehe ebd.: 32) freilich nicht.

462 Etwas allgemeiner formuliert dies Prince, wenn er Lesen als Interaktion zwischen einem Text als „visually presented linguistic symbols from which meaning can be extracted" und einem Leser versteht, der „capable of extracting meaning from that text" ist (Prince 1980b: 225).

463 Vgl. Anm. 432, bzw. Eco 1990: 148–151. Kognitionswissenschaftlich erweitert dieses Konzept für eine pragmatische Literaturtheorie Jannidis 2004: 44–52. Horst Turk schreibt, Isers Theorie basiere auf einer „Abwandlung der Blumenbergschen Leerstellentheorie",

der Leerstellen eben nicht aus faktisch auffindbaren Textteilen bestehen, wird mit einer ‚minimalsubjektivistischen' oder konstruktivistischen Prämisse kombiniert. Diese besteht darin, dass die als objektiv angenommenen Textstrukturen als solche immer Ergebnis einer subjektiven Konstruktion, beziehungsweise Interpretation des Textes sind.[464] Obwohl diese subjektivistische Erweiterung also einige Probleme des Objektivismus lösen kann, steht sie in einem theoretischen Widerspruch zu seinen Grundannahmen über den Text. Denn die Bedeutung eines Textes kann, zumindest wenn man rigide den jeweiligen theoretischen Axiomen folgt, entweder Objekteigenschaft *oder* Subjektkonstruktion sein, nicht aber beides gleichzeitig.

Crosmans interaktionistische Verstehenstheorie hingegen ist weniger als ein von subjektivistischen Annahmen relativierter Textobjektivismus zu bezeichnen; vielmehr muss sie als eine Theorie verstanden werden, die direkt und an erster Stelle von subjektivistischen Annahmen ausgeht. Ansätze dieses Denkens kranken aber häufig an einem Erklärungsnotstand bezüglich der von ihnen nicht greifbaren – beziehungsweise der bewusst ausgeblendeten –, faktisch aber vorhandenen großen Ähnlichkeit der Rezeptionsprozesse unterschiedlicher Rezipienten des gleichen Textes. Crosmans Lösungsansatz ist die Implementierung einer allgemeinen Kunsttheorie, die den extremen Subjektivismus anderer Vertreter der *reader-response theory* insofern untergräbt, als sie den künstlerischen Text als moderat objektivistisch begreift und ihm eine konstitutive Funktion bei der Bedeutungsproduktion zuschreibt. Andere Vertreter der *reader-response theory* zeigen sich weniger kompromissbereit und gehen diesen Schritt in Richtung Textobjektivismus nicht. Sie verbleiben bei der Betonung der Subjektivität des Lesens, wie etwa Holland mit seiner psychoanalytischen Analyse realer Leser.[465] Setzt man aber eine von Holland nicht eingestandene ‚Kompromissbereitschaft' voraus, zeigt sich, dass die beiden oben vorgestellten Gangarten – ob nun von einer *objektivistischen* Texttheorie

---

was hier jedoch nicht genauer rekonstruiert werden konnte (vgl. Turk 1976: 7.) Der Bezug auf Ingarden hingegen ist von der Forschung mehr oder weniger konsensual akzeptiert.

464 Diese einigermaßen triviale Feststellung führt Fish 1981: 3–8 (also immerhin auf sechs Seiten) weiter aus, bis hin zu dem nicht sehr gut fundierten Schluss, dass Isers Theorie gänzlich abzulehnen sei. Sein Hauptargument ist das folgende: „The point is that these ‚schemata' [which are „mental images we form" (ebd.: 6)] are themselves facts of a determinate kind and they are therefore ontologically (rather than merely temporally) prior to the (literary) facts whose production they guide" (Fish 1981: 6f). Die richtige Annahme Fishs (dass mentale Schemata, wie wir sie aufgrund von literarischen Texten bilden, abhängig sind von zuvor gemachten Erfahrungen – und das sagt auch Iser –), ist jedoch kein Argument gegen die phänomenologische Annahme eines objektiv gegebenen und zu konkretisierenden Textes.

465 Vgl. hierzu das Kapitel III.3.1.

oder aber von einer *subjektivistischen* Lesertheorie her kommend – letztlich zu einer interaktionistischen Theorie literarischen Verstehens führen können. Denn auch die im Subjektivismus wurzelnde interaktionistische Theorievariante akzeptiert die textobjektivistische Annahme, dass es so etwas wie einen zeitstabilen ‚Bedeutungskern' literarischer Texte gibt. Die genetische Konstitution dieses Bedeutungskerns und dessen rezeptive Funktion aber werden unterschiedlich bestimmt oder gar nicht erst reflektiert. Ebenso wird von den vom Textobjektivismus kommenden interaktionistischen Theorien ein gewisses Maß subjektivistischer Annahmen akzeptiert. Natürlich werden diese weniger strikt formuliert als von den bereits vorgestellten *moderaten* subjektivistischen Positionen Bleichs, Fishs, Hollands und Steigs, aber auch als von den *extremeren* subjektivistischen Positionen poststrukturalistischer Herkunft wie der Derridas, Barthes' und de Mans. Durch diese Abschwächung können interaktionistische Positionen die oben anhand der rigiden Ausformulierungen des Subjektivismus und des Objektivismus aufgezeigten Inkonsistenzen auf Theorieebene vermeiden.

Letztlich aber bedeuten interaktionistische Theorien, die vom Leser und nicht vom Text her kommen, einen ‚methodischen' Vorteil gegenüber ihrem textbezogenen Pendant, zumindest wenn man auf der Suche nach einer adäquaten literaturtheoretischen Fundierung für die verfolgte Methode der historisierenden Rezeptionsanalyse ist. Dieser liegt schlichtweg darin, dass sie in jedem Fall die Trennung von realem Leser und Literaturwissenschaftler aufrechterhalten. Iser und Eco, beide Vertreter *eher* text-, beziehungsweise sprachbasierter Positionen, hatten diese aus ihrer Theorie suspendiert. Eine historisierende Rezeptionsanalyse muss aber auf eben dieser Trennung beharren, nicht zuletzt, um den von Schmidt argumentationstheoretisch, von Groeben psychologisch[466] und von Hempfer hermeneutisch formulierten Objektivitätsanspruch an ihre Ergebnisse im Verständnis einer intersubjektiven Nachprüfbarkeit abzusichern.

Intentionsbezogene Fragestellungen wurden in der Rekonstruktion der interaktionalistischen Grundlangen der Hermeneutik problematisiert,

---

466 Christmann/Groeben 1999 reformulieren die in der kognitionswissenschaftlich interessierten (Literatur-)Wissenschaft immens einflussreiche Theorie *mentaler Modelle* zu einem interaktionistischen Erklärungsansatz, der „sowohl die propositionalen Strukturmerkmale eines Textes als auch das Vor- und Weltwissen von Rezipienten/innen zu berücksichtigen" versucht. Dabei werden Sätze „als sprachliche Informationen gesehen, die Sprachbenutzer/innen verwenden können, um auf der Grundlage ihres Weltwissens eine ganzheitliche semantische Beschreibung von Situationen aufzubauen, die mehr enthält als der zugrunde liegende sprachliche Input" (ebd.: 170). Zur Bedeutung der Theorie innerhalb der Kognitionswissenschaften schreiben die Verfasser, dass „die Theorie mentaler Modelle derzeit die beste Möglichkeit dar[stellt], das Zusammenspiel mehrerer Komponenten des Textverstehensprozesses unter Berücksichtigung der kognitiven Flexibilität des Rezipienten/innen angemessen zu modellieren" (ebd.: 172).

jedoch noch nicht in einem größeren Rahmen systematisiert. „Interaktional" beschreibt hier nicht nur als das Verhältnis von Text zu Leser, sondern auch das von Autor zu Text und von Autor zu Leser. Es können zwei Positionen vertreten werden: 1) Die Intention *ist* eine relevante Kategorie der Rezeption; 2) Sie ist es *nicht*.

Die erstgenannte Position wird unter anderem von individualpsychologischen Ansätzen der Literaturinterpretation vertreten, wie sie etwa Alfred Adler formuliert. Er vertritt die These, so rekonstruiert Leopold Schimmer,

> dass die einzig gültige Deutung die ist, die sich mit der individuellen und einzigartigen Gesamtpersönlichkeit des Künstlers vereinbaren lässt. Aus diesem Verständnis folgt, dass das Verständnis für die Figuren der Werke das Verstehen des Dichters fördert und umgekehrt. (Schimmer 2001: 264)

Diese Argumentation, die an das Diktum von Wimsatt und Beardsley erinnert, dass eine Intention, wenn sie relevant sei, auch im Text (hier: ‚in den Figuren der Werke') verwirklicht worden ist,[467] analogisiert stark autorintentionale und textuelle Wissensbestände, was das Beantworten der Frage, wen oder was genau nun der Leser als ‚Partner' seiner Interaktion hat, zu beantworten unmöglich macht. Gleiches gilt für die rezeptionstheoretische Arbeit von Hannelore Link, bei der sich die Konfundierung von Text- und Intentionsbezug in ihrer Auslegung des *impliziten Lesers* als autorintentionales Konstrukt äußert. Die Rezeptionsforscherin – die sich selbst als wissenschaftliche Leserin begreift – verortet den impliziten Leser zwar im Text, durch den vertretenen Anspruch der historischen Adäquatheit ihrer Textrezeption richtet sie ihn aber an der Autorintention aus (vgl. Link 1976: 142–162). So bestimmt sie in ihrer Monographie „Rezeptionsforschung. Eine Einführung in Methoden und Probleme" kommunikatives Handeln als „das Verstehen des Textsinns, dessen Norm die adäquate Konkretisation ist" (ebd.: 162). Diese ‚adäquate Konkretisation' differenziert sie in eine *engere* (ebd.: 142–144) und eine *weitere* (ebd.: 144–145) Adäquatheit, wobei sie die engere letztlich in ihrer Bedeutung als „die Übereinstimmung mit der Intention des Autors, soweit sie im Text niedergelegt ist" (ebd.: 153) favorisiert.

Anders argumentiert Grimm, der wie bereits gezeigt und kritisiert wurde, *Rezeptions*texte und *Interpretations*texte zu unterscheiden versucht, indem er den erstgenannten kategorisch, bzw. generisch unterstellt, keine autorintentionalen Aussagen zu enthalten; Interpretationen hingegen

---

[467] Wimsatt/Beardsley [1946] 2003: 85: „Die Frage ist, wie ein Literaturwissenschaftler Antwort auf die Frage nach der Intention finden soll. Wie soll er herausfinden, was der Dichter zu schaffen versuchte? Wenn es dem Dichter gelang, es zu verwirklichen, dann zeigt das Gedicht selbst, was er zu schaffen versuchte."

schon. Er vertritt also die zweite der oben genannten Positionen, nach der die Intention *keine* relevante Kategorie für den Rezeptionsforscher ist, da sich die Rezeptionen selbst einfach nicht an der Autorabsicht orientierten. Auch dieser Ansatz kann abgelehnt werden, da Intentionen (als Zuschreibungen) tatsächlich dann relevant für eine historisierende Rezeptionsforschung werden, wenn die historischen Rezipienten sie für relevant halten. Position zwei ist in ihrer allgemeinen Form ebenso wenig haltbar wie Position eins.

Kategorische, theorieinduzierte Aussagen über die Rolle der Intention sollen demnach in dieser Arbeit vermieden werden. Im Vergleich zu den Text-Leser-relationalen Modellen haben die Modelle der Autor-Leser-Interaktion zu große Abgrenzungsprobleme von genuin textbezogenen Theorien.[468] Dies ist sicherlich durch den problematischen Zugriff auf faktische Intentionen, aber ebenso durch die nicht weniger problematische argumentative Begründung konkreter, aus dem Text generierter Hypothesen über die Autorintention bedingt. Interaktionistische Modelle, die vom Leser ausgehend die Produktion literarischer Bedeutung vorwiegend über die Instanzen Text und Leser erklären, besitzen für eine historisierende Rezeptionsforschung die größte theoretische Plausibilität. Der (veränderliche) historische Kontext wird dabei als Beeinflussung des realen Lesers, nicht des Textes verstanden.

---

[468] Eine theoretisch versierte Arbeit zum Verhältnis von Autor und Leser haben Tierney/LaZansky/Raphael/Cohen 1983 vorgelegt. Auf der Datengrundlage von drei empirischen Studien kommen sie zu folgendem Ergebnis: „Taken together, the data afford a description of how readers negotiate meaning with a sense of who the author is and what she is trying to do. From the data it is argued that successful readers approach text with two sets of concerns: what the author is trying to get them to think and do and what they themselves deem they need to do. Reading is characterized as transaction between readers and writers in which the reader acts as his own writer and the writer her own reader" (ebd.: 1). Das Problem, über faktische Autorintentionen zu reden, umgehen sie, indem sie nach der Funktion der angenommenen Intention für einzelne empirische Leser fragen. So lässt sich, nach Ansicht der Verfasser, gut empirisch überprüfen, wie Leser Kontextdaten funktionalisieren, um Textkonsistenz herzustellen: *Schlechte* (*„poor"*; ebd.: 17) Leser suchen Lösungen im Text, gute Leser außerhalb des Textes, etwa beim Autor. Das veranlasst die Verfasser zu der Argumentation, dass ein nicht oder schlecht umgesetztes Verständnis der Autorintention dazu führe, Texte auf sämtlichen Ebenen falsch oder schlecht zu verstehen.

IV Ergebnisse
Theorie-Reflexion und Vorbereitung historisierender Interpretationspraxis

1 Ergebnisse der ontologischen, funktionalen und epistemologischen Kategorisierung

1.1 Methodologische Reflexion

Die für die rationale Rekonstruktion von Lesermodellen vorgeschlagene Kategorisierung stand vor dem grundsätzlichen Problem, Kategorien zu finden, mit denen sich die sehr unterschiedlichen Modelle einheitlich beschreiben lassen.[469] Mit der ontologischen, funktionalen und epistemologischen Differenzierung fiel die Entscheidung zwar auf extrem weit gefasste Kategorien, doch konnte gezeigt werden, dass mit ihr ein einheitliches Beschreibungsinstrumentarium eingeführt wurde, das in der Lage ist, *alle* Lesermodelle detailliert beschreiben zu können.[470] Da ein einzelnes Differenzkriterium nicht zur präzisen Rekonstruktion und Unterscheidung der Lesermodelle ausreicht – es gibt beispielsweise mehrere ontologisch nicht-reale Lesermodelle – ist eine Überlagerung der verschiedenen Kategorien nötig. So ist Isers ‚impliziter Leser' *ontologisch* nicht-real, sondern ein theoretisches Lesermodell. Es ist *funktional* mehrschichtig, weil es bestimmte Funktionen bezüglich des Theoriebaus wie auch der speziellen interpretativen Praxis übernimmt; darüber hinaus ist es *epistemologisch* als interaktional zu bezeichnen, weil es subjektivistische und textobjektivistische (und sogar autorintentionale) Aspekte koppelt. Radways Modell der ‚romantischen Leserin' ist ebenfalls *ontologisch* nicht-real, aber im Gegensatz zu Isers Lesermodell als probabilistisch zu bezeichnen, was hier ein erstes Differenzkriterium der Unterscheidung dieser Lesermodelle darstellt. Die *funktionale* Ebene des Modells beschränkt sich – ein weiterer Unterschied zum impliziten Leser – auf die Korrelation empirischer Daten zwecks der besseren Darstellbarkeit der gewonnenen Ergebnisse. *Epistemologisch* ist

---

469 II.2 und II.2.1.
470 III.1.2 und II.2.3.

Radways Lesermodell als objektivistisch zu bezeichnen, aber nicht als textobjektivistisch wie Isers Modell. Es ist objektivistisch hinsichtlich der angewendeten Methoden, weil es den Anspruch formuliert, reale Leser durch die Erfassung empirischer Leserdaten objektiv abbilden zu können.

Wie die ausführlichen Rekonstruktionen der Modelle in den vorherigen Kapiteln verdeutlichen konnten, ist die Kategorisierung von Lesermodellen zwar mit einiger analytischer Arbeit verbunden, aber letztlich ausgesprochen präzise. Sie stellt demnach ein praxeologisches Instrument der Reflexion literaturwissenschaftlicher Theorie und Praxis dar, das sich nicht nur als durchaus praktikabel erwiesen hat, sondern aufgrund der gewonnenen Ergebnisse – einer einheitlichen Beschreibungssprache für hochdiverse und hochkomplexe Forschungs- und Interpretationsprogramme – auch ausgesprochen ertragreich angewandt werden konnte. So ist eine Ausweitung der vorgeschlagenen Kategorien auf weitere literaturwissenschaftlich relevante und ungleichartig funktionalisierte Instanzen denkbar, besonders im Kontext einer zukünftigen Reflexion literaturwissenschaftlicher Praxis. Gerade in der komplexen und noch immer nicht vollständig systematisch erfassten Debatte um Autorschaftskonzeptionen dürfte ein Anwendungsgebiet der hier vorgeschlagenen Methode liegen.[471] Darüber hinaus kann eine einheitliche Begriffsbildung in der Kategorisierung *unterschiedlicher* Instanzen (Autor, Leser, etc.) hilfreich sein, heute noch als problematisch erachtete Verhältnisse – wie das des impliziten Lesers zum impliziten Autor – genauer zu beleuchten.

1.2 Inhaltliche Ergebnisse

Die Notwendigkeit einer *ontologischen* Unterscheidung von Lesermodellen wurde durch das theoretische und methodische Problem deutlich, das ‚Durchschnittsleser-Modelle' (wie Riffaterres Archileser und Radways Romanleserin) charakterisiert.[472] Sobald man einen *realen Leser* wie bei einer probabilistischen Korrelation theoretisiert, spricht man nicht mehr von einem *realen* Leser, sondern von einer Modellannahme dieses Lesers. Dem konstruktivistischen Zweifel, dass jegliches Reden über Leser immer nur mentale Konstrukte und nie den Leser selbst beschreiben kann,[473] konnte mit einem ‚minimalinvasiven' sprachlichen Kniff entgegengewirkt

---

471 In Jannidis/Lauer/Martínez/Winko 1999a findet sich eine historische und eine systematische Darstellung von Autormodellen und -theorien, allerdings wird hier kein einheitliches Kategoriensystem angewendet.
472 Kapitel III.1.1.
473 Anm. 464 (dieser Arbeit).

werden. So bezeichnen die vier Beschreibungsbegriffe der auf der ontologischen Ebene ausdifferenzierten Konzepte des realen, probabilistischen, theoretischen und fiktionalen Lesermodells nicht etwa den ontologischen Status des Modells, sondern den Satus des von dem Modell Dargestellten: Das reale Lesermodell beschreibt den tatsächlich raumzeitlich als (eventuell historisch) existente Person vorhandenen realen Leser.[474] Das probabilistische Lesermodell hingegen beschreibt einen nicht-realen Leser, ein Konstrukt auf der Basis von Daten über reale Einzelleser oder über sozialwissenschaftlich (beziehungsweise linguistisch, etc.) abgegrenzte Gesellschaftsgruppen.[475] Das theoretische Lesermodell gründet nicht mehr auf Daten über Leser, sondern auf theoretischen Annahmen über mögliche epistemologische Funktionen, die Leser für das Verstehen eines literarischen Textes übernehmen können.[476] Sie werden nicht zwangsläufig mit dem Anspruch konzipiert, den Kompetenzen realer Leser zu entsprechen, wobei dies bei vielen hermeneutisch konzipierten theoretischen Lesermodellen durchaus der Fall ist. Theoretische Lesermodelle decken auf der skaliert gedachten Strecke zwischen den ontologischen Polen „real" und „nicht-real" einen wesentlich größeren Teil ab als es die noch an den realen Leser gebundenen probabilistischen Lesermodelle tun.[477] Fiktionale Leser sind hinsichtlich ihres ontologischen Status zwar abhängig von der sie konstituierenden fiktionalen Welt und aufgrund ihrer Fiktionalität mit den anderen Modellen nur schwer auf ontologischer Ebene vergleichbar, aber wenn man der Tatsache gerecht werden will, dass ein fiktionaler Leser sowohl Francis Bacon ‚sein' kann, Werthers Wilhelm, eine Katze oder einfach nur „geneigt", so muss konzediert werden, dass dies ebenfalls ein großes Spektrum zwischen den beiden Polen (bis einschließlich des Pols eines völlig nicht-realen Lesers) umfasst.[478] Durch die dergestalt eingeführte ontologische Ausdifferenzierung ist es nun möglich, Lesermodelle hinsichtlich ihres ontologischen Geltungsbereichs mit präzisen Begriffen beschreiben und voneinander abzugrenzen zu können. So wurde überhaupt erst die Beobachtung möglich, dass der reale Leser durch eine starke theoretische oder methodische Beeinflussung seinen ontologischen Status verliert.[479]

Die *funktionale* Differenzierung der Modelle bezieht sich auf ihre jeweiligen Funktionen für den Theoriebau und die interpretativen Praktiken

---

[474] Kapitel III.1.2.2.
[475] Kapitel III.1.1.
[476] Kapitel III.1.2.1.2.
[477] S. 60 und die Graphik auf S. 97.
[478] Kapitel III.1.2.1.1.
[479] Kapitel III.1.3 und III.1.4.

dieser Theorien. Wenngleich gezeigt werden konnte, dass weder mit Sicherheit von einem Lesermodell auf eine bestimmte Theorie noch *vice versa* geschlossen werden kann, so wurde doch eine ‚weiche Relation' zwischen Modell und Theorie erkennbar.[480] Diese Relation ließ sich durch die spezifische Funktionalisierung des Lesermodells abbilden und liegt konkret in der Restriktion der für eine Theorie interpretativ zulässigen Kontexte. Dabei konnten diastratische, diatopische und diachronische Kontextlimitationen rekonstruiert werden,[481] wobei *diastratische* Abgrenzungen über ein Lesermodell vor allem in den sozialwissenschaftlich oder empirisch orientierten Literaturwissenschaften bzw. der Didaktik eingesetzt werden. Die *diatopische* Restriktion wurde ursprünglich vor allem in ruhmesgeschichtlichen Arbeiten eingesetzt, erlebte aber im Zuge der Bildungsforschung eine Renaissance, wenn etwa internationale Vergleiche von Lesekulturen angestellt und die gewonnenen Leserdaten auf diatopischer und diastratischer Ebene (etwa nach Bildungsschicht) korreliert wurden. Die *diachronische* Eingrenzung von Kontexten ist im Rahmen hermeneutischer Fragestellungen zum wohl wichtigsten Differenzkriterium geworden und wird zumeist anhand theoretischer Lesermodelle verhandelt. Allerdings spielt sie auch für empirische und sozialgeschichtliche Ansätze, die auf den realen Leser bezogen sind, eine wichtige Rolle. Hinsichtlich der über das Lesermodell diachronisch rekonstruierbaren Kontextbezüge ließen sich Literaturtheorien als *synchronisch-historisierend, synchronisch-aktualisierend* und *diachronisch-prozessual* beschreiben.

Die *epistemologische* Kategorisierung konnte in zwei Problemkomplexe zergliedert werden, wobei der erste mit der eben besprochenen Funktionalisierung des Lesermodells für den Theoriebau und der interpretativen Praxis zusammenhängt. Diese Ausrichtung unterscheidet theoretische Lesermodelle, die als *Erkenntnisgegenstand* zu gelten haben von realen und probabilistischen Lesermodellen, die als *Erkenntnismittel* funktionalisiert werden.[482] Der zweite Problemkomplex bezieht sich vorwiegend auf den Leser als Erkenntnisgegenstand und beschreibt aus der Eigenperspektive des Lesers seine Möglichkeiten, Erkenntnis aus einem literarischen Text zu erlangen. Dabei ist es unerheblich ob die Theorie einen vom Literaturwissenschaftler unabhängigen Leser annimmt oder ob sich der Literaturwissenschaftler selbst als Leser begreift. Die eingesetzten Antworten ließen sich unter den epistemologischen Kategorien subjektivistischer, objektivistischer und interaktionistischer Lesermodelle systematisieren. Aufgrund des hohen Differenzierungsgrades epistemologischer Fragestellung-

---

480 Kapitel III.2.1.
481 Kapitel III.2.2.
482 Kapitel III.3.

en in literaturtheoretischen Forschungsfeldern hat die Rekonstruktion dieser Positionen einen großen Raum eingenommen.

Subjektivistische Lesermodelle wurden in moderate und extreme Varianten eingeteilt, wobei die extremsubjektivistischen Positionen vorwiegend von poststrukturalistischen Ansätzen vertreten werden. Diese negieren *theoretisch* die Relevanz fremder Lektüren für das eigene Verstehen, können dieses Postulat in ihrer *Lektürepraxis* aber nicht umsetzen. Sie nehmen im Gegensatz zu den moderat-subjektivistischen Ansätzen, die sich besonders in der amerikanischen *reader-response theory* versammeln, keine Trennung von Literaturwissenschaftler und Leser vor. Deren Vertreter aber – wie Holland, Fish, Bleich, Crosman und Steig – ziehen unterschiedliche theoretische Kontexte zur Begründung ihrer Betonung der Subjektivität des Lesens heran. Rekonstruiert werden konnten psychologisch-anthropologische (Bleich, Crosman, Steig), psychoanalytische (Holland) und soziale (Fish) Begründungsdimensionen der Subjektivität des Lesens, die aber selten (wie bei Frank Smith) in Kombination angeführt wurden.[483] Durch den Umstand, dass sie die Subjektivität des Lesers und des Lesens generalisierend mit (Persönlichkeits-)Eigenschaften begründen, die teilweise sehr viele Leser teilen, ließ sich im Fall von Rezeptionsgemeinschaften (Bleich, Fish) *geteilte Subjektivität* als Kontextbedingung begreifen, die das individuelle Verstehen eines Gruppenmitglieds stark beeinflusst. Theorien dieser Art haben jedoch grundsätzlich große Probleme mit einer theoretisch und methodisch sauberen Abgrenzung ihrer Lesergruppen. Ursächlich hierfür ist die meist empiriefreie Bestimmung dieser Gruppen, die dann wiederum zur Grundlage der Konstruktion eines theoretischen Durchschnittslesermodells gemacht werden.[484]

Durch die Öffnung des Konzepts der Interpretationsgemeinschaft für das ganze Spektrum *realer, theoretischer* und gerade auch *probabilistischer* Lesermodelle ließ es sich fruchtbar auf viele andere Literaturtheorien anwenden, etwa semiotische (Eco, Culler), didaktische, sozialwissenschaftlich-demographische (Muth) und rezeptionsanalytische (Eberly, Radway). Diese nehmen wiederum teilweise korrelierte Daten über empirische Leser als Basis von Interpretationsgemeinschaften an, wenngleich sie diesen Begriff nicht verwenden. Prinzipiell muss sich aber eine mit Rezeptionsgemeinschaften oder Durchschnittslesern arbeitende Theorie mit der Frage auseinandersetzen, welchen epistemologischen Mehrwert es jenseits der Aussagenreichweite ihrer Hypothesen hat, die Rezeption einer Gruppe und nicht die eines Einzellesers zu (re-)konstruieren.[485]

---

483 Kapitel III.3.1.
484 Kapitel III.3.1.1.
485 Kapitel III.3.1.1.

Die *extremsubjektivistischen* Ansätze des Poststrukturalismus betonen hingegen mit Nachdruck genau diese Rezeption oder *Lektüre* des Einzellesers, wobei beobachtet werden konnte, dass dieser Einzelleser in der Regel auch mit dem jeweiligen theoretischen Vertreter dieser Position koinzidiert. Die Radikalisierung des Saussure'schen Zeichenmodells (Derrida) bildet die Grundannahme, auf deren Fundament die Kritik am Subjekt (Barthes), aber auch die Verstehbarkeit von Texten (de Man) diskutiert wird.[486] Eine rationale Rekonstruktion dieser Positionen konnte nur eingeschränkt dem Selbstanspruch dieser Theorien gerecht werden, jedoch einige systematisierbare Einsichten über diese Ansätze gewinnen. Derrida etwa gerät aufgrund der angenommenen Instabilität sprachlicher Zeichen und der damit negierten Relevanz der Lektüre anderer Leser in den performativen Widerspruch, sich selbst, aber eben keinen anderen Leser als Leser zu akzeptieren. De Mans theoretische Postulate müssen als *nicht praktikabel* beschrieben werden, da er nicht einmal selbst den Setzungen der Ideologiefreiheit und Vortheoretizität gerecht werden kann. Für beide dekonstruktivistischen Lesermodelle wurde der ambivalente Begriff „Lese(r)modell" als am angemessensten eingeschätzt, nicht zuletzt, da weder Derrida noch de Man ein explizites Konzept des Lesers entwirft. Barthes hingegen schon. Er unterscheidet ein von ihm abgelehntes konsumistisches Modell des ‚lesenden Lesers' klassischer (stabiler) Texte von dem Modell des ‚schreibenden Lesers' moderner (pluraler) Texte, das er favorisiert.[487] Für subjektivistische Lesermodelle konnte folgendes Resümee formuliert werden: Während die *reader-response theorists* neben theoretischen auch reale oder probabilistische Lesermodelle konzipieren, sprechen die Vertreter poststrukturalistischer Theorien im Allgemeinen nur über theoretische Lesermodelle. Durch das idiosynkratische Selbstverständnis der Theoretiker als Instanz der praktischen Umsetzung der gemachten Prämissen, werden ihre idealen Lesermodelle allerdings durch eine mit der Theorie inkonsistente Lektürepraxis korrumpiert. Den extremen Subjektivisten ist es nicht möglich diesen Konflikt zwischen ihren theoretisch-idealen und praktisch-realen Lesermodellen zu reflektieren, da dieser erst durch die explizite Ausformulierung der Modelle erkennbar wird; diese Explikation leisten sie jedoch nicht.[488]

Objektivistische Lesermodelle wurden in text- und interpretationsobjektivistische Ansätze differenziert,[489] wobei der moderate Textobjektivismus den Text lediglich als Objekt versteht, der extreme Textobjektivismus ihm

---

[486] Kapitel III.3.1.2.
[487] Kapitel III.3.1.2.1 bis III.3.1.2.3.
[488] Kapitel III.3.1.3.
[489] Kapitel III.3.2.1.

die Funktion eines Containers für eine meist vom Autor intentional (Hirsch) ‚hineingeschriebene' Bedeutung zuspricht. Der Leser kann diese Bedeutung dann mehr oder weniger interpretationsfrei ‚empfangen'. Solch eine stark textobjektivistische Position – vertreten etwa von Wellek und teilweise auch den *new critics* – führt bereits zu einem (über den Text begründeten) Interpretationsobjektivismus. Dieser geht schlicht davon aus, dass eine objektive Interpretation literarischer Texte möglich ist. Moderatere Varianten dieses Ansatzes begründen ihren Standpunkt nicht über die Konstitution des Textes, sondern über die Objektivität ihrer Methoden, wie Wissen über den Text, bzw. aus dem Text zu erlangen sei. Es konnten empirische Rezeptionstheorien (Schmidt, Groeben) von systemtheoretischen Unterschieden werden. Die empirischen beziehen sich auf reale Lesermodelle,[490] systemtheoretische auf theoretische. Der von der zuletzt genannten Position Arich-Gerz' forcierte, vermeintlich objektivierende Umschlag von Subjekt- zu Prozessbegriffen nivelliert jedoch aufgrund seiner großen Abstraktion („Das Lesen von ‚Lesen' lesen") rezeptionstheoretisch hochrelevante Differenzen auf den verschiedenen ‚Beobachtungsebenen von Lesen' und kann dergestalt nicht genau zwischen der wissenschaftlichen Analyse eines Rezeptionstextes und der zu dem Rezeptionstext führenden Lektüre des Primärtextes unterscheiden. *Interpretationsobjektivistische* Tendenzen und die durch sie entstehenden Probleme sind aber durch eine konsequente Trennung der Instanzen *Leser* und *Literaturwissenschaftler* relativ leicht zu vermeiden.

Textobjektivistische Annahmen finden sich zumindest in ihrer moderaten Form auch in interaktionistischen Lesertheorien.[491] Ansätze dieser Art gehen davon aus, dass literarische Bedeutungsgenerierung aus der Interaktion von Text und Leser hervorgeht, wobei lediglich im Kontext didaktischer Theorien formulierte Lesermodelle der Trennung von realem Leser und Literaturwissenschaftler das Wort reden.[492] Diese beziehen seit ihren Anfängen (Dewey) ihre Argumentation für diese Trennung aus dem phänomenologischen Konzept der Konkretisation bei Ingarden und prozessualen Annahmen der (literarischen) Kommunikation, wie sie die Hermeneutik schon früh formulierte.[493] Doch ebenso wie in der semiotischen Reformulierung interaktionistischer Theorien durch Eco geht Ingarden selbst nicht von dieser pragmatischen Trennung aus; es konnte aber gezeigt werden, in welchen Elementen Isers prozessuale Theorie des impliziten Lesers auf phänomenologischen und interaktionistischen Prämissen

---

490 Kapitel III.3.2.2.
491 Kapitel III.3.2.3 und III.3.2.4.
492 Kapitel III.3.3.1.
493 Kapitel III.3.3.2 und III.3.3.3.

beruh und wo sie über diese hinausgeht.[494] Letztlich vermitteln alle diese Ansätze zwischen genuin textobjektivistischen und genuin subjektivistischen Theorien, indem sie diese auf moderatere und so miteinander kompatible Weise umformulieren. Schleiermachers Hermeneutik nimmt hier gewissermaßen Vorbildcharakter ein für das interaktionale Kommunikationsmodell der historischen Rezeptionsanalyse. Ersetzt man die im hermeneutischen Kontext verwendeten nicht-realen Lesermodelle durch reale Leser, kann die hermeneutische Ausformulierung des Historisierens als plausibelster Theoriehintergrund für die historische Rezeptionsanalyse bestimmt werden. Allerdings mit der Unterscheidung, dass der Literaturwissenschaftler nicht selbst ein Lesermodell konstruiert und es mit einem Cluster von Wissensbeständen bestückt, die er als historisch-adäquat annimmt. Vielmehr wird eine strikte Trennung von historisch-realem Leser – der den literarischen Text mit rekonstruierbarem Kontextwissen verknüpft – und Literaturwissenschaftler vorausgesetzt. So kann dem historischen Leser die Subjektivität seines Primärtextumgangs ebenso zugestanden werden wie dem Literaturwissenschaftler die Möglichkeit einer objektiven Analyse der Sekundärtexte.[495]

2 Erweiterung dieser Ergebnisse: Epistemologische Vorzüge realer Lesermodelle

Die Ausarbeitung dieses Kapitels kann recht kurz gehalten werden, da im Verlauf der Arbeit bereits einige Mühen darauf verwendet wurden, die epistemologischen und methodologischen Vorteile des Bezugs auf den realen Leser und seine Rezeptionszeugnisse für eine historisierenden Literaturwissenschaft hervorzuheben. Dies musste – dem Anspruch einer umfassenden Rückschau auf nahezu alle gängigen Lesermodelle geschuldet – vor allem *ex negativo* geleistet werden und führte so vermutlich zu einer etwas unkonkreten Vorstellung dessen, was der reale Leser für eine historisierende Rezeptionsanalyse nun eigentlich zu leisten vermag. Diese Vorstellung gilt es jetzt gewissermaßen zu ‚konkretisieren'.

Zentral für das Modell des *realen Lesers* ist in jedem Fall die rekonstruktive Ambition historisierender Ansätze, die sich darin ausdrückt, die Aufnahme eines literarischen fiktionalen Textes durch seine Leser zu einem bestimmten Zeitpunkt der Rezeptionsgeschichte dieses Textes beschreiben zu wollen (wobei in dieser Arbeit die zum Publikationszeitpunkt

---

[494] Kapitel III.3.3.4 und III.3.3.5.
[495] Kapitel III.3.3.5.

zeitgenössische Rezeption fokussiert wird). Als größte Gefahr dieser Historisierung literarischer Texte muss die *anachronistische* Zuschreibung von nur vermeintlich historisch adäquatem Wissen gelten. Diese zu vermeidenden, historisch unangemessenen Kontextualisierungen können, wie oben gezeigt wurde, vor allem bei der Verwendung theoretischer Lesermodelle entstehen. Etwa, wenn bereits das Lesermodell aus historisch nicht korrekten Wissensbeständen konstruiert wird oder einer zu starken theoretischen oder methodischen Beeinflussung unterliegt. Demgegenüber vermeidet die historische Rekonstruktion von Kontextualisierungen, die ausschließlich durch historische Leser selbst vorgenommen wurden, genau diese Fehlschlüsse. Denn dem Modell des realen (historischen) Lesers kann nur das Wissen zugeschrieben werden, das er selbst als interpretationsrelevantes Wissen mit dem Text in Relation setzt. Starke theoretische Annahmen oder Vorurteile, etwa darüber, wie unsere Welt, Literatur oder das Verstehen von Literatur in unserer Welt funktioniert, gehen nicht in seine Konzeption mit ein. Lediglich die Entscheidung, reale Leser überhaupt zu funktionalisieren, ist theoretisch; und das heißt, sie ist Abhängigkeit von bestimmten Vorannahmen oder Vorurteilen. Das wurde in den Kapiteln der Einleitung zu zeigen versucht.

Doch es gibt neben diesem Argument der relativen Theorieunabhängigkeit des Modells noch weitere Argumente, die einen Bezug auf historische Realleser stützen. Der *erkenntnistheoretische Begründungszusammenhang* soll aufgrund der starken Orientierung an hermeneutischen Fragestellungen in dieser Arbeit nun exemplarisch herausgestellt werden. Innerhalb dieses Fragehorizontes hat wiederum die Fokussierung der Möglichkeiten von Testimonialerkenntnis die größte Relevanz. In den entsprechenden Debatten wird häufig bezweifelt,[496] dass *das Zeugnis anderer* überhaupt als epistemische Quelle für Wissen gelten darf. Das grundlegende Problem, das bei der Verwendung von Zeugnissen als Quelle von Wissen gemeinhin kritisch angeführt wird, ist, dass testimonial erworbenes Wissen im Vergleich zu anderen Wissensquellen *parasitär* sei:[497] Oliver Robert Scholz, der das Zeugnis anderer als gleichberechtigte Quelle von Wissen verteidigt,[498] beschreibt die Forschungslage so:

> Die Testimonialerkenntnis sei, wie ein neuerer Erkenntnistheoretiker ausgedrückt hat, ‚a second-class citizen of the epistemic republic', und zwar in dem Sinne,

---

[496] Siehe zu den Teilnehmern dieser Diskussion Scholz 2003: 354. Neueste Beiträge versammelt der Band Schmidt/Krämer/Voges (Hgg.) 2011, zu dem auch Scholz beigetragen hat (Scholz 2011). Die Grundlagen von Hermeneutik und Sprachphilosophie erarbeitet er in Scholz 2001.
[497] Vgl. Plantinga 1993: 87.
[498] So auch Maltzahn 2006.

dass sie epistemisch weniger grundlegend sei als die für klassisch erachteten Quellen von Meinungen, Rechtfertigung und Wissen, also: Wahrnehmung, Erinnerung, Introspektion und Schließen. (Scholz 2003: 363)[499]

Im Kontext einer genuin literaturwissenschaftlichen,[500] beziehungsweise einer rezeptionsanalytischen Betrachtung der Testimonialerkenntnis muss die Glaubwürdigkeit des Zeugnisgebers jedoch gar nicht diskutiert werden. Als ‚Zeitzeuge' ist dieser in jedem Fall ein kredibler ‚Zeugnisgeber seiner Zeit', zumal gefälschte (etwa umdatierte) Rezeptionszeugnisse sicherlich eher eine Ausnahme darstellen. Wichtiger für die epistemologische Diskussion scheint hier die Frage zu sein, ob die *Qualität* des Wissens, wie es aus einem Sekundärtext als Zeugnis eines historischen Textverständnis gewonnen werden kann, wirklich als epistemisch geringer eingeschätzt werden muss als das durch eigene Rekonstruktion des Kontextes oder durch findiges text- und kontextinterpretatives Schließen gewonnene Wissen (bzw. als die Überzeugung, solch ein Wissen erlangt zu haben). Als rezeptionsanalytisch plausible Antwort kann hier die Position von Scholz und seine Bemühungen um die Profilierung des Zeugnisses anderer geltend gemacht werden. Er argumentiert, dass es so etwas wie eine „präsumtive epistemische Berechtigung für die Annahme des Zeugnis anderer" gibt, die den Zugriff auf diese Zeugnisse als Quelle für Wissen über einen Sachverhalt – in diesem Fall den literarischen Text – rechtfertigt und dass dieser Zugriff als solcher *rational* ist.[501] Auf eine normative Formel gebracht heißt dies:

> Gegeben, dass ein Sprecher S (bei der Gelegenheit O) eine verständliche assertorische Äußerung U vollzogen hat, mit der er sich auf die Wahrheit von p festlegt, gehe solange davon aus, dass p wahr ist, bis Du Gründe zu der Annahme hast, dass eine Annullierungsbedingung erfüllt ist. (Scholz 2003: 365)

Da bei der Interpretation literarischer Texte jedoch nicht notwendig Wissen, sondern vielmehr *Wissensansprüche* unter bestimmten interpretationskonzeptionsabhängigen Vorannahmen verhandelt werden, muss die Rezeptionsanalyse auch nicht die Frage nach der Wahrheit bestimmter Äußerungen klären. Ihr geht es um die Einsicht, dass bestimmte Wissensansprüche zu einem bestimmten historischen Zeitpunkt überhaupt formuliert werden konnten.[502] Dies impliziert eine drastische, aber epistemolo-

---

499 Er zitiert ebenfalls Plantinga 1993: 87.
500 Wichtige Beiträge zur literaturwissenschaftlich orientierten Diskussion dieser Epistemologien liefern (in Auswahl) Danneberg 2006b, Köppe 2008, die Beiträge des Bandes Spoerhase/Werle/Wild 2009, Danneberg/Spoerhase 2009a. und Danneberg/Spoerhase 2009b.
501 Scholz 2003: 365; zur Rationalität dieses Zugriffs siehe Scholz 2003: 366.
502 Umgekehrt funktioniert das Argument übrigens nicht: Aus der Beobachtung, dass ein Wissensanspruch in den vorhandenen Rezeptionszeugnissen nicht formuliert wurde, lässt sich nicht schließen, dass dieser auch *faktisch* nicht formuliert wurde.

gisch notwendige Reduktion des Erkenntnisinteresses aufgrund der materialgebundenen Erkenntnismöglichkeiten. Die zu stellende Forschungsfrage kann demnach nicht mehr lauten, wie ein Text zu einem bestimmten Zeitpunkt (etwa dem seiner Publikation) rezipiert wurde, sondern nur noch, mit welchem Wissen ein Text zu diesem Zeitpunkt faktisch in Relation gesetzt wurde. Dies rehabilitiert aber gleichsam die Rezension als eine der wichtigsten Quellen der historisierenden Rezeptionsanalyse von ihrem schlechten Ruf. Diesen proklamierte kürzlich erst wieder Hermann Kurzke (2010: 296): „Rezensionen sind aber höchst fragwürdige Quellen, denn die Rezensenten sind nicht das Publikum. Sie bringen in vielen Fällen mehr die professionellen Gesichtspunkte des Berufslesers als die Rezeptionsvorgänge beim Standardleser zum Ausdruck.". Mit dem rezeptions*analytischen* Wechsel der Fragerichtung von *der* Rezeption eines Primärtextes zu den *konkreten* singulären Zuschreibungen an einen Primärtext wird gleichsam auch ein Wechsel der epistemischen Perspektive von dem nicht-realen Lesermodell des Standard-, Durchschnitts- oder Modell-Lesers zu dem des realen Einzellesers vollzogen.

Doch kommen wir vom Zeugnisgeber und dem Zeugnis selbst zurück zu den Erkenntnismöglichkeiten, die das Zeugnis eröffnet. Für die von Scholz (2003: 360) vertretene und als „nicht-reduktionistische Auffassung der Testimonialerkenntnis" zu bezeichnende Annahme, man könne aus Zeugnissen anderer Erkenntnis gewinnen, ist wichtig, dass mit ihr nicht die Frage gestellt oder beantwortet wird, ob sich Wissen *in* literarischen fiktionalen Primärtexten befindet. Es wird lediglich die Bedeutung oder Bedeutsamkeit eines Textes für einen je singulären realen Leser rekonstruiert. Der erkenntnistheoretische Unterschied zu einer historisierenden *Interpretation* des fiktionalen Primärtextes lässt sich über den Begriff der ‚epistemischen Verantwortlichkeit' beschreiben.[503] Während es also die *analytische* Arbeit mit Sekundärtexten ermöglicht, die interpretative und damit epistemische Verantwortung der Zuschreibungen an einen Primärtext den historischen Zeitgenossen anzuvertrauen, müssen *interpretativ* arbeitende Literaturwissenschaftler, die den Primärtext eigenständig mit historischem Kontextwissen verknüpfen, diese Verantwortung selbst tragen; inklusiv aller Konsequenzen, die aus der Explikation dieser Wissensansprüche eventuell resultieren können. Bei innovativen, bis dato nicht

---

[503] Der Begriff der epistemologischen Verantwortlichkeit wurde m. W. bisher am ausführlichsten diskutiert von James A. Montmarquet, der in seiner Monographie „Epistemic Virtue and Doxastic Responsibility" davon ausgeht, dass man Überzeugungen gewöhnlicher Weise nicht ausschließlich unwillkürlich erwirbt, sondern sich diese willentlich aneignet. Nur dann lassen sich Individuen für ihre Überzeugungen (und ihre eventuellen Folgehandlungen) epistemologisch verantwortlich machen.

erhobenen Wissensansprüchen werden diese in Form schriftlicher Veröffentlichungen oder Vorträge im wissenschaftlichen Diskurs zur Diskussion gestellt und von anderen Wissenschaftlern kritisch geprüft. Dem gegenüber werden zuvor bereits formulierte, nicht-innovative Wissensansprüche in der Regel durch Verweise auf autorisierte Interpretationen anderer Wissenschaftler legitimiert, wobei deren Ansprüche natürlich auch wiederum entweder auf einer direkten Textinterpretation oder dem Verweis auf autorisierte Interpretationen anderer Interpreten beruhen, deren Wissensansprüche selbst wiederum entweder auf einer direkten Textinterpretation oder dem Verweis auf ... usw.[504]

Die historisierende Sekundärtextanalyse versucht diesen Weg nicht von dem aktuellen, d. h. historisch am weitesten vom Primärtext entfernten Standpunkt aus zu gehen, sondern setzt bei den dem Primärtext nächstmöglichen Wissensansprüchen über diesen Text an. Doch lässt man diese Entscheidung einmal unberücksichtigt und folgt *rein hypothetisch* den eigentlich abgelehnten zeugniskritischen Ansätzen, so ergibt sich folgende Situation: Für extreme Positionen dieses Skeptizismus endet der „pessimistische [sic!] Reduktionismus im Zeugnisnihilismus", wie Scholz (2003: 359) schreibt. Dieser bedeutet die vollständige Ablehnung jeglicher sekundärtextbezogener Historisierung. Zwar zeigt allein die Existenz solch einer theoretischen Position auf, dass sich durchaus epistemologische Begründungen finden ließen, auch im literaturwissenschaftlichen Kontext historisierender Ausrichtungen auf die Arbeit mit Sekundärtexten zu verzichten, doch würde sich dann die Frage nach der epistemologischen Güte der denkbaren Alternativen stellen. Diese müssten, wie bereits angesprochen, auf den Primärtext und die *unmittelbare* Interpretation dieses Textes beschränkt werden. Nach den weiter verbreiteten Erkenntnistheorien ist das auch mit den von Scholz (2003) oben als klassisch bezeichneten epistemischen Quellen wie „Wahrnehmung (bzw. Beobachtung), Introspektion, Erinnerung sowie verschiedene[n] Formen des Schließens" zu vereinbaren (ebd.: 354). Doch setzen diese Quellen zuvor individuell angeeignetes Wissen voraus. Im Fall der historisierenden Interpretation sind das Wissensbestände etwa über historische Kontexte, die als Grundlage textinterpretativer Schlüsse herangezogen werden. Für dieses Wissen ist nun aber ebenfalls anzunehmen, dass vor allem durch *Zeugnisse* anderer angeeignet wurde und das Problem der Testimonialerkenntnis so nur ausgelagert wird und zwar auf einen literaturwissenschaftlichen Marginalbereich, der für das direkte literarische Verstehen als unproblematisch

---

[504] Mellmann 2013 schildert ein Fallbeispiel dieser ungeprüften Autorisierung: Die heute noch häufig skandierte ‚Selbstmordwelle' nach der Publikation von Goethes „Werther". Vgl. Anm. 505 (dieser Arbeit).

erachtetet wird. Nicht ohne Grund kritisiert Franz Josef Görtz (1978: 14), dass in „der Geschichte der Literaturwissenschaft [...] prinzipielle Fragen des Textverstehens häufig genug ausgeklammert [und] die Frage der Wissenschaftlichkeit philologischer Erkenntnis allenfalls am Rande verhandelt worden sei". Bleibt man jedoch einmal konkret bei einer dieser ‚prinzipiellen Fragen', etwa wie literarische Texte historisierend verstanden werden können, so zeigt sich, dass der Bezug auf zeitgenössische Rezeptionszeugnisse kein epistemischer *Umweg* ist, obwohl er auf den ersten Blick als solcher erscheinen mag. Gewissermaßen führt er direkter zum Ziel historisch adäquaten Verstehens als eine historisierende Interpretation eines literarischen Primärtextes, der zunächst von einem ‚nachzeitigen' Literaturwissenschaftler auf der Grundlage individuell angeeigneten historischen Wissens kontextualisiert werden muss. Die rezeptionsanalytische Variante scheint demnach einen gewissen epistemischen Vorteil zu haben. Immerhin kann das *faktisch vorhandene Wissen* einer realen Person über einen Text zumindest so weit (einigermaßen gut) rekonstruiert werden, wie es durch Zeugnisse überliefert wurde. *Idealiter vorhandenes Wissen* – und das meint in diesem Fall, *von* jemandem *an* ein theoretisches Lesermodell, eine Gruppe oder einen Zeitraum zugeschriebenes Wissen (wie etwa ‚das Wissen der Goethezeit') – ist diesem individuellen und testimonial überlieferten Wissen gegenüber unschärfer, eröffnet dafür aber größere interpretative Freiräume. Diese Freiräume sind – so kritisiert Katja Mellmann (2013: 104) mit spitzer Feder – in germanistischen Kontexten nicht selten *erwünschter* als „präzise Wahrheiten".[505] Die historische Rezeptionsanalyse ermöglicht also den Zugriff auf die Interpretation eines (anderen) Lesers als ein explizites, faktisch umgesetztes und notwendig historisch angemessenes Verstehensangebot, während die *historisierende Primärtextinterpretation* nur eigene hypothetische Annahmen über ein historisch mögliches, aber nicht zwangsläufig historisch angemessenes Verstehen zu formulieren erlaubt. Besonders problematisch ist dabei, dass es keinen fachinternen Konsens – geschweige denn Vorschläge – gibt, wie und in welchem Maße die testimonialen Quellen des vom Literaturwissenschaftler individuell angeeigneten Kontextwissens systematisch nachvollziehbar gemacht werden kön-

---

505 Siehe auch Seite 102, wo Mellmann 2013 schreibt: „So erscheint schon das Bestreben, etwas überhaupt als verbürgtes Wissen festzulegen (das nicht durch immer wieder neue ‚Lektüren' oder ‚Lesarten' der Veränderung unterliegt), geradezu als eine Verkennung der eigentümlichen Beschaffenheit literaturwissenschaftlicher Erkenntnis". Dies führe, so fährt sie auf S. 104 fort, nicht nur zu einem *vermehrten* Aufkommen literaturwissenschaftlicher *Fehlleistungen*, sondern auch dazu, „dass solche Fehlleistungen zudem in hohem Maße toleriert werden, wenn sie nicht sogar – eben weil es sowieso nicht um präzise Wahrheiten, sondern primär um die einleuchtende ‚Vermittlung' geht – einen gewissen Erwünschtheitsstatus genießen".

nen (wie es etwa bei der geschichts- und sozialwissenschaftlicher Quellensicherung viel eher der Fall ist).

Das bedeutet: Während das erste Vorgehen der Versuch der Rekonstruktion *faktischer* Rezeptionen ist, beschreibt das zweite Vorgehen sozusagen bloß Konstruktionen *hypothetischer* Rezeptionen und bleibt notwendig konjektural. Dies ist auch der Fall bei den bereits vorgestellten psychologisch orientierten Ansätzen der Historisierung, wenn sie von standardisierten Lesertypen (wie dem *empfindsamen* Leser) einer Epoche ausgehen: Ebenso gilt es für die auf der Grundlage sozialwissenschaftlicher Daten generierten Lesermodelle (wie dem *bürgerlichen* Leser) und Amalgamierungen beider Ansätze. Freilich können auch diese Ansätze historisch adäquate Ergebnisse erzielen, da sie sich in der Regel an bestimmten, zumeist konsensual akzeptierten (weil häufig überprüften) Fixpunkten wie etwa Gattungswissen oder ideengeschichtlichen Allgemeinplätzen orientieren. Nichtsdestoweniger ist das epistemische Restrisiko falscher Zuschreibungen – nicht nur textinterpretativer Art, sondern bereits auf der Ebene historischer Fakten[506] – Grund genug, mit der historisierenden Rezeptionsanalyse der Literaturwissenschaft eine ungleich präzisere Methode zur Diskussion zu stellen. Auch, weil sie eine grundsätzliche Skepsis gegenüber einem unkritischen Umgang mit eben diesen Allgemeinplätzen zum Ausdruck bringt und als diesen Ansätzen vorgängiges Quellenstudium deren interpretative Argumentation ausrichten oder stützen kann.

Das so begründete epistemologische Argument lässt sich durch die oben rekonstruktiv gewonnene lesertheoretische Erkenntnis unterfüttern, dass realleserbasierte interaktionistische Theoriemodelle besonders gut als stabilisierendes Gerüst rezeptionstheoretischer Positionen eingesetzt werden können. Sie gestehen dem realen Leser als *Teilnehmer* einer historischen literarischen Kommunikationssituation die Freiheit der individuellen, subjektiven Interpretation zu. Gleichzeitig aber ermöglichen sie es, den Literaturwissenschaftler als *Beobachter* dieser Kommunikation zu denken und ihm andere epistemische Normen (etwa Objektivität statt Subjektivität) und Funktionen (etwa analysieren statt interpretieren) zuzuschreiben. Ruft man sich das Iser'sche Dilemma ins Gedächtnis, in dem auch Arich-Gerz systemtheoretisches Rezeptionsmodell gefangen ist, wird der Vorteil der interaktionistischen Eingliederung realer Leser offensichtlich. Die dilemmatische Situation besteht darin, dass Iser und Arich-Gerz sämtliche Instanzen und Abläufe der literarischen Kommunikation mit einem einzigen Konstrukt (dem impliziten Leser), beziehungsweise mit einem

---

506 Vgl das Beispiel der vermeintlichen ‚Selbstmordwelle' im Anschluss an den „Werther" bei Mellmann 2013 (siehe auch Anm. 504).

einzigen Prozess (dem Lesen) erklären wollen. Die dabei entstehenden Probleme können durch die beschriebene, explizit differenzielle Funktionalisierung epistemischer Instanzen bereits auf theoretischer Ebene ausgeschlossen werden.

Natürlich eröffnet eine derartige Unterscheidung von realem Leser und Literaturwissenschaftler wiederum auch Angriffsflächen für Kritik. So ist etwa der Vorwurf denkbar, dass die Analyse von Sekundärtexten keine Aussagen über den darin besprochenen Primärtext, sondern nur über den Besprechenden, also den Rezipienten zulässt. Stückrath (1979: 5) spricht in diesem Zusammenhang richtig, aber etwas verkürzend von „zwei diametral entgegengesetzte[n] Erkenntnisziele[n] [...], nämlich einmal die Erkenntnis der literarischen Werke und zum anderen die Erkenntnis des Publikums". Die Kritik an der zuletzt genannten leserinteressierten (literatursoziologischen) Position mag für die Vertreter der zuerst genannten textinteressierten (hermeneutischen) Ansätze durchaus plausibel sein. Ihre Zuspitzung zu einer Reduktion des Geltungsbereichs faktischer Rezeptionszeugnisse auf die Verfasser dieser Sekundärtexte erweist sich jedoch bei genauerer Betrachtung als ein kaum haltbares, der gängigen literaturwissenschaftlichen Praxis völlig zuwiderlaufendes Argument. Denn weitet man die Reichweite dieser reduktionistischen Zeugnis-Verfasser-Relation von historischen Rezeptionstexten auf literaturwissenschaftliche Interpretationen aus, müsste ebenso behauptet werden, man könnte auch aus wissenschaftlichen Sekundärtexten nichts über den Primärtext erfahren, sondern lediglich über den jeweiligen Verfasser der Interpretation, also den Literaturwissenschaftler. Das gleiche gilt für den literarischen Primärtext, dem man sich dann – ganz genau genommen – nur noch mit autorbezogenen Interpretationskonzeptionen nähern dürfte. Dem Argument, (historische) Sekundärtexte ließen keine Aussagen über den literarischen Primärtext zu, kann demnach epistemologisch und praxeologisch widersprochen werden.

Freilich gibt es *auch* – aber nicht nur – Lesertheorien, die Erkenntnisse über andere Instanzen als den Primärtext forcieren: Etwa das Verstehen als solches oder die historische Spezifizität bestimmter Lesergruppen, also den oder die Leser selbst, wie beispielsweise den ‚bürgerlichen Leser im Vormärz' (vgl. Raffler 1993). Demgegenüber stehen Theorien, die Lesermodelle mit einem auf den Primärtext gerichteten Erkenntnisinteresse konstruieren. Sie setzen ihre Lesermodelle ein, um das Verstehen eines Textes zu einem bestimmten Zeitpunkt, so gut es eben rekonstruierbar ist, zu ermöglichen. Das Modell des realen Lesers als Sekundärtextproduzent eignet sich hierfür in einem besonderen Maße,[507] wenn die genannten Unzulänglichkeiten aufgrund der Beschränkung auf faktische Quellen akzeptiert, oder aber die historische Rezeptionsanalyse als eine der hermeneutischen Interpretation vorgängige und ihr zuarbeitende Methode verstanden wird.

---

507 Vgl. hierzu (Mellmann/Willand 2013). Hier wird der *reale Leser* zwar als Teil des Begründungzusammenhangs einer rezeptionsanalytisch fundierten Literaturgeschichte herangezogen, nicht aber als Gegenstand dieser Literaturgeschichte.

V Praxis und Praxeologie
Die Anwendbarkeit von Lesermodellen in der historisierenden Literaturwissenschaft

1 Anwendungsbeispiel A: Nicht-reale Lesermodelle in der historisierenden Interpretation

In den folgenden Kapiteln soll abschließend eine praxeologisch motivierte Gegenüberstellung der Praktikabilität realer und nicht-realer Lesermodelle für eine historisierende Literaturwissenschaft unternommen werden. Dabei wird jeweils die *interpretationspraktische* mit der *theoretischen* Verwendung realer und nicht-realer Lesermodelle untersucht. So kann ein sich auf zwei unabhängige Analysen stützender Theorie-Praxis-Vergleich der Funktionen und des Erkenntnispotentials dieser Lesermodelle erreicht werden. Als Beispiel eines zunächst dem praxeologischen Test auszusetzenden, nicht-realen Leserkonstrukts wurde das *theoretische* Lesermodell Isers gewählt: Der implizite Leser. Die Gründe hierfür sind, dass er in dieser Arbeit bereits zumindest auszugsweise vorgestellt wurde und in den deutsch- und englischsprachigen Literaturwissenschaften relativ bekannt und verbreitet ist. So muss sich die Analyse der Funktionalisierung des Modells im Rahmen eines historisierenden Verstehens nicht auf die Studien Isers beschränken, sondern kann ebenso Anwendungen des impliziten Lesers durch andere Literaturwissenschaftler heranziehen. Ein reflektierter Umgang mit den Ergebnissen, wie sie durch die Analysen der praktischen und der interpretativen Verwendung des Konstrukts gewonnen wurden, soll es anschließend ermöglichen, Aussagen über seine *Praktikabilität* zu formulieren. ‚Praktikabilität' wird demnach als positives Wertungskriterium eines literaturtheoretischen Modells verstanden. Das bedeutet, mit ihr können Argumente für oder gegen die literaturwissenschaftliche Verwendung des impliziten Lesermodells in historisierenden Ansätzen formuliert werden. Bis zu einem gewissen Grad ist dies dann auf die allgemeinere Ebene nicht-realer Lesermodelle abstrahierbar. Die in einem ersten Schritt zu leistende Rekonstruktion des (A) *theoretischen* Umgangs mit dem impliziten Lesermodell besteht aus drei Teilen: (A1) der Darstellung bei Iser, (A2) der Rezeption des Modells durch die deutsche Literaturtheorie und (A3) der Kontrastierung des Modells von Iser mit dem Modell des impliziten Autors von Wayne Booth (wobei sich letzteres anbietet, da die Modelle oft in Zusammenhang gebracht oder konfundiert werden). Die Rekonstruktion der (B) *praktischen* Dimension des Konzepts beginnt ebenfalls bei (B1) Iser, der mit „Der implizite Leser" (1972) bereits vier Jahre vor der umfassenden theoretischen Ausarbeitung seines Ansatzes in „Der Akt des Lesens" (1976) eine Zusammenstellung von Aufsätzen herausgab, die durch ihre Analysen englischsprachiger Romane von der Mitte des 17. Jahrhunderts bis zu Beckett das Modell des impliziten Lesers *in praxi* einführten. Anschließend soll (B2) untersucht werden, auf welche Weise das Konzept in der Interpretationspraxis anderer literaturwissenschaftlicher Arbeiten eingesetzt wurde.[508]

Wenngleich in „Der implizite Leser" noch vieles am theoretischen Fundament des gleichnamigen Lesermodells unklar bleibt, so macht Iser in diesem Buch zumindest eines *ex negativo* deutlich: Der implizite Leser beschreibe keine „Typologie möglicher Leser" (Iser 1972: 9), womit in diesem Fall *reale* Leser gemeint sind. Er besitzt also, wie Iser später dann konkretisiert, „keine reale Existenz" (Iser 1976: 60). Ebenso wenig ist er vollständig durch eine der explizit genannten oder zu erschließenden *Figuren, Stimmen im Text*[509] oder durch *fiktionale Leser* charakterisiert. Solch eine Form der negativen Definition des Modells wurde bereits an Booths Bestimmung des impliziten Autors moniert,[510] von Tom Kindt und Hans-Harald Müller aber auch noch einmal explizit auf den impliziten Leser übertragen. Sie resümieren völlig richtig, dass durch Isers Darstellungsprinzip eine präzise Definition nahezu ausgeschlossen wird: „Iser considers the status and function of the implied reader in considerable detail, but his treatment of its definition is glaringly nondescript in comparison, being almost entirely restricted to *ex negativo* characterizations of the concept" (Kindt/Müller 2006b: 142).[511] Die wenigen ‚positiven' Bestimmungsversuche finden sich gerade dann, wenn das Leser-Konzept als Teil

---

508 Die Einteilung der folgenden Vorgehensschritte in (A1) bis (B2) wird unten nicht wieder aufgegriffen sondern dient hier nur einer übersichtlicheren Darstellung der vorgenommenen Gegenüberstellung von Theorie und Praxis.
509 Vgl. Blödorn/Langer 2006, bes. die Einleitung der Herausgeber.
510 Vgl. sehr knapp Hoffmann/Langer 2007: 134.
511 Die beiden Autoren führen weiter aus: „Iser is primarily concerned with rebutting two understandings of the implied reader [...]: the suggestion that it be explicated as a component of an intentionalistic theory of interpretation on the one hand, and attempts to characterize it with reference to the programme of historical semantics on the other. Iser [...] he has not [...] explained exactly what he does mean by the implied reader". Wolf Schmid äußert sich zum gleichen Sachverhalt wie folgt: „Mit dem in seiner Extension nicht ganz eindeutig definierten, zwischen dem Adressaten eines Werks und dem Adressaten der Narration schwankenden Begriff des ‚impliziten Lesers' zielte Iser auf eine ‚den Texten eingezeichnete Struktur'" (Schmid 2005: 66f.).

der recht unklaren „Struktur der Texte selbst" (Iser 1976: 60) verhandelt wird. Diese Form der Minimaldefinition – der Gewalt nicht nur durch Iser, sondern ebenso durch seine Kritiker und Eleven bis hin zur völligen terminologischen Aufweichung angetan wurde – lässt eine Gemeinsamkeit mit anderen Lesermodellen erkennen. Diese Gemeinsamkeit nennt Ansgar Nünning zwar bereits im Titel einer seiner Aufsätze zum *impliziten Autor*, doch geht sie in der etwas barocken Breite dieses Titels unter: „Renaissance eines anthropomorphisierten Passepartouts oder Nachruf auf ein literaturkritisches Phantom? Überlegungen und Alternativen zum Konzept des ‚implied author'". In diesem Aufsatz formuliert Nünning (1993: 1) die bemerkenswerte These, dass das implizite *Autorkonzept* zugunsten der Rede über die „Gesamtheit der strukturellen Merkmale eines Werks" zu disqualifizieren sei. Diese Wendung ähnelt auf frappante Weise der genannten Minimalbestimmung des impliziten *Leserkonzepts* bei Iser. Daraus lässt sich vorerst zumindest vorsichtig folgern, dass der impliziter Autor und der impliziter Leser auf irgendeine Art mit der Textstruktur verknüpft zu sein scheinen. Das ist jedoch noch zu differenzieren. Vorerst soll die angesprochene und bei Nünning titelgebende Gemeinsamkeit beider Instanzen mit anderen theoretischen Lesermodellen beschrieben werden. Sie besteht darin, dass diese allesamt *anthropomorphisierte*, bzw. *anthropomorphisierende* Konstrukte sind. Die Untersuchung der Funktion dieser Anthropomorphisierung als literaturtheoretische Praktik soll die folgende praxeologische Analyse anleiten. Einige Beispiele solcher Lesermodelle, wie sie bereits vorgestellt wurden, können die ungemeine Verbreitung dieses Denkens verdeutlichen: Michael Riffaterres (1973: 29) deviationsstilistisch funktionalisierter *Archileser* etwa repräsentiert ein durchschnittliches Rezipientenwissen, das sich in der „Gemeinsamkeit der Reaktionen" dieser Rezipienten ausdrückt.[512] „Leser" im Namen dieses Konstrukts steht bloß noch für ein probabilistisch eruiertes Modell, das auf der behavioristischen Prämisse funktionierender *stimulus*- und *response*-Schemata beruht. Ähnlich ist das von William E. Tolhurst und Peter J. Rabinowitz beschriebene auktoriale Publikum (*authorial audience*) eine theoretische Modellannahme, die im Rahmen einer autorintentionalen Hermeneutik zur Absicherung der historischen Adäquatheit der Intentionszuschreibung funktionalisiert werden kann.[513] „Publikum" (*audience*) meint hier wieder nicht den ontologisch realen Leser oder eine Gruppe realer Leser, sondern das theoretische Lesermodell eines angenommenen „autorintentional identifizierten Adressatenkreis[es]" (Spoerhase 2007a: 129),

---

512 Siehe auch Kapitel III.1.1.
513 Siehe auch Kapitel III.2.1.

also die Vorstellung des Literaturwissenschaftlers, an wen der Autor seinen Text adressiert haben könnte. Auch Stanley Fishs Interpretationsgemeinschaft (*interpretive communitiy*) ist „not so much a group of individuals" (Fish 1989: 141), also keine Gemeinschaft realer Leser, sondern ein durch linguistische, soziale, psychologische und andere Parameter bestimmte Annahme konventionalisierter *interpretive strategies* (Fish 1980a: 13f.).[514]

Der Punkt sollte klar geworden sein: „Leser" wird in unterschiedlichen literaturwissenschaftlichen Ansätzen für die Beschreibung einer Vielzahl interpretationstheoretischer Prämissen und Konzepte, aber nicht unbedingt – sogar eher in Ausnahmefällen – für die Beschreibung eines realen Subjekts verwendet.[515] Dabei steht die Funktion der Modellierung dieser Prämissen zu einem Lesermodell nicht immer nur im Dienst des interpretativen Vorhabens selbst, sondern ebenso auch der *Darstellung* und *Vermittlung* der vom Modell abgebildeten Inhalte. Hier lässt sich vor allem das sprachökonomische Prinzip vereinfachender Darstellung erkennen, unabhängig davon, ob es sich um theoretische oder interpretative Verwendungen von Lesermodellen handelt. Es ist schlicht weniger umständlich, könnte man beispielsweise Eco unterstellen, einen Satz zu schreiben wie „Der Modell-Leser versteht X als Y", anstelle von „Unter der Annahme der Möglichkeit eines historisch adäquaten und idealen Verstehens aller in einem Text chiffrierten sprachlichen und kulturellen Codes, ist anzunehmen, dass X als Y zu verstehen ist".

Doch stellen sich prompt Zweifel ein angesichts der eventuellen Beschneidung komplexer Sachverhalte durch diese Form der ‚ökonomischen Anthropomorphisierung'. Wo man gerade bei Eco war, ließe sich etwa fragen: Wäre es angesichts der Idealität seiner semiotisch fundierten Historisierung von Textbedeutungen nicht plausibler, von einer idealen „Kompetenz" literarischen Verstehens und nicht von einem „Leser" zu sprechen? Da „Leser" begrifflich – zumindest bis zu der Revision durch eine einschränkende Bedingung (als ‚idealer'; ‚Modell-'; ‚intendierter' Leser usw.) – wohl immer erst einmal mit dem *realen* und nicht mit dem *idealen* ontologischen Status verknüpft wird, liegt die Vermutung nahe, dass Literaturwissenschaftler ihre abstrakten Konzepte auch deshalb anthropomorphisieren, um deren Zugänglichkeit für andere Literaturwissenschaftler zu gewährleisten. Dass dieses Argument auf die meisten anderen theoretischen Lesermodelle übertragbar ist, darf aber mitnichten die skeptische Beobachtung relativieren, dass Anthropomorphisierungen von in-

---

514 Siehe auch das Kapitel III.3.1.1.
515 Empirische Positionen der Rezeptionsforschung (wie die historisierende Rezeptionsanalyse) bilden solch eine Ausnahme.

terpretationsrelevanten Kompetenzen, Strategien und Strukturen nicht immer der Sache nach sinnvoll sind.

Da Isers impliziter Leser ebenfalls solch ein theoretisches Lesermodell ist,[516] liegt auch hier der Verdacht nahe, dass seine Form der anthropomorphisierenden Modellierung mit bestimmten Problemen behaftet ist. Erweist sie sich aber als deutlich komplexer und funktional differenzierter als etwa bei Humpty Dumpty, ‚Gevatter Tod' oder K.I.T.T. aus *Night Rider*, dann hat sie sicherlich ihre Berechtigung. Das muss jedoch ebenso geprüft werden wie die grundsätzliche Annahme, der implizite Leser würde einige zentrale literaturwissenschaftliche Probleme lösen können.

1.1 Der implizite Leser in der Theorie

Im bisherigen Verlauf der Arbeit ist die theoretische Dimension des impliziten Lesers zwar bereits im Kontext interaktionistischer Lesermodelle angesprochen worden, sie muss an dieser Stelle aber noch einmal detailliert und vollständig rekonstruiert werden. „Interaktionistisch" ist Isers impliziter Leser, weil er ihn verstanden wissen will als „Vororientierung" des Textes (*Autorbezug*), als das vom Text offerierte „Rollenangebot" (*Textbezug*) und ebenso als „Übertragungsvorgang" (*Leserbezug*).[517] Um diese zentralen kommunikativen Elemente in und mit einer einzigen (Text-)Theorie verträglich zu machen, führt er einen Werkbegriff ein, der über den Text insofern hinausgeht, als er dem interaktionistischen Charakter literarischer Wirkung gerecht werden soll:

> Das literarische Werk besitzt zwei Pole, die man den künstlerischen und den ästhetischen Pol nennen könnte, wobei der künstlerische den vom Autor geschaffenen Text und der ästhetische die vom Leser geleistete Konkretisation bezeichnet. Aus einer solchen Polarität folgt, daß das literarische Werk weder mit dem Text noch mit dessen Konkretisationen ausschließlich identisch ist. Denn das Werk ist mehr als der Text, da es erst in der Konkretisation sein Leben gewinnt, und diese wiederum ist nicht gänzlich frei von Dispositionen, die der Leser in sie einbringt, wenngleich solche Dispositionen nun zu den Bedingungen des Textes aktiviert werden. Dort also, wo Text und Leser zur Konvergenz gelangen, liegt der Ort des literarischen Werks, und dieser hat zwangsläufig einen

---

[516] Hier nicht weiter zu verfolgende Ähnlichkeiten zwischen den Leserkonzepten von Iser und Eco sind schon häufiger bemerkt worden, so etwa von Jannidis 2004: 30: „Ecos Terminus ‚Modell-Leser' dient, ohne direkten Bezug auf Iser, der Beschreibung des gleichen Phänomens".

[517] In der o. g. Reihenfolge bei Iser 1976: 60, 64, 67. Dass Iser diese Chronologie der Elemente literarischer Kommunikation in die eigene Textchronologie übernimmt, sieht schon Gumbrecht 1977: 524, der von den „sukzessiven Bestimmungen [des] Begriffs" des impliziten Lesers spricht.

virtuellen Charakter, da er weder auf die Realität des Textes noch auf die den Leser kennzeichnenden Dispositionen reduziert werden kann. (Iser 1975b: 253)

Die drei für die literarische Wirkung offensichtlich relevanten Merkmale zur Bestimmung eines rezeptionsästhetischen Werkbegriffs – der künstlerische (Autor-)Pol auf der Produktionsseite des Werks; das Werk selbst; der ästhetische (Leser-)Pol auf der Rezeptionsseite des Werks –, kurz gesagt, Autor, Text und Leser, werden von Iser jedoch nicht nur für die Beschreibung des literarischen Werks, sondern auch für den im Werk verorteten impliziten Leser verwendet. Während die *Textbasiertheit* des impliziten Lesers und seine Abhängigkeit von der Konkretisation durch den realen Leser inzwischen mehr oder weniger zur konsensfähigen ‚Interpretation' des Iser'schen Modells wurden,[518] soll an dieser Stelle verstärkt auf die meist übersehenen intentionalen Aspekte eingegangen werden, die Link nachdrücklich hervorgehoben hat.

Diese hatte in ihrer zeitgleich mit Isers „Der Akt des Lesens" erschienenen Monographie „Rezeptionsforschung. Eine Einführung in Methoden und Probleme" (1976) ein stark intentionalistisches Verständnis des impliziten Lesers vertreten.[519] Es beruht größtenteils auf einer Annäherung an Hirschs Sinnbegriff (*„meaning"*), den sie als genau das Versteht, „was der Autor durch Verwendung bestimmter sprachlicher Symbole ausdrücken wollte" (ebd.: 154).[520] Für Link – die sich damit als Vertreterin einer Variante des faktischen Intentionalismus positioniert[521] – gilt dieser Sinn als reproduzierbar.[522] Verläuft dieses Unternehmen für einen Leser erfolgreich, spricht Link von einer „adäquate[n] Konkretisation im enge-

---

518 Siehe u. a. Steinmetz 1987: 138: „Dass die Rezeptionsästhetik diese Erkenntnis [der Leserkonstituiertheit literarischer Bedeutung] nicht adäquat in ihrer eigenen Praxis angewandt hat, weil sie trotz aller pragmatischen Aspekte ihres Ansatzes an einer ontologisch-essentiellen Textsemantik festgehalten hat, steht auf einem anderen Blatt".
519 Diese Position macht sie bereits in ihrer früheren Iser-Besprechung deutlich, vgl. Link 1973.
520 Sie zitiert hier Hirsch 1972: 311.
521 Dies sieht auch Grimm, benutzt lediglich eine andere Beschreibungssprache: Für Link „ergibt sich als die Hauptaufgabe einer historischen Interpretation die Rekonstruktion der Autorintention" (Grimm 1977a: 51).
522 Zu dieser Kategorie vgl. Spoerhase 2007b, bes. 82: „Die Position des extremen faktischen Intentionalismus vertritt mit der *Identitätsthese* den Standpunkt, die vom Autor intendierte und die im Werk realisierte Bedeutung seien schon aus begrifflichen Gründen identisch." Link geht des Weiteren davon aus, dass die im Werk realisierten Intentionen von einem realen Leser auch noch korrekt ‚ausgelesen' werden können. Eine ähnliche Position für die intentionsbezogenen Historisierung vertreten Quentin Skinner und J. G. A. Pocock. Thompson 1993 stellt den Ansatz dieser beiden zentralen Mitglieder der *Cambridge School of Intellectual History* den deutschen Ansätzen der Rezeptionsgeschichte gegenüber, wobei die Autorin vor allem die Position von Jauß fokussiert.

ren Sinne" (ebd.: 142).[523] Jedoch zeigte sich Iser mit dieser Auslegung seiner Theorie keinesfalls einverstanden. Er repliziert, Link vereindeutige sein Konzept der *Unbestimmtheit* fälschlicherweise intentional als „die vom Autor gesetzte Unentschlüsselbarkeit" (Iser 1975c: 335).[524]

Ganz unberechtigt ist Links Lesart aber nicht.[525] Nicht nur, weil sie sich auf Isers Konstanzer Antrittsvorlesung bezieht, in der dieser mit „Appell" und „Appellstruktur" zwei Begriffe eingeführt hatte, die leicht als intentionalistisch verstanden werden können, vielleicht sogar verstanden werden müssen; des Weiteren bezeichnet Iser den literarischen Text zu diesem Zeitpunkt[526] ohne Unterlass als ‚komponiert' und gesteht dem Autor durchaus einen aktiven und bewussten Umgang mit Leerstellen ein, etwa wenn dieser sie zu beseitigen intendiert[527] oder sie, wie es Charles Dickens zugeschrieben wird, als bestimmte Schnitttechnik einsetzt. Auch bei Jauß finden sich zahlreiche Formulierungen, die sich mit Links Verständnis eines (interpretativen) Intentionsbezugs decken. Etwa: „Um sich den ‚erstaunlich modernen und ungriechischen' Anblick der ‚Iphigenie' gemäß der Intention Goethes wieder zu verschaffen, empfiehlt es sich, auf die Gestalt zurückzublicken, in der die klassische französische Tragödie den Iphigenie-Mythos der deutschen Klassik hinterließ" (Jauß 1975b: 360).[528]

Dass Iser sich auch später nicht – und das heißt *nach* seiner Replik auf Link – von den autorintentionalen Aspekten seiner Theorie löst, wird besonders durch eine Stelle aus der „Der Akt des Lesens" deutlich, die den an phänomenologischen Ansätzen der Psychologie interessierten Carl Friedrich Graumann zitiert:

> [D]enn so, wie der Künstler sich in seiner Darstellung nach dem Blickpunkt des Betrachters richtet, so findet sich der Betrachter durch eben diese Darstellungsweise auf eine bestimmte Ansicht verwiesen, die ihn – mehr oder weniger – anhält, den ihr allein korrespondierenden Blickpunkt aufzusuchen. (Graumann 1960: 14 u. Iser 1976: 66)

Die meisten der Iser'schen Begriffe wie „Textstruktur", „Unbestimmtheitsstellen" und auch „impliziter Leser" sind vor diesem Hintergrund

---

523 Ihren Autorbezug ‚tarnt' Link teilweise, etwa wenn sie für die adäquate Konkretisation schreibt, dass der „spätere[ ] Leser" die „eigene ästhetische Norm […] mindestens zeitweilig supendier[en]" muss, um den Text nach der Norm zu lesen, „an der der Autor sich orientierte".
524 Jos Hoogevee rekonstruiert diese kleine Debatte übersichtlich, schlägt sich dabei jedoch dezidiert auf die Seite Isers (vgl. Hoogevee 1978: 87–90).
525 Das sehen so auch Dillmann/Grilli/Paz 2002.
526 Seine Werktheorie hat er wohl später erst ausdifferenziert.
527 Wie in Iser [1970] 1975a: 238.
528 Diesen Aufsatz bespricht angemessen kritisch Kunze 1976.

kaum noch als *rein* textbezogen zu verstehen. Seinem Ressentiment diesem Vorwurf zum Trotz konstruiert er sie zweifelsfrei in Abhängigkeit einer Textmerkmale und ihre Funktionen intendierenden Autorinstanz, die aber nicht ein impliziter, sondern ein realer Autor (wie Dickens) ist. Neben den ‚materiell' gegebenen Textmerkmalen sind in besonderem Maße auch Leer-, bzw. Unbestimmtheitsstellen als ‚nicht-materielle' Textelemente relevant. Sie stehen zwischen einzelnen Textsegmenten wie Redeanteilen, Perspektiven, Stimmen, Kommentaren usw. und sind mitkonstitutiv für den impliziten Leser.[529] Die kognitive Verbindung zwischen diesen Segmenten herzustellen, etwa um einen Fortschritt im Plot oder die moralische Positionierung einer Figur zu erkennen, liegt aber ebenso im Aufgabenbereich des realen Lesers, wenngleich ihn der Text dabei anleitet. Iser spricht hier von „Leserlenkung".[530] Auch autorintentionale Aspekte scheinen dabei eine nicht unwichtige Rolle zu spielen. Dafür lassen sich zwei Argumente heranziehen: Das erste ergibt sich aus der Beobachtung der praktischen Interpretation Isers in seiner ersten ‚großen' Monographie zum impliziten Leser. Dort funktionalisiert er für die Rekonstruktion der *Leserrolle* in Fieldings *Joseph Andrews* nichtfiktionale Texte des Autors, um – wie schon bei Dickens – etwas über die „von ihm verfolgte Intention" zu erfahren (Iser 1972: 71). Das zweite Argument ergibt sich aus einer theoretischen Bestimmung der Funktion von Unbestimmtheitsstellen: „Als Umschaltstelle funktioniert Unbestimmtheit insofern als sie Vorstellungen des Lesers zum Mitvollzug der im Text angelegten Intention aktiviert. Das aber heißt: Sie wird zur Basis einer Textstruktur, in der der Leser immer schon mitgedacht ist" (Iser [1970] 1975a: 248). Die Instanz, die dem Text seine Struktur gibt, ist auch bei Iser der reale Autor.

Folgt man diesem Verständnis der Unbestimmtheitsstellen als *auch* intentionalem Textelement, rückt dies den impliziten Leser (als die bei der Auffüllung dieser Stellen im Sinne der Autorintention behilflichen Instanz) in die Nähe des idealen oder intendierten Lesers.[531] „Der intendier-

---

529 In Iser [1970] 1975a spricht er noch etwas undifferenziert von „schematisierten Ansichten". Erst in „Der Akt des Lesens" nennt er das damit bezeichnete dann „Segmente".
530 Vgl. u. a. Iser 1976: 163, 173, 229, 296, 314, u. a. Vgl. auch Anm. 79 und 623 (dieser Arbeit).
531 Zur Geschichte und den historischen Spielarten des intendierten Lesers vgl. Wolff 1971. Wenngleich auch hier konzeptionelle Unklarheiten vorhanden sind, so muss Erwin Wolff gerade vor dem Hintergrund des impliziten Lesers hoch angerechnet werden, dass er den Einfluss des Modells auf die „Form und Thematik des literarischen Werks" (ebd.: 166) beschränkt. Die Unterschiede des idealen und des intendierten Lesers bestimmt Schmid 2005: bes. 69 auf Grundlage der durch sie herangezogenen Wissensbestände. Der ideale Leser ist textbasiert, der intendierte Leser konstituiert sich nicht durch den Text, sondern durch die Autorintention, die ein freilich textexternes Phänomen ist.

te Leser" aber, so schreibt Hans-Edwin Friedrich (2009: 605) völlig richtig, „sollte vom impliziten Leser unterschieden sein, wobei das bei Iser nicht immer gewährleistet war". Iser selbst äußert sich an keiner Stelle klar bezüglich des Verhältnisses dieser Instanzen zueinander. Dies monierte ebenfalls Gerald Prince (2009: 402): „[T]he implied reader could even be considered a kind of equivalent to authorial intention and textual meaning or to a set of preferred (Iserian) interpretations".[532] Geht man also davon aus, dass der implizite Leser nicht nur Textstruktur, Leerstellen, Figuren usw., sondern auch den intendierten Leser als idealen Leser (oder Modell-Leser) miteinander vermählt, dann wird die von Iser (1976: 61) formulierte interaktionistische Voraussetzung an sein Textmodell verständlich, nämlich dass „dem Verfaßtsein der Texte Aktualisierungsbedingungen eingezeichnet sein müssen"; es sind diese Bedingungen *des* Werks, bzw. *an* ein Werk, „die es erlauben, den Sinn des Textes im Rezeptionsbewußtsein des Empfängers zu konstituieren".[533] Die Textbedingungen einer klassischen (Darstellungs-)Ästhetik, die u. a. Gerhard Kaiser vertreten hatte und die sich durch eine Text-Wirklichkeits-Relation beschreiben lassen, werden durch diese rezeptionsästhetische Text-Konkretisations-Relation völlig ausgehebelt.[534] Der Text ist für Iser nicht mehr bloß Trägermedium einer irgendwie in ihm enthaltenen Bedeutung, sondern reaktionsauslösender Reiz. Um an die von Iser bemühte Raummetapher anzuschließen: Der literarische Text ist eine „Hohlform" für Bedeutungs*zuschreibungen*, nicht Container der Bedeutung selbst (Iser 1976: 61).

Betrachtet man nun Isers interpretative Praxis aus „Der implizite Leser", die keine Analyse *realiter* geleisteter, also faktischer Bedeutungszuschreibung realer Leser an literarische Texte darstellt, sondern bloß mögliche Rezeptionen im Modus der Hypothese *idealiter* modelliert, stellt sich die Frage, wie er dem Anspruch einer historisch adäquaten Interpretation gerecht zu werden versucht. Denn einerseits bleibt der implizite Leser als textuelle ‚Hohlform' immer abhängig von der variablen Konkretisation durch den *realen* Leser, andererseits geht Iser selbst davon aus, auf Grundlage eines Primärtextes historische Varianten dieser Auffüllungen der Hohlform eben dieses Textes rekonstruieren zu können. ‚Gelenkt' werden dabei wohl beide – Iser und der historische Leser – vom *impliziten* Leser,

---

[532] Neben Link geht auch Kuhangel 2003: 121–124 von solch einem Verständnis des impliziten Lesers aus.
[533] In diesem Sinne geht auch Seelbach 2000 vor, der die Frage, was „der zeitgenössische Leser [Johann Fischarts] gewußt hat", durch die Iser viel nähere Fragestellung ersetzt, „was er gewußt haben soll" (ebd.: 14).
[534] In Iser 1975c, bes. 325f. geht er auf Einwände Kaisers ein, die letztlich auf einem darstellungsästhetischen Textmodell basieren.

„durch den die Aktualisierungsbedingungen des Textes bezeichnet sind, die von den Lesern in jeweils unterschiedlicher Form konstituiert werden" (Iser 1972: 336). Konkrete Hinweise aber werden nicht genannt, wie man sich eine präzise Gewichtung des Verhältnisses von *Leerstelle* und *Konkretisation*, von *Text* und *Leser*, bzw. von „*Textstruktur* und *Aktstruktur*", die sich „zueinander wie Intention und Erfüllung" verhalten,[535] in der Praxis vorzustellen hat.[536] Festzuhalten bleibt, dass Iser trotz seines Vorhabens, Rezeption und Leserlenkung aus dem Text selbst heraus zu erklären, nicht um Funktionszuschreibungen an den realen Autor[537] und den realen Leser herumkommt. Dies ist u. a. dann der Fall, wenn er die „habituelle[ ] Dispositionen" oder die Spannung beschreibt, „die der wirkliche Leser erzeugt, wenn er sich auf die [vom Text angebotene] Rolle einlässt".[538] Warum Iser aber faktische Konkretisationen dieser Funktionen – Zeugnisse wie Interpretationen, Rezeptionen usw. – für seine historischen Analysen nicht heranzieht, bleibt offen. Die empirische Leserforschung kann jedenfalls mit Groeben (1972, 1977), aber auch Schmidt (1980, 1982) teilweise seit Beginn, spätestens aber seit Mitte der 1970er Jahre als *theoretisch* hervorragend fundiert gelten. Wenngleich die praktische Applikation dieser theoretischen Fundierung teilweise noch immer aussteht, Isers interpretativen Umsetzungsversuchen des impliziten Lesers hätten sie zumindest teilweise aus dem Status der hermeneutischen Spekulation verhelfen können. Hempfer darf hier als vorbildlich im Rahmen einer rezeptionsorientierten Hermeneutik aufgeführt werden. ‚Spekulativ' ist Isers Ansatz, da er *aus dem literarischen Text* Rückschlüsse auf die Verschiedenheit des sozialen Wissens verschiedener Rezipientengruppen ziehen möchte. Das dafür vorausgesetzte Wissen rekrutiert er allerdings einzig aus seinem subjektiven Fundus historischer Kenntnisse über den Kontext der Texte, deren Quellen er nicht weiter belegt. Iser funktionalisiert demnach die theoretische Instanz des impliziten Lesers, um *angenommenen* historischen Lesern eine bestimmte Reaktion bzw. ein Wirkungsverhalten zuzuschreiben, das er für historisch angemessen hält. Diese zugeschriebene Wirkung nutzt er

---

535 Iser 1976: 63 [Herv. v. M. W.].
536 Eine ähnliche Kritik am impliziten *Autor* findet sich bei Kindt/Müller 2006a: 168. Sie schreiben, dass Booth aus einem ganz bestimmten Grund gar nicht erst angibt, „wie aus einem literarischen Text dessen *impliziter Autor* zu ermitteln ist". Der von ihnen angenommene Grund ist, dass das implizite Autormodell laut Booth „seine eigene Konstruktion selbst eindeutig anleite".
537 Iser [1970] 1975a: 238–241, hier 240: „Gesetzt den Fall, ein Autor möchte durch seine Situationsbemerkung [als Kommentar im fiktionalen Text] nicht nur den Spielraum der Leserreaktionen kontrollieren, sondern die Reaktionen selbst eindeutig machen".
538 Iser 1976: 65, 64 in der Reihenfolge der Zitierung.

dann wiederum in einer Art Zirkelschluss zur Erklärung der spezifischen Konstitution und der Rezeptionslenkung literarischer Texte.

Interaktionistisch – wie Iser es selbst nennt – ist diese Praxis besonders bezüglich der Interaktion von Iser und dem jeweiligen literarischen Primärtext. Seine frühen literaturhistorischen Arbeiten aus „Der implizite Leser" müssen vor dem Hintergrund des erst später theoretisch ausgeleuchteten phänomenologischen Rezeptionsbezugs als *gattungsgeschichtliches Surplus* verstanden werden. Das Buch stellt zwar eine Anwendung der wirkungsästhetischen Theorie auf historische literarische Gegenstände dar, liefert selbst jedoch keine inhaltlichen Argumente für die wirkungsästhetische Theorie oder das Modell des impliziten Lesers.[539] Die unmittelbar anschließende Frage bezüglich Isers Form der Historisierung ist, ob sein wirkungsästhetischer Beitrag zur Gattungsgeschichte überhaupt gattungsgeschichtliche Relevanz hat. Immerhin ist die einzige Leseraktivität, die Iser tatsächlich untersucht, seine eigene. Und da er noch nicht einmal ein Dutzend Texte aus einem Publikationszeitraum von ungefähr 300 Jahren anglophoner Literaturgeschichte bespricht, ist die in ähnlicher Form von Horst Steinmetz formulierte Skepsis, ob die von Iser postulierte *Anschauungsvielfalt* der Gattung „Roman" überhaupt eine reale Entsprechung in den Romanen selbst hat, nicht unangebracht.[540] Seine große wirkungsgeschichtliche These – die Zunahme von Unbestimmtheitsstellen durch die Schnitt-, Montage- oder Segmentiertechnik moderner Romane – wurde bereits durch eine andere Studie als zumindest problematisch herausgestellt:

> Die Analyse von Form *und* Inhalt hat sich dabei als notwendiges Vorgehen erwiesen. Durch Betrachtung formaler und inhaltlicher Aspekte konnte gezeigt werden, dass Montagetechnik, die häufig zu einem hohen Maß an Offenheit führt, ins Extrem getrieben das genaue Gegenteil, i. e. ein hohes Maß an Geschlossenheit bewirken kann. (Kuhangel 2003: 261)

Die für heutige Vertreter hermeneutischer Positionen sicherlich etwas kontra-intuitive Position der rezeptionsästhetischen Historisierung, die nicht vom Kontext auf den Text, sondern vom Text auf den Kontext schließt und den sonst üblichen *pragmatischen* Zugang quasi umkehrt, durchzieht tatsächlich Isers kompletten Theoriebau.[541] Sie steht in Abhän-

---

539 Einen interpretationspraktischen Anschluss an Isers Phänomenologie formuliert Schlich 1994.
540 Diese Kritik wird etwas ausführlicher betrieben von Steinmetz 1974: 608.
541 Auch Jauß praktische Arbeiten, wie etwa der Aufsatz „Racines und Goethes Iphigenie", basieren auf solch einem Modell der Historisierung. Kunze 1976: 143f. äußert sich dazu mit nüchterner, aber gerechtfertigter Klarheit: „Allgemein lässt sich sagen, dass ein mit wissenschaftlichem Anspruch auftretendes Verfahren, das darauf abzielt, literarische Texte als Antworten auf historische Fragen zu erklären, unbedingt darauf angewiesen ist, sein Da-

gigkeit von seiner starken Textperspektive, die dem impliziten Leser einige zentrale Funktionen für die Interpretation und die rezeptionstheoretische Reflexion zukommen lässt. Erkennbar wird diese Form der Historisierung unter anderem an der Iser'schen Annahme, der Leser müsse bloß „die gleichen, durch die Leerstellen vorgezeichneten Umbesetzungen im Feld des Leserblickpunkts mit vollziehen und [könne] so die historische Situation wiedergewinnen, auf die sich der Text bezog bzw. auf die er antwortete" (Iser 1976: 319). Nach Iser rückt „das Konzept des impliziten Lesers die Wirkungsstrukturen des Textes in den Blick, durch die der Empfänger zum Text situiert" wird (ebd.: 61). Man muss den impliziten Leser demnach als wirkungsinitiierende Struktur des Textes verstehen, um das Verhältnis des realen Lesers zum Text erklären zu können. Dieses Verhältnis wird als das einer Ursache-Wirkungs-Relation verstanden, in der die *Erfassungsakte* des realen Lesers durch den textbasierten impliziten Leser *bewirkt* werden. Was es vor dem Hintergrund dieser Annahmen für Isers historisch-praktische Studien bedeutet, dass sein gewissermaßen entontologisiertes Modell der Historisierung literarischer Textbedeutung im Wesentlichen auf einer Amalgamierung seines individuell *textinterpretativ* gewonnenen Wissens mit nicht weniger individuell angeeignetem Wissen über *historische Rezeptionsbedingungen* basiert, wird im nächsten Teilkapitel erörtert.

Doch kommen wir von der Frage der Historisierung zurück auf die der Textfokussierung, die bei Iser – man bedenke, dass er eine *Wirkungsästhetik* schreibt – überraschend stark ausgeprägt ist. Sein Textbezug kann anhand von zwei weiteren Instanzen bestätigt werden, die als theoretische *side-kicks* des impliziten Lesers fungieren: die ‚Leserrolle' und die ‚Leserfiktion'. Beides sind von Iser lediglich unterschiedlich perspektivierte Beschreibungsbegriffe eines dem impliziten Leser ähnlichen Phänomens, wobei die Leserrolle, wie bereits dargestellt, stärker aus Sicht des *rezipierenden* Lesers und die Leserfiktion stärker aus Sicht des *appellierenden* Autors erläutert wird. Was sie beschreiben, bzw. beschreibbar machen sollen, sind interpretative Verstehensangebote. Ihre Reichweiten unterscheiden sich darin, dass die Leserrolle das „Zusammenspiel der Perspektiven" des Textes beschreibt (Iser 1976: 60), die der Leser beim Lesen einnehmen

---

tenmaterial aus präzise bestimmten Bereichen zu gewinnen, die es gegebenenfalls streng zu differenzieren gilt (z. B. hie Textfaktoren – da Produktions- und Rezeptionskomponenten). Die im untersuchten Aufsatz wiederholt zu beobachtende Hochschätzung, ja Überschätzung der Möglichkeiten textinterpretierender Methoden für den Untersuchungsbereich Rezeption und Rezeptionsgeschichte unter gleichzeitigem Zurücktreten empirischer Verfahren vermag demgegenüber allenfalls in sehr eingeschränktem Umfang (und auf der Grundlage sehr komplexer und umstrittener Theorien des Verstehensprozesses) Hilfen und Anhaltspunkte für die Rekonstruktion historischer Sachverhalten zu liefern)".

kann.[542] Der Begriff beschreibt also nicht die faktisch eingenommene Rolle realer Leser, obgleich er dieses Verständnis nahelegt. Die hier festzustellende Textfokussierung erinnert nicht nur vage an das Konzept des impliziten Lesers, Iser verwendet „Leserrolle" und „impliziter Leser" tatsächlich auch synonym. Das wird definitorisch – „Das Konzept des impliziten Lesers [...] meint die im Text ausmachbare Leserrolle" (ebd.: 66) – und durch die ähnliche *Begriffsextensionen* deutlich. Mögliche Elemente, aus denen sich die Leserrolle und der implizite Leser zusammensetzen, sind die Perspektiven der einzelnen Figuren, die des Erzählers, die des expliziten bzw. nicht-expliziten fiktionalen Lesers oder eben die der Leserfiktion, deren Reichweite entsprechend beschränkt ist. Sie kann „immer nur ein Aspekt der Leserrolle sein" (ebd.: 60). Für die Frage der Historisierung ist sie aber insofern interessant, als sie „im Text durch ein bestimmtes Signalrepertoire markiert" (ebd.: 59) ist und bei Iser stark mit dem intendierten Leser verknüpft wird.[543] „In jedem Falle aber", so schreibt er, „erlaubt es die jeweils ausmachbare Leserfiktion, das Publikum zu rekonstruieren, das der Autor erreichen oder ansprechen wollte" (ebd.). In anderen Worten wird die Drastik dieser oben schon einmal ausbuchstabierten Annahme deutlicher: Iser geht davon aus, dass sich aufgrund einer interpretativ aus der Textstruktur rekonstruierten Perspektive Aussagen über *die* realen Leser formulieren lassen, für die zu schreiben der Autor intendierte. Dabei wird nicht nur die Möglichkeit des Zugriffs auf die faktischen Intentionen des Autors, sondern auch die einer adäquaten Historisierung des Textes affirmiert. Beides wohlgemerkt auf Basis des literarischen Textes und seiner als „impliziter Leser" bezeichneten rezeptionsperspektivierenden Strukturen.[544] Bei Jauß finden sich nahezu die gleichen Annahmen, die im Folgenden Franz Josef Görtz kritisiert:

> Problematisch allerdings wird die Darstellung von Jauß, wo die Objektivierbarkeit dieses Erwartungshorizontes vorausgesetzt, wo allein aus den Texten eine ‚spezifische Disposition des Publikums' zu ermitteln versucht wird, ‚die der psychischen Reaktion wie auch dem subjektiven Verständnis des einzelnen Lesers

---

542 In ausschließlich diesem Sinne versteht Felicitas Menhard 2009 den Begriff „Leserrolle" und spricht von der Multiperspektivität (ebd.: 20–32), die sie in ihrer Beschreibung unzuverlässigen Erzählens als weitere Strategie der „Diversifizierung der Vorstellung einer ‚erzählbaren' Wahrheit" untersucht (ebd.: 33). In ihren Analysen zum fiktiven (hier: fiktionalen) Herausgeber (ebd.: 125–158) stellt sie diese Instanz als wichtigen Aspekt der Struktur der Gesamtperspektive literarischer Texte heraus.
543 Siehe hierzu auch ebd. 62: „Denn durch die Leserfiktion setzt der Autor einen angenommen Leser der Welt des Textes aus" und „Zeigt sich in der Leserfiktion das Bild des Lesers, das dem Autor vorschwebte [...]".
544 Hierzu auch Friedrich 2009, der die „Rezeptionsästhetik [...] von Hans Robert Jauß, Wolfgang Iser und deren Schülern als hermeneutische Theorie" bezeichnet. „Sie wollte aus der Struktur eines Textes die Regeln seiner Rezeption ableiten" (ebd.: 597).

noch vorausliegt.' Da aber die Bedeutungskonstitution kommunizierter sprachlicher Zeichen sich prinzipiell im Rahmen von Einbettungssystemen, von veränderbaren gesellschaftlichen, soziokulturellen Normen vollzieht, ist es unzulässig, Signale und Hinweise in Texten als wirkungsästhetische Konstanten zu betrachten und aus ihnen die hermeneutische Disposition des Publikums erschließen zu wollen. (Görtz 1978: 19)[545]

Darüber hinaus wird weder von Iser noch von Jauß hinreichend geklärt, mit welchen Wissensbeständen über den historischen Kontext, über den Autor und über historische Gattungsfunktionen, -regeln und -umgangsweisen literarische Text verknüpft werden müssten, um sie angemessen historisieren zu können.[546] Der *alleinige* Bezug auf einen fiktionalen Text kann nur schwerlich zu Aussagen über den Text führen, die über das im Text Gesagte hinausgehen.

Für die bis hierhin geleistete Rekonstruktion des impliziten Lesers, wie ihn Iser vorwiegend in seinen *theoretischen* Darstellungen konstruiert, können folgende Beobachtungen festgehalten werden, die sich zu einem ausgesprochen umfangreichen, auf den ersten Blick aber nicht gerade sehr homogenen, bzw. konsistenten Funktionskatalog zusammenfassen lassen. Dieser Eindruck ist sicherlich durch den komplexen, interaktionistisch-phänomenologischen Theoriebau bedingt, in den der implizite Leser implementiert wird.[547] Auf diesen bezieht sich wohl auch die umfangreichste, von Iser aber nicht explizierte Funktion des impliziten Lesers. Sie besteht darin, produktionsästhetische, textästhetische und rezeptionsästhetische Theoriebestandteile zu amalgamieren. Weitere Funktionen übernimmt das Lesermodell bezüglich der (literaturwissenschaftlichen) Rekonstruktion:

---

[545] Görtz bezieht seine Kritik vor allem aus dem bekannten Aufsatz von Robert Mandelkow (Mandelkow 1970: hier 79f.).

[546] Schematisch werden diese Kontextualisierungen durch die Begriffe „Repertoire" und „Strategie" beschrieben. „Mit dem ‚Repertoire' werden dabei die selektierten lebensweltlichen Normen anvisiert, […] während mit der ‚Strategie' die Anordnung dieser Normen im Text selbst gemeint ist" (Egger 1986: 23. Vgl. hierzu Iser 1976: 132–145).

[547] Den hohen Stellenwert der interaktionistischen Betrachtung *aller* an der literarischen Kommunikation beteiligter Instanzen betont Iser zu jedem Zeitpunkt seiner akademischen Karriere, auch noch 1992: „Der Verzicht auf eine Wesensbestimmung der Literatur schlägt in die Ausfaltung seiner Aspekte um. Daher rücken Produktion, Rezeption, Konstituiertsein und Kommunikationsfähigkeit, die mediale Beschaffenheit, die Verarbeitungsangebote, die Wirkungsmöglichkeiten sowie die in der Literatur zur Geltung kommenden anthropologischen Befunde in den Blick" (Iser 1992: 9). Dass Iser hier eine literarische Anthropologie und eine Theorie der Übersetzbarkeit der Kulturen noch immer unter dem Vorzeichen wirkungsästhetischen Denkens betreibt, deutet Barck 2003: bes. 74 als Ergebnis des permanenten Überbietungszwangs rezeptionsästhetischer Literaturwissenschaftler, die allesamt ihre Theorien, so Bark, nach und nach immer weiter und umfassender formulierten.

- der Erzähl(er)haltung, Figurendarstellung, -konstellation, -funktionalisierung sowie -fokalisierung und ihrer komplexen Relation, die als ‚perspektivische Darstellungsweise' des Textes bezeichnet wird.
- des Plots, des Modus seiner Darstellung anhand der oben genannten Instanzen und den daraus resultierenden, dem realen Leser vom Text angebotenen Rollen.
- des Autorpols, also der Autorintention, erkennbar als ‚Vororientierung' des Textes und dem intendierten Leser als Teil des impliziten Lesers.
- des Textpols, also der ‚Textstruktur' inklusive der die Textsegmente verknüpfenden Leerstellen, sowohl hinsichtlich ihres (zumindest teilweise als autorintentional verstandenen) Vorhandenseins als auch ihrer gelenkten Auffüllung durch den Leser.
- des Leserpols, also des ‚Übertragungsvorgangs' von Text zu Leser, der als ‚gerichtete', d. h. nicht zufällige Konkretisation der autor-„intentionale[n] Lesestruktur" verstanden werden muss.[548]
- der oben dargestellten textgeleiteten Form der Historisierung literarischer Wirkung.

Keine Funktion hingegen übernimmt der implizite Leser bezüglich des impliziten Autors. Diesen versteht Iser wohl lediglich als ‚Bild' des Urhebers, wie es der Leser (aufgrund des Textes) generiert.[549] Damit ist dann auch schon ein wichtiger Hinweis genannt, den Wolf Schmid (2005: 65) wiederholt verdeutlicht hat: Der implizite Autor ist seit jeher zumindest *auch* zu verstehen als „ein vom konkreten Leser gebildetes Rekonstrukt des konkreten Autors"; trotz der „verführerische[n] Symmetrie" darf der implizite Leser nun aber nicht als das „vom konkreten Autor vorgestellte Bild des konkreten Lesers" gedacht werden. Dennoch geht die Vorstellung des Autors, zumindest in Form einzelner Elemente – wie der Verteilung von Leerstellen und dem *intendierten* Leser – in die Konstruktion des impliziten Lesermodells mit ein. Zu Recht hat Jens Bonnemann (2008: 93) darauf verwiesen, dass Leerstellen in diesem Sinne keine Öffnung von Auslegungsspielräumen, sondern eine Verengung der interpretativen Möglichkeiten bedeuten: „Der Schwerpunkt liegt nicht auf der Offenheit des Textes, sondern ganz im Gegenteil viel eher auf dessen emanzipatorischer

---

548 Vgl. hierzu Lange 1974: 34 und Link 1976: 42.
549 Dieses vor allem, aber auch fast ausschließlich narratologisch plausible Verständnis des impliziten Autors deutet Iser bloß an, ohne es zu explizieren: „Die Erzählerperspektive spaltet sich oft in das Widerspiel von Autor (*implied author*) und Erzählerfigur (*author as narrator*)" (Iser 1976: 304).

Wirkung, insofern der Leser sich einer Korrektur seiner bisherigen Überzeugungen [...] unterziehen soll."

Dass in der obigen Argumentation so großen Wert auf die Betonung der intentionalen Aspekte des impliziten Lesers gelegt wurde, hängt wiederum mit der Rezeption des impliziten Autors zusammen. Ihren umfassenden Forschungsüberblick zum impliziten Autor schließen Kindt/Müller mit:[550]

> The resultant analysis suggests that explicating the implied author as a participant in communication would not be sensible but that explicating it as an entity to which the meaning of a text is attributed could well be. More precisely, this means explicating it as the hypothetical or postulated author in the conceptual context of hypothetical intentionalism. This explication [...] entails narrowing the meaning of the established implied author concept so specifically that it seems inappropriate to continue using the expression ‚implied author' for the result. (Kindt/Müller 2006b: 181)

Betrachtet man das Konzept des impliziten Autors – wie es beide Verfasser offensichtlich selbst machen – ausschließlich aus der Perspektive des hypothetischen Intentionalismus als eine vom Leser geleistete Zuschreibung, so ist ihr Einwand völlig berechtigt.[551] Wie Iser aber dem *impliziten Leser* Anteile der faktischen Autorintention zuschreibt, so schreibt auch Booth dem *impliziten Autor* diese Elemente zu. Dem Blick des hypothetischen Intentionalisten entgehen diese, da er sich selbst in der Position des hypothetische Zuschreibungen machenden (realen) Lesers verortet. Alles was er sagen kann, muss Hypothese bleiben. Verortet sich der Literaturwissenschaftler aber außerhalb der literarischen Kommunikationssituation und betrachtet er seine Aufgabe als die Rekonstruktion dieser Kommunikation, so verschiebt sich seine Perspektive in einer Art, wie es sich etwa für historisierende Ansätze empfiehlt,[552] die sich auf ein ‚Hineinversetzen'

---

550 Kürzere Überblicksdarstellungen zum impliziten Autor auch bei Heinen 2002 und Kindt/Müller 2006a.
551 Diengott 2010 fragt, ob die Betrachtung des impliziten Autors aus der Perspektive des hypothetischen Intentionalismus überhaupt zu einer guten Explikation des Konzepts kommen könne. Die Autoren ließen die Frage offen, „whether the ‚implied author' is (1) an intentional product of the author in or qua the work or (2) an inference made by the recipient about the author on the basis of the work" (ebd.: 184). Die von ihnen dann eingenommene zweite Position wird von Diengott nun kritisiert und dem von ihm privilegierten „depersonalized meaning of the implied author" (ebd.: 185) gegenübergestellt. Diengotts Argumente für sein Verständnis rekrutiert er aus seiner Lehrtätigkeit und den Problemen der Studenten mit der Interpretation von Texten: „I have three decades of baffled students as my unscientific support" (ebd.: 187).
552 Klaus Hempfer etwa geht von diesem Modell literarischer Kommunikation und einem diese ‚beobachtenden' Literaturwissenschaftler als Analysator aus. Siehe Hempfer 2002: 19–22 und Anm. 57 (dieser Arbeit).

in den Autor oder Leser nicht verlassen wollen.[553] Dann jedoch muss sich der Literaturwissenschaftler nicht nur über die Zuschreibungen des Lesers an den Text und an den Autor zu sprechen trauen, wie es etwa die empirische Literaturwissenschaft macht, sondern auch über die faktischen Intentionen, die der Autor in oder mit seinem Text formulieren wollte. Interessanterweise finden sich auch genau diese zuletzt genannten, theoretisch häufig als naive Psychologismen abgelehnten Annahmen eines faktischen Intentionalismus bei Booth und Iser als ein für die Konstitution ihrer impliziten Modelle zentrales Element. In der aktuellen Debatte um den impliziten Autor vertritt solch eine Position H. Porter Abbott. Er verschiebt seine „cognitivist perspective from the reader reading to the writer writing" und bestimmt das Konzept des impliziten Autors für diejenigen fiktionalen literarischen Texte als nützliche Beschreibungskategorie, die „more than one intentional reading" erlauben (Abbott 2011: 461).

Bei Wayne Booth (Booth 1983a: 137) ergibt sich diese Tendenz aus seiner rhetorik-orientierten Forschungsausrichtung, die sich auf das „moral and emotional engagement with the characters" bezieht.[554] Er setzt dabei voraus, dass sich die Autorintention in einer Art moralischer Gesamtkonzeption im Text niederschlägt und diese vom Leser auch dann erkannt werden kann – bzw. für eine ‚erfolgreiche' Lektüre auch erkannt werden muss –, wenn der Erzähler oder die Figuren des Textes eine abweichende Moral vertreten. Tatsächlich führt er die Möglichkeit einer Rekonstruktion der implizit bleibenden Autorintention als Kriterium literarischer, bzw. rhetorischer Stärke (*power*) ein:

> Finally, some of the most powerful literature is based on a successful reversal of what many readers would ‚naturally' think of as a proper response. Such reversals can only be achieved if the author is able to call to our attention relationships and meanings that the surface of the object obscures". (Booth [1961] 1983b: 115)

Iser formuliert ein vergleichbares ‚Erfolgsmodell' intentional zu konkretisierender Textstrukturen, das an Booths Rede erinnert, der Autor kreiere „his reader, as he makes his second self" (Booth [1961] 1983b: 138, 70–77, bes. 71):

> Dem Leser müssen vielmehr Aktivitäten zugemutet werden, die – wenngleich durch rhetorische Signale vorgesteuert – etwas in Gang bringen, das sich nicht mehr auf Rhetorik zurückführen läßt. Denn zu deren Erfolg bedarf es der deut-

---

553 Schulte 2008: 142–166 stellt nicht grundlos eine Verbindung des hermeneutischen Hineinversetzens mit Isers wirkungstheoretischem Ansatz der Textperspektiven her, wobei Schultes Untersuchungsgegenstand biblische Gleichnisse sind und die Autorin das Hineinversetzen in den Erzählverlauf und in die Figuren dieser Gleichnisse untersucht.
554 Zu den biographischen Ursprüngen dieses Denkens siehe Kindt/Müller 2006b: 42–46. Booth verteidigt diesen moralischen Aspekt später noch in Booth 2005.

lichen Formulierung eines Ziels, auf das hin die Überredung erfolgen soll. (Iser 1972: 58)

Diese Formulierung eines *Ziels* funktioniert bei Iser über die Instanz des impliziten Lesers und die im Text eingesetzten Appelle, die den Leser beispielsweise anleiten, bestimmte Textsegmente zu Bedeutungselementen zu verknüpfen. Die Autorintention bleibt dabei ein ebenso essenzieller Aspekt der theoretischen Konstruktion des impliziten Lesers wie auch der erfolgreichen Lektüre. William Nelles (1993: 31) folgt solch einem Verständnis des impliziten Lesers, konzediert aber gleichzeitig auch die Konsequenz dieser Bestimmung: „I would emphasize, however, that very few real (historical) readers can identify exactly with any implied reader". Damit schwinden gleichsam auch die Möglichkeiten einer erfolgreichen Lektüre im Sinne Isers.

Das als ebenso facettenreich wie problematisch herausgestellte Konzept des impliziten Lesers kann nun hinsichtlich seiner Überführung in interpretationspraktische Arbeiten untersucht werden. Die obige Darstellung war in dieser Ausführlichkeit notwendig, um die *interpretationspraktischen Einsetzungen* des Modells im Folgenden auf ihre Vollständigkeit hin überprüfen zu können. Aufgrund seiner Komplexität ist anzunehmen, dass der implizite Leser nicht in allen oben katalogisierten Funktionen Verwendung findet, obgleich Iser dieses Theorie-Praxis-Verhältnis auch gut 15 Jahre nach der Publikation von „Der Akt des Lesens" noch einfordert. Aus der *permanenten Selbstaufklärung der Interpretation*, wie sie eine Theorie der Literatur leisten würde, ergibt sich nach Iser (1992: 29) „ein zweiter Aspekt für die Praxis der Theorie. Sie wird zur Methodologie der Interpretationsverfahren und bildet damit die Rahmenbedingung der Literaturwissenschaft".

1.2 Der implizite Leser in der interpretativen Praxis

Wie Gumbrecht (1977: 524) bereits recht früh angemerkt hat, hängt der „praktische Wert einer Wirkungstheorie für die Beschäftigung der Rezeptionsästhetik mit einzelnen Texten [...] ganz entscheidend davon ab [...], ob mit diesem Konzept jenem Bedürfnis nach einer jeweils konstanten Textstruktur Genüge geleistet wird". Ob diese Textstrukturen einzelner literarischer Texte aber, wie Gumbrecht Isers Ansatz reformuliert, zu „metahistorischen Sinnstrukturen" führen können, die „zu allen Zeiten von Rezipienten jeglicher sozialer Gruppen in gleicher Weise erfasst werden" (ebd.: 525), ist fraglich.[555] In seiner früheren Monographie, „Der implizite Leser", ist Iser noch anders zu verstehen. Hier untersucht er, wie bereits erörtert, knapp ein Dutzend Texte aus drei Jahrhunderten auf ihre Wirkungsstruktur. Dafür kombiniert er eine Erzählstrukturanalyse (die methodisch eher als ‚assoziativ' denn ‚strukturiert' zu bezeichnen ist) mit seinem als Anglist angeeigneten (literatur-)historischen Wissen über die jeweiligen Text-Kontexte, wobei er vor allem sozialgeschichtliche Aspekte hervorhebt.

Will Iser zu diesem Zeitpunkt wirklich metahistorische Wirkungsstrukturen in Texten offenlegen, dann stellt sich eine weitere Frage. Sie zielt darauf ab, warum Iser sich die ‚Mühe' macht, in historischen Studien die *unmittelbare zeitgenössische Rezeption* älterer literarischer Texte zu rekonstruieren, wenn der Text laut theoretischem Postulat metahistorischer Wirkung doch in gleicherweise auch auf ihn selbst wirken müsste? Sein Interesse kann also nicht auf den Text, sondern muss auf den historischen Kontext gerichtet sein. Da Iser aber die Wirkungsbedingungen des Textes aus dem Text selbst abzulesen vermag, kann es nicht der historische *Rezeptionskontext* sein, der ihn interessiert, sondern nur der *Produktionskontext*. Betrachtet man nun Isers praktischen Textumgang – wie es im Folgenden getan werden soll – kommt man ebenfalls zu diesem Ergebnis. Iser untersucht die historischen Produktionsbedingungen literarischer Texte, um das Zustandekommen – nicht die Auswirkungen – der im Text formulierten Wirkungsbedingungen zu erklären. Das heißt aber auch, dass Iser (1972) eine *generische Texttheorie* und keine Rezeptions- oder Wirkungstheorie praktiziert. Er fragt selbst, „was denn das Romanhafte sei und wodurch es bedingt ist" (ebd.: 14) und konstatiert, dass der Roman „wie keine andere Gattung [...] die sozialen und historischen Normen" (ebd.: 7) aufnähme. Dieser gattungstheoretischen These nähert er sich über „Vorstudien zu einer Theorie literarischer Wirkung", „in der die Sinnkonstitution des Textes zu einer unverkennbaren Aktivität des Lesers wird" (ebd.: 7). Leserbezogene Aspekte werden dabei jedoch ‚degradiert' zu *einer* unter vielen Prämissen seines Theoriekonzepts, zu denen auch intentionalistische und texttheoretische Vorannahmen zählen. *In nuce* verläuft die Iser'sche Gattungsgeschichte etwa so:

> Wurde dem Leser im Roman des 18. Jahrhunderts durch das Gespräch, das der Autor mit ihm führte, eine explizite Rolle zugewiesen [...], so schwindet im Roman des 19. Jahrhunderts vielfach eine solche, dem Text eingezeichnete Rollenzuweisung. Statt dessen soll der Leser selbst seine Rolle entdecken. [...] Dieser

---

555 Die unten vorgestellte Arbeit von Richard Egger geht von der gleichen Annahme aus: Er begründet seine „transzendentale Lektüre" damit, keine konkreten Bedeutungen zuzuschreiben, sondern bloß Bedeutungspotentiale (Siehe Egger 1986: 231).

Vorgang kompliziert sich noch einmal im Roman des 20. Jahrhunderts. (Iser 1972: 10)

Um zu verstehen, wie Iser diese These im Detail ausarbeitet, müssen nicht alle seine Einzelstudien aus „Der implizite Leser" vorgestellt werden. Das hier anvisierte praxeologische Ziel lässt sich ebenso gut durch eine präzise Analyse einer einzigen Studie erreichen, die dann mit der Verwendung des impliziten Lesers durch andere Literaturwissenschaftler verglichen wird. Denn es zeigen sich in jedem Aufsatz Isers ähnliche Probleme, die nicht grundsätzlich, sondern nur nach dem je umrissenen Aspekt des impliziten Lesers variieren. Sie wurden alle bereits oben bezüglich ihrer theoretischen Bestimmung diskutiert. Im ersten Aufsatz, „Bunyans ‚Pilgrim's Progress'", steht das Verhältnis von Text- und Kontextwissen im Zentrum. Im zweiten bespricht er „Die Leserrolle in Fieldings ‚Joseph Andrews' und ‚Tom Jones'" als die dem Leser „zugemutete Tätigkeit für die Sinnkonstitution des Romans" (ebd.: 60). Im dritten Teilabschnitt untersucht er die „Leserlenkung in Smolletts ‚Humphry Clinker'" usw.

Doch beginnen wir vorne. Im ersten Aufsatz zu Bunyans *Pilgrim's Progress* (ebd.: 13–56), einer christlichen Allegorie aus den späten 1670er Jahren, wird gleich eines der größten methodischen Probleme des historisierenden Ansatzes sichtbar. Iser untersucht den Text vor dem historisch-zeitgenössischen Hintergrund der religiösen Verbreitung kalvinistischer Heilsgewissheit, die er, so seine These, als *trigger* einer veränderten Rezeptionshaltung im späten 17. Jahrhundert versteht. Konkret verbindet er den so ideengeschichtlich skizzierten Hintergrund mit einer Analyse der Figuren (besonders Christians) und der Erzählperspektiven, wobei er hier erstens einen eindeutigen Einfluss von sozialhistorischem Kontext auf die Produktionsbedingung, zweitens von den Produktionsbedingungen auf die Textstruktur (und Perspektivierung) und drittens von der Textstruktur wiederum auf den Rezipienten nachzuweisen versucht. Hinsichtlich der *Produktionsbedingungen* des Textes schreibt er: „Gründen Epos und Allegorie des Mittelalters in der von Lukács einmal so benannten ‚Gottgesichertheit', so entsteht Bunyans *Pilgrim's Progress* aus dem Entzug auch noch der letzten Sicherheit" (ebd.: 55). Dieser so beschriebene „Problemzusammenhang realisiert sich dann als die Geschichte des Romans" (ebd.: 56) und seinen *Perspektiven*, die zwischen einem ‚menschlich-dialogischem' und einem ‚träumerisch-überschauendem' Blick oszillieren (ebd.: 26). Auf der Ebene des Textes wird eine umfängliche Erzählstrukturanalyse angesetzt, die in der *wirkungsästhetischen* Aussage endet, dass „[j]e stärker im Erzählvorgang die Überschau zurückgedrängt und der Leser direkt mit den dialogischen Auseinandersetzungen konfrontiert wird, desto bewegter erscheinen ihm die miteinander debattierenden Figuren" (ebd.: 24).

Wie das Zitat deutlich macht, funktionalisiert Iser hier einen ‚Leser' als Zuschreibungsinstanz bestimmter Textwirkungen. Dieser wird zwar im historischen Kontext der Textveröffentlichung verortet, aber in seinem Wissen nicht umfänglicher präzisiert als dass er einem bestimmten kalvinistischen Denken verpflichtet sei, wie es von Iser für den Zeitpunkt der Textveröffentlichung angenommen wird. Iser versäumt es bereits auf ontologischer Ebene klarzustellen, ob mit diesem Leser der *implizite* Leser des Textes gemeint ist oder der jeweils angenommene *reale* Leser des Veröffentlichungszeitraums. Einerseits wendet sich der wohl als real – nicht implizit – zu verstehende Autor Bunyan „an das mögliche Verhalten seiner Leser" (ebd.: 22), was nach den gängigen literarischen Kommunikationsmodellen eigentlich ein Verständnis von „Leser" als realem Leser nahelegt. Gestützt würde dies durch die Tatsache, dass Iser in dem ganzen Kapitel – und sogar im ganzen Buch – nur ein einziges Mal (auf Seite 8f.) vom titelgebenden impliziten Leser spricht. Andererseits aber forciert Iser durch die konsequente Verwendung des Kollektivsingulars „der Leser", der nie durch „implizit", „real", „historisch" oder Ähnliches attribuiert wird, dass bei der Betrachtung seiner Analyse gar nicht erst der Gedanke aufkommt, es könne sich hier um etwas anderes als um ein von Iser theoretisch angenommenes (hermeneutisches) Lesermodell handeln, das er eben mit historischem Kontextwissen bestückt und auf einzelne, von ihm ausgewählte Primärtexte anwendet. Woher er aber sein historisches und dem angenommenen Leser zugeschriebenes Wissen über die kalvinistische Prädestinationslehre und ihren Einfluss auf die Menschen der Zeit hat, belegt er nicht. Da dieses Wissen immer ein aus heutiger Perspektive zugeschriebenes Wissen ist, muss es als potentiell anfällig für Anachronismen gelten. Und folglich sollte man bezüglich Isers Arbeit nicht von einer notwendig historisch-adäquaten Rekonstruktion oder Annäherung an eine reale Rezeptionssituation ausgehen, sondern bloß von der Zuschreibung der Relevanz eines angenommenen historischen Wissens für das Verstehen eines literarischen Textes. Hierbei werden die Kriterien der Relevanzbeurteilung nicht aus belegten historisch-faktischen Zuschreibungen realer Leser rekrutiert, sondern aus Annahmen des Wirkungsgeschichtlers über das Verhältnis von literarischem Text zu historischem Kontext. Die Reflexion dieses Sachverhalts zur Beschreibung der Iser'schen Textpraxis wäre dann nicht nur eine *wirkungsgeschichtliche* Umsetzung des Ansatzes von Gadamer, der vor allem von Jauß für die *Rezeptionsgeschichte* so starkgemacht wurde. Darüber hinaus würde dies der eigentlichen philologischen Tätigkeit Isers auch gerechter werden: Diese muss „Interpretation" genannt werden, denn nahezu jeder Bezug Isers auf Textelemente wie Handlung und Figuren ist *interpretativ*, wobei die Stoßrichtung der Interpretation eindeutig auf die spezifischen historischen Produktionsbedingungen der Textstruktur und -perspektive ausgerichtet wird. Beispielsweise heißt es: „Eine literarische Darstellung des exemplarischen Heilsweges bedarf daher eines stärkeren Abhebens auf die Menschlichkeit der agierenden Figuren, die sich damit der epischen Eindeutigkeit zu entziehen beginnen" (ebd.: 20).

Implizite Textelemente hingegen, besonders die von ihm später im theoretischen Diskurs so betonten Leer- oder Unbestimmtheitsstellen an den Schnittpunkten von *Textsegmenten*, werden hier zwar noch nicht begrifflich als solche gefasst, aber in ihrer Funktion für die Textwirkung bereits interpretiert: „Dieser Wechsel in der Erzählhaltung [zwischen den Textsegmenten *menschlicher* und *träumerisch-überschauender* Perspektive] bedingt eine unterschiedliche Spannung des Geschehens. [...] Diese Doppelorientierung der Pilgerfahrt bewirkt, dass das Endergebnis [...] während des Handlungsverlaufs nicht immer gegenwärtig ist" (ebd.: 26). Unreflektiert bleibt hierbei, dass freilich auch das Erkennen, das Finden und in einem ersten Schritt, das Finden-Wollen dieser Leerstellen schon stark an theoretische Prämissen, aber auch an zuvor geleistete textinterpretative Prozesse gebunden ist.

Wie angedeutet lassen sich aus den anderen Aufsätzen ähnliche Probleme rekonstruieren, etwa dass Iser den in Aufsatz zwei und drei verwendeten Begriffen „Leserrolle" und „Leserlenkung" keine unterscheidbaren Analysepraktiken zuweist. Er untersucht hingegen in den beiden Aufsätzen die angenommene, durch den Text initiierte Beeinflussung des Lesers beim Akt der Lektüre. Dabei ist die ‚Leserlenkung' in ihrem Geltungsbereich nicht auf das Verhältnis von Text und Leser beschränkt, denn immerhin kann sie, so schreibt der Konstanzer in einem seiner vielen intentionalistischen Argumente, „das Verstehen in dem vom Autor beabsichtigten Sinn weithin sichern" (ebd.: 83).[556] „Leserrolle" beschreibt ebenfalls analog hierzu die vom Autor intendierte Perspektive auf den Text und ist als Synonym von „intendierter Leser" zu verstehen. Gumbrecht (1977: 524) fasst in seiner Besprechung von Isers „Der Akt des Lesens" diese Beobachtungen zusammen und fragt, „warum Vf. zwei

---

[556] Ähnlich auch Gumbrecht, der ein kommunikationssoziologisches Modell vorschlägt, das er allerdings stark autorintentional einschränkt, um „im Rahmen einer deskriptiven Rezeptionsgeschichte die vom jeweiligen Autor intendierte Sinngebung als Hintergrund des Verständnisses und des Vergleichs von Sinngebung über dem von ihm produzierten Text zu benutzen" (Gumbrecht 1975: 392). Matthias Rothes Diskursanalyse geht hingegen stärker vom Text aus und ist Isers Vorgehen somit noch um einiges ähnlicher als es das Gumbrechts ist. So wird bei ihm u. a. „Lessings Essay *Laokoon* [...] darauf befragt, welche Verhaltensweisen von Lesern und Betrachtern es voraussetzt oder, in anderen Worten, wie müssen sich Lessings Leser und Betrachter verhalten, damit die Wirkungen, die er für die Malerei und die Poesie vorsieht, auch eingelöst werden können" (Rothe 2005: 16).

offenbar synonyme Termini, nämlich den ‚impliziten Leser' und die ‚Leserrolle' zur Bezeichnung für das eine wirkungsästhetische Substitut des Textbegriffs einführt".

Insgesamt sollte deutlich geworden sein, dass es Iser nur auf theoretischer Ebene möglich ist, Texten eine spezifische Wirkung zuzuschreiben, die sich aus den Konkretisationen der Textstruktur ergibt. Der Konstanzer stilisiert sich in seiner Wirkungstheorie als ein beschreibender Beobachter der Zusammenkunft dieser Elemente. In seiner interpretativen Praxis hingegen sind es aber keine historisch-realen Leser, die den Text im Sinne des impliziten Lesers konkretisieren, sondern es ist Wolfgang Iser selbst, der die Textinterpretation durchführt. Seine Analysen haben, schreibt Karl Maurer (1977: 481), „wie die aller nichtempirisch und ohne Dokumentation arbeitenden Rezeptionsästhetiker, praktisch ein – und nur ein – lesendes „Subjekt" […], ihn selbst". Folgt man seinem Postulat, über Textstrukturen sei die ursprüngliche Situation, ‚auf die der Text antwortete' wiederzugewinnen, ist dieses Vorgehen plausibel. Angesichts der genannten Schwierigkeiten mit der dafür vorauszusetzenden Annahme, dass Leerstellen historisch invariant als solche erkannt werden, muss jedoch der gesamte darauf basierende Theoriebau inklusive seiner Form der Historisierung hinterfragt werden.

Mit diesem Verweis auf einen der neuralgischen Punkte der Wirkungsästhetik soll die Rekonstruktion des Iser'schen Beitrags zum impliziten Leser abgeschlossen und die Frage aufgegriffen werden, wie das Iser'sche Lesermodell von anderen praktisch-interpretativen Positionen literaturwissenschaftlicher Textauslegung funktionalisiert wurde. Wie gezeigt werden konnte, hat der interaktionistische Ansatz zu einiger Verwirrung in der theoretischen Diskussion und somit auch zu einer vergleichsweise heterogenen Rezeption des impliziten Lesers geführt. Als Folge dieser Situation und einem literaturwissenschaftlichen Abgrenzungsdiskurs, in dem in der Regel *eine* und nicht *alle* Instanzen der literarischen Kommunikation im Fokus der Theoriebildung stehen, vagieren die bis heute formulierten Varianten des impliziten Lesers (wie auf Seite 236 bereits dargestellt wurde) zwischen einem Verständnis als *autorintendierter* Konstruktion, *textbasierter* Instanz und *leserbezogener* Konkretisation.

Angesichts dieser Vielfalt ist natürlich die Frage der interpretationspraktischen Adaption des Lesermodells umso dringlicher, ihre Beantwortung aber auch umso enttäuschender. Insgesamt findet sich nur eine überraschend kleine Menge praktischer Anwendungen des impliziten Lesers als Hilfskonstrukt interpretativer Textauslegung.[557] Diese Zahl verringert

---

557 Diese Einschätzung teilt Egger 1986: 26f.

sich noch einmal, wenn man die in den Bibliothekskatalogen geführten Arbeiten streicht, in denen der implizite Leser schlicht falsch verstanden wird,[558] bzw. zwar im Titel (einzelner Kapitel) auftaucht, dann aber weder theoretisch in den jeweiligen Ansatz eingegliedert noch im interpretativen Teil explizit erwähnt oder auch nur implizit in Form eines bestimmten methodischen Vorgehens oder Ähnlichem erkennbar werden würde.[559]

Anders geht Richard Egger mit dem impliziten Leser um. Er untersucht in seiner Monographie „Der Leser im Dilemma" (1986) die *Leserrollen* in Max Frischs Romanen „Stiller", „Homo faber" und „Mein Name sei Gantenbein", wobei er im praktischen Teil wie bereits Iser die Begriffe „Leserrolle" und „impliziter Leser" dann auch synonym verwendet.[560] Seine grundlegende, davon unabhängige These ist, dass die drei genannten Romane von Frisch „in ihren Leserrollen gemeinsame Momente oder gar eine identische Grundstruktur aufweisen, also daß der Autor Frisch seinen Romanen ein bestimmtes Grundmuster der Text-Leser-Interaktion ein-

---

[558] So Agata Schwartz, die in ihrer grundsätzlich interessanten Studie das ‚männliche' und ‚weibliche' Lesen von „Der Mann ohne Eigenschaften" Robert Musils untersucht. Sie stellt im Anschluss an eine Studie der feministischen Literaturwissenschaftlerin Judith Fetterley die Frage, welchen Effekt es hat, wenn ein Text auf den „männlichen (Ideal)Leser zugeschnitten" ist, aber von einem weiblichen realen Leser gelesen wird. Schwartz 1997 kann dann durch ihre „Lesart als eine zeitgenössische Leserin auch zwei implizite Leserfiguren im MoE entdecken [...]: eine intendiert-implizite männliche und eine zwar unintendierte, aber trotzdem implizite weibliche" (ebd.: 163). Schwartz beschneidet den Funktionsumfang des impliziten Lesers dabei so stark auf den Aspekt des intendiert-seins (siehe bes. 65f.), dass unklar bleibt, warum sie nicht einfach vom intendierten Leser spricht. Der von Schwartz im Text ebenfalls ‚entdeckte' weibliche Leser ist dann im Gegensatz zum intendierten (bei ihr: impliziten) männlichen Leser einfach nicht vom Autor intendiert, was aus Sicht einer feministischen Literaturwissenschaft aber problematisiert werden muss. Die oben angesprochene Fetterley widmete sich bereits in den späten 1970er Jahren dem Phänomen des *weiblichen* Lesen von *männlichen* Texten und forderte den *resisting reader* als theoretisches Lesermodell ein: „Clearly, then, the first act of the feminist critic must be to become a resisting rather than an assenting reader and [...] to begin the process of exorcizing the male mind that has been implanted in us" (Fetterley 1978: xxii). Auch Bernd Füllner muss ein unrichtiges Verständnis des impliziten Lesers attestiert werden. In seiner Analyse von Verweisen auf Heinrich Heine in deutschen Literaturgeschichten formuliert er folgende, in Bezug auf die obige Rekonstruktion des impliziten Lesers sicherlich überraschende These: „[Bei der Reflexion der Behandlung Heines in Literaturgeschichten] muss man immer im Auge behalten, dass Literaturgeschichten den Durchschnittsgeist einer bestimmten Epoche widerspiegeln und der Literaturhistoriker in etwa in der Mitte steht zwischen dem „impliziten Leser" und dem professionellen Heine-Forscher, wobei er letzterem keine Konkurrenz machen will – noch kann; dafür aber durchaus ersteren zu belehren = beeinflussen sucht" (Füllner 1982: 22).

[559] So etwa Becher 1989. Metz 2012: 301–137 macht eben dies in Kapitel(überschrift) 6.2 mit dem impliziten Autor.

[560] Siehe Egger 1986: 31, aber auch 22 unten, wo er zusätzlich die „Textstruktur unter dem Aspekt ihrer Wirkung" in die Synonymreihe des impliziten Lesers eingliedert.

schreibt" (ebd.: 29f). Nicht nur der Formulierung nach findet sich hier die im Theoretischen schon herausgearbeitete intentionalistische Dimension des impliziten Lesers wieder. Zudem wird aus der Leserrolle eine wertungsbezogene Funktion abgeleitet. Durch sie würde „ein Urteil über die literarische Qualität der Texte" Frischs formulierbar werden (ebd.: 30). Dieses Ziel erreicht Egger durch eine Umsetzung der Iser'schen Wirkungsästhetik in eine analytische Methode, die in ihrer Strenge und Konsequenz sicherlich auch Iser erstaunt hat/hätte. Laut Egger trägt dieser Ansatz jedenfalls eine eindeutige Veranlagung zur methodischen Praktikabilität: „Die wirkungsästhetische Methode fragt also im konkreten Text nach den Aspekten, die von der Theorie als Strukturmerkmale des impliziten Lesers herausgestellt worden sind" (ebd.: 28). In der Anwendung besteht diese Methode in der Segmentierung von Textelementen, die nach Erzählperspektive (erzählendes Ich; handelndes Ich; usw.) und Sprechakt (Replik; innerer Monolog; Bericht; usw.) rubriziert werden, was Egger wohl als die Iser'schen ‚Textperspektiven' versteht (ebd.: 36). Aus der Analyse einiger weniger von ihm ausgewählter Textabschnitte schließt er dann auf die „zentrale[n] strategische[n] Verfahren des Textes (ebd.: 38). Dieses zwar analytische, aber durch die Auswahl von Textstellen noch immer recht subjektiven Vorgehen präsumiert ein enges Verständnis des Begriffs „Leerstelle" als dem Ort im Text, an dem ein Textsegment ein anderes ablöst. Zwar findet sich diese Bestimmung auch bei Iser,[561] doch wird sie bei diesem erheblich erweitert. Was er abstrakt „die Besetzbarkeit einer bestimmten Systemstelle im Text durch die Vorstellung des Lesers" nennt, kann konkret auch über die Textgrenzen hinausgehen und beispielsweise die ‚verordneten Pausen' zwischen zwei Teilen eines Fortsetzungsromans bedeuten.[562]

Über die Frage, wie und ob der Text das literarische Verstehen, bzw. konkret die Bewertung der jeweiligen Textsegmente und Textperspektiven beeinflusst, kommt Egger zu der Beobachtung, dass u. a. durch den gezielten Einsatz von Ironie und Identifikationsangeboten in einzelnen Textsegmenten „eine massive Steuerung des Leseaktes" vorliege (ebd.: 39). Diese äußere sich darin, „daß das Zusammenwirken der Orientierungspunkte [also die Leserrolle bzw. der implizite Leser] den Erwartungshorizont des [realen] Lesers allmählich umform[e]" (ebd.: 89). Als nicht ganz

---

561 Siehe Iser 1976: 302: „Immer dort, wo Textsegmente unvermittelt aneinanderstoßen, sitzen Leerstellen, die die erwartbare Geordnetheit des Textes unterbrechen".
562 Iser 1976: 284. Kuhangel 2003: bes. 130–133 weist auf den bei Iser vernachlässigten Aspekt hin, dass Unbestimmtheit nicht nur zwischen den Segmenten entsteht, sondern „der Charakter der Textsegmente selbst zur Unbestimmtheit eines Textes beiträgt" (ebd.: 130). Das Beispiel des Forsetzungsromans nennt Iser in Iser [1970] 1975a: 236–238.

unproblematisch stellt sich hierbei die Beantwortung einer Anschlussfrage heraus, nämlich welcher Instanz die Absicht dieser Umformung zugeschrieben werden soll. Während in narratologischen Arbeiten mehr oder weniger konsensuell angenommen wird, dass in jedem Fall dem Erzähler, in neueren Überlegungen jedoch auch *wieder* dem realen Autor die Organisation von Textmerkmalen zuzuschreiben ist,[563] nennt Egger hier bloß den impliziten Autor, der „dem Leser die Gedanken [der Figuren in einer auf bestimmte Weise organisierten Form] darbiete [ ]" (ebd.: 93). Doch scheint der Bezug auf den impliziten Autor kein hinreichendes Argument dazustellen. Denn an anderer Stelle erklärt Egger die Wirkungsdifferenzen von „Stiller" und „Homo faber" mit dem *realen* Autor Frisch: „Die Unterschiede mögen sich aus der Entwicklung des Erzählers Frisch erklären, der die einmal entdeckte Wirkstruktur in der Folge strafft und aufs Wesentliche einschränkt" (ebd.: 217).

So zeigt sich gerade bei narratologisch interessanten Fragestellungen eines der großen praktischen Probleme der Anwendung des impliziten Lesers auf Einzeltexte, wie es sogar entsteht, wenn die Wirkungstheorie wie bei Egger in ein einigermaßen strenges methodisches Analysekonzept umgeschrieben wird. Dieses Konzept selbst ist jedoch offensichtlich noch immer nicht streng *genug*, was sich etwa darin äußert, dass die Analyse der Textsegmente eher einer Konversationsanalyse gleicht und Leerstellen häufig bloß Sprecherwechseln (*turn taking*) entsprechen.[564] Narratologisch feinkörnigere Analysekriterien, etwa die Fokalisierung, bleiben unberücksichtigt, obgleich sie hochgradig relevant für eine präzise Beschreibung der Beeinflussung des Lesers sind; gerade wenn es sich um Phänomene wie die von Booth stets betonte moralische Grundorientierung des Textes handelt. Die hier zu stellende Frage wäre, wie genau der implizite Autor dem Leser „sozusagen an dem Erzähler vorbei, eine andere, den Erzählerbehauptungen widersprechende Botschaft" vermitteln kann (Martínez/Scheffel 1999: 101). Auch wenn man über diese und andere genannte methodische Ungereimtheiten einmal hinwegsieht, so muss früher oder später doch die Frage gestellt werden, ob der implizite Leser als analytisches Werkzeug einigermaßen objektiv funktionalisierbar ist oder ob er so viele theoretische Prämissen (etwa intentionalistischer Art) voraussetzt, dass seine Applikation auf den Text letztlich nur theorieinduzierte Interpretationsergebnisse liefern kann. Ein ähnliches Phänomen verhandelt Egger (1986: 124–132) unter dem Aspekt der Zeitstruktur und der Mit-

---

563 Jannidis 2002 und besonders prägnant in Jannidis 2009: 55: „Alle Eigenschaften des Sprechers dem Autor zuzuschreiben ist sicherlich naiv, aber ihm keine zuzuschreiben ist nur mit der Hilfe einer gewaltigen theoretischen Bornierung möglich".
564 Vgl. einführend Sacks/Schegloff/Jefferson 1974.

einbeziehung der Lektürephasen, was als eine Art Halo-Effekt ebenso auf die Frage der Erst- und Mehrfachlektüre anwendbar ist. Es ist beschreibbar durch eine bereits ‚vorgefertigte Meinung' über einen Text, die das erneute Interpretieren einzelner Stellen dieses Textes bei der Wiederlektüre überlagert.

Zuletzt kulminieren die angeschnitten Problembereiche in der praktisch kaum noch umsetzbaren Komplexität der dem impliziten Leser zugeschriebenen Funktionen, wie sie oben katalogisiert wurden. Dem pflichtet Egger bei, wenn er schreibt, dass „die hohe Komplexität des impliziten Lesers" dazu führt, dass immer nur „typische Passagen" eines Textes analysiert werden konnten (ebd.: 103). Der Kern des impliziten Lesers ergibt sich jedoch – und hier ist sich die Forschung fast ausnahmslos einig – aus der *Gesamtheit* der Textstruktur. Eine *Auswahl* von Textstellen zu treffen bedeutet somit immer auch, dass nur Teilaspekte des impliziten Lesers eines Textes untersucht werden und seine Analyse unvollständig bleiben muss.[565]

Das zeigt sich ebenfalls in anderen interpretativen Adaptionen des Lesermodells, die weniger ausführlich rekonstruiert werden sollen. Jens Bonnemann (2008) etwa stellt die Frage der historischen Limitation des Anwendungsbereichs des impliziten Lesers und untersucht das „Herzmaere" Konrads von Würzburg, einen Text aus der zweiten Hälfte des 13. Jahrhunderts.[566] Während der *zeitgenössische* Leser nach Bonnemann bestimmte Repertoire-Elemente[567] dieses fiktionalen (und daher mit Iser auch entpragmatisierten) literarischen Textes nutzte, um seine eigene Position in dem historischen Bezugssystem zu reflektieren, instrumentalisiert der *spätere* Leser, der diese Bezugssysteme nicht kennt, das Repertoire zur Bestimmung des Geltungshorizontes des Textes. Im Gegensatz zum *partizipierend* lesenden Zeitgenossen liest dieser *betrachtend* (ebd.: 32–34). Daraus schließt Bonnemann zu Recht mit kritischem Blick auf die von Iser stärker metahistorisch angelegte Leerstellentheorie um den impliziten Leser, dass eine historisierende „Phänomenologie des Leseakts [...] die historische und soziale Situierung des Lesers stärker involvieren [müsse ...]. Die Leserdisposition [sei] nicht transzendental zu setzen" (ebd.: 96f.). Hier wird auf drei konfligierende Theorieelemente bei Iser verwiesen, die in den unvereinbaren Forderungen nach Historisierung, Metahistorizität und Aktualisierung der Textbedeutung wurzeln und so zu der theoretischen

---

565 Allein schon die quantitative Verteilung einzelner Textperspektiven auf den Text scheint ein nicht irrelevanter Aspekt der Konstitution des impliziten Lesers zu sein und diese ist nun einmal von einer vollständigen Analyse abhängig.
566 Zur historischen Fragestellung bes. Bonnemann 2008: 9.
567 Siehe oben, Anm. 546.

Unschärfe des Iser'schen impliziten Lesers führen. Dieser wird nach Iser gleichzeitig konstituiert durch den (1) in seiner *Entstehung* nur aufgrund historischer Betrachtungen erklärbaren autorintendierten Leerstellenbetrag, der (2) als *Textphänomen* dann allerdings historisch transzendental ist, und (3) einer Konkretisationstheorie, die Textbedeutung als Ergebnis historisch veränderlicher *Textaktualisierungen* begreift.[568] Bonnemann fasst das zugrunde liegende Problem exemplarisch: „Was für den heutigen Leser eine Leerstelle im „Herzmaere" bedeutet, muss dies noch lange nicht für den zeitgenössisch Leser gewesen sein" (ebd.: 96).[569]

Eine ähnliche Kritik an Iser findet sich bei Rainer Dillmann, Massimo Grilli und César Mira Paz (2002: 67), die im Kontext einer handlungsorientierten Bibelauslegung den impliziten Leser für die Beantwortung der Frage funktionalisieren, ob biblische Texte ihr Wirkungspotential „auch in neuen kommunikativen Situationen" entfalten können.[570] Dazu untersuchen sie „das im biblischen Text enthaltene Rollenangebot für den realen Leser" (ebd.: 68). Diesem realen Leser eröffnen sich zwei gangbare Wege, um ‚sinnvoll' mit antiken Texten in Kommunikation zu treten: Er kann stärker textbezogen „einmal die Position des impliziten Lesers einnehmen und das entsprechende Rollenangebot für sich realisieren", oder aber er rekonstruiert stärker kontextbezogen die „ursprüngliche kommunikative Situation", wobei sich die beiden Rezeptionsformen „nicht gegenseitig aus[schließen], sondern ergänzen" (ebd.: 71). Nach einigen Analysen biblischer Texte, in denen sie das Iser'sche Begriffsinventarium inklusive des impliziten Lesers mehr und mehr zu Kollektivsingularformen wie „man" und „der/die LeserIn" aufweichen (ebd.: 116, 117, 162 u. v. m.), kommen

---

568 Diese Installation von Theorieelementen zeichnet Groeben 1987: 70–72 als hochproblematisch aus.

569 Hier hat Michal Głowiński etwa zeitgleich mit Iser einen ähnlich problematischen Ansatz vorgelegt. Auch er fragt: „Wie bestimmt die Struktur des poetischen Werkes die Rolle des Rezipienten? Die Struktur ist keinesfalls eine passive und ein für allemal festgelegte Komponente, die immer auf gleiche Weise wirkt" (Głowiński 1975a: 122). Zur Beantwortung dieser Frage setzt er das Lesermodell des potentiellen (bzw. in einer zeitgleich erschienenen Übersetzung (Głowiński 1975b) virtuell genannten) Lesers ein, der gleichzeitig auch erklären soll auf welche Weise „bestimmte Forderungen der Leser (die gesellschaftlichen Bedürfnisse) die Gestalt des poetischen Werkes und [...] seine Struktur" beeinflussen (ebd.: 122). Es zeigt sich auch hier eine Überfunktionalisierung des Modells, das sehr unterschiedliche Phänomene (in Isers Terminologie: Textstruktur, Leserrolle, Leserdisposition) erklären soll.

570 Eine vergleichbare Fragestellung verfolgt auch Schulte 2008, die bes. ebd.: 84–126 die „Anwendbarkeit von Isers Modell auf die biblische Exegese" untersucht. Körtner 1994 hingegen kommt zu dem Schluss, dass „die literarische Hermeneutik theologische Probleme aufwirft, die für das reformatorische Schriftverständnis folgenreich sind, bei einer kritiklosen Übernahme rezeptionsästhetischer Ansätze aber allzu leicht übersehen werden" (ebd.: 87).

sie zu dem Ergebnis, dass vom „Standpunkt einer pragmatischen Exegese" aus Schriftauslegung nicht „absolute Wahrheiten zu verkünden" beansprucht (ebd.: 71). Der damit vermeintlich einhergehenden Relativierung religiöser Inhalte widersprechen sie mit Verweis auf die „innere Kohärenz des Textes" und dem „Konsens der Glaubensgemeinschaft" (ebd.: 72), was in etwa dem spätestens seit Luther für die Bibelexegese bekannten Prinzip der *analogia fidei* (Kunze 2000: 177) ebenso entspricht wie Isers Diktum der drei Zeitdimensionen des impliziten Lesers: Ihre praktische Anwendung setzt den theoretischen ‚Glauben' an sie notwendig voraus.

1.3 Resümee: Praktische Kritik theoretischer Lesermodelle

Was ist nun zu lernen aus den praxeologischen Analysen, wie sie hier umgesetzt wurden? Die Ausgangsfrage war, ob anhand solcher Analysen (der theoretischen Konsistenz und interpretativen Praktikabilität) Aussagen über die Qualität literaturwissenschaftlicher Theorien formuliert werden können. Am Ende solch einer praxeologischen Selbstvergewisserung der Literaturwissenschaften stünde ein bestimmtes Arsenal von Theoriekonzeptionen, die sich gegenüber praxeologisch disqualifizierten Ansätzen dadurch auszeichnen, dass sie in eine funktionierende Praxis überführbar sind. Doch gilt dies auch für das Konzept des impliziten Lesers?

Beginnen wir bei dem Vergleich mit dem impliziten Autor. Grundsätzlich scheint es für eine erste Annäherung plausibel zu sein, mit Ralf Klausnitzer (2004) eine beschreibungsfunktionale, bzw. ‚heuristische' *Gemeinsamkeit* der Konzepte „impliziter Autor" und „impliziter Leser" anzunehmen, ungeachtet der extensionalen Differenzen ihrer Namen. Denn beide Modelle sind sich – zumindest in den Ausformulierungen von Booth und Iser – nicht nur strukturell ähnlich, d. h. ebenso textbasiert und durch intentionale und rezeptionale Aspekte konstituiert; auch in ihrer Funktion, eine bestimmte Form des Textumgangs zu unterstützen, entsprechen sie sich nahezu vollständig: „Wie die Kategorie *impliziter Autor* fungiert der Begriff des *impliziten Lesers* als eine abstrakte Größe zur besseren Beschreibung von Wirkungspotentialen und Effekten, die in einem Text enthalten sind und im realen Akt des Lesens entdeckt werden können" (Klausnitzer 2004: 85). Diese auf theoretischer Ebene gefundene konzeptionelle Deckungsgleichheit kann gestützt werden durch ein von Kindt/Müller aus der interpretativen Praxis der Konzepte abgeleitetes Argument. Sie schreiben, dass der implizite Leser nicht als kommunikativer Antipode des impliziten Autor verwendet wird, sondern

> [t]he fact that the two concepts have parallel functions rather than complementing each other can also be seen from the way they are used in interpretive prac-

tice, in which one or the other is usually employed but rarely both together. (Kindt/Müller 2006b: 141f.)

Diese Beobachtung von Kindt/Müller ist nicht nur praxeologisch wertvoll, sondern zeigt ebenso auf, wie beliebig und unsystematisch die eingangs erwähnte Anthropomorphisierung theoretischer Modelle erfolgt. Funktional gleiche Heuristiken oder Konzepte werden nach völlig gegensätzlichen kommunikativen Instanzen mit völlig unterschiedlichen Funktionen für den literarischen Text und die ihm zuzuschreibende Bedeutung benannt. Ein verständnisfördernder Mehrwert konnte demnach für die ‚Personalisierung' theoretischer Abstrakta nicht festgestellt werden. Vielmehr derangierte sie die entsprechenden Debatten nachhaltig. Da neben sachlichen Argumenten für eine Anthropomorphisierung also auch Vermittlungsaspekte ausscheiden, ist letztlich zu konstatieren, dass sie eine nicht angemessene Beschreibungsform der Modelle von Iser und Booth ist.

Vergleicht man nun den aus der theoretischen Rekonstruktion des Iser'schen impliziten Lesers gewonnenen Funktionskatalog – etwa als Zuschreibungsinstanz sämtlicher Textperspektiven, der faktischen Autorintention, der Textstruktur inklusive der Segmente, Leerstellen und der Leserlenkung – mit den *theoretischen Adaptionen* des Konzepts bei anderen Literaturwissenschaftlern, so zeigt sich, dass diese Funktionen nicht vollständig übernommen, sondern immer bloß *selektiv* in die neue theoretische ‚Heimat' des Konzepts eingegliedert werden. Der implizite Leser wird dann nicht mehr interaktionistisch-phänomenologisch, sondern exklusiv hinsichtlich des Autor-, Text- oder Leserpols, also intentionalistisch, textbezogen oder rezeptionstheoretisch funktionalisiert. Es scheint seit Isers Arbeiten der 1970er und frühen 1980er Jahre kein theoretisches Bedürfnis mehr nach einer in seinem spezifischen Sinne kommunikationspragmatisch ausgerichteten Literaturtheorie gegeben zu haben; noch nicht einmal bei ihm selbst, denn Iser interessiert sich zu Beginn der 1990er Jahre bereits vor allem für die „anthropologische Dimension der Literatur" (Iser 1990). Somit obsoleszisiert sich auch die Notwendigkeit eines theoretischen Konstrukts – sei es der implizite Leser oder der implizite Autor –, das zumindest idealiter in der Lage wäre, die genannten Pole zu amalgamieren.

Zur Verdeutlichung dieses Desinteresses gegenüber der Iser'schen Phänomenologie sei hier noch einmal die oben bereits in den methodologischen Fundierungsversuchen der Kategorisierung genannte Beschreibung des *theoretischen* Umgangs mit Lesermodellen aufgeführt:

> Es ist demnach nicht nur der Fall, dass – wie beschrieben – die Funktion des Lesers a) für die Theorie selbst oder b) für eine Interpretation auf Grundlage dieser Theorie oft vage bleibt, sondern es ist darüber hinaus der Fall, dass Lesermodelle nicht selten aus anderen Theorien zwar c) namentlich vollständig, aber

funktional nur versatzstückartig übernommen werden, beziehungsweise d), die Prämissen der ursprünglichen theoretischen Heimat des Modells nicht miteingekauft werden. Das bedeutet, dass Lesermodelle teilweise konzeptionell nur unvollständig übernommen werden oder aber e) Lesermodelle zwar unverändert in eine andere Theorie implementiert werden, aber einen anderen Namen bekommen. (S. 46)

Mit Blick auf die jüngere und gegenwärtige *Theorielandschaft* lässt sich also kein Argument generieren, das für die theoretische Verwendung des impliziten Lesers spräche – zumindest nicht, wenn man eine Ausarbeitung des Konzepts im funktional umfangreichen Sinne Isers als Maßstab setzt. Lassen sich aber aus der *interpretativen Verwendung* des Modells Argumente generieren, die es als literaturwissenschaftliche Konzeption retten? Welche Aussagen über die Praktikabilität des Modells lassen sich formulieren?

In der interpretativen Praxis ist es weniger die theoretische Unlust der Kopplung von autor-, text- und leserbezogenen Argumenten als vielmehr die Unmöglichkeit, aus der theoretisch postulierten Konstitution des impliziten Lesers *eine* Methodik abzuleiten, die auf unterschiedliche Texte anwendbar wäre.[571] Doch womit hängt dies zusammen? Mit der starken Abhängigkeit des Konstrukts von der Interpretationskonzeption? Mit überzogenen theoretischen Funktionszuschreibungen an das Konstrukt? Mit dem noch immer ungelösten Problem der Überlagerung prozessualer Lese-Erfahrungen von der Gesamtinterpretation des Textes? Mit inkonsistenten oder teilweise synonym verwendeten Begriffen? Mit dem Fehlen einer konkreten methodischen Vorgabe für die Textanalyse und dem Erkennen und Bewerten von Textsegmenten und Leerstellen? Mit der insuffizienten Auslotung der Verbindung historischen Kontextwissens, textbezogenen Metahistorizitätspostulaten und einer auf Aktualisierung ausgerichteten Wirkungstheorie? Oder etwa mit der Annahme, dass die interpretationspraktische Umsetzung des impliziten Lesers den Literaturwissenschaftler aufgrund der autorintentionalistischen Dimension des Konzepts immer in die leidliche Position zwingt, von sich selbst zu behaupten, diese Intention erkannt zu haben?

Letztlich ist die Gewichtung dieser Probleme aufgrund ihrer Häufung irrelevant. Ein theoretisches Konstrukt, das durch seine Überführung in die interpretative Praxis dermaßen viele Probleme produziert, kann in einer praxeologischen Prüfung kaum bestehen. Fragt man darüber hinaus

---

571 Friedrich 2009: 616 ist darin zuzustimmen, dass die Arbeiten Isers „im Blick auf ihre theoretische Grundlegung gravierende Mängel auf[weisen], die eine Operationalisierung kaum ermöglicht haben. Seine Terminologie ist schwer zu rekonstruieren, das eklektische Verfahren führt zur Verbindung theoretisch heterogener Konzeptionen, die nicht aufeinander abgestimmt sind". Siehe hierzu auch Richter 2005 (auf den auch Friedrich an dieser Stelle verweist).

nach den Funktionen des impliziten Lesermodells für eine historisierende Literaturwissenschaft – wie es in der obigen Rekonstruktion der Lesermodelle maßgeblich war – ergeben sich nicht weniger substanzielle Probleme, die zu einer Disqualifikation des impliziten Lesers führen müssen. Ursächlich hierfür ist die inakzeptable Nachlässigkeit Isers, keine fundierte theoretische Ausarbeitung der Text-Kontext-Relation zu leisten, geschweige denn die Beschreibung einer Methodologie der ‚richtigen' und wiederholbaren Umsetzung seiner Form der textbasierten Historisierung auf beliebige literarische Texte. Der implizite Leser leistet dies jedenfalls nicht.

Insgesamt konnte für das Modell eine starke Abhängigkeit von theoretischen Prämissen und dem subjektiv angeeigneten historischen Wissen Isers selbst festgestellt werden. Diese Abhängigkeit arretiert bereits vor dem Umgang mit dem Text die Suche nach bestimmten Text-Kontext-Relationen und die Zuschreibung bestimmter Wissensbestände an den Text. Dies muss gleichermaßen für die meisten anderen *theoretischen* Lesermodelle gelten. Das Modell des intendierten Lesers oder das des *intended audience* beispielsweise lässt auf der Theorie-Ebene nur über den Autor abgesicherte interpretative Zuschreibungen an einen literarischen Text zu. Folgt man der ebenfalls historisierenden Konzeption Tolhursts, so zeigt sich, dass nicht die namensgebenden, faktisch vom Autor intendierten, sondern die vom Literaturwissenschaftler angenommenen und dem Autor unterstellten Leser(gruppen) als hypothetische Zuschreibungen funktionalisiert werden. Für die interpretative Verwendung bedeutet dies zwangsläufig auch, dass die Ergebnisse der Textinterpretation letztlich nicht über die vom Lesermodell beschriebenen faktisch intendierten Leser abgeleitet werden können (da diese in der Regel nicht sicher eruierbar sind), sondern nur aus den theoretischen Vorannahmen des Literaturwissenschaftlers und seinem individuellen Wissen über den historischen Kontext eines literarischen Textes. Ob der Literaturwissenschaftler mit dem intendierten Leser überhaupt noch reale historische Individuen (wie die Geliebte des Autors) oder einfach nur abstrakte Ideen (wie die deutsche Jugend[572] oder die literarische Gemeinschaft[573]) konzeptionalisiert, bleibt darüber hinaus zu klären.

---

572 Siehe Schwartz 1997: 65, die aufzuzeigen versucht, dass Musil seinen „MoE" für eben jene Lesergruppe schrieb.
573 Nollau 1935: 5–10, hier 6 geht davon aus, dass der *junge Goethe* „für die literarische Gemeinschaft in seinem Raum" schrieb, da er für die „große literarische Welt außerhalb seines Raumes […] noch nichts bedeutet[e]". Den erstgenannten Begriff der ‚literarischen Gemeinschaft' grenzt er von dem zweitgenannten ab, von dem er als ‚literarische Öffentlichkeit' spricht und den er durch das definiert, „was außerhalb des Raumes des Autors sich befindet und was nicht zu seiner literarischen Gemeinschaft gehört" (ebd.: 53).

Eine ernsthaft betriebene Texthistorisierung, die den Anspruch verfolgt, die faktisch einem Text zu einem bestimmten Zeitpunkt – etwa dem Publikationszeitraum – zugeschriebenen Bedeutungen zu rekonstruieren, darf sich daher auf theoretische Lesermodelle nicht verlassen. Sie muss vielmehr die überlieferten Rezeptionszeugnisse hinsichtlich dieser faktischen Zuschreibungen analysieren, was angenommene idealtypische Interpretationen oder idealtypische Instanzen (wie sie probabilistische Durchschnittslesermodelle darstellen) ebenfalls ausschließt. Aber Iser wäre nicht Iser, wenn er seiner Theorie nicht *auch* noch die Möglichkeit einer Vermählung mit der empirischen Literaturwissenschaft eingeschrieben hätte. Dabei setzt er seine eigene primärtextbasierte Interpretation jedoch nicht in Abhängigkeit zuvor eruierter faktischer Zuschreibungen, die so eine Korrektivfunktion übernehmen und vor inadäquat historisierenden Aussagen schützen könnten. Iser versteht seine Theorie tatsächlich als „empirisch nicht überprüfbar. Es geht ihr", so schreibt er im Vorwort von „Der Akt des Lesens", „auch weniger darum, sich einer experimentellen Geltungsprüfung zu unterziehen, als vielmehr darum, mögliche Raster zu entwerfen zu helfen, die notwendigerweise erstellt werden müssen, will man empirische Untersuchungen über Leserreaktionen beschreiben" (Iser 1976: 9). Eine historische Rezeptionsforschung würde den umgekehrten Weg gehen oder sich auf die Analyse der Rezeptionszeugnisse beschränken.

2 Anwendungsbeispiel B: Reale Lesermodelle in der historisierenden Rezeptionsanalyse

2.1 Systematik: Varianten historisierender Rezeptionsforschung

Wie genau eine realleserbasierte historische Rezeptionsforschung aussehen könnte, soll im Folgenden skizziert werden. Die theoretische Dimension realer Lesermodelle wurde in dieser Arbeit bereits ausführlich diskutiert und muss nicht mehr expliziert werden. Einen guten Einstieg in den verfahrenspraktischen Kern und in marginalere Varianten der Positionen historisierender Rezeptionsforschung bietet die begriffliche Konkretisierung von „Rezeption" und „Wirkung". Beide Begriffe werden von verschiedenen theoretischen Positionen der Rezeptions- und Wirkungs*theorie*, bzw. *-ästhetik* auf unterschiedliche Weise definiert,[574] in der *Praxis* historisieren-

---

574 Die detaillierte Rekonstruktion der jeweiligen Begriffsbestimmungen unterschiedlicher Theoretiker führt nicht zu einer besseren Übersichtlichkeit, sondern macht bloß die ausgesprochen diffuse Verwendung der Begriffe „Rezeption" und „Wirkung" deutlich. Die beiden Konstanzer Ansätze, also die Rezeptions*ästhetik* und die Wirkungs*ästhetik*, lassen sich noch am präzisesten über ihre zentrale theoretische Herkunft unterscheiden: Jauß' Rezeptionsästhetik orientiert sich vornehmlich an Gadamer und arbeitet *historisch*. Isers Wirkungsästhetik orientiert sich mehr an Ingarden und arbeitet, zumindest was seine Lesertheorie betrifft, *ahistorisch*. Von diesen hermeneutisch-textbezogen ausgerichteten „Ästhetiken" grenzen sich die Begriffe Rezeptions- und Wirkungs*geschichte* ab. Diese beziehen sich wie Jauß auf die *faktische* Literaturgeschichte, versuchen diese aber nicht vom Text aus zu denken. Ihre Unterscheidung ist über die jeweilige Perspektivierung der Forschungsgegenstände zu verstehen, etwa so wie es Grimm 1977b erläutert: „Die ältere Wirkungsgeschichte geht also vom Blickwinkel des Objekts aus, dessen Substanz unveränderlich gedacht ist und dessen Wirkung im Lauf der Geschichte verfolgt werden soll. [...] Anders die Rezeptionsgeschichte. Sie nimmt immer die Perspektive des Rezipienten zum Ausgangspunkt." (ebd.: 145). Die Wirkungsgeschichte ist demnach objektperspektivisch, die Rezeptionsgeschichte subjektperspektivisch, wobei „perspektivisch" nicht meint, *auf* etwas blickend, sondern *von* etwas blickend. Deshalb schaut die *objektperspektivische* Wirkungsgeschichte nicht auf das Objekt ‚Text', sondern vom Objekt ‚Text' ausgehend auf das Subjekt ‚Leser'. Dies zeigt eine uneinheitliche Begriffsverwendung auf: „Wirkung" meint in Konstanz demnach das, was Grimm „Rezeption" nennt, nämlich den ahistorischen Bezug auf die Rezeption von *Subjekten*. „Rezeption" ist für die Konstanzer das, was nach Grimm „Wirkung" ist: Das historisch variable Verstehen von *Texten* (wobei Grimm auch hier noch einmal differenzierend eingreift und an gleicher Stelle Varianten objekt- und subjektbezogener Forschung nennt: Die *objektperspektivische Wirkungsgeschichte* untersucht, wie *verschiedene Texte auf einen Rezipienten* wirken (=subjektorientiert), bzw. wie *ein Text auf verschiedene Rezipienten* wirkt (=objektorientiert). Die *subjektperspektivische Rezeptionsgeschichte* untersucht hingegen, wie *ein Rezipient verschiedene Texte* rezipiert (=subjektorientiert), bzw. wie *verschiedene Rezipienten einen Text* rezipieren (=objektorientiert). Zu weiteren Definitionsversuchen anderer Forscher vgl. Grimm 1977a: 22–28 und auch das Autorenkollektiv Naumann/Schlenstedt/Barck/Kliche et al. 1973: 83, die die genannten Begriffe aber wie Grimm verwenden. Nach Zimmermann 1977: 14 umfasst „Rezeptionsgeschichte" die *Publikumsgeschichte, Sozial-* und *Ge-*

der Arbeiten aber zumeist schlicht synonym verwendet.[575] Tatsächlich fällt der präzisierende Mehrwert, der durch eine funktionale Trennung der Begriffe gewonnen wird, geringer aus als die Verwirrung, die durch sie entsteht. Wesentlich wichtiger als „Rezeption" von „Wirkung" begrifflich zu separieren (vgl. Friedrich 2009: 598), ist die Unterscheidung von „Rezeptions*ästhetik*" und „Rezeptions*forschung*" (bzw. „Wirkungs*ästhetik*" und „Wirkungs*forschung*"). Der je erstgenannte Begriff beschreibt eine hermeneutische, weil primärtextbasierte Form des historischen Rezeptionsbezugs. Die zweitgenannte Forschungsrichtung arbeitet zum einen nicht notwendig historisch und basiert zum anderen – was das wichtigere Distinktionsmerkmal darstellt – auf einem gemeinhin nach Objektivitätskriterien organisierten Umgang mit Sekundärtexten und anderen Medien, die als Zeugnisse einer Primärtextrezeption fungieren.[576] Vergleicht man nun mit Hans-Edwin Friedrich (2009) diese beiden unterschiedlichen Rezeptionsbezüge im Rahmen einer fachgeschichtlichen Betrachtung, so kann aufgezeigt werden, dass sich die empirische Rezeptions*forschung* im Gegensatz zur stark theoretisierten Rezeptions*ästhetik* zwar „als am Einzelfall orientierte (literar-)historische Richtung weitgehend theorielos etablierte, aber den reichhaltigsten Ertrag erzielte" (ebd.: 618).

Bleibt man in der Fachgeschichte, so zeigt sich, dass die von der historischen Rezeptionsforschung stark gemachte Idee, über den Umgang mit Sekundärtexten bestimmte (historische) Fragen präziser oder überhaupt beantworten zu können, die historisierende Literaturwissenschaft schon seit dem Ende des 19. Jahrhunderts sekundierte. Die einschlägigen frühen Arbeiten sind Victor Hehns „Goethe und das Publikum. Eine Literaturgeschichte im Kleinen" ([1887: 50–189] 1988), Franz Erdmann Mehrings „Die Lessing-Legende. Eine Rettung, nebst einem Anhang über den historischen Materialismus" (1893) und Albert Ludwigs „Schiller und die deutsche Nachwelt" (1909). Wie Jörn Stückrath in seiner beachtenswerten Studie zu frühen Varianten historischer Rezeptionsforschung aufzeigen kann, lassen sich bei diesen Forschungsarbeiten methodische Schwächen

---

sellschaftsgeschichte sowie die *Geschichte der literarischen Formen, Stile, Inhalte* und *Darstellungstechniken.* „Rezeption" versteht er demnach als sowohl Leser- wie auch als textbezogener Begriff. Die Situation wird noch unübersichtlicher, wenn man die von Turk vorgeschlagene Differenzierung von „Wirkung" in fünf unterschiedliche Wirkungsbegriffe berücksichtigt (vgl. Turk 1976).

575 Dies konstatiert auch Goltschnigg in der Einleitung seiner „Materialien zur Rezeptions- und Wirkungsgeschichte Georg Büchners" (Goltschnigg (Hg.) 1974b: 1).

576 Friedrich 2009: 597 differenziert dies aus: „Die Rezeptionsforschung hingegen analysiert stattgehabte Rezeptionen; sie tut das zum Einen anhand der historisch überlieferten Rezeptionsspuren unterschiedlicher Provenienz, zum Anderen analysiert sie historisch rekonstruierbares Lesen oder untersucht zum Dritten anhand experimentell erhobener Daten empirische Rezeptionsprozesse".

feststellen, die zu einer im Vergleich untereinander inkonsistenten und damit problematischen Praxis der historischen Rezeptionsforschung geführt haben. Als Gewährsmann für diese Aussage zieht Stückrath (1979) Karl Robert Mandelkow heran, der 1970 als Erster auf das zu diesem Zeitpunkt virulente Problem hinwies, dass die „methodologische Durchdringung und begriffliche Definition" der Wirkungsforschung „ein noch so gut wie unerforschter Bereich" war:[577] „Für die meisten dieser Arbeiten [...] ist es charakteristisch, dass ihnen die methodologische Reflexion dessen, was sie vorhaben, weitgehend fehlt".[578]

Angesichts dieser Diagnose stellt sich retrospektiv die Frage, warum überhaupt eine Situation entstehen konnte, in der eine im Fach seit dem Übergang zum 20. Jahrhundert bekannte und praktisch weit verbreitete Methode hinsichtlich ihrer theoretisch-methodologischen Reflexion so unterbeleuchtet blieb und nie in eine normative Beschreibung einer wiederholbaren Methode überführt wurde. Über die Ursachen hierfür lassen sich bloß Vermutungen anstellen, es ist jedoch frappierend, dass auch die explizit kritische Reflexion dieser Forschungslage in der Hochzeit der Theoretisierung rezeptionsbezogener Ansätze in den 1970er Jahren zu keiner nennenswerten Veränderung praktisch umgesetzter historischer Rezeptionsforschung geführt hat. Wenngleich deren nicht-historische empirische Variante theoretisch solid fundiert wurde, lassen aktuelle *historisch* ausgerichtete Rezeptionsstudien keinen konsistenten Umgang mit Sekundärtexten oder eine fundierte Reflexion ihrer Theorie, teilweise noch nicht einmal ihrer Fragestellung erkennen. Das wird anhand der Beispiele im nächsten Kapitel ebenso deutlich werden wie sich Friedrich in aller Klarheit über diese Beobachtung äußert:

> Faktisch ist die historische Rezeptionsforschung seit den 1970er-Jahren kaum mehr als theoretisch ausgearbeitetes Projekt präsent; die ersten Versuche einer Theoriebildung in den Arbeiten von Grimm, Stückrath, Zimmermann und Mandelkow blieben vereinzelt und haben keine Fortführung gefunden. Im Gegensatz dazu ist eine kaum mehr überschaubare Flut von Einzeluntersuchungen zu verzeichnen, die Rezeptionsuntersuchungen als Standardfragestellung des Fachs ausweisen, ohne dass ein einheitliches theoretisches Profil ausgebildet worden wäre. (Friedrich 2009: 602)

Die tatsächliche Zahl der explizit als ‚historische Rezeptionsforschung' bezeichneten Arbeiten ist jedoch geringer als Friedrich hier konstatiert. Er unterscheidet vermutlich nicht historisierende Arbeiten, die sich in irgendeiner Weise – systematisch oder unsystematisch – auf historische Kon-

---

577 Mandelkow 1970: 71 (Wiederabdruck: Mandelkow 1976b: 103).
578 Mandelkow 1970: 72, bzw. Mandelkow 1976b: 104. Weitere Rezeptionsforscher aus den 1970er Jahren, die diese Feststellung ebenfalls treffen, nennt Stückrath 1979: 7f.

textzeugnisse berufen (um ein bestimmtes Argument zu stützen) von historisierenden Ansätzen, die Rezeptionsforschung dezidiert mit dem Anspruch betreiben, eine Rezeptionssituation in ihrer ganzen Breite darzustellen. Ob aber, wie von dem zweiten Ansatz forciert, der *Darstellung* von Sekundärtexten eine *Interpretation* des Primärtextes folgen, bzw. vorausgehen sollte – so fordern es die erstgenannten Ansätze in der Regel – wird weiter unten diskutiert werden.

Zuvor muss jedoch der Versuch einer Systematisierung des Forschungsfeldes „Rezeptions- und Wirkungsforschung" unternommen werden, um der konstatierten Untertheoretisierung auf diesem Gebiet durch Reflexion der gängigen Praktiken entgegenzuarbeiten. Dabei wird konkret an einen bereits in dieser Stoßrichtung formulierten Ansatz von Gunter Grimm angeschlossen,[579] wenngleich dieser nicht Positionen der Rezeptions*forschung*, sondern der Rezeptions- und Wirkungs*geschichte* systematisch darzustellen versuchte. Aus zwei Gründen kann über Grimm hinausgegangen werden. Erstens wird im Folgenden „Rezeptionsforschung" als Hyperonym verstanden, das neben den von Grimm fokussierten Begriffen „Rezeptionsgeschichte" und „Wirkungsgeschichte" mindestens auch „Rezeptionsanalyse" und „Rezeptionsuntersuchung" und somit Arbeiten eines (inter-)disziplinär breiteren Spektrums subsumiert.[580] So bleiben die im Folgenden kategorisierten Forschungsarbeiten nicht nur auf historische, bzw. historisierende Fragestellungen beschränkt. Zweitens wurde, wie bereits oben erwähnt, die von Grimm als grundlegend erachtete Trennung der Begriffe „Rezeption" und „Wirkung" verworfen, weil diese theoretisch inkonsistent und praktisch synonym verwendet werden. Der hier stattdessen eingesetzte Begriff „Rezeptionsforschung" umfasst demnach nicht bloß Ansätze, in denen historische Rezeptionstexte funktionalisiert werden, um Aussagen über die Leser oder den Primärtext formulieren zu können, so wie es der Grimm'sche Subjekt-Objekt-Dualismus nahelegt.[581] Welche anderen Erkenntnisinteressen historische Rezeptionsforschung darüber hinaus tatsächlich verfolgen kann, soll die folgende schematische Auflistung zeigen, die anschließend erläutert und in den Anmerkungen mit Beispielen aus der Forschung belegt werden wird.

---

579 Er stellt seine Ergebnisse vor in dem Aufsatz Grimm 1977b (eine übersichtliche grafische Darstellung auf Seite 146) und in der Monographie Grimm 1977a: 117–161 (wobei sich ein ähnlicher grafischer Überblick auf Seite 117f. findet).
580 Zu diesen nachbardisziplinären Rezeptionsforschungen zählen etwa bild- und kunstwissenschaftliche Arbeiten (Feist 1990, Kemp 1992, Belting 1995), musikwissenschaftliche Arbeiten (Zenck 1977, Ruf 1977, Kranefeld 2000, Metzger 2000, Bunke 2011) und filmwissenschaftliche Arbeiten (Meyer 1996).
581 Siehe hierzu Anm. 574.

Historische Rezeptionsforschung wird hauptsächlich von Ansätzen betrieben, in deren Erkenntnisinteresse (a) ein einzelner Leser, (b) eine bestimmte Gruppe von Lesern, (c) ein einzelner literarischer Text, (d) eine Gruppe von Texten, oder aber bestimmte Kontextelemente wie (e) der Autor, (f) der ‚Zeitgeist' oder historische Umgangsformen, beziehungsweise (g) Diskurse oder Diskursformationen stehen.

a) *Der einzelne Leser im Erkenntnisinteresse.*[582]
    Hierzu zählen u. a. Arbeiten, die zu rekonstruieren versuchen, welches Wissen einzelne Individuen zu einem bestimmten Zeitpunkt hatten, etwa ein Autor bei dem Verfassen eines literarischen Werks. Hierzu können beispielweise Autorenbibliotheken rekonstruiert und Autoren als ‚Leser anderer Texte' verstanden werden. Meist handelt es sich um *synchronische* Untersuchungen.[583]

b) *Eine bestimmte Gruppe von Lesern im Erkenntnisinteresse.*
    Wie in (a) findet hier in der Regel keine Interpretation eines Primärtextes statt, sondern es werden vielmehr Durchschnittsleser aus (teilweise recht großen) Lesergruppen eines bestimmten Zeitraumes generiert, denen dann das aus den Sekundärtexten rekonstruierte Wissen über einen Primärtext zugeschrieben wird. Hier dominieren ebenfalls *synchronische* Querschnittsuntersuchungen, wobei die Varianz dessen, was als ein singulärer Untersuchungszeitraum verstanden wird, erheblich schwankt.[584] So lassen sich hier synchronisch aufgebaute Arbeiten

---

582 In der folgenden Übersicht wird deutlich, dass sich die *Rezeptionsforschung* neben den primären Erkenntniszielen auch hinsichtlich der Syn- und Diachronie ihres Vorgehens differenzieren lässt. Damit unterscheidet sie sich von der in Kapitel III.2.2 vorgestellten Differenzierung von *Lesermodellen*, bei der neben den genannten auch diatopische und diastratische Faktoren als relevante Funktionskategorien der Unterscheidung von Lesermodellen beobachtet werden konnten.

583 Beste 1915: bes. 18–44, wo Konrad Beste rekonstruiert, wie Grillparzer die politische Tendenzliteratur seiner Zeit rezipierte; Holub 1981, der Heines Rezeption der Aufnahme der griechischen Tradition im Deutschland seiner Zeit untersucht; Ritchie 1984, die Lessings Rezeption des französischen Dramas analysiert; Berger 1990, der Hermann Bahrs Mach-Rezeption fokussiert; Sittel 1999, in deren Untersuchungsbereich Jakob Michael Reinhold Lenz' ‚produktive Rezeption' (s. o., Anm. 222) von Plautus' Komödien fällt; Hirn 2006, der sich der Goethe-Rezeption im Frühwerk Thomas Manns widmet; Sam 2011, die Rudolf Steiners Faust-Rezeption im Zuge seiner ‚Vorbereitung der Welturaufführung des gesamten Goetheschen *Faust*' (1938) betrachtet.

584 Beaujean 1971 untersucht das Lesepublikum der *Goethezeit*; Langenbucher 1971 bezieht sich allgemein auf das ‚literarische Publikum im *19. Jahrhundert*; Bohnen 1984 hingegen auf die Rezeption Lessings in der zweiten Hälfte des *18. Jahrhunderts*. Er geht dabei nicht von Zeitabschnitten, sondern von ‚Wirkungsbereichen' (ebd.: 306) aus; Henning (Hg.) 1989 untersucht die *zeitgenössische Rezeption* von Heines „Deutschland, ein Wintermärchen" zwischen 1844–1845; Raffler 1993 betrachtet die bürgerliche Lesekultur im *Vormärz*; Armbrüster 1997 untersucht die Rezeption sowjetischer Kriegsprosa in der DDR (und somit in

nicht über die Größe des umfassten Zeitrahmens von dezidiert diachronischen ‚Längsschnittuntersuchungen' unterscheiden,[585] sondern lediglich dadurch, dass sie keine chronologische Binnendifferenzierung des Untersuchungszeitraumes mehr vornehmen (wie etwa Rezeptionsphasen, Epochen usw.).

c) *Ein einzelner literarischer Text im Erkenntnisinteresse.*
Hierbei wird die Rezeption eines literarischen Primärtextes untersucht um (neue) Aussagen über diesen Primärtext formulieren zu können; d. h. der literarische Text, nicht die Leser oder deren Rezeptionszeugnisse stehen im eigentlichen Erkenntnisinteresse. Dabei sind synchronische Untersuchungen,[586] die die Rezeption eines Textes zu *einem* bestimmten Zeitpunkt für die Interpretation dieses Textes heranziehen ebenso aufzufinden wie diachronische Ansätze,[587] die die Rezeption eines Textes zu wenigstens *zwei* unterschiedlichen Zeitpunkten für die Interpretation des Textes funktionalisieren. In beiden Fällen jedoch werden zumindest teilweise die (eigene) Primärtextinterpretation und die Sekundärtextanalyse stark aneinander angenähert. Dies ist als hochproblematisch zu beurteilen, insbesondere wenn die Interpretation des Primärtextes vor der Analyse der Sekundärtexte stattfindet und die Sekundärtextanalyse von den eigenen Interpretationsergebnissen beeinflusst wird.

---

einem ebenfalls zeitlich begrenzten Rahmen, wenngleich dieser verhältnismäßig offen ist). Whiteley 2011 untersucht psychologische Projektionen einer Gruppe miteinander diskutierender Leser eines literarischen Textes, was die sicherlich rigideste Beschränkung eines Untersuchungszeitraums bedeutet.

585 Steinmetz (Hg.) 1969 untersucht Dokumente zu Lessings Wirkungsgeschichte in Deutschland aus drei Jahrhunderten. Hohendahl 1971 liefert nicht nur eine umfangreiche Materialsammlung der Rezeption Benns (von 1912 bis Mitte der 1960er Jahre), sondern reflektiert auch die Phasen dieser Rezeption (Expressionistisches Jahrzehnt; Weimarer Republik; Drittes Reich; Wiederentdeckung; Später Ruhm), die er nach kontext- oder materialbedingten Vorgaben bestimmt. Ähnlich geht Bartscher 1942 vor, der die Rezeption Hölderlins in unterschiedlichen Zeiträumen und intellektuellen Kontexten untersucht (Ausgang des 18. Jahrhunderts, Goethe und Schiller, Romantik, Freiheitskriege, Realismus, letztes Drittel des 19. Jahrhunderts usw.).

586 Jäger 1974, der zwar zeitgenössische „Werther"-Rezeptionen ausführlich untersucht, die Ergebnisse der Analysen dann jedoch im letzten Abschnitt seines Aufsatzes in die *autorintentionale Interpretationshypothese* überführt, warum Goethe den Text der ersten Fassung von 1774 noch einmal überarbeitete und 1787 in einer zweiten Fassung erneut publizierte; Hempfer 1987, der die „*Orlando-Furioso*-Rezeption im Cinquecento", also dem 16. Jahrhundert untersucht und dabei die historische Rezeptionsforschung als anleitende „Heuristik der [eigenen] Interpretation" des Primärtextes begreift (ebd.: 25).

587 Marquart 2009, die aus einer intertextualistisch geprägten Perspektive die ‚produktive Rezeption' (s. o., Anm. 222) von Goethes „Faust" in Frankreich, also Verweise anderer *fiktionaler* Texte auf den Goethe-Text untersucht.

d) *Eine Gruppe von Texten im Erkenntnisinteresse.*
Hierbei bestehen die gleichen Probleme wie in (b) bezüglich der Unterscheidung syn- und diachroner Untersuchungszeiträume,[588] wie auch die aus (c) bekannten Probleme der Beeinflussung der Sekundärtextanalyse durch die Primärtextinterpretation.

Neben den Lesern und Texten werden aber auch andere, im weitesten Sinne *kontextuelle* Faktoren durch eine historisierende Rezeptionsforschung zu greifen versucht:

e) *Der Autor im Erkenntnisinteresse.*
Wie auch bei (c) und (d), der auf literarische Primärtexte bezogenen Rezeptionsforschung zeigt sich, dass hier ein Problem besteht bei der systematischen Trennung der eigenen *Interpretation* des Primärtextes von der *Analyse* des Sekundärtextes. Die eigenen Annahmen über die Autorintention und die Annahmen der historischen Rezipienten über die Autorintention vermengen sich dabei. Zwei Argumentationsformen lassen sich beobachten: Entweder werden die historischen Sekundärtexte mit der vom Rezeptionsforscher angenommenen Autorintention abgeglichen[589] oder aber die historischen Sekundärtexte wer-

---

[588] Trotz dieser Probleme lassen sich auch hier synchronische (Jaron 1981; Platz 1986) von diachronischen Untersuchungen (Werner 1973; Schönert (Hg.) 1975 (siehe hierzu Möhrmann 1981); Grywatsch 2008) unterscheiden. Norbert Jaron untersucht das demokratische Zeittheater der späten 1920er Jahre am Beispiel von Justizdramen, genauer zur Todesstrafe zwischen 1928 und 1930. Norbert Platz untersucht das Wirkungspotential viktorianischer Romane, hat also sowohl eine größere Textgruppe als auch ein weiteres Verständnis dessen, welche Zeiträume noch synchron untersuchbar sind. Hans-Georg Werners Arbeit kann als ein Beispiel angeführt werden, wie das Gesamtwerk eines Autors als Textgruppe verstanden werden kann. Diachronisch ist die Arbeit insofern als sie eine knappe Verlaufsübersicht der zeitgenössischen Rezeption bis nach 1945 gibt und somit (auch der Selbstbeschreibung gemäß) *wirkungsgeschichtlich* ist. Die Beiträge Meyer 1975 und Herles 1975 in dem Band von Jörg Schönert erörtern die ‚Rezeptionsgeschichte' von Dramen aus Sternheims Zyklus „Aus dem bürgerlichen Heldenleben", wobei sie zwar je einen begrenzen Zeitraum untersuchen (1911–1926 und „nach dem zweiten Weltkrieg"), dabei jedoch eine Art Binnendifferenzierungen der Rezeptionsphasen vornehmen. Jochen Grywatsch (2008) untersucht „Einschätzungen des Droste-Werks im 19. und 20. Jahrhundert" und deren „sich verändernde[ ] gehaltliche Spezifik" (ebd.: 20).

[589] Barner/Grimm/Kiesel/Kramer 1987 stellen dezidiert die Frage nach dem Autor Lessing: „Die Resonanz bei Mit- und Nachwelt bestimmte jedoch immer das Bild vom Dichter selbst. Insofern lieferte die positivistische Wirkungsforschung wenigstens die Bausteine, um die Rezeption eines Werkes mit der Bewusstseinslage der Leserschaft zu verbinden" (ebd.: 344). Diese Bewusstseinslage wird dann beständig mit der angenommenen Intention des Autor Lessings abgeglichen, wenngleich dies teilweise Probleme bereitet: „Bei Miß Sara Sampson lassen sich Lessings Intentionen nicht exakt feststellen. [...] Man wird nicht fehlgehen, Lessings Verfahren, die Zuschauer durch die Darstellung ihrer eigenen Situation zu sensibilisieren, als Ausdruck einer moralisch-pädagogischen Absicht zu deuten" (ebd.: 353). So wird die gesamte Rezeption auch nur auf die Frage hin geprüft „wie die Kritik [...] die

den als Hinweise und Fundament für die Formulierung einer Hypothese über die Autorintention eingesetzt.[590]

f) *Ein bestimmter (Problem-)Kontext,*[591] *der ‚Zeitgeist'*[592] *oder bestimmte historische Wissenszusammenhänge oder Umgangsformen*[593] mit Literatur stehen ebenfalls im Erkenntnisinteresse einiger Ansätze der Rezeptionsforschung.

g) Zuletzt können aber auch *Diskurse oder Diskursformationen* dieses Erkenntniszentrum bilden.[594]

Intention des Autors deuten würde" (ebd.: 362, ähnlich auch 366). Dabei verstehen sie die historischen Rezeptionstexte nicht als Hinweise auf eine historisch adäquate, hypothetische Autorintention. Vielmehr werden die Rezeptionstexte mit der (angenommenen) faktischen Intention abgeglichen: „Ob Lessing die Publikumswirkung als verfehlt ansah, ist nicht belegt" (ebd.: 362).

590 So etwa schließt Tippkötter 1971 seine Forschung zur Rezeption von Walter Scotts Waverley Novels damit ab, dass die von ihm gefundene „Interpretationsformel vom *pituresque in action* nicht nur die Quintessenz der zeitgenössischen Scott-Kritik in metaphorischer Verkürzung formuliert, sondern dass sie auch einen Schlüssel zum Selbstverständnis des Romanciers Walter Scott bereitstellt" (ebd.: 177). Etwas moderater schreibt Wild 2008: hier 82, in ihrer ‚Rezeptionsanalyse am Beispiel von Ulrike Draesners Lyrik': „Obwohl sich die meisten Rezensionen inhaltlich ähneln, ergibt sich zusammen mit den Interpretationen und Interviews ein facettenreiches Bild der Autorin". Hohendahl 2008 nähert sich in seiner u. a. auf Rezeptionsanalysen basierenden Arbeit zu Heine als ‚europäischem Schriftsteller und Intellektuellem' „von verschiedenen Seiten der für Heine zentralen Frage [nach] seiner Rolle als Schriftsteller in einer modernen Gesellschaft sowie seiner Bestimmung des Verhältnisses von öffentlicher Rolle und individueller Identität als Autor" (ebd.: 10).

591 Wolfang Ludwig Schneider beschreibt den perspektivischen Rahmen einer kontextorientierten historisierenden Rezeptionsforschung: „Nicht die Identifikation allgemeiner sozialer Funktionen als Problembezüge, sondern die Rekonstruktion des *einzelfallspezifischen Problemkontextes,* auf den allein das untersuchte Sinngebilde die adäquate Antwort darstellt und für das es infolge dessen keinen vollgültigen Ersatz geben kann, ist hier das Ziel der Analyse" (Schneider 1991: 233–238, hier 233).

592 Füllner 1982: 22 der vom „Durchschnittsgeist einer Epoche" spricht (vgl. auch Anm. 596 in dieser Arbeit).

593 Thöming 1974, der den historischen Wandel der ästhetischen Vermittlung von sinnlicher Erkenntnis und Gefühlserlebnissen anhand der Rezeption von Goethe- und Musil-Texten aufzeigt.

594 Maurer 2010, untersucht u. a. Kundenrezensionen auf Amazon und Interviewergebnisse von Rezipienten des Buches und des Films „Die weiße Massai" (Corinne Hofmann, 1998) und generiert aus den Rezeptionszeugnissen ‚wesentliche Diskurselemente' (ebd.: 37): „Grundlage für die Studie ist die Auswertung von 53 Niedrigst- und 61 Höchstbewertungen der Kundenrezensionen von Amazon. Durch die diskursanalytische Methode des mehrfachen Kodierens konnten Kategorien gefunden werden. Im Sinne von Michel Foucault können sie als Diskurse betrachtet werden" (ebd.: 42). Ihre zentrale Forschungsfrage, wie „die medial vermittelte autobiografische Geschichte einer jungen Europäerin wahrgenommen und interpretiert [wird], die versucht, in einer fremden Kultur im afrikanischen Busch" zu leben (ebd.: 27), muss somit als Analyse des europäischen Diskurses über eine transkulturelle Ehe in Afrika verstanden werden.

Bringt man diese Varianten der Rezeptionsforschung auf ihren kleinsten gemeinsamen Nenner, so lassen sie sich dahingehend unterscheiden, welcher Instanz die anhand einer Sekundärtextanalyse gewonnenen Ergebnisse zugeschrieben werden. Die forschungspraktische Realität sieht dabei jedoch ein wenig anders aus als es diese idealisierende Systematisierung nahelegt. Denn in der Praxis wird in den Arbeiten der Rezeptionsforschung nicht immer nur *ein* Forschungsziel formuliert und nicht immer auch nur eines erreicht, bzw. gerade das erreicht, das zu erreichen versucht wurde. Folgende Abweichungen von den obigen Kategorien können zusammengefasst werden:

1) Die Vermengung von Erkenntnisinteressen: So wird etwa nicht genau festgelegt, ob die Ergebnisse der Sekundärtextanalyse dem *Autor*, dem *Text / Werk* oder dem *Leser*, bzw. mehreren dieser Instanzen zugeschrieben werden.[595] Teilweise wird eine Differenzierung sogar explizit negiert.[596]

2) Die Beeinflussung der Sekundärtextanalyse durch eine (zuvor geleistete) Primärtextinterpretation,[597] die paradigmatisch für die restliche Ar-

---

595 Solch eine nicht-differenzierende Zuschreibung an Autor *und* Leser findet sich bei Halsey 2012: hier 3, die einen „dual focus on Jane Austen and her readers" anvisiert, wobei sie die Beziehung zwischen beiden als eine „conversation, a dynamic two-way process" versteht, unabhängig davon, dass ein Gutteil ihrer Sekundärtexte nach dem Tod Austens publiziert wurden. Um diese ‚leidige Tatsache' (Seiler 1983) theoretisch konsistent greifen zu können, arbeitet sie mit zwei Lesermodellen: einem *hypothetical reader*, der als theoretisches Modell irgendwo zwischen *intended*, *implied* und *resisting reader* zu verorten ist. Dieser wird sekundiert durch einen *historical reader*, der sozusagen für die zeitgenössischen Sekundärtexte zu Austens Texten verantwortlich ist. Eine theoretische Legitimation einer solchen Positionen bietet Mark Bevirs Ansatz des *procedural individualism,* der die Differenz zwischen Bedeutungen, die Autor und Leser einem Text geben, zugunsten einer im historische Kontext rein temporal fixierten Bedeutung *für* (irgend-)jemanden nivelliert (Siehe Bevir 2000). Halsey allerdings bezieht sich selbst nicht auf Bevir. Kritisch äußert sich zu dieser Konfundierung von Autor(intention) und Leser explizit Crosman 1975: hier 381, der schreibt, die Rede vom *Leser eines Textes* wäre „a Trojan horse, in which ‚authorial intention' is disguised as ‚audience response'".

596 „Es geht mir in der Analyse also um die Rezeption von Text und Autor, d. h. um die vielfältigen Verflechtungen, die zwischen der Rezeption der Werke und der Beurteilung des Autors Heine bestehen – die aus arbeitstechnischen Gründen erfolgte Trennung der beiden Bereiche Werk und Autor (Produkt und Produzent) kann nicht die enge Verbindung beider Bereiche aufheben und darüber hinwegtäuschen, wie schwer es oft fällt, zwischen beiden zu trennen" (Siehe Füllner 1982: 16). In dieser Arbeit untersucht er die „Aufnahme des Werkes sowie des Autors Heine in [170(!) unterschiedlichen] deutschen Literaturgeschichten" (ebd.: 15).

597 Besonders deutlich wird dies bei Wild 2008, die der Analyse von Rezeptionszeugnissen eine „Untersuchung", bzw. „Analyse" der Primärtexte (von Ulrike Draesner) vorschaltet. Diese Primärtextanalyse „soll im Hinblick auf die folgende Rezeptionsanalyse dazu dienen, die Reaktionen der Rezensent/innen nachzuvollziehen oder auch zu hinterfragen" (ebd.: 18). Dass ihre *Analysen* jedoch hochinterpretativ sind, zeigt das folgende Zitat: „Im Gedicht

beit ist. So findet sich beispielsweise in einer Rekonstruktion der Rezeption der „Geschichte des Fräulein von Sternheim" (Sophie von La Roche, 1771) der folgende, hochinterpretative Bezug auf den Autor, mit dem die historische Rezeption gewissermaßen disqualifiziert wird: „In Wahrheit ist dies der eigentliche Charakter der Buchs, ahnungslos hat sich die Verfasserin damit selbst charakterisiert" (Greiner 1964: 42).

3) Die Vermengung der Ergebnisse der Eigen- und Fremdinterpretation: Es wird nicht unterschieden, ob eine interpretative Zuschreibung an einen Primärtext von einem (historischen) Rezipienten oder von dem Rezeptionsforscher selbst vorgenommen wird.[598]

4) Differenzen im jeweiligen Anspruch, möglichst alle vorhandenen, bzw. auffindbaren Rezeptionszeugnisse zu berücksichtigen, zu analysieren und in ein Verhältnis zueinander zu setzen.

Die in dieser Systematik aufgeführten Formen der Rezeptionsforschung lassen sich aber nicht ausschließlich über ihr vorwiegend theoretisch bedingtes Erkenntnisziel kategorisieren. Auch ihr jeweiliger *argumentativer* Umgang mit den Sekundärtexten kann für eine Kategorisierung herangezogen werden. So sind zwei ‚Umgangsformen' mit Sekundärtexten hervorzuheben, die eng mit dem Modus der Gesamtargumentation des Forschungstextes verknüpft sind.[599] Sie resultieren in einer *heterogenisierenden* und einer *homogenisierenden* Einschätzung der Sekundärtextlage. Die Bestimmung einer Rezeptionssituation als heterogen geht mit dem Argument des besonders breit aufgestellten Wissens des Autors, beziehungsweise des Wissens in einem Text, Diskurs, Kontextes usw. einher. Präsumiert wird hierbei, dass eine heterogene Rezeption nur entstehen konnte, weil der Text aufgrund seiner besonderen Qualität diese Vielfalt überhaupt erst ermöglichte. Im Fall einer Homogenisierung der Rezeptionssituation wird *eine* bestimmte Deutung gegenüber anderen (eventuell auch durch Quellen

---

„kontaktlinsen" geht es um ein lyrisches Ich, das zum ersten Mal Kontaktlinsen trägt und sich an sie gewöhnen muss. Hier ist die Kontaktlinse ein Abbild des Auges sowie ein Verbindungsglied zwischen Auge und Gehirn. [...] Der Reiz von „kontaktlinsen" und „glasblau, die schenkel" liegt wohl in erster Linie darin, (bis zu diesem Zeitpunkt) Gedichtuntypitsche Themen wie das Verrutschen einer Kontaktlinse und das Enthaaren der Beine lyrisch zu verarbeiten" (ebd.: 42f.). Die Rezeptionszeugnisse werden dann besonders auf die durch die ‚Analyse' antizipierten Interpretationen hin untersucht.

598 Etwa bei Maurer 2010, bes. Teil III ihrer Arbeit, der den Titel „Analyse und Interpretation" trägt. In ihm werden die eigene Primärtextinterpretation und Aussagen der Sekundärtextverfasser nicht getrennt voneinander, sondern als gleichwertige Aussagen behandelt.

599 Ob diese Argumentation nun wiederrum abhängig von theoretischen Lagern ist und wie sich diese gegebenenfalls unterscheiden, kann hier nicht weiter untersucht werden, wenngleich solche Abhängigkeiten zu vermuten sind.

nachweisbaren) Deutungen als privilegiert betrachtet, weil sie sich aus bestimmten Gründen gegenüber anderen durchgesetzt hat, bzw. aus unterschiedlichsten Gründen als die ‚richtigste', ‚wichtigste', ‚adäquateste' usw. eingeschätzt wird. Solch eine homogenisierende Position geht nicht selten einher mit *kultur-* oder *gesellschaftsbezogenen* Forschungsinteressen (die auch an die Lesermodelle der Interpretationsgemeinschaften erinnern). Günter Waldmann beschreibt deren Grundsätze wie folgt:

> Niemand, der liest, liest als isoliertes monadenhaftes Individuum. Er ist geprägt durch den Traditionsraum in den er hineingeboren ist, durch die Gesellschaft und ihre Kultur, die ihn sozialisiert haben, er ist bedingt durch die ökonomischen, politischen, gesellschaftlichen, die literarischen, kulturellen, kulturindustriellen und massenmedialen Verhaltensweisen, in denen er lebt; er ist als pragmatischer Leser in wesentlicher Hinsicht Ensemble dieser gesellschaftlichen Verhältnisse. Und er kann als Leser pragmatisch nur gefasst werden, wenn diese Prägungen und Bedingungen, die ihn als konkreten Leser erst konstituieren, mit aufgefasst werden. (Waldmann 1981: 108)

Eine weitere Spielart homogenisierender Rezeptionsforschung findet Ausdruck in der Annahme von Fehl- oder Falschlektüren, wie sie materialistische Arbeiten gelegentlich formulieren.[600] Durch die Identifizierung und Eliminierung vermeintlicher Falschlektüren aus dem historischen Rezeptionsverlauf wird ein als heterogen betrachtetes Sekundärtextvorkommen gewissermaßen retrospektiv homogenisiert.

Betrachtet man die vorgestellte Systematik nun mit Blick auf die Funktionalisierung realer Lesermodelle, so zeigt sich, dass alle vorgestellten Positionen den realen Leser zwar als Zeugnisgeber, nicht aber notwendig auch als epistemisches Ziel der aus den Sekundärtexten gewonnenen Argumente verstehen. Die Varianz dieser Anschlussmöglichkeiten an eine Sekundärtextanalyse soll in dieser Arbeit keinesfalls eingeschränkt oder kritisiert werden. Wichtiger scheint zu sein, sie begrifflich differenziert beschreibbar zu machen. Nur dann können die verschiedenen Positionen, die sich unter dem Begriff „Rezeptionsforschung" subsumieren lassen, in ein Verhältnis gesetzt werden. Elementar ist dabei, dass sie alle auf derselben Methode der Sekundärtext*analyse* beruhen, wenngleich diese noch nicht als *einheitliche* Methode beschrieben wurde.[601] Ihre unterschiedlichen Ausprägungen lassen sich jedoch mit dem Begriff „Rezeptionsanalyse" am treffendsten benennen. So wird bereits im Namen deutlich, dass es sich um eine Analyse – an dieser Stelle klingt das banal – von Sekundär-

---

600 S. hierzu Anm. 190 und 191 (dieser Arbeit).
601 Als ein Versuch dieser einheitlichen Beschreibung *aktueller* Rezeptionen kann die empirische Arbeit von Werner Faulstich gelten (Faulstich 1977). Seine Methoden sind jedoch nicht für eine historisierende Analyse anwendbar. Vgl. hierzu Anm. 213 (dieser Arbeit)

texten handelt. Die Analyse von Primärtexten hingegen müsste sich, wie bereits gezeigt wurde,[602] den Problemen stellen, die aufgrund der Historizität und der Fiktionalität literarischer fiktionaler Texte entstehen. Ferdinand Fellmann (1983: 528) verweist im Rahmen historiographischer Fragestellungen auf „die prinzipiellen Grenzen, die der Leistungsfähigkeit der Sprachanalyse im Hinblick auf das Wesen der historischen Formung gezogen sind". Die Begründung dieser Grenzen gilt auch für die literaturwissenschaftliche Historisierung literarischer Primärtexte:

> Der Grund liegt einfach darin, dass der Gegenstand der Geschichtsschreibung nicht in gleicher Weise durch eine Organisationsformen konstituiert wird, wie das bei den Naturwissenschaften der Fall ist, sondern dass es der Historiker immer schon mit geformten Material zu tun hat. Diese primäre Formung aber bleibt dem Zugriff der Sprache entzogen und gerade darin liegt das Problem der historischen Erkenntnis. (Fellmann 1983: 528)

Eine Analyse von Sekundärtexten ist diesem Problem in dem Maße geringer ausgesetzt, in dem Sekundärtexte im Vergleich zu literarischen Primärtexten als ‚weniger geformt' bestimmt werden können. Der Fülle von Anschlussoperationen an solch eine Sekundärtextanalyse, die im Dienste einer autorintentionalen Hermeneutik ebenso wie einer textinterpretativen oder kontextbeschreibenden Methoden stehen können, wird der recht offene Begriff „Rezeptionsforschung" am ehesten gerecht, da „Forschung" eben nicht wie „Analyse" bereits einen bestimmten Modus von *Textumgangsform* vorschreibt. Durch diese Differenzierung lässt sich auch Mandelkows Kritik, der historischen Rezeptionsforschung mangele es an „einer zureichenden Klärung ihres Gegenstandes, ihrer Erkenntnisziele und ihrer Verfahren",[603] etwas präziser beschreiben.

So gehören zu ihrem *Gegenstand* alle greifbaren Sekundärtexte unterschiedlichster Genre, wobei die theoretische Herkunft des Rezeptionsforschers entscheidet, welche Genres als Sekundärtexte gelten und welche nicht. Zum häufigsten Grenzfall zählen fiktionale Texte, die jedoch in der hier vertretenen strengeren Variante aufgrund der im Einleitungskapitel dargestellten Probleme nicht zum Gegenstand der historischen Sekundärtextanalyse gezählt werden. Die *Erkenntnisziele* sind ebenfalls abhängig von der theoretischen Heimat des Rezeptionsforschers. Das analytische Verfahren selbst kann jedoch unabhängig von den (interpretativen) Anschlussoperationen als prinzipiell offen für eine Vereinheitlichung verstanden werden. Daher ist Mandelkow auch gut 40 Jahre nach seiner oben zitierten Kritik zuzustimmen: Es ist ausgesprochen erstaunlich, dass sich

---

[602] Siehe Kapitel II.1 und alle Unterkapitel.
[603] So wird der einschlägige Aufsatz von Mandelkow „Probleme der Wirkungsgeschichte" (Mandelkow 1970 u. Mandelkow 1976b) durch Stückrath 1979: 7 zusammengefasst.

nie ein uniformes Schema des Umgangs mit Sekundärtexten durchgesetzt hat. Einen möglichen Grund nennt Stückrath (1979: 6), der die mangelhafte Reflexion und Miteinbeziehung rezeptionsbezogener Vorarbeiten moniert: „Der rezeptionsgeschichtlichen Forschung fehlt das Bewusstsein ihrer eigenen Geschichte: Die Rezeptionsforscher untersuchen die Rezeption eines einzelnen Autors – wie z. B. Mörikes –, nehmen aber analoge Arbeiten zu anderen Autoren kaum zur Kenntnis".

Das gewaltige Potential einer gemeinsamen, übergreifenden Rezeptionsforschung zu einem einzelnen Text, einem Autor, einer Epoche usw., die sich akkumulierend auf die Ergebnisse vorheriger Sekundärtextanalysen beziehen und auf deren Akkuratesse verlassen kann, wird damit verspielt. Doch könnte sie, geht man vom Beispiel eines einzelnen literarischen Textes aus, die Forschung sowohl in der synchronen als auch in der diachronen Perspektive anleiten. Obgleich eine standardisierte Methode des analytischen Sekundärtextumgangs bis heute Desiderat geblieben ist, bedeutet dies nicht, dass sie aus dem Nichts geschaffen werden müsste. Vielmehr könnte sich eine Sekundärtextanalyse an der umfassenden und weitentwickelten linguistischer Textanalyse orientieren. Besonders anzubieten scheinen sich hier Propositionsmodelle – vertreten etwa durch Walter Kintsch –, die Texte „als eine Liste von durch ‚und' miteinander verknüpfte[r] Propositionen" verstehen (Figge 2000: 99).[604] Aufgrund einer Vielzahl empirischer Untersuchungen gilt es „heute als erwiesen, dass die semantische Verarbeitung der Satzbedeutung in Form von propositionalen Einheiten erfolgt" (Christmann/Schreier 2003: 250). Die grundlegende Idee der Übertragung kognitionslinguistischer Annahmen in die historische Sekundärtextanalyse ist nun, dass ein Sekundärtext Aussagen über einen Primärtext formuliert, indem er ihn mit bestimmten Wissenskontexten in Verbindung setzt. Diese semantische Relation wird „Proposition" oder „Prädikat-Argument-Struktur" genannt (ebd.). Rezeptionsanalytisch ließe sie sich in Form von Listen aller propositionalen Zuschreibungen, wie sie in einem Sekundärtext vorgenommen werden oder zumindest erkennbar sind, funktionalisieren. Es besteht jedoch ein grundsätzliches Problem bei der Arbeit mit Propositionen, zumindest wie sie die

---

[604] Kintsch stellt eine Hierarchisierung der Propositionen her, die für die Rezeptionsanalyse nicht unbedingt relevant sein muss. Dies liegt darin begründet, dass es dem Gedächtnispsychologen Kintsch vor allem um Erinnerbarkeit von Textinhalten geht und durch sein Kohärenz- und Hierarchisierungmodell erklärt werden kann, warum bestimmte Propositionen besser erinnert werden (siehe hierzu etwa Kintsch 1974). Dies scheint bei der Rezeptionsanalyse nebensächlich zu sein, womit auch die ursprünglich von Kintsch fokussierten und in seiner Zusammenarbeit mit van Dijk in Angriff genommenen Probleme der Prozessualität des Textverstehens irrelevant werden (van Dijk/Kintsch 1983; vergleichend Christmann 1989).

(Text-)Linguistik versteht. Dies äußert sich darin, dass Propositionen als rein *semantische* Analysekriterien nicht ausreichend sind, um die Bedeutung einer Aussage in einem Text erklären zu können. Propositionen sind sozusagen nicht *qualifizierend*, weder hinsichtlich syntaktischer Aktiv- oder Passivkonstruktionen[605] noch hinsichtlich einer von ihnen vorgenommenen *positiven* oder *negativen* Referenz. Das bedeutet, der interpretative Satz „Im ‚Werther' wird eine frühbürgerliche Emanzipationsbewegung literarisch verhandelt" besitzt den gleichen propositionalen Gehalt wird der Satz „Im ‚Werther' wird *keine* frühbürgerliche Emanzipationsbewegung literarisch verhandelt".[606] Da es nun aber für eine Rezeptionsforschung, die nicht wie Riffaterre rein deviationsstilistisch arbeitet, durchaus einen Unterschied macht, ob ein Kontext als relevant *oder* irrelevant eingeschätzt wird, müssten Propositionen, will man sie für eine rezeptionsanalytische Methode funktionalisieren, *qualitativ* angereichert werden. Das ist möglich, indem neben den Propositionen auch die Syntaxen der entsprechenden Textstellen herangezogen werden. So kann eine negative Kontextrelationierung (wie im zweiten Beispielsatz) von einer positiven (im ersten Satz) einfach unterschieden werden. Der noch genauer auszuarbeitenden Methodik dieses Vorgehens, etwa wie aus der Verbindung der Propositions- und Syntaxanalyse eine präzise Argumentationsanalyse oder eine Aussagenanalyse (*content analysis*) konstruiert werden kann,[607] wäre es dann möglich, unterschiedliche Formen der Katalogisierung dieser Propositionen (oder Argumente) zu Listen, bzw. Katalogen von Propositionen (oder Argumenten) zu erstellen. Deren Organisationsprinzip muss dann aber nicht mehr unbedingt an den Sekundärtextverfassern orientiert sein. Vielmehr erlaubt die Zergliederung eines Sekundärtextes in einzelne Propositionen (oder argumentative Propositionszusammenhänge), diese mikrostrukturellen Textelemente auch nach ihren jeweiligen Referenzpunkten, also entweder nach bestimmten Primärtextmerkmalen oder aber nach Kontextelementen zu arrangieren. Welche Organisationsform gewählt

---

605 Auch dieses Beispiel erörtern Christmann/Schreier 2003: 250.
606 Zu diesem Aspekt der Proposition vgl. Ulrich 2002 („Wörterbuch Linguistische Grundbegriffe", Lemma „Proposition"): 233: „In einem Satz ausgedrückter Gedanke […] ohne Berücksichtigung seiner Oberflächenstruktur, der modalen Angaben (wie Assertion […], Negation […], Quantifikation […], Modus), der illokutiven und perlokutiven […] Komponenten".
607 Die meisten Ansätze, Argumentationen zu untersuchen, berufen sich auf ein sehr allgemeines Argumentationsschema, wie etwa das von Stephen E. Toulmin (Toulmin [1958] 2003). Vgl. hierzu Winko 2002a und Willand 2011a. Der Anspruch der Umsetzung einer verlässlichen Methode der Sekundärtextanalyse setzt allerdings voraus, dass sie, wenn sie als Argumentationsanalyse umgesetzt wird, erheblich detaillierter beschrieben werden muss. Einen fruchtbaren, aber ausbaufähigen Anfang stellt die Arbeit von Franz Josef Görtz dar (oben besprochen auf S. 102, bes. in Anm. 181).

wird, ist vom Erkenntnisinteresse des Rezeptionsforschers abhängig. Wie die Arbeit von Alfred Nollau (vgl. S. 317 dieser Arbeit) zeigt, können bereits simple Häufigkeitsangaben auf Grundlage der Besprechung bestimmter Textelemente (hier Szenen) bemerkenswerte Aussagen über den untersuchten Rezeptionszeitraum oder den Primärtext ermöglichen. Bleibt man beim ‚Werther', so ließe sich etwa fragen, wie oft (oder wie oft nicht) das Textmerkmal <„Klopstock!"> in zeitgenössischen Rezeptionen erwähnt und mit welchen Kontexten es verknüpft wird. Hier stünde der Text selbst im Erkenntnisinteresse. Eine kontextbezogene Fragestellung hingegen könnte aus den gleichen Daten (und das heißt: aus den gleichen Propositionen oder Argumentationen, die aus allen greifbaren Sekundärtexten eines Zeitraums extrahierbar waren) eruieren, wie oft (oder wie oft nicht) thematische Komplexe wie <Selbstmord> oder <Liebe> dem Primärtext propositional zugeschrieben werden. Historische Wörterbücher sollten die zeitgenössischen Semantiken und Wortfelder ausreichend genau rekonstruierbar machen können.[608] Doch dies sind bloß erste, weiter auszubauende Überlegungen hinsichtlich einer einheitlichen Methodik der Rezeptionsanalyse.

Die Dringlichkeit solch eines Unternehmens wird deutlich, wenn man sich vor Augen führt, dass die unter „Rezeptionsforschung" zusammengefassten Anschlussoperationen bereits vielfach ohne verlässliche, bzw. einheitliche Analysemethoden umzusetzen versucht wurden. Grimm etwa beschreibt Ende der 1970er Jahre für die deutschsprachige Literaturtheorie systematisch das, was Nollau bereits 1935 praktisch geleistet hatte: eine rezeptionsanalytische Fruchtbarmachung des genannten Häufigkeitsprinzips. Bemerkenswerterweise bezieht sich Grimm aber nicht direkt auf Riffaterre, der bereits zwanzig Jahre zuvor den stilanalytischen Nutzen der ‚Sekundärtextbefragung' in Kombination mit dem simplen Zählen der gegebenen Antworten sah. Grimm (1977a: 89) beschreibt dennoch das gleiche, triviale Prinzip: Je häufiger ein Textelement mit einem Kontext in Verbindung gebracht wird, desto wichtiger ist diese Relation für eine (historisierende) Rezeptionsanalyse. Er nennt dieses Vorgehen *Konkretisations-*

---

[608] Dass hier semantische Ähnlichkeitsrelationen hergestellt werden müssten, weicht die sonst anvisierte strenge Methodik ein wenig auf, lässt sich aber nicht vermeiden. Denn ob zu einem bestimmten Zeitpunkt etwa die Wörter „Romantik", „Leidenschaft", „Sexualität" usw. in synonymer, enger, weiter oder gar keiner semantischer Relation zu einander standen, ist in gewissem Maße interpretationsbedürftig. Zumindest da, wo historische Wörterbücher keine ausreichenden Hinweise geben. Einen an Hans Ulrich Gumbrecht und den Historiker Rolf Reichardt anschließenden Vorschlag einer „(sozial-)historischen Semantik" unterbreitet Vollhardt 2003: hier 204. Wenngleich er auf grundsätzliche Probleme (wie die der „Begriffs- und Quellenwahl", ebd.: 206) nicht weiter eingeht, so bietet der Aufsatz zumindest eine gute Einführung in die für eine Historisierung relevanten Problembereiche.

vergleich und sieht die Aufgabe der Untersuchung von Sekundärtexten darin, „die strukturrelevanten Elemente aus dem [Primär-]Text herauszufiltern".

Die Tatsache, dass bestimmte Textelemente von verschiedenen historischen Rezipienten immer wieder aufgegriffen werden, gibt ein Indiz für die Relevanz dieser Elemente. Im Rahmen der Relevanzbestimmung spielt die wechselnde Deutung dieser Elemente eine untergeordnete Rolle. (Grimm 1977a: 89)[609]

Wie bei Riffaterre ist das Forschungsziel hierbei ausschließlich primärtextbezogen und wird durch eine *quantitative* Auswertung der Sekundärtexte erreicht. Der propositionale Verweis auf eine Textstelle ist dabei ausreichend, jedoch kann dieses Vorgehen zweifelsohne auch durch *qualitative* Zuschreibungen erweitert werden. Dabei ist nicht relevant, ob sich die Inhalte der Zuschreibungen zeitgenössischer Rezeption später (eventuell durch einen Nachlass oder glücklichen Fund) als nicht vom Autor intendiert herausstellen oder etwa ob die literaturwissenschaftliche Forschung die von den Rezipienten genannten Aspekte als ‚falsch', ‚unwichtig', ‚zu trivial' oder ähnliches disqualifiziert: „Eine völlig inadäquate Konkretisation kann ja gesellschaftlich durchaus wirksamer sein als eine zwar adäquate aber nicht beachtete" (ebd.: 90). So geht es der hier vertretenen historisierenden Rezeptionsanalyse um die möglichst umfassende Rekonstruktion und Darstellung der Rezeption eines literarischen Primärtextes zu einem bestimmten Zeitpunkt – in diesem Fall dem Publikationszeitraum des Textes. Sie ist dabei ihrem Anspruch nach *nicht wertend* und *nicht interpretativ*, sondern bereitet derartige Anschlusshandlungen, die Teil der Rezeptions*forschung*, aber nicht Teil der Rezeptions*analyse* sind, lediglich vor. Wie Robert Hogenraad (1994: 320) in einem Aufsatz zu inhaltsanalytischen Verfahren und ihrer Messung im Umgang mit Texten schreibt, gibt es „noch vieles zu tun in diesem Forschungsbereich".[610]

2.2 Konkrete Anwendungsbeispiele und Anwendungsmöglichkeiten einer realleserbasierten historisierenden Rezeptionsanalyse

Während in dieser Arbeit nicht der Raum ist, eine selbständige Rezeptionsanalyse umzusetzen, die in der Lage sein sollte, die historisch-zeitge-

---

609 Wie sich in diesem Zitat zeigt, geht es auch Grimm primär darum, durch eine Sekundärtextanalyse die Primärtextelemente aufgezeigt zu bekommen, die einer historischen Rezipientengruppe relevant erschienen. Dieses *konkretisationsvergleichende* Vorgehen erreicht nach ihm die größtmögliche „Unabhängigkeit des Analyse-Resultates von der eigenen Ideologie" des Rezeptionsforschers (Grimm 1977a: 88).

610 Er bezieht sich zwar auf den inhaltsanalytischen Umgang mit Primärliteratur, seine Feststellung gilt jedoch nicht weniger für Sekundärtexte.

nössische Rezeption eines Primärtextes darzustellen ohne die oben genannten Probleme zu produzieren – nicht zuletzt, da die sekundärtextanalytische Methode noch nicht vollständig konzipiert ist –, soll im Folgenden doch zumindest anhand einiger Arbeiten gezeigt werden, dass für die meisten theoretischen und praktischen Fragen der historisierenden Rezeptionsanalyse bereits völlig zufriedenstellende Antworten gefunden worden sind. Auffallend an diesen Arbeiten ist, dass sie trotz des grundsätzlich vergleichbaren rezeptionstextbasierten Vorgehens völlig unterschiedliche Erkenntnisinteressen vertreten und mitnichten alle auf dem ‚neuesten' Stand der theoretischen Reflexion der Rezeptionsforschung liegen. Zum Teil wurden sie weit *vor* der intensiv theorie- und methodenreflexiven Phase der 1970er Jahre publiziert, können aber dennoch als vorbildlich gelten. Die nachstehenden Forschungsarbeiten bilden eine Auswahl an Lösungen für die vier oben herausgearbeiteten Probleme (S. 306–307), die einer systematischen Umsetzung der historisierenden Rezeptionsanalyse noch im Wege stehen.

John Gormans Studie „The Reception of Federico García Lorca in Germany" von 1973 etwa stellt die bereits im Titel genannte Frage nach der Rezeption des Werkes des spanischen Autors in Deutschland. Er beantwortet sie in einer diachronischen Längsschnittuntersuchung anhand der klar abgegrenzten, wenngleich recht großen Lesergruppe der deutschen Leser, deren Rezeption er in vier Phasen zwischen 1927 und 1970 unterteilt. Die Sekundärtexte untersucht Gorman lediglich hinsichtlich ihrer Zuschreibungen an den Autor und dessen Primärtexte,[611] schließt aber selbst keine Primärtextinterpretation an.[612] Er beurteilt lediglich die Rezeptionen in ihrem Verhältnis untereinander und zur jeweiligen historischen Phase (wie etwa dem ersten Weltkrieg oder den ‚Sixties'). Darüber hinaus vermeidet er so weit wie möglich die Rede von ‚homogenisierten' Durchschnittlesern,[613] sondern nennt und belegt anhand von Zitaten heterogene Positionen, was zu einer differenzierten Betrachtung der Rezeption des Autors und des Werkes in Deutschland führt. Eigene Urteile über den Autor und dessen Werk äußert er nicht. Offen bleiben so lediglich die Fragen aus dem 4. oben genannten Problemfeld, also wie und wo die

---

611 Damit umgeht er Problem (1) Die Vermengung von Erkenntnisinteressen.
612 Damit umgeht er Problem (2) Die Vermengung der Ergebnisse der Eigen- und Fremdinterpretation und Problem (3) Die Beeinflussung der Sekundärtextanalyse durch eine zuvor geleitete Primärtextinterpretation.
613 Sie taucht noch auf in kaum vermeidbaren Formulierungen bei der zusammenfassenden Reflexion einer Rezeptionsphase, wie beispielsweise in Ausdrücken wie „the work of the scholars suffered [...] from condensations and lack of detail [...] which gave rise to the various distortions in the picture of Lorca as a poet and a person" (Gorman 1973: 23). Meist werden diese Verallgemeinerungen durch Differenzierungen präzisiert.

Sekundärtexte gefunden wurden, beziehungsweise ob der Anspruch formuliert wurde, alle bekannten überlieferten Quellen zu berücksichtigen und ob eventuell neue, zuvor noch unbekannte Rezeptionszeugnisse gesichtet werden konnten.

Dieser reflektierte Quellenumgang wurde aber bereits in anderen Forschungstexten durchaus zufriedenstellend umgesetzt. Arbeiten dieser Art fordern in der Regel eine möglichst holistische und differenzierende Betrachtung aller greifbaren überlieferten Sekundärtexte aus einem bestimmten Zeitraum. Dem ersten Schritt einer begründeten Explikation dieses Anspruchs (oder einer Begründung, warum nur eine bestimmte Auswahl an Sekundärtexten berücksichtigt wurde), folgt in einem zweiten Schritt eine Reflexion der Gattungen, aus denen das Sekundärtextkorpus zusammengesetzt wurde. So hat Rudolf Schenda (1976) in seinem Kapitel zur „Technik der historischen Leserforschung" einen guten Überblick möglicher Sekundärtextquellen besorgt. Zu diesen Quellen, die jedoch nicht alle für die hier vertretene Position historischer Rezeptionsforschung in Frage kommen, zählt er neben Rezensionen vor allem Autobiographien und Briefwechsel (der Primär-, aber auch Sekundärtextautoren), literarische Zeugnisse über Leser, literarische Leserfiguren, Bibliothekskataloge, private Büchersammlungen, Subskribentenlisten, Archivalien wie Zensurakten, Inventurakten (bei Tod oder Scheidung) und wissenschaftliche Arbeiten über Literatur.[614] Diese Liste lässt sich natürlich erweitern, ist aber so stark von dem im Einzelfall fokussierten Primärtext und seinen Publikationsbedingungen abhängig, dass eine allgemein gültige Aufzählung gar nicht erst versucht werden soll. Nicht unerwähnt dürfen jedoch zumindest einige Quellen bleiben, die vor allem auf der von Schenda schon bestellten *quantitativen* Ebene als Pro- oder Kontra-Argument zur Prüfung *qualitativer* Aussagen herangezogen werden können:[615] Ausleihsta-

---

614 Schenda 1976: 32–38, wo er auch Forschungsliteratur zu den jeweiligen Quellen nennt.
615 Eine sehr überzeugende statistische Absicherung sozialhistorischer Aussagen liefert Marianne Spiegel. Sie analysiert die Romanproduktion im frühen 18. Jahrhundert (Spiegel 1967: 7–33: erst die Gesamtproduktion, dann differenziert nach den Gattungen ‚galanter Roman', ‚Abenteuerroman', ‚moralischer Tendenzroman') und kann aufzeigen, dass sich regelmäßige Romanrezensionen erst ab 1736 finden lassen. Das bedeutet, diese „erscheinen zu demselben Zeitpunkt, wie der neue moralische Tendenzroman. Diese zeitliche Übereinstimmung ist nicht zufällig. Die gelehrten Zeitschriften teilen grundsätzlich die ablehnende Haltung gegenüber dem Roman von Kirche und moralischen Wochenschriften. […] Die Gattung ist darum zu verwerfen. Der moralische Tendenzroman will jedoch gerade positiv, d. h. sittlich bessernd auf die Leser einwirken. Er […] erwirbt sich dadurch das Anrecht, in den gelehrten Zeitschriften besprochen zu werden" (Spiegel 1967: 61). Diese These belegt sie anhand sorgfältig analysierter zeitgenössischer Sekundärtexte (ebd.: 61–80). Sie kombiniert demnach quantitative mit qualitativen Untersuchungen und resümiert: „Durch diese stoffliche und formale Ausweitung gelang es dem Tendenzroman tatsächlich, ein

tistiken, Auflagen- oder Aufführungszahlen, Kanons von Schulbüchern und Literaturgeschichten, Anthologien und Almanachen.[616] Insgesamt scheint es weit mehr Quellenmaterial zu geben als gemeinhin angenommen wird. Es ist irgendwo zwischen antiken, bzw. (früh-)mittelalterlichen Griffel- und Federglossen überlieferter Handschriften und aktuellen Blog-Einträgen und Amazon-Rezensionen zu verorten.[617] Wie etwa Beiträge historisch-zeitgenössischer Literatur- und Fachzeitschriften bereits aus der Zeit um 1850 fruchtbar funktionalisiert werden können, zeigt Friedrich Winterscheidt (1970).[618]

---

breites und vielschichtiges Publikum anzusprechen. [...] So wandte sich auch der Adel, der bis dahin fast ausschließlich an französischer galanter Lektüre interessiert gewesen war, dem modernen Tendenzroman zu und las, wie die Elite des gebildeten Bürgertums, die besten [...] Romane der Zeit. Das bedeutet: Am Ende der hier behandelten Zeit differenziert sich das Romanpublikum nicht mehr nach Standes und Berufsinteresse, sondern nach dem Verständnis für die Qualität des Dargebotenen" (ebd.: 70).

616 Görtz 1978: 23 stellt diese Liste auf und nennt für die einzelnen Quellen jeweils Forschungsliteratur, die sich derer bedient.

617 Johnson 1992 kann aufzeigen, dass für Rekonstruktion der faktischen Rezeption auch frühester literarischer Werke („Piers Plowman" wird in der zweiten Hälfte des 14. Jahrhunderts verortet) wesentlich mehr Hinweise – sie spricht sogar von *evidences* – vorhanden sind, als gemeinhin angenommen wird. Dabei stützt sie sich nicht nur auf direkte Rezeptionszeugnisse, sondern ebenso auf die kritischen Apparate der ersten Ausgaben, handschriftliche Randkommentare der Druckausgaben und Manuskripte usw. Die *Reading Experience Database* (RED) der „Open University" deckt mit ihrer umfänglichen Materialsammlung (über 30.000 Dokumente) ebenfalls eine sehr große historische Spannweite ab. Sie versammelt Lesezeugnisse von 1450–1945 aus Großbritannien und speist sich aus folgenden Quellen: „Evidence of reading presented in RED is drawn from published and unpublished sources as diverse as diaries, commonplace books, memoirs, sociological surveys, and criminal court and prison records" (The Open University, o. S.).

618 Wie Schenda lässt auch Winterscheidt weniger am literarischen Primärtext als vielmehr an den Sekundärtexten und den Bedingungen der in ihnen ausgedrückten Rezeptionen selbst interessiert. Obwohl es der Titel („Deutsche Unterhaltungsliteratur der Jahre 1850–1860. Die geistesgeschichtlichen Grundlagen der unterhaltenden Literatur an der Schwelle des Industriezeitalters") nahelegt, untersucht er gerade nicht die deutsche Unterhaltungsliteratur von 1850–1860, sondern rekonstruiert praktisch die Leser von Unterhaltungsliteratur im genannten Zeitraum hinsichtlich ihrer soziostratischen Rezeptionsbedingungen (siehe Winterscheidt 1970). Akzeptiert man diese Ausrichtung, so ist Winterscheidts Forschung ein gutes Beispiel dafür, dass sich auch für solch einen verhältnismäßig frühen Zeitraum und eine scheinbar ‚problematische' Situation bezüglich der „Beschaffung und Zuordnung der Quellen" hervorragende Ergebnisse in der Formulierung von präzisen Aussagen über ein bestimmtes Lesepublikum erzielen lassen. Sein Material für die Rekonstruktion der „soziologischen Schichtung" (ebd.: 55–62) der Zeit findet er vor allem durch den Rückgriff auf eine zeitgenössische Zeitschrift für Leihbibliothekare, die „alljährlich Listen der im vergangenen Jahr erfolgreichsten Leihbibliotheksliteratur" mit Aufsätzen und Kommentaren dazu veröffentlichte (ebd.: 28). „Leserwünsche" konnte er durch die Zeitschrift „Gartenlaube" ermitteln, die sich auf einen „ungewöhnlich großen Abonnentenstamm stützen konnte" (ebd.: 29). Er verlässt jedoch den analytischen Fokus in dem Moment, in dem er es nicht bei der Analyse und Darstellung einzelner Sekundärtexte belässt, sondern den „li-

Während Schenda und Winterscheidt jeweils ausschließlich den Leser in das Zentrum ihres Erkenntnisinteresses rücken, fokussiert Katie Halsey in ihrer Arbeit „Jane Austen and Her Readers, 1786–1945" (2012) *weder* ausschließlich den Primärtext *noch* ausschließlich den Leser. Sie nennt gleich zu Beginn ihrer Arbeit „letters, journals, memoirs, critical writing and autobiographies" (ebd.: 3) als das Quellenmaterial, aus dem sie Antworten für unterschiedlichste Fragestellungen (Problem 1) gewinnen will: nämlich für ein „better understanding both of the qualities of Jane Austens's works, and of the practice of reading in Britain in different historical periods" (ebd.). Wesentlich präziser und nuancierter geht Alfred Nollau (1935) vor, der mit der rezeptionsanalytischen Arbeit „Das literarische Publikum des jungen Goethe von 1770 bis zur Übersiedlung nach Weimar" schon im Jahr 1935 aufzuzeigen vermochte, auf welch hohem Objektivitätsniveau mit Sekundärtexten umgegangen werden kann. Wie Halsey stellt er bereits im Titel die zentrale Forschungsfrage, beschränkt sich allerdings auf die *Rezipienten* von Goethes „Götz" und „Werther" von 1770 bis 1775 und beantwortet die formulierte Frage auch (und nicht andere Fragen, wie etwa primärtextinterpretative oder autorbezogene). Übersichtlichkeit gewinnt seine Arbeit durch die simple, aber nicht selbstverständliche Auflistung der gefundenen und bearbeiteten Sekundärtexte zu Beginn der jeweiligen Kapitel. Bemerkenswert gerade aufgrund des frühen Publikationszeitpunktes ist die methodische und praktische Strenge, die Nollau seiner Kategorisierung der Sekundärtexte zugrunde legt. Seine inzwischen überholten (literatur-)soziologischen ‚Werkzeuge' sind Levin Ludwig Schückings (1913) Geschmacksgeschichte, Sigmund von Lempickis (1924) Klassifikation der literarischen Kritik und Erich Rothackers (1933) kultursoziologischer Begriff der „Weltauswahl", der inzwischen sogar als hochproblematisch gelten muss.[619] Der besondere Clou der Arbeit Nollaus ist allerdings unabhängig von seinen Beschreibungsbegriffen, dass er die *Sekundärtexte* nicht etwa als Einzeltexte bespricht, sondern aus den *Primärtexten* signifikant häufig besprochene Textelemente (wie Szenen und Figuren) auswählt, um diese als Grundlage seiner Darstellung der Rezeptionssituation des Primärtextes im genannten Zeitraum zu setzen. Aufgrund der Häufigkeit, aber auch aufgrund der Inhalte der Besprechung einzelner Figuren resümiert er beispielsweise zum Götz,

---

terarischen Geschmack eines großen Teiles des mittleren und kleinen Bürgertums" in den Rezeptionen der Zeitungsleser ‚gespiegelt' sieht. Diese versucht er abzusichern, indem er „Verlassenschaftsakten der Amtsgerichte auf Hinweise über hinterlassenen Bücher" ebenso untersucht wie „Memoiren, Tagebücher, Briefwechsel" (ebd.: 29).

619 Rothacker versuchte u. a. mit diesem Begriff den nationalsozialistischen Rassengedanken kultursoziologisch zu stützen.

"dass die sentimentalen Seiten – sentimental hier im Sinne des Empfindsamen – am leichtesten gesehen werden, und dass sie es sind, auf die die Kritik, und mit ihr wohl die ganze Zeit, reagiert" (Nollau 1935: 39). Diese These einer besonders stark *empfindsam* orientierten Rezeption der Figur, bzw. des Textes stützt er durch bloße Häufigkeitsanalysen, in denen er prüft, welche Szenen in der zeitgenössischen Kritik überhaupt besprochen werden. Auch hier kann er feststellen, „dass sich die zeitgenössische Kritik in der Hauptsache für die Szenen interessiert, in denen entweder die Intrigue einer schönen Frau oder die ganze Empfindsamkeit eines weichen Herzens zum Ausdruck kommen" (ebd.: 40). Die Leser treffen demnach, so Nollau, „eine durchaus von der Empfindung her bestimmte Weltauswahl" (ebd.: 41).[620] Hier kann mit einigem Recht eingewandt werden, dass solch eine Bestimmung einer Szene des Primärtextes als ‚sentimental' bereits ein bestimmtes Maß an eigens geleisteter Interpretation dieses Textes oder der Textmerkmale voraussetzt. Doch ist diese (vermeintlich) eigene Interpretation der Primärtextstellen stark an den Interpretationen und Beschreibungen orientiert, wie sie von den historischen Rezipienten vorgegeben werden. Der somit entkräftete ‚Vorwurf' zeigt jedoch ein weiteres Problem auf, das Kindt/Müller bereits für den wissenschaftlichen Umgang mit literarischen *Primärtexten* systematisch beschrieben haben. Es gilt auch für die Arbeit mit Rezeptionstexten. In ihrem Aufsatz „Wieviel Interpretation enthalten Beschreibungen?" führen Kindt/Müller (2003: 289) die Unterscheidung zwischen einem *engen* und einem *weiten* Verständnis von „Deskription" ein. Nach der weiten Begriffsdefinition werden nicht bloß syntaktische, sondern ebenfalls bestimmte semantische Aspekte eines Textes als rein *deskriptiv* erfassbar verstanden. Begründet wird diese Position mit dem Verweis auf ein „intersubjektiv geteiltes kulturelles Wissen [...], das es ermöglicht, sich zumindest über Teile der Bedeutung von sprachlichen Ausdrücken mit ähnlicher Verbindlichkeit zu äußern [...] wie über einige Aspekte der Beschaffenheit von ‚natürlichen Gegenständen'" (ebd.). Die Interpretation beginnt demnach erst an dem Punkt, an dem die für ein Textverständnis notwendigen Inferenzen so komplex sind, dass sie oder ihre Prämissen erläutert werden müssen.[621] Versteht ein Rezeptions-

---

620 Er spricht nicht ganz so undifferenziert von den Lesern, wie es das Zitat nahelegt. Vielmehr unterscheidet er von den älteren Kritikern die Kritik der *jungen Generation*. „Sie legen Wert auf all die Szenen in denen Götz wirklich agiert, während die andere Kritik gerade diese Szenen unerwähnt lässt und dafür lieber die Szenen herausstreicht, die die Tradition fortsetzen" (Nollau 1935: 41).
621 Bei Interpretationen im akademisch-wissenschaftlichen Kontext wird diese Darlegung der Prämissen zum Gutteil allein über die theoretische Positionierung des Interpreten geleistet, was die explizite Nennung aller Prämissen unnötig und die interpretativen Texte um einiges kürzer macht.

forscher nun ein Argument eines oder mehrerer historischer Rezipienten nicht, ist die Möglichkeit in Betracht zu ziehen, dass sich die für das Argument vorausgesetzten Wissensbestände grundlegend verändert haben, aber zu dem Zeitpunkt der Rezeption so verbreitet waren, dass sie als trivial und nicht mehr der Erklärung notwendig erachtet wurden. Hier muss der Rezeptionsforscher dann die ursprünglich noch durch reine Deskription fassbare Proposition durch interpretative Annahmen verständlich machen. So lange er dies explizit macht, ist dieser interpretative Schritt unproblematisch, da er als solcher ausgewiesen und im Zweifel durch andere Forscher korrigierbar ist. Daher ist prinzipiell die Feststellung, dass sich bestimmte Prämissen im historischen Rezeptionsverlauf eines Primärtextes verändern und neben einem rein deskriptiven auch ein interpretativer Umgang mit Sekundärtexten notwendig ist, gerade ein Argument *für* eine der Ausrichtung nach möglichst an Objektivitätsansprüchen orientierten Ausdifferenzierung der historischen Rezeptionsanalyse, und nicht, fatalistisch gewendet, gegen sie.

Sieht man vorerst von diesen Detailfragen und punktuellen Problemen beim Verstehen einzelner Argumente in Rezeptionstexten ab, so zeigt sich, dass bereits die nahezu unkommentierte *Darstellung* historischer Rezeptionszeugnisse einen bemerkenswerten Erkenntnisgewinn über einen Text ermöglichen kann. Eine derart konzipierte Arbeit liegt unter anderem von Hans Henning vor. Der Titel lautet „Heines ‚Deutschland, ein Wintermärchen' in der zeitgenössischen Rezeption" (1989). Darin stellt er der Erstausgabe des Textes von 1844 chronologisch 20 dem Umfang nach stark variierende Rezeptionszeugnisse aus dem Publikations- und dem Folgejahr hintenan, wobei er das Korpus auf Zeitschriftenkritiken aus Deutschland, England und Frankreich beschränkt.[622] Bis auf einen kurzen Kommentar, der zusammenfassend eine Art Zeitbild konstruiert und die Publikations- und Verbotsgeschichte des Textes darlegt, finden sich lediglich noch Erläuterungen zu Begriffen und Personen, aber insgesamt stehen die Besprechungen für sich. Henning verfolgt für seinen Kommentar und seine Erläuterungen zu den Sekundärtexten keine spezifische analytische Vorgehensweise, sondern legt besonderen Wert auf die Verstehbarkeit der Besprechungen im Sinne einer Explikation der heute nicht mehr unmittelbar verständlichen Präsuppositionen. Auf interpretative Aussagen bezüglich des Primärtextes, der Autorintention oder ähnlichem wird vollkommen verzichtet. Hervorzuheben sind besonders die ‚editorische Zurückhaltung' Hennings und die Menge an genannten Informationen über

---

[622] Er kürzt die Besprechungen nicht auf die für dieses *eine* Gedicht relevanten Stellen, sondern präsentiert sie als ungekürzte Besprechung des gesamten Heine'schen Gedichtbandes „Neue Gedichte", in dem „Deutschland, ein Wintermärchen" publiziert wurde.

die jeweiligen Sekundärtexte, wie etwa auch das leider häufig vernachlässigte Anführen des Archivierungsortes bzw. des Besitzers des Sekundärtextes.

Ein letztes hier zu nennendes Beispiel für ein fruchtbares Anwendungsfeld historischer Rezeptionsforschung bilden Fragestellungen, die eine diachronische Gegenüberstellung zweier Rezeptionskonstellationen dadurch spezialisieren, dass sie die *zeitgenössische* Rezeption als die der literaturkritischen Besprechung in Zeitschriften und als die des ‚Normallesers' verstehen, welche einer späteren, *literaturwissenschaftlichen* Rezeption des Primärtextes gegenübergestellt wird. Exemplarisch hierfür kann noch einmal hingewiesen werden auf die in Kapitel II.1.3 rekonstruierte Arbeit Jannidis' (2011) zu den starken Differenzen zwischen der historisch-zeitgenössischen Reaktion auf den zu diesem Zeitpunkt generisch nicht eindeutig zu klassifizierenden „Geisterseher" Schillers und den retrospektivischen Versuchen der literaturwissenschaftlichen Schillerforschung, den Text stets in Zusammenhang mit *einer* bestimmten Gattung zu beurteilen. Jannidis setzt dabei das autorintentionale Konzept der *Leserlenkung* ein, dass er definiert als „Vorwegnahme der Publikumserwartungen durch die [...] Autoren" (ebd.: 84). Aus ihr gewinnt er ein Argument für die Historisierung der Gattungsfrage und somit auch für den Blick in die historischen Rezeptionszeugnisse.[623] Neben der Rolle von Gattungsmustern für die Produktion, Rezeption und historisierende Interpretation literarischer Texte wurden von der Literaturwissenschaft aber auch andere Elemente der zeitgenössischen und literaturwissenschaftlichen Rezeption eines Textes verglichen. Hans Tippkötter etwa kam es in seiner *Rezeptionsanalyse* der Waverley Novels von Walter Scott

> nicht so sehr darauf an, das vorhandene Material vollständig zu erfassen und auszuschöpfen [s. o., Problem 4]. Wichtig war [ihm] vor allem die Beschreibung und

---

[623] Grimm 1977a hatte bereits früh darauf hingewiesen, dass eine Untersuchung der Leserlenkung immer bedeutet, „autorintentional zu arbeiten" (ebd.: 47; vgl. hierzu auch Warning 1975: 25). Weitere Arbeiten, die das Konzept der Leserlenkung für eine Rezeptionsforschung funktionalisieren, sind neben anderen: kommunikationsorientiert und mit starkem Bezug auf die Selbstaussagen des untersuchten Primärtextautors Binkert-Hensel 1979, literaturdidaktisch Pfleger 1982, die Fallstudie zu Dostoevskijs „Die Brüder Karamazov" von Wanner 1988 und die Arbeit zum Briefroman im 18. Jahrhundert von Moravetz 1990. Die philosophische Dimension des Verständnisses einer Theorie der Leserlenkung als autorintentionale Wirkungstheorie zeigt in voller Breite die Arbeit von Rainer Blesch auf, der das Problem der wirkungsästhetischen Vermittlung bei Schiller untersucht und „die Entstehung und Reflexion dieses Problems im Zusammenhang mit den transzendentalphilosophischen Begründungsakten bürgerlicher Subjektivität [erörtert]. Dabei werden die wirkungsästhetischen Grundlagen der Schillerschen Tragödien in den Umkreis einer philosophischen Letzt-Begründung von Praxis und eines sich um die Erfahrung und Darstellung seiner Identität bemühenden bürgerlichen Selbstbewusstseins gestellt" (Blesch 1981: IV).

Analyse der Sachfragen, Themen und Gesichtspunkte, die in der zeitgenössischen Diskussion eine Rolle spielten, denn der vorliegende Beitrag zur Geschichte der frühen Scottrezeption soll in erster Linie der eingangs bekundeten Absicht dienen, Interpretationsmaßstäbe zu ermitteln und zu erproben, die den Waverley-Novels gerechter werden als die an der Romanproduktion seit Flaubert und James orientierten Urteilskategorien der meisten modernen Kritiker Scotts. (Tippkötter 1971: 152)

Diesen *textgerechten* Interpretationsmaßstab rekonstruiert er einerseits aus den zeitgenössischen Rezeptionstexten, andererseits (ähnlich wie Jannidis) aus der für den Autor angenommenen Lesererwartung, die Scott selbst mit der gleichsam den Interpretationsmaßstab benennenden Formel des *picturesque in action* beschreibt (ebd.: 157). Die von Tippkötter fokussierten Interpretationsversuche der Primärtexte aus dieser ‚dem Texten gerechten' Perspektive des *Pittoresken in der Handlung*, die im Iser'schen Sinne eine harmonische Überschneidung von „Intention und Erfüllung" voraussetzt,[624] führen dann zu Ergebnissen, die von jüngeren, aber ebenfalls literaturwissenschaftlich-historisierenden Interpretationen abweichen:

> Besser als die an der Romanproduktion seit Flaubert und James orientierten Kategorien der meisten modernen Kritiker Scotts erfasst dieser für die Kunst- und Literaturbetrachtung zwischen ca. 1780 und 1830 bedeutsame Terminus die besonderen Erwartungen, denen Scott mit seinen Romanen gerecht zu werden suchte, und die besonderen Reaktionen, die ihre Lektüre beim Leser auszulösen vermochte. (Tippkötter 1971: 232)

Zu einem vergleichbaren Ergebnis kommt Katja Mellmann durch ein ebenfalls ganz vergleichbares Verfahren der Historisierung eines literarischen Primärtextes. In ihrem Aufsatz „Die Mädchenfrage. Zum historischen Bezugsproblem von Gabriele Reuters ‚Aus guter Familie'" (2008) geht Mellmann von der Beobachtung aus, dass Teile der jüngeren literaturwissenschaftlichen Rezeption des Romans gänzlich andere Themen fokussieren als die zeitgenössische Rezeption desselben Textes zur Zeit seiner Publikation. Um dies zu exemplifizieren stellt sie der im akademischen Umfeld beheimateten feministischen Besprechung des Textes – die ihn als „literarische[n] Ausdruck der Frauenbewegung" versteht – eine historisierende diskursgeschichtliche Kontextualisierung des Textes entgegen (ebd.: 1). Im Zentrum dieser Rekonstruktion steht der zum Publikationszeitpunkt prominente Begriff der „Mädchenfrage", der ein vieldiskutiertes zeitgenössisches Problem – den Mädchenüberschuss und die verminderten Heiratschancen bürgerlicher Mädchen – als primären Interpretationskontext des Romans nahelegt. Denn „[e]ine Berücksichtigung dieses Prob-

---

[624] Siehe Anm. 535 (dieser Arbeit)und das dort belegte Zitat, in dem Iser dem impliziten Leser die Aufgabe der Leserlenkung zuschreibt, sie gleichzeitig aber auch als ‚Aktualisierungsbedingungen' des Textes verstanden wissen will.

lemdiskurses", so Mellmann „ermöglicht es, hinter einige Übergeneralisierungen im heutigen Verständnis des Romans zurückzusetzen und sein Sujet so zu spezifizieren, dass seine makrostrukturelle Anlage transparent wird" (ebd.: 1).

Letztendlich liefern Jannidis, Tippkötter und Mellmann ein und das gleiche Argument, das als ein weiteres in der Reihe der bisher genannten die Position einer rezeptionsanalytisch arbeitenden historisierenden Literaturwissenschaft stärkt. Ob dafür nun wie bei Jannidis generische, wie bei Tippköter interpretative Kategorien oder wie bei Mellmann kulturhistorische Phänomene untersucht werden, ist unerheblich, zeigt aber die epistemologische Offenheit der Rezeptionsanalyse für verschiedene historisierende Anschlussoperationen. Diese Anschlussoperationen, seien sie nun interpretativ, systematisierend, vergleichend usw., werden durch ihre sekundärtextgeleitete Rückbindung an die faktisch in einem Rezeptionszeitraum umgesetzten Kontextualisierungen eines Primärtextes nicht nur hinsichtlich der zugeschriebenen Inhalte, sondern ebenso hinsichtlich der diesen Zuschreibungen zugrunde liegenden *Denkmustern* und *Kategorien* reflexiv geerdet. Die Annahme, dass gegenüber Alltagskommunikationen „literarischen Texten eine stärkere Latenz für Aktivierungsprozesse soziokulturellen Hintergrundwissens zukommt", führt auch Diana Hartung (1995: 49) zu dem Schluss, dass *empirische Analysen* zeitgenössischer Aktualisierungen dieser Wissensbestände eine besonders wichtige Funktion für historisch adäquates Verstehen übernehmen. Bestimmte Zuschreibungen an einen Primärtext, die aufgrund der ihnen zugrunde liegenden (historisch nicht angemessenen) mentalen Konzepte zumindest provisorisch unter Anachronismusverdacht gestellt und mit erhöhter Vorsicht behandelt werden müssen – wie etwa die generische Rubrizierung des „Geistersehers" (Jannidis 2011: bes. 84–86) –, können so gegebenenfalls als historisch adäquat bestätigt werden. Hermeneutische Prozesse selbst aber kann eine historische Rezeptionsanalyse ebenso wenig ersetzen wie sie eine hermeneutische Argumentation abschließend begründen kann. Ihre zentrale Leistung wäre die mit philologischer Akkuratesse betriebene Vorbereitung solcher Prozesse durch eine Quellensichtung und -sicherung.[625]

***

---

[625] So versteht Andreas Kablitz die Analyse historischer Rezeptionszeugnisse als ein Instrument der „Rekonstruktion zeitgenössischer Wahrnehmungsbedingungen von Textmerkmalen" (Kablitz 1985: 48) und schließt damit direkt an den Hempfer'schen Gedanken der Rezeptionszeugnisse als „Hypothesenfindungsarsenal" (Hempfer 2002: 25) an.

Diese Auswahl an Varianten historischer Rezeptionsforschung sowie unterschiedlich motivierter Quellenreflexion und -handhabe sollte das breite Spektrum möglicher Anschlüsse an die historische Rezeptionsanalyse aufzeigen. Die methodologische Konzeptionierung der historisierenden Sekundärtextanalyse musste zwar partiell rudimentär bleiben, dennoch konnte mit der vorgelegten Arbeit ein grundlegender Schritt in diese Richtung gegangen werden. Er besteht aus der umfassenden theoretischen Aufarbeitung und Kategorisierung des lesertheoretischen Forschungsfeldes. Ob sich die vorgeschlagenen Termini im praxeologischen Sinne als fruchtbar (weil applikabel) erweisen, muss sich natürlich erst zeigen. Bis dahin sind andere Fragen zu beantworten, etwa wie sich ein operationalisierbarer Vorschlag des konkreten analytischen Umgangs mit sekundärtexten formulieren ließe.

In dieser Arbeit wurde des Weiteren davon ausgegangen, dass die möglichst umfassende analytische Berücksichtigung historischer Textrezeptionen eine historisierende Primärtextinterpretation (etwa im Sinne Hempfers) anzuleiten vermag, diese Interpretation jedoch nicht notwendig einfordert. Allein die Darstellung aller greifbaren Rezeptionstexte und die (ebenfalls nach Erkenntnisinteressen unterschiedlich zu gestaltende) Systematisierung ihrer Zuschreibungen an den jeweiligen Primärtext muss als konstitutiver Aspekt literaturwissenschaftlicher Forschung stärker aufgewertet werden. Wie anhand der frühen Forschung von Nollau gezeigt wurde, haben Ansätze, die diese Zuschreibungen an den Primärtext nicht für die Konstruktion von theoretischen Durchschnittslesermodellen funktionalisieren, sondern sich am realen Leser orientieren, epistemische Vorteile. Sie können nicht nur eine homogene Rezeptionssituation als solche beschreiben (wenn sie denn vorhanden ist), sondern auch eine Konstellation heterogener Rezeptionen differenziert abbilden. Dem Anspruch, historisierende Literaturwissenschaft als *Wissenschaft* zu betreiben, wird die Rezeptionsanalyse dabei insofern gerecht als sie dem philologischen ‚Handwerk' des Quellen- und Materialstudiums wieder einen höheren Stellenwert zuspricht. Somit steht die historische Rezeptionsanalyse gewissermaßen für eine *Rephilologisierung* der philologischen Praxis und für ein spezifisches Aufgaben- und Kompetenzprofil, das die rezeptionsanalytisch arbeitende historisierende Literaturwissenschaft von anderen akademischen Umgangsweisen mit literarischen Artefakten abgrenzt.[626] Die für

---

626 Vgl. zu der Forderung und Frage einer „Rephilologisierung oder Erweiterung?" des Fachs den von Walter Erhart herausgegeben DFG-Band zu den „Grenzen der Germanistik" (Erhart (Hg.) 2004) und hierauf Bezug nehmend die meisten Beiträge zur LiLi 172 (2013) zum Thema „Turn, Turn, Turn? Oder: Braucht die Germanistik eine Germanistische Wende?"; siehe insbesondere die Aufsätze Jäger 2013, Vogt 2013 und Schönert 2013.

nahezu alle historisierenden Anschlussverfahren als elementar zu verstehende Praktik der Sekundärtextanalyse stellt in diesem Sinne ein Argument sowohl für die selbstvergewissernde Verortung des Literaturwissenschaftlers als auch für die Legitimation historisierender literaturwissenschaftlicher Ansätze innerhalb des institutionalisierten akademischen Betriebs bereit.

Literaturverzeichnis

Abbott, H. Porter 2011: „Reading Intended Meaning Where None is Intended: A Cognitivist Reappraisal of the Implied Author". In: *Poetics Today* 32, H. 3, S. 461–487.
Adam, Christian 2010: *Lesen unter Hitler. Autoren, Bestseller, Leser im Dritten Reich.* Berlin.
Adam, Wolfgang 2003: „Einführung in die Konzeption der Tagung". In: W. Adam / H. Dainat / G. Schandera (Hgg.): *Wissenschaft und Systemveränderung. Rezeptionsforschung in Ost und West – Eine konvergente Entwicklung?* Heidelberg, S. 11–21.
Adorno, Theodor W. 2003: *Dissonanzen. Einleitung in die Musiksoziologie.* Frankfurt a. M.
Aglibut, Andreas Deomund 1976: *Das Leseverhalten der Tiroler Bevölkerung.* Innsbruck.
Ainsworth, David 2008: *Milton and the Spiritual Reader. Reading and Religion in Seventeenth-Century England.* New York / London.
Alberti, Maike 2007: *Lesen im Wandel der Multimediageneration. Einflüsse des Internets auf Leseverhalten und Lesekompetenz.* Saarbrücken.
Aly, Götz 2011: *Warum die Deutschen? Warum die Juden? Gleichheit, Neid und Rassenhass, 1800–1933.* Frankfurt a. M.
Anderegg, Johannes 1977: *Fiktion und Kommunikation. Ein Beitrag zur Theorie der Prosa.* Göttingen.
Anderson, David R. 1993: „Razing the Framework: Reader Response Criticism after Fish". In: N. Easterlin / B. Riebling (Hgg.): *After Poststructuralism. Interdisciplinarity and Literary Theory.* Evanston, ILL, S. 155–176.
Andreß, Hans-Jürgen / Johannes Huinink / Holger Meinken / Dorothea Rumianek / Wolfgang Sodeur / Gabriele Sturm 1992: *Theorie, Daten, Methoden. Neue Modelle und Verfahrensweisen in den Sozialwissenschaften. Theodor Harder zum sechzigsten Geburtstag.* München.
Andringa, Els 1994: „Literatur als Begriff – Zur Vermittlung von Rezeptionsvoraussetzungen im Unterricht". In: A. Barsch / G. Rusch / R. Viehoff (Hgg.): *Empirische Literaturwissenschaft in der Diskussion.* Frankfurt a. M., S. 223–225.
Arich-Gerz, Bruno 2001: *Lesen – Beobachten. Modell einer Wirkungsästhetik mit Thomas Pynchons „Gravity's Rainbow".* Konstanz.
Armbrüster, Georg 1997: *Studien zur Rezeption sowjetischer Kriegsprosa in der DDR.* Berlin.
Assmann, Aleida 1989: „Fiktion als Differenz". In: *Poetica. Zeitschrift für Sprach- und Literaturwissenschaft* 21, 3/4, S. 239–260.
Aumüller, Matthias / Hans-Harald Müller 2012: „Russischer Formalismus, deutscher Geist, österreichische Kompositionstheorie. Zur Klärung literaturtheoretischer Einflußbeziehungen". In: *Scientia Poetica* 16, S. 97–122.
Austin, John L. [1962] 1975: *How to Do Things with Words.* Hg. von J. O. Urmson und M. Sbisá. Cambridge, MA.
Baasner, Rainer / Maria Zens 2005: *Methoden und Modelle der Literaturwissenschaft. Eine Einführung.* Berlin.
Bachtin, Michail M. [1929] 1975: *Marxismus und Sprachphilosophie. Grundlegende Probleme der soziologischen Methode in der Sprachwissenschaft.* Frankfurt a. M.
Bamberger, Richard 1955: *Jugendlektüre. Mit besonderer Berücksichtigung des Leseunterrichts und der Literaturerziehung.* Bonn.
Barck, Karlheinz 2003: „Rezeptionsästhetik im Rückblick". In: W. Adam / H. Dainat / G. Schandera (Hgg.): *Wissenschaft und Systemveränderung. Rezeptionsforschung in Ost und West – Eine konvergente Entwicklung?* Heidelberg, S. 69–77.
Barner, Wilfried 1973: *Produktive Rezeption. Lessing und die Tragödien Senecas.* München.

Barner, Wilfried 1977: „Neuphilologische Rezeptionsforschung und die Möglichkeiten der Klassischen Philologie". In: *Poetica. Zeitschrift für Sprach- und Literaturwissenschaft* 9, S. 499–521.
Barner, Wilfried / Gunter E. Grimm / Helmuth Kiesel / Martin Kramer 1987: *Lessing. Epoche – Werk – Wirkung*. München.
Barsch, Achim / Gebhard Rusch / Reinhold Viehoff (Hgg.) 1994: *Empirische Literaturwissenschaft in der Diskussion*. Frankfurt a. M.
Bartens, Daniela (Hg.) 1997: *Elfriede Jelinek. Die internationale Rezeption*. Graz / Wien.
Barthes, Roland 1963: *Sur Racine*. Paris.
Barthes, Roland 1967a: „The Death of the Author". In: *Aspen Magazine* 5/6: http://www.ubu.com/aspen/aspen5and6/threeEssays.html#barthes; 15.12.1013).
Barthes, Roland [1966] 1967b: *Kritik und Wahrheit*. Frankfurt a. M.
Barthes, Roland [1963/1964] 1969: *Literatur oder Geschichte*. Frankfurt a. M.
Barthes, Roland 1973: *Le plaisir du texte*. Paris.
Barthes, Roland 1974: *Die Lust am Text*. Frankfurt a. M.
Barthes, Roland [1967] 1984: „La mort de l'auteur". In: *Le bruissement de la langue. Essais critiques*. Bd. 4. Paris, S. 63–69.
Barthes, Roland [1970] 1987: *S/Z*. Frankfurt a. M.
Barthes, Roland 1990: *Der entgegenkommende und der stumpfe Sinn. Kritische Essays III*. Frankfurt a. M.
Barthes, Roland 2002: *Die Körnung der Stimme. Interviews 1962–1980*. Frankfurt a. M.
Barthes, Roland [1967] 2003: „Der Tod des Autors". In: F. Jannidis / G. Lauer / M. Martínez / S. Winko (Hgg.): *Texte zur Theorie der Autorschaft*. Stuttgart, S. 185–193.
Barthes, Roland 2005: „Vom Werk zum Text". In: S. Kammer / R. Lüdekte (Hgg.): *Texte zur Theorie des Textes*. Stuttgart, S. 40–51.
Barthes, Roland [1967–1980] 2006: *Das Rauschen der Sprache (Kritische Essays IV). Aus dem Französischen von Dieter Hornig*. Frankfurt a. M.
Bartscher, Werner 1942: *Hölderlin und die deutsche Nation. Versuch einer Wirkungsgeschichte Hölderlins*. Berlin.
Außler, Moritz 2005: *Die kulturpoetische Funktion und das Archiv. Eine literaturwissenschaftliche Text-Kontext-Theorie*. Tübingen.
Außler, Moritz (im Erscheinen, 2014): „Mythos Intention. Zur Naturalisierung von Textbefunden". In: M. Schaffrick / M. Willand (Hgg.): *Theorien und Praktiken der Autorschaft*. [Arbeitstitel]. Berlin / New York.
Baumgärtner, Alfred Clemens (Hg.) 1973: *Lesen, ein Handbuch. Lesestoff, Leser und Leseverhalten, Lesewirkungen, Leseerziehung, Lesekultur*. Hamburg.
Baurmann, Jürgen 1981: „Textrezeption empirisch. Wege zu einem ziel, behelfsbrücken oder holzwege?" In: G. Köpf (Hg.): *Rezeptionspragmatik. Beiträge zur Praxis des Lesens*. München, S. 201–218.
Bayard, Pierre 2011: „Julie Sorel était-il noir?" In: C. Mazauric / M.-J. Fourtanier / G. Langlade (Hgg.): *Le texte du lecteur. Préface de Pierre Bayard*. Bruxelles, S. 11–18.
Beaujean, Marion 1969: *Der Trivialroman in der zweiten Hälfte des 18. Jahrhunderts*. Bonn.
Beaujean, Marion 1971: „Das Lesepublikum der Goethezeit – Die historischen und soziologischen Wurzeln des modernen Unterhaltungsromans". In: Forschungsstelle für Buchwissenschaft an der Universitätsbibliothek Bonn (Hg.): *Der Leser als Teil des literarischen Lebens*. Bonn, S. 5–32.
Becher, Ursula A. J. 1989: *Der implizite Leser der Historiographie. Zur didaktischen Dimension der Geschichtswissenschaft*. München.
Behler, Ernst 1987: „Paul de Man: Blindness and Insight" [Rezension]. In: *Arcadia* 22, H. 7, S. 72–77.
Behrs, Jan 2011: „Zwischen Subjekt und Objekt der Literaturwissenschaft: Kurt Pinthus als Zeitzeuge". In: *Mitteilungen des Deutschen Germanistenverbandes* 58, H. 2, S. 133–145.
Bellmann, Johannes 2007: *John Deweys naturalistische Pädagogik. Argumentationskontexte, Traditionslinien*. Paderborn.

Belting, Hans 1995: *Das Bild und sein Publikum im Mittelalter. Form und Funktion früher Bildtafeln der Passion*. Berlin.
Bennett, Andrew (Hg.) 2001: *Readers and Reading*. London [et al.].
Berger, Christian-Paul 1990: „Hermann Bahrs Mach-Rezeption aus kultursoziologischer Sicht". In: E. Brix / P. Werkner (Hgg.): *Die Wiener Moderne. Ergebnisse eines Forschungsgespräches der Arbeitsgemeinschaft Wien um 1900 zum Thema „Aktualität und Moderne"*. München, S. 216–223.
Berger, Peter Ludwig / Thomas Luckmann [1966] 1969: *Die gesellschaftliche Konstruktion der Wirklichkeit. Eine Theorie der Wissenssoziologie*. Frankfurt a. M.
Bergfleth, Gerd 1984: *Antihermeneutik*. München.
Bertelsmann-Stiftung 1993: *Lesesozialisation. Eine Studie der Bertelsmann-Stiftung*. Gütersloh.
Bertelsmann-Stiftung 1999: *Lesen und Umgang mit Büchern. Vergleich 1996 und 1999*. Gütersloh.
Berthold, Christian 1993: *Fiktion und Vieldeutigkeit. Zur Entstehung moderner Kulturtechniken des Lesens im 18. Jahrhundert*. Tübingen.
Beste, Konrad 1915: *Grillparzers Verhältnis zur politischen Tendenzliteratur seiner Zeit*. Wolfenbüttel.
Bettauer, Hugo [1922] 1924: *Die Stadt ohne Juden. Ein Roman von übermorgen*. Wien.
Bevir, Mark 2000: „Meaning and Intention: A Defense of Procedural Individualism". In: *New Literary History* 31, H. 3, S. 385–403.
Binkert-Hensel, Dörthe 1979: *Publikumslenkung und Publikumsreaktion am Beispiel von Dieter Fortes „Martin Luther und Thomas Münzer oder Die Einführung der Buchhaltung". Zur Funktionsweise literarischer Kommunikation*. Frankfurt a. M.
Birus, Hendrik 2003: „Hermeneutik und Strukturalismus. Eine kritische Rekonstruktion ihres Verhältnisses am Beispiel Schleiermachers und Jakobsons". In: H. Birus / S. Donat / B. Meyer-Sickendiek (Hgg.): *Roman Jakobsons Gedichtanalysen. Eine Herausforderung an die Philologien*. Göttingen, S. 11–37.
Birus, Hendrik 2007: „Der Leser Roman Jakobson – Im Spannungsfeld von Formalismus, Hermeneutik und Poststrukturalismus". In: H. Birus / S. Donat (Hgg.): *Roman Jakobson. Poesie der Grammatik und Grammatik der Poesie. Sämtliche Gedichtanalysen. Kommentierte deutsche Ausgabe*. Bd. 1: Poetologische Schriften und Analysen zur Lyrik vom Mittelalter bis zur Aufklärung. Berlin [et al.], S. XIII–XLVIII.
Birus, Hendrik / Sebastian Donat 2007: „Vorbemerkung der Herausgeber". In: H. Birus / S. Donat (Hgg.): *Roman Jakobson. Poesie der Grammatik und Grammatik der Poesie. Sämtliche Gedichtanalysen. Kommentierte deutsche Ausgabe*. Bd. 1: Poetologische Schriften und Analysen zur Lyrik vom Mittelalter bis zur Aufklärung. Berlin [et al.], S. IX–XII.
Bleich, David 1975: *Readings and Feelings. An Introduction to Subjective Criticism*. Urbana, ILL.
Bleich, David 1978: *Subjective Criticism*. Baltimore, MD.
Blesch, Rainer 1981: *Drama und wirkungsästhetische Praxis. Zum Problem der ästhetischen Vermittlung bei Schiller*. Frankfurt a. M.
Blödorn, Andreas / Daniela Langer 2006: „Implikationen einen metaphorischen Stimmenbegriffs: Derrida – Bachtin – Genette". In: A. Blödorn / D. Langer / M. Scheffel (Hgg.): *Stimme(n) im Text. Narratologische Positionsbestimmungen*. Berlin / New York, S. 53–82.
Bloom, Harold / Paul de Man / Jacques Derrida / Geoffrey H. Hartman / J. Hillis Miller 1995: *Deconstruction and Criticism*. New York.
Blühdorn, Hardarik / Eva Breindl / Ulrich H. Waßner (Hgg.) 2006: *Text – Verstehen. Grammatik und darüber hinaus*. Berlin / New York.
Bluhm, Lothar / Achim Hölter (Hgg.) 2010: *Produktive Rezeption. Beiträge zur Literatur und Kunst im 19., 20. und 21. Jahrhundert*. Trier.
Bobzin, Gudrun 2002: *Dynamische Modelle zur Theorie der Regulierung*. Wiesbaden.
Bode, Christoph 1988: *Ästhetik der Ambiguität. Zu Funktion und Bedeutung von Mehrdeutigkeit in der Literatur der Moderne*. Tübingen.
Bode, Christoph 1996: „Why Theory Matters". In: R. Ahrens / L. Volkmann (Hgg.): *Why Literature Matters. Theories and Functions of Literature*. Heidelberg, S. 87–100.
Bödeker, Hans Erich (Hg.) 1991: *Lesekulturen im 18. Jahrhundert*. Hamburg.

Boeckh, August 1886: *Enzyklopädie und Methodenlehre der philologischen Wissenschaften*. Hg. von E. Bratuscheck. Leipzig.
Boelmann, Jan 2009: „Leseforschung". In: J. Schneider (Hg.): *Methodengeschichte der Germanistik*. Berlin / New York, S. 309–321.
Bogdal, Klaus-Michael (Hg.) 2005: *Neue Literaturtheorien. Eine Einführung*. Göttingen.
Bogdal, Klaus-Michael 2005: „Problematisierungen der Hermeneutik im Zeichen des Poststrukturalismus". In: H. L. Arnold / H. Detering (Hgg.): *Grundzüge der Literaturwissenschaft*. München, S. 137–156.
Bohnen, Klaus 1984: „Lessing und Dänemark. Rezeption und Disput im 18. Jahrhundert". In: W. Barner (Hg.): *Nation und Gelehrtenrepublik. Lessing im europäischen Zusammenhang*. Detroit, S. 305–312.
Bonfadelli, Heinz 1999: „Leser und Leseverhalten heute – Sozialwissenschaftliche Buchlese(r)forschung". In: B. Franzmann / K. Hasemann / D. Löffler / E. Schön (Hgg.): *Handbuch Lesen*. München, S. 86–144.
Bonfadelli, Heinz / Angela Fritz / Renate Köcher 1993: *Leseerfahrung und Lesekarrieren. Studien der Bertelsmann Stiftung*. Gütersloh.
Bonheim, Helmut 1999: „Genres and The Theory of Models". In: *European Journal of English Studies* 3, H. 1, S. 11–32.
Bonheim, Helmut 2004: „Literaturwissenschaftliche Modelle und Modelle dieser Modelle". In: A. Nünning (Hg.): *Literaturwissenschaftliche Theorien, Modelle und Methoden. Eine Einführung*. Trier, S. 13–27.
Bonnemann, Jens 2008: *Die wirkungsästhetische Interaktion zwischen Text und Leser. Wolfgang Isers impliziter Leser im Herzmaere Konrads von Würzburg*. Frankfurt a. M. [et al.].
Booth, Wayne C. 1983a: „Rhetorical Critics Old and New: The Case of Gérard Genette". In: L. Lerner (Hg.): *Reconstructing literature*. Oxford [et al.], S. 123–213.
Booth, Wayne C. [1961] 1983b: *The Rhetoric of Fiction*. Chicago.
Booth, Wayne C. 1995: „Foreword". In: L. M. Rosenblatt (Hg.): *Louise M. Rosenblatt. Literature as Exploration*. New York, S. vii–xiv.
Booth, Wayne C. 2005: „Resurrection of the Implied Author: Why Bother?" In: J. Phelan / P. J. Rabinowitz (Hgg.): *A Companion to Narrative Theory*. Malden, MA, S. 75–88.
Bortolussi, Marisa / Peter Dixon 2003: *Psychonarratology. Foundations for the Empirical Study of Literary Response*. Cambridge.
Bossinade, Johanna 2000: *Poststrukturalistische Literaturtheorie*. Stuttgart [et al.].
Boßmann, Timm 1997: *Der Dichter im Schussfeld. Geschichte und Versagen der Literaturkritik am Beispiel Günter Grass*. Marburg.
Braun, Stephan 2007: *Topographien der Leere – Friedrich Nietzsche. Schreiben und Schrift*. Würzburg.
Bredella, Lothar 2002: *Literarisches und interkulturelles Verstehen*. Tübingen.
Breuer, Ingo 2009: *Kleist-Handbuch. Leben – Werk – Wirkung*. Stuttgart.
Brune, Carlo 2003: *Roland Barthes. Literatursemiologie und literarisches Schreiben*. Würzburg.
Bruns, Cristina Vischer 2011: *Why Literature? The Value of Literary Reading and What it Means For Teaching*. New York.
Bühler, Axel 2005: „Die Funktion der Autorintention bei der Interpretation". In: J. Schönert / F. Vollhardt (Hgg.): *Geschichte der Hermeneutik und die Methodik der textinterpretierenden Disziplinen*. Berlin, S. 463–472.
Buhrfeind, Anne / Birgit Dankert / Uschi Ermers / Bodo Franzmann / Heinz Gollardt / Friederike Harmgarth / Johanna Hladej / Jutta Kleedorfer / Monika Laier / Andreas Mittrowann / Rosmarie Tschirky 1999: „Leseförderung". In: B. Franzmann / K. Hasemann / D. Löffler / E. Schön (Hgg.): *Handbuch Lesen*. München, S. 471–518.
Bunke, Carolin 2011: *Zur Faust-Rezeption in der Musik des 19. Jahrhunderts. Goethes Dichtung und die Kompositionen von Hector Berlioz, Richard Wagner und Franz Liszt*. Freiburg i. Br.
Burger, Heinz Otto (Hg.) 1976: *Studien zur Trivialliteratur*. Frankfurt a. M.
Bürger, Peter 1977: „Probleme der Rezeptionsforschung". In: *Poetica. Zeitschrift für Sprach- und Literaturwissenschaft* 9, S. 446–471.

Bürger, Peter 1979: *Vermittlung, Rezeption, Funktion. Ästhetische Theorie und Methodologie der Literaturwissenschaft.* Frankfurt a. M.
Burke, Kenneth 1966a: *Dichtung als symbolische Handlung. Eine Theorie der Literatur.* Frankfurt a. M.
Burke, Kenneth 1966b: *Language as Symbol Action. Essays of Life, Literature and Method.* Berkeley.
Burke, Michael 2011: *Literary Reading, Cognition and Emotion. An Exploration of the Oceanic Mind.* New York, NY.
Burke, Sean 1992: *The Death and Return of the Author. Criticism and Subjectivity in Barthes Foucault and Derrida.* Edinburgh.
Busemann, Adolf 1948: *Stil und Charakter. Untersuchungen zur Psychologie der individuellen Redeform.* Meisenheim / Glan.
Busse, Dietrich 2008: „Linguistische Epistemologie. Zur Konvergenz von kognitiver und kulturwissenschaftlicher Semantik am Beispiel von Begriffsgeschichte, Diskursanalyse und Frame-Semantik". In: H. Kämper / L. M. Eichinger (Hgg.): *Sprache – Kognition – Kultur. Sprache zwischen mentaler Struktur und kultureller Prägung.* Berlin [et al.], S. 73–114.
Chandler, Kenneth 1977: „Dewey's Phenomenology of Knowledge". In: *Philosophy Today* 21, S. 43–55.
Charlton, Michael / Paul Goetsch / Walter Hömberg / Werner Holly / Klaus Neumann-Braun / Reinhold Viehoff 1995: „Zur Programmatik einer interdisziplinären Rezeptionsforschung". In: *Siegener Periodicum zur internationalen empirischen Literaturwissenschaft* 14, H. 2, S. 291–309.
Chodorow, Nancy 1978: *The Reproduction of Mothering. Psychoanalysis and the Sociology of Gender.* Berkeley [et al.].
Christmann, Ursula 1989: *Modelle der Textverarbeitung. Textbeschreibung als Textverstehen.* Münster.
Christmann, Ursula / Norbert Groeben 1999: „Psychologie des Lesens". In: B. Franzmann / K. Hasemann / D. Löffler / E. Schön (Hgg.): *Handbuch Lesen,* München, S. 145–223.
Christmann, Ursula / Margrit Schreier 2003: „Kognitionspsychologie der Textverarbeitung und Konsequenzen für die Bedeutungskonstitution literarischer Texte". In: F. Jannidis / G. Lauer / M. Martínez / S. Winko (Hgg.): *Regeln der Bedeutung. Zur Theorie der Bedeutung literarischer Texte.* Berlin, S. 246–284.
Clayton, Edward W. 2004: „The Audience for Aristotle's Rhetoric". In: *Rhetorica: A Journal of the History of Rhetoric* 22, S. 183–203.
Cohn, Dorrit 1995: „Historisches und literarisches Erzählen. Narratologische Kennzeichen der Fiktionalität". In: *Sprachkunst* 26, H. 1, S. 105–112.
Coleridge, Samuel Taylor 1817: *Biographia Literaria. Or Biographical Sketches of My Literary Life and Opinions.* London.
Coser, Lewis A. (Hg.) [1963] 1972: *Sociology Through Literature.* Englewood Cliffs, NJ.
Cosmides, Leda / John Tooby 2000: „Consider the Source. The Evolution of Adaptations for Decoupling and Metarepresentation". In: D. Sperber (Hg.): *Metarepresentations. A Multidisciplinary Perspective.* Oxford, S. 53–115.
Crosman, Robert 1975: „Some Doubts about ‚The Reader of Paradise Lost'". In: *College English* 37, H. 4, S. 372–382.
Crosman, Robert 1980: *Reading Paradise Lost.* Bloomington, IN [et al.].
Crossen, Helen J. 1982: „Der Einfluß der Einstellung des Lesers auf seine Fähigkeit zu kritischem Lesen". In: H. Heuermann / P. Hühn / B. Röttger (Hgg.): *Werkstruktur und Rezeptionsverhalten. Empirische Untersuchungen über den Zusammenhang von Text-, Leser- und Kontextmerkmalen.* Göttingen, S. 142–152.
Culler, Jonathan 1975: *Structuralist Poetics. Structuralism Linguistics and the Study of Literature.* London.
Culler, Jonathan 1981: *The Pursuit of Signs. Semiotics, Literature, Deconstruction.* Ithaca, NY.
Culler, Jonathan 1988: *Dekonstruktion. Derrida und die poststrukturalistische Literaturtheorie.* Reinbek b. Hamburg.
Currie, Gregory 1993: „Interpretation and Objectivity". In: *Mind* 102, H. 407, S. 413–428.

Czezior, Patricia 2008: *Der Leser und die Hinterfragung seiner Rolle in E. T. A. Hoffmanns Kater Murr und Karl Immermanns Münchhausen. Eine Analyse im Rahmen des Kommunikationsmodells Autor, Text, Leser*. München.

Dahms, Andrea Elisabeth 2005: *Erlesene Welten. Der fiktive Leser in der modernen Literatur. Karl Philipp Moritz – Gottfried Keller – Peter Handke*. Frankfurt a. M. [et al.].

Danneberg, Lutz 1996: „Zur Theorie der werkimmanenten Interpretation". In: W. Barner / C. König (Hgg.): *Zeitenwechsel. Germanistische Literaturwissenschaft vor und nach 1945*. Frankfurt a. M., S. 313–342.

Danneberg, Lutz 1998: „Schleiermachers Hermeneutik im historischen Kontext – mit einem Blick auf ihre Rezeption". In: D. Burdorf / R. Schmücker (Hgg.): *Dialogische Wissenschaft. Perspektiven der Philosophie Schleiermachers*. Paderborn, S. 81–105.

Danneberg, Lutz 1999: „Zum Autorkonstrukt und zu einem methodologischen Konzept der Autorintention". In: F. Jannidis / G. Lauer / M. Martínez / S. Winko (Hgg.): *Rückkehr des Autors. Zur Erneuerung eines umstrittenen Begriffs*. Tübingen, S. 77–105.

Danneberg, Lutz 2002: „Säkularisierung, epistemische Situation und Autorität". In: L. Danneberg / S. Pott / J. Schönert / F. Vollhardt (Hgg.): *Säkularisierung in den Wissenschaften seit der Frühen Neuzeit. Zwischen christlicher Apologetik und methologischem Atheismus*. Bd. 2. Berlin / New York, S. 19–66.

Danneberg, Lutz 2006a: „Epistemische Situationen, kognitive Asymmetrien und kontrafaktische Imaginationen". In: L. Raphael / H.-E. Tenorth (Hgg.): *Ideen als gesellschaftliche Gestaltungskraft im Europa der Neuzeit. Exempel einer neuen Geistesgeschichte*. München, S. 193–221.

Danneberg, Lutz 2006b: „Von der Heiligen Schrift als Quelle des Wissens zur Ästhetik der Literatur (Jes 6,3; Jos 10,12–13)". In: S. Martus / A. Polaschegg (Hgg.): *Das Buch der Bücher – gelesen. Lesarten der Bibel in den Wissenschaften und Künsten*. Bern, S. 219–262.

Danneberg, Lutz 2006c: „Weder Tränen noch Logik. Über die Zugänglichkeit fiktionaler Welten". In: U. Klein / K. Mellmann / S. Metzger (Hgg.): *Heuristiken der Literaturwissenschaft. Disziplinexterne Perspektiven auf Literatur*. Paderborn, S. 35–83.

Danneberg, Lutz 2007: „Altphilologie, Theologie und die Genealogie der Literaturwissenschaft". In: T. Anz (Hg.): *Handbuch Literaturwissenschaft. Institutionen und Praxisfelder*. Bd. 3. Stuttgart, S. 3–24.

Danneberg, Lutz 2009: „Schleiermacher und die Hermeneutik". In: A. M. Baertschi / C. G. King (Hgg.): *Die modernen Väter der Antike. Die Entwicklung der Altertumswissenschaften an Akademie und Universität im Berlin des 19. Jahrhunderts*. Berlin, S. 211–276.

Danneberg, Lutz / Wilhelm Schernus / Jörg Schönert 1995: „Die Rezeption der Rezeptionsästhetik in der DDR. Wissenschaftswandel unter den Bedingungen des sozialistischen Systems". In: G. P. Knapp / G. Labroisse (Hgg.): *1945–1995. Fünfzig Jahre deutschsprachige Literatur in Aspekten*. Amsterdam, S. 643–702.

Danneberg, Lutz / Jörg Schönert 1996: „Zur Transnationalität und Internationalisierung von Wissenschaft". In: L. Danneberg / F. Vollhardt (Hgg.): *Wie international ist die Literaturwissenschaft? Methoden- und Theoriediskussion in den Literaturwissenschaften: Kulturelle Besonderheiten und interkultureller Austausch am Beispiel des Interpretationsproblems (1950–1990)*. Stuttgart [et al.], S. 7–87.

Danneberg, Lutz / Carlos Spoerhase 2009a: „Auctoritas und Testimonium: Epistemologien der Glaubwürdigkeit und des Vertrauens": http://www.fheh.org/index.php/projekte/historische-epistemologie/36/101-auctoritas-und-testimonium-epistemologien-der-glaubwuerdigkeit-und-des-vertrauens (15.12.2013).

Danneberg, Lutz / Carlos Spoerhase 2009b: „Wissen in Literatur: Probleme, Adäquatheitsbedingungen, Explikationen, Rekonstruktionen" (Version: 03.03.2009): http://www.fheh.org/images/fheh/material/wissenlit.pdf (15.12.2013).

Danneberg, Lutz / Carlos Spoerhase 2011: „Wissen in Literatur als Herausforderung einer Pragmatik von Wissenszuschreibungen: sechs Problemfelder, sechs Fragen und zwölf Thesen". In: T. Köppe (Hg.): *Literatur und Wissen. Theoretisch-methodische Zugänge*. Berlin, S. 29–76.

Danneberg, Lutz / Friedrich Vollhardt (Hgg.) 1996: *Wie international ist die Literaturwissenschaft? Methoden- und Theoriediskussion in den Literaturwissenschaften: Kulturelle Besonderheiten und interkultureller Austausch am Beispiel des Interpretationsproblems (1950–1990)*. Stuttgart [et al.].
Daschmann, Gregor 2001: *Der Einfluß von Fallbeispielen auf Leserurteile. Experimentelle Untersuchungen zur Medienwirkung*. Konstanz.
Davis, Sara 1994: „Ibsens ,Nora' gemeinsam lesen: Reden über Literatur im Unterricht". In: A. Barsch / G. Rusch / R. Viehoff (Hgg.): *Empirische Literaturwissenschaft in der Diskussion*. Frankfurt a. M., S. 236–249.
Dehn, Mechthild / Franz-Josef Payrhuber / Gudrun Schulz / Kaspar H. Spinner 1999: „Lesesozialisation, Literaturunterricht und Leseförderung". In: B. Franzmann / K. Hasemann / D. Löffler / E. Schön (Hgg.): *Handbuch Lesen*. München, S. 568–637.
Delcroix, Maurice / Walter Geerts (Hgg.) 1981: *„Les chats" de Baudelaire. Une confrontation de méthodes*. Namur.
Derrida, Jacques [1967] 1983: *Grammatologie*. Frankfurt a. M.
Derrida, Jacques 1984: *Signéponge. Signsponge*. New York.
Derrida, Jacques 1988a: *Comme le bruit de la mer au fond d'un coquillage. La guerre de Paul de Man. Mémoires II*. Paris.
Derrida, Jacques 1988b: *Wie Meeresrauschen auf dem Grund einer Muschel... Paul de Mans Krieg. Mémoires II*. Hg. von P. Engelmann. Wien.
Derrida, Jacques 1990: *Limited Inc*. Paris.
Derrida, Jacques 1992: *Préjugés. Vor dem Gesetz*. Wien.
Derrida, Jacques [1972] 1995: *Dissemination*. Wien.
Derrida, Jacques 2001a: *Die unbedingte Universität*. Frankfurt a. M.
Derrida, Jacques [1988] 2001b: *Limited Inc*. Wien.
Derrida, Jacques [1986] 2002: *Schibboleth. Für Paul Celan*. Wien.
Derrida, Jacques 2004: *Die différance. Ausgewählte Texte*. Hg. von P. Engelmann. Stuttgart.
Descourvières, Benedikt 1999: *Utopie des Lesens. Eine Theorie kritischen Lesens auf der Grundlage der Ideologietheorie Louis Althussers dargestellt an Texten Georg Büchners, Theodor Fontanes, Ödön von Horváths, und Heiner Müllers*. St. Augustin.
Detering, Heinrich (Hg.) 2002: *Autorschaft. Positionen und Revisionen*. Stuttgart [et al.].
Dewey, John [1934] 1980: *Kunst als Erfahrung*. Frankfurt a. M.
Diengott, Nilli 2010: „The Implied Author in the Conceptual Context of Hypothetical Intentionalism: A Good Explication of the Concept? On Kindt and Müller's The Implied Author: Concept and Controversy". In: *Journal of Literary Semantics* 39, H. 2, S. 183–188.
Dijk, Teun Adrianus van / Walter Kintsch 1983: *Strategies of Discourse Comprehension*. London / San Diego.
Dijkstra, Katinka 1994: *Leseentscheidung und Lektürewahl. Empirische Untersuchungen über Einflussfaktoren auf das Leseverhalten*. Berlin.
Dillmann, Rainer / Massimo Grilli / César Mira Paz 2002: *Vom Text zum Leser. Theorie und Praxis einer handlungsorientierten Bibelauslegung*. Stuttgart.
Dilthey, Wilhelm 1990: „Die geistige Welt. Einleitung in die Philosophie des Lebens. Erste Hälfte. Abhandlung zur Grundlegung der Geisteswissenschaften". In: *Gesammelte Schriften*. Bd. 5. Göttingen.
Wilhelm Dilthey [1910] 1983: „Das Verstehen anderer Personen und ihrer Lebensäußerungen". In: Hans-Ulrich Lessing (Hg.): *Texte zur Kritik der historischen Vernunft*. Göttingen, S. 285–301.
Dixon, Peter / Marisa Bortolussi / Lesley C. Twilley / Alice Leung 1993: „Literary Processing and Interpretation: Towards Empirical Foundations". In: *Poetics* 22, S. 5–33.
Doležel, Lubomír 1998: *Heterocosmica. Fiction and Possible Worlds*. Baltimore, MD.
Dörner, Andreas / Ludgera Vogt 1994: *Literatursoziologie. Literatur, Gesellschaft, politische Kultur*. Opladen.
Downey, June Etta [1929] 2000: *Creative Imagination. Studies in the Psychology of Literature*. London.

Droste-Hülshoff, Annette v. 1994a: „Die Judenbuche". In: B. Plachta / W. Woesler (Hgg.): *Annette v. Droste-Hülshoff. Sämtliche Werke in zwei Bänden. Gedichte; Prosa, Versepen, Dramatische Versuche, Übersetzungen.* Frankfurt a. M., S. 11–62.

Droste-Hülshoff, Annette v. 1994b: *Sämtliche Werke in zwei Bänden. Gedichte; Prosa, Versepen, Dramatische Versuche, Übersetzungen.* Hg. von B. Plachta und W. Woesler. Frankfurt a. M.

Duclaud, Jutte / Reimar Riese / Gerda Strauß (Hgg.) 1990: *Leser und Lesen in Gegenwart und Zukunft: Beiträger einer internationalen wissenschaftlichen Konferenz des Instituts für Verlagswesen und Buchhandel der Karl-Marx-Universität anläßlich der IBA 1989 (Leipzig, 6.-8. Juni 1989).* Leipzig.

Dutt, Carsten (Hg.) 2012: *Gadamers philosophische Hermeneutik und die Literaturwissenschaft. Marbacher Kolloquium zum 50. Jahrestag der Publikation von „Wahrheit und Methode".* Heidelberg.

Eagleton, Terry 1988: *Einführung in die Literaturtheorie.* Stuttgart.

Eberly, Rosa A. 2000: *Citizen Critics. Literary Public Spheres.* Urbana, ILL [et al.].

Eco, Umberto [1962] 1973: *Das offene Kunstwerk.* Frankfurt a. M.

Eco, Umberto 1979: *The Role of the Reader. Explorations in the Semiotics of Texts.* Bloomington, IN.

Eco, Umberto 1990: *Lector in fabula. Die Mitarbeit der Interpretation in erzählenden Texten.* München.

Eco, Umberto 1996: *Im Wald der Fiktionen. Sechs Streifzüge durch die Literatur.* München.

Ede, Lisa 1984: „Audience: An Introduction to Research". In: *College Composition and Communication* 35, H. 2, S. 140–154.

Ede, Lisa / Andrea Lunsford 1984: „Audience Addressed / Audience Invoked: The Role of Audience in Composition Theory and Pedagogy". In: *College Composition and Communication* 35, H. 2, S. 155–171.

Eder, Jens 2003: „Narratology and Cognitive Reception Theories". In: T. Kindt / H.-H. Müller (Hgg.): *What is Narratology? Questions and Answers Regarding the Status of a Theory.* Berlin, S. 277–301.

Egger, Richard 1986: *Der Leser im Dilemma. Die Leserrolle in Max Frischs Romanen ‚Stiller', ‚Homo faber' und ‚Mein Name sei Gantenbein'.* Bern [et al.].

Eggert, Hartmut / Hans Christoph Berg / Michael Rutschky 1974: „Zur notwendigen Revision des Rezeptionsbegriffs". In: W. Müller-Seidel (Hg.): *Historizität in Sprach- und Literaturwissenschaft. Vorträge und Berichte der Stuttgarter Germanistentagung 1972.* München, S. 423–432.

Eibl, Karl: „Von den szientistischen Rothäuten und der schöngeistigen Wagenburg". In: *JLTonline* 1, H. 2 (23.03.2009): http://www.jltonline.de/index.php/articles/article/view/77/238 (15.12.2013).

Eicher, Thomas (Hg.) 1997: *Zwischen Leseanimation und literarischer Sozialisation. Konzepte der Lese(r)förderung.* Oberhausen.

Eicher, Thomas / Peter Conrady (Hgg.) 1998: *Bücher machen, Bücher lesen.* Oberhausen.

Eisenhauer, Gregor 2010: *Der ewige Zweite. Eine kleine Typologie des Lesers.* Halle a. d. Saale.

Elbow, Peter 1987: „Closing My Eyes as I Speak: An Argument for Ignoring Audience". In: *College English* 49, H. 1, S. 50–69.

Ellrich, Lutz / Nikolaus Wegmann 1990: „Theorie als Verteidigung der Literatur? Eine Fallgeschichte". In: *Deutsche Vierteljahrsschrift für Literaturwissenschaft und Geistesgeschichte* 64, H. 3, S. 427–466.

Elsholz, Heide (Hg.) 1995: *Lesen in der Schule. Perspektiven der schulischen Leseförderung.* Gütersloh.

Engel, Manfred 1992: *Buch und Lesen in Kindheit und Jugend. Ein kommentiertes Auswahlverzeichnis von Literatur und Modellen zur Leseförderung.* Weinheim.

Engel, Manfred 1993: „Im Maelstrom des Mainstream. Plädoyer für eine zweite Ebene der Theoriedebatte". In: *Jahrbuch der deutschen Schillergesellschaft* 37, S. 437–441.

Engelmann, Peter 2004: „Einleitung". In: P. Engelmann (Hg.): *Jacques Derrida. Die différance. Ausgewählte Texte.* Stuttgart, S. 7–30.

Engelsing, Rolf 1974: *Der Bürger als Leser. Lesergeschichte in Deutschland 1500–1800.* Stuttgart [et al.].

Erhart, Walter (Hg.) 2004: *Grenzen der Germanistik. Rephilologisierung oder Erweiterung?* Stuttgart.

Erning, Günter 1974: *Das Lesen und die Lesewut. Beiträge zu Fragen der Lesergeschichte; dargestellt am Beispiel der schwäbischen Provinz.* Bad Heilbrunn.

Escarpit, Robert 1966: *Das Buch und der Leser. Entwurf einer Literatursoziologie.* Köln / Opladen.

Escarpit, Robert 1974: „Das Werk und das Publikum". In: P. U. Hohendahl (Hg.): *Sozialgeschichte und Wirkungsästhetik. Dokumente zur empirischen und marxistischen Rezeptionsforschung*. Frankfurt a. M., S. 66–81.
Ette, Ottmar 1998: *Roland Barthes. Eine intellektuelle Biographie*. Frankfurt a. M.
Ewald, Helen Rothschild 1988: „The Implied Reader in Persuasive Discourse". In: *Journal of Advanced Composition* 8, H. 1, S. 167–178.
Eysenck, H. J. 1975: „Faktoren bei der Wertung von Lyrik und Beziehung zum Temperament des Lesers". In: H. Heuermann / P. Hühn / B. Röttger (Hgg.): *Literarische Rezeption. Beiträge zur Theorie des Text-Leser-Verhältnisses und seiner empirischen Erforschung*. Paderborn, S. 166–173.
Fauconnier, Gilles 1994: *Mental spaces. Aspects of meaning construction in natural language*. Cambridge.
Faulstich, Werner 1977: *Domänen der Rezeptionsanalyse. Probleme Lösungsstrategien Ergebnisse*. Kronberg i. Ts.
Feist, Peter H. 1990: *Zur Aneignungsfunktion der Kunst*. Berlin.
Fellmann, Ferdinand 1983: „Grenzen der Sprachanalyse". In: R. Koselleck / W.-D. Stempel (Hgg.): *Geschichte – Ereignis und Erzählung*. München, S. 528–534.
Fetterley, Judith 1978: *The Resisting Reader. A Feminist Approach to American Fiction*. Bloomington.
Feyerabend, Paul 1975: *Wider den Methodenzwang. Skizze einer anarchistischen Erkenntnistheorie*. Frankfurt a. M.
Fieguth, Rolf 1971: „Rezeption contra richtiges und falsches Lesen? Oder: Mißverständnisse mit Ingarden". In: *Sprache im technischen Zeitalter* 38, S. 142–159.
Figge, Udo L. 2000: „Die kognitive Wende in der Textlinguistik". In: K. Brinker / G. Antos / W. Heinemann / S. F. Sager (Hgg.): *Text- und Gesprächslinguistik. Ein internationales Handbuch zeitgenössischer Forschung*. Bd. 1. Berlin / New York, S. 96–104.
Finkelstein, Norman G. 2000: *The Holocaust Industry. Reflections on the Exploitation of Jewish Suffering*. London [et al.].
Fish, Stanley Eugene 1967: *Surprised by Sin. The Reader in „Paradise Lost"*. Berkeley [et al.].
Fish, Stanley Eugene 1970: „Literature in the Reader: Affective Stylistics". In: *New Literary History* 1, H. 2, S. 123–162.
Fish, Stanley Eugene (Hg.) 1980: *Is There a Text in This Class?* Cambridge, MA [et al.].
Fish, Stanley Eugene 1980a: „Introduction, or How I Stopped Worrying and Learned To Love interpretation". In: S. E. Fish (Hg.): *Is There a Text in This Class?* Cambridge, MA [et al.], S. 1–17.
Fish, Stanley Eugene [1973] 1980b: „What Is Stylistics and Why Are They Saying Such Terrible Things About It?" In: S. E. Fish (Hg.): *Is There a Text in This Class?* Cambridge, MA [et al.], S. 68–96.
Fish, Stanley Eugene 1980c: „Interpreting the ‚Variorum'". In: S. E. Fish (Hg.): *Is There a Text in This Class?* Cambridge, MA [et al.], S. 147–173.
Fish, Stanley Eugene 1980d: „Is there a Text in This Class?" In: S. E. Fish (Hg.): *Is There a Text in This Class?* Cambridge, MA [et al.], S. 303–321.
Fish, Stanley Eugene 1981: „Why No One's Afraid of Wolfgang Iser". In: *Diacritics* 11, H. 1, S. 2–13.
Fish, Stanley Eugene 1989: „Change". In: S. E. Fish (Hg.): *Stanley Eugene Fish. Doing What Comes Naturally. Change Rhetoric and the Practice of Theory in Literary and Legal Studies*. Oxford, S. 141–160.
Flynn, Elizabeth A. 1983: „Woman as Reader-Response Critics". In: *New Orleans-Review* 10, S. 20–25.
Foerster, Heinz v. 1993: *KybernEthik*. Berlin.
Fornet-Betancourt, Raúl 2002: *Modelle befreiender Theorie in der europäischen Philosophiegeschichte. Ein Lehrbuch*. Frankfurt a. M. [et al.].
Foucault, Michel [1969] 2003: „Was ist ein Autor?" In: F. Jannidis / G. Lauer / M. Martínez / S. Winko (Hgg.): *Texte zur Theorie der Autorschaft*. Stuttgart, S. 198–229.
Frank, Manfred 1990: *Das Sagbare und das Unsagbare. Studien zur deutsch-französischen Hermeneutik und Texttheorie*. Frankfurt a. M.

Frank, Manfred 1997: *Was ist Neostrukturalismus?* Frankfurt a. M.
Frank, Manfred 2006: *Die Unhintergehbarkeit von Individualität. Reflexionen über Subjekt Person und Individuum aus Anlass ihrer ‚postmodernen' Toterklärung.* Frankfurt a. M.
Franzmann, Bodo 2001: *Leseverhalten in Deutschland im neuen Jahrtausend. Eine Studie der Stiftung Lesen.* Hamburg.
Freese, Wolfgang 1977: „Thomas Mann und sein Leser: Zum Verhältnis von Antifaschismus und Lesererwartung in ‚Mario und der Zauberer'". In: *Deutsche Vierteljahrsschrift für Literaturwissenschaft und Geistesgeschichte* 51, S. 659–675.
Frege, Gottlob [1892] 1980: „Über Sinn und Bedeutung". In: G. Patzig (Hg.): *Gottlob Frege. Funktion, Begriff, Bedeutung. 5 logische Studien.* Göttingen, S. 40–65.
Freud, Sigmund [1908] 2003: „Der Dichter und das Phantasieren". In: F. Jannidis / G. Lauer / M. Martínez / S. Winko (Hgg.): *Texte zur Theorie der Autorschaft.* Stuttgart, S. 35–45.
Freund, Elisabeth 1987: *The Return of the Reader. Reader-Response Criticism.* London.
Frey, Eberhard 1974: „Was ist guter Stil? Ausländische und einheimische Leserreaktionen auf literarische Textproben". In: P. U. Hohendahl (Hg.): *Sozialgeschichte und Wirkungsästhetik. Dokumente zur empirischen und marxistischen Rezeptionsforschung.* Frankfurt a. M., S. 135–161.
Friedrich, Hans-Edwin 2009: „Rezeptionsästhetik / Rezeptionstheorie". In: J. Schneider (Hg.): *Methodengeschichte der Germanistik.* Berlin / New York, S. 597–628.
Fritz, Angela / Alexandra Suess 1986: *Lesen. Die Bedeutung der Kulturtechnik Lesen für den gesellschaftlichen Kommunikationsprozeß.* Konstanz.
Fröhlich, Monica 2001: *Literarische Strategien der Entsubjektivierung. Das Verschwinden des Subjekts als Provokation des Lesers in Christoph Ransmayrs Erzählwerk.* Würzburg.
Fügen, Hans Norbert (Hg.) 1968: *Wege der Literatursoziologie.* Neuwied / Berlin.
Fügen, Hans Norbert 1974: *Die Hauptrichtungen der Literatursoziologie und ihre Methoden. Ein Beitrag zur literatursoziologischen Theorie.* Bonn.
Füllner, Bernd 1982: *Heinrich Heine in deutschen Literaturgeschichten. Eine Rezeptionsanalyse.* Frankfurt a. M. [et al.].
Funke, Mandy 2003: „Das Abenteuer der Fragebögen. Aspekte zur empirischen Wirkungsforschung in der DDR". In: W. Adam / H. Dainat / G. Schandera (Hgg.): *Wissenschaft und Systemveränderung. Rezeptionsforschung in Ost und West – Eine konvergente Entwicklung?* Heidelberg, S. 119–126.
Funke, Mandy 2004: *Rezeptionstheorie – Rezeptionsästhetik. Betrachtungen eines deutsch-deutschen Diskurses.* Bielefeld.
Futterknecht, Franz 1997: „„Der Leser denkt, was er kann, und niemals, was er soll". Leserkritik und -typologie im Romanwerk Johann Karl Wezels". In: H.-P. Ecker (Hg.): *Methodisch reflektiertes Interpretieren. Festschrift für Hartmut Laufhütte zum 60. Geburtstag.* Passau, S. 253–266.
Gabriel, Gottfried 1975: *Fiktion und Wahrheit. Eine semantische Theorie der Literatur.* Stuttgart.
Gadamer, Hans-Georg 1971: „Replik". In: J. Habermas / D. Henrich / J. Taubes (Hgg.): *Theorie-Diskussion: Hermeneutik und Ideologiekritik. Mit Beiträgen von Karl-Otto Apel, Claus v. Bormann, Rüdiger Bubner, Hans-Georg Gadamer, Hans Joachim Giegel, Jürgen Habermas.* Frankfurt a. M., S. 283–317.
Gadamer, Hans-Georg [1960] 1972: *Wahrheit und Methode. Grundzüge einer philosophischen Hermeneutik.* Tübingen.
Gadamer, Hans-Georg 1993: „Zwischen Phänomenologie und Dialektik – Versuch einer Selbstkritik". In: Gadamer, Hans-Georg: *Hermeneutik II. Wahrheit und Methode. Ergänzungen, Register.* Tübingen, S. 3–23.
Garbe, Christine (Hg.) 1993: *Frauen lesen. Untersuchungen und Fallgeschichten zur „weiblichen Lektürepraxis" und zur literarischen Sozialisation von Studentinnen.* Berlin / Paderborn.
Garbe, Christine / Werner Graf / Cornelia Rosenbrock / Erich Schön (Hgg.) 1998: *Lesen im Wandel. Probleme der literarischen Sozialisation heute.* Lüneburg.
Gearhart, Suzanne 1983: „Philosophy Before Literature: Deconstruction, Historicity, and the Work of Paul de Man". In: *Diacritics* 13, H. 4, S. 63–81.

Gebhard, Walter 1981: „Hermeneutik als Rezeptionsanweisung". In: G. Köpf (Hg.): *Rezeptionspragmatik. Beiträge zur Praxis des Lesens*. München, S. 27–57.
Genette, Gérard 1992: *Fiktion und Diktion*. München.
Genette, Gérard 1994: *Die Erzählung*. München.
Gergen, Kenneth J. 1991: *The Saturated Self. Dilemmas of Identity in Contemporary Life*. New York.
Gerrig, Richard J. 1993: *Experiencing Narrative Worlds. On the Psychological Activities of Reading*. New Haven.
Gervinus, Georg Gottfried [1835] 1839: „Selbstanzeige der Geschichte der deutschen Nationalliteratur". In: Gervinus, Georg Gottfried: *Gesammelte kleine historische Schriften. Neue veränderte Ausgabe*. Leipzig, S. 573–592.
Gibson, Walker 1950: „Authors, Speakers, Readers, and Mock Readers". In: *College English* 11, H. 5, S. 265–269.
Gibson, Walker 1980: „Authors, Speakers, Readers, and Mock Readers". In: J. P. Tompkins (Hg.): *Reader Response Criticism. From Formalism to Post-Structuralism*. Baltimore, MD [et al.], S. 1–6.
Gilges, Martina 1992: *Lesewelten. Geschlechtsspezifische Nutzung von Büchern bei Kindern und Erwachsenen*. Bochum.
Gliszczynska 1966: „Genetische Klassifikation des praktischen Fehlers". In: K. Alsleben / W. Wehrstedt (Hgg.): *Praxeologie. Acht Beiträge zur Einführung in die Wissenschaft vom leistungsfähigen Handeln aus dem Forschungszentrum für allgemeine Probleme der Arbeitsorganisation in Warschau*. Quickborn, S. 105–117.
Głowiński, Michał 1975a: „Der potentielle Leser in der Struktur eines poetischen Werks". In: *Weimarer Beiträge. Zeitschrift für Literaturwissenschaft, Ästhetik und Kultur* 21, H. 6, S. 118–143.
Głowiński, Michał 1975b: „Der virtuelle Empfänger in der Struktur des poetischen Werks". In: R. Fieguth (Hg.): *Literarische Kommunikation*. Kronberg i. Ts., S. 93–126.
Goethe, Johann Wolfgang v. 1994: „Die Wahlverwandtschaften". In: F. Apel / H. Birus / A. Bohnenkamp / D. Borchmeyer (Hgg.): *Johann Wolfgang v. Goethe. Sämtliche Werke, Briefe, Tagebücher und Gespräche*. Bd. 9. Frankfurt a. M., S. 269–555.
Goetsch, Paul (Hg.) 1994: *Lesen und Schreiben im 17. und 18. Jahrhundert. Studien zu ihrer Bewertung in Deutschland, England, Frankreich*. Tübingen.
Gohrbandt, Detlev 1998: *Textanlässe, Lesetätigkeiten. Poetik und Rhetorik der Unabgeschlossenheit*. Tübingen.
Goltschnigg, Dietmar 1974a: „Einleitung". In: D. Goltschnigg (Hg.): *Materialien zur Rezeptions- und Wirkungsgeschichte Georg Büchners*. Kronberg i. Ts., S. 1–61.
Goltschnigg, Dietmar (Hg.) 1974b: *Materialien zur Rezeptions- und Wirkungsgeschichte Georg Büchners*. Kronberg i. Ts.
Goltschnigg, Dietmar 1975: *Rezeptions- und Wirkungsgeschichte Georg Büchners*. Kronberg i. Ts.
Gölz, Christine 2009: „Autortheorien des slavischen Funktionalismus". In: W. Schmid (Hg.): *Slavische Erzähltheorie. Russische und tschechische Ansätze*. Berlin / New York, S. 187–238.
Gorman, John 1973: *The Reception of Federico García Lorca in Germany*. Göppingen.
Görtz, Franz Josef 1978: *Günter Grass. Zur Pathogenese eines Markenbilds. Die Literaturkritik der Massenmedien 1959–1969. Eine Untersuchung mit Hilfe datenverarbeitender Methoden*. Meisenheim am Glan.
Göttner, Heide 1973: *Logik der Interpretation. Analyse einer literaturwissenschaftlichen Methode unter kritischer Betrachtung der Hermeneutik*. München.
Gracia, Jorge J. E. 1994: „Can There Be Texts Without Audiences? The Identity and Function of Audiences". In: *Review of Metaphysics* 47, H. 4, S. 711–734.
Graf, Werner 2004: *Der Sinn des Lesens. Modi der literarischen Rezeptionskompetenz*. Münster.
Graumann, Carl Friedrich 1960: *Grundlagen einer Phänomenologie und Psychologie der Perspektivität*. Berlin / New York.
Greimas, Algirdas J. 1977: „Der wissenschaftliche Diskurs in den Sozialwissenschaften". In: P. V. Zima (Hg.): *Textsemiotik als Ideologiekritik*. Frankfurt a. M., S. 77–114.

Greiner, Martin 1964: *Die Entstehung der modernen Unterhaltungsliteratur. Studien zum Trivialroman des 18. Jahrhunderts*. Reinbek b. Hamburg.
Grewendorf, Günther 1978: „Nicht-empirische Argumente. Zur Problematik ihrer wissenschaftstheoretischen Untersuchung". In: *Zeitschrift für allgemeine Wissenschaftstheorie* 9, H. 1, S. 21–40.
Grice, Herbert P. 1957: „Meaning". In: *SubStance. A Review of Theory and Literary Criticism* 66, H. 3, S. 377–388.
Griep, Hans-Joachim 2005: *Geschichte des Lesens. Von den Anfängen bis Gutenberg*. Darmstadt.
Johann Jacob Griesbach 1815: Vorlesungen über die Hermeneutik des Neuen Testaments mit Anwendung auf die Leidens- und Auferstehungsgeschichte Christi. Hg. v. Johann Carl Samuel Steiner. Nürnberg.
Grimm, Gunter E. 1977a: *Rezeptionsgeschichte. Grundlegung einer Theorie*. München.
Grimm, Gunter E. 1977b: „Rezeptionsgeschichte. Prämissen und Möglichkeiten historischer Darstellungen". In: *Internationales Archiv für Sozialgeschichte der deutschen Literatur* 2, S. 144–186.
Groeben, Norbert 1972: *Literaturpsychologie. Literaturwissenschaft zwischen Hermeneutik und Empirie*. Stuttgart [et al.].
Groeben, Norbert 1977: *Rezeptionsforschung als empirische Literaturwissenschaft. Paradigma- durch Methodendiskussion an Untersuchungsbeispielen*. Kronberg i. Ts.
Groeben, Norbert 1979: „Zur Relevanz empirischer Konkretisationserhebungen für die Literaturwissenschaft". In: S. J. Schmidt (Hg.): *Empirie in Literatur- und Kunstwissenschaft*. München, S. 43–82.
Groeben, Norbert (Hg.) 1981: *Rezeption und Interpretation. Ein interdisziplinärer Versuch am Beispiel der ‚Hasenkatastrophe' von Robert Musil*. Tübingen.
Groeben, Norbert 1982: *Leserpsychologie. Textverständnis – Textverständlichkeit*. Münster.
Groeben, Norbert 1987: „Verstehen, Erklären, Bewerten in einer empirischen Literaturwissenschaft". In: E. Ibsch / D. H. Schram (Hgg.): *Rezeptionsforschung zwischen Hermeneutik und Empirik*. Amsterdam, S. 65–106.
Groeben, Norbert 1994: „Der Paradigma-Anspruch der Empirischen Literaturwissenschaft". In: A. Barsch / G. Rusch / R. Viehoff (Hgg.): *Empirische Literaturwissenschaft in der Diskussion*. Frankfurt a. M., S. 21–37.
Groeben, Norbert (Hg.) 1999: *Lesesozialisation in der Mediengesellschaft. Ein Schwerpunktprogramm*. Tübingen.
Groeben, Norbert / Bettina Hurrelmann 2006: „Einleitung: Die Grundkonzeption des Weiterbildungsprogramms". In: N. Groeben / B. Hurrelmann (Hgg.): *Empirische Unterrichtsforschung in der Literatur- und Lesedidaktik. Ein Weiterbildungsprogramm*. Weinheim, S. 11–30.
Groeben, Norbert / Bettina Hurrelmann (Hgg.) 2006: *Empirische Unterrichtsforschung in der Literatur- und Lesedidaktik. Ein Weiterbildungsprogramm*. Weinheim.
Groeben, Norbert / Bettina Hurrelmann / Christine Garbe 1999: „Das Schwerpunktprogramm Lesesozialisation in der Mediengesellschaft". In: N. Groeben (Hg.): *Lesesozialisation in der Mediengesellschaft. Ein Schwerpunktprogramm*. Tübingen, S. 1–26.
Grondin, Jean 2000: *Einführung zu Gadamer*. Tübingen.
Grondin, Jean 2007: „Die Wiedererweckung der Seinsfrage auf dem Weg einer phänomenologisch-hermeneutischen Destruktion (§§ 1–8)". In: T. Rentsch (Hg.): *Martin Heidegger: Sein und Zeit*. Berlin, S. 1–27.
Grübel, Rainer 1981: *Russischer Konstruktivismus. Künstler. Konzeptionen literarische Theorie und kultureller Kontext*. Wiesbaden.
Grübel, Rainer 2008: „Formalismus und Strukturalismus". In: H. L. Arnold / H. Detering (Hgg.): *Grundzüge der Literaturwissenschaft*. 8. Aufl., München, S. 386–408.
Gryphius, Andreas [1637/63] 1963: „Es ist alles eitell". In: H. Powell / M. Szyrocki (Hgg.): *Andreas Gryphius. Gesamtausgabe der deutschsprachigen Werke. Sonette*. Bd. 1. Tübingen, S. 33.
Grywatsch, Jochen 2008: „Produktive Leerstellen. Anmerkungen zur Aktualität des dichterischen Werks der Annette von Droste-Hülshoff und zur Veränderlichkeit seiner Wertschät-

zung". In: M. Salmen / W. Gössmann (Hgg.): ‚*Zu früh, zu früh geboren'*. *Die Modernität der Annette von Droste-Hülshoff*. Düsseldorf, S. 18–35.

Gumbrecht, Hans Ulrich 1973: „Soziologie und Rezeptionsästhetik – Über Gegenstand und Chancen interdisziplinärer Zusammenarbeit". In: J. Kolbe (Hg.): *Ansichten einer künftigen Germanistik*. Frankfurt a. M. [et al.], S. 48–74.

Gumbrecht, Hans Ulrich 1975: „Konsequenzen der Rezeptionsästhetik oder Literaturwissenschaft als Kommunikationssoziologie". In: *Poetica. Zeitschrift für Sprach- und Literaturwissenschaft* 7, S. 388–413.

Gumbrecht, Hans Ulrich 1977: „Wolfgang Iser: *Der Akt des Lesens*" [Rezension]. In: *Poetica. Zeitschrift für Sprach- und Literaturwissenschaft* 9, S. 522–534.

Günter, Andrea / Veronika Mariaux (Hgg.) 1994: *Papierne Mädchen – Dichtende Mütter. Lesen in der weiblichen Genealogie*. Frankfurt a. M.

Günther, Hans 1973: *Struktur als Prozess. Studien zur Ästhetik und Literaturtheorie des tschechischen Strukturalismus*. München.

Habermas, Jürgen / Dieter Henrich / Jacob Taubes (Hgg.) 1971: *Theorie-Diskussion: Hermeneutik und Ideologiekritik. Mit Beiträgen von Karl-Otto Apel, Claus v. Bormann, Rüdiger Bubner, Hand-Georg Gadamer, Hans Joachim Giegel, Jürgen Habermas*. Frankfurt a. M.

Halász, László 1983: *Dem Leser auf der Spur. Literarisches Lesen als Forschen und Entdecken. Zur Sozialpsychologie des literarischen Verstehens*. Hg. von R. Viehoff. Braunschweig [et al.].

Halász, László 1994: „Die Grundlegung einer „Empirischen Literaturwissenschaft". Von einem psychologischen Standpunkt aus betrachtet". In: A. Barsch / G. Rusch / R. Viehoff (Hgg.): *Empirische Literaturwissenschaft in der Diskussion*. Frankfurt a. M., S. 86–103.

Halsey, Katie 2012: *Jane Austen and Her Readers, 1786–1945*. New York.

Hamacher, Werner 1988: „Unlesbarkeit". In: P. de Man (Hg.): *Allegorien des Lesens. Aus dem Amerikanischen von Werner Hamacher und Peter Krumme*. Frankfurt a. M., S. 7–26.

Hamacher, Werner 1998: *Entferntes Verstehen. Studien zu Philosophie und Literatur von Kant bis Celan*. Frankfurt a. M.

Hamburger, Käte [1957] 1987: *Die Logik der Dichtung*. München.

Harker, W. John 1992: „Reader Response and Cognition: Is There a Mind in This Class?" In: *Journal of Aesthetic Education* 26, H. 3, S. 27–39.

Harmgarth, Friederike (Hg.) 1996: *Mehr als ein Buch. Leseförderung in der Sekundarstufe I*. Gütersloh.

Harpham, Geoffrey Galt: „Constraints, not Consequences". In: *Times Literary Supplement*, 9. März 1990.

Hartling, Florian 2009: *Der digitale Autor. Autorschaft im Zeitalter des Internets*. Bielefeld.

Hartman, Geoffrey H. 1976: „Literary Criticism and its Discontents". In: *Critical Inquiry* 3, S. 203–220.

Hartung, Diana 1995: *Soziokulturelles Hintergrundwissen als bedeutungskonstitutiver Faktor bei der Erschließung literarischer Texte*. Frankfurt a. M. [et al.].

Hartung, Stefan 1997: *Parnasse und Moderne. Théodore de Banvilles „Odes funambulesques" (1857). Parisdichtung als Ästhetik des Heterogenen*. Stuttgart.

Haubrichs, Wolfgang 1974: „Zur Relevanz von Rezeption und Rezeptionshemmung in einem kybernetischen Modell der Literaturgeschichte. Ein Beitrag zum Problem der Periodisierung". In: W. Müller-Seidel (Hg.): *Historizität in Sprach- und Literaturwissenschaft. Vorträge und Berichte der Stuttgarter Germanistentagung 1972*. München, S. 97–121.

Hauschild, Christiane 2004: *Häretische Transgressionen. Das Märchenpoem „Mólodec" von Marina Cvetaeva*. Göttingen.

Hehn, Victor 1887: *Gedanken über Goethe*. Berlin.

Hehn, Viktor 1988: *Goethe und das Publikum. Eine Literaturgeschichte im Kleinen*. Hg. von E. Thurnher. Berlin.

Heidegger, Martin [Vorlesungen 1919–1944] 2007: „Die Destruktion des Erlebnisproblems. § 11: Der Übergang zur zweiten Problemgruppe und das Verhältnis von Psychologie und Philosophie. Zweiter Abschnitt: Die destruierende Betrachtung der Diltheyschen Position

(§ 16–§ 19)". In: C. Strube (Hg.): *Martin Heidegger. Vorlesungen 1919–1944. Phänomenologie der Anschauung und des Ausdrucks.* GA Bd. 59, 2. Abteilung. Frankfurt a. M.

Heinemann, Wolfgang / Dieter Viehweger 1991: *Textlinguistik. Eine Einführung.* Tübingen.

Heinen, Sandra 2002: „Das Bild des Autors. Überlegungen zum Begriff des ‚impliziten Autors' und seines Potentials zur kulturwissenschaftlichen Beschreibung von inszenierter Autorschaft". In: *Sprachkunst* 33, S. 329–345.

Hempfer, Klaus W. 1976: *Poststrukturale Texttheorie und narrative Praxis. Tel quel und die Konstitution eines Nouveau Nouveau Roman.* München.

Hempfer, Klaus W. 1983: „Überlegungen zu einem Gültigkeitskriterium für Interpretationen und ein komplexer Fall: Die italienische Ritterepik der Renaissance". In: G. Regn / K. W. Hempfer (Hgg.): *Interpretation. Das Paradigma der europäischen Renaissance-Literatur.* Wiesbaden, S. 1–31.

Hempfer, Klaus W. 1987: *Diskrepante Lektüren: Die Orlando-Furioso-Rezeption im Cinquecento. Historische Rezeptionsforschung als Heuristik der Interpretation.* Stuttgart.

Hempfer, Klaus W. 2002: *Grundlagen der Textinterpretation.* Stuttgart.

Henning, Hans (Hg.) 1989: *Heines „Deutschland, ein Wintermärchen" in der zeitgenössischen Rezeption.* Leipzig.

Herles, Wolfgang 1975: „Die Sternheim-Renaissance auf den Bühnen der Bundesrepublik. Zur Rezeptionsgeschichte der Dramen ‚Aus dem bürgerlichen Heldenleben' nach dem Zweiten Weltkrieg". In: J. Schönert (Hg.): *Carl Sternheims Dramen. Zur Textanalyse, Ideologiekritik und Rezeptionsgeschichte.* Heidelberg, S. 207–222.

Herman, David (Hg.) 2003: *Narrative Theory and The Cognitive Sciences.* Stanford, CA.

Hermand, Jost 1992: „Neuere Entwicklung zwischen 1945 und 1980". In: H. Brackert (Hg.): *Literaturwissenschaft. Ein Grundkurs.* Reinbek b. Hamburg, S. 564–578.

Hermerén, Göran [1983] 2008: „Interpretation: Typen und Kriterien". In: T. Kindt / T. Köppe (Hgg.): *Moderne Interpretationstheorien. Ein Reader.* Göttingen, S. 248–276.

Heuermann, Hartmut / Peter Hühn / Brigitte Röttger (Hgg.) 1975: *Literarische Rezeption. Beiträge zur Theorie des Text-Leser-Verhältnisses und seiner empirischen Erforschung.* Paderborn.

Heuermann, Hartmut / Peter Hühn / Brigitte Röttger (Hgg.) 1982: *Werkstruktur und Rezeptionsverhalten. Empirische Untersuchungen über den Zusammenhang von Text-, Leser- und Kontextmerkmalen.* Göttingen.

Hiergeist, Teresa: „Der Text des Lesers. Beiträge zur leserorientierten Literaturwissenschaft" [Rezension von: C. Mazauric / M.-J. Fourtanier / G. Langlade (Hrsg.): Le texte du lecteur. Préface de Pierre Bayard. Bruxelles 2011]. In: *IASL online* (13.02.2012): http://www.iaslonline.de/index.php?vorgang_id=3582 (15.02.2012).

Hillmann, Heinz 1982: „Rezeption – empirisch". In: H. Heuermann / P. Hühn / B. Röttger (Hgg.): *Werkstruktur und Rezeptionsverhalten. Empirische Untersuchungen über den Zusammenhang von Text-, Leser- und Kontextmerkmalen.* Göttingen.

Hirn, Jan Alexander 2006: *Goethe-Rezeption im Frühwerk Thomas Manns.* Trier.

Hirsch, Eric Donald 1960: „Objective Interpretation". In: *Publications of the Modern Language Association* 75, H. 4, S. 463–479.

Hirsch, Eric Donald 1967: *Validity in Interpretation.* New Haven.

Hirsch, Eric Donald 1972: *Prinzipien der Interpretation.* München.

Hirsch, Eric Donald 1976: *The Aims of Interpretation.* Chicago.

Hoffmann, Ernst Theodor Amadeus 1971: *Tagebücher. Nach der Ausgabe Hans von Müllers.* Hg. von F. Schnapp. Darmstadt.

Hoffmann, Ernst Theodor Amadeus 1980: *Lebensansichten des Kater Murr. Nebst fragmentarischer Biographie des Kapellmeisters Johannes Kreisler in zufälligen Makulaturblättern.* Berlin.

Hoffmann, Thorsten / Daniela Langer 2007: „Autor". In: T. Anz (Hg.): *Handbuch Literaturwissenschaft. Gegenstände und Grundbegriffe.* Bd. 1. Stuttgart, S. 131–170.

Hogan, Patrick Colm 2003: *Cognitive Science, Literature, and the Arts. A Guide for Humanists.* New York [et al.].

Hogenraad, Robert 1994: "Über den Versuch, das Leben der Wörter zu messen. Inhaltsanalytische Verfahren und Literatur". In: A. Barsch / G. Rusch / R. Viehoff (Hgg.): *Empirische Literaturwissenschaft in der Diskussion*. Frankfurt a. M., S. 306–323.
Hohendahl, Peter Uwe 1971: *Benn-Wirkung wider Willen. Dokumente zur Wirkungsgeschichte Benns*. Frankfurt a. M.
Hohendahl, Peter Uwe 1974: "Einleitung". In: P. U. Hohendahl (Hg.): *Sozialgeschichte und Wirkungsästhetik. Dokumente zur empirischen und marxistischen Rezeptionsforschung*. Frankfurt a. M., S. 9–48.
Hohendahl, Peter Uwe (Hg.) 1974: *Sozialgeschichte und Wirkungsästhetik. Dokumente zur empirischen und marxistischen Rezeptionsforschung*. Frankfurt a. M.
Hohendahl, Peter Uwe 2003: "Der privilegierte Leser: Rezeptionsästhetik und Reader-Response Theory als konkurrierende Ansätze". In: W. Adam / H. Dainat / G. Schandera (Hgg.): *Wissenschaft und Systemveränderung. Rezeptionsforschung in Ost und West – Eine konvergente Entwicklung?* Heidelberg, S. 211–223.
Hohendahl, Peter Uwe 2008: *Heinrich Heine europäischer Schriftsteller und Intellektueller*. Berlin.
Holenstein, Elmar 1975: *Roman Jakobsons phänomenologischer Strukturalismus*. Frankfurt a. M.
Holenstein, Elmar 1995: "Einführung: Von der Poesie und der Plurifunktionalität der Sprache". In: E. Holenstein (Hg.): *Roman Jakobson. Poetik. Ausgewählte Aufsätze 1921–1971*. Frankfurt a. M., S. 7–66.
Holland, Norman N. 1968: *The Dynamics of Literary Response*. Oxford.
Holland, Norman N. 1975: *5 Readers Reading*. New Haven.
Holland, Norman N. 1980: "Re-Covering ,The Purloined Letter': Reading as a Personal Transaction". In: S. R. Suleiman / I. Crosman (Hgg.): *The Reader in the Text. Essays on Audience and Interpretation*. Princeton, NJ, S. 350–370.
Holland, Norman N. 2002: "Where Is a Text?: A Neurological View". In: *New Literary History* 33, H. 1, S. 21–38.
Holub, Robert C. 1981: *Heinrich Heine's Reception of German Grecophilia. The Function and Application of the Hellenic Tradition in the 1. Half of the 19. Century*. Heidelberg.
Holub, Robert C. 1984: *Reception Theory. A Critical Inroduction*. London.
Holub, Robert C. 1992: *Crossing Borders. Reception Theory, Poststructuralism, Deconstruction*. Madison, WI.
Hoogevee, Jos 1978: *Funktionalistische Rezeptionstheorie. Eine Auseinandersetzung mit rezeptionsästhetischen Positionen in der Literaturwissenschaft*. Leiden.
Hoorn, Johann 1996: "Psychophysiology and Literary Processing: ERP's to Semantic and Phonetic Deviations in Reading Small Verses". In: R. J. Kreuz / M. S. MacNealy (Hgg.): *Empirical Approaches to Literature and Aesthetics*. Norwood, NJ, S. 339–358.
Hörmann, Hans 1967: *Psychologie der Sprache*. Berlin.
Horstmann, Axel 1987: "Das Fremde und das Eigene – ,Assimilation' als hermeneutischer Begriff". In: *Archiv für Begriffsgeschichte*, S. 7–43.
Horstmann, Susanne 2003: "Text". In: J. D. Müller (Hg.): *Reallexikon der deutschen Literaturwissenschaft*. Berlin [et al.], S. 594–597.
Huber, Martin / Simone Winko (Hgg.) 2009: *Literatur und Kognition. Bestandsaufnahmen und Perspektiven eines Arbeitsfeldes*. Paderborn.
Hurrelmann, Bettina / Michael Hammer / Ferdinand Nieß 1993: *Leseklima in der Familie. Eine Studie der Bertelsmann-Stiftung*. Gütersloh.
Husserl, Edmund 1997: *Ideen zu einer reinen Phänomenologie und phänomenologischen Philosophie. Drittes Buch: Die Phänomenologie und die Fundamente der Wissenschaften*. Hg. von M. Biemel. Dordrecht.
Ibsch, Elrud 1987: "Hermeneutik und Empirik im Universitätsbetrieb". In: E. Ibsch / D. H. Schram (Hgg.): *Rezeptionsforschung zwischen Hermeneutik und Empirik*. Amsterdam, S. 1–21.
Illing, Frank 2001: *Jan Mukařovský und die Avantgarde. Die strukturalistische Ästhetik im Kontext von Poetismus und Surrealismus*. Bielefeld.
Ingarden, Roman [1931] 1960: *Das literarische Kunstwerk. Mit einem Anhang von den Funktionen der Sprache im Theaterschauspiel*. Tübingen.

Ingarden, Roman [1937] 1968: *Vom Erkennen des literarischen Kunstwerks*. Tübingen.
Ingarden, Roman 1975: „Konkretisation und Rekonstruktion". In: R. Warning (Hg.): *Rezeptionsästhetik. Theorie und Praxis*. München, S. 42–70.
Institut für Leser- und Schrifttumskunde 1928: *Lesertypen innerhalb der erwachsenen männlichen Arbeiterschaft. Dargestellt auf Grund der Entleihungen von 25 Arbeiterlesern in den Städtischen Bücherhallen zu Leipzig und der Freien Öffentlichen Bibliothek Dresden-Plauen*. Leipzig.
Iser, Wolfgang 1970: *Die Appellstruktur der Texte. Unbestimmtheit als Wirkungsbedingung literarischer Prosa*. Konstanz.
Iser, Wolfgang 1972: *Der implizite Leser. Kommunikationsformen des Romans von Bunyan bis Beckett*. München.
Iser, Wolfgang [1970] 1975a: „Die Appellstruktur der Texte. Unbestimmtheit als Wirkungsbedingung literarischer Prosa". In: R. Warning (Hg.): *Rezeptionsästhetik. Theorie und Praxis*. München, S. 228–252.
Iser, Wolfgang 1975b: „Der Lesevorgang". In: R. Warning (Hg.): *Rezeptionsästhetik. Theorie und Praxis*. München, S. 253–276.
Iser, Wolfgang 1975c: „Im Lichte der Kritik". In: R. Warning (Hg.): *Rezeptionsästhetik. Theorie und Praxis*. München, S. 325–342.
Iser, Wolfgang 1976: *Der Akt des Lesens. Theorie ästhetischer Wirkung*. München.
Iser, Wolfgang 1978: *The Act of Reading. A Theory of Aesthetic Response*. Baltimore, MD.
Iser, Wolfgang 1990: *Fingieren als anthropologische Dimension der Literatur*. Konstanz.
Iser, Wolfgang 1992: *Theorie der Literatur. Eine Zeitperspektive*. Konstanz.
Jäger, Georg 1974: „Die Wertherwirkung. Ein rezeptionsästhetischer Modellfall". In: W. Müller-Seidel (Hg.): *Historizität in Sprach- und Literaturwissenschaft. Vorträge und Berichte der Stuttgarter Germanistentagung 1972*. München, S. 389–409.
Jäger, Ludwig 2013: „Return to Philology", in: Zeitschrift für Literaturwissenschaft und Linguistik 172, S. 48–54.
Jahraus, Oliver 1994: „Analyse und Interpretation. Zu Grenzen und Grenzüberschreitungen im struktural-literaturwissenschaftlichen Theorienkonzept". In: *Internationales Archiv für Sozialgeschichte der deutschen Literatur* 19, H. 2, S. 1–51.
Jahraus, Oliver 2004: *Literaturtheorie. Theoretische und methodische Grundlagen der Literaturwissenschaft*. Tübingen / Basel.
Jakobson, Roman 1973: *Questions de poétique*. Hg. von T. Todorov. Paris.
Jakobson, Roman 1987: *Language in Literature*. Cambridge, MA.
Jakobson, Roman 1995: „Was ist Poesie?" In: E. Holenstein (Hg.): *Roman Jakobson. Poetik. Ausgewählte Aufsätze 1921–1971*. Frankfurt a. M., S. 67–82.
Jakobson, Roman 2007: „Nachtrag zur Diskussion um die Grammatik der Poesie". In: H. Birus / S. Donat (Hgg.): *Roman Jakobson. Poesie der Grammatik und Grammatik der Poesie. Sämtliche Gedichtanalysen. Kommentierte deutsche Ausgabe*. Bd. 2: Analysen zur Lyrik von der Romantik bis zur Moderne. Berlin / New York, S. 733–788.
Jakobson, Roman / Claude Lévi-Strauss [1962] 2007: „,Die Katzen' von Charles Baudelaire". In: H. Birus / S. Donat (Hgg.): *Roman Jakobson. Poesie der Grammatik und Grammatik der Poesie. Sämtliche Gedichtanalysen. Kommentierte deutsche Ausgabe*. Bd. 2: Analysen zur Lyrik von der Romantik bis zur Moderne. Berlin / New York, S. 251–288.
Jakobson, Roman / Grete Lübbe-Grothues [1967] 2007: „Ein Blick auf ,Die Aussicht' von Hölderlin". In: H. Birus / S. Donat (Hgg.): *Roman Jakobson. Poesie der Grammatik und Grammatik der Poesie. Sämtliche Gedichtanalysen. Kommentierte deutsche Ausgabe*. Bd. 2: Analysen zur Lyrik von der Romantik bis zur Moderne. Berlin / New York, S. 139–237.
Jakobson, Roman / Jurij Tynjanov [1928] 1995: „Probleme der Literatur- und Sprachforschung". In: E. Holenstein (Hg.): *Roman Jakobson. Poetik. Ausgewählte Aufsätze 1921–1971*. Frankfurt a. M., S. 63–66.
Jannidis, Fotis 1999: „Der nützliche Autor. Möglichkeiten eines Begriffs zwischen Text und historischem Kontext". In: F. Jannidis / G. Lauer / M. Martínez / S. Winko (Hgg.): *Rückkehr des Autors. Zur Erneuerung eines umstrittenen Begriffs*. Tübingen, S. 353–389.

Jannidis, Fotis 2002: „Zwischen Autor und Erzähler". In: H. Detering (Hg.): *Autorschaft. Positionen und Revisionen*. Stuttgart [et al.], S. 540–556.
Jannidis, Fotis 2004: *Figur und Person. Beitrag zu einer historischen Narratologie*. Berlin / New York.
Jannidis, Fotis 2006: „Analytische Hermeneutik. Eine vorläufige Skizze". In: U. Klein / K. Mellmann / S. Metzger (Hgg.): *Heuristiken der Literaturwissenschaft. Disziplinexterne Perspektiven auf Literatur*. Paderborn, S. 131–144.
Jannidis, Fotis 2007: „Zur kommunikativen Intention". In: K. Eibl / K. Mellmann / R. Zymner (Hgg.): *Im Rücken der Kulturen*. Paderborn, S. 185–204.
Jannidis, Fotis 2008: „‚Unser moderner Dichter' – Thomas Manns ‚Buddenbrooks. Verfall einer Familie' (1901)". In: M. Luserke-Jaqui / M. Lippke (Hgg.): *Deutschsprachige Romane der klassischen Moderne*. Berlin / New York, S. 1–26.
Jannidis, Fotis 2009: „Verstehen erklären". In: M. Huber / S. Winko (Hgg.): *Literatur und Kognition. Bestandsaufnahmen und Perspektiven eines Arbeitsfeldes*. Paderborn, S. 45–62.
Jannidis, Fotis 2011: „‚und die Erwartung ist aufs höchste gespannt'. Populäre Erzählexperimente in Schillers Geisterseher". In: W. Riedel (Hg.): *Würzburger Schiller Vorträge 2009*. Würzburg, S. 83–107.
Jannidis, Fotis / Gerhard Lauer / Matías Martínez / Simone Winko 1999a: „Rede über den Autor an die Gebildeten unter seinen Verächtern. Historische Modelle und systematische Perspektiven". In: F. Jannidis / G. Lauer / M. Martínez / S. Winko (Hgg.): *Rückkehr des Autors. Zur Erneuerung eines umstrittenen Begriffs*. Tübingen, S. 3–35.
Jannidis, Fotis / Gerhard Lauer / Matías Martínez / Simone Winko (Hgg.) 1999b: *Rückkehr des Autors. Zur Erneuerung eines umstrittenen Begriffs*. Tübingen.
Jannidis, Fotis / Gerhard Lauer / Matías Martínez / Simone Winko 2003a: „Autor und Interpretation". In: F. Jannidis / G. Lauer / M. Martínez / S. Winko (Hgg.): *Texte zur Theorie der Autorschaft*. Stuttgart, S. 7–29.
Jannidis, Fotis / Gerhard Lauer / Matías Martínez / Simone Winko (Hgg.) 2003b: *Texte zur Theorie der Autorschaft*. Stuttgart.
Jaron, Norbert 1981: *Das demokratische Zeittheater der späten 20er Jahre. Untersucht am Beispiel der Stücke gegen die Todesstrafe. Eine Rezeptionsanalyse*. Frankfurt a. M. [et al.].
Jauß, Hans Robert 1967: *Literaturgeschichte als Provokation der Literaturwissenschaft*. Konstanz.
Jauß, Hans Robert 1969: „Paradigmenwechsel in der Literaturwissenschaft". In: *Linguistische Berichte* 3, S. 44–56.
Jauß, Hans Robert 1970: *Literaturgeschichte als Provokation*. Frankfurt a. M.
Jauß, Hans Robert 1975a: „Der Leser als Instanz einer neuen Geschichte der Literatur". In: *Poetica. Zeitschrift für Sprach- und Literaturwissenschaft* 7, H. 3/4, S. 325–344.
Jauß, Hans Robert 1975b: „Racines und Goethes Iphigenie. Mit einem Nachwort über die Partialität der rezeptionsästhetischen Methode". In: R. Warning (Hg.): *Rezeptionsästhetik. Theorie und Praxis*. München, S. 353–400.
Jauß, Hans Robert 1983a: „Geschichte der Kunst und Historie". In: R. Koselleck / W.-D. Stempel (Hgg.): *Geschichte – Ereignis und Erzählung*. München, S. 175–210.
Jauß, Hans Robert 1983b: „Zur historischen Genese der Scheidung von Fiktion und Realität". In: D. Henrich / W. Iser (Hgg.): *Funktionen des Fiktiven*. München, S. 423–431.
Jauß, Hans Robert 1987: *Die Theorie der Rezeption – Rückschau auf ihre unerkannte Vorgeschichte*. Konstanz.
Jauß, Hans Robert 2007a: *Ästhetische Erfahrung und literarische Hermeneutik*. Frankfurt a. M.
Jauß, Hans Robert 2007b: „Rousseaus ‚Nouvelle Héloïse' und Goethes ‚Werther' im Horizontwandel zwischen französischer Aufklärung und deutschem Idealismus". In: *Ästhetische Erfahrung und literarische Hermeneutik*. Frankfurt a. M., S. 585–653.
Johnson, Barbara A. 1992: *Reading ‚Piers Plowman' and the ‚Pilgrim's Progress'. Reception and the Protestant Reader*. Carbondale [et al.].
Kablitz, Andreas 1985: *Alphonse de Lamartines „Méditations poétiques". Untersuchungen zur Bedeutungskonstitution im Widerstreit von Lesererwartung und Textstruktur*. Stuttgart.
Kafitz, Dieter 2007: *Literaturtheorien in der textanalytischen Praxis*. Würzburg.

Kaiser, Gerhard 1971: „Nachruf auf die Interpretation? Wolfgang Iser: Die Appellstruktur der Texte. Unbestimmtheit als Wirkungsbedingung literarischer Prosa. Konstanz 1970". In: *Poetica. Zeitschrift für Sprach- und Literaturwissenschaft* 4, S. 267–277.

Kayser, Wolfgang 1948: *Das sprachliche Kunstwerk. Eine Einführung in die Literaturwissenschaft.* Bern.

Kayser, Wolfgang [1957] 2003: „Wer erzählt den Roman?" In: F. Jannidis / G. Lauer / M. Martínez / S. Winko (Hgg.): *Texte zur Theorie der Autorschaft.* Stuttgart, S. 127–137.

Keller, Fritz 1986: *Das Leseverhalten von Kindern in der Freizeit. Eine empirische Untersuchung in den 4. Klassen einer Großstadt.* Frankfurt a. M. [et al.].

Kellner, Douglas 1992: „Popular Culture and the Construction of Postmodern Identities". In: J. Friedman / S. Lash (Hgg.): *Modernity and Identity.* Oxford [et al.], S. 141–177.

Kemp, Wolfgang 1992: *Der Betrachter ist im Bild. Kunstwissenschaft und Rezeptionsästhetik.* Berlin [et al.].

Kennard, Jean E. 1984: „Ourself behind Ourself: A Theory for Lesbian Readers". In: *Signs* 9, H. 4, S. 647–662.

Kern, Horst 1982: *Empirische Sozialforschung. Ursprünge, Ansätze, Entwicklungslinien.* München.

Kestenbaum, Victor 1977: *The Phenomenological Sense of John Dewey. Habit and Meaning.* Atlantic Highlands, NJ.

Kindermann, Heinz 1957: *Theatergeschichte Europas. Das Theater der Antike und des Mittelalters.* Bd. 1. Salzburg.

Kindt, Tom 2007: „Denn sie wissen nicht, was sie tun. Stanley Fish versus Wolfgang Iser". In: R. Klausnitzer / C. Spoerhase (Hgg.): *Kontroversen in der Literaturtheorie – Literaturtheorie in der Kontroverse.* Bern [et al.], S. 353–368.

Kindt, Tom / Hans-Harald Müller 2003: „Wie viel Interpretation enthalten Beschreibungen? Überlegungen zu einer umstrittenen Unterscheidung am Beispiel der Narratologie". In: F. Jannidis / G. Lauer / M. Martínez / S. Winko (Hgg.): *Regeln der Bedeutung. Zur Theorie der Bedeutung literarischer Texte.* Berlin / New York, S. 286–305.

Kindt, Tom / Hans-Harald Müller 2006a: „Der implizite Autor. Zur Karriere und Kritik eines Begriffs zwischen Narratologie und Interpretationstheorie". In: *Archiv für Begriffsgeschichte* 48, S. 163–190.

Kindt, Tom / Hans-Harald Müller 2006b: *The Implied Author. Concept and Controversy.* Berlin / New York.

Kintsch, Walter 1974: *The Representation of Meaning in Memory.* Hillsdale, NJ.

Klausnitzer, Ralf 2004: *Literaturwissenschaft. Begriffe – Verfahren – Arbeitstechniken.* Berlin / New York.

Klausnitzer, Ralf 2007: „Koexistenz und Konkurrenz. Theoretische Umgangsformen mit Literatur im Widerstreit". In: R. Klausnitzer / C. Spoerhase (Hgg.): *Kontroversen in der Literaturtheorie – Literaturtheorie in der Kontroverse.* Bern [et al.], S. 15–49.

Klein, Albert 1969: *Die Krise des Unterhaltungsromans im 19. Jahrhundert. Ein Beitrag zur Theorie und Geschichte der ästhetisch geringwertigen Literatur.* Bonn.

Klein, Uta / Katja Mellmann / Steffanie Metzger (Hgg.) 2006: *Heuristiken der Literaturwissenschaft. Disziplinexterne Perspektiven auf Literatur.* Paderborn.

Klein, Ute 2000: *Die produktive Rezeption E. T. A. Hoffmanns in Frankreich.* Frankfurt a. M. [et al.].

Klemenz-Belgardt, Edith 1982: *Amerikanische Leserforschung.* Tübingen.

Kliche, Dieter 1973: *Literaturrezeption und Literaturverhältnisse. Zu Problemen des historisch-sozialen Charakters der Literaturaneignung.* Berlin.

Klüger, Ruth 1996: *Frauen lesen anders. Essays.* München.

Köhler, Ursula E. E. 1990: *Lesekultur in beiden deutschen Staaten. 40 Jahre – ein Vergleich. Geschichte, Theorie, Empirie.* Frankfurt a. M.

Kolf-van Melis, Claudia 2003: *Tod des Subjekts?* Stuttgart.

Konersmann, Ralf 1996: „Anti-Antihermeneutik". In: V. Caysa / K.-D. Eichler (Hgg.): *Philosophiegeschichte und Hermeneutik.* Leipzig, S. 159–176.

Köppe, Tilmann 2008: *Literatur und Erkenntnis. Studien zur kognitiven Signifikanz fiktionaler literarischer Werke.* Paderborn.

Köppe, Tilmann / Simone Winko 2008: *Neuere Literaturtheorien. Eine Einführung.* Stuttgart [et al.].
Körtner, Ulrich 1994: *Der inspirierte Leser. Zentrale Aspekte biblischer Hermeneutik.* Göttingen.
Koupsell, Kilian / Carlos Spoerhase 2008: „Neuroscience and the Study of Literature. Some Thoughts on the Possibility of Transferring Knowledge". In: *Journal of Literary Theory* 2, H. 2, S. 363–374.
Koutsantoni, Katerina 2009: *Virginia Woolf's Common Reader.* Farnham.
Kranefeld, Ulrike 2000: *Der nachschaffende Hörer. Rezeptionsästhetische Studien zur Musik Robert Schumanns.* Stuttgart.
Kraus, Jörg 1998: *Metamorphosen des Chaos. Hexen Masken und verkehrte Welten.* Würzburg.
Kreft, Jürgen / Klaus Wellner / Peter Vollertsen 1981: *Der Schüler als Leser. Identität und Abwehr.* Paderborn [et al.].
Kristeva, Julia 1977: „Semiologie – kritische Wissenschaft und / oder Wissenschaftskritik". In: P. V. Zima (Hg.): *Textsemiotik als Ideologiekritik.* Frankfurt a. M., S. 35–53.
Kriz, Jürgen 1987: „Dimensionen der Verstehens. Verstehensprozesse zwischen Subjektivität und Objektivität". In: E. Ibsch / D. H. Schram (Hgg.): *Rezeptionsforschung zwischen Hermeneutik und Empirik.* Amsterdam, S. 47–63.
Kroll, Barry M. 1984: „Writing for Readers: Three Perspectives on Audience". In: *College Composition and Communication* 35, H. 2, S. 172–185.
Krones, Susanne 2008: „Vierter Aufguss, abgestanden? Bestsellerbibliotheken auf dem Buchmarkt?" In: E. Zemanek / S. Krones (Hgg.): *Literatur der Jahrtausendwende. Themen, Schreibverfahren und Buchmarkt um 2000.* Bielefeld, S. 413–426.
Kuenzli, Rudolf E. 1983: „‚Interpretive Conventions: The Reader in the Study of American Fiction' [Steven Mailloux]" [Rezension]. In: *The Bulletin of the Midwest Modern Language Association* 16, H. 1, S. 87–90.
Kuhangel, Sabine 2003: *Der labyrinthische Text. Literarische Offenheit und die Rolle des Lesers.* Wiesbaden.
Kuhn, Thomas S. 1962: *The Structure of Scientific Revolutions.* Chicago.
Kühnel, Martin / Walter Reese-Schäfer / Axel Rüdiger (Hgg.) 2001: *Modell und Wirklichkeit. Anspruch und Wirkung politischen Denkens. Festschrift für Richard Saage zum 60. Geburtstag.* Halle a. d. Saale.
Kunne-Ibsch, Eltrud 1974: „Rezeptionsforschung: Konstanten und Varianten eines literaturwissenschaftlichen Konzepts in Theorie und Praxis". In: G. Labroisse (Hg.): *Rezeption – Interpretation. Beiträge zur Methodendiskussion.* Amsterdam [et al.], S. 1–36.
Kunze, Johannes 2000: *Erasmus und Luther. Der Einfluß des Erasmus auf die Kommentierung des Galaterbriefes und der Psalmen durch Luther 1519–1521.* Münster [et al.].
Kunze, Michael 1976: „Probleme der rezeptionsästhetischen Interpretation. Überlegungen zu Hans Robert Jauß: Racines und Goethes Iphigenie". In: W. Kindt / S. J. Schmidt (Hgg.): *Interpretationsanalysen. Argumentationsstrukturen in literaturwissenschaftlichen Interpretationen.* München, S. 133–144.
Kurz, Gerhard 2004: „Alte, neue, altneue Hermeneutik. Überlegungen zu den Normen romantischer Hermeneutik". In: S. Heinen / H. Nehr (Hgg.): *Krisen des Verstehens um 1800.* Würzburg, S. 31–54.
Kurzke, Hermann 2010: *Thomas Mann. Epoche – Werk – Wirkung.* 4. Aufl. München.
Kutsch, Arnulf 2008: *Leseinteresse und Lektüre. Die Anfänge der empirischen Lese(r)forschung in Deutschland und den USA am Beginn des 20. Jahrhunderts: Studien zur Frühgeschichte der Bibliothekswissenschaft und der Zeitungskunde.* Bremen.
Kyora, Sabine 2007: „Der Skandal um die richtige Identität Benjamin Wilkomirski und das Authentizitätsgebot in der Holocaust-Literatur". In: S. Neuhaus / J. Holzner (Hgg.): *Literatur als Skandal. Fälle – Funktionen – Folgen.* Göttingen, S. 624–631.
Labroisse, Gerd 1981: „Interpretation als Diskurs. Überlegungen zur Verwissenschaftlichung literaturinterpretativer Aussagen". In: G. Köpf (Hg.): *Rezeptionspragmatik. Beiträge zur Praxis des Lesens.* München, S. 155–184.

Laing, Ronald D. / Herbert Phillipson / Arthur Rennie Lee 1966: *Interpersonal Perception. A Theory and a Method of Research*. London [et al.].
Lämmert, Eberhard 1973: „Rezeptions- und Wirkungsgeschichte der Literatur als Lehrgegenstand". In: J. Kolbe (Hg.): *Ansichten einer künftigen Germanistik*. Frankfurt a. M. [et al.], S. 160–173.
Lämmert, Eberhard 2003: „Den Leser im Blick. Werkimmanente Intepretation und Wirkungsgeschichte als Wegbereiter der Rezeptionsästhetik 1950–1970". In: W. Adam / H. Dainat / G. Schandera (Hgg.): *Wissenschaft und Systemveränderung. Rezeptionsforschung in Ost und West – Eine konvergente Entwicklung?* Heidelberg, S. 23–44.
Lang, Gisela 1992: *Grundzüge der Leserforschung in den USA von ihren Anfängen bis 1972*. Wiesbaden.
Lange, Victor 1974: „Das Interesse am Leser". In: W. Müller-Seidel (Hg.): *Historizität in Sprach- und Literaturwissenschaft. Vorträge und Berichte der Stuttgarter Germanistentagung 1972*. München, S. 31–46.
Langenbucher, Wolfgang R. 1964: *Der aktuelle Unterhaltungsroman. Beiträge zu Geschichte und Theorie der massenhaft verbreiteten Literatur*. Bonn.
Langenbucher, Wolfgang R. 1971: „Das Publikum im literarischen Leben des 19. Jahrhunderts". In: Forschungsstelle für Buchwissenschaft an der Universitätsbibliothek Bonn (Hg.): *Der Leser als Teil des literarischen Lebens*. Bonn, S. 52–84.
Langenscheidt *Fremdwörterbuch Online*: „Typ": http://services.langenscheidt.de/fremdwb/fremdwb.html (15.12.2013).
Langer, Daniela 2005: *Wie man wird, was man schreibt. Sprache Subjekt und Autobiographie bei Nietzsche und Barthes*. Paderborn [et al.].
Laplanche, Jean 1998: „Die Psychoanalyse als Anti-Hermeneutik". In: *Psyche* 52, H. 7, S. 605–618.
Lappert, Rolf 2009: *Nach Hause schwimmen*. München.
Lauer, Gerhard 2009: „Going Empirical. Why We Need Cognitive Literary Studies". In: *Journal of Literary Theory* 3, H. 1, S. 145–154.
Lauer, Reinhard 1984: „Skizze der Lessing-Rezeption in Rußland". In: W. Barner (Hg.): *Nation und Gelehrtenrepublik. Lessing im europäischen Zusammenhang*. Detroit, S. 326–343.
Leenhardt, Jaques 1980: „Toward a Sociology of Reading". In: S. R. Suleiman / I. Crosman (Hgg.): *The Reader in the Text. Essays on Audience and Interpretation*. Princeton, NJ, S. 205–224.
Leibfried, Erwin 1972: *Kritische Wissenschaft vom Text. Manipulation, Reflexion, transparente Poetologie*. Stuttgart.
Lempicki, Sigmund v. 1924: „Über literarische Kritik und die Probleme ihrer Erforschung". In: *Euphorion*, H. 25, S. 501–517.
Lepper, Marcel / Steffen Siegel / Sophie Wennerscheid 2005: „Einleitung". In: M. Lepper /S. Siegel / S. Wennerscheid (Hgg.): *Jenseits des Poststrukturalismus? Eine Sondierung*. Frankfurt a. M., S. 7–14.
Levine, Barbara 1996: *Works about John Dewey. 1886–1995*. Carbondale.
Link, Hannelore 1973: „‚Die Appellstruktur der Texte' und ein ‚Paradigmenwechsel in der Literaturwissenschaft'?" In: *Jahrbuch der deutschen Schillergesellschaft* 17, S. 532–583.
Link, Hannelore 1976: *Rezeptionsforschung. Eine Einführung in Methoden und Probleme*. Stuttgart [et al.].
Löffler, Dietrich 1999: „„Lesekultur im Wandel: Vom ‚Leseland' zum Medienpluralismus". In: W. Klingler / G. Roters / M. Gerhards (Hgg.): *Medienrezeption seit 1945. Forschungsbilanz und Forschungsperspektiven*. Baden-Baden, S. 77–89.
Löffler, Dietrich 2011: *Buch und Lesen in der DDR. Ein literatursoziologischer Rückblick*. Berlin.
Löffler, Sigrid 2008: „*Literaturen*, Literaturkritik und Leser um 2000". In: E. Zemanek / S. Krones (Hgg.): *Literatur der Jahrtausendwende. Themen, Schreibverfahren und Buchmarkt um 2000*. Bielefeld, S. 435–445.
Lotman, Jurij M. 1973: *Die Struktur des künstlerischen Textes*. Hg. von R. Grübel. Frankfurt a. M.
Ludwig, Albert 1909: *Schiller und die deutsche Nachwelt*. Berlin.
Luhmann, Niklas 1984: *Soziale Systeme. Grundriß einer allgemeinen Theorie*. Frankfurt a. M.

Luhmann, Niklas 1990: *Die Wissenschaft der Gesellschaft*. Frankfurt a. M.
Luhmann, Niklas 1997: *Die Gesellschaft der Gesellschaft*. Frankfurt a. M.
Mailloux, Steven 1982: *Interpretive Conventions. The Reader in the Study of American Fiction*. Ithaca, NY [et al.].
Mailloux, Steven 1983: „Suleiman, Susan R. and Inge Crosman: ‚The Reader in the Text: Essays on Audience and Interpretation'" [Rezension]. In: *Comparative Literature* 35, H. 2, S. 169–172.
Maltzahn, Henrik von 2006: *Das Zeugnis anderer als Quelle des Wissens. Ein Beitrag zur sozialen Erkenntnistheorie*. Berlin.
Man, Paul de 1979: *Allegories of Reading. Figural Language in Rousseau, Nietzsche, Rilke, and Proust*. New Haven [et al.].
Man, Paul de [1971] 1983: *Blindness and Insight. Essays in the Rhetoric of Contemporary Criticism*. London.
Man, Paul de 1986: *The Resistance to Theory*. Minneapolis.
Man, Paul de 1988: *Allegorien des Lesens. Aus dem Amerikanischen von Werner Hamacher und Peter Krumme*. Hg. von P. de Man. Frankfurt a. M.
Man, Paul de 1988a: „Semiologie und Rhetorik". In: P. de Man (Hg.): *Paul de Man. Allegorien des Lesens. Aus dem Amerikanischen von Werner Hamacher und Peter Krumme*. Frankfurt a. M., S. 31–51.
Man, Paul de 1988b: „Lesen (Proust)". In: P. de Man (Hg.): *Paul de Man. Allegorien des Lesens. Aus dem Amerikanischen von Werner Hamacher und Peter Krumme*. Frankfurt a. M., S. 91–117.
Man, Paul de 1988c: „Rhetorik der Persuasion (Nietzsche)". In: P. de Man (Hg.): *Paul de Man. Allegorien des Lesens. Aus dem Amerikanischen von Werner Hamacher und Peter Krumme*. Frankfurt a. M., S. 164–178.
Mandelkow, Karl Robert 1970: „Probleme der Wirkungsgeschichte". In: *Jahrbuch für internationale Germanistik* 2, S. 71–84.
Mandelkow, Karl Robert 1974: „Rezeptionsästhetik und marxistische Literaturtheorie". In: W. Müller-Seidel (Hg.): *Historizität in Sprach- und Literaturwissenschaft. Vorträge und Berichte der Stuttgarter Germanistentagung 1972*. München, S. 379–388.
Mandelkow, Karl Robert 1976a: *Orpheus und Maschine. Acht literaturgeschichtliche Arbeiten*. Heidelberg.
Mandelkow, Karl Robert 1976b: „Probleme der Wirkungsgeschichte". In: *Orpheus und Maschine. Acht literaturgeschichtliche Arbeiten*. Heidelberg, S. 103–117.
Manguel, Alberto 1999: *Eine Geschichte des Lesens*. Reinbek b. Hamburg.
Mann, Peter H. 1982: *From Author to Reader. A Social Study of Books*. London / Boston.
Mansour, Julia 2007: „Stärken und Probleme einer kognitiven Literaturwissenschaft". In: *KulturPoetik* 7, H. 1, S. 107–116.
Marquart, Lea 2009: *Goethes ‚Faust' in Frankreich. Studien zur dramatischen Rezeption im 19. Jahrhundert*. Heidelberg.
Martelaere, Patricia de 1988: „The Fictional Fallacy". In: *British Journal of Aesthetics* 28, H. 3, S. 259–265.
Martens, Gunter 1982: „Textstrukturen aus rezeptionsästhetischer Sicht". In: H. Heuermann / P. Hühn / B. Röttger (Hgg.): *Werkstruktur und Rezeptionsverhalten. Empirische Untersuchungen über den Zusammenhang von Text-, Leser- und Kontextmerkmalen*. Göttingen, S. 23–49.
Martens, Gunter 1989: „Was ist ein Text? Ansätze zur Bestimmung eines Leitbegriffs der Textphilologie". In: *Poetica. Zeitschrift für Sprach- und Literaturwissenschaft* 21, S. 1–25.
Martindale, Colin 2007: „Response: Psychological Foundations of Literary Theory". In: *Journal of Literary Theory* 1, H. 2, S. 447–457.
Martínez, Matías / Michael Scheffel 1999: *Einführung in die Erzähltheorie*. München.
Martus, Steffen 2007: *Werkpolitik. Zur Literaturgeschichte kritischer Kommunikation vom 17. bis ins 20. Jahrhundert mit Studien zu Klopstock, Tieck, Goethe und George*. Berlin / New York.
Massmann, Klaus 1972: *Die Rezeption der historischen Romane Sir Walter Scotts in Frankreich (1816–1832)*. Heidelberg.

Maurer, Elke Regina 2010: *Fremdes im Blick, am Ort des Eigenen. Eine Rezeptionsanalyse von ‚Die weiße Massai'*. Freiburg i. Br.
Maurer, Karl 1977: „Formen des Lesens". In: *Poetica. Zeitschrift für Sprach- und Literaturwissenschaft* 9, S. 472–498.
Mayer, Herbert (Hg.) 2003: *Goethe in der DDR. Konzepte, Streitpunkte und neue Sichtweisen*. Berlin.
Mayntz, Renate (Hg.) 1967: *Formalisierte Modelle in der Soziologie*. Neuwied am Rhein.
Mazauric, Catherine / Marie-José Fourtanier / Gérard Langlade (Hgg.) 2011: *Le texte du lecteur. Préface de Pierre Bayard*. Bruxelles.
McQuillan, Martin 2000: *The Narrative Reader*. London / New York.
Mehring, Franz 1893: *Die Lessing-Legende. Eine Rettung, nebst einem Anhang über den historischen Materialismus*. Stuttgart.
Meier, Georg Friedrich 1757: *Versuch einer allgemeinen Auslegungskunst*. Halle.
Mellmann, Katja 2006a: „Das Buch als Freund – der Freund als Zeugnis. Zur Entstehung eines neuen Paradigmas für Literaturrezeption und persönliche Beziehungen, mit einer Hypothese zur Erstrezeption von Goethes ‚Werther'". In: H.-E. Friedrich / F. Jannidis / M. Willems (Hgg.): *Bürgerlichkeit im 18. Jahrhundert*. Tübingen, S. 201–240.
Mellmann, Katja 2006b: *Emotionalisierung – Von der Nebenstundenpoesie zum Buch als Freund. Eine emotionspsychologische Analyse der Literatur der Aufklärungsepoche*. Paderborn.
Mellmann, Katja 2008: „Die Mädchenfrage. Zum historischen Bezugsproblem von Gabriele Reuters ‚Aus guter Familie'". In: *Internationales Archiv für Sozialgeschichte der deutschen Literatur* 33, S. 1–25.
Mellmann, Katja 2013: „Was man wissen kann. Oder: Gedanken zur Erkenntnisfähigkeit der Literaturwissenschaft am Beispiel der Rede von den Werther-Selbstmorden". In: *KulturPoetik* 13, H. 1, S. 94–104.
Mellmann, Katja / Marcus Willand 2013: „Historische Rezeptionsanalyse. Zur Empirisierung von Textbedeutungen". In: P. Ajouri / K. Mellmann / C. Rauen (Hgg.): *Empirie in der Literaturwissenschaft*. Münster, S. 263–281.
Menhard, Felicitas 2009: *Conflicting Reports. Multiperspektivität und unzuverlässiges Erzählen im englischsprachigen Roman seit 1800*. Trier.
Menke, Christoph 1993: „‚Unglückliches Bewusstsein'. Literatur und Kritik bei Paul de Man". In: C. Menke (Hg.): *Paul de Man. Die Ideologie des Ästhetischen*. Frankfurt a. M., S. 265–299.
Metz, Christian 2012: *Die Narratologie der Liebe. Achim von Arnims ‚Gräfin Dolores'*. Berlin /New York.
Metzger, Christoph 2000: *Mahler-Rezeption. Perspektiven der Rezeption Gustav Mahlers*. Wilhelmshaven.
Meyer, Corinna 1996: *Der Prozess des Filmverstehens. Ein Vergleich der Theorien von David Bordwell und Peter Wuss*. Alfeld.
Meyer, Michael 1975: „Zur Rezeptionsgeschichte von Sternheims Komödie ‚Die Hose' (1911–1926)". In: J. Schönert (Hg.): *Carl Sternheims Dramen. Zur Textanalyse, Ideologiekritik und Rezeptionsgeschichte*. Heidelberg, S. 191–206.
Mittmann, Horst 1981: *Leseinteressen der Schüler an berufsbildenden Schulen. Ergebnisse einer Befragung und literaturdidaktische Folgerungen*. Frankfurt a. M.
Moers, Walter 2004: *Die Stadt der träumenden Bücher. Ein Roman aus Zamonien*. München.
Möhrmann, Renate 1981: „Jörg Schönert: Carl Sternheims Dramen. Zur Textanalyse, Ideologiekritik und Rezeptionsgeschichte" [Rezension]. In: *Revue Belge de Philologie et d'Histoire* 59, H. 3, S. 769–771.
Moravetz, Monika 1990: *Formen der Rezeptionslenkung im Briefroman des 18. Jahrhunderts. Richardsons ‚Clarissa', Rousseaus ‚Nouvelle Heloïse' und Laclos' ‚Liaisons dangereuses'*. Tübingen.
Most, Glenn W. 1994: „The Uses of Endoxa: Philosophy and Rhetoric in the ‚Rhetoric'". In: David J. Furley / Alexander Nehamas (Hg.): *Aristotle's Rhetoric. Philosophical Essays*. Princeton, NJ, S. 167–192.
Mukařovský, Jan 1967a: „Der Strukturalismus in der Ästhetik und in der Literaturwissenschaft". In: *Kapitel aus der Poetik*. Frankfurt a. M. [et al.], S. 7–33.

Mukařovský, Jan [1932] 1967b: „Das dichterische Werk als Gesamtheit von Werten". In: *Kapitel aus der Poetik*. Frankfurt a. M. [et al.], S. 34–43.
Mukařovský, Jan [1938] 1967c: „Die poetische Benennung und die ästhetische Funktion der Sprache". In: *Kapitel aus der Poetik*. Frankfurt a. M. [et al.], S. 44–54.
Mukařovský, Jan (Hg.) 1970: *Kapitel aus der Ästhetik*. Frankfurt a. M.
Mukařovský, Jan [1936] 1970a: „Ästhetische Funktion, Norm und ästhetischer Wert als soziales Faktum". In: J. Mukařovský (Hg.): *Kapitel aus der Ästhetik*. Frankfurt a. M., S. 7–112.
Mukařovský, Jan [1936] 1970b: „Die Kunst als semiologisches Faktum". In: J. Mukařovský (Hg.): *Kapitel aus der Ästhetik*. Frankfurt a. M., S. 138–148.
Mukařovský, Jan [1944/1966] 2003: „Die Persönlichkeit in der Kunst". In: F. Jannidis / G. Lauer / M. Martínez / S. Winko (Hgg.): *Texte zur Theorie der Autorschaft*. Stuttgart, S. 65–79.
Müller, Hans-Harald 2000: „Eco zwischen Autor und Text. Eine Kritik von Umberto Ecos Interpretationstheorie". In: T. Kindt / H.-H. Müller (Hgg.): *Ecos Echos. Das Werk Umberto Ecos: Dimensionen, Rezeptionen, Kritiken*. München, S. 135–148.
Müller, Harro 1990: „Zur Kritik herkömmlicher Hermeneutikkonzeptionen in der Postmoderne". In: *Diskussion Deutsch*, H. 116, S. 589–599.
Müller, Jürgen E. 2005: „Literaturwissenschaftliche Rezeptions- und Handlungstheorien". In: K.-M. Bogdal (Hg.): *Neue Literaturtheorien. Eine Einführung*. Göttingen, S. 181–207.
Müller-Freienfels, Richard 1912: *Psychologie der Kunst. Eine Darstellung der Grundzüge: Die Psychologie des Kunstgeniessens und des Kunstschaffens*, Bd. 1. Leipzig [et al.].
Müller-Seidel, Walter (Hg.) 1974: *Historizität in Sprach- und Literaturwissenschaft. Vorträge und Berichte der Stuttgarter Germanistentagung 1972*. München.
Müller-Wood, Anja 2000: *Produktive Rezeption von William Shakespeares ‚The Tempest' in englischsprachiger Erzählliteratur*. Frankfurt a. M. [et al.].
Muth, Ludwig 1987: „Vorwort". In: E. Noelle-Neumann / R. Schulz (Hgg.): *Typologie der Käufer und Leser. Eine Wertanalyse der Bücher in der Mediengesellschaft*. Frankfurt a. M., S. 2164–2167.
Muth, Ludwig (Hg.) 1993a: *Der befragte Leser. Buch und Demoskopie*. München [et al.].
Muth, Ludwig 1993a: „Einführung: Buchmarktforschung – wozu?" In: L. Muth (Hg.): *Der befragte Leser. Buch und Demoskopie*. München [et al.], S. 1–26.
Nagl-Docekal, Herta 1982: *Die Objektivität der Geschichtswissenschaft. Systematische Untersuchungen zum wissenschaftlichen Status der Historie*. Wien [et al.].
Nassehi, Armin 1992: „Wie wirklich sind Systeme? Zum ontologischen und epistemologischen Status von Luhmanns Theorie selbstreferentieller Systeme". In: W. Krawietz / M. Welker (Hgg.): *Kritik der Theorie sozialer Systeme. Auseinandersetzungen mit Luhmanns Hauptwerk*. Frankfurt a. M., S. 43–70.
Naumann, Manfred 1984: *Blickpunkt Leser. Literaturtheoretische Aufsätze*. Leipzig.
Naumann, Manfred 2003: „Zur Genese der Rezeptionsästhetik in der DDR". In: W. Adam / H. Dainat / G. Schandera (Hgg.): *Wissenschaft und Systemveränderung. Rezeptionsforschung in Ost und West – Eine konvergente Entwicklung?* Heidelberg, S. 45–55.
Naumann, Manfred / Dieter Schlenstedt / Karlheinz Barck / Dieter Kliche / Rosemarie Lenzer 1973: *Gesellschaft – Literatur – Lesen. Literaturrezeption in theoretischer Sicht*. Berlin [et al.].
Nelles, William 1993: „Historical and Implied Authors and Readers". In: *Comparative Literature* 45, H. 1, S. 22–46.
Neuhaus, Stefan / Johann Holzner (Hgg.) 2007: *Literatur als Skandal. Fälle – Funktionen – Folgen*. Göttingen.
Neumann, Helga 1988: *Die bildungspolitische und pädagogische Aufgabe von Schulbibliotheken. Schulpolitische und schulpädagogische Beiträge zur Förderung der Leseerziehung*. Würzburg.
Nickel-Bacon, Irmgard / Norbert Groeben / Margrit Schreier 2000: „Fiktionssignale pragmatisch. Ein medienübergreifendes Modell zur Unterscheidung von Fiktion(en) und Realität(en)". In: *Poetica. Zeitschrift für Sprach- und Literaturwissenschaft* 32, 3/4, S. 267–299.
Noelle-Neumann, Elisabeth / Rüdiger Schulz (Hgg.) 1987: *Typologie der Käufer und Leser. Eine Wertanalyse der Bücher in der Mediengesellschaft*. Frankfurt a. M.

Nollau, Alfred 1935: *Das literarische Publikum des jungen Goethe von 1770 bis zur Übersiedlung nach Weimar. Mit einem Anhang Neudrucke zeitgenössischer ‚Götz'- und ‚Werther'-Kritiken.* Weimar.
Nuissl, Ekkerhard 1999: „Lesen- und Schreibenlernen in der Erwachsenenbildung". In: B. Franzmann / K. Hasemann / D. Löffler / E. Schön (Hgg.): *Handbuch Lesen.* München, S. 550–567.
Nünning, Ansgar 1993: „Renaissance eines anthropomorphisierten Passepartouts oder Nachruf auf ein literaturkritisches Phantom? Überlegungen und Alternativen zum Konzept des ‚implied author'". In: *Deutsche Vierteljahrsschrift für Literaturwissenschaft und Geistesgeschichte* 67, H. 1, S. 1–25.
Nünning, Ansgar 2004: „Vom Nutzen und Nachteil literaturwissenschaftlicher Theorien, Modelle und Methoden für das Studium: Eine Einführung in eine studentInnenorientierte Einführung". In: A. Nünning (Hg.): *Literaturwissenschaftliche Theorien, Modelle und Methoden. Eine Einführung.* Trier, S. 1–12.
Nünning, Ansgar / Vera Nünning 2002: „Von der strukturalistischen Narratologie zur ‚postklassischen' Erzähltheorie: Ein Überblick über neue Ansätze und Entwicklungstendenzen". In: A. Nünning / V. Nünning (Hgg.): *Neue Ansätze in der Erzähltheorie.* Trier, S. 1–33.
Nusser, Peter 1973: *Romane für die Unterschicht. Groschenhefte und ihre Leser.* Stuttgart.
Nutz, Walter 1962: *Der Trivialroman, seine Formen und seine Hersteller. Ein Beitrag zur Literatursoziologie.* Köln.
O'Connor, David K. 1999: „The Ambitions of Aristotle's Audience and the Activist Ideal of Happiness". In: R. C. Bartlett / S. D. Collins (Hgg.): *Action and contemplation. Studies in the moral and political thought of Aristotle.* Albany, S. 107–129.
Odağ, Özen 2007: *Wenn Männer von der Liebe lesen und Frauen von Abenteuern. Eine empirische Rezeptionsstudie zur emotionalen Beteiligung von Männern und Frauen beim Lesen narrativer Texte.* Lengerich.
Olson, James M. / Neal J. Roese / Ronald J. Deibert 1996: „Psychological Biases in Counterfactual Thought Experiments". In: P. E. Tetlock / A. Belkin (Hgg.): *Counterfactual Thought Experiments in World Politics. Logical, Methodological, and Psychological Perspectives.* Princeton, NJ, S. 296–300.
Palmer, Alan 2004: *Fictional Minds.* Lincoln, NE.
Pany, Doris 2000: *Wirkungsästhetische Modelle. Wolfgang Iser und Roland Barthes im Vergleich.* Erlangen.
Papenfuß, Dietrich (Hg.) 1976: *Rezeption der deutschen Gegenwartsliteratur im Ausland.* Stuttgart [et al.].
Park, Douglas B. 1982: „The Meanings of ‚Audience'". In: *College English* 44, H. 3, S. 247–257.
Pasternack, Gerhard 1975: *Theoriebildung in der Literaturwissenschaft. Einführung in Grundfragen des Interpretationspluralismus.* München.
Pasternack, Gerhard 1994: „Empirische Literaturwissenschaft und ihre wissenschaftsphilosophischen Voraussetzungen". In: A. Barsch / G. Rusch / R. Viehoff (Hgg.): *Empirische Literaturwissenschaft in der Diskussion.* Frankfurt a. M., S. 55–81.
Pfeifer, Martin (Hg.) 1977: *Hermann Hesses weltweite Wirkung. Internationale Rezeptionsgeschichte.* Frankfurt a. M.
Pfleger, Reinhardt 1982: *Studien zur Konstituierung einer rezeptionsanalytisch fundierten Literaturdidaktik.* Frankfurt a. M.
Phelan, James 1989: *Reading People, Reading Plots. Character, Progression, and the Interpretation of Narrative.* Chicago ILL.
Phelan, James 1996: *Narrative as Rhetoric. Technique, Audiences, Ethics, Ideology.* Columbus, OH.
Phelan, James 2007: *Experiencing Fiction. Judgments, Progressions, and the Rhetorical Theory of Narrative.* Columbus, OH.
Picard, Raymond 1965: *Nouvelle Critique ou nouvelle imposture.* Paris.
Pinkerneil, Beate 1975: „Literaturwissenschaft seit 1967. Versuch einer Orientierung". In: D. Kimpel / B. Pinkerneil (Hgg.): *Methodische Praxis der Literaturwissenschaft. Modelle der Interpretation.* Kronberg i. Ts., S. 1–84.
Plantinga, Alvin 1993: *Warrant and Proper Function.* Oxford [et al.].

Platz, Norbert H. 1986: *Die Beeinflussung des Lesers. Untersuchungen zum pragmatischen Wirkungspotential viktorianischer Romane zwischen 1844 und 1872*. Tübingen.
Pollock, Sheldon 2009: „Zukunftsphilologie?" In: *Geschichte der Germanistik* 35/36, S. 25–50.
Popp, Helmut (Hg.) 1977: *Die Rolle des Lesers*. München.
Price, Carolyn 2003: „Artificial Functions and the Meaning of Literary Works". In: *British Journal of Aesthetics* 43, H. 1, S. 1–17.
Prince, Gerald 1980a: „Introduction to the Study of the Narratee". In: J. P. Tompkins (Hg.): *Reader Response Criticism. From Formalism to Post-Structuralism*. Baltimore, MD [et al.], S. 7–25.
Prince, Gerald 1980b: „Notes on the Text as Reader". In: S. R. Suleiman / I. Crosman (Hgg.): *The Reader in the Text. Essays on Audience and Interpretation*. Princeton, NJ, S. 225–240.
Prince, Gerald 1989: *A Dictionary of Narratology*. Lincoln / London.
Prince, Gerald 2009: „Reader". In: P. Hühn / J. Pier / W. Schmid / J. Schönert (Hgg.): *Handbook of Narratology*. Berlin, S. 398–410.
Prince, Gerald: „Reader". In: *The Living Handbook of Narratology* (08.06.2011): http://hup.sub.uni-hamburg.de/lhn/index.php/Reader (10.08.2012).
Pritsch, Sylvia 2008: *Rhetorik des Subjekts. Zur textuellen Konstruktion des Subjekts in feministischen und anderen postmodernen Diskursen*. Bielefeld.
Puhl, Klaus 1999: *Subjekt und Körper. Untersuchungen zur Subjektkritik bei Wittgenstein und zur Theorie der Subjektivität*. Paderborn.
Putnam, Hilary 1982: *Vernunft, Wahrheit und Geschichte*. Frankfurt a. M.
Putnam, Hilary 2004: *The Collapse of the Fact / Value Dichotomy and Other Essays*. Cambridge, MA.
Raabe, Mechthild 1989: *Leser und Lektüre vom 17. zum 19. Jahrhundert*. München.
Raabe, Mechthild 1991: „Wolfenbütteler Schulalltag und Schülerlektüre in der zweiten Hälfte des 18. Jahrhunderts". In: H. E. Bödeker (Hg.): *Lesekulturen im 18. Jahrhundert*. Hamburg, S. 5–26.
Rabinowitz, Peter J. 1977: „Truth in Fiction. A Reexamination of Audience". In: *Critical Inquiry* 4, H. 1, S. 121–141.
Rabinowitz, Peter J. 1981: „Assertion and Assumption: Fictional Patterns and the External World". In: *Publications of the Modern Language Association* 96, H. 3, S. 408–419.
Rabinowitz, Peter J. 1985: „The Turn of the Glass Key: Popular Fiction as Reading Strategy". In: *Critical Inquiry* 11, H. 3, S. 418–431.
Rabinowitz, Peter J. 1995: „Other Reader-Oriented Theories". In: R. Selden (Hg.): *From Formalism to Poststructuralism*. Cambridge, S. 375–403.
Radway, Janice A. 1981: „The Utopian Impulse in Popular Literature: Gothic Romances and ‚Feminist' Protest". In: *American Quarterly* 33, H. 2, S. 140–162.
Radway, Janice A. 1991: *Reading the Romance. Women, Patriarchy and Popular Literature. With a New Introduction by the Author*. Chapel Hill, NC [et al.].
Raffler, Marlies 1993: *Bürgerliche Lesekultur im Vormärz. Der Leseverein am Joanneum in Graz (1819–1871)*. Frankfurt a. M. [et al.].
Reckwitz, Andreas 2008: *Subjekt*. Bielefeld.
Reckwitz, Andreas 2010: *Das hybride Subjekt. Eine Theorie der Subjektkulturen von der bürgerlichen Moderne zur Postmoderne*. Weilerswist.
Ribot, Théodule 1900: *Essai sur l'imagination créatrice*. Paris.
Richards, I. A. 1929: *Practical Criticism. A Study of Literary Judgment*. London.
Richardson, Alan / Francis F. Steen 2002: *Literature and the Cognitive Revolution. An Introduction*.
Richter, Matthias 2005: „Wirkungsästhetik". In: H. L. Arnold / H. Detering (Hgg.): *Grundzüge der Literaturwissenschaft*. München, S. 517–535.
Riffaterre, Michael 1957: *Le Style des Pléiades de Gobineau. Essai d'Application d'une Méthode Stylistique*. Genf.
Riffaterre, Michael 1960: „Criteria for Style Analysis". In: *Word* 15, S. 154–174.
Riffaterre, Michael 1971: *Essais de stylistique structurale*. Paris.
Riffaterre, Michael 1973: *Strukturale Stilistik*. Hg. von W. Bolle. München.

Riffaterre, Michael [1959] 1975: „Kriterien für die Stilanalyse". In: R. Warning (Hg.): *Rezeptionsästhetik. Theorie und Praxis*. München, S. 163–195.
Riffaterre, Michael [1966] 1980: „Describing Poetic Structures: Two Approaches to Baudelaire's ‚Les Chats'". In: J. P. Tompkins (Hg.): *Reader Response Criticism. From Formalism to Post-Structuralism*. Baltimore, MD [et al.], S. 26–40.
Ritchie, Gisela F. 1984: „Spuren des französischen Dramas bei Lessing". In: W. Barner (Hg.): *Nation und Gelehrtenrepublik. Lessing im europäischen Zusammenhang*. Detroit, S. 120–137.
Rodi, Frithjof 1986: „Das Nahe-Bringen von Überlieferung. Über die kulturellen Lebensbezüge der ‚Vertrautheit' und ‚Fremdheit'". In: J. Kirchberg (Hg.): *Philosophisch-theologische Grenzfragen. Festschrift für Richard Schaeffler zur Vollendung des 60. Lebensjahres*. Essen, S. 219–231.
Rodi, Frithjof 1990: *Erkenntnis des Erkannten. Zur Hermeneutik des 19. und 20. Jahrhunderts*. Frankfurt a. M.
Rodi, Frithjof 2003: *Das strukturierte Ganze. Studien zum Werk von Wilhelm Dilthey*. Weilerswist.
Rorty, Richard 1983: „Is There a Problem about Fictional Discourse?" In: D. Henrich / W. Iser (Hgg.): *Funktionen des Fiktiven*. München, S. 67–93.
Rosenblatt, Louise M. 1978: *The Reader, the Text, the Poem. The Transactional Theory of the Literary Work*. Carbondale, ILL.
Rosenblatt, Louise M. [1938] 1995: *Literature as Exploration*. Hg. von L. M. Rosenblatt. New York.
Rosenblatt, Louise M. [1994] 2005a: „The Transactional Theory of Reading and Writing". In: *Making Meaning with Texts. Selected Essays*. Portsmouth, NH, S. 1–37.
Rosenblatt, Louise M. [1985] 2005b: „Viewpoints: Transaction Versus Interaction – A Terminological Rescue Operation". In: *Making Meaning with Texts. Selected Essays*. Portsmouth, NH, S. 38–49.
Rosengren, Karl Erik 1968: *Sociological Aspects of the Literary System*. Stockholm.
Rosenkranz, Klaus 1987: *Leservariable und Textverständnis. Eine Felduntersuchung im Bereich der Schule*. Hildesheim.
Roth, Robert G. 1987: „The Evolving Audience: Alternatives to Audience Accommodation". In: *College Composition and Communication* 38, H. 1, S. 47–55.
Rothacker, Erich 1933: *Zur Lehre vom Menschen. Ein Sammelreferat über Neuerscheinungen zur Kultursoziologie*. Halle a. d. Saale.
Rothe, Matthias 2005: *Lesen und Zuschauen im 18. Jahrhundert. Die Erzeugung und Aufhebung von Abwesenheit*. Würzburg.
Ruf, Wolfgang 1977: *Die Rezeption von Mozarts ‚Le nozze di Figaro' bei den Zeitgenossen*. Wiesbaden.
Rünger, Berthold 1988: *Das reduzierte literarische Lesen. Zur Entwicklung einer kritisch-empirischen Typologie*. Frankfurt a. M. [et al.].
Rupp, Gerhard 1987: *Kulturelles Handeln mit Texten. Fallstudien aus dem Schulalltag*. Paderborn [et al.].
Rusch, Gebhard 1987: „Autopoiesis, Literatur, Wissenschaft. Was die Kognitionstheorie für die Literaturwissenschaft besagt". In: S. J. Schmidt (Hg.): *Der Diskurs des radikalen Konstruktivismus*. Frankfurt a. M., S. 374–400.
Rusch, Gebhard 2004: „Modelle, Methoden und Probleme einer Empirischen Theorie der Literatur". In: A. Nünning (Hg.): *Literaturwissenschaftliche Theorien, Modelle und Methoden. Eine Einführung*. Trier, S. 215–232.
Rusterholz, Peter [1996] 2005: „Zum Verhältnis von Hermeneutik und neueren antihermeneutischen Strömungen". In: H. L. Arnold / H. Detering (Hgg.): *Grundzüge der Literaturwissenschaft*. München, S. 157–177.
Sacks, Harvey / Emanuel A. Schegloff / Gail Jefferson 1974: „A Simplest Systematics for the Organization of Turn Taking for Conversation". In: *Language* 50, H. 4, S. 696–735.
Sam, Martina Maria 2011: *Rudolf Steiners Faust-Rezeption. Interpretationen und Inszenierungen als Vorbereitung der Welturaufführung des gesamten Goetheschen ‚Faust' 1938*. Basel.
Saur, Klaus Gerhard 1999: „Elektronische Medien". In: B. Franzmann / K. Hasemann / D. Löffler / E. Schön (Hgg.): *Handbuch Lesen*. München, S. 281–278.

Schaffrick, Matthias / Marcus Willand (Hgg.; im Erscheinen 2014): *Theorien und Praktiken der Autorschaft* [Arbeitstitel]. Berlin / New York.

Schalk, Helge 2000: *Umberto Eco und das Problem der Interpretation. Ästhetik, Semiotik, Textpragmatik.* Würzburg.

Schenda, Rudolf 1970: *Volk ohne Buch. Studien zur Sozialgeschichte der populären Lesestoffe 1770–1910.* Frankfurt a. M.

Schenda, Rudolf 1976: *Die Lesestoffe der Kleinen Leute. Studien zur populären Literatur im 19. und 20. Jahrhundert.* München.

Schimmer, Leopold 2001: *Individualpsychologische Literaturinterpretation. Alfred Adlers Individualpsychologie und ihr Beitrag zur Literaturwissenschaft.* Frankfurt a. M.

Schlegel, Friedrich v. 1972: *Schriften zur Literatur.* Hg. von W. Rasch. München.

Schleiermacher, Friedrich 1838: „Hermeneutik und Kritik mit besonderer Beziehung auf das Neue Testament. Aus Schleiermachers handschriftlichem Nachlasse und nachgeschriebenen Vorlesungen hg. von Friedrich Lücke". In: *Friedrich Schleiermacher's sämmtliche Werke.* 1. Abt., 7. Bd. Berlin.

Schleiermacher, Friedrich 1845a: „Einleitung ins neue Testament. Aus Schleiermachers handschriftlichem Nachlasse und nachgeschriebenen Vorlesungen, mit einer Vorrede von Dr. Friedrich Lücke, hg. von G.[eorg] Wolde". In: *Friedrich Schleiermacher's sämmtliche Werke.* 1. Abt., 8. Bd. Berlin.

Schleiermacher, Friedrich 1845b: „Zur Theologie. Vorbemerkungen". In: *Friedrich Schleiermacher's sämmtliche Werke.* Berlin.

Schlich, Jutta 1994: *Phänomenologie der Wahrnehmung von Literatur. Am Beispiel von Elfriede Jelineks ‚Lust' (1989).* Tübingen.

Schmid, Wolf 2005: *Elemente der Narratologie.* Berlin / New York.

Schmid, Wolf 2007: „Textadressat". In: T. Anz (Hg.): *Handbuch Literaturwissenschaft. Gegenstände und Grundbegriffe.* Bd. 1. Stuttgart, S. 171–181.

Schmidt, Sibylle / Sybille Krämer / Ramon Voges (Hgg.) 2011: *Politik der Zeugenschaft. Zur Kritik einer Wissenspraxis.* Bielefeld.

Schmidt, Siegfried J. 1971: „Literaturwissenschaft als Forschungsprogramm". In: *Linguistik und Didaktik* 2, S. 43–59.

Schmidt, Siegfried J. 1975: *Literaturwissenschaft als argumentierende Wissenschaft. Zur Grundlegung einer rationalen Literaturwissenschaft.* München.

Schmidt, Siegfried J. 1979: „Ausschnitte aus der Diskussion der 6. Karlsruher Tage 1976. Das Empirisierungsprogramm; Folgen von Wissenschaft, Verstehen und Interpretieren. Empirische Verfahren der Bedeutungsforschung". In: S. J. Schmidt (Hg.): *Empirie in Literatur- und Kunstwissenschaft.* München, S. 228–250.

Schmidt, Siegfried J. 1980: *Grundriß der empirischen Literaturwissenschaft. Der gesellschaftliche Handlungsbereich Literatur,* Bd. 1. Frankfurt a. M.

Schmidt, Siegfried J. 1982: *Grundriß der empirischen Literaturwissenschaft. Zur Rekonstruktion literaturwissenschaftlicher Fragestellungen in einer Empirischen Theorie der Literatur,* Bd. 2. Braunschweig [et al.].

Schmidt, Siegfried J. (Hg.) 1987: *Der Diskurs des radikalen Konstruktivismus.* Frankfurt a. M.

Schmitt, Christina 2008: *Ein Vergleich der Theorien Stanley Fishs und Helmuth Feilkes zum Verstehensprozess.* München.

Schneider, Jost 2004: *Sozialgeschichte des Lesens. Zur historischen Entwicklung und sozialen Differenzierung der literarischen Kommunikation in Deutschland.* Berlin / New York.

Schneider, Ralf 2000: *Grundriß zur kognitiven Theorie der Figurenrezeption am Beispiel des viktorianischen Romans.* Tübingen.

Schneider, Wolfgang Ludwig 1991: *Objektives Verstehen. Rekonstruktion eines Paradigmas: Gadamer, Popper, Toulmin, Luhmann.* Opladen.

Schober, Rita 1982: „Die Geschichtlichkeit der Literatur als Problem der Literaturgeschichte". In: R. Schober (Hg.): *Abbild, Sinnbild, Wertung. Aufsätze zur Theorie und Praxis literarischer Kommunikation.* Berlin / Weimar, S. 163–191.

Scholz, Oliver Robert 2001: *Verstehen und Rationalität. Untersuchungen zu den Grundlagen von Hermeneutik und Sprachphilosophie*. Frankfurt a. M.
Scholz, Oliver Robert 2003: „Das Zeugnis anderer. Prolegomena zu einer sozialen Erkenntnistheorie". In: T. Grundmann (Hg.): *Erkenntnistheorie. Positionen zwischen Tradition und Gegenwart*. Paderborn, S. 354–375.
Scholz, Oliver Robert 2011: „Das Zeugnis anderer – Sozialer Akt und Erkenntnisquelle". In: S. Schmidt / S. Krämer / R. Voges (Hgg.): *Politik der Zeugenschaft. Zur Kritik einer Wissenspraxis*. Bielefeld, S. 23–46.
Schönert, Jörg 2013: „*Liaisons négligées*. Zur Interaktion von Literaturwissenschaft und Linguistik in den disziplinären Entwicklungen seit den 1960er Jahren", in: *Zeitschrift für Literaturwissenschaft und Linguistik* 172, S. 196–221.
Schönert, Jörg (Hg.) 1975: *Carl Sternheims Dramen. Zur Textanalyse, Ideologiekritik und Rezeptionsgeschichte*. Heidelberg.
Schöttker, Detlev 2000: „Ruhm und Rezeption. Unsterblichkeit als Voraussetzung der Literaturwissenschaft". In: J. Schönert (Hg.): *Literaturwissenschaft und Wissenschaftsforschung*. Stuttgart [et al.], S. 473–487.
Schöttker, Detlev 2005: „Theorien der literarischen Rezeption. Rezeptionsästhetik, Rezeptionsforschung, Empirische Literaturwissenschaft". In: H. L. Arnold / H. Detering (Hgg.): *Grundzüge der Literaturwissenschaft*. München, S. 537–554.
Schreier, Margrit 2009: „Textwirkungsforschung / Empirische Literaturwissenschaft". In: J. Schneider (Hg.): *Methodengeschichte der Germanistik*. Berlin / New York, S. 721–745.
Schücking, Levin Ludwig 1913: „Literaturgeschichte und Geschmacksgeschichte. Ein Versuch zu einer neuen Problemstellung". In: *Germanisch-Romanische Monatsschrift* 5, S. 561–577.
Schücking, Levin Ludwig 1923: *Die Soziologie der literarischen Geschmacksbildung*. München.
Schulte, Stefanie 2008: *Gleichnisse erleben. Entwurf einer wirkungsästhetischen Hermeneutik und Didaktik*. Stuttgart.
Schwartz, Agata 1997: *Utopie, Utopismus und Dystopie in ‚Der Mann ohne Eigenschaften'. Robert Musils utopisches Konzept aus geschlechtsspezifischer Sicht*. Frankfurt a. M. [et al.].
Schwarz, Peter Paul / Susanne Krones 2008: „Lesende Schreiber, Schreibende Leser. Lektorat in den Literaturverlagen der Jahrtausendwende". In: E. Zemanek / S. Krones (Hgg.): *Literatur der Jahrtausendwende. Themen, Schreibverfahren und Buchmarkt um 2000*. Bielefeld, S. 373–388.
Searle, John R. 1969: *Speech Acts. An Essay in the Philosophy of Language*. Cambridge, MA.
Searle, John R. 1975: „The Logical Status of Fictional Discourse". In: *New Literary History* 6, H. 2, S. 233–243.
Seelbach, Ulrich 2000: *Ludus lectoris. Studien zum idealen Leser Johann Fischarts*. Heidelberg.
Seiler, Bernd W. 1983: *Die leidigen Tatsachen. Von den Grenzen der Wahrscheinlichkeit in der deutschen Literatur seit dem 18. Jahrhundert*. Stuttgart
Selm, Jutta van 1992: „The Scientific Community Addressed by Goethe in ‚Metamorphosis of Plants'". In: H. T. Mason (Hg.): *Transactions of the eighth International Congress on the Enlightenment*. Oxford, S. 1175–1177.
Sevin, Dieter (Hg.) 2007: *Georg Büchner: Neue Perspektiven zur internationalen Rezeption*. Berlin.
Shannon, Claude E. [1948] 2000a: „Eine mathematische Theorie der Kommunikation". In: F. Kittler / B. Peter / D. Hauptmann / A. Roch (Hgg.): *Claude E. Shannon. Aus | Ein. Ausgewählte Schriften zur Kommunikations- und Nachrichtentheorie*. Berlin, S. 9–175.
Shannon, Claude E. [1948] 2000b: „Die Philosophie der PCM". In: F. Kittler / B. Peter / D. Hauptmann / A. Roch (Hgg.): *Claude E. Shannon. Aus | Ein. Ausgewählte Schriften zur Kommunikations- und Nachrichtentheorie*. Berlin, S. 219–235.
Shirley, Fehl L. 1966: *The Influence of Reading on the Concepts, Attitudes, and Behavior of Tenth, Eleventh and Twelfth Grade Students*. (Unpubl. Diss., University of Arizona).
Shklovsky, Viktor 1925: *O Teorii Prozy*. Moskau.
Shklovsky, Viktor [1917] 1965: „Art as Technique". In: L. T. Lemon / M. J. Reis (Hgg.): *Russian Formalist Criticism. Four Essays*. Lincoln, S. 3–24.
Simon, Tina 2003: *Rezeptionstheorie. Einführungs- und Arbeitsbuch*. Frankfurt a. M. [et al.].

Simon, Walter (Hg.) 2006: *Persönlichkeitsmodelle und Persönlichkeitstests*. Offenbach.
Simon-Schaefer, Roland 1977: „Zur Kritik der Rezeptionsästhetik". In: G. Patzig / E. Scheibe / W. Wieland (Hgg.): *Logik, Ethik, Theorie der Geisteswissenschaften. XI. Deutscher Kongress für Philosophie. Göttingen 5.–9. Oktober 1975*. Hamburg, S. 457–462.
Singer, Peter N. 1997: „Levels of Explanation in Galen". In: *Classical Quarterly* 47, S. 525–642.
Sittel, Angela 1999: *Jakob Michael Reinhold Lenz' produktive Rezeption von Plautus' Komödien*. Frankfurt a. M. [et al.].
Smerilli, Filippo 2009: „Nachdenken über das Nachdenken. Eine kognitionsnarratologische Betrachtung der Aphorismen Franz Kafkas". In: *Mitteilungen des Deutschen Germanistenverbandes* 56, H. 2, S. 177–199.
Smith, Frank 1971: *Understanding Reading. A Psycholinguistic Analysis of Reading and Learning to Read*. New York [et al.].
Smith, Thomas 2000: „The Audience of the Nicomachean Ethics". In: *Journal of Politics* 60, S. 166–186.
Spahn, Andreas 2009: *Hermeneutik zwischen Rationalismus und Traditionalismus. Gadamers Wahrheitsbegriff vor dem Hintergrund zentraler Paradigmen der Hermeneutikgeschichte*. Würzburg.
Speck, Stefan 1997: *Von Sklovskij zu de Man. Zur Aktualität formalistischer Literaturtheorie*. München.
Spiegel, Marianne 1967: *Der Roman und sein Publikum im frühen 18. Jahrhundert. 1700–1767*. Bonn.
Spoerhase, Carlos 2005: „‚Mere reading'. Über das Versprechen eines ‚posthermeneutischen' Verstehens". In: M. Lepper / S. Siegel / S. Wennerscheid (Hgg.): *Jenseits des Poststrukturalismus? Eine Sondierung*. Frankfurt a. M., S. 15–36.
Spoerhase, Carlos 2007a: *Autorschaft und Interpretation. Methodische Grundlagen einer philologischen Hermeneutik*. Berlin / New York.
Spoerhase, Carlos 2007b: „Hypothetischer Intentionalismus. Rekonstruktion und Kritik". In: *Journal of Literary Theory* 1, H. 1, S. 81–110.
Spoerhase, Carlos / Dirk Werle / Markus Wild 2009: „Unsicheres Wissen. Zur Einführung". In: C. Spoerhase / D. Werle / M. Wild (Hgg.): *Unsicheres Wissen. Skeptizismus und Wahrscheinlichkeit 1550–1850*. Berlin / New York, S. 1–13.
Staiger, Emil 1951: „Die Kunst der Interpretation". In: *Neophilologus* 35, S. 1–15.
Stecker, Robert 1987: „Apparent, Implied, and Postulated Authors". In: *Philosophy and Literatur* 11, H. 2, S. 258–272.
Steig, Michael 1989: *Stories of Reading. Subjectivity and Literary Understanding*. Baltimore, MD [et al.].
Stein, Karl Wilhelm 1815: *Ueber den Begriff und obersten Grundsatz der historischen Interpretation des Neuen Testaments. Eine historisch-kritische Untersuchung*. Leipzig.
Steinbrink, Bernd 1983: *Abenteuerliteratur des 19. Jahrhunderts in Deutschland. Studien zu einer vernachlässigten Gattung*. Tübingen.
Steiner, Felix 2009: *Dargestellte Autorschaft. Autorkonzept und Autorsubjekt in wissenschaftlichen Texten*. Tübingen.
Steiner, Felix (im Erscheinen, 2014): „Wissenschaftliche Autorschaft zwischen Zeitschrift und Handbuch. Überlegungen zu einer am Autorbegriff orientierten Poetologie wissenschaftlicher Texte". In: M. Schaffrick / M. Willand (Hgg.): *Theorien und Praktiken der Autorschaft*. [Arbeitstitel]. Berlin / New York.
Steinmetz, Horst (Hg.) 1969: *Lessing – ein unpoetischer Dichter. Dokumente aus drei Jahrhunderten zur Wirkungsgeschichte Lessings in Deutschland*. Frankfurt a. M. [et al.].
Steinmetz, Horst 1974: „Rezeption und Interpretation. Versuch einer Abgrenzung". In: G. Labroisse (Hg.): *Rezeption – Interpretation. Beiträge zur Methodendiskussion*. Amsterdam [et al.], S. 37–84.
Steinmetz, Horst 1987: „Literaturwissenschaftliche Interpretation?" In: E. Ibsch / D. H. Schram (Hgg.): *Rezeptionsforschung zwischen Hermeneutik und Empirik*. Amsterdam, S. 137–154.
Stevenson, Robert (Regie) 1964: Mary Poppins. Produktion: Walt Disney.
Stierle, Karlheinz 1975: „Was heißt Rezeption bei fiktionalen Texten?" In: *Poetica. Zeitschrift für Sprach- und Literaturwissenschaft* 7, S. 345–387.

Stiftung Lesen 1990: *Lesen im internationalen Vergleich. Ein Forschungsgutachten der Stiftung Lesen für das Bundesministerium für Bildung und Wissenschaft,* Teil 1. Mainz.

Stiftung Lesen 1993: *Leseverhalten in Deutschland 1992/93. Repräsentativstudie zum Lese- und Medienverhalten der erwachsenen Bevölkerung im vereinigten Deutschland.* Mainz.

Stiftung Lesen 1994: *Lesen im internationalen Vergleich. Ein Forschungsgutachten der Stiftung Lesen für das Bundesministerium für Bildung und Wissenschaft,* Teil 2. Mainz.

Stiftung Lesen 1998: *Lesen im Umbruch – Forschungsperspektiven im Zeitalter von Multimedia.* Baden-Baden.

Stockhammer, Robert 2003: „Der implizite und die expliziten Leser. Zum Spannungsverhältnis von Wirkungsästhetik und Rezeptionsgeschichte". In: D. Kimmich (Hg.): *Zur Rezeption der Rezeptionstheorie.* Berlin, S. 79–94.

Štoff, Viktor A. [1966] 1969: *Modellierung und Philosophie.* Berlin.

Strasen, Sven 2008: *Rezeptionstheorien. Literatur-, sprach- und kulturwissenschaftliche Ansätze und kulturelle Modelle.* Trier.

Striedter, Jurij 1976: „Einleitung". In: F. Vodička: *Die Struktur der literarischen Entwicklung.* Hg. von der Forschergruppe für strukturale Methoden in der Sprach- und Literaturwissenschaft an der Universität Konstanz. München, S. VII–CIII.

Strohner, Hans 2006: „Textverstehen aus psycholinguistischer Sicht". In: H. Blühdorn / E. Breindl / U. H. Waßner (Hgg.): *Text – Verstehen. Grammatik und darüber hinaus.* Berlin / New York S. 187–204.

Stückrath, Jörn 1979: *Historische Rezeptionsforschung. Ein kritischer Versuch zu ihrer Geschichte und Theorie.* Stuttgart.

Suleiman, Susan R. 1980: „Introduction: Varieties of Audience-Oriented Criticism". In: S. R. Suleiman / I. Crosman (Hgg.): *The Reader in the Text. Essays on Audience and Interpretation.* Princeton, NJ, S. 3–45.

Suleiman, Susan R. / Inge Crosman (Hgg.) 1980: *The Reader in the Text. Essays on Audience and Interpretation.* Princeton, NJ.

Taba, Hilda 1955: *With Perspective on Human Relations. A Study of Peer Group Dynamics in an Eighth Grade.* Washington, DC.

Tepe, Peter 2007: *Kognitive Hermeneutik. Textinterpretation ist als Erfahrungswissenschaft möglich.* Würzburg.

The Open University: „The Reading Experience Database (RED), 1450–1945": http://www.open.ac.uk/Arts/RED (15.12.1013).

Thöming, Jürgen C. 1974: *Zur Rezeption von Musil- und Goethe-Texten. Historizität der ästhetischen Vermittlung von sinnlicher Erkenntnis und Gefühlserlebnissen.* München / Salzburg.

Thompson, Martyn P. 1993: „Reception Theory and the Interpretation of Historical Meaning". In: *History and Theory* 32, H. 3, S. 248–272.

Tierney, Robert J. / Jill LaZansky / T. Raphael / Philip R. Cohen 1983: *Author's Intentions and Readers' Interpretations.* Carbondale, ILL.

Tilg, Stefan 2007: „Die produktive Rezeption der antiken Orthographie bei Friedrich Gottlieb Klopstock". In: W. v. Koppenfels / H. Krasser / W. Kühlmann / P. v. Möllendorff / C. Riedweg / E. A. Schmidt / W. Schuller / R. Stillers (Hgg.): *Antike und Abendland. Beiträge zum Verständnis der Griechen und Römer und ihres Nachlebens,* S. 149–160.

Tippkötter, Horst 1971: *Walter Scott, Geschichte als Unterhaltung. Eine Rezeptionsanalyse der Waverley Novels.* Frankfurt a. M.

Titzmann, Michael 1977: *Strukturale Textanalyse. Theorie und Praxis der Interpretation.* München.

Titzmann, Michael 1991: „Skizze einer integrativen Literaturgeschichte und ihres Ortes in einer Systematik der Literaturwissenschaft". In: M. Titzmann (Hg.): *Modelle des literarischen Strukturwandels.* Tübingen, S. 395–438.

Tolhurst, William E. 1979: „On What A Text Is And How It Means". In: *The British Journal of Aesthetics* 19, H. 1, S. 3–14.

Tompkins, Jane P. 1980a: „An Introduction to Reader-Response Criticism". In: J. P. Tompkins (Hg.): *Reader Response Criticism. From Formalism to Post-Structuralism.* Baltimore, MD [et al.], S. ix–xxvi.
Tompkins, Jane P. (Hg.) 1980b: *Reader Response Criticism. From Formalism to Post-Structuralism.* Baltimore, MD [et al.].
Toulmin, Stephen E. 1996: *Der Gebrauch von Argumenten.* Weinheim.
Toulmin, Stephen E. [1958] 2003: *The Uses of Argument.* Cambridge.
Trillmich, Ernst 1980: *Untersuchungen zur Rezeptionsästhetik im Literaturunterricht der Schule. Versuch einer Grundlegung unterrichtlicher Methode im Bereich der Ästhetik.*
Trunz, Erich 1952: „Über das Interpretieren deutscher Dichtungen". In: *Studium Generale* 5, H. 2, S. 65–68.
Turk, Horst 1976: *Wirkungsästhetik. Theorie und Interpretation der literarischen Wirkung.* München.
Turk, Horst 1987: „Vorwort". In: W. Floeck / H. Turk / D. Steland (Hgg.): *Formen innerliterarischer Rezeption.* Wiesbaden, S. 1–4.
Turner, A. / E. Greene 1977: *Construction and Use of a Propositional Text Base. Technical Report No. 63. Institute for the Study of Intellectual Behavior.* Boulder, CO.
Turner, Mark 1991: *Reading Minds. The Study of English in The Age of Cognitive Science.* Princeton, NJ.
Ulrich, Winfried 2002: *Wörterbuch linguistische Grundbegriffe.* Berlin.
Usener, Sylvia 1994: *Isokrates, Platon und ihr Publikum.* Tübingen [et al.].
Vaihinger, Hans [1911] 1922: *Die Philosophie des Als Ob. System der theoretischen, praktischen und religiösen Fiktionen der Menschheit auf Grund eines idealistischen Positivismus. Mit einem Anhang über Kant und Nietzsche.* Leipzig.
Veeser, Harold Aram 1999: „Introduction". In: H. A. Veeser (Hg.): *The Stanley Fish Reader.* Malden, MA, S. 1–9.
Vetter, Helmuth 2003: „Dilthey statt Nietzsche – eine Alternative für Heidegger? Ein Beitrag zum Thema ‚Lebensphilosophie und Phänomenologie'". In: H. Vetter (Hg.): *Nach Heidegger. Einblicke – Ausblicke.* Frankfurt a. M. [et al.], S. 185–205.
Viehoff, Reinhold (Hg.) 1991: *Alternative Traditionen. Dokumente zur Entwicklung einer empirischen Literaturwissenschaft.* Braunschweig.
Vodička, Felix [1941] 1975: „Die Konkretisation des literarischen Werks – Zur Problematik der Rezeption von Nerudas Werk". In: R. Warning (Hg.): *Rezeptionsästhetik. Theorie und Praxis.* München, S. 84–112.
Vodička, Felix 1976: *Die Struktur der literarischen Entwicklung.* Hg. von der Forschergruppe für strukturale Methoden in der Sprach- und Literaturwissenschaft an der Universität Konstanz. München.
Vodička, Felix [1966] 1976a: „Die Totalität des literarischen Prozesses. Zur Entwicklung des theoretischen Denkens im Werk Jan Mukařovskýs". In: *Die Struktur der literarischen Entwicklung.* Hg. von der Forschergruppe für strukturale Methoden in der Sprach- und Literaturwissenschaft an der Universität Konstanz. München, S. 1–29.
Vodička, Felix [1942] 1976b: „Die Literaturgeschichte, ihre Probleme und Aufgaben". In: *Die Struktur der literarischen Entwicklung.* Hg. von der Forschergruppe für strukturale Methoden in der Sprach- und Literaturwissenschaft an der Universität Konstanz. München, S. 30–86.
Vogl, Joseph 2007: „Robuste und idiosynkratische Theorie". In: *KulturPoetik* 7, H. 2, S. 249–258.
Vogt, Jochen 2013: „Die Humboldtsche Schere", in: Zeitschrift für Literaturwissenschaft und Linguistik 172, S. 161–164.
Völke, Walter 1971: *Die Bedeutung des Lesens. Äußerungen Jugendlicher.* München.
Vollhardt, Friedrich 2003: „Von der Rezeptionsästhetik zur Historischen Semantik". In: W. Adam / H. Dainat / G. Schandera (Hgg.): *Wissenschaft und Systemveränderung. Rezeptionsforschung in Ost und West – Eine konvergente Entwicklung?* Heidelberg, S. 189–209.
Wach, Joachim 1929: *Das Verstehen. Grundzüge einer Geschichte der hermeneutischen Theorie im 19. Jahrhundert. Bd. 2: Die theologische Hermeneutik von Schleiermacher bis Hofmann.* Tübingen.
Waldmann, Günter 1981: „Vom produzierten zum produzierenden Leser. Überlegungen zur Rezeptionstheorie, zur Fernsehrezeption und zu einer produktionsorientierten Literaturdi-

daktik". In: G. Köpf (Hg.): *Rezeptionspragmatik. Beiträge zur Praxis des Lesens.* München, S. 105–130.
Walton, Kendall L. 1990: *Mimesis as Make-Believe. On the Foundations of the Representational Arts.* Cambridge, MA [et al.].
Wanner, Fritz 1988: *Leserlenkung, Ästhetik und Sinn in Dostoevskijs Roman ‚Die Brüder Karamazov'.* München.
Warning, Rainer 1975: „Rezeptionsästhetik als literaturwissenschaftliche Pragmatik". In: R. Warning (Hg.): *Rezeptionsästhetik. Theorie und Praxis.* München, S. 9–41.
Warning, Rainer 2003a: „Rezeptionsforschung. Historischer Rückblick und Perspektiven". In: W. Adam / H. Dainat / G. Schandera (Hgg.): *Wissenschaft und Systemveränderung. Rezeptionsforschung in Ost und West – Eine konvergente Entwicklung?* Heidelberg, S. 57–68.
Warning, Rainer 2003b: „Von der Rezeptionsästhetik zum Dekonstruktivismus". In: D. Kimmich (Hg.): *Zur Rezeption der Rezeptionstheorie.* Berlin, S. 62–77.
Weber, Heinz-Dieter 1978: „Scheintranszendentalität. Polemische Anmerkungen zu E. Lobsiens Falsifikation des rezeptionsästhetischen Grundtheorems". In: H.-D. Weber (Hg.): *Rezeptionsgeschichte oder Wirkungsästhetik. Konstanzer Diskussionsbeiträge zur Praxis der Literaturgeschichtsschreibung.* Stuttgart, S. 168–171.
Weber, Max 1904: „Die ‚Objektivität' sozialwissenschaftlicher und sozialpolitischer Erkenntnis". In: *Archiv für Sozialwissenschaft und Sozialpolitik* 19, H. 1, S. 22–87.
Weber, Max [1904] 1973: „Die ‚Objektivität' sozialwissenschaftlicher und sozialpolitischer Erkenntnis". In: J. Winckelmann (Hg.): *Max Weber. Gesammelte Aufsätze zur Wissenschaftslehre.* Tübingen, S. 146–214.
Weidacher, Georg 2007: *Fiktionale Texte – fiktive Welten. Fiktionalität aus textlinguistischer Sicht.* Tübingen.
Wellek, René 1936: „The Theory of Literary History". In: *Travaux Linguistiques de Prague* (Hg.): *Études dédiés au quatrième Congrès de Linguistes.* Prag, S. 173–191.
Wellek, René 1983a: „The Fall of Literary History". In: R. Koselleck / W.-D. Stempel (Hgg.): *Geschichte – Ereignis und Erzählung.* München, S. 427–440.
Wellek, René 1983b: „Zur methodischen Aporie einer Rezeptionsgeschichte". In: R. Koselleck / W.-D. Stempel (Hgg.): *Geschichte – Ereignis und Erzählung.* München, S. 515–517.
Werle, Dirk 2006: „Vorbemerkungen zu einer Theoriegeschichte des Ruhms". In: *Geschichte der Germanistik* 29/30, S. 24–33.
Werner, Hans-Georg 1973: „Zur Wirkung von Heines literarischem Werk". In: *Weimarer Beiträge. Zeitschrift für Literaturwissenschaft, Ästhetik und Kultur* 19, S. 35–73.
Werth, Paul 1999: *Text Worlds. Representing Conceptual Space in Discourse.* Harlow.
Whitehead, Frank 1982: „Die Einstellung von Schülern höherer Schulen zu einigen Romanen des Lektürekanons". In: H. Heuermann / P. Hühn / B. Röttger (Hgg.): *Werkstruktur und Rezeptionsverhalten. Empirische Untersuchungen über den Zusammenhang von Text-, Leser- und Kontextmerkmalen.* Göttingen, S. 131–141.
Whiteley, Sara 2011: „Text World Theory, Real Readers and Emotional Responses to ‚The Remains of the Day'". In: *Language and Literature* 20, H. 1, S. 23–42.
Wiener, Oswalt 1979: „Einige Gedanken über die Aussichten empirischer Forschung im Kunstbereich und über Gemeinsamkeiten in der Arbeit von Künstlern und Wissenschaftlern". In: S. J. Schmidt (Hg.): *Empirie in Literatur- und Kunstwissenschaft.* München, S. 182–189.
Wild, Gabriele 2008: *Schillernde Wörter. Eine Rezeptionsanalyse am Beispiel von Ulrike Draesners Lyrik.* Wien.
Willand, Marcus 2011a: „Autorfunktionen in literaturwissenschaftlicher Theorie und interpretativer Praxis. Eine Gegenüberstellung". In: *Journal of Literary Theory* 5, H. 2, S. 279–301.
Willand, Marcus 2011b: „Intention in romantischer Hermeneutik und linguistischer Pragmatik". In: C. Meierhofer / E. Scheufler (Hgg.): *Turns und Trends der Literaturwissenschaft: Literatur, Kultur und Wissenschaft zwischen Nachmärz und Jahrhundertwende im Blickfeld aktueller Theoriebildung.* Zürich, S. 28–49.

Willenberg, Heiner 1978: *Zur Psychologie literarischen Lesens. Wahrnehmung Sprache und Gefühle.* Paderborn.
Willms, Eva 2008: *Der Marner. Lieder und Sangsprüche aus dem 13. Jahrhundert und ihr Weiterleben im Meistersang. Einführung, Übersetzung und Stellenkommentar.* Berlin / New York.
Wilson, W. Daniel 1981: „Readers in Texts". In: *Publications of the Modern Language Association* 96, H. 5, S. 848–863.
Wimsatt, William K. / Monroe C. Beardsley 2003: „Der intentionale Fehlschluss". In: F. Jannidis / G. Lauer / M. Martínez / S. Winko (Hgg.): *Texte zur Theorie der Autorschaft.* Stuttgart, S. 84–101.
Winko, Simone 2002a: „Autor-Funktionen. Zur argumentativen Verwendung von Autorkonzepten in der gegenwärtigen literaturwissenschaftlichen Interpretationspraxis". In: H. Detering (Hg.): *Autorschaft. Positionen und Revisionen.* Stuttgart [et al.], S. 334–354.
Winko, Simone 2002b: „Lektüre oder Interpretation?" In: *Mitteilungen des Deutschen Germanistenverbandes* 49, H. 2, S. 128–141.
Winter, Rainer 1995: *Der produktive Zuschauer. Medienaneignung als kultureller und ästhetischer Prozess.* Berlin / München.
Winterscheidt, Friedrich 1970: *Deutsche Unterhaltungsliteratur der Jahre 1850–1860. Die geistesgeschichtlichen Grundlagen der unterhaltenden Literatur an der Schwelle des Industriezeitalters.* Bonn.
Wolff, Erwin 1971: „Der intendierte Leser. Überlegungen und Beispiele zur Einführung eines literaturwissenschaftlichen Begriffs". In: *Poetica. Zeitschrift für Sprach- und Literaturwissenschaft* 4, S. 141–166.
Wolgast, Heinrich [1896] 1950: *Das Elend unserer Jugendliteratur. Ein Beitrag zur künstlerischen Erziehung der Jugend.* Worms.
Wollscheid, Sabine 2008: *Lesesozialisation in der Familie. Eine Zeitbudgetanalyse zu Lesegewohnheiten.* Wiesbaden.
Wübben, Yvonne 2009: „Lesen als Mentalisieren? Neuere kognitionswissenschaftliche Ansätze in der Leseforschung". In: M. Huber / S. Winko (Hgg.): *Literatur und Kognition. Bestandsaufnahmen und Perspektiven eines Arbeitsfeldes.* Paderborn, S. 29–44.
Wyss, Ulrich 1974: „Zur Kritik der Rezeptionsästhetik". In: W. Müller-Seidel (Hg.): *Historizität in Sprach- und Literaturwissenschaft. Vorträge und Berichte der Stuttgarter Germanistentagung 1972.* München, S. 143–154.
Zenck, Martin 1977: „Die Aktualität Gustav Mahlers als Problem der Rezeptionsästhetik. Perspektiven von Mahlers Naturerfahrung und Formen ihrer Rezeption". In: *Neue Zeitschrift für Musik* 44, H. 3, S. 225–232.
Zima, Peter V. 1978: *Kritik der Literatursoziologie.* Frankfurt a. M.
Zima, Peter V. 1994: *Die Dekonstruktion. Einführung und Kritik.* Tübingen.
Zimmermann, Bernhard 1977: *Literaturrezeption im historischen Prozess. Zur Theorie einer Rezeptionsgeschichte der Literatur.* München.
Zipfel, Frank 2001: *Fiktion, Fiktivität, Fiktionalität. Analysen zur Fiktion in der Literatur und zum Fiktionsbegriff in der Literaturwissenschaft.* Berlin.

Personenindex

Abbott, H. Porter 231, 281
Aglibut, Deomund 86
Arich-Gerz, Bruno 202, 203, 204, 205, 206, 207, 241, 244, 255, 262

Bamberger, Richard 86
Barner, Wilfried 77, 122, 304
Barthes, Roland 7, 56, 66, 128, 130, 144, 145, 146, 151, 152, 153, 154, 155, 156, 157, 158, 159, 160, 161, 162, 163, 164, 165, 166, 167, 168, 169, 170, 171, 180, 181, 187, 192, 238, 242, 246, 254
Beardsley, Monroe 62, 153, 189, 190, 191, 220, 247
Berger, Peter 103, 104, 302
Birus, Hendrik 5, 6
Bleich, David 29, 52, 56, 110, 111, 131, 132, 136, 137, 141, 180, 183, 184, 246, 253
Blödorn, Andreas 155, 163, 266
Boeckh, August 191, 211, 225
Bonheim, Helmut 59, 101, 103, 111
Bonnemann, Jens 238, 279, 291, 292
Booth, Wayne 47, 56, 63, 64, 68, 72, 78, 79, 134, 153, 183, 228, 266, 274, 280, 281, 290, 293, 294
Bortolussi, Marisa 102, 195
Bossinade, Johanna 143, 145, 161, 162, 170, 175,
Bredella, Lothar 110, 126, 184, 188, 189, 218, 243
Burke, Kenneth 130
Burke, Michael 195
Burke, Sean 151, 153
Busemann, Adolf 88
Busse, Dietrich 26, 153

Christmann, Ursula 38, 90, 188, 246, 310, 311
Coser, Lewis A. 117
Crosman, Inge 50, 52, 56, 131

Crosman, Robert 52, 111, 131, 216, 242, 243, 244, 245, 253, 306
Culler, Jonathan 5, 52, 56, 131, 139, 143, 253
Currie, Gregory 14, 27, 194

Danneberg, Lutz 1, 12, 13, 19, 28, 32, 34, 99, 149, 224, 230, 258
Derrida, Jacques 14, 56, 65, 128, 129, 130, 134, 144, 145, 146, 147, 148, 149, 150, 151, 153, 159, 161, 162, 165, 166, 168, 169, 171, 172, 179, 180, 181, 203, 246, 254
Dewey, John 182, 184, 218, 219, 220, 255
Dillmann, Rainer 236, 271, 292
Dilthey, Wilhelm 2, 6, 10, 28, 99, 104, 111, 153, 199, 211, 212, 213, 214, 220
Dixon, Peter 90, 102, 195
Downey, June 88

Eagleton, Terry 1, 143
Eberly, Rosa A. 62, 110, 139, 140, 186, 253
Eco, Umberto 22, 47, 52, 98, 116, 139, 142, 162, 184, 232, 233, 234, 235, 236, 243, 244, 246, 253, 255, 268, 269
Egger, Richard 118, 239, 278, 283, 287, 288, 289, 290, 291
Eibl, Karl 90
Eisenhauer, Gregor 86
Engel, Manfred 13, 118
Erlich, Victor 7
Escarpit, Robert 91, 92, 198

Faulstich, Werner 117, 118, 308
Fetterley, Judith 61, 288
Fetterly, Judith 52
Fish, Stanley 45, 51, 52, 54, 55, 61, 62, 65, 85, 113, 114, 130, 131, 133, 134, 135, 136, 137, 138, 139, 141, 142, 180, 181, 184, 201, 205, 207, 235, 236, 238, 240, 242, 245, 246, 253, 268

Foerster, Heinz v. 202
Foucault, Michel 151, 153, 165, 170, 305
Frank, Manfred 14, 65, 143, 145
Freud, Sigmund 63, 129
Friedrich, Hans-Edwin 11, 12, 13, 273, 295, 299, 300
Fritz, Angela 84, 86
Fügen, Hans N. 197, 199
Füllner, Bernd 288, 305, 306

Gadamer, Hans-Georg 9, 10, 11, 12, 13, 14, 15, 19, 20, 28, 120, 128, 208, 209, 210, 211, 212, 213, 214, 222, 231, 285, 298
Genette, Gérard 31, 155
Gervinus, Georg G. 209
Gibson, Walker 52, 78, 79, 131
Głowiński, Michael 47, 220, 292
Goltschnigg, Dietmar 27, 107, 119, 299
Gorman, John 119, 314
Görtz, Franz J. 102, 261, 277, 278, 311, 316
Gracia, Jorge 112, 224, 227
Greimas, Algirdas 95, 103, 214
Grimm, Gunter 10, 11, 22, 25, 69, 70, 80, 82, 85, 96, 107, 186, 220, 238, 242, 247, 270, 298, 300, 301, 312, 313, 320
Groeben, Norbert 11, 13, 20, 27, 88, 108, 117, 118, 195, 196, 200, 210, 216, 220, 221, 222, 236, 246, 255, 274, 292
Grondin, Jean 11, 213
Gumbrecht, Hans U. 13, 85, 119, 199, 236, 269, 282, 283, 286, 312
Günther, Hans 2, 5

Habermas, Jürgen 10
Halsey, Katie 61, 73, 306
Hamacher, Werner 129, 146, 173, 174, 175, 176, 177, 190, 215
Hehn, Victor 299
Heidegger, Martin 174, 211, 212
Hempfer, Klaus 11, 19, 20, 22, 23, 25, 117, 210, 211, 216, 231, 236, 246, 274, 280, 303, 322, 323
Henning, Hans 302, 319
Hermerén, Göran 213, 240
Heuermann, Hartmut 118
Hiergeist, Teresa 15, 16, 52, 53, 182
Hirsch, Eric D. 56, 134, 154, 191, 192, 193, 194, 196, 197, 211, 216, 232, 255, 270

Hohendahl, Peter U. 13, 27, 45, 91, 303, 305
Holland, Norman 51, 52, 54, 56, 106, 110, 130, 131, 132, 136, 141, 180, 181, 183, 237, 242, 245, 246, 253
Hörmann, Hans 88
Horstmann, Axel 187, 213
Husserl, Edmund 5, 244

Ibsch, Elrud 107, 187
Ingarden, Roman 4, 127, 196, 219, 220, 221, 235, 237, 241, 243, 244, 245, 255, 298
Iser, Wolfgang 4, 11, 12, 13, 17, 45, 47, 49, 51, 52, 56, 68, 69, 72, 73, 74, 75, 76, 77, 78, 79, 80, 81, 82, 85, 91, 93, 98, 113, 115, 116, 123, 125, 126, 131, 134, 142, 158, 168, 189, 201, 205, 228, 234, 235, 236, 237, 238, 239, 240, 241, 242, 243, 244, 245, 246, 249, 250, 256, 263, 265, 266, 267, 269, 270, 271, 272, 273, 274, 275, 276, 277, 278, 279, 280, 281, 282, 283, 284, 285, 286, 287, 288, 289, 291, 292, 293, 294, 295, 296, 297, 298, 321

Jäger, Georg 107, 108, 221, 303
Jahraus, Oliver 1, 2, 4, 7, 8, 45, 180, 221, 238
Jakobson, Roman 2, 3, 5, 6, 66, 220
Jannidis, Fotis 1, 5, 18, 28, 35, 36, 37, 50, 80, 103, 104, 112, 116, 149, 153, 193, 234, 244, 290, 320, 321, 322
Jauß, Hans R. 3, 4, 11, 12, 13, 20, 56, 75, 85, 116, 119, 123, 131, 165, 187, 204, 207, 209, 210, 211, 212, 214, 220, 241, 242, 270, 271, 275, 277, 278, 298

Kaiser, Gehard 239, 273
Kayser, Wolfgang 4, 19, 153
Kindt, Tom 45, 49, 50, 266, 274, 280, 281, 293, 294, 318
Kintsch, Walter 188, 310
Klausnitzer, Ralf 224, 293
Köppe, Tilmann 11, 143, 258
Kuhangel, Sabine 273, 275, 289

Langenbucher, Wolfgang 92, 119, 302
Langer, Daniela 151, 152, 161, 163, 165, 166, 170

Personenindex

Link, Hannelore 49, 69, 236, 247, 270, 271, 273, 279
Luckmann, Thomas 103, 104
Ludwig, Albert 119, 240, 299
Luhmann, Niklas 106, 201, 202, 203, 205, 207, 238, 244

Mailloux, Steven 47, 52, 105, 183, 238, 239, 242
Man, Paul de 128, 130, 134, 144, 145, 150, 161, 171, 172, 173, 174, 175, 176, 177, 178, 179, 180, 181, 190, 191, 209, 215, 238, 246, 254
Mandelkow, Karl R. 11, 278, 300, 309
Martens, Gunter 8, 187
Martínez, Matías 152, 158
Massmann, Klaus 90, 91
Maurer, Elke R. 305, 307
Maurer, Karl 81, 287
McQuillan, Martin 50, 79
Mehring, Franz E. 299
Meier, Georg F. 225
Mellmann, Katja 17, 36, 91, 108, 203, 260, 261, 262, 321, 322
Mukařovský, Jan 3, 4, 6, 18, 77, 122, 153, 220
Müller, Hans-Harald 49, 50, 88, 143, 234, 266, 274, 280, 281, 293, 294, 318
Müller-Freienfels, Richard 88
Muth, Ludwig 85, 86, 87, 118, 139, 253

Naumann, Manfred 12, 236, 298
Nollau, Alfred 52, 89, 119, 296, 312, 317, 323
Nünning, Ansgar 55, 101, 267

Pany, Doris 158, 163, 192, 236, 241
Pasternack, Gerhard 20, 46, 220
Phelan, James 47, 71, 72, 73, 328, 348
Prince, Gerald 50, 52, 72, 73, 154, 244, 273

Rabinowitz, Peter 46, 47, 48, 49, 52, 79, 100, 106, 110, 113, 114, 115, 228, 238, 242, 267
Radway, Janice 52, 61, 62, 63, 68, 69, 82, 90, 96, 102, 139, 140, 141, 249, 250, 253
Reckwitz, Andreas 152

Riffaterre, Michael 5, 51, 52, 56, 62, 65, 66, 68, 85, 102, 151, 186, 220, 238, 250, 267, 311, 312, 313
Rodi, Frithjof 213
Rosenblatt, Louise 52, 63, 182, 183, 184, 218
Rosengren, Karl E. 197

Saussure, Ferdinand de 3, 143, 145, 146, 152, 155, 203, 254
Schenda, Rudolf 88, 89, 93, 118, 315, 316, 317
Schlegel, Friedrich 75
Schleiermacher, Friedrich 6, 9, 10, 28, 100, 111, 209, 211, 212, 213, 222, 223, 224, 225, 226, 229, 230, 231, 256
Schmid, Wolf 4, 47, 49, 67, 71, 72, 73, 236, 266, 272, 279
Schmidt, Siegfried J. 20, 65, 108, 117, 132, 199, 200, 210, 221, 222, 239, 246, 255, 274
Schneider, Jost 120
Schneider, Ralf 91, 106
Schneider, Wolfgang L. 305
Scholz, Robert O. 257, 258, 260
Schöttker, Detlev 11, 119, 352
Schreier, Margit 20, 117, 217
Schwartz, Agata 61, 288, 296
Searle, John R. 31, 111, 238
Shklovsky, Victor 2
Spahn, Andreas 208
Spiegel, Marianne 33, 84, 315
Spoerhase, Carlos 25, 27, 28, 29, 30, 90, 123, 149, 173, 176, 177, 178, 190, 191, 194, 238, 258, 270
Steig, Michael 28, 52, 111, 131, 180, 183, 193, 236, 253
Stein, Karl W. 225
Steinmetz, Horst 270, 275, 303
Stockhammer, Robert 108, 178, 242
Štoff, Viktor 100, 101, 103
Strasen, Sven 55, 114, 146, 242
Striedter, Striedter 3, 4, 5, 77
Stückrath, Jörn 75, 115, 119, 240, 263, 299, 300, 309, 310
Suess, Alexandra 84, 86
Suleiman, Susan 50, 56

Tippkötter, Horst 305, 320, 321, 322
Titzmann, Michael 7, 8, 9, 17, 23, 116

Tolhurst, William E.   27, 100, 226, 227, 267, 296
Tompkins, Jane P. 50, 131, 220
Toulmin, Stephen 200
Turk, Horst 116, 244, 299
Tynjanov, Jurij 2, 3, 6

Vaihinger, Hans 32, 101
Vodička, Felix 4, 77, 151, 220

Waldmann, Günter 12, 308
Warning, Rainer 4, 11, 128, 220, 320
Weber, Max 94, 95, 197
Wellek, René 3, 189, 240, 241, 255
Werner, Hans-Georg 108

Willenberg, Heiner 11, 60, 88
Wilson, W. Daniel 49, 51, 52, 60, 80
Wimsatt, William 62, 153, 189, 190, 191, 220, 247
Winko, Simone 90, 112, 149, 171, 179, 311
Winterscheidt, Friedrich 118, 316, 317
Wolff, Erwin 47, 51, 52, 76, 77, 78, 85, 224, 272
Wübben, Yvonne 50

Zima, Peter 66, 100, 143, 195, 198, 214, 219
Zipfel, Frank 14, 72, 73

www.ingramcontent.com/pod-product-compliance
Lightning Source LLC
Chambersburg PA
CBHW071811230426
43670CB00013B/2422